조선시대의 훈민정음 발달사

조선시대의 훈민정음 보급과 활용의 통합언어학적 연구

조선시대의 훈민정음 보급과 활용의
통합언어학적 연구

조선시대의
훈민정음
발달사

김슬옹

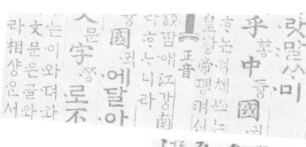

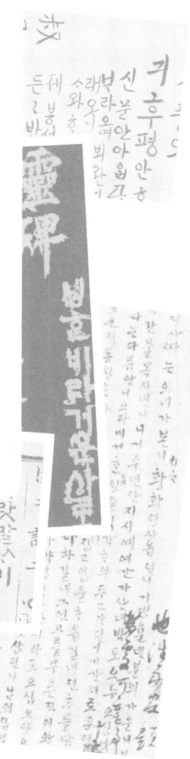

역락

책머리에

 훈민정음 발달에 대한 고민은 대학교 때 졸업 논문을 쓰면서 본격화되었다. 1986년 학사학위 논문으로 조선시대 한글문화사를 다룬 "입말투 글말의 전통과 뜻-한글문화의 해적이스런 뜻(역사적 의미)"이란 논문을 제출하면서 훈민정음 발달 문제에 대해 본격적으로 고민하게 되었다. 이른바 언문일치체인 구어체 한글의 발달사를 다룬 글이었다. 이 논문은 대학 시절 민중 사관에 사로잡혀 되도록 피지배층에 의한 한글 발달사를 규명하고자 애쓴 것이었다.

 그러나 막상 대학원에 진학해 본격적인 우리말 연구를 하게 되었지만 현대 문법, 전산 언어학에 매달리게 되다 보니 그런 고민조차 이어가지 못했다. 그나마 최현배 님의 한글갈(1942)을 통해 한글 사용 역사에 대한 관심과 연구를 이어갈 수 있었다. 다행히 박사과정을 다시 시작하면서 훈민정음 연구로 방향을 틀게 되었다. 조선왕조실록의 훈민정음 관련 기록 연구를 통해 훈민정음 발달의 실마리를 찾아내 2005년에 박사학위 논문(〈조선왕조실록〉의 한글 관련 기사를 통해 본 문자생활 연구)으로 제출할 수 있었다. 학사 논문과는 달리 박사 논문에서는 조선시대 훈민정음 발달이 지배층에 의해 어떻게 이루어져 왔는가를 밝힐 수 있었다. 그러나 이 논문은 조선왕조실록의 기록에 대한 분석이어서 한계를 가질 수밖에 없었다.

좀 더 세밀하게 파고들기에는 더 많은 세월이 필요했다. 학술진흥연구 재단의 인문저술 프로그램은 그 엄청난 프로젝트에 도전할 수 있는 용기를 주었다. 지원에 비해 결과는 턱없이 부족하지만 또 다른 도전을 하는 마음으로 연구 결과를 세상에 내놓고자 한다.

이 저술은 조선시대 훈민정음(한글) 발달 맥락을 밝힌 것이다. 훈민정음은 지배층이 만든 공식문자였지만 한자에 비해 비주류 문자였다. 이러한 비주류 문자가 어떻게 발달해 나갔는가가 내용의 핵심이다. 이러한 내용을 모두 6부 12장으로 구성하였다.

1부에서는 어문생활사 위주로 실증주의와 상대주의 역사관을 결합한 방법론을 세워 다양한 층위의 사람들이 어떻게 훈민정음을 통한 문자생활을 해왔는지를 밝히기 위한 연구 방법론을 정리했다. 이를 바탕으로 2부에서는 불교와 유교 분야를 통한 훈민정음 발달의 맥락을 총체적으로 짚었다. 3부에서는 소설, 시가 중심의 문학과 한글편지를 통한 훈민정음 발달을 규명하였다. 4부에서는 병서, 의서 따위의 실용 분야와 기독교 중심의 종교를 통한 훈민정음 발달을 짚었다. 5부에서는 교육을 통한 훈민정음 발달을 직접 교육과 간접 교육으로 나눠 살폈다. 6부에서는 고종의 국문 칙령의 의미와 결론으로서 비주류 공식문자로서의 발달 의미를 정리했다.

결론에서 더한 발달사를 집약해본 결과 조선 왕조는 하층민을 배려한 전무후무한 위대한 소리 문자를 만든 나라이면서 또 그러한 문자를 철저하게 비주류 공식문자로 묶어둔 안타까운 나라였다. 이율배반인 것 같지만 주류 공식문자인 한자의 역할과 비주류 공식문자인 훈민정음의 역할과 쓰임새를 상보적 관계로 묶어둠으로써 이율배반성을 극복했다.

이 저술을 어렵사리 마칠 때까지 선행 연구에 힘입은 바가 크다. 방대한 자료를 탐구하는 일은 새로운 역사를 배워가는 끝없는 즐거움과 함께 거대한 역사에 한없이 작아지는 아픔을 감내해야 했다. 많은 분들의 헌신적인 도움이 있었기에 맘 편히 잘 수 없는 날들을 3년간 이어갈 수 있었다. 특히 최기호 선생님, 홍윤표 선생님, 백두현 선생님, 정우영 선생님, 황선엽 선생님, 김홍범 선생님, 안대회 선생님, 김봉좌 선생님, 박은희 선생님의 도움이 컸다. 한글학회 김종택 회장님, 세종대왕기념사업회 박종국 회장님, 외솔회 성낙수 회장님, 짚신문학회 오동춘 회장님, 동국대학교 김혜숙 선생님, 정음학의 박영규 선생님은 학문과 삶의 흔들리지 않는 버팀목이 되어주셨다. 늘 변함없는 학문 동지인 허재영, 성기지 선생님의 손길도 잊을 수가 없다. 인문학의 후원자인 역락의 이대현 사장님과 편집진의 고마운 땀방울도 아로새겨 둔다.

주시경 집터 옆 연구실에서
지은이 김슬옹 씀

차 례

3부 문학을 통한 훈민정음 발달

1부

훈민정음
발달사 연구
방법론

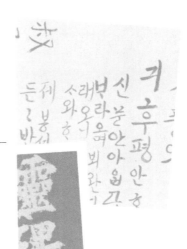

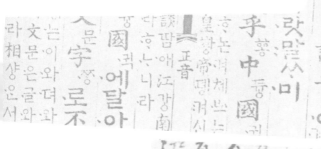

1. 훈민정음 발달에 대한 새로운 인식을 위하여

성리학의 나라, 친명사대가 생존논리인 나라, 그래서 나라 이름까지도 명나라의 인가를 받아야 했던 조선, 그 조선에 가장 자주적이면서 가장 조선스런 새로운 문자를, 친명사대의 정점에 있는 지배층의 임금이 만들었다. 임금이 만들었지만 철저히 비주류 나랏글이었던 훈민정음이 소중화주의 흐름 속에서 어떻게 살아남고 어떻게 뿌리내렸을까가 본 연구의 핵심 동기였다.

조선 후기 실학의 시대로 오면 소중화주의가 바뀌는 것 같지만, 일부 실학자에게는 오히려 중화주의로 심화된다. 박제가, 박지원, 정약용 등 상당수의 실학자들이 언문을 쓰지 않은 이유는 '중화주의' 때문이었다. 대표적인 실학자인 박제가는 아예 조선말을 버리고 중국어를 공용어로 삼자고 했다.[1] 박지원도 열하일기에서 중국의 언문일치를 부러

---

1) 我國地近中華, 音聲略同, 擧國人而盡棄本話, 無不可之理, 夫然後, 夷之一字可免. 우리

위하면서 되레 우리의 언문으로 번역하는 문화를 비판하고 있다.[2] 정약용은 조선이 이미 중화의 정치와 학문을 실현한 문화국가라고 생각(김문식, 2009 : 356)했기 때문에 언문 사용은 중화주의적 학문, 또는 삶의 태도에 위배된다고 보았다. 이런 흐름 속에서도 훈민정음은 다양한 방식으로 다양한 분야에서 발달하여 조선 말기에 이르러서야 주류 문자로 선언되었다(고종의 국문 칙령, 1895). 그 흐름은 어떻게 보면 단순하고 어떻게 보면 복잡하고 다층적이다. 그런 맥락을 본 연구에서 밝혀보고자 했다.[3]

'훈민정음'의 근대식 이름인 '한글'은 분명 한국의 글말로서의 고유 문자 이름을 가리키지만 그것이 표상하는 의미는 의외로 다양하고 복합적이다. "단일 언어 단일 민족"이라고 할 경우의 '언어'는 엄격히 말하면 오랜 세월 동안 단일성을 유지해 온 입말 중심의 언어를 가리키지만 실제로는 한글로 표상한다. 한글로 인해 오랜 역사 전통을 지닌 입말을 표현할 수 있게 되었기에 타당성은 있지만 입말을 글말로 치환

나라는 중국과 가깝게 접경하고 있고 글자의 소리가 중국의 그것과 대략 같다. 그러므로 온 나라 사람이 본래 사용하는 말을 버린다고 해도 불가(不可)할 이치는 없다. 이렇게 본래 사용하는 말을 버린 다음에야 (東夷의) 오랑캐라는 모욕적인 글자로 불리는 신세를 면할 수가 있다. - 박제가 지음 / 안대회 옮김(2003), 『북학의 - 조선의 근대를 꿈꾼 사상가 박제가의 개혁 개방론』, 돌베개, 107~109쪽.

2) 中國直以文字爲言 故經史子集 皆 其口中成語 非其 熱河日記 鵠汀筆譯. 정대림(2001 : 146)에서는 "이러한 정신이 훈민정음 곧 우리 문자로의 언문일치로 진전되고 확산되어 문학적 보편성을 얻는 데까지는 이르지 못한 한계성을 지니고 있기는 하지만, 그것이 당시의 문화적 여건으로 보아서는 분명 진보적 언어관이었다고 할 수 있을 것으로 보인다."라고 보았다. 그러나 박지원의 언문일치론은 한문학 자체에서는 진보적이었지만 그의 50여 년 전의 선배 문인인 김만중의 모국어 중심의 언문일치 의식으로 볼 때 대단히 퇴보적이며, 모국어 입말의 문학성을 무시한 잘못된 견해이다.

3) 김슬옹(2005나)에서는 조선왕조실록에 나오는 947건의 언문 관련 기사에 긍정적 의미를 부여했다. 그러나 947건은 전체 기사 수에 비해서는 극히 미미한 것이었다.

하여 표상하는 것은 '한글'의 맥락적 의미를 확충하거나 강조하는 흐름이라 볼 수 있다.

또한 '한글'은 개화기 이후에 새롭게 만들어진 명칭이지만 그 이전의 '훈민정음'이란 명칭이 주는 다양한 의미를 투영시켜 이해한다. 역사의 연속성을 강조할 때는 당연한 현상이지만 역시 한글 의미의 내포와 외연을 확장시켜 인식하는 흐름을 보여준다. 이 책에서는 맥락에 따라 '훈민정음', '언문', '한글' 등의 명칭을 혼용하기로 한다.

오늘날 한글에 대한 인식이 실제로는 아주 이질적인 양상으로 존재한다는 측면에서도 역시 한글의 의미가 무척 다양함을 알 수 있다. 이른바 한글전용주의와 국한문혼용주의의 대립은 아직도 만만치 않게 살아 있다. 글쓴이는 이런 논쟁의 어느 한쪽을 지지하고자 하는 것이 아니다. '한글'을 둘러싼 역사적 맥락과 인식의 폭이 다양하고 그것이 현실로 이어지고 있다는 점을 주목하자는 것이다. 그런 만큼 '한글'이 표상하는 의미가 복잡하다는 것을 알 수 있다. 다만 그런 이분법적 논쟁은 '한글'에 대한 단편적 인식 또는 통념이나 고정관념에 의존하는 경우가 많다는 점이다.

글쓴이는 학위 논문인 '김슬옹(2005나)'에서 한글의 공적 사용에 주목한 바 있다. 이는 지배층의 한글 홀대에 대한 통념을 비판한 것이며 넓게는 한글 관련 어문생활의 근본적인 원동력의 실체를 밝힌 것이었다.[4] 다만 이 연구는 조선왕조실록 기록에 대한 한정적인 분석이었다.

---

4) 흔히 한글을 세종이 피지배층을 위해 만들었고, 역시 피지배층에 의해 발달되어 갔다는 담론이 지배적이었다. 류렬(1992 : 2권 500)에서 "이러한 각 분야에 많은 책들이 보급됨에 따라 새로 나온 우리 글자 훈민정음은 국가적으로, 사회적으로 보급되기 시작하면서 인민들의 손에 들어가게 되자 그것은 곧 인민들의 소유물이 되고 문화창조의 힘있는 무기로 되면서 민족글자로서 그 지위를 튼튼히 다지고 더욱 발전하게 되었다."라고 보는 식이다. 최준식(2007 : 286)에서도 "한글에 대해

따라서 본 연구에서는 실제 한글 관련 문헌을 통해 실제적인 어문생활의 공적 맥락을 세밀하게 규명하는 데 의의가 있다.

조선 후기 상업용 출판물인 방각본 책자가 나오기 전까지는 관공서에서 정책이나 실용 차원에서 펴낸 관판본이 출판의 중심이었다. 따라서 이런 관판본이 어문생활에 어떤 영향을 어떻게 끼쳤는가가 중요하다.

그동안 중세 이후의 국어사 연구는 30여 권 이상의 국어사 연구 단행본이 나올 정도로 괄목할 만한 성과를 거두었다. 근대 이후 짧은 국어학 연구 기간에 비해 놀라운 성과임에 틀림이 없지만 대부분 문법사 위주의 성과인 점이 아쉬운 부분이다. 국어사를 국어문법사와 국어생활사를 포괄하는 용어로 본다면 어느 한쪽으로 치우친 셈이다(김슬옹, 2011다). 다행히 최근 국어생활사 또는 어문생활사 연구가 새롭게 부각되고 활성화되고 있다.(연구사 참조) 이런 연구가 국어사 연구의 내포와 외연을 확장시킨 것만은 분명하지만 아직은 국어사나 서지학 분야로 역시 한정되어 있어 문제다. 역사학과 사회학 등 좀 더 통합 학문적 접근을 넓히거나 깊게 해 바람직한 생활사 연구를 충실하게 발전시켜 나갈 필요가 있다.5)

김석득·박종국·최기호 편(2001)에서의 조사 결과에 의하면, 훈민정

양반층의 반대가 심하다 보니, 한글은 문자가 없는 평민이나 여성층이 주로 사용하는 언어가 되었습니다."라고 보았다. 이런 식의 인식은 대중뿐 아니라 전문가들의 통념이기도 하다.

5) 백두현(2009 : 293~294)에서는 한글 사용 역사에 대한 연구 전략에 대해 "순수 국어학적 관점에서 한글본의 언어 분석을 충실하게 하는 것이 더할 나위 없이 중요한 것이다. 문헌에 대한 순수 학문적 분석과 기초적 연구는 다른 다양한 접근을 가능케 하는 토대가 되기 때문이다. 이제 우리는 그동안 축적되어 온 국어사 연구와 한글문헌 연구를 기반으로 하고, 역사학계의 관련 연구를 함께 고려하면서 한글문화 자산의 재평가와 새로운 이해를 시도해야 할 때가 되었다."라고 자리매김한 바 있다.

음 창제 이후부터 조선시대 말까지 공식적으로 간행되었거나 대중적 영향력이 컸던 훈민정음 관련 옛 문헌은 439종에 이른다. 한문 문헌에 비해서는 턱없이 적은 분량이지만, 적은 만큼 문자 보급이나 문자생활사 측면에서 더욱 큰 구실을 했을 것이다. 따라서 국어생활사나 좀 더 구체적인 국어사를 밝히기 위해 이들 문헌에 대한 치밀한 연구가 필요하다.

언어학 연구는 당연히 언어생활사 연구가 중요하다. 국어생활사 연구는 그동안 제대로 주목받지 못한 분야이다. 이제는 이와 관련된 사회언어학, 화용론, 담론, 미시사 등 관련 학문이 발달되어 연구 여건이 성숙되었다. 국어생활사는 주로 미시사 차원에서 논의되고 있지만, 그렇다고 거시사 측면이 필요 없다는 것은 아니다. 보통 개인의 언어생활은 국가의 언어정책에 의해 영향을 받을 수밖에 없기 때문이다. 본 연구에서 다루고자 하는 텍스트는 불경언해를 비롯한 종교서적부터 생활규범이 담긴 유교언해서, 전염병 치료에 관한 한의서, 농사짓는 책, 구황작물에 관한 책, 병장기에 관한 책 등 일반 백성들의 삶이나 실용적인 분야와 밀접한 문헌들이다. 비록 이들 문헌이 대부분 국가 정책적 차원에서 유포되었다 하더라도 백성들의 언어생활이나 구체적인 삶에 어떻게 전달되고 실제 효과는 어떻게 나타났는지를 세밀하게 연구할 필요가 있다.

이 책에서 다루고자 하는 국어생활은 엄격히 말하면 훈민정음(언문) 위주의 문자생활사이다. 훈민정음 창제 후 그것이 어떻게 보급되었고 백성의 생활 속으로 파고들었는가 하는 점이 규명되어야 훈민정음 연구는 충분히 이루어졌다 할 것이다. 새 문자 창제 목표가 구체적인 사용에 있었다면 문자 창제 이후에 그것이 어떻게 보급되고 사용되었는

지가 규명되어야 하기 때문이다. 한글 관련 문헌들이 어떤 동기에 의
해 출판되었고 또 어떻게 보급되었는가, 그래서 어떻게 되었는가 하는
목표나 과정이 연구되어야 한다. 물론 가장 중요한 것은 이러한 1차
문헌에서 훈민정음이 어떻게 쓰였는가 하는 점이다. 이러한 언어내적
맥락과 언어외적 맥락을 같이 규명해낼 때 훈민정음 보급 과정은 좀
더 명확히 밝혀질 수 있을 것이다.

그동안 훈민정음 보급과 발전 과정은 다소 추상적이고 일반적인 견
해에 머물렀다. 실증적 연구보다는 민족주의 이념에 의한 추론적 판단
에 의한 것도 문제였다. 이제 그간의 연구 한계를 다양한 측면에서 접
근함으로써 그 한계를 극복하거나 결점을 보완할 필요가 있다.

본 연구에서 다루고자 하는 문헌들에 대한 선학들의 연구는 양적으
로나 질적으로 많이 축적되었다. 다만 아쉬운 것은 문헌의 서지 연구
나 내용의 내적 연구에 치우쳐 역사 전반에 걸친 맥락이 제대로 조명
이 안 되었다는 점이다. 따라서 이들 문헌의 내용뿐만 아니라 사회적
역사적 배경이나 맥락을 규명하는 것이 문자사용의 통합적 규명에서
절실하다.

어떤 특정 문헌을 공시적으로 볼 때 누가, 왜, 누구를 위해, 어떻게
펴냈는가를 규명해야 하는데 이런 작업은 관련 텍스트의 통합적 연구
에 의해서만 가능하다. 또한 통시적 흐름 속에서의 의미화도 관련 문
헌이나 사건의 계보학적 접근이 필요하다. 곧 개별 문헌별로 충분한
연구가 이루어졌다 하더라도 그런 연구가 거시적 역사 맥락 속에서 제
대로 규명되지는 못했다.

또한 통합적 연구가 필요한 이유는 자료의 한계성 때문이다. 자료가
부족할수록 관련 문헌들의 통합적 연구를 통해 극복할 필요가 있다.

따라서 이 같은 연구는 통합적 연구 프로젝트로 진행되어야 그 전체상이 제대로 밝혀질 수 있다.

2. 연구 목표와 목적

본 연구는 한글문헌을 통해 한글을 둘러싼 생활 맥락을 규명하고자한다. 조선왕조실록 1447년 10월 16일(음력) 기록에 의하면 세종이 '용비어천가' 550본을 여러 신하들에게 내려주었다.[6] 누구에게 어떤 식으로 나눠주었다는 세세한 기록은 없지만 550본은 대단히 중요한 의미가 있다. 지금도 전문 학술 책은 500권 정도 찍는 것으로 보면 그 당시 550권은 대량의 출판을 의미한다. 훈민정음이 반포된 지 1년이 조금 넘은 시기이므로 새 문자를 널리 홍보하려는 목적도 있었던 듯하다.

용비어천가의 문체가 국한문 혼용체이고 주석은 모두 한문인 것으로 보아 용비어천가는 하층민보다 사대부를 직접 대상으로 삼았다는 것은 두루 알려진 사실이다. 물론 이렇게 많은 사대부들에게 나눠준 것은 더 많은 백성에게 간행 취지가 퍼져 왕조의 정당성이 제대로 각인되기를 바랐던 것임을 짐작할 수 있다. 본 연구는 이와 같이 한글문헌의 역사적 맥락을 추적해 그 책의 의미를 규명하는 것을 가장 큰 목적으로 삼는다.

언어는 역사적 산물이며 또한 역사를 구성하는 실체이기도 하다. 그런 관점에서 훈민정음 보급에 따른 한글생활사의 실체를 규명할 것이

---

6) 賜 (龍飛御天歌) 五百五十本于群臣. ─세종 29년(1447) 10월 16일자.

다. 이는 우리 언어생활의 뿌리를 세우는 것과 같다. 한문을 이용한 글자살이도 대단히 중요한 의미를 지니지만 입말과의 연계를 제대로 보여주는 언문을 통한 글자살이는 그 당시 삶의 역동성을 보여준다. 특히 대화투 문장이 담겨 있는 불교 언해서는 더욱 역동적인 언어의 세계를 보여주어 더욱 가치가 있고, 삼강행실과 같은 수신서를 비롯한 유교 실용서는 구체적 삶의 역사성과 현장성을 보여준다. 따라서 훈민정음으로 표기된 문헌자료를 통한 국어생활사 연구는 국어생활사의 본령이 될 수 있다.

이제 훈민정음 보급 과정과 그것으로 말미암은 실제 효과를 규명할 필요가 있다. 이는 보급 주체나 독자 입장에서 접근해야 하지만 그런 전략은 관련 문헌(텍스트)의 맥락적 접근을 통해 분석해보아야 한다. 하나의 텍스트는 본래 다양한 목적을 가지며 그 효과 또한 다중적일 수밖에 없다. 세종 이후에는 세종 당대와 같은 훈민정음 보급을 위한 직접적 정책이 거의 없다. 그것은 세종과 같은 의지를 가진 정책의 주체가 적어서이기도 하겠지만, 한편으로 보면 실용적 쓰임새를 통해 보급의 기본적 틀이 형성되었다고 볼 수도 있다. 따라서 본 연구에서는 사회언어학, 역사언어학 등을 중심으로 하는 통합언어학 방법론을 통해, 훈민정음의 실질적 보급 과정과 그 영향 관계를 규명할 것이다. 다양한 종류의 한글문헌에 대한 세밀한 분석이 이루어진다면, 열악한 사회적 여건 속에서 훈민정음이 널리 쓰이게 된 배경을 구체적으로 추적해 낼 수 있을 것이다.

훈민정음 관련 문헌은 그동안 국어사 기술 및 연구사 기술에서 많이 알려졌지만, 그런 문헌들의 총체적 의미는 충분히 밝혀졌다고 보기는 어렵다. 이 중에는 간행 연대가 확실한 경우도 있고, 불확실한 경우도 있고, 아예 짐작할 수 없는 경우도 있다. 이번 연구를 통해 그것의 실체를 최대한으로 밝혀, 확실한 것은 확실한 대로, 그렇지 않은 것은 그렇지 않은 대로의 의미를 규명한다. 이렇게 보면 이번 저술은 단순한 훈민정음 연구가 아니라 훈민정음을 둘러싼 역사적 맥락에 대한 연구가 된다.

세계화 시대가 진행될수록 우리 문화가 갖는 특성을 더욱 드러내는 전략이 필요하다. 한글 옛 문헌의 총체적 접근은 한국의 가장 우수한 문화유산인 한글의 문화적 실체를 세우는 일이 된다. 훈민정음은 보편성과 특이성이 모두 뛰어난 문자다. 우리가 막연히 한글의 우수성을 내세울 것이 아니라 구체적으로 한글 콘텐츠에 대한 세밀한 연구와 자료 구축을 해야 한다. 이번 저술 대상 텍스트는 다양한 분야의 콘텐츠로 구성되어 있어 문화재의 가치를 더욱 높일 수 있을 것이다.

문화관광부에서는 2006년 7월 26일 한국의 100대 상징을 발표한 바 있다. 그러한 상징 가운데 훈민정음 문자의 상징 효과는 단연 으뜸이다. 다만 그런 상징의 구체적 효과는 그냥 이루어지는 것은 아니다. 본 연구와 같이 훈민정음으로 이루어진 각종 문헌에 대한 심층적, 또는 다각화된 연구가 이루어질 때 진정한 상징적 효과를 발휘할 수 있다.

3. 연구사와 주요 연구 범위

세부적인 주제별 연구사는 해당 논의에서 다루므로 여기서는 조선시대 훈민정음 사용에 관한 거시적 연구에 한해 정리해보기로 한다. 조선시대 훈민정음 사용 역사에 대한 초기 연구는 대부분 문헌 중심의 연구였다.

조선시대 훈민정음 관련 문헌을 어떻게 분류할 것인가는 근본적으로 훈민정음과 그에 관한 문헌에 대한 평가 작업이기도 하다. 역사적으로 보면 역사적 의미를 부여하는 행위이므로 더더욱 중요하다. 이와 관련하여 해제 연구나 자료는 많으나 전체적인 분류 연구는 많지 않다. 해방 전과 후로 나누어보면 [표 1]과 같다.

[표 1] 조선시대 훈민정음 관련 문헌 분류 현황

해방 전	해방 후
(1) 小倉進平(오쿠라 신페이, 1920), 『朝鮮語學史』, 동경 : 大阪屋號書店. 391쪽(색인 포함).	(1) 김지용(1971), 「국어・국자의 보급 발전에 기여한 문헌 고」, 『한글학회 50돌 기념논문집』, 한글학회.
(2) 김윤경(1932), 「한글 硏究 材料의 文獻」, 『한글』 6, 조선어학회, 236~255쪽. 『한결 金允經全集 2 : 朝鮮文字及語學史』(연세대학교 출판부, 1985) 재수록, 678~767쪽.	(2) 맹택영(1978), 「諺解書의 史的 考察」, 『논문집』 15집, 청주교육대학교, 263~294쪽.
	(3) 안병희(1983), 「國語史資料의 整理를 위하여 : 基本資料의 選定 및 複製와 관련하여」, 『한국학문헌연구의 현황과 전망』, 아세아문화사, 295~310쪽. 재수록 : 안병희(2009), 『國語史 文獻 硏究』, 신구문화사, 216~235쪽.
(3) 김병제(1934), 「조선어학 도서전람회」, 『한글』 19・20호, 조선어학회. 19호(1쪽), 20호(26~30쪽)	(4) 이현희(1996), 「중세 국어 자료(한글문헌)」, 『국어의 시대별 변천・실태 연구 1』, 국립국어연구원, 210~524쪽.
(4) 小倉進平(1940), 『增訂 朝鮮語學史』, 동경 : 刀江書院, 677쪽, 부록(문헌 연보 21쪽, 색인 30쪽), 모두 728쪽.	(5) 김석득・박종국・최기호 편(2001), 『한글 옛 문헌 정보 조사 연구』, 문화관광부.
	(6) 김무봉(2002), 「조선시대 간경도감의 역경사업」, 『電子佛典』 4집, 동국대학교전자불전연구소, 7~53쪽.
(5) 최현배(1942), 『한글갈』. 정음사.	(7) 이호권(2008), 「조선시대 한글문헌 간행의 시기별 경향과 특징」, 『한국어학』 41.

홍윤표(2006 : 87~88)에서는 한글 고문서의 개념을 넓게 보아 표기 측면에서 한글이 조금이라도 표기된 문서를 지칭했다. 이호권(2008 : 84)에서도 폭넓게 보아 "내용적인 측면에서는, 한문 또는 외국어의 원전과

함께 한글이 사용된 문헌뿐 아니라, 한자의 훈과 음을 달기 위하여 한
글이 사용된 문헌, 그리고 한문 원전의 일부 어구나 어휘에 한글을 부
기한 문헌"을 모두 포함시켰다.[7] 곧 한글이 들어 있는 문헌은 모두 한
글문헌으로 다루는 것이다.

이러한 견해에서 공통적으로 보여주고 있는 것은 조선시대 훈민정
음 문헌의 자리매김은 순혈주의에 빠질 필요가 없다는 점이다. 훈민정
음 글자가 단 한 글자라도 들어가면 훈민정음 관련 문헌 또는 훈민정
음(한글) 문헌으로 보아야 한다. 비록 훈민정음이 조선 왕조의 공식문자
였다고는 하나 철저히 비주류 문자였고 그런 만큼 단 한 글자라도 사
용이 되었다면 매우 소중한 가치가 있는 것이기 때문이다. 조선시대
훈민정음 문헌에 대한 융통성 있는 맥락적 접근이 필요하다.

따라서 이 장에서는 그동안의 분류사를 정리하고 나름대로 분류 틀
과 대안을 제시하기로 한다. 한글문헌을 분류하는 일은 한글 사용과
발전 역사를 규명하는 것도 되지만 한글문헌의 역사적, 사회적 의미를
부여하는 것이기도 하다. 그동안 조선시대 한글문헌에 대한 종합 분류
나 서지를 밝힌 주요 논저는 다음과 같다.

小倉進平(1920), 『朝鮮語學史』, 동경 : 大阪屋號書店.
김윤경(1932), 「한글 硏究 材料의 文獻」, 『한글』 6, 조선어학회, 236~255
　　　쪽. 『한결 金允經全集 2 : 朝鮮文字及語學史』(연세대학교 출판부,
　　　1985) ; 재수록, 678~767쪽.
김병제(1934), 「조선어학 도서전람회」, 『한글』 19·20호, 조선어학회.

---

7) 이호권(2008)은 "시간적인 측면에서는, 훈민정음 창제 이후로부터 갑오경장(1894,
　고종 31)까지 간행된 한글문헌"으로 한정하고 있다. 그 이유는 갑오경장 때부터
　한글이 적어도 법적으로는 공식적인 문자생활의 주역이 되기 때문으로 보았다.

小倉進平(1940), 『增訂 朝鮮語學史』, 동경 : 刀江書院.

최현배(1942), 『한글갈』, 정음사.

최현배(1982), 『고친 한글갈』, 정음문화사.

김지용(1971), 「국어·국자의 보급 발전에 기여한 문헌 고」, 『한글학회 50돌 기념논문집』, 한글학회.

맹택영(1978), 「諺解書의 史的 考察」, 『논문집』 15집, 청주교육대학교, 263~294쪽.

이숭녕(1978), 「諺解 事業의 時代的 傾向에 대하여」, 『민족문화』 4, 민족 문화추진회, 5~29쪽.

이현희(1978), 「奎章閣 소장의 英祖代 한글문헌」, 『규장각』 2집, 25~42쪽.

안병희(1979), 「中世語의 한글 資料에 대한 綜合的인 考察」, 『규장각』 3 집, 109~147쪽.

안병희(1983), 「國語史資料의 整理를 위하여 : 基本資料의 選定 및 複製와 관련하여」, 『한국학문헌연구의 현황과 전망』, 아세아문화사, 295~ 310쪽 ; 재수록 : 안병희(2009), 『國語史 文獻 研究』, 신구문화사, 216~235쪽.

양태진(1990), 『알기 쉬운 옛책풀이』, 법경출판사.

홍윤표(1993), 『國語史 文獻資料 研究 : 近代編 1』, 太學社.

홍윤표(1994가), 「奎章閣 所藏 近世國語 文獻資料의 綜合的 研究」, 『한국 문화』 15, 1~55쪽.

이현희(1996), 「중세 국어 자료(한글문헌)」, 『국어의 시대별 변천·실태 연구 1』, 국립국어연구원, 210~524쪽.

박종국(1996 / 2009 : 증보), 『한국어발달사』, 세종학연구원.

정재영 외 11명(2000), 『정조대의 한글문헌』, 문헌과해석사.

김석득·박종국·최기호 편(2001), 『한글 옛 문헌 정보 조사 연구』, 문화 관광부.

박종국(2003), 『한글문헌 해제』, 세종대왕기념사업회.

김동소(2007), 『한국어의 역사』, 정림사.

조선시대 한글문헌에 대한 최초 분류는 일제 강점기 때 소창진평(小

倉進平, 1920)에 의해 이루어졌다. 이 책은 조선총독부 소장 자료를 바탕으로 조선총독부의 각종 지원과 후원을 받아 저술되었고, 국내 학자들의 국어 연구에 직·간접으로 영향을 미쳤다. 이런 의미에서 일제 강점기의 일본 지식인에 의해 드러난 조선시대 훈민정음 문헌의 역사적 의미를 반추해볼 필요가 있다.

조선시대 훈민정음(한글) 문헌 목록이 자세하게 체계적으로 분류된 것은 김윤경(1932)에서였다.[8] 이 분류는 조선시대만을 대상으로 한 것은 아니지만 체계적으로 제시된 최초의 한글문헌 목록이면서 일제 강점기 때의 목록이라 더 큰 의미가 있다.[9]

---

8) 김윤경의 저작 목록에 대해서는 하동호(1975)에서 종합 정리되었다.
9) 이숭녕(1955 : 39~40)에서는 한글문헌 해제 연구사의 기원을 小倉進平(1940)으로 보고 있다. 小倉進平(1940)은 小倉進平(1920)의 증보판으로 小倉進平(1920)에는 체계적인 한글 도서 해제가 들어가 있지 않다. 그러므로 小倉進平(1940)보다 앞서 이루어진 김윤경(1932)을 한글문헌 분류 기원으로 보아야 한다. 물론 김윤경은 소창진평(小倉進平)의 여러 연구 결과를 참고하였다고 하였으나 체계적인 한글문헌 분류는 김윤경(1932)에서 이루어진 것이다. 그리고 이숭녕(1955)에서는 小倉進平(1940)의 도서 해제 중심의 조선어학사를 다음과 같이 부정적으로 평가하고 있다.
"도서해제식 국어학사—여기에 기원을 만든 것은 小倉進平 氏의 <朝鮮語學史>이다. 이것은 증보판을 지목함인데 어느 모의 서지학 또는 도서해제식 국어학사이어서 소위 <언어학사>의 형식에서 볼 때 비록 국어자료의 문헌을 수록한 점은 그 공이 참으로 크기는 하나 절대로 만족을 느낄 수가 없다. 만일 문학사를 고대부터의 시가집, 소설집의 도서해제로 본다면 몰라도 사실인즉 이러한 문헌의 해제로 문학사가 이루어질 수 없음과 같이 소창 씨의 該著는 국어학사가 아니라 <국어학의 도서해제>가 적당한 이름이라 할 것이다. 그리하여 소창 씨의 該著는 국어의 자료를 얻을 수 있는 저서라 하면 무엇이든지 항목을 설정하고 수록하였으니 특히 한만몽왜어의 교과서가 상당한 부분을 차지하고 해제로서 설명되어 있으니 이것은 국어학사의 관외의 것이어서 언어도단이라고 하겠다."

[표 2] 소창진평(1920)과 김윤경(1932)의 한글문헌 분류 비교

소창진평(小倉進平, 1920)	김윤경(1932)
1장 총설	1부 조선어 본위의 서류
2장 어학기관	2부 지나어 본위의 서류
3장 조선어학	3부 몽고어 본위의 서류
4장 일본어학	4부 여진어 본위의 서류
5장 지나어학	5부 만주(청어) 본위의 서류
6장 만주어학	6부 일본어 본위의 서류
7장 몽고어학	7부 관계 논문 각종(各種)

김윤경(1894~1969)은 1921년에 조선어연구회 창립 회원이 되어 활동하다가 1926년 일본 릿꾜 대학에 유학하여 사학을 전공하였다. 이러한 이력과 저술 전반의 맥락으로 볼 때 이런 목록 구성 의도에는 한글 민족주의와 역사의식이 깔려 있다고 볼 수 있다.

김윤경(1932)의 6부까지는 한글 관련 문헌이고 고서이다 보니 일본어 본위의 서류가 맨 밑으로 갔고 7부는 일제 강점기 때의 2차 문헌이다 보니 일본어 본위 서류를 맨 위에 배치한 듯하다.

최초 <한글>지 문헌에서는 7부 해당 내용은 상위 제목 없이 목록만을 제시하였으나 단행본(조선문자급어학사)에서는 7부로 설정하였다. 6부까지의 고문헌은 주로 소창진평(小倉進平, 오쿠라 신페이)의 저서를 참고하였다고 하였으나 최초 목록에서는 소창진평의 서지 정보는 밝히지 않았다. 다만 참고문헌에서 조선총독부 편, '朝鮮圖書解題'와 쿠란 저, '朝鮮書目解題(1894년 초판, 1896년 증보, 1899년 증보)'를 밝히고 있다(김윤경, 1932 : 245, 255)[10] '조선문자급어학사'에 재수록하면서 7부 목록을 대폭 보완

---

10) 조선총독부가 펴낸 '朝鮮圖書解題'는 1915년(대정 4). 1919년(대정 8년, 709쪽)에 나왔고, 1932년에는 朝鮮語研究會 편으로 개정판 1쇄(朝鮮通信社)가 나왔고 1944년에 재판(民衆時論社, 579쪽)이 나왔다. 1972년 경인문화사에서 영인해서 펴냈다. 여기서

하고, 주석에서 소창진평의 '朝鮮語學史, 國語及び朝鮮語のため, 鄕歌及び吏讀の硏究' 등의 저서를 들었다. 이 점은 매우 중요한 의미가 있다. 공교롭게도 소창진평의 <조선어학사>와 김윤경의 <조선문자급어학사>는 일제 강점기의 쌍벽을 이루는 저서로 평가되고 있다.[11]

오쿠라 신페이는 그의 한국어 연구에 대한 절대적인 업적과 비중에 비해 우리 학계가 덜 주목하고 있다. 소창진평 저작집 4권이 태학사에서 1981년에서야 나왔지만 그에 관한 연구 논저는 그의 비중에 비해 적은 편이다. 그는 한국어 연구 못지않게 한국어 관련 고문헌 정리와 재생산 담론에 절대적인 영향을 끼친 인물이다. 이진호·이이다 사오리(2009)의 평가처럼 긍정적 평가도 있지만, 사료 문헌에 대한 침략 국가 학자로서의 절대적 권력으로 말미암아 려증동(2003)의 평가처럼 같은 부정적 평가도 있다.[12]

따라서 고문헌 정리에 대한 소창진평의 역사적 자리매김에 대한 연구가 매우 중요한 시점인데 김윤경(1932) 목록이 그 실마리를 던져주고 있다. 소창진평은 1911년에 조선총독부에 근무했고, 고문헌 접근의 유리한 위치에 힘입어 1920년에 『朝鮮語學史』(1940년에 증보)를 집필했다.[13] 1924년부터 1926년까지 유럽과 미국에 유학한 후 1926년에는 경성제국대학 교수로 근무하면서, 규장각의 고문헌 정리와 유포에 핵심 역할을 한 것으로 보인다.

그의 조선어 연구에 대한 탁월한 업적을 부정하자는 것이 아니라 조

말하는 '朝鮮語硏究會'는 한글학회 전신 '조선어연구회'가 아니다. 한글학회 전신 '조선어연구회'는 1921년에 창립되어 1931년에 '조선어학회'로 이름을 바꾸었다.
11) 두 저서의 비교는 최성옥(2006 : 125~141) 참조.
12) 소창진평의 양면적 평가에 대한 흐름은 최성옥(1998 : 109~129)에 정리되어 있다.
13) 동경대에 그의 문고가 따로 있을 정도다.

선의 고문헌이 그의 손을 거쳐 어떻게 재생산되어 유포되었는지를 밝혀야 한다는 것이다. 일제는 조선사편수회 등의 공식 조직과 드러나지 않은 비공식 조직을 통하여 고문헌의 폐기와 조작 또는 재생산을 했다. 소창진평을 이와 같은 연장선상에서 평가할 수 있는지는 더 연구를 해 보아야 하겠지만, 그가 우리의 문헌을 마음대로 다룰 수 있는 핵심 위치에 있었다는 점에서 직·간접적으로 관련된 것은 틀림이 없을 것이다. 그러므로 김윤경(1932) 목록은 국학 문헌 정리와 연구를 일제에 의존해야 했던 일제 강점기의 암울한 현실을 보여주고 있기도 하다.

소창진평(1940)의 분류는 문헌 해제를 바탕으로 체계적 분류를 시도했다는 데 의미가 있다. '일제 강점기'라는 비극적 역사가 낳은 역설적인 업적이다. 이 분류에서는 삼강행실도를 정통 교화류로 보지 않고 역사류로 분류한 점이 독특하다. 다양한 인물이 겪은 사건의 역사성에 주목한 듯하다.

좀 더 세밀한 한글문헌 분류는 한글사와 한글연구사를 함께 다룬 최현배(1942)에서 이루어졌다.[14] 이러한 <한글갈>의 문헌 분류에 대해서는 이호권(1993, 2008), 권재일(1995)에서 집중 조명되었다. 권재일(1995 : 16)은 이러한 최현배의 분류를 "분류 방법의 독창성, 고증 방법의 실증성, 기술 방법의 체계성"으로 종합 평가한 바 있다. 여기서는 시기 구분과 문헌 분류를 교차시키고 있다. 시기 문제는 다른 장에서 다루므로, 여기서는 문헌 분류 양상에만 주목하기로 한다.

다만 최현배의 문헌 분류는 시기 구분과 연계된 것이므로 상호 관계

---

14) 한글갈의 집필 완성은 1940년, 실제 간행은 1942년이다. 그런데 한글갈 초판과 그 뒤로 나온 고친판 모두 초판 발행연도를 1940년으로 해놓았다. 이에 대한 집중 평가로는 유창균(1974), 김석득(1985), 안병희(1985), 강신항(1993) 등이 있다.

를 주목해야 한다. 한글 발달사 시기 구분은 최현배(1942)에서 제대로 이루어진 셈이다. 따라서 시기 구분 자체는 충분한 의미가 부여될 수 있지만 명칭이 어울리지 않는다. 그 가운데 '정착 시기'와 '간편화 시기' 등이 그렇다. '정착'이란 말이 실제 현실과 견주어볼 때 매우 모호하다. '간편화'도 무엇이 어떻게 간편화되었는지 '간편화'의 일반 뜻과 그 시기의 맥락이 어울리지 않는다.

이러한 최현배의 시기 분류와 문헌 분류를 바탕으로 이호권(2008)에서는 [표 3]과 같이 분류하였다.

[표 3] 이호권(2008)의 조선시대 한글문헌 분류(내용 재구성)

시기	내용	문헌
제1기(요람기) 훈민정음창제~ 예종(1443~1469)	한글	훈민정음해례본(1446), 훈민정음언해(1459), 동국정운(1448), 구급방언해(1466, 부전)
	문학	용비어천가(1447)
	불교	석보상절(1447), 월인천강지곡(1447), 월인석보(1459), 몽산법어언해(1460), 아미타경언해(1461), 능엄경언해(1461), 능엄경언해(1462), 법화경언해(1463), 영가집언해(1464), 금강경언해(1464), 심경언해(1464), 아미타경언해(1464), 원각경언해(1465), 법어언해·목우자수심결언해(합부 1467)
제2기(성장기) 성종~ 임진왜란직전 (1470~1592)	불교	관음보살주경(1476), 금강경삼가해(1482), 남명집언해(1482), 불정심경언해(1485), 오대진언(1485), 육조단경언해(1496), 진언권공언해·삼단시식문언해(1496), 목우자수심결언해(1500), 영가집언해(1520), 법화경언해(1523 / 1547), 심경언해(1553), 아미타경언해(1558), 금강경언해(1575), 원각경언해(1575), 몽산법어(1521 / 1523 / 1525), 월인석보(1542 / 1559 / 1562 / 1568 / 1569), 별행록절요언해(1522), 부모은중경언해(1545), 육자선정언해(1560), 몽산화상육도보설언해(1567), 선가귀감(언해본, 1569), 칠대만법(1569), 초발심자경문언해(1577 / 1583), 진언집(1569)
	교화	내훈(1475/1573), 삼강행실열녀도언해(1481), 삼강행실도언해(1490), 이륜행실도(1518), 여씨향약언해(1518), 정속언해(1518), 경민편언해(1519), 속삼강행실도(1514)

시기	내용	문헌
제2기(성장기) 성종~임진왜란 직전 (1470~1592)	교육	훈몽자회(1527), 신증유합(1574 / 1576), 천자문(1575), 석봉천자문(1583)
	시가	두시언해(1481)
	의학	구급간이방언해(1489), 신선태을자금단언해(1497), 창진방촬요언해(1517), 간이벽온방언해(1525), 우역방언해(1541), 분문온역이해방언해(1542), 구황촬요언해(1554), 촌가구급방(1538)
	농사	금양잡록(1492)
	외국어	이로파(1492), 번역노걸대(1520), 번역박통사(1510), 노박집람(?), 사성통해(1517), 속첨홍무정운(?)
	유교	번역소학(1518), 소학언해(1588), 대학언해(1590), 중용언해(1590), 논어언해(1590), 맹자언해(1590), 효경언해(1590)
제3기(변동기) 임진왜란~경종 (1592~1724)	사서언해	주역언해(1606), 시경언해(1613), 서전언해(1613, 부전), 내훈(1611)
	중간	용비어천가(1612), 훈몽자회(1613), 사성통해(1614)
	의학	언해구급방(1607), 언해태산집요(1608), 언해두창집요(1608), 동의보감(1613), 간이벽온방언해(1613), 우역방언해(1636), 벽온신방언해(1653), 구황벽온방언해(1639), 신간구황촬요언해(1660)
	교화	동국신속삼강행실도(1617), 가례언해(1632), 경민편언해(1658)
	병학	무예제보언해(1598), 무예제보번역속집(1610), 연병지남언해(1612), 중간 : 병학지남언해(1649), 진법언해(1693), 화포식언해 · 신전자취염소방언해(1635), 신전자초방언해(1698), 중간 : 신간삼략언해(1711)
	외국어	노걸대언해(1670), 박통사언해(1677), 역어유해(1690), 오륜전비언해(1721), 첩해신어(1676), 왜어유해(1780), 팔세아(1704), 소아론(1704), 삼역총해(1704), 청어노걸대(1704)
제4기(융성기) 영조~정조 (1725~1800)	교화	중간 : 삼강행실도 / 속삼강행실도 / 이륜행실도(1726~1730), 오륜행실도(1797), 어제내훈(1737), 어제소학언해(1744), 여사서언해(1737), 어제상훈언해(1745), 어제훈서언해(1756), 어제경민음(1762), 어제백행원(1765), 종덕신편(1758), 천의소감언해(1756), 명의록언해(1777), 속명의록언해(1778), 계주윤음(1757), 효유윤음(1776), 제주대정정의등읍부로민인서(1781), 경기대소민인등윤음(1782)

시기	내용		문헌
제4기(융성기) 영조~정조 (1725~1800)	외국어	한학서	노걸대언해(1745), 노걸대신석언해(1763), 중간노걸대언해(1795), 박통사신석언해(1765), 역어유해(보)(1775)
		왜학서	개수첩해신어(1748 / 1762), 중간개수첩해신어(1781), 인어대방(1790), 왜어유해(1780년대초)
		몽학서	첩해몽어(1737), 몽어노걸대(1741 / 1766), 몽어유해(1768).
		청학서	신석청어노걸대(1765), 중간삼역총해(1774), 신석팔세아(1777), 신석소아론(1777), 동문유해(1748), 한청문감(?1779)
	병학		병학지남언해(1787), 무예도보통지언해(1790)
	의학		증수무원록언해(1796), 제중신편(1799)
	한글 연구		화동정음통석운고(1747), 삼운성휘(1751), 규장전운(1796), 전운옥편(1796)
제5기(변혁기) 순조~갑오경장 (1801~1894)	윤음언해		척사윤음언해(1839)
	도교		태상감응편도설언해(1852), 남궁계적언해(1876), 삼성훈경(1880), 과화존신(1880), 관성제군명성경언해(1883), 기령현묘경언해(1886)
	방각본		주해천자문(1804), 신간증보삼략직해(1805), 임경업전(1840), 조웅전(1857)
	천주교, 기독교		천주성교공과(1864), 성찰기략(1864), 회죄직지(1864), 신명초행(1864), 성교절요(1864), 성교감략(1883), 성경직해(1892~1897), 예수성교요령(1881), 예수성교문답(1881), 예수성교누가복음전서(1882), 예수성교성서요안내복음전서(1882), 예수성교전서(1887)

이런 분류는 분류 명칭과 시대 특징이 일치되어 바람직하다. 다만 문헌 분류의 기준과 갈래에 대해서는 따로 논의하지 않았다. 1기에서는 <동국정운>과 오늘날 전하지 않는 <구급방언해>를 높이 평가한 것이 색다르다. <동국정운> 한자음은 이상음이라 하여 소홀히 평가해 왔지만 여기서는 "<동국정운>에서 규정된 한자음은 한글 창제 이후

15세기 말까지 모든 문헌의 한자음 표기에 적용되었으므로 한글문헌에 미친 그 영향력은 매우 크다(이호권 : 2008, 92)"라고 높이 평가하고 있다. 매우 적절한 평가이다.

이 밖의 다양한 분류는 해당 연구 분야에서 다루기로 한다.

결국 문헌 분류는 문헌 발간 목적과 주제를 통해 분류하는 수밖에 없다. <용비어천가>를 문학작품으로만 분류하는 것은 옳지 않다. 복합 문헌으로 설정하면서 문학 텍스트로 보는 것은 문제가 없지만 상위 분류 자체를 문학작품으로 보는 것은 그 문헌의 역사적 의미나 가치를 부여하는 데 도움이 되지 않는다.

<훈몽자회>도 복합적 성격을 띠고 있다. 곧 한자 학습서이면서 언문 학습서이기도 하다. 따라서 '한문 학습서'와 같이 어느 한쪽 분류로 하지 말고 차라리 '언어 학습서'로 규정하는 것이 나을 것이다. 이러한 기존의 분류 체계를 검토하여 재분류 전략을 다음과 같이 설정해보았다.

불교서의 경우 <석보상절>과 같이 언해서인지 아닌지 모호한 성격이 있는 것은 일반서로 <사리영응기>는 불교 관련 기록을 담은 것이므로 기록서로 보았다. <칠대만법>처럼 저본이 확실하지 않고 재구성이 중심인 것도 일반서로 보았다.(김석득·박종국·최기호 편 : 2001, 남경란, 2005)

행실언해서와 사서삼경과 같이 개인 수신 중심의 것은 사상언해서로, 여씨향약, 경민편 같은 것은 풍속언해서로 갈라 보았다. 의료서(질병치료서)와 농서 등은 실용서 범주로 묶고 운서(동국정운)와 언어 학습서는 어학서로 묶고 일반인을 대상으로 하지 않은 외국어 학습서는 제외하였다.

이 밖에 훈민정음 발달사 차원의 주요 연구 가운데 안병희(1985)는 한글의 실제 사용 맥락 관점에서 훈민정음의 역사를 세밀하게 추적한 본격 논문이다. 훈민정음의 공적 사용을 가볍게 본 한계는 있지만, 이 분야의 굵직한 획을 그은 논문이다.

박창원(1998)에서는 한국인의 문자생활사를 거시적 관점에서 수용과 변용, 창제-자질문화의 출현, 혁신과 조화-문자의 실용화와 효용화 세 단계로 나눠 살펴보았다. 곧 훈민정음 이전, 훈민정음 시대, 훈민정음의 현대 응용으로 그 흐름을 정리한 것이다.

백두현(2001), 백두현(2007) 등은 안병희(1985) 논문을 보완하고 이 분야 연구를 다시 활성화시킨 논문이다. 김슬옹(2005나)은 조선왕조실록 기록을 통해 지배층의 한글 사용 맥락을 분석한 박사 논문이다.

김인호(2005)는 한국어의 문자생활사를 다룬 최초의 단행본 저술이다. 역사 구분을 고대시기(신석기 후기~기원전 3세기 초), 세 나라 시기와 발해와 후기 신라 시기(기원전 3세기 초~기원후 10세기 초), 고려 시기와 리조 초기(10세기 초~15세기 중엽), 리조 초기 '훈민정음' 창제시기부터 조국 광복 전까지(15세기 중엽~1945. 8), 광복 후(1945~현재)로 나누어 서술했다. 글자생활인 만큼 서사 재료나 인쇄술, 출판문화 등에 집중 논의하였으나 전반적인 서술인 만큼 우리가 다루고자 하는 한글 관련 어문생활 기술은 간략하게 기술되었고 북한의 관점을 지나치게 부각시켜 총체적인 어문생활사 기술로는 한계를 보인다. 이를테면 훈민정음 창제 초기의 핵심 문헌인 <용비어천가>, <석보상절>, <월인천강지곡> 등에 대해서 다음과 같이 기술하고 있다.

> 1447년에 우리 글자로 쓴 첫 책인 '용비어천가'가 출판되었다. 이 책은 봉건충군사상으로 리씨왕조를 찬양할 목적 밑에 125장에 이르는 장

편서사시를 1445년에 한문으로 저술하였던 것을 우리 글로 번역한 것이
었다. 이 책은 그 후 1612년, 1659년, 1765년 등 여러 차례 계속 우리 글
자로 출판되었다.

불교를 선전하기 위한 책들인 <석보상절>과 <월인천강지곡>이 1449
년에 출판되었고, 이 두 책을 합본한 <월인석보>가 1458년에 출판되었다.
- 김인호(2005 : 120)[15]

세 문헌이 어문생활사에 끼친 영향이 중요한데 반해 그 맥락 기술은
일부 목적으로 한정되었다. 다만 그동안 국어사 기술에서 소홀히 다뤄
왔던 조문, 금석문 등을 부각시킨 점이 돋보인다.

시정곤(2007)은 교육 측면에서 훈민정음이 어떻게 보급되었는지를 살
폈다. 향교, 서당 등 제도 기관에서 한글 교육이 이루어졌을 맥락과 가
정에서의 한글 교육 양상, 한글소설이 훈민정음 보급에 끼쳤을 영향
관계를 살폈다. 이 밖에 단행본 속의 일부 저술로는 김영황(1978), 박종
국(1996) 등이 있다.

4. 연구 대상과 논의의 구성

이와 관련된 각종 연구 문헌, 사전 문헌 등의 표기 방식이 서로 다
르거나 책 명칭과 별칭을 혼용해서 사용하여 이용자나 후학들에게 혼
동을 주므로 아래와 같은 표준 규약이 필요하다.

(1) 책 제목이 한자로 되어 있는 경우 현대 한글음으로 바꾸어 적는

---

15) 석보상절은 1447년인데 오기인 듯하다.

다. 서지학적 정확성을 위해서는 한자 제목은 한자로 적는 것이 올바르지만 정보 검색과 전체 흐름의 읽기 중요성을 위해서 한글로 적는다. 단 필요한 경우 괄호 안에 한자를 넣는다. 예) 주역언해(周易諺解, 1606, 선조 39)

(2) 옛 한글 제목도 현대 한글로 적되, 필요한 경우 그 당시 표기를 괄호 안에 밝힌다.

(3) 주요 정보는 괄호로 처리하되, 제목을 보완하는 꼭 필요한 정보가 있으면 먼저 적고, 그다음에 서기 연도 정보, 왕 연호 정보를 적는다. 예) 훈민정음(해례본, 1446, 세종 28)

(4) '불설아미타경언해'와 같이 원래 책 제목에 문체 특징(언해)을 붙이는 것은 옳지 않다. 책 제목에는 '언해'라는 용어가 붙어 있지 않다. 제목 표기의 정확성과 일관성을 위해 다음과 같이 표기한다. 예) 불설아미타경(언해본, 1464, 세조 10)

(5) 서기 연도와 임금 연호를 같이 적는다. 예) 진언권공(1496, 연산군 2).

(6) 펴낸 것이 확실하지만 전하지 않는 것은 연도 옆에 '부전'이라 표시한다. 예) 영험약초(1485 / 부전, 성종 16)

(7) 책 속에 간행 연도가 나와 있지 않으나 추정이 가능한 연도는 연도를 밝히되, 연도 옆에 '추정'임을 표시한다. 예) 주역전의구결(1466 / 추정, 세조 12)

(8) 초간본이 아닌 중간본, 개간본, 복각본 등을 밝힐 필요가 있는 경우는 초판 정보와 함께 밝힌다. 이를테면 1447년에 초간본이 나온 <용비어천가>를 1765년에 복각한 것이면 다음과 같이 적는다. 예) 용비어천가(1447 / 1765 : 복각본, 영조 41)

(9) 책을 따로 인용하거나 본문 서술 과정에서 인용할 경우는 <용비

어천가>와 같이 < >로 묶고, [표]와 같이 종합 목록으로 제시할 때는 생략할 수 있다.16)

(10) 초간본은 아니지만 초간본에 버금가는 가치가 있는 후대본은 밝힌다.

이상 검토에 의해 조선시대 훈민정음 관련 문헌을 다음과 같이 설정하였다.

[표 4] 공적 한글문헌(초간본)의 주제별 분류

분류		초간본	비고
해설서 (1차 문헌)	15세기	훈민정음(해례본, 1446, 세종 28)	
왕조시가 역사서	15세기	용비어천가(1447, 세종 29)	
불교- 일반	15세기	- 세종 : 석보상절(1447, 세종 29), 월인천강지곡(1447, 세종 29) - 세조 : 월인석보(1459, 세조 5) - 선조 : 칠대만법(1569, 선조 2) - 고종 : 권왕가(1908, 순종 2)	
불교 -언해서	15세기	- 세조 : 불설아미타경(언해본 1461 / 추정 / 부전, 활자본, 세조 7), 지장보살본원경(지장경, 언해본, 1462 / 부전, 세조 8), 능엄경(언해본 1462, 세조 8), 법화경(언해본 1463, 세조 9), 선종영가집(언해본1464, 세조 10), 불설아미타경(언해본 1464, 목판본, 세조 10), 금강경(언해본 1464, 세조 10), 반야심경(언	* 오대진언(영험약초, 1550 / 변각본, 명종 5)

---

16) ‘< >’ 외의 부호들은 비합리적이다. 세로쓰기에 적게 되어 있는 꺾낫표는 한글 표준 문서 양식에서 따로 불러내어 사용해야 하므로 이용하기 불편하다. ≪ ≫로 묶는 방식은 < >에 비해 공간의 비효율성을 가져온다. 따옴표 계열은 책 표시의 변별성과 인지성이 낮다. 다만 참고문헌에서는 일반 관례대로 『 』기호를 쓴다.

분류		초간본	비고
불교 - 언해서	15세기	해본 1464, 세조 10), 대방광원각수다라요의경약소(원각경, 언해본, 1465, 세조 11), 목우자수심결(언해본 / 부록 : 사법어언해, 1467, 세조 13), 몽산화상법어약록(언해본, 1467 / 추정, 세조 13) - 성종 : 천수천안관자재보살광대원만무애대비심대타라니신묘장구타라니경(천수경, 관음보살주경 언해본, 1481 / 부전, 성종 12), 영가대사증도가남명천선사계송(언해본, 일명 : 남명집언해, 1482, 성종 13), 불정심관세음보살다라니경(불정심다라니경 / 불정심경 / 관음경, 언해본, 1485, 성종 16) - 연산군 : 육조법보단경(언해본, 1496, 연산군 2), 진언권공(1496, 연산군 2), 삼단시식문(1496, 연산군 2)	* 오대진언(영험약초, 1550 / 번각본, 명종 5)
	16세기	- 명종 : 불설대보부모은중경(은중경, 언해본 1553 / 부전, 명종 8). 권념요록(16세기중엽 / 부전, 명종, 1637 / 개판본, 인조 15) - 선조 : 계초심학인문(발심수행장, 양운자경 합본, 언해본, 1577, 선조 10), 선가귀감(언해본, 1579, 선조 12)	*<불설대보부모은중경> 현존본은 '1563년(명종 18)' * 권념요록 저자 : 보우(普雨大師) (1509~1565) *<선가귀감> 한문본 저자는 서산대사 언해본 저자는 금화도인(의천)
	17세기	- 효종 : 불설천지팔양신주경(1657 / 부전, 효종 8), 불설광본대장경(1657 / 부전, 효종 8)	
	18세기	대미타참약초요람보권염불문(염불보권문, 언해본, 1704, 숙종 30)	
불교 - 기록서	15세기	사리영응기(1449, 세종 31)	* 이름 한글 표기
불교 - 진언	15세기	원각경구결(1465 / 추정, 세조 11), 오대진언(영험약초, 1485 / 부전, 성종 16), 진언집(1569, 선조 2), 진언요초(1797, 정조 21), 오대진언수구경(1604, 선조 37)	<영험약초>는 <오대진언>의 일부라는 남경란(1999) 참조

분류		초간본	비고
유교 - 행실 언해서	15세기	내훈(1475 / 부전, 성종6), 삼강행실도(언해본, 1481, 성종 12)	
	16세기	속삼강행실도(언해본, 1514, 중종 9), 번역소학(1518, 중종 13), 이륜행실도(언해본, 1518, 중종 13), 여훈언해(1532 / 부전, 중종 27)	
	17세기	동국신속삼강행실도(언해본, 1617, 광해군 9)	
	18세기	여사서(언해본, 1736, 영조 12), 어제내훈(1736, 영조 12), 어제상훈언해(1745, 영조 21), 어제자성편언해(1746, 영조 22), 어제경세문답언해(1761, 영조 37), 어제백행원(1765, 영조 41), 동몽선습(언해본, 1797, 정조 21)	* 동몽선습언해 : '동몽선습'은 조선 명종 때 박세무가 저술한 책으로 유교 행실(오륜)과 중국과 조선의 역사를 함께 엮은 복합서이나 여기서는 편의상 행실서에 포함시켰다. 명종 때 펴낸 한문본 초간본은 전하지 않는다.
유교 - 사상 언해서	16세기	소학언해(1587, 선조 20), 대학언해(1590 / 추정, 선조 23), 중용언해(1590 / 추정, 선조 23), 논어언해(1590 / 추정, 선조 23), 맹자언해(1590 / 추정, 선조 23), 효경언해(1590 / 추정, 선조 23)	*사서언해 : 간행 기록 없음.
	17세기	주역언해(1606 / 추정, 선조 39), 삼경사서석의(1609, 광해군 1), 시경언해(1613, 광해군 5)	
	18세기	- 영조 : 어제소학언해(1744, 영조 20), 논어율곡선생언해(1749, 영조 25), 대학율곡선생언해(1749, 영조 25), 중용율곡선생언해(1749, 영조 25), 맹자율곡선생언해(1749, 영조 25)	*<논어율곡선생언해, 대학율곡선생언해, 중용율곡선생언해, 맹자율곡선생언해>의 언해 저술은 1576 (선조 9)
	19세기	여소학(1882, 고종 19)	

분류		초간본	비고
유교- 풍속 언해서	16세기	정속언해(1518, 중종 13), 주자증손여씨향약(여씨향약, 언해본, 1518, 중종 13), 경민편(1519, 중종 14)	
	17세기	가례언해(1632, 인조 10)	
	18세기	-숙종 : 상례언해(1716, 숙종 42) -영조 : 어제훈서언해(1756, 영조 32), 어제경민음(1762, 영조 38), 어제경세문답속록언해(1763, 영조 39), 어제조훈언해(1764, 영조 40) -정조 : 명의록언해(1777, 정조 1), 속명의록언해(1778, 정조 2), 가례석의(1792, 정조 16)	
유교- 구결서	15세기	주역전의구결(1466 / 추정, 세조 12)	
	16세기	주자증손여씨향약구결(1518, 중종 13).	
	18세기	예기대문언독(1767, 영조 43)	
실용- 의료서	15세기	구급방언해(1466 / 부전, 세조 12), 구급간이방(1489, 성종 20)	
	16세기	간이벽온방(1525, 중종 20), 촌가구급방(1538, 중종 33), 우마양저염역치료방(1541, 중종 36)	
	17세기	언해두창집요(1608, 선조 41), 언해태산집요(1608, 선조 41), 동의보감(1613, 광해군 5), 구황촬요(1639, 인조 17), 구황촬요·벽온방(1639, 인조 17), 침구경험방(1644, 인조 22), 신간구황촬요(1660, 현종 1), 구황보유방(1660, 현종 1), 두창경험방(17세기 후반, 헌종), 마경초집언해(1682, 숙종 8)	
	18세기	증수무원록언해(1790, 정조 14), 제중신편(1799, 정조 23)	
	19세기	방약합편(1885, 고종 22)	
실용- 농서	15세기	금양잡록(1492, 성종 23)	한문본, 한글 어휘 실림
	16세기	농사직설(1581, 선조 14)	
	17세기	농가집성(1655, 효종 6)	
실용- 병학서	17세기	신기비결(1603, 선조 36), 연병지남(1612, 광해군 4), 화포식언해(1635 인조 13), 신전자취염초방언해(1635, 인조 13), 신전자초방언해(1698, 숙종 24)	* <화포식언해>와 <신전자취염초방언해> 합철

분류		초간본	비고
실용 – 병학서	18세기	병학지남(1649 / 추정, 1787 / 개간본, 정조 11), 무예도보통지언해(1790, 정조 14)	
	19세기	신간증보삼략직해(1805, 순조 5)	
외국어 학습서 – 중국	17세기	어록해(1657, 효종 8), 노걸대언해(1670, 현종 11), 박통사언해(1677, 숙종 3), 역어류해(1690, 숙종 16)	
	18세기	역어유해보(1715, 숙종 41), 오륜전비언해(1721, 경종 1), 노걸대신석(1761, 영조 37), 신석노걸대언해(1763, 영조 39), 박통사신석언해(1765, 영조 41), 고금석림(1789, 정조 13)	
	19세기	화음계몽언해(1883, 고종 20)	
외국어 학습서 – 몽골	18세기	첩해몽어(1737 / 부전, 영조 13), 몽어노걸대(1741, 영조 17), 몽어류해(1768 / 부전, 영조 44), 몽어류해보편(유해보, 1790, 정조 14)	
외국어 학습서 – 만주	18세기	청어노걸대(1704, 숙종 30), 삼역총해(1704), 팔세아(1704), 소아론(1704)	
외국어 학습서 – 일본	15세기	이로파(1492, 성종 23)	
	17세기	첩해신어(1676, 영조 43)	
	18세기	개수첩해신어(1781, 정조 5), 인어대방(1790, 정조 14)	
어학 – 운서	15세기	동국정운(1448, 세종 30), 홍무정운역훈(1455, 세조 1)	
	16세기	사성통해(1517, 중종 12), 속첨홍무정운(1517, 중종 12)	
	17세기	경세정운(1678, 숙종 4)	
	18세기	삼운성휘(1751, 영조 27), 규장전운(1778, 정조 2), 화동정음통석운고(1787, 정조 11)	
	19세기	언문지(1824, 순조 24), 동문자모분해(1869, 고종 6)	
어학 – 한자학습	16세기	훈몽자회(1527, 중종 22), 신증유합(1574 / 부전, 선조 7), 광주천자문(1575, 선조 8), 석봉천자문(1583, 선조 16)	
	17세기	천자문(1661, 현종 2), 유합(1664, 현종 5)	
	18세기	이무실천자문(1735, 영조 11), 주해천자문(1752, 영조 28)	

분류		초간본	비고
기행문	15세기	해동제국기(1471, 성종 2)	
	19세기	서유견문(1895, 고종 26)	
역사-사건 기록서	18세기	천의소감언해(1756, 영조 32), 십구사략언해(1772, 영조 48)	
	19세기	한중록(1805, 순조 5)	
교과서-소학외	19세기	국민소학독본(1895, 고종 32), 신정심상소학(1896, 고종 33)	
어학-문법연구서	19세기	국문정리(1897, 고종 34)	

위와 같은 문헌을 바탕으로 훈민정음 사용과 발달 측면에서 다음과 같이 논의를 구성하였다. 훈민정음 발달의 핵심 축으로 불교, 유교, 문학, 한글 간찰, 실용서, 교육 분야를 설정하였다. 1부 훈민정음 발달사 연구 방법론, 2부 불교와 유교를 통한 발전, 3부 문학을 통한 훈민정음 발달, 4부 실용서와 종교를 통한 발달, 5부 훈민정음 교육을 통한 발달, 6부 훈민정음 발달의 의미로 구성하여 이를 바탕으로 결론을 이끌어 냈다.

1부 이후의 각 장의 핵심을 보면, 3장에서는 불교 관련 한글문헌의 맥락적 의미를 문헌별로 살핀 뒤 전체 특성별로 기술하였다. 4장에서는 유교 관련 훈민정음 문헌의 맥락적 의미를 역시 문헌 갈래로 살핀 뒤, 전체 특성을 서술하였다. 5장에서는 문학을 통해 본 훈민정음 사용과 발달을 짚었다. 6장에서는 한글 간찰을 집중적으로 다뤘다. 간찰은 5장 문학 영역으로 넣을 수도 있으나 비문학적 특성도 있고 비중이 워낙 높아 독립된 장으로 설정하였다.

7장에서는 의서, 병서, 총서 등의 실용서 관련 한글문헌을, 8장에서는 기독교를 통한 훈민정음 발달의 역사적 맥락을 조명하였다. 9장과 10장은 훈민정음 발달에서 가장 직접적인 요인이 되는 교육 문제를 다뤘다. 직접적인 문자 교육 맥락과 한문 학습을 통한 간접적인 교육 맥락이 워낙 달라 별도의 장으로 구성하였다.

11장에서는 훈민정음 사용과 발달의 통시적 의미를 비주류 공식문자에서 주류 공식문자로의 전환으로 보고 고종의 국문 칙령을 통합적으로 조명한 뒤, 12장에서는 훈민정음 비주류 공식문자론으로 훈민정음 발달의 핵심의미를 짚었다. 이를 바탕으로 조선시대 훈민정음 발달사를 종합하고 단계별 특성을 결론으로 밝혔다.

이 책의 주요 저술 관점을 정리해보면 다음과 같다.

첫째, 문자의 근본은 소통이며 쌍방향적이다. 훈민정음을 왕조 이데올로기를 전파하려는 수단으로 만들었다는 일부 견해를 받아들인다 해도 실제로는 전파의 거부 수단으로도 사용되는 것이 문자라는 점이다.

둘째, 모든 문헌이 그렇듯이 본 연구에서 연구 대상으로 삼는 한글 관련 문헌(텍스트)은 복합적이고 다중 효과를 낸다. 그렇다면 그런 문헌의 맥락적 의미를 밝히는 것이 중요하다.

셋째, 한자와 훈민정음은 서로 배타적이면서도 상보적이었다. 이런 관계는 문자의 속성에서 비롯되는 것이기도 하고 이런 문자를 다층적으로 부려 쓰고자 했던 조선의 사대부층이 만든 관계이기도 하다.

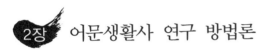 2장 어문생활사 연구 방법론

1. 어문생활사 연구 방법론과 용어 문제

어문생활 연구는 학제적 연구로 접근해야 한다. 물론 언어학적 접근이 가장 중요하겠지만 진정한 언어 쓰임새를 분석하기 위해서는 역사학, 서지학, 사회학 등 다각적인 접근이 이루어져야 한다.[1)]

본 연구 범위를 제대로 설정하기 위해서는 어문생활의 자리매김이 필요하다. '언어생활'이란 말이 지나치게 추상적이고 일반적이므로 기존 학계의 관행대로 '어문생활[2)]'이란 용어를 쓰기로 한다. 곧 어문생활은 듣기·말하기, 읽기, 쓰기를 통한 생활의 총칭으로 음성언어(입말) 중심의 언어생활과 문자언어(글말) 중심의 언어생활을 가리킨다. 과거의 어문생활사에서는 듣기·말하기, 곧 대화를 통한 언어생활은 의미가 없는 듯 보이지만 그렇지는 않다. 문어 속에 나오는 자료를 간접 자

---

1) 이 점에 대해서는 백두현(2007), 홍윤표(2008), 허재영(2008가) 등에서 강조된 바 있다.
2) 토박이말로 '말글살이'라고도 한다.

료로 삼아 최소한의 추론을 할 수 있기 때문이다.

국어사 또는 국어생활사에서 '국어'의 뜻넓이가 중요하다. 이러한
자리매김에 의해 국어생활사의 성격과 범위가 정해지기 때문이다. 사
전에서는 '국어'의 뜻풀이를 아래와 같이 하고 있다.

[표 1] '국어'의 사전 뜻풀이

사전 이름	뜻풀이
표준국어대사전 (2012)	(1) 한 나라의 국민이 쓰는 말. 늑나라말 · 방어01(邦語) (2) 우리나라의 언어. '한국어'를 우리나라 사람이 이르는 말이다.
우리말 큰사전 (한글학회, 1992)	(1) (이) ①=나라말, ②= 한국말, ③(교)=국어과
연세한국어사전 (1998)	(1) 한국의 공식 언어. 한국어 (2) 한 국가가 공용으로 정하여 쓰고 있는 말 (3) 학교 교육에서 국어를 다루는 과목
한+국어사전 (남영신, 2002)	(1) 자기 나라의 말. 나라말 (2) 우리나라의 언어. 한국어
국어국문학사전 (1983)	국어는 포괄적인 의미로 '국가어'라고 말하는데 한 나라에서 공용어로 인정되어 널리 쓰이고 있는 언어를 말한다.
국어교육학사전 (1999)	(1) 한 국가의 전 지역에서 공적, 사적으로 쓰이고 그 나라를 국내외적으로 상징하거나 대표하는 언어 (2) 법적으로 그 국가의 공식적인 언어로 선포된 언어 (3) 한국과 일본 두 나라에서만 고유명사와 같이 취급되지만, 거의 모든 나라에서 보통명사처럼 쓰인다. 예) 독일어 · 프랑스어 · 러시아어

이와 같은 풀이를 종합 정리해보면 세 가지 계열로 나눌 수 있다.
첫째는 '국가/국민' 계열로 이때의 '국어'는 한 나라 국민이 쓰는 말로
자리매김된다. '국어'가 통칭으로 보면 일반 명사지만 특정 국가어, 곧
한국어나 일본어를 지칭하면 고유명사처럼 쓰인다. 둘째는 '공식/공용
/공통' 계열이다. 이때의 '국어'는 한국의 공식 언어, 한 국가가 공용

으로 정하여 쓰고 있는 말이라는 뜻이다. 셋째는 '겨레 / 민중' 계열로,
이때의 '국어'는 한겨레(민족)의 민중이 오래 써온 말이라는 뜻이다.

이렇게 볼 때 '국어'는 하나의 성격으로 규정할 수 없는 복합적인
성격을 지녔다. 첫째는 공용어(official language)로의 성격을 들 수 있다. 곧
공식 언어, 국가 중심의 언어, 공식어를 의미한다. 둘째는 공통어(common
language)로서의 성격이다. 두루 통용되는 언어, 소통 중심의 언어, 통용
어라는 의미다. 이러한 공통어에 대하여 김민수(1984 : 69)에서는 "한 나
라 안에서 언어가 다른 종족이나 민족 사이에 널리 통용되어 쓰이는
제3국어"로 보았다. 고영근(1990 : 45)에서는 "시대를 막론하고 국가의 형
태를 띠는 사회의 구성원들이 의사소통을 위해 사용하는 공통된 언어
로 삼국시대부터 현재까지 계속 존재해온 공통어의 역사적 변화 모습"
으로 보았다. 민현식(1999 : 315)에서는 "표준화되거나 공식화되는 것과 관
계없이 어떤 언어 사회가 공통으로 널리 통용하는 현실어"로 보았다.

이렇게 보면 표준어(standard language)는 국가에서 정한 '공통어 / 공용어'
이고 '일상어(vernacular)'는 일상생활에서 두루 쓰는 '공통어'가 된다. 방언
(dialect)은 지방에서 쓰는 말이며, 서울말도 방언이다. 사투리(dialect)는 방
언 가운데서 표준어 또는 표준어 중심말(서울말)을 제외한 말이다.

다음으로는 한국어를 가리키는 다양한 명칭을 구별할 필요가 있다.

(1) 입말만의 명칭 : 향언(鄕語), 방언(方言), 언어(諺語), 배달말, 우리말
(2) 글말만의 명칭 : 향찰문, 이두문, 구결문, 훈민정음, 언문, 한글, 우
　　리글
(3) 총칭 : 조선말 / 조선어, 한국말 / 한국어, 문화어, 표준말 / 표준어, 한
　　말글

입말의 명칭으로는 중국말에 대비되는 말로 향언(鄕語), 방언(方言), 언어(諺語) 등이 근대 이전에 쓰였다. '배달말'은 언제부터 어떻게 쓰였는지가 불분명하다.

15세기에 새로운 문자 제정으로 새 문자 이름을 얻게 된 것은 삶의 양식을 근본부터 바꾸는 혁명적인 사건이었다. '훈민정음'은 세종과 세종을 도운 학자들의 문자 이상을 담은 말이었지만 일상생활에서는 거의 쓰이지 않았다.[3] 문자에 담긴 이상은 상당 부분 실현되었지만 조선시대의 주류 사회에서는 용납하기 어려운 것이었고 그래서 '언문(諺文)'이라는 대중적인 통칭이 쓰였다.

'언문'은 단순한 낮춤말로 쓰인 측면도 있지만 그보다는 일반 통칭 측면이 강했다. 그러나 근대의 이상을 담기에는 곤란한 말이었다. 그렇다고 네 글자나 되는 '훈민정음'이란 특별 명칭을 복원해 쓸 수 있는 형편도 아니어서 주시경을 중심으로 한 언어 근대론자들은 '한글'이라는 새로운 문자 명칭을 만들 수밖에 없었다. 물론 고종의 칙령으로 우리말의 근대성을 담은 '국문'이라는 새로운 용어를 얻었으나 이는 보통명사 성격이 강한데다 "일본어=국어"의 등식이 성립되면서 힘을 얻지 못했다. 그 뒤 '한민족'이라는 전통적 어휘와 '대한민국'이라는 근대 국가를 표방한 임시정부의 성립과 더불어 '한국말 / 한국어'라는 총칭이 자연스럽게 형성된 것이다.

---

3) 일상어로는 쓰이지 않았다고 보아야 한다.

2. 어문생활의 자리매김

조선시대 어문생활의 실체를 규명하기 위해 네 가지 요소를 설정했다. 누가(주체) 어떤 맥락 속에서 어떠한 도구나 매체(텍스트)를 통해 생활하느냐가 중요하므로 어문생활은 '생활 주체, 맥락, 텍스트'로 구성된다.

생활은 문제의 연속이다. 문제없는 사람은 없다. 문제가 있기 때문에 인간이며 중요한 것은 그런 문제가 겉으로 드러나 사건이 되었을 때 어떤 식으로 해결해 나가느냐가 중요하다. 그리고 이때의 문제는 해결해야 할 '문제'만을 가리키지는 않는다. 누군가가 문학작품을 남겼을 경우 그 문학작품 창작 동기가 '문제'가 된다. 문제의 연속은 체험의 연속을 의미하기도 한다. 우리가 무엇을 어떻게 왜 체험하느냐가 중요하고 바로 그 자체가 언어생활이기도 하다.

텍스트는 어문생활의 실체이기도 하고 도구이기도 하므로 '대화 외, 문헌, 매체, 주제' 등을 설정했다. 대화는 입말 텍스트다. 입말 텍스트는 대화 외 다양한 형태가 있기에 '대화 외'라고 설정하였다. 근대 이전의 입말 텍스트는 당연히 남아 있지 않지만 글말 텍스트의 대화 텍스트를 통해 추론해볼 수 있다. 글말 텍스트인 경우 그것이 어떤 매체에 실려 있느냐가 중요하다. 또는 내용물 텍스트인 경우 그것이 어떤 주제인가에 따라 의미와 가치가 달라진다. 텍스트가 맥락에 따라 만들어진 것이라면 '텍스트'라고 이름 붙인 모든 것은 의미가 있고 주제가 있다.

문헌은 글말 텍스트다. 문헌은 과거의 자료나 책을 의미한다. 어문생활사를 염두에 둔 구성이므로 '문헌'이라 하였다. 문헌은 문자와 종이, 활자체 등 여러 구성 요소로 이루어진 복합 텍스트다. 언어생활 관점에서 보면 문헌 구성의 핵심은 문자다. 훈민정음 관련된 어문생활을 문자생활이라 하는 것은 한자라는 문자와 훈민정음이라는 문자가 표상하는 정도나 강도가 다르기 때문이다. 보편적 문자인 한자를 통한 언어생활을 문자생활이라 하지 않는다. 이런 측면에서 백두현(2007)에서 '어문생활'이라는 말 대신에 당분간 '문자생활'로 부르자는 제안은 일리가 있다. 이런 맥락에서 글쓴이도 김슬옹(2005나)에서 '문자생활'이란 용어를 썼다. 그러나 문자를 통한 언어생활을 강조하는 특정 맥락에서는 '문자생활'이란 용어가 전략적 가치가 있지만 그 외는 지나치게 좁은 의미로 들린다. '문자'는 언어를 구성하는 가장 기본적인 요소이기에 역동적인 생활을 가리키거나 구성하는 용어로는 적절하지 않기 때문이다. 따라서 '어문생활'이란 용어를 쓰되 특정 맥락에서는 '문자생활'이란 용어를 쓰도록 한다.

텍스트는 복합적이고 중층적이다. 여기서의 텍스트 개념은 롤랑바르트가 지적한 직조물과 같은 의미다. 직조물이 씨줄과 날줄에 의해 짜이듯, 만들어진다는 의미다. 맥락에 따라 텍스트가 구성되고 그 의미나 가치가 만들어진다는 것이다. 따라서 단일한 구조체로 쓰이는 그런 텍스트 개념이 아니다. 하나의 책도 텍스트이지만 그 안에 들어 있는 내용물도 또 다른 텍스트로 구성될 수 있다. 하나의 책이 문자, 그림 등 복합적으로 이루어진 데다가 하나의 텍스트 안에 또 다른 텍스트가 구성될 수 있으므로 중층적이라 한다. 이러한 복잡성과 중층성은 텍스트를 둘러싼 맥락 자체가 복합적이고 역동적이라는 것이다. 텍스트 자체의 중층성으로 인한 상호작용도 중요하고 그러한 텍스트를 둘러싼 맥락과의 상호작용도 중요하다. 곧 어떤 문헌을 누가 어떤 맥락에서 만들었고 읽었는지, 그것을 바탕으로 또 다른 텍스트를 생산했느냐는 과정에서의 텍스트와 텍스트를 둘러싼 상호작용이 중요하다. 이런 상호작용에 의해 의미가 구성되는 것이다.

그다음 어문생활에서 중요한 것은 '맥락'이다. 어떤 맥락에서 말하고, 듣고, 읽고 쓰는지가 중요하다. 맥락은 김슬옹(2012나)에서 총체적으로 정리하였듯이, 인식의 폭을 확대하는 전략이다. 어떤 대상이나 텍스트 자체도 중요하지만 그 대상이나 텍스트를 둘러싼 맥락이 그에 못지않게 중요하다. 조동일(2003)에서 어문생활을 지나치게 고유어 중심으로 또는 어학 관점에서 보지 않고 폭넓게 바라보아야 한다고 한 맥락도 같은 맥락이다.

그렇다고 텍스트와 텍스트를 둘러싼 맥락을 분리해서 보는 것은 아니다. 분리는 통합적 관점이나 전략을 중요하게 여기는 맥락 접근과는 거리가 있다. 텍스트 자체에 대한 미시적 접근도 사실은 거시적 맥락으로 접근할 때 제대로 가능하다는 것이 본 저술의 핵심 관점이다. 다만 외연을 확장하는 맥락 접근이 막연하거나 지나치게 추상적일 수 있으므로 네 가지 흐름으로 좁히거나 정리할 수 있다. 곧 시간 차원의 역사적 맥락 공간과 관계 차원의 사회적 맥락이 모두 중요하다. 이러한 두 개의 틀은 복합적이고 상호 긴장 관계를 유지한다. 이러한 틀 속에서 구체적이고 역동적인 상황이 중요하다. 지금 현재의 상황이야말로 맥락을 구성하는 근본적인 이유이기 때문이다. 이러한 구체적 상황을 더욱 명징하게 인식하고 의미를 부여하기 위해서는 어떤 계열로 바라보고 의미를 부여할 것인가에 대한 세부 전략이 필요하다.

이제 가장 중요한 어문생활의 주체가 남아 있다. 언어생활의 주체는 문헌을 통해 추론해낼 수밖에 없지만 누가 어떤 상황에서 어떻게 언어

생활에 참여했는지가 중요하다. 따라서 성별, 계층별, 직업 등의 사회
적 지위 등을 통해 사회적 주체로서 어떤 언어생활에 참여했는지를 밝
히는 것이다. '입장'은 일종의 집단적 '처지'를 말한다. 개인은 사회적
개인을 가리키므로 어떤 입장에서 언어 실천을 하느냐가 중요하다. 남
성인지 여성인지, 양반인지 평민인지, 생산자인지 소비자인지 등등 특
정 계층별 입장이 누구에게나 있는 것이다. 물론 어떤 양반이 글을 쓴
다고 해서 늘 양반 입장에서 쓰는 것은 아니다. 노비 입장에서 글을 쓸
수도 있다. 곧 텍스트를 통해 드러난 사회적 입장을 말한다. 결국 '주
체'에서는 공동체와의 관계, 다른 처지에 놓여 있는 사람들과의 관계
등이 중요하다. 이렇게 사회적 입장, 사회적 관계가 중요하다 하더라도
특정 개인만의 개성도 무척 중요하다. 그런 만큼 어떤 전략으로 어문
생활에 참여하고 실천했느냐가 중요한 의미로 구성될 것이다.

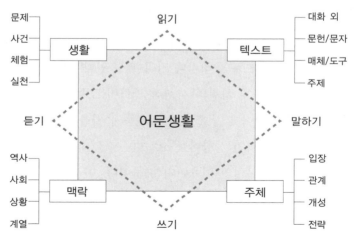

[그림 1] 어문생활 구성도

것은 인간사회의 지난날에 일어난 사실들 자체를 가리키기도 하고, 또 그 사실들에 관해 적어놓은 기록들을 가리키기도 한다고 흔히 말할 수 있다. 그러나 지난날의 인간사회에서 일어난 사실이 모두 역사가 되는 것은 아니다. 쉬운 예를 들면 김총각과 박처녀가 결혼한 사실은 역사가 될 수 없고, 한글이 만들어진 사실, 임진왜란이 일어난 사실 등은 역사가 되는 것이다. 이렇게 보면 사소한 일, 일상적으로 반복되는 일은 역사가 될 수 없고, 거대한 사실, 한 번만 일어나는 사실만이 역사가 될 것 같지만 반드시 그런 것도 아니다.

   (…중략…)

   "지난날의 인간사회에서 일어난 수많은 사실들 중에서 누군가에 의해 기록해둘 만한 중요한 일이라고 인정되어 기록된 것이 역사다"라고 생각해보면, 여기에 몇 가지 되씹어봐야 할 문제가 있다. 첫째는 기록해둘 만한 중요한 사실이란 무엇을 말하는 것인가 하는 문제이고, 둘째는 과거에 일어난 일들 중에서 기록해둘 만한 중요한 사실을 가려내는 사람의 생각과 처지의 문제다.

   먼저, 무엇이 기록해둘 만한 중요한 문제인가, 기록해둘 만하다는 기준이 무엇인가 하고 생각해보면, 아주 쉽게 말해서 후세 사람들에게 어떤 참고가 될 만한 일이라고 일단 말할 수 있겠다. 다시 말하면 오늘날의 역사책에 남아 있는 사실들은 모두 우리가 살아나가는 데 참고가 될 만한 일들이라 말할 수 있는 것이다.

   그러나 참고가 될 만한 일과 될 만하지 않은 일을 가려내는 일은 사람에 따라 다를 수 있으며 또 시대에 따라 다를 수 있다. 고려시대나 조선시대 사람들에게는 일식과 월식이 정치를 잘못한 왕이나 관리들에 대한 하늘의 노여움의 표시라 생각되었기 때문에 역사에 기록되었지만, 오늘날에는 그렇지 않다는 것을 알게 되었기 때문에 역사에는 기록되지 않는다.

   – 역사란 무엇인가(강만길, <역사를 위하여>, 한길사, 1996)

셋째, 역사는 역사가의 해석으로 보는 관점이 성립하게 된다.[5] 역사가는 사료에 의해 사실을 인식 판단하여야 하는 까닭에 역사 연구의 기술을 필요로 하게 된다. 적절한 비판을 통한 사료 읽기, 그리고 오늘날의 현실 속에서 혹은 요청되는 가치와 교훈들을 발견하고 이를 현실 속에 음미하는 작업이 필수적이다. 이는 역사 해석을 통하여 혜안과 통찰력을 얻어 미래를 창조해가는 작업이라 할 수 있다. 사료로서 전하는 것이 반드시 역사적 진실이라고는 할 수 없으므로 사료의 신뢰성을 비판적으로 검증하고, 사료의 성격을 밝히는 작업이 필요하다. 따라서 역사 연구는 본질적으로 사료의 비판과 해석에 의해 이루어진다.

(1) 실증주의 관점

실증주의 관점에서는 역사를 과거 사실의 충실한 재현으로 보아 역사는 객관적으로 일어난 사건 그 자체가 중요하다고 생각한다. 이 때문에 역사란 인간의 사회와 문화의 총체라고 말할 수 있다. 그러나 '사실'은 엄청나게 방대한 양이므로 중요한 것은 역사적으로 의미가 부여된 사실이다. 기록된 역사가 그런 사실이라 볼 수 있다.

식민사관은 바로 이러한 실증주의 사관을 악용해 식민 지배자들이 지배의 합리화와 정당화를 위해 만든 역사이론이다. 식민 통치를 거든 역사학자들은 서구 실증적인 역사이론을 도입하여 역사적인 자료나 사건 따위를 왜곡하면서까지 정교하게 지배 합리화를 위한 역사이론을 만들어냈다.

---

5) 역사 기록과 해석에서 주의할 점은 명백한 역사 왜곡과 재해석은 구별할 필요가 있다. 이를테면 '숙주나물'이라는 용어는 신숙주가 사육신에 끼지 않은 것을 비판하여 부인이 자살했다는 이광수의 역사소설 '단종애사'에서 비롯된 것인데 역사적 사실은 그렇지 않기 때문이다. 따라서 '숙주나물'에 투영되어 있는 신숙주에 대한 역사적 의미부여는 허구이거나 역사 왜곡에 해당된다.

⑵ 상대주의 관점

상대주의 관점에서는 E. H 카의 견해대로 역사를 과거와 현재의 대화로 본다. 역사는 끊임없이 움직이는 과정이고, 인간의 역사는 끊임없는 변화의 과정이라고 본다. 즉 역사가의 해석(Interpretation)이 중요하다는 것으로 해석은 곧 자기 인식이며 자기 발견인 것이다. 그러니까 지금 우리에게 어떤 의미가 있는가를 통해 과거와 현재, 그리고 미래로 연결되어 있는 하나의 그물 조직 속에서 역사를 탐구하고 해석하는 작업이 역사다.

이러한 E. H. 카의 역사관을 H. A. 에로페에프는 유물론적 관점에서 보수성을 지닌 역사관으로 평가한다. 부르주아적 보수성이 지나쳐 미래에 대한 전망이 없다는 것이다. 카와 같은 주관적 관념론자들은 개인의 자아와 역사를 연구할 때 나타나는 주관적 요소를 혼동하고 있다고 비판한다. 곧 역사가를 지배하고 있는 것은 역사가가 속해 있는 계급의 객관적인 이해관계이며, 역사가 자신이 갖고 있는 시대에 관한 견해인 것이다. 그러므로 자기 시대의 변화를 인식하고, 진보적인 집단의 이해관계에 입각하는 역사가만이 과거와 현재의 사건의 본질을 가장 깊이 통찰하고 가장 정확히 평가할 수 있다고 본다.

그렇다면 우리는 어떤 사관이 옳다고 볼 수 있는가. 실증주의 사관과 상대주의 사관 중 어느 것이 옳다고 보기 어렵다. 우리는 제3의 관점에서 실증주의 사관에서는 역사적 사실에 대한 성실한 인식과 탐구를 배울 일이고 상대주의 사관에서는 역사 인식의 능동성과 현재와 미래에 대한 역동적 과정 측면을 더욱 주목하면 된다.

다음 시를 보자.

우리들의 역사시간

- 이건청

당신들은 해안가를 헤맨다.
저무는 해안을 어슬렁거리며 사라진 짐승을
찾는다고 한다. 당신들은 황혼이 깔린 바닷가에서
사라진 짐승의 발자국을 찾았다고 말한다.
바위 위에 찍힌 흔적을 보며 여러분은
확신에 찬 목소리로 말한다. 공룡은
먹이를 구하기 위해 남쪽으로 갔다고.
6m도 넘는 키에 전장 10m쯤인 짐승이
새끼 공룡과 함께 풀밭을 찾아갔다고 말한다.
쥐라기나 백악기의 지층 속에 숨은
디노사우르, 혹은 알로사우르스나 티노사우르스
당신들이 그렇게 부르는 짐승,
육식을 거부한 초식동물을,
풀밭에서 죽은 거대한 꿈의 표본을
세우려는 사람들이 있다. 거대한 뼈만으로 된
역사, 뼈만으로 버티고 선 거대한 니힐리즘,
그늘진 곳, 흐린 조명 속에 서 있는 표본 하나.

- <코뿔소를 위하여>, 고려원, 1995

위 시에서 '흔적'을 역사 기록으로 본다면 위 시는 역사 기록을 맹
신하는 실증주의 사관을 비판하는 것으로 보인다. '흔적'의 의미를 어
떻게 해석하고 그 흔적을 통해 역사적 사건이나 사실을 어떻게 추론할
것인가가 문제다. 중요한 것은 그나마 '흔적'이 있기에 추론이건 상상
이건 가능하다는 점이다. 그러니까 역사 인식에서 중요한 것은 사실에
의한 진실이라기보다는 맥락에 의한 진실이며 '사실(흔적 또는 사건)'은
맥락을 구성하는 전부가 아니지만 주요 요소로 보면 된다.

2) 거시사 관점과 미시사 관점

기성세대들이 배웠던 역사는 대부분 거시사 관점의 역사다. 거시사는 결과 위주, 사회 위주, 영웅 위주, 대사건 위주로 역사를 바라보는 것이다. 이에 반해 미시사는 과정 위주, 개인 위주, 민중 위주, 생활 위주로 바라본다.

두 관점은 역사를 인식하는 아주 다른 관점이라기보다는 역사를 어느 측면을 더 강조하느냐로 볼 수 있다. 다만 우리의 역사 인식이 거시사 쪽으로 치우치다 보니 미시사 쪽을 더 강조하는 것뿐이다. 그렇다면 미시사는 우리에게 왜 필요하고 어떤 의미가 있는가. 미시사에 관한 기록으로 우리는 조선왕조실록을 들 수 있다.

> 이덕량 등이 물러간 지 얼마 안 되어 다시 와서 언문 두 장을 가지고 들어와 아뢰었는데, 이는 곧 시장 사람이 판서와 참판을 비웃고 헐뜯는 말이었다. 그 대략에, 시장을 옮겨 배치하는 것은 공도(公道)에서 나온 것이 아니라 하고, 판서를 가리켜 제 자식을 위한 것이라 하고, 참판을 가리켜 뇌물을 받기 위한 것이라 하며, 신정을 끌어들여 뇌물을 탐한 것은 법에 저촉되었다 하고, 윤필상은 재물을 증식하다가 홍문관의 논의를 초래하였다는 등 나쁜 말과 욕설에 찬 비방을 하지 않는 바가 없었다. 이덕량이 이에 아뢰기를, "이 글은 어떤 사람이 신의 동생 집에 몰래 던진 것입니다. 그리고 본조(本曹)의 낭청(郎廳)이 철물전(鐵物廛) 앞을 지나가는데, 한 사람이 말하기를, '철물은 매우 무거워서 옮겨놓기가 어렵다. 만약 면포(綿布) 7, 8동(同)만 뇌물로 준다면 반드시 예전대로 돌아갈 것이다.' 하였다 합니다. 신 등이 이 같은 오명(汚名)을 듣고서 마음이 아픔을 견디지 못하겠습니다. 청컨대 유사(攸司)로 하여금 투서한 자를 추국하게 하소서."
>
> 의금부에 갇힌 사람 가운데 언문을 해석할 수 있는 민시·나손·심

계동유종생 등 16인의 같은 당류를 제외하고 나머지 사람들을 모두 풀
어서 보내주도록 하라.[6]

－성종 16년(1485), 7월 17일자

위 글을 보면 당대의 한성 시장 재배치 문제에 대한 구체적인 역사
적 상황을 알 수 있다. 사건에 대한 배경이나 상황이 잘 나타나 있어
우리는 세밀한 역사를 읽어낼 수 있다. 이처럼 조선왕조실록은 미시사
의 보고다. 세종이 기록하지 말라고 당부한 며느리 동성애 사건까지
세밀하게 기록하고 있다.(세종 18년 10월 26일자)

역사언어학에 대한 제대로 된 접근 방법이 필요하다. 기존의 거시사
연구 성과를 최대한 반영하되, 미시사 연구 방법론을 통해 보완하는 방
법을 통해 새롭게 국어사 연구 방법론을 정립해야 한다.

그리고 조선시대 문맹과 비문맹 문제를 다루는 것이므로 문맹에 대
한 과학적 접근을 해야 한다. 조선시대 문맹의 문제를 오늘날의 시각
으로 보거나 문맹 / 비문맹 단순 이분법으로 보아서는 안 된다. 훈민정
음은 쉽게 배울 수 있는 특성으로 인해 비문맹 또는 문식, 문해 잠재력
인구를 늘려놨다는 데 더 큰 의의가 있다. 곧 훈민정음은 문자해득력
의 가능성을 높여준 것이므로 문자해득이나 문해가능 잠재력까지 포
함하여 역사 해석의 능동성을 추구해야 한다. 따라서 과거의 문자생활
을 합리적으로 조명할 수 있는 역사언어학의 방법론 구축이 필요하다.

이러한 관점에 따라 문맹과 문식력 관련 용어를 다음과 같이 구별하
기로 한다.

---

6) 번역은 조선왕조실록 온라인판을 따르되, 필요한 경우 국립중앙도서관 소장 북한
   번역판과 국내 영인본을 참조하였다.

(1) 문맹 : 글자 해득이 불가능한 상황
* 문맹률 : 글자 해득이 안 되는 사람들의 비율
(2) 문해력 : 문자 해득력, 단순 의사소통 수준 능력. 한글을 읽을 줄
알고 약간 쓸 수 있는 능력.
* 문해력률 : 문자 해득이 가능한 사람의 비율, 비문맹률
(3) 문식력 : 문자 해득력을 넘어 능동적 문자생활이 가능한 능력. 한
글을 자유롭게 제대로 쓸 수 있는 능력.
* 문식력률 : 문식력이 가능한 사람 비율
(4) 문해잠재력 : 문자 해득이 가능한 잠재력
* 문해잠재력률 : 문자 해득이 가능한 사람들의 비율
(5) 문식잠재력 : 문식력이 가능한 잠재력
* 문식잠재력률 : 문식력이 가능한 사람들의 비율

이런 관점에서 보면 세종의 훈민정음 창제는 피지배층의 문해력과 문식력을 직접적으로 개선한 계기였다기보다는 오히려 지배층의 문식력과 문해력에 도움을 주었으며, 피지배층들을 문해잠재력과 문식잠재력의 가능권으로 끌어들였다는 데 의의가 있다.

그리고 이러한 연구에서 중요한 것은 자료나 자료 접근의 성실성을 강조하는 실증주의 역사관과 맥락적 해석을 중요하게 여기는 상대주의 역사관의 적절한 관계맺기가 필요하다. 어느 한쪽이 더 우수한 역사관이나 역사 방법론은 아니기 때문이다. 각각의 긍정성을 살려 본 연구에 활용하는 전략이 중요하다.

4. 역사에 대한 통합 접근

훈민정음 발달사를 제대로 규명하기 위해서는 관점과 방법론이 중요하다. 기존의 문법 위주의 국어사보다는 생활사 중심의 국어생활사 관점에서 접근해야 한다. 이를 위해 통합, 통섭식 접근이 필요하다.

이를 위해 먼저 어문생활의 총체적 구조를 밝혔다. 생활, 텍스트, 맥락, 주체 등 네 가지 차원에서 어문생활을 구성하고 있는 핵심 특징과 접근 전략을 살펴보았다.

이러한 어문생활사 기술을 위한 역사 방법론으로는 다중 전략에 따라 네 가지 방법론의 융합을 기술했다. 먼저 역사적 사실과 실체에 주목하는 실증주의 방법론과 의미와 해석, 관계를 중요하게 여기는 상대주의 방법론을 전략적으로 연계시켜야 함을 밝혔다. 대립된 역사관이라 하더라도 각각의 방법론이 지향하는 긍정성을 동시에 살려 어문생활사에 대한 통합적, 총체적 접근이 중요하다고 보았다.

다음으로는 미시사 중심의 접근도 중요하지만 거시사 관점과의 균형 있는 태도도 중요함을 밝혔다. 역사는 결과 위주, 사회 위주, 영웅 위주, 대사건 위주의 거시사와 과정 위주, 개인 위주, 민중 위주, 생활 위주의 미시사가 융합된 것이기 때문이다. 다만 그동안 우리의 역사 인식이나 연구가 거시사 쪽으로 치우치다 보니 미시사 쪽을 더 강조하는 전략이 중요하다고 보았다.

중요한 것은 어느 관점이나 전략이 아니라 그러한 관점이나 전략에 의해 드러내고자 하는 역사적 진실은 무엇이냐는 것이다. 서로 다른 전략이나 방법론에 의해 드러나는 역사적 실체가 다를 뿐만 아니라 동일한 사건이라도 그 의미나 해석은 달라지게 마련이다.

2부

불교와
유교를 통한
발전

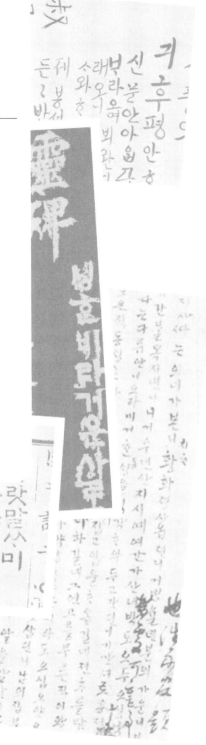

3장 불교를 통한 훈민정음 발달

1. 왜 불교와 훈민정음인가

훈민정음 창제 과정과 보급 과정에서 불교의 역할이 아주 컸음은 언문으로 옮긴 각종 불경언해서가 충분하게 보여줌에도 이에 대한 제대로 된 해석과 평가는 매우 미흡한 편이다. 기존 연구는 매우 소중한 성과를 보여주었으나 문법 연구나 종교 차원의 연구로 치우쳤기 때문이다. 불경언해서에 대한 연구는 다른 연구 성과에 비해서는 연구층은 얇지만 이 분야에 대한 꾸준한 문제제기와 질적인 연구가 축적되어 왔다. 따라서 이 장에서는 불경언해서 발간 배경이나 목적을 훈민정음 보급 언어 정책 차원에서 조명해보고자 한다.

불교는 고려시대 때 지나친 정치적 권력화와 각종 세속적인 문제로 조선 왕조가 세워지는 직접적 빌미가 되었고 새 왕조의 숭유억불의 대상이 되었다. 하지만 불교는 우리 민족에게 단순한 종교로서의 의미뿐만이 아니라 뿌리 깊은 의식과 생활양식의 기제로 작동되어 왔다. 특정한 계층만의 종교도 아니고 단지 정치적 대상으로 한정시켜 논의할 대상도 아니기 때문이다. 맥락에 따라 다양한 의미와 가치를 지니고 있다. 또한 모든 종교가 그렇듯 긍정성과 부정성을 함께 지니게 마련이다. 조선시대 불교도 '숭유억불'이라는 정치적 차원으로만 볼 수 없는 복합적인 의미를 지녔다. 따라서 조선 왕조의 불경언해 문제도 단순히 특정 통치자의 취향이나 심리적 문제로 한정시켜 논의할 수 없다.

불교 관련 한글문헌은 대부분이 언해서다. 15세기의 불경언해서 기본 서지정보는 [표 1]과 같다.[1]

[표 1] 초기 불경언해의 초간본과 중간본(최현배 : 1942, 안병희 : 1992라)

왕 이름	연도	초간	중간
세종	1447(세종 29)	석보상절, 월인천강지곡	
	1449(세종 31)	사리영응기	
세조	1459(세조 5)	월인석보, 몽산법어<언해본>	
	1461(세조 7)	* 간경도감 설치 능엄경<언해본>, 아미타경<언해본>	
	1462(세조 8)	능엄경<언해본>	
	1463(세조 9)	법화경<언해본>	
	1464(세조 10)		영가집<언해본>, 아미타경<언해본>, 금강경<언해본>, 반야심경<언해본>, 상원사중창권선문
	1465(세조 11)	원각경<언해본>, 원각경구결	
	1467(세조 13)	목우자수심결<언해본>, 사법어<언해본>	
성종	1471(성종 2)	* 간경도감 폐지	

---

1) 여기서는 훈민정음 반포 초기의 발달 문제를 다루는 것이므로 15세기로 한정시켰다. 조선시대 전반의 국역 불서는 이화숙(2011)에서 46종 177건으로 정리하였다.

왕 이름	연도	초간	중간
성종	1472(성종 3)		법화경<언해본>, 능엄경<언해본>, 원각경<언해본>, 반야심경<언해본>, 몽산법어 · 사법어<언해본>, 영가집<언해본>
	1476(성종 7)	오대진언 · 영험약초	
	1482(성종 13)	금강경삼가해, 남명집<언해본>	
	1485(성종 16)	불정심경<언해본>	오대진언 · 영험약초
연산군	1495(연산군 1)		법화경<언해본>, 능엄경<언해본>, 금강경<언해본>, 반야심경<언해본>, 영가집<언해본>, 월인석보
	1496(연산군 2)	육조법보단경<언해본>, 진언권공 · 삼단시식문	

불경언해 또는 불경언해서에 대한 연구는 크게 문법 중심, 불교 중심, 서지 중심, 국어사 중심의 네 가지 계열로 나눌 수 있다. 각종 불경언해서의 개별 연구까지 하면 무척 방대하므로 여기서는 불경언해에 대한 주요한 관점 위주의 연구나 총괄적인 연구로 한정하여 살피기로 한다.

국어사 중심의 계열은 국어학적 해석과 불교적 해석을 함께 내리고 있다. 최현배(1982 : 103~104)에서는 불경의 언해는 "삼한 이래로 민심에 깊이 뿌리박힌 종교에 의하여, 한글의 보급을 꾀한 것"으로 보고 각 불경언해서의 주요 서지정보를 밝혔다.[2] 이는 처음으로 불경언해서를 전반적으로 정리하고 그에 대한 역사적 평가를 내린 것으로 의의가 있다. 곧 불교 관점이 아닌 언어 정책가(세종, 세조) 관점에서 역사적 평가

---

2) <한글갈> 발행 간지에는 1940년에 출판된 것으로 되어 있으나, 책 속의 서문 내용으로 보아 1942년에 출판된 것으로 학계에서는 보고 있다.

를 내린 것이다. 불경언해 사건은 다양한 동기와 정치적 함의를 지니고 있지만 언어 정책과정으로 본 것이 돋보인다.

이렇게 불경언해를 훈민정음 보급 차원에서 본 연구로는 방종현(1946)이 있다. 방종현(1946 : 128)에서 "(불경)언해를 왜 하였는가, 그 이유로는 (불경의) 한문을 조선 사람에게 이해시키려고 알기 쉬운 방법을 쓴 것이라고도 할 것이지마는 또 훈민정음을 널리 보급하는 한 방편도 되었을 (것)이라고 말할 수 있을 것 등의 여러 가지 이유를 들 것이다. (괄호-필자)"라고 평가하였다. 다만 세조의 불경언해 정책을 주로 세조의 개인적 심리 문제로 본 것이 아쉽다.

안병희(1992라)는 초기 불경언해를 한글 보급의 긍정적 측면에서 본격적으로 조명했다. 곧 세종과 집현전 학자들의 영향력이 지속되는 15세기 말까지 나온 한글 사용 문헌을 초기 한글문헌이라 규정짓고 이러한 한글문헌 가운데 불교 문헌이 60퍼센트가 될 정도로 매우 그 비중이 높다고 평가하였다. 이런 관점에서 다음과 같은 조심스런 평가를 내리고 있다.

> 세종의 한글 창제가 불경언해를 위한 것이라고 단정할 수는 없다. 그러나 초기 한글문헌, 특히 세종, 세조 때의 한글문헌에서 차지하는 불경언해의 절대적이라고도 할 위치, 창제 직후에 행해진 한글의 보급과 학습에 이바지한 불경언해의 기능을 생각한다면 한글 창제에서 불교에 대한 고려가 없었다고는 못할 것이다. 세종이 겉으로 표방하지는 못했지만, 속으로는 불경언해를 생각하고 한글 창제에 임했으리라는 강한 의혹을 떨쳐버릴 수가 없는 것이다.
>
> ─안병희(2009 : 64)

김영배·김무봉(1998)에서도 불전언해 사업은 조선조의 치국 이념이나 당시의 시대 상황과는 정면으로 배치되는 정책이었는데도 왕실이 그토록 정성을 쏟은 이유를 표면적인 이유와 이면적인 이유로 분석하였다. 표면적인 이유는 돌아간 모후나 부왕, 대군(大君), 군(君)들의 명복을 비는 이른바 추천불사(追薦佛事)였지만, 그것은 어디까지나 유신(儒臣)들의 반대를 극복하기 위한 구실과 변명이고, 실제로는 사대부들에게 외면당하던 국문자의 정착·보급에 있었다고 보았다. 그 이유는 새로 제정된 국문자의 실제 수요자였던 일반 백성들의 뿌리 깊은 불심에 기대어 문자를 널리 펴려는 원대한 뜻 때문에 가능한 일이었다는 것이다.

이런 견해는 불교를 새 문자 보급의 수단으로 보는 시각에서 비롯된다. 그러나 그 반대로 불심이 먼저라는 견해도 있다. 이러한 불교 중심의 연구로는 이봉춘(1978 / 1980), 이재형(2004), 김종명(2006), 사재동(2010) 등이 대표적이다.

이봉춘(1978 / 1980)에서는 조선 전기 불전언해는 단순히 불전 국역화 차원을 넘어 불교사상의 집약과 불교중흥과 같은 높은 차원이었음을 밝히고 있다. 또한 이러한 언해 사업은 신라, 고려로 이어지는 쉬운 문자를 통한 포교의 전통을 따른 것으로, "우리나라 최초의 정음불전문학서인 <석보상절>과 <월인천강지곡>은 세종의 불심과 주선(周旋)이 없었던들, 그 편찬이 거의 불가능했을 것(45쪽)"으로 보고 있다. 따라서 불전언해는 교단을 대표하는 승려와 불교 보호에 나선 왕과 왕실, 일반 신자로서의 숭불유신들이 삼위일체가 되어 이룩한 대홍불사업이다. 이러한 견해는 불경언해가 실제로 불교 대중화로 이어지지 못했다는 한계가 있다.

이재형(2004)에서는 훈민정음 창제 후의 신미 스님의 역할과 비밀리에 추진되었던 창제 과정으로 보았을 때 신미가 훈민정음 창제 과정에 깊숙이 관여했을 것으로 추론했다. 곧 "신미가 훈민정음 창제에 협력했다는 결정적인 증거는 없지만 훈민정음의 글자 모양과 음운학, 또 훈민정음 창제 후 곧바로 실시된 불경간행에서 훈민정음에 대한 신미의 깊은 이해를 엿볼 수 있다.(이재형, 2004 : 152쪽)"라고 보았다.

김종명(2006)은 세종은 재위 초기부터 호불의 태도를 견지했음을 밝히고 훈민정음 창제 배경에는 불교가 매우 중요한 자리를 차지하고 있다고 보아 세종의 불전언해는 그의 숭불관을 바탕으로 전개되었다고 밝히고 있다. 그러한 훈민정음 불전 편찬의 성공 요인으로는 세종의 강력한 왕권과 훈민정음 창제 전후 정무로부터 자유로웠기 때문인 것으로 보았다.

사재동(2010)은 불교 관점에서 훈민정음 창제 경위와 실용화, 문화사적 의의 등을 짚었다. 곧 정음 창제는 불교적 배경이 중요하다고 보아 불교 중흥을 통한 불교 왕국 건설을 위해 조선어에 맞는 불교적 문자를 창제하였다는 것이다. 이러한 창제의 주체는 세종이고 주관자는 수양대군이며, 전문적 실무자가 불교인들로 신미, 수미, 설준, 홍준, 효운, 지해, 해초, 사지, 학열, 학조, 김수온 등을 들었다. 따라서 당시 조정과 유교계는 이를 반대할 수밖에 없었고 창제와 실용화의 주체는 왕실, 불교계가 될 수밖에 없다는 것이다. 이러한 노력으로 "성종 대 16세기로 들어서면서 훈민정음은 자체의 기능 역량을 확장 발전시키고, 왕실 불교계의 실용 성과에 고무되고 조정과 유교계에 뿌려진 그 씨앗이 뿌리내려 성장한 덕분에 실로 백성들이 문자, 상하 대중의 문자로서 위력을 발휘하게 되었다."라고 보았다.

강신항(1957, 2003 : 수정 재수록)에서는 조선의 숭유억불 정책으로 보아 세종과 세조에 의한 초기의 불경언해를 매우 기이한 현상으로 그 역사

적 맥락을 짚었다. 사대부들의 불교에 대한 배척 논리로 보아 언문을
통한 불경의 언해는 세종의 비호와 세조의 숭불 성향 때문에 가능했다
고 보았다. 세조의 숭불은 불교를 정치 전략이 아닌 개인 성향으로 보
았다. 따라서 세조의 불경언해에 대해 다음과 같이 평하였다.

> 세조의 불경언해 사업은 완전히 무식 계급을 상대로 한 것이었으며,
> 그것이 국가적인 대사업이기는 하였으나 당시의 지배 계급인 지식 계
> 급과 완전히 분리된 사업이었다. 따라서 이 사업으로서 언문이 널리 보
> 급되고 애용되기를 기대할 수는 없었으며, 오늘날 결과만 가지고 본다
> 면 간경도감 사업에 의하여 중요한 국어학 자료가 많이 남게 되었을 뿐
> 이다. 그런데 세조가 그렇게 온갖 정력을 기울여 간행한 불경도 승도에
> 게조차 제대로 읽히지 않았음은 이미 '세조의 불경간행과 언해'에서 언
> 급한 바와 같다.
>
> — 강신항(1957, 2003 : 수정 재수록, 346)

위와 같은 견해는 무식 계급과 지식 계급의 이원화를 중심으로 불경
언해의 영향력을 부정적으로 평가하고 있다. 이때의 지식 계급을 유학
자들로 한정시킨다면 위와 같은 지적이 일리는 있다. 그러나 불경언해
가 단지 불교 교리를 전파하기 위한 것이 아니라면 한자 문화와 새로
운 언문 문화의 가교 역할을 하는 것만은 분명하다. 강신항(2003 : 347)에
서의 부정적 평가는 다음과 같은 평가로 이어진다.

> 훈민정음이 창제된 지 불과 몇 해만에 널리 보급되기를 기대한다는
> 것은 설사 국가적인 보급책이 강구되었다고 하더라도 좀 어려운 일이
> 긴 하지만 훈민정음이 강력한 유신들의 반대 속에서 창제된 후 운서와
> 결부되고 불경과 결부되었다는 것은 어느 모로 보면 훈민정음의 정상
> 적인 발달을 위해서는 불행한 일이었다. 훈민정음이 창제된 후, 초기에

는 운서 번역에 주력하고 다음에는 불경언해에 사용되었는데, 후자는 당시의 지식 계급과는 분리된 사업이었고 성종 때에 이르러 홍문관 중심의 문화가 형성된 이후, <두시언해>, <황산곡집언해>, <삼강행실도 언해> 등 비로소 한문 교육에 도움이 되고 성학 보급의 한 수단이며 또한 유학자들의 비위가 당기는 사업에 이용되기 시작하였던 것이다. 만일에 훈민정음이 불경언해에 사용되지 않았던들, 오늘날 우리에게 언해된 불경과 같은 중요한 역사적 문화재가 남아 있게 되었을지 모르는 일이로되, 그러나 훈민정음의 창제와 더불어 한문 보급에 널리 이용되고 계속 한적이 번역되었던들 그 발달은 훨씬 더 활발하였으리라는 것은 짐작할 수 있다. 왜냐하면 역사상 최대의 언문 박해자요 훈민정음에 대한 반역자로 지목 받고 있는 연산군조차도 한어를 번역한 한문 서적만은 불태우는 데서 제외시켰던 것으로 미루어도 알 수 있다.

위와 같은 시각은 한문과 유자 시각에서는 일리 있는 시각이나 나라 전체와 백성 전체를 대상으로 하는 언어정책 관점으로 보면 적절하지 않다. 언해본에 대한 연산군의 시각은 언해의 효용성이 충분히 드러난 나중의 일이다. 초기 단계에서는 최만리와 같은 반대 분위기가 더욱 강했을 것이기에 불경이 아닌 유교 경전이라면 더 문제가 되었을 것이다.

다음으로는 간경도감 중심의 연구가 있다. 여기서는 연구 문헌 소개로 그친다.

방종현(1948), 『訓民正音通史』, 일성당서점 ; 홍문각, 1988 영인본 펴냄.

이봉춘(1978), 「조선전기 불전언해의 그 사상에 대한 연구」, 동국대 석사
학위 논문.

안병희(1992), 「初期佛經諺解와 한글」, 『불교문화연구』 3, 영축불교문화연
구원, 23~41쪽 ; 재수록 : 안병희(2009), 『國語史 文獻 硏究』,
신구문화사, 50~65쪽.

박정숙(1996), 「世祖代 刊經都監의 설치와 佛典 刊行」, 부산대학교 대학원

석사학위 논문.

이전경(2000), 「간경도감의 언해서와 불경의 구결자 비교－구결자의 음
가 추정과 차자 운용체계」, 『23회 공동연구회 발표논문집』,
구결학회, 41~52쪽.

김무봉(2002), 「조선시대 간경도감의 역경사업」, 『電子佛典』 4집, 동국대
학교전자불전연구소, 7~53쪽.

최윤곤(2003), 「간경도감(刊經都監)의 실체와 불전 간행 사업」, 『인문사회
과학논문집』 31집, 광운대학교 인문사회과학연구소, 153~
168쪽.

김무봉(2004나), 「조선시대 간경도감 간행의 한글 경전 연구」, 『한국사상
과 문화』 23집, 한국사상무화학회, 373~417쪽.

윤옥석(2008), 「간경도감본 불경언해서의 협주에 대한 연구」, 연세대 대
학원 석사학위 논문.

이들 연구는 간경도감에서 발행한 불경언해본을 다각적으로 분석하
고 있다.

[표 2] 간경도감에서 펴낸 불경언해서(최윤곤, 2003 재구성 인용)

연번	간행연도	불경언해본 서명	권책	역자 및 주해자
1	세조 8년(1462)	大佛頂如來密因修證了義諸菩薩萬行首楞嚴經	10권 10책	般剌密帝譯, 戒環解
2	세조 9년(1463)	妙法蓮華經	7권 9책	鳩摩羅什譯, 戒環解, 一如集注
3	세조 10년(1464)	禪宗永嘉集	2권 2책	玄覺撰, 衍靖淨源修正, 世祖口訣
4	세조 10년(1464)	金剛般若波羅密經	1권 2책	鳩摩羅什譯, 慧能註解
5	세조 10년(1464)	般若波羅密多心經略疏	1권 1책	玄奘譯, 仲希述
6	세조 10년(1464)	佛說阿彌陀經	1권 1책	鳩摩羅什譯, 智譜註釋, 世祖譯解
7	세조 11년(1465)	大方廣圓覺修多羅了義經	2권 10책	宗密所抄, 世祖口訣
8	세조 13년(1467)	牧牛子修心訣	1권 1책	知訥撰, 丕顯閣訣, 信眉譯
9	세조 13년(1467)	四法語	1권 1책	信眉譯

2. 조선왕조 지배층의 불교 인식의 다층성

불경언해의 역사적 맥락을 파악하기 위해서는 조선 왕조와 지배층의 다층적 불교 인식을 이해할 필요가 있다. 이런 점을 극명하게 보여주는 실록 기사가 있다.

　　명하여 영돈녕(永敦寧) 이상과 의정부·대간·홍문관 관원을 불러서 빈청에 모으고 양대비전의 언문 한 장을 내려서 승지로 하여금 번역하여 이를 보이게 하고는, 인하여 수의(收議)하게 하였다. 그 글에 이르기를,
　　"우리들은 부귀를 편히 누리면서 국가의 공사에 참여하지 못하나, 다만 백성이 중이 되는 것을 금하는 법이 크게 엄중하여, 중이 모두 도망해 흩어지고 조종(祖宗)의 원당(願堂)을 수호할 수 없어 도적이 두렵기 때문에 말을 하지 않을 수 없습니다.
　　대저 선왕의 뜻을 잘 이어 받드는 것이 바로 제왕의 아름다운 덕인데, 별다른 큰 폐단도 없으면서 선왕의 원하는 뜻을 무너뜨리는 것이 옳겠니까? 무릇 새로운 법을 행하는 데에는 반드시 기한을 세워서 알지 못함이 없게 한 뒤에 행할 것입니다. <u>불법을 행한 것은 오늘날부터 시작된 것이 아니니 한(漢)·당(唐) 이후로 유교와 불교가 아울러 행하였고 도승(度僧)의 법이 또 <대전(大典)>에 실렸는데, 하루아침에 갑자기 개혁하니 비록 법에 의하여 머리를 깎은 자일지라도 또한 으레 도첩(度牒) 없이 역(役)을 피하는 자로 여겨 당차(當差)하고, 사주(寺主)·사승(師僧)·유나(維那)에게 아울러 역(役)을 정하니, 이는 백성을 속이는 것입니다. 역대 제왕이 어찌 불교를 배척하려고 하지 아니하였겠습니다만 이제까지 근절시키지 아니하였으니, 이는 반드시 인심의 요동을 중히 여겨 각각 그 삶을 편히 하도록 한 것입니다.</u>
　　우리나라가 비록 작을지라도 병혁(兵革)이 견고하고 날카로와서 족히 천하의 군사를 대적할 만한데, 이제 쥐와 개 같은 좀도둑의 작은 무리를 위해서 조종(祖宗)의 구원(久遠)한 법을 무너뜨림이 옳겠니까? 양계

(兩界) 연변(沿邊)의 땅에도 중이 된 자가 있는데, 야인(野人)이 만약 우리
나라에 군정(軍丁)이 부족하여 사람들이 중이 되는 것을 금한다는 말을
들으면 이는 저들에게 약함을 보이는 것입니다. 대신들이 어찌 깊이 생
각해서 처리하지 않겠습니까마는, 그러나 우리는 온당하지 못하다고 생
각합니다. 또 듣건대 중국[中原]에는 절이 있을 뿐만 아니라 일반 사람
의 집에도 모두 불당(佛堂)이 있다고 합니다. 그 (…중략…) 일체 <대전
(大典)>에 의하여 각각 그 직업에 안정하도록 하며, 법을 어기는 자는
<대전>에 의하여 시행하여 뭇사람의 마음을 안정시키고, 절을 수호(守
護)하여 선왕(先王)·선후(先后)의 수륙재 시식(施食) 때에 정결하게 음식
을 갖추어 공판(供辦)하도록 한 것과 같이 하면 매우 다행하겠습니다."
라고 하였는데, 윤필상(尹弼商)·이극배(李克培)·노사신(盧思愼)·윤호
(尹壕)·정문형(鄭文炯)은 의논하기를,

"모후(母后)의 전교가 이와 같으시니, 자지(慈旨)를 힘써 받드는 것이
어떠하겠습니까?"
하고, 심회(沈澮)·유지(柳輕)는 의논하기를,

"엎드려 대비(大妃)의 전교를 보건대 지극하신 뜻에서 나온 것으로
말씀이 매우 격절(激切)합니다. 그러나 듣건대 당(唐)나라 고조(高祖)는
천하의 승니(僧尼)와 도사(道士)를 도태(陶汰)시켰고, 우리 태종(太宗)께서
는 절의 노비를 혁파하였으므로 이제까지 전하여 칭송하고 일이 간책
(簡策)에 빛납니다. 신이 이제 사헌부(司憲府)에서 계달한 입법 절목(立法
節目)을 보건대 이는 성상께서 고금을 참작하여 하신 것이니, 참으로 조
선 만세의 복입니다. 대비의 전교는 단지 법을 세운 것이 가혹하고 각
박하여 민간이 소요(騷擾)할 것을 두려워하신 것인데, 신 등도 관리로서
이를 인연하여 폐단을 일으키는 자가 간혹 있을까 합니다. 청컨대 제도
관찰사(諸道觀察使)로 하여금 검거(檢擧)하여 죄를 주게 하소서."
하고, 안호(安瑚)·이상(李瑺)은 의논하기를,

"불교의 말이 옳지 못함은 전하께서 이미 밝게 아시는 바이니 수의
(收議)할 필요가 없습니다. 그런데 이제 자지(慈旨)로써 군신(群臣)에게
하문(下問)하시니 결망(缺望)을 이기지 못하겠습니다. 요즈음 중이 되는
것을 금하는 법이 지극하다고 이를 만한데 지금 만약 단서를 열어 금하

지 말도록 허락하면, 백성들이 장차 함께 승도(僧徒)가 되어 군액(軍額)
이 날마다 부족할 것입니다. 더욱이 이 법은 국가에서 의논해 정하였고
중외(中外)에 반포(頒布)하여 여러 신하와 백성들이 두루 알지 못하는 이
가 없어, 사람들이 모두 오도(吾道)의 한 큰 다행이라고 하였는데, 이제
또 어지럽게 고치면 사서인(士庶人)이 실망할 뿐만 아니라 조정(朝廷)의
사체(事體)에 해로움이 있을까 합니다."

하고, 안침·유호인·강겸·권유·남세주·권오복·김감·이과·이관은
의논하기를,

"중이 되는 것을 금하는 법은 진실로 군국(軍國)의 큰 계책이며 오도
(吾道)의 큰 다행입니다. 대비께서 비록 명을 내리셨다 할지라도 전하께
서는 마땅히 대의로써 조용히 간하여 그만두게 하여야지 궁위(宮闈)의
내언(內言)을 조정에 널리 보이는 것은 마땅치 못하며, 대비께서도 조정
의 정사를 저지하는 것은 마땅치 못합니다. 또 승도(僧徒)의 간고(艱苦)한
상황은 신 등이 외정(外廷)에 있으면서도 아직 미처 듣지 못하였는데, 궁
중의 엄하고 깊숙한 곳에 먼저 전달되었으니, 심히 미편(未便)합니다."

하고, 이세좌·신경·민수복은 의논하기를,

"신 등이 전일에 전교를 공경히 받들어서 삼가 망령된 뜻으로써 조
목을 나열하여 상달(上達)하자 그 때 대신들에게 의논하여 시행하게 하
였습니다. 만약 나이가 찬 중이라면 비록 죄를 범하였을지라도 차역(差
役)할 이치가 없으며, 법을 세운 지 얼마 되지 아니하였는데 곧 따라서
어지럽게 고치는 것이 옳겠습니까?"

하니, 전교하기를,

"대신의 의논은 내가 이미 잘 알았으나, 다만 그 밑에 있는 자의 의
논에 이르기를, '대비는 국정(國政)에 참여할 수 없고 궁위(宮闈)의 말을
조정에 보일 수 없으며 전하도 간하여 그만두게 하는 것이 마땅하다.'고
하였는데, 두 대비께서 일찍이 중을 금하는 법을 물으시기에 내가 모두
자세히 아뢰었으니, 간하여 그치게 하지 않은 것이 아니다. 이제 두 대
비전의 글이 이와 같으니, 내가 생각하건대 법을 고치는 것은 가벼운
일이고 대비의 뜻을 거스리는 것은 중한 것이기 때문에 전의 법을 고치
려고 한다. 다시 의논하여 아뢰라."

하였다. 윤필상·이극배·노사신·윤호·정문형은 의논하기를,

"이제 이같은 법을 세운 것은 진실로 국가의 복이며 신의 생각에도 쾌하게 여깁니다. 그러나 일호(一毫)라도 자지(慈旨)를 어김이 있을 수 없기 때문에 경중(輕重)을 참작해서 의논하여 아뢴 것이니, 성상께서 힘써 따르시라고 한 것일 뿐입니다."

하고, 심회(沈澮)·유지(柳輊)는 의논하기를,

"신 등이 엎드려 상교(上敎)를 듣고서 모후(母后)의 전교를 따르지 않을 수 없는 것을 또한 알았습니다. 그렇지만 반복해 생각하건대 성주(聖主)께서 고금(古今)을 참작하여 아름다운 법을 겨우 내렸는데, 몇 달이 되지 아니한 사이에 고치는 것은 옳지 못합니다. 청컨대 전의 의논에 의하여 그 까다롭고 급한 절목(節目)은 적당하게 헤아려서 줄이는 것이 어떠하겠습니까?"

하고, 이세좌·안호·신경·민수복·이상은 의논하기를,

"예전에 맹의자(孟懿子)가 효(孝)의 방법을 물으니, 공자(孔子)가 말하기를, '어김이 없어야 한다.'라고 하였는데, 해석하는 이가 말하기를, '어김이 없다는 것은 이치에 어긋나지 않게 하는 것을 이르는 것이고 어버이의 명령에만 따르는 것이 효라고 할 수는 없다.'고 하였으니, 만일 도(道)가 아니면 어찌 뜻을 거스리는 것으로써 구실을 삼아서 조정의 큰 법을 가볍게 변경할 수 있겠습니까?"

하고, 안침 등은 의논하기를,

"중이 되는 것을 금하는 법은 국가의 큰 계책인데 전하께서 자지(慈旨)를 거스리는 것으로 구실을 삼으시고 대신이 또 따라서 받들어 순종하니, 실망함을 이기지 못하겠습니다. 무릇 어버이를 섬기는 이는 한갓 구차히 따르고 어김이 없는 것만으로 효도를 삼는 것이 아닙니다. 요컨대, 마땅히 착한 도리로 인도하여 어버이를 허물이 없는 곳으로 인도하는 것이 바로 큰 효도인 것입니다. 만약 대비의 일시적인 뜻을 따랐다가 마침내 승도(僧徒)가 날마다 성(盛)하고 군액(軍額)이 날마다 줄어지며, 오도(吾道)가 날마다 쇠하고 국세(國勢)가 날마다 약해지는 데 이르면, 대비께서도 홀로 근심하지 아니하겠습니까? 대비의 뜻으로써 구실을 삼지 말고 다른 의논에 의해 그르치지도 말며 쾌하게 결단하여 의심

하지 마소서."
하니, 임금이 말하기를,
　"마땅히 이 의논을 가지고 두 대비전에 아뢰겠다."하였다.
　(…후략…)

－성종 23년(1492) 11월 21일

　'도첩(度牒)'은 조선 초기에 군역을 면제받는 중이 되는 길을 억제하기 위한 억불 정책으로 나라에서 중에게 발급하던 일종의 신분 증명서다. 양반은 포(布) 1백 필, 평민은 1백 50필, 천인은 2백 필을 받고 발급하였는데, 이는 장정(壯丁)이 함부로 중이 되는 것을 막았으므로 나라의 군정(軍丁)과 인적 자원이 충실해지는 효과가 있었다. 그러나 불교 경전 간행에 적극적이었던 양대비(성종의 생모인 인수대비, 예종비인 인혜대비)는 이 법이 지나치게 심하다는 것이다. 그래서 양대비는 유교와 불교의 조화로운 공존을 이유로 이 법의 완화를 주장하며 불교 쪽의 권익을 적극 옹호하고 있다.

　이런 견해에 대해 도첩제는 옳지만 임금이 대비들께 효도해야 한다는 논리를 들어 윤필상·이극배·노사신·윤호·정문형 등은 적극 찬성하고 있다. 이에 비해 안호·이상·안침·유호인·강겸·권유·남세주·권오복·김감·이과·이관 등은 법의 지엄함을 들어 양대비의 견해가 옳지 못하다며 적극 반대하고 있다. 심회·유지 등은 절충안을 다시 제시하고, 이세좌·안호·신경·민수복·이상 등은 바른 도를 따르는 것이 진정한 효라 하고 안침은 더 나아가 법과 도를 따르는 것이 오히려 양대비에 대한 진정한 효라고까지 제시하고 있다.

　이처럼 명백한 쟁점에서조차 주류 양반들의 견해는 다양하게 맞서 있다. 그 이면으로 들어가면 불교가 양반들 생활과 사상의 일부로 자리 잡고 있었다. 조선시대 불교의 중요성이 그 이전 시대보다 상대적으로 축소된 것뿐이다. 이와 관련하여 양태진(1990 : 13)은 "불교는 관념적으로 유교와 함께 양반 계급의 철학의 일부를 구성하는 지위를 잃지 않았다. 조선의 유가나 관료들은 물론 유교를 정통적 사상으로 주장하였지마는 이와 함께 불교의 '오묘한' 도를 전적으로 해체시키지는 않았다."라고 평가하였다.

결국 조선의 유가들은 불교 관련 사건이 정치적 명분에 위배될 경우에는 극렬하게 문제 삼았지만 그렇지 않은 경우에는 관대하게 수용했다. 불교 언문서나 언해서의 경우가 그러했다. 1448년 세종 30년 7월 17일 세종은 문소전(文昭殿) 서북에 내불당(內佛堂) 건립을 명했다. 이로부터 보름도 안 된 7월 23일 성균관 및 사부학당 유생은 내불당 건립에 반대하여 동맹휴학까지 할 정도로 극렬하게 투쟁을 전개하였다. 이런 사건이 일어나기 1년 전인 1447년 석보상절, 월인천강지곡 등의 서책이 발간되었을 때는 이들 책이 불교 핵심 교리와 관련되어 있고 세종이 직접 지은 <월인천강지곡>은 찬불의 성격까지 지녔음에도 표면적인 반대 사건은 일어나지 않았다.

3. 불교 문헌의 갈래별 의미

불교 관련 문헌은 크게 네 부류로 나뉜다. 전통적인 언해서가 아닌 일반 불교서와 언해서, 불교 관련 기록서, 불교 진언을 다룬 서책 등이 그것이다.

[표 3] 한글 관련 불교 문헌 분류

불교—일반	15세기	- 세종 : 석보상절(1447, 세종 29), 월인천강지곡 (1447, 세종 29) - 세조 : 월인석보(1459, 세조 5) - 선조 : 칠대만법(1569, 선조 2)	
불교—언해서	15세기	- 세조 : 불설아미타경(언해본 1461 / 추정 / 부전, 활자본, 세조7), 지장보살본원경(지장경, 언해본, 1462 / 부전, 세조 8), 능엄경(언해본 1462, 세조8), 법화경(언해본 1463, 세조 9), 선종영가집(언해본1464, 세조 10), 불설아미타경(언해본 1464, 목판본, 세조 10), 금강경(언해본 1464, 세조 10), 반야심경(언해본 1464, 세조 10), 대방광원각수다라요의경약소(원각경, 언해본, 1465, 세조 11), 목우자수심결(언해본 / 부록 : 사법어언해, 1467, 세조 13), 몽산화상법어약록(언해본, 1467 / 추정, 세조 13) - 성종 : 천수천안관자재보살광대원만무애대비심대타라니신묘장구타라니경(천수경, 관음보살주경 언해본, 1481 / 부전, 성종 12), 금강경삼가해(언해본, 1482, 성종 13), 영가대사증도가남명천선사계송(언해본, 일명 : 남명집언해, 1482, 성종 13), 불정심관세음보살다라니경(불정심다라니경 / 불정심경/관음경, 언해본, 1485, 성종 16) - 연산군 : 육조법보단경(언해본, 1496, 연산군 2)	* 오대진언(영험약초, 1550 / 번각본, 명종 5)
	16세기	- 명종 : 불설대보부모은중경(은중경, 언해본 1553 / 부전, 명종 8), 권념요록(16세기중엽 / 부전, 명종, 1637 / 개판본, 인조 15) - 선조 : 계초심학인문(발심수행장, 양운자경 합본, 언해본, 1577, 선조 10), 선가귀감(언해본, 1579, 선조 12)	*<불설대보부모은중경> 현존본은 '1563년(명종 18)' *권념요록 저자 : 보우(普雨大師) (1509~1565) *<선가귀감> 한문본 저자는 서산대사 언해본 저자는 금화도인(의천)
	17세기	- 효종 : 불설천지팔양신주경(1657 / 부전, 효종 8), 불설광본대장경(1657 / 부전, 효종 8)	

불교－ 언해서	18세기	대미타참약초요람보권염불문(염불보권문, 언해 본, 1704, 숙종 30)	
불교－ 기록서	15세기	사리영응기(1449, 세종 31)	*이름 한글 표기
불교－ 진언	15세기	오대진언(영험약초[3]), 1485 / 부전, 성종 16) 진언권공(1496, 연산군 2) 삼단시식문(1496, 연산군 2) 진언집(1569, 선조 2) 오대진언수구경(1604, 선조 37) 진언요초(1797, 정조 21) 불가일용집(1869, 고종 6)	

1) 일반 불교 문헌의 맥락적 의미

각종 불교 문헌에 대한 기본 연구 성과를 바탕으로 훈민정음 측면에서의 맥락적 의미를 재조명하기로 한다. 그리고 이 글은 훈민정음과 연관된 맥락을 따지는 것이므로 종교보다는 훈민정음 관련 맥락을 더 분석하였다.

최초의 불교 한글문헌인 <석보상절>과 <월인천강지곡>은 불교를 위해 펴낸 훈민정음 문헌으로 보기보다는 훈민정음을 위해 펴낸 불교 문헌으로 자리매김해야 한다. 또한 이 두 문헌이 재구성되어 '훈민정음 언해본'과 더불어 <월인석보>라는 새로운 책으로 재탄생되었다는 점을 주목해야 한다.

---

3) <영험약초>는 <오대진언>의 일부라는 남경란(1999) 참조.

(1) 〈석보상절〉

 〈석보상절〉은 세종이 기획하고 수양대군이 〈증수석가보(增修釋迦譜)〉를 재구성하여 편역한 24권의 책으로 세종 29년(1447)에 간행한 활자본이다.[4] 이 책의 발간 동기는 이 책 서문과 월인석보 서문에 자세히 나와 있다. 소혜왕후 죽음에 따른 개인적 불심 외에 어려운 불경을 쉬운 방언(언문)으로 옮겨 부처님의 뜻을 널리 펴겠다는 점을 분명히 밝히고 있다. 본문은 국한문으로 하고 협주(夾注)가 들어간 부분은 작은 글자 쌍행(雙行)으로 하고, 협주가 끝나면 다시 큰 글자로 본문이 이어진다. 한자에는 일일이 동국정운식 한자음을 달았다. 여기서 우리는 모든 백성들을 대상으로 훈민정음 첫 실험서로서의 가치에 주목할 필요가 있다. 그래서 용비어천가와는 달리 철저히 동국정운식 한자음을 적용하였고 한자병기 협주 등의 배치가 그러한 텍스트로서의 짜임새를 보여준다. 새 문자를 실험하는 첫 저서인 만큼 기존 한자를 배치하고 그 음을 달았다. 또한 한자를 대체하기 위해 만든 문자는 아니므로 한자와의 배타적 관계를 설정할 이유도 없었다.

 그리고 이 책은 수양대군이 서문에서 밝혔듯이 〈석가보〉라는 한문 텍스트를 만들어 편역했고 한문 텍스트를 제시하지 않았음을 주목해야 한다. 일대일 번역 체제가 아니므로 한문 원전을 제시하기 어려웠을 것이다. 또한 대중적으로 불심과 새 문자를 알리기 위한 전략의 책이므로 용비어천가와 같이 한문 텍스트를 함께 수록하지 않았을 것이다.

 따라서 이 책은 불교 교리서라기보다 문학서로서의 양식을 최대한

---

4) 〈석보상절〉 자체에 간기는 없으나 〈월인석보〉 권1에 있는 '석보상절서'의 수양대군 서문 날짜인 '正統十二年七月二十五日에 首陽君諱序ᄒᆞ노라'에 따라 세종 29년 (1447)을 간행 연대로 본다.

배려하여 책의 대중성과 읽기 가독성을 높였다. 일부러 문학 양식을 선택한 것은 아니겠지만 우리말로 불경 이야기를 제대로 자연스럽게 풀어 적는 과정에서 풍부한 구어체, 고유어 등이 반영되어 문학 텍스트로서 손색이 없는 글이 된 것이다.

　활자 인쇄 측면에서도 대중성과 실용성이 고려되었다. 중성(中聲) '•'와 'ㅣ'의 표기를 제외한 나머지 모음이 <훈민정음> 해례본과 같은 둥근 점을 벗어나 짧은 획으로 바뀐 것은 그만큼 문자와 보급의 대중성이 고려된 것이다.[5)]

(2) 〈월인천강지곡〉

　<석보상절>과 더불어 초기 훈민정음 보급서로서의 전략을 담고 있는 책이 세종이 직접 지은 <월인천강지곡>이다. <석보상절>과 같은 해인 1447년에 간행했다. 세종이 직접 석가의 공덕을 칭송하여 쓴 악장 형식의 일종의 찬불가다. 이 책은 역시 <석보상절>과 같이 온전히 남아 있지 않아 상·중·하 3권 가운데 상 1책과 권 중의 낙장이 전하고 있다. 권 상에 실린 노래는 모두 194곡이다.

　이 책은 아들이 지은 <석보상절>과 여러 대비되면서 또 다른 훈민정음 실험 전략을 보여준다. <석보상절>이 산문임에 비해 <월인천강지곡>은 운문이다. 실제 노래 가사로도 불렸다. <용비어천가>가 2장을 제외하고는 한시 번역투지만 이 노래는 창작 운문이라는 데 의미가

---

5) 훈민정음 문헌 가운데 둥근 점이 제대로 적용된 것은 <훈민정음> 해례본밖에 없다. <용비어천가>도 아래아가 짧은 획으로 되어 있다. 이러한 증거는 용비어천가의 국문시가 훈민정음이 나오기 전인 1445년에 나온 것이 아니라 해례본이 나온 1446년 이후에 이루어진 것이라는 증거가 될 수 있다. (용비어천가 국문시가 창작 시기에 대해서는 5장 참조)

있다. 그만큼 편하게 노래로 불릴 수 있어 대중성과 보급성의 가치를 지닌다.

두루 알려진 것처럼 <월인천강지곡>은 한글 위주로 한자를 병기했다. 김완진(1972, 1983 : 235)에서의 지적처럼 독자를 고려한 측면도 있겠지만 노래 가사 형식이라 자연스럽게 한글 위주가 된 것으로 보인다. 더욱 중요한 것은 훈민정음에 대한 세종의 자신감이 실제 문헌 간행으로 드러난 것이라 볼 수 있다. (<월인천강지곡>에 대한 더 자세한 분석과 평가는 5장 참조)

(3) 〈월인석보〉

세조는 왕자시절에도 훈민정음 관련 정책이나 사업에 적극적으로 참여했지만 왕이 되어서는 세종 못지않은 업적을 남겼다. 세조는 왕위에 오른 뒤 5년 만인 1459년 자신이 직접 지은 <석보상절>에 월인천강지곡의 내용 수정을 거쳐 합본하여 <월인석보> 목판본 25권으로 간행했다.

세조는 부모와 요절한 세자 도원군의 명복을 빌고, 스스로도 삼도(三途)의 고통에서 벗어나기 위한 불심(佛心)에 많이 기댔다. 따라서 이 책은 그런 불심의 부산물로 볼 수 있다. 그러나 불심 이외의 측면에 주목해볼 필요가 있다. 이는 책의 다음 편제를 보면 맥락적 의미를 알 수 있다.

> <월인석보> 권1
>> 훈민정음 언해본 : 1~15장
>> 팔상도(八相圖) : 7장

석보상절서 : 1~6장
어제월인석보서 : 1~26장
패기(牌記) : 1장
본문 : 52장 총108장
'어제월인석보서'의 연대기 : '천순(天順) 三년 기묘(己卯)(세조 5년,
1459) 七월 七일 서(序)

　권두 서명은 큰자로 '월인천강지곡제一', 중간자[中字]로 '석보상절제
一'로 하여 두 줄에 나란히 써서 두 책의 합편임을 분명히 하되 '월인
천강지곡'을 앞세웠다. 내용 역시 <월인천강지곡>의 차례를 '기(其)一'
와 같이 표시하고 본문도 큰자로 썼다. <월인천강지곡>의 노래를 내
용에 따라 나누고 각각 그에 대응되는 <석보상절>은 중간자로 한 자
낮추어서, <월인천강지곡>에 대하여 <석보상절>은 주석처럼 배치했
다. 한자음의 배치는 <월인천강지곡>의 '웛月힌印…'의 방식보다는
'月웛印힌…'과 같은 석보상절식 배치로 바꾸었다.
　이 책은 이렇게 <훈민정음> 언해본을 앞머리에 배치함으로써 새로
운 문자를 통한 불심 전파의 의도를 명확히 한 셈이다. <훈민정음> 언
해본은 다른 책의 앞머리에 실려 그 책을 제대로 읽기 위한 교육서 구
실을 했다. 두 책을 합치되 내용은 <월인천강지곡> 위주로, 한자 배치
는 석보상절식으로 하여 뭔가 분명한 일관성을 유지하면서 일관된 편
집 체제를 유지했다.
　<훈민정음> 해례본이 나온 지 13년, <석보상절>과 <월인천강지
곡>이 나온 지 14년 만에 부왕과 함께 이루고자 했던 훈민정음과 불심
전파 의도를 다시 한번 재정리한 셈이다.
　이 책 전후 맥락을 보면 이 문헌의 발간 취지와 의미를 더욱 분명히

알 수 있다. 1455년(세조 원년)에 <홍무정운역훈(洪武正韻譯訓)>이 완성되었다. 이해에 강희안이 을해자를 만들고 지금은 전하지 않지만 <사성통고(四聲通考)>가 간행되었다. 이는 훈민정음 창제와 반포로 시작된 음운 정리가 완성된 것을 의미한다. 이와 더불어 훈민정음 세종 서문과 예의의 언해도 제대로 완결을 볼 수 있었을 것이다.

이다음 해인 세조 2년, 1456년에는 비운의 사육신 처형 사건이 일어나 집현전(集賢殿)도 사라졌다. 비운의 역사는 돌고 돌아 세조의 훈민정음 정책을 이어가는 세조의 손자 성종이 세조 3년(1457)에 태어나고 같은 해에 단종이 죽었다.

이런 세파 속에 세조는 전 시대를 마무리하고 새 출발을 하고 싶었을 것이다. 바로 그런 의미를 담은 책이 <월인석보>였다. 이렇게 이 책은 전 시대를 마무리 짓고 새 시대를 열기 위한 지침서 역할을 한 것이다. 당연히 새 시대를 열기 위한 문화 정책에 가속도가 붙게 될 수밖에 없다.

훈민정음 첫 공식 교육서이자 새 시대 지침서인 월인석보가 나온 그다음 해인 1460년(세조 6)에 문과 초장에 <훈민정음>·<동국정운>·<홍무정운>을 시험 보게 했다. 바로 음운학을 정리하고 새 문자 보급 정책에 자신감이 붙은 세조 정권의 야심찬 행보였다. 그다음 해인 1461년(세조 7)에는 더욱 강력한 훈민정음과 불심 정책을 펴기 위한 간경도감이 설치되었다. 바로 이해에 <능엄경(楞嚴經)(언해본)> 전 10권 5책을 교서관에서 올해자로 간행했고, 그다음 해인 1462년(세조 8)에는 <능엄경(언해본)> 목판본 전 10권 5책을 간경도감에서 직접 간행했다. 그다음 해인 1463년(세조 9)에는 <묘법연화경(언해본)> 7권이 간행되었으나 오늘날 전하지는 않는다.

⑷ 〈칠대만법(七大萬法)〉[6]

<칠대만법>은 16세기 후반인, 1569년에 간행된 저자를 알 수 없는 불교 대중서다.

<칠대만법>도 <석보상절>과 마찬가지로 한문 원본 없이 "仁字는 사룸 신 변니 두 일字ㅣ니(12a)"와 같이 국한문 혼용문만으로 이루어진 책이다. 한문 원본이 실려 있지 않다고 해서 저본이 없다는 것은 아니다. 남경란(2005 : 378~385)에서의 지적처럼 여러 저본을 바탕으로 저자 나름의 재구성 또는 재진술을 한 책이기 때문이다. 한 지역의 학승이 언문을 통해 불교 관련 대중서를 집필 소통시켰다는 데 의미가 있기 때문이다.

이때는 선조 때이므로 사찰을 통해서 세조 때의 언해서가 충분히 공급되었을 것이고 이를 바탕으로 독자적인 불서 저술이 이루어졌기에 더욱 가치가 있다는 것이다. 세조의 석보상절과 같은 체제, 같은 표현 전략을 썼지만 석보상절은 자생적 저술이 아니다. 그러나 칠대만법은 자생적 저술이기에 그런 측면에서는 석보상절보다 더 가치가 있다. 따라서 훈민정음 발달 측면에서도 언문을 통한 대중적 불서 저술과 소통을 통해 훈민정음의 자생적 확산을 보여준 책이므로 높이 평가해야 한다.

이 책은 1569(선조 2)에 경상도 풍기의 희방사에서 간행되었으므로 16세기 경상도 방언이 반영되어 있어 지역 언어문화의 역사적 가치가 있다. 희방사는 훈민정음 언해본이 실려 있는 <월인석보>가 발견된

---

6) <칠대만법>에 관한 연구로는 어휘 측면의 김영신(1985). 저본 연구로 남경란(2005) 이 있다.

곳이기도 하다. <칠대만법>과 <월인석보> 권1, 2의 판목이 희방사에 간수되어 오다가 1951년 전란에 불타 없어졌다고 한다.

내용은 진여세계(眞如世界), 삼신여래(三身如來), 성적등지(惺寂等持)의 3장으로 구성되어 있다. '칠대'란 "지(地), 수(水), 화(火), 풍(風), 공(空), 견(見), 식(識)"을 가리키며, 이들의 조화로 우주의 만물이 형성되며 그것이 곧 불성(佛性)이라는 것이다.

2) 불경언해서의 맥락적 의미

(1) 〈능엄경〉 언해서

<능엄경> 언해본은 세조 8년(1462)에 <간경도감>에서 제일 먼저 펴낸 불경언해서다. 조선왕조실록은 유자들의 기록이니 불교 경전에 대한 언급이 거의 없다. 그럼에도 <능엄경>은 여러 번 언급되었다. 이 책의 원제목은 <대불정여래밀인수증요의제보살만행수릉엄경[大佛頂如來密因修證了義諸菩薩萬行首楞嚴經]>으로 흔히 '대불정수릉엄경, 수릉엄경, 능엄경' 등으로 부르고 더 줄여 <능엄경>이라 부른다. 흔히 언해본을 <능엄경언해>라고 하지만 책 제목에 '언해'라는 말이 붙어 있지는 않다.

이 책이 제일 먼저 언해된 몇 가지 맥락이 있다. 첫째는 고려 중엽 보환(普幻) 스님의 <능엄경환해산보기(楞嚴經環解刪補記)> 같은 주석서가 이미 있었고, 조선조에 들어서는 불교 강원의 필수과목이어서 선종(禪宗)의 중요한 경전으로 널리 읽혔다. 둘째는 불경과 훈민정음에 해박한 세조가 직접 이 책의 구결을 달 정도로 적극적으로 언해본 발간을 추진했다. 또한 세종이 번역을 시도한 적도 있었다. 내용 자체가 마음과

실천을 함께 강조한다는 측면에서도 다른 경전보다 인기를 끌었다. 불경언해에 많은 업적을 남긴 신미 대사의 동생인 유학자 김수온은 대놓고 이 책이 유교서인 <중용>보다 낫다고 얘기할 정도였다.[7]

이런 배경 속에서 세조 6년 5월에 회암사(檜岩寺) 불사(佛事) 중에 석가 분신 사리(分身舍利)의 신비한 기적이 있어서, 세조가 이에 종교적 감동을 받아 미루어 오던 번역을 적극 추진하게 되었다고 한다.[8] 그리하여 이해 6월부터 시작하여 8월에 탈고, 10월에 활자본으로 간행했다. 그러나 잘못된 것이 많아 교정하여 다음 해 세조 7년에 목판본으로 다시 간행하였다.

이 책은 세조가 구결을 달고 신미와 김수온 두 형제가 한계희와 더불어 언해를 하였다. 언해문의 한자에는 동국정운식 한자음으로 표기하였고 본문이나 '요해'의 한자에는 한자음을 달지 않았다.

(2) 〈법화경(法華經)〉 언해서

<법화경> 언해본 간행 사실이 다른 불경언해서들과는 달리 세조 9년(1463) 9월 2일자에 "간경도감에서 새로 간행한 법화경을 바치다."라고 짧막하게 기록하고 있다. 대승불교의 대표적인 경전인 <법화경>에 세조가 구결을 달고 간경도감에서 언해한 7권의 목판본이다. 송나라 온릉(溫陵) 계환(戒環)이 요해(要解)하고 일여(一如)가 집주(集註)한 <묘법연화경(妙法蓮華經, 약칭 : 법화경)>을 저본으로 하였고, 책의 체재와 번역 양

---

7) 병조 정랑 김수온은 중 신미의 아우였다. 비록 유학(儒學)을 배워 과거에 합격하였지만, 천성이 불교서를 지독히 좋아하여 항상 스스로 말하기를, "<능엄경(楞嚴經)>은 <중용(中庸)>보다 낫다."라고 하였다. 사람들이 묻기를, "불도(佛道)도 그러한가?" 하면, "그렇고 말고."라고 하였다. – 문종 즉위년(1450) 4월 11일.

8) 세조의 어제발(御製跋)을 비롯하여 신미, 김수온, 한계희의 발문 참조.

식 등은 1년 전에 간행된 <능엄경(언해)>과는 달리 경전 본문 앞에 계환의 과문(科文)이 한 자 내려서 구결과 함께 싣고 그 언해 다음에 본문을 배치했다. 언해문 속의 한자는 동국정운식 한자음을 달았다.

<법화경>의 일부 내용은 앞서 번역되어 1447년(세종 29)의 <석보상절>(권13~21)과 1459년(세조 5)의 <월인석보>(권11~19)에도 그 번역이 실린 만큼 중요하게 여겼다.9)

(3) 〈불설아미타경(佛說阿彌陀經諺解, 아미타경)〉 언해서

<불설아미타경언해>는 세조가 <불설아미타경>에 구결을 달고 직접 번역까지 한 책이다. '一切諸佛所護念經' 또는 줄여서 '阿彌陀經', '彌陀經' 또는 '護念經'이라고도 한다. 언해문은 <월인석보> 권7의 후반부에 나오는, 세조가 지은 <석보상절> 부분과 거의 같다. 목판본의 경우 안 제목 다음에 '御製譯解'라고 쓰여 있고 권말에 '天順八年甲申歲 朝鮮國刊經都監奉敎雕造'라는 간기(1464)와 '忠毅校尉忠左衛中部副司正臣安惠書'라는 글씨 쓴 기록이 있어 세조가 직접 번역하고 안혜가 글씨를 썼음을 알 수 있다. 원간본은 전하지 않고 이를 복각한 중간본이 전한다. 전하지 않는 을해자 활자본은 세조 7년(1461) 또는 그 이전 시기에 교서관(校書館)에서 간행한 것으로 추정한다.

---

9) 김영배·김무봉(1998)에서는 다음과 같이 추정하였다.
　　<석보상절> 권14~18의 5권은 전래되는 것이 없는 듯하나, 현전하는 <석보상절> 제13에 <법화경> 권1의 서품 제1, 방편품 제2가, <석보상절> 권19에 <법화경> 권6의 제18~21품이, <석보상절> 권20에는 <법화경> 권6의 제22·23품과 권7의 제24품이, <석보상절> 권21에 <법화경> 권7의 제25~28품이 실려 있으므로 미발견의 <석보상절> 권14~18의 5권에는 <법화경> 제3~17품이 수록되어 있음을 추정할 수 있다.

이 책의 핵심 내용은 아미타불을 한결같이 부르면 극락세계에 태어나며, 염불하는 중생을 부처가 지켜준다는 내용이다. 나무아미타불을 정성껏 외우면 부처님의 가호를 받는다는 원효의 설법과 통하는 경전 언해서다.

(4) 〈금강경(金剛經)〉 언해서

세조 10년(1464) 2월 8일, 세조는 "공조 판서(工曹判書) 김수온(金守溫)·인순부윤(仁順府尹) 한계희(韓繼禧)·도승지(都承旨) 노사신(盧思愼) 등에게 명하여 <금강경>을 번역하도록 지시를 내렸다.[10] 이렇게 해서 구마라집(鳩摩羅什)이 한역(漢譯)한 <금강경> 본문과 육조(六祖) 대사 혜능(慧能)의 주석에 세조가 직접 구결을 달고 한계희가 번역하고 효령 대군과 판교종사(判敎宗事) 해초(海超) 등이 교정을 보아서 간경도감에서 이 책을 간행했다.

이로부터 5년 뒤 세조가 죽고 예종이 왕이 된 지 1년(1469) 6월 27일에 김수온의 형 신미 대사가 비밀 언문 상소를 올린다. 임금이 중들에게 <금강경>과 <법화경>을 강(講)하여 시험해서 능하지 못한 자는 모두 환속시키려고 한다는 말을 듣고, "중으로서 경(經)을 외는 자는 간혹 있으나, 만약에 강경(講經)을 하면 천 명이나 만 명 중에 겨우 한둘뿐일 것이니, 원컨대 다만 외는 것만으로 시험하게 하소서."라고 시험 수준을 낮춰달라고 상소하였다. 관련법이 시행되기도 전에 이런 상소가 올라가자 예종이 신미를 광평 대군 옛집에 연금시켰다는 기사다.

---

10) 命工曹判書金守溫, 仁順府尹韓繼禧, 都承旨盧思愼等譯<金剛經>. - 세조 10년(1464). 2월 8일.

세조 때 불경 간행 1등 공신이니 불교 관련 정책 소식을 듣고 과감
하게 언문 상소를 올린 것인데 그런 위세가 세조의 아들에게는 먹히지
않은 셈이다. 이런 권력 관계 못지않게 중요한 것은 금강경은 불교의
필수 경전일 뿐 아니라 스님 자격을 위해 금강경 공부가 무척 중요하
다는 것이다. 그만큼 언해본이 많이 애용되었을 확률이 높다.

<금강경>은 <금강반야바라밀경(金剛般若波羅密經)>의 줄임이다. 간행
동기는 황수신의 <금강경심경전(金剛經心經箋)>과 해초 등의 발문, 그리
고 권말의 '번역광전사실(飜譯廣轉事實)' 등을 통해 알 수 있다. 곧 임오
년(壬午年 : 1462) 9월 9일, 세조의 꿈에 선대왕 세종이 보이고, 또 요절한
의경(懿敬) 세자 도원군(桃源君)도 만났으며, 중궁(中宮)도 꿈에 세종이 이
룩한 불상을 보았다는 것이다. 이것이 <금강경> 언해본 간행 동기다.

(5) 〈반야심경(般若心經)〉 언해서

<반야심경>은 '마하반야바라밀다심경', '색즉시공 공즉시색'으로 잘
알려진 대승불교의 대표적 경전으로 지금도 사찰에서 가장 인기 있는
경전이다. 전문이 260자로 짧으면서도 대반야경(大般若經) 600권의 기본
사상을 잘 요약해 암송용 경전으로 애용되고 있는 것이다.

원제는 <반야바라밀다심경언해(般若波羅蜜多心經諺解)>로 줄여서 '반야
심경' 또는 '심경'이라 한다. 그래서 언해본은 <심경언해>라고도 한다.
저본은 당나라 현장(玄奘) 법사의 한역(漢譯, 649)인데, 여기에 현수(賢首)
대사가 짧은 주석을 붙여 <반야바라밀다심경약소(702)>를 짓고, 송나라
중희(仲希)가 주해를 더하여 <반야심경소현정기(般若心經疏顯正記, 1044)>가
이루어졌다. 이 중희의 주해에 세조가 훈민정음으로 구결을 달고, 효령

대군과 한계희 등에 번역을 명하여 세조 10년(1464)에 목판본 1책으로 간경도감에서 간행하게 했다.[11]

한계희의 발문에 의하면 "이 경은 승려들이 평소에 늘 익히는 것이기에 주상께서 특별히 번역하게 하셨으니, 대저 아침저녁으로 (승려들이) 외우면서도, 외워야 하는 까닭을 모름을 민망히 여기심이니, 이는 곧 석가여래께서 이 중생들이 종일토록 '상(相)'에 노닐면서도 그 '상'의 뜻이 무엇인지 알지 못함을 애석히 여기심이다."라고 밝혀놓았다.

[표 4] <반야심경> 내용 구성

내용	장수	
진금강경심경전	3장	
조조관명 열기	2장	
반야심경현정기 병서	1~14장	
반야바라밀다심경	15~67장	
심경발	2장	총 74장 1책

⑹ 〈상원사 어첩·중창 권선문(上院寺御牒重創勸善文)〉

상원사 어첩은 세조가 1462년(세조 10)에 신미에게 보낸 간찰이고 중창 권선문은 혜각존자 신미가 학열, 학조와 더불어 오대산 상원사를 중창(重創)하면서 시주(施主)를 모으기 위해 쓴 <권선문>을 함께 필사하여 첩장(帖裝)한 책이다. 그 구조는 다음과 같다.

---

11) 이 책과 <금강경언해> 첫머리에 있는 간경도감 도제조(都提調) 황수신(黃守身)의 '진금강경심경전'(進金剛經心經箋)과 한계희의 발문 참조.

<오대산 상원사 중창 권선문>	1면 1행
권선문	1면 2행~4면 6행
날짜	5면 1행
동 번역문	5면 2행~9면 6행(끝)
어첩	10면 1행~13면 2행
동 번역문	13면 3행~17면 4행(끝)
세조의 수결(手決)・옥새(玉璽)	18면
자성왕비(慈聖王妃) 윤씨 인기(印記)	19면
문자의 품목과 수량	20면
세자(世子)의 수결과 인기	21면
정빈(貞嬪) 한(韓)씨 인기	22면

이하 32면까지 공주를 비롯한 종실과 지방관료의 부인 등의 인기
(단 26・28・29면은 공백임).

- 김영배・김무봉(1998)

세조는 이 글에서 신미를 대군 시절부터 가까이 모신 스승으로 칭하고 있다. 이때는 세조가 자주 병마에 시달리던 때였고 신미는 대군시절부터 불경과 훈민정음 공동 연구와 공동 작업을 많이 해오던 임금을 위해 상원사를 중창하기로 했던 것이다.[12] 이 소식을 들은 세조가 먼저 각종 물품과 함께 간찰을 보냈다. 각종 물품을 보낸 사연은 실록에 기록되어 있다(세조 10년, 1464년 12월 22일).

세조가 친필로 쓴 훈민정음 간찰이라는 데 큰 의미가 있다. 기록으로 남아 있는 최초의 한글편지인 셈이다.[13] 세조가 쓴 글에는 이 편지

---

12) 상원사는 원래 세조와 특별한 인연이 있는 절이었다. 세조 8년(1462) 상원사에 거둥할 때 관음보살이 나타난 이적이 일어나 살인・강도 이외의 죄를 사면까지 한 절이다.
13) 김무봉(1996 : 30~2)에서는 이 두 서찰을 세조나 신미 등의 친필이 아닌, 후에 필사된 것으로 본다.

가 단순히 개인 차원이 아님을 밝히고 있다. 세조와 왕세자, 이하 여러 종실과 신하들의 이름과 수결이 있기 때문이다. 다른 한 책은 권선문을 한문으로 쓴 다음에 다시 한글로 번역한 것을 붙이고 뒤에 '불제자 승천체도열문영무조선국왕이기(佛弟子承天體道烈文英武朝鮮國王李玘)'라고 쓰고 수결을 한 뒤에 '체천지보(體天之寶)'라는 옥새를 찍었다. 다음 줄에는 '자성왕비윤씨(慈聖王妃尹氏)'라고 쓴 아래 '자성왕비지보(慈聖王妃之寶)'라는 왕비인을 찍고 다음에 왕세자, 세자빈 한씨 이하 관인들의 인기를 찍었다.

김영배·김무봉(1998)에서는 이 자료의 번역문에 대해, "국한문을 섞어 쓰되, 한자에는 독음을 달지 않은 점"에 주목하여 "경전류의 언해와는 달리 서찰을 번역한 글로서, 한문에는 구결을 달지 않고 번역이 이루어져서 구결문의 제약을 받지 않은 쉬운 말로 되어 있다."라는 점을 들었다. 세조의 <권선문>의 날짜는 '천순(天順) 8년 납월(臘月) 십팔일'로 세조 10년(1464) 음력 12월 18일이며 <어첩>의 정확한 날짜는 알 수 없다. 다만 첫 번째 물품을 내려보낸 것이 1464년 12월 22일이고 상원사 준공에 따른 세조의 포상이 이루어진 것은 그다음 해인 세조 11년(1465) 2월 20일이므로 대강의 날짜를 미루어 짐작할 수 있다.[14]

(7) 〈원각경(圓覺經)〉 언해서, 〈원각경구결(圓覺經口訣)〉

두 책 모두 같은 해인 1465년에 간행되었다. <원각경> 언해본은 당나라 불타다라(佛陀多羅, 현장법사) 번역인 <대방광원각수다라요의경(大方

---

14) 僧信眉構江原道五臺山上元寺, 命承政院, 馳書慶尙道觀察使, 給正鐵一萬五十斤, 中米五百石, 又命濟用監, 給緜布二百匹, 正布二百匹, 內需所給綿布三百匹, 正布三百匹. – 세조 11년(1465). 2월 20일.

廣圓覺修多羅了義經)>에 대하여 역시 당나라의 종밀(宗密, 780~841)의 <원각
경대소초(圓覺經大疏鈔)>에 세조가 정음으로 구결을 달고 신미·효령대
군·한계희 등이 언해하여 1465년(세조 11)에 간경도감에서 간행한 책이
다.15)

이 경전은 '대방광원각경, 원각수다라요의경, 원각요의경, 원각경'
등으로 다양하게 부른다.

이 책의 내용은, 석가여래 부처님과 12보살-문수·보현·보안·금
강장·미륵·청정혜·위덕자재·변음·정제업장·보각·원각·현선
수 보살-의 문답을 통해 대원각(大圓覺)의 묘리(妙理)와 그 관행(觀行)을
설한 것이다.

(8) 〈목우자수심결(牧牛子修心訣)〉 언해본

신미가 고려 명종 때의 보조국사 목우자 지눌(1158~1210)이 지은 <수
심결(修心訣)>을 언해한 책이다.16) <수심결>은 지눌이 불교의 선종과
교종의 대립을 막고 인간의 참다운 모습을 밝히고자 엮은 책이다. 다
른 책들이 대부분 외국 경전을 언해한 것임에 반해 이 책은 우리 스님
이 지은 책을 언해한 것이라 더욱 의미가 깊다.

지눌의 사상을 언해한 것도 큰 의미가 있다. 지눌은 원효와 의천과
더불어 한국 불교의 종파와 갈등을 극복하기 위해 노력을 기울인 큰
스님이다. 교종 중심으로 선종을 통합하려는 의천에 비해 선종 중심으
로 교종의 통합을 시도한 지눌은 서서히 깨닫기 방식인 '돈오점수'를

---

15) 御定口訣, 慧覺尊者臣僧信眉孝寧大君臣補仁順府尹臣韓繼禧等譯 - 권두.
16) '曺顯閤訣 慧覺尊者譯'으로 보아 동궁의 부속건물이 비현합(曺顯閤)에서 구결을 달
고 신미가 언해한 것임을 알 수 있다.

통해 오늘날 한국 불교에 큰 영향을 미쳤다. <목우자수심결> 언해본이
여러 번 중간되고 복각되어 많은 영향을 미쳤다. 따라서 이 책은 선종(禪
宗)뿐만 아니라 교종(敎宗)에서도 마음을 밝히는 중요한 저술로 전수되었다.

(9) 사법어(四法語) 언해본

<사법어> 언해본은 '완산정응선사 시몽산법어(皖山正凝禪師示蒙山法語),
동산숭장주 송자행각법어(東山崇藏主送子行脚法語), 몽산화상시중(蒙山和尙示
衆) 고담화상법어(古潭和尙法語)' 등 네 편의 법어에 혜각존자 신미가 정
음으로 구결을 달고 번역하여 세조 13년(1467)에 펴낸 것이다.
이 언해본은 모두 9장 18면의 적은 분량이어서 <목우자수심결> 언
해본과 <몽산화상법어> 언해본에 합철되어 있다. 번역 양식이나 표기
는 <목우자수심결> 언해본과 거의 같아서 그 간행 연대도 같은 해인
세조 13년(1467)으로 추정하고 있다.

(10) 〈금강경삼가해(金剛經三家解)〉

<금강경삼가해>는 성종 13년(1482)에 간행된 불경언해서로 <훈민정
음> 해례본 반포 해인 1446년에 시작되어 무려 36년 만에 간행된 활자
본 5권 5책의 책이다. 이 책의 한계희와 강희맹의 발문에 의하면,[17]
1446년(세종 28) 무렵, 세종이 <금강경오가해> 중의 '야부송, 종경제강,
득통설의'를 보고, 이를 매우 칭찬하여 <남명천계송>과 함께 번역하
여 <석보상절>에 편입시키려고 당시의 세자[후의 문종]와 수양대군[세

---

17) 발문을 각각 쓰고 있지만 내용은 비슷하다.

조]에게 명하여 번역이 시작되었다고 한다. <금강경삼가해>는 초고만 되어 교정을 보지 못하고, <남명천계송>은 30여 수밖에 번역되지 못한 상황에서 세종이 승하해서 간행이 미루어지다가, 성종 13년 세조비 자성대비(慈聖大妃)가 유업을 이어 학조 대사에게 명하여 <남명집언해>와 함께 간행한 것이라 한다.

<금강경오가해>는 구마라집(鳩摩羅什)이 번역한 <금강경>에 다섯 주석이 붙어 오가해라고 한다. 곧 당나라의 규봉 종밀(圭峰宗密)의 찬요(纂要), 육조 혜능(六祖惠能)의 구결, 양(梁)나라 쌍림부대사(雙林傅大士)의 송(頌), 송(宋)나라 야보 도천(冶父道川)의 송(頌), 예장 종경(豫章宗鏡)의 제강(提綱) 등 다섯 스님의 주석 중의 어려운 부분을 대조 교정하여 해석을 붙이고 탈자와 오자, 중복된 글자 등을 바로잡은 것이 조선조의 고승 함허당(涵虛堂) 득통(得通, 1376~1433)의 <금강오가해설의>로 줄여서 '득통 설의'라 한다.

<금강경> 본문은 각 장의 처음부터 큰자로 씌어져 훈민정음으로 구결을 달았고 해설 본문도 구결을 달았고 번역문은 작은자 쌍행으로 이어지는 방식이다. 번역문에 쓰인 한자에는 동국정운식 한자음이 주음되어 있다.

다른 판본에 비해 중간본, 복각본이 발견되지 않았다. 학조의 책임 교정에 따라 동국정운식 한자음이 달려 있으나 다른 표기는 성종 대의 표기법을 따랐다. 세종 대의 동국정운식 한자음에 일반 성종 대 표기법이 복합된 특이한 문헌이다.

(11) 〈남명집(南明集)〉 언해서

　〈금강경삼가해〉와 더불어 번역이 시작되어 같은 시기에 나온 책이 〈남명집언해〉다. 남명천선사가 지은 노래를 번역한 책이라 '남명집'이란 제목이 붙었다. 송나라 남명천선사(南明泉禪師)는 당나라 영가대사(永嘉大師) 현각(玄覺, ?~713)이 지은 증도가(證道歌)의 각 구절 끝에 7자(字) 3구(句)씩 노래한 남명천계송(南明泉繼頌) 320수를 지었고 이를 학조 대사가 번역한 것이다.

　이는 선종(禪宗)에서 추구하는 깨달음의 깊은 뜻을 읊은 것으로 원래 〈영가대사증도가남명천선사계송(永嘉大師證道歌南明泉禪師繼頌)〉이라 하는 것을 줄여서 〈증도가남명계송〉, 〈남명계송〉, 〈증도가계송〉, 〈증도가〉, 〈가가천송(嘉歌泉頌)〉이라고도 한다.

　이것의 번역은 세종이 320수 가운데 30여 편을 했고, 이를 이어 당시의 동궁인 문종(文宗)과 수양대군이 번역을 하였으나 완성하지 못하고 성종 때에, 세조 비(世祖妃)인 자성대비(慈聖大妃)의 명으로 학조 대사(學祖大師)가 마쳐 내수사(內需司)에서 성종 13년(1482)에 상·하 2권 2책으로 간행하였다.

　　상권
　　吳庸의 序 熙寧 10년(1077) 7월　　　　1~3장
　　본문 7언 4구체　　　　　　　　　　156수의 송(頌)　　1~80장
　　　　　　　　　　　　　　　　　　　　　　　　　　계 83장

　　하권
　　본문 7언 4구체 164수의 송　1~75장
　　祝況의 後序 熙寧 9년(1076) 75~77장

　　韓繼禧의 발문 성종 13년(1482) 1~2장
　　姜希孟의 발문 2~3장
　　　　　　　　　　　　　　　　계 80장

　이 책은 세종·성종대의 불교가요라서 더욱 가치가 있다. 한계희의
발문에 의하면, "남명의 <계송> 500부를 인쇄 간행하여 여러 사찰에
두루 펼쳤다고 한다. 세속 선비와 일체 중생들이 널리 읽기를 바라서
인지 인쇄 양이 다른 책들에 비해 많다. 그만큼의 영향력을 의미한다.
표기 측면은 <금강경삼가해>와 같다.

(12) 〈불정심경(佛頂心經)〉 언해

　<관음경>, <다라니경>으로 알려진 경전을 인수대비가 기획하여 학
조가 언해한 책으로 성종 16년(1485)에 간경도감에서 간행하였다. 3권 1
책으로 상권이 '불정심다라니경(佛頂心陀羅尼經)', 중권이 '불정심료병구
산방(佛頂心療病救産方)', 하권이 '불정심구난신험경(佛頂心救難神驗經)'이다.
　<다라니경>은 온 마음으로 읽으며 몸에 지니면 재앙을 피할 수 있
다는 신앙에서 널리 유통된 대중성이 강한 경전이다. 언해자이자 발문
을 쓴 학조는 인수대비(仁粹大妃)가 아들 성종(成宗)을 위해 간행한 것이
라고 밝히고 있다.

　　　　　변상도(變相圖)와 패기(牌記)　　　1장
　　　　　불정심다라니경 권 상　　　　　　1~9ㄴ4
　　　　　불정심료병구산방 권 중　　　　　9ㄴ5~13
　　　　　불정심구난신험경 권 하　　　　　14
　　　　　권말제 : 佛頂心經(下卷終)

다라니	23ㄱ
변상도	23ㄴ
(복각본) 시주질 / 간기	24ㄱ
원간본 간기	24ㄴ
변상도 / 패기	장차 없음

번역	
불정심다라니경 권 상	25ㄱ1
불정심료병구산방 권 중	30ㄱ13
불정심구난신험경 권 하	32ㄴ10
권말제 : 佛頂心經(下卷終)	37ㄴ14
	총 38장 1책

위 구성을 보면 이 책은 다른 언해본과는 달리 원문과 언해문을 문단별 대역 체제가 아니라 전문 대역 체제로 했음을 알 수 있다. 한문 원문을 내용을 나타내는 그림과 함께 목판으로 먼저 싣고, 언해문을 뒤에 통째로 실었다.

중간본 간행 현황을 보면 전국 각지에서 발간되었음을 알 수 있다. 언해본 역시 대중성을 띠고 있다.

중간본

1) 황해도 심원사(深源寺)판 명종 8년(1533)
2) 평안도 대청산 해탈암(解脫庵)판 명종 16년(1561)
3) 전라도 안심사판 선조 2년(1569)
4) 경북 상주 봉불암(奉佛庵)판 인조 9년(1631)
5) 경남 동래 범어사(梵魚寺)판 인조 22년(1644)

(13) 〈영험약초(靈驗略抄)〉 언해

<영험약초> 언해서는 다라니[18]의 영험담을 모아 번역하여 성종 16년(1485)에 을해자로 간행한 총 21장의 활자본이다. 그런데 이 책은 단독으로 간행된 것이 아니라, 본래 <오대진언(五大眞言)>에 첨부되어 있었던 것으로 추정된다. 이 책의 판심제가 <오대진언>과 같이 '五大'로 돼 있고, 장차(張次)도 <오대진언>에 계속되어 있다.

원간본은 전하지 않으나 현전 복각본에 원간본의 간기와 복각본의 그것이 있다. 원간본은 <오대진언>과 함께 성종 16년(1485)에, 그 복각본은 명종 5년(1550)에 각각 간행되었다.

이 책의 구성은 다음과 같다.

大悲心陀羅尼	1ㄱ～5ㄴ9
隨求卽得陀羅尼	5ㄴ9～11ㄱ1
大佛頂陀羅尼	11ㄱ2～14ㄴ5
佛頂尊勝陀羅尼	14ㄴ6～18ㄴ2
원간본 발 간기 -판심제 '跋'-	1ㄱ～2ㄴ1
복각본 간기 -판심제 '五大'-	107ㄱ
시주질	107ㄴ 합계 21장

(14) 〈육조법보단경언해(六祖法寶壇經諺解)〉

<육조법보단경언해>는 당나라 육조 혜능대사(慧能大師, 683~713)의 어록(語錄)을 언해하여 연산 2년(1496)에 인수대비 기획으로 펴낸 책이다.

---

18) '대비심다라니'(大悲心陀羅尼). '수구즉득다라니'(隨求卽得陀羅尼). '대불정다라니'(大佛頂陀羅尼)와 '불정존승다라니'(佛頂尊勝陀羅尼).

기본 내용은 사람의 마음을 깨우쳐서 견성성불(見性成佛)케 하는 가장 빠른 길을 담고 있다. <진언권공삼단시식문(약칭 <시식권공>)>의 발문에 <육조법보단경언해>에 관한 사실이 "仁粹大妃殿下 … 命僧以國語飜譯 六祖壇經刊造木活字印出三百件頒施 … 且施食勸供 … 祥校得正印出四百件頒施中外焉弘治 九年(연산 2, 1496)夏五月日跋"라고 언급되어 있다. 이 책을 무려 300부나 발간하였다.

발문에 따르면, 인수대비의 명에 따라 학조 스님이 번역한 것으로 추정된다. 연산(燕山) 2년(1496)에 간행한 목활자본 상·중·하 3권 3책인데, 하권은 현재까지 알려진 것이 없다. 이 책의 편집 구성은 다음과 같다.

상권
六祖法寶壇經序 古筠比丘 德異　　　8장
六祖法寶壇經略序 門人 法海　　　16장
悟法傳衣 第一
釋功德淨 第二　　　103장

중권
定慧一體 第三
敎授坐禪 第四
傳香懺悔 第五
參請機緣 第六　　　111장

(15) 〈부모은중경〉 언해

<부모은중경> 언해서는 <불설대보부모은중경(佛說大報父母恩重經, 약칭 :

은중경)>이라는 불교 경전을 한글로 번역한 책이다. 유교적 이념(효)과 불교 경전이 결합된 혼합 경전 언해서다. 흔히 가짜 경전이라는 의미에서 '위경(僞經)'이라 하지만 그런 명칭으로 자리매김하기에는 이 경전의 진정성이 높다. '위경'의 의미를 유사 경전의 의미로 쓰거나 '위경' 대신 '유사 경전'으로 쓰는 것이 바람직하다. 정통 경전이 아니라 가짜 경전이라고 하면 이 경전의 다른 가치까지도 무시하는 격이 된다.

송일기(2001)에서 최초 언해자가 밝혀지는 성과가 있었고 송일기·박민희(2010)에서 다양한 판본 서지정보가 총정리되어 이 문헌의 맥락적 의미가 제대로 밝혀지게 되었다. 이러한 연구 흐름에서 밝혀진 주요 맥락은 다음과 같다.

> ‒지금까지 확인된 판종만 85종이고 그 가운데 언해본이 36종이다.
> ‒가장 많이 유통된 불교 경전으로 다양한 지역뿐만 아니라 전국 각지의 사찰과 민가, 왕실에서까지 유통되었다.
> ‒최초의 언해자는 전라도 완주 인근에 거주했던 오응성으로 1545년(인종 1)에 발간되었다.

언해본의 경우 지금까지는 1553년(명종 8)에 나온 경기도 장단 화장사판이라고 알려져 있었다. 안병희(1992가 : 544)에서는 이런 사실을 근거로 "늦어도 16세기 중엽에는 번역하여 간행된 것"으로 추론하였는데 송일기·박민희(2010)에 의하면 그런 추론이 맞는 셈이다. 최초 언해 시기가 8년 정도 앞당겨진 셈이다. 조선 왕 중에 가장 효성이 지극했던 인종 1년에 언해된 것도 우연의 일치만은 아닌 것 같다. 더욱 중요한 것은 내용이다.

[사진 1] 부모은중경(언해) 목판(겨레의 글 한글, 2000, 71쪽, 통도사 성보박물관 소장)

　안한아. 자세히 들어라 네가 이제 너를 위하여 어머니가 아기를 배어 낳느라고 열 달 겪어야 하는 지독한 고통을 말하리라. 어머니가 아기 밴 지 첫 달에는 풀끝에 맺힌 이슬방울이 아침에 있다가도 한나절이 지나면 없어지듯이 새벽에는 모여 있다가 흩어져버리느니라. 둘째 달에는 잘 끓는 우유죽이 한 방울 떨어진 것 같으니라. 셋째 달에는 엉기어진 피와 같으니라. 넷째 달에는 점점 더 사람의 모양을 이루느니라. 그 다섯 부분이란 머리가 한 부분이요, 그 팔이 두 부분이요, 두 무릎이 다섯 부분이니라.

　(…중략…)

　이렇게 갖은 애를 써서 기르면서 어른 되기를 희망하였건만 자식이 성장한 뒤는 그러한 은공도 모르고 도리어 불효하고 불공하여 부모와 함께 말할 적에는 대답이 불순하고 눈을 흘기고 눈동자를 굴리면서 능멸히 여기며 형제간에 욕설하고 싸우며 친척들을 헐고 예의가 없어 규모를 따르지 아니하며 부모의 이러는 말에 순종하지 아니하고 형제간에 말할 적에는 일부로 어거장 치며 나가거나 들어올 때에도 어른에게 알리지 아니하고 말과 행동이 버릇없고 괴상하며 제멋대로 일을 행하느니라.

(…중략…)

부처님께서 정중하고 청아하신 음성으로 대중에게 말씀하시었다. 내가 이제 너희들을 위하여 분별하여 설명하리니 자세히 들어라.

가사 어떤 사람이 왼 어깨에 아버지를 업고 오른 어깨에 어머니를 업고서 수미산을 백 번 천 번을 돌아서 가죽이 떨쳐 뼈가 들어나고 뼈가 닳아서 골수가 흐르도록 하더라도 오히려 부모의 깊은 은혜는 갚을 수 없느니라.

-부모은중경 현대말 옮김

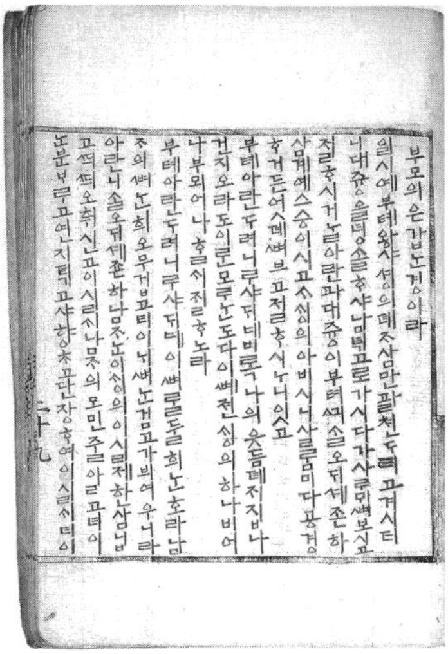

[사진 2] 부모은중경 언해(1681년
목판본, 국립중앙박물관)

유교식 효도 이야기와는 전달하는 방식이 다르다. 쉬우면서도 절실하면서도 애절하게 부모를 생각하게 하는 힘이 있다. 원전은 중국에서 만들어진 것인데도 내용과 표현 방식이 한국적 정서가 물씬 풍겨 나온다. 거기다가 친근하면서도 절대적인 부처님 목소리까지 더 했으니 실제로 독자를 끄는 힘이 강했던 것이다.

이 문헌의 양적 보급의 의미는 매우 크다. 효도를 강조한 효경언해나 삼강행실과는 달리 불교 정서와 결합되어 자발적 파급 효과가 크기 때문이다. 다양한 판본이 존재하는 이유도 그런 맥락이다. 그런 만큼 자연스럽게 훈민정음을 보급하는 효과가 있었을 것이다. 16세기 중엽부터 후기까지는 임진왜란 직전 시기로 훈민정음이 지방 곳곳에 보급된 시기이기에 이 책이 끼친 영향은 크다. 이 책이 나오기 3년 전 1542년에 실록에서는 훈몽자회가 널리 퍼졌다고 했다. 훈몽자회에 실려 있는 훈민정음 교육 방식이 민간에 널리 퍼졌음을 의미한다. 오응서는 이런 시대적 흐름을 타고 언해서를 펴낼 수 있었을 것이다. 1545년은 이언적이 <소학언해>를 간행한 해이기도 하다.

3) 불교 기록서의 맥락적 의미

(1) 〈사리영응기〉

<사리영응기>는 훈민정음 사용과 불경 보급의 1등 공신인 김수온이 세종 31년(1449)에 지은 책이다. 또한 세종이 말년에 세종을 궁지로 몰아갔던 내불당 사건 관련 기록서다. 불상을 조성하자 바라던 사리가 출현 사실을 기록했다. 책 끝에 이 일에 참여한 사람들의 이름을 적었는데 한글 표기 이름이 50명이 된다.

김영배·김무봉(1998 : 주석 16)에서는 "<사리영응기(舍利靈應記, 1449)>나 <금양잡록(衿陽雜錄, 1492)>, <해동제국기(海東諸國記, 1471)> 등은 번역을 거치지 않았으나 정음으로 된 부분이 일부(부록)에 지나지 않으므로 책 전체를 정음 문헌으로 보기는 어렵다."라고 했다. 옳은 지적이다. 그러나 세 책 모두 훈민정음이 널리 보급되기 전인 15세기 문헌이다. 글자

한 자라도 정음 표기가 있다면 그 나름대로 의미가 있는 것이므로 넓은 의미의 정음 문헌으로 보아야 한다.

"韓실구·디, 金막동"처럼 성은 한자로 적고, 이름만 한글로 적었다. 성별, 이름별 가나다순으로 보면 다음과 같다.[19]

[표 5] <사리영응기>에 나타난 토박이 이름

성별 가나다순/성별 모음	이름 가나다순(괄호는 동명이인)
-姜막동, 姜막동, 姜망·쇠, 姜타 내, 姜타·내, 姜-ㄱ리·대, 姜랑관(7명) -高오망·디 -權모리·쇠 -金거·매, 金검·불, 金도·티, 金돌·히, 金막동, 金막동, 金·힌동, 金어리·딩, 金올마·대, 金타·내, 金샹재, 金쑹구·디(12명) -盧고·소미 -閔막동 -朴검동, 朴북쇠, 朴·곰·쇠, 朴오마·대, 朴타·내(5명) -石강·쇠, 石눅·대(2명) -薛쟈가·동 -梁망오·지 -龍오마·디 -劉은·쇠 -李아가·지, 李오마·디, 李쟈근 대(3명) -林더·믈 -田오마 디 -車매·뇌 -崔수·새, 崔올·미동(2명) -河마·딩 -韓실구·디 -咸○○(글자가 안보임) -許우·루·미 -玄더·대	○○(글자가 안보임) -강·쇠, 거·매, 검·불, 검동, 고·소미 -눅·대 -더·대, 더·믈, 도·티, 돌·히 -마·딩, 막동(2). 막동(4). 망·쇠, 매·뇌, 모리·쇠 -북쇠 -수·새 -실구·디 -·곰·쇠 -·힌동 -아가·지, 어리·딩, 오마 디, 오마·대, 오망·디(2). 오망·디, 올마·대, 올·미동, 우·루·미, 은·쇠 -쟈가·동, 쟈근 대 -타 내, 타·내(3) -ㄱ리·대 -랑관 -망오·지 -샹재 -쑹구·디

---

19) 이름에 대해서는 정상훈(1994)에서 자세히 밝혔다.

이름에 방점이 찍혀 있고 방점만으로 이름이 갈리기도 한다(오마 디, 오마·디). 15세기 성조가 실제 성조 언어였음을 보여주는 귀중한 문헌이다. 조선시대 고유어 이름 기록으로는 처음인 데다 무려 50여 명이나 성과 함께 제시하고 있어 훈민정음 사용의 또 다른 가치를 보여준다. 입으로 전해 오는 노래 가사를 한글로 적은 고려가요 못지않은 의미가 있다. 고유어 이름 사용 양상으로 여기 등장하는 이름 주인공들은 대부분 하층민이었을 것이다. 이름은 있으나 자기 정체성을 부여받지 못한 사람들에게 역사적 존재 의미를 부여한 것이 바로 한글이었던 것이다.

4) 불교 진언서의 맥락적 의미

진언(Mantra)은 불교에서 신비하고 영적인 힘을 불러일으킨다고 믿는 말을 가리킨다. 따라서 불교인들은 진언의 독송이나 암송을 통해 불심을 바로 세우며 믿음을 기원한다. 우리나라 진언의 역사는 원효에서 비롯되었다고 해도 과언이 아니다. 원효는 '나무아미타불'이란 쉬운 진언을 대중에게 전파함으로써 누구나 불자가 될 수 있는 대중 불교의 길을 열었기 때문이다(원효, 유심안락도).

진언은 독송용이기에 발음이 중요하다. 우리나라는 안주호(2002 : 70)에서의 지적처럼 본래의 진언표기인 범어 자체의 음을 한글로 옮기기보다는 중국에서 한역된 진언음을 한글로 옮기어, 독특한 표기체계를 갖게 되었다. 결국 '범어 - 한자 - 우리말' 관계 속에서 훈민정음 창제로 진언을 정확히 적을 수 있게 된 것은 불교의 큰 발전이었다. 이에 대한 집중 연구는 안주호(2002가, 나), 안주호(2003), 이태승 · 안주호(2002), 안주호(2006)에서 이루어졌다.

진언 관련 훈민정음 문헌으로는 <오대진언>(1485 / 부전, 성종 16), <진언권공>(1496, 연산군 2), <삼단시식문>(1496, 연산군 2), <진언집>(1569, 선조 2), <진언요초>(1797, 정조 21), <오대진언수구경>(1604, 선조 37), <불가일용집>(1896, 고종 6) 등이 있다.

(1) 〈오대진언〉

조선은 불교를 국시로 억제했지만 민간 불교와 왕실 불교는 지속되었다. 모든 종교가 그러하듯 기도문을 암송하는 것은 종교 생활에 필수다. 불교에서는 이를 '진언문'이라 한다. 사십이수진언(四十二手眞言), 신묘장구대다라니(神妙章句大陀羅尼), 수구즉득다라니(隨求卽得陀羅尼), 대불정다라니(大佛頂陀羅尼), 불정존승다라니(佛頂尊勝陀羅尼) 등의 다섯 가지 진언을 모아 <오대진언>이라 한다. <오대진언>은 한글판과 국한문판이 있다.

한글판은 한글 음역만을 내용으로 하되, 각 진언별로 분권하여 1476년(성종 7)경에 간행한 목판본이고 국한문판은 오대진언을 범자(梵字)로 적은 뒤 한자와 한글로 그 음역을 단 책으로 인수대비의 명에 따라 일반 민중이 진언을 쉽게 익혀 암송하도록 하기 위해 1485년(성종 16)에 간행한 목판본이다.

<오대진언>은 한자음 표기에서 <동국정운>을 따르지 않은 최초의 문헌으로 평가된다(안병희, 1987), 안주호(2002)에 따라 실담문자(고대 범어)는 로마자로 대신하여 인용해보면 다음과 같다.

nama āryāvalokiteśvarāya   bodhisattvāya   mahāsattvāya

囊 莫 啊 哩也 嚩 路 枳 諦 濕嚩 囉引 野 冒 地 薩 怛嚩引野 摩 賀 薩

怛嚩引野

·나 ·막°·알·약° :바 ·로 기 :데°·시 :㸌·라 ·야°·모 ·디°사

드 :바 :야° :마 ·하°·사 드바 :야 <오대 :24b>

[표 6] 범어의 음운체계와 한글음 음운 대응 예시(안주호, 2002 :18)

a 阿(上)			ā 啊(去)			ɪ 伊(上)			ī 咿(去)		
:아	:ㅇ	:어	:으	·아	·ㅇ	·어	·으	:애	:이	에	:이	·애	·애	·예	·이
:하	:ㅎ	:허	:흐	·하	·ㅎ	·허	·흐	·해	·히	:혜	:히	·해	·히	·혜	·히
u 烏(上)			ū 鳴(去)			e 曳(去)			ai 愛(入)		
:와	:오	:워	:우	·와	·오	·워	·우	:애	:에	:예	:이	·애	·이	·에	·의
:화	:호	:훠	:후	·화	·호	·훠	·후	·애	·에	·예	·ᆐ	·해	·히	·혜	·희
o 汗(去)			au 우(入)			aṃ 暗(去)			aḥ 惡(入)		
와	·오	·워	·우	·와	·오	·훠	·우	:암	:음	:엄	:음	·악	·옥	·억	·윽
화	·호	·훠	·후	·화	·호	·훠	·후	·함	·ᇂㅁ	·허ㅁ	·홈	·학	·ᇂㄱ	·허ㄱ	·흑

첫 번째 자료는 장음과 성조를 섬세하게 표기하고 있음을 보여준다. 두 번째 자료는 범어의 음운체계에 따라 한글이 체계적인 발음 부호 역할을 하고 있음을 보여준다. 종교 분야에서 소홀히 하고 싶은 진언 의 문제를 훈민정음이 자연스럽게 해결해주고 있다.

(2) 〈진언권공(眞言勸供)〉·〈삼단시식문(三壇施食文)〉 언해본

<진언권공>과 <삼단시식문>은 두 책을 하나로 묶은 책으로 인수대 비 명령으로 한 승려(학조로 추정)가 번역하여 연산 2년(1496)에 인경목활 자(印經木活字)로 간행되었다.[20] 발문에는 <시식권공(施食勸供)>이란 하나

20) 발문에 언해자가 밝혀져 있는 것은 아니다. 안병희(1978)에 의하면 이는 당시 척

의 책 이름으로 쓰였다. 그러나 안 제목은 <진언권공>과 <삼단시식
문>이다.

<진언권공>은 주로 여러 가지 공양을 올릴 때 쓰는 진언을, <삼단
시식문>은 불교의식에 쓰는 진언을 모아놓은 것으로 절에서 매우 요
긴한 내용을 담고 있다.

이 책의 간행은, 발문에 따르면, 인수대비(仁粹大妃)의 명으로 <육조법
보단경>을 번역하여 목활자로 300부를 간행하고, <시식권공>의 잘못
된 부분을 자세히 바로잡아 400부를 간행해서 경향 각지에 나누어주었
다고 한다.[21]

이 책의 편찬 양식은 간경도감의 여러 불경언해서와는 다르다(김영
배·김무봉, 1998). '내제'와 진언의 제목, 진언, 한문 원문 모두 정음을 먼
저 쓰고 있다. 한자로 된 제목이나 진언, 한자 원문을 구결 없이 나란
히 쓰고 원문이 끝나면 언해문은 한 글자 내려서 쓰되, 한자에는 동국
정운식 한자음이 아닌 현실 한자음을 썼다.

"보공양진언 // 普供養眞言"과 같이 원문의 한글 독음을 먼저 적고 현
실 한자음을 적고 있다(안주호, 2002 : 94).[22]

불정책을 쓰고 있던 관계로 유신들의 반대를 의식해서 의도적으로 쓰지 않은 것
으로 보았다.

21) "…仁粹大王大妃殿下…(중략)…命僧以國語飜譯六祖壇經 刊造木字 印出三百件…(중
략)… 且施食勸供 日用常行之法事 或衍或倒 文理不序 學者病之 詳校得正 印出四百
件 領施中外焉"

22) 안주호(2002)에 의하면, 이 문헌에 실린 한글 음역의 전체 음절수는 840음절이며,
음절 종류수는 95개다. 이에 비해 한역 음역수는 856개로, 165개의 한자가 사용되
었다. 안주호(2002)는 진언의 한글 음절수와 한역수가 차이가 나는 이유는 범어의
어두자음군을 한역할 때 二合, 三合 등의 重字로 표기한 반면, 한글로 음역할 때
에는 합용병서가 가능한 것은 하나의 글자로 표기하였으므로, 음절수가 줄어든
것이라고 보았다.

: 보공 : 양진언普供養眞言너 · 비供공養 : 양 · ᄒᆞ숩ᄂᆞᆫ眞진言언이라
○ : 세번닑 · 고 · 저 · ᄉᆞ오 · 라
: 옴 · 아 · 아 · 나 : 삼 : 바 · 바 · 바 · ᅀᅵ라 · 혹
唵 葛葛囊 三婆嚩嚩日囉 斛 <권공 2뒤-3앞>

정음을 먼저 썼다는 것은 그만큼 실용성을 강조한 문헌이라는 의미다. 현실 한자음 표기도 그런 맥락이며 이런 문헌을 400부나 발행해서 전국 각지에 나눠주었다는 것은 이 책의 영향이 적지 않음을 의미한다. 동그라미 다음에 몇 번 읽을 것인지를 표시하고 있어 불교 생활 지침서로 요긴한 구실을 했음을 알 수 있다.

(3) 〈진언집〉(1569, 선조 2), 〈진언요초〉(1797, 정조 21).

<진언집>은 현재 전하는 가장 오래된 진언집이다. 이 책은 범자(梵字)와 한자 음역(音譯)으로 된 책에 한글 음역을 덧붙인 책으로 1569년(선조 2)에 전라도 안심사에서 대선사 설은이 집필하여 간행한 것이다.[23] <오대진언>과 같은 형식의 책으로 구성은 한글 음역, 한자 음역, 범자의 순서대로 편집되어 있는데, 한글 음역 부분에는 중간에 끊어 읽을 곳을 권점(◦)으로 표시해놓은 점이 특이하다. 독송의 편의를 위해서였을 것이다.

내용은 <불정심경(佛頂心經)>, 한글 자모의 용법을 설명한 <언본(諺本)>, 범자를 한글로 설명한 <실담장(悉曇章)>, <수구타라니(隨求陁羅尼)>를 실은 다음 <결수문(結手文)> 등의 여러 가지 진언을 수록하였다.

23) 권말의 대선사(大禪師) 설은(雪訔)의 발(跋)에 의하면 원래 식부집(識裒集)이라는 같은 내용의 책이 있었으나, 판각이 낡아 재인(再印)할 수 없으므로 도인(道人)인 혜증(慧證)과 인주(印珠) 등이 설은에게 간청하여 설은이 집필하고 간행했다고 한다.

1658년(효종 9)에 강원도 설악산 신흥사에서, 1688년(숙종 14)에 평안도 묘향산 불영대에서, 1777년(정조 1)에 전라도 화순 만연사에서, 1800년(정조 24)에 경기도 양주 망월사에서 중간본이 나온 것으로 보아 전국 각지 사찰에서 애용했음을 알 수 있다.

<진언요초>는 여러 가지 다라니경에 나타나는 한역의 진언을 한데 모아 거기에 한글 음역을 덧붙여 1797년(정조 21) 양주 불암사에서 간행되었다. 규장각 해제(하귀녀)에 의하면, 이 책은 본래 독립적인 것이 아니라 다른 불경들과 합철되어 있다.

(4) 〈일용집〉(1869, 고종 6)

초보 불자를 위한 다양한 불교 예절을 기술한 책으로 고종 6년(1896)에 정행 스님이 간행하고, 1882년(고종 19)에 속간되었다.[24] 한문과 한글을 병용하고, 글 가운데는 한글음 진언과 산스크리트 글자가 쓰여 있다.

이 책에서 제시한 일용작법 목록은 "諺本 1장, 默言作法 2장, 食堂作法 4장, 四物錄記 8장, 暮通節次 10장, 禮佛節次 17장, 小禮懺 18장, 准提持誦 21장, 念佛節次 22장, 香水海 31장, 七處九會 32장, 七佛禮, 懺悔佛 33장, 行禪祝願 40장, 朝誦節次 50장, 精進頌 60장, …下壇獻食 79장" 등이다. 이 책은 훈민정음 발달사에서 매우 중요한 의미가 있다. 한글 음절표인 '언본'이 실려 있기 때문이다.

---

24) 간기에 "光緒壬午仲冬下澣 龍溟沙彌鳳機謹跋"라고 쓰여 있다.

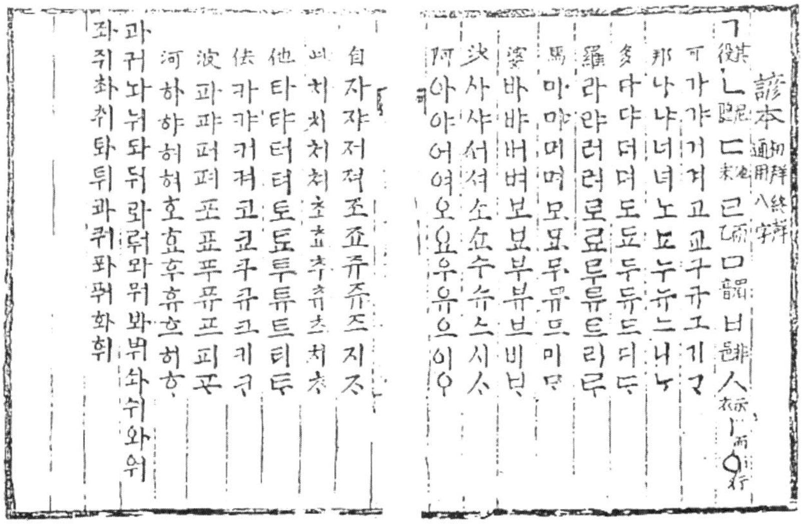

[사진 3] 일용집 수록 '언본'

4. 불교 관련 훈민정음 문헌의 사회언어학적 의미

이 절에서는 불경언해서에 대한 그동안의 문법적 분석 연구와 불교적 연구를 지양하고 훈민정음 언어정책과 훈민정음 생활 측면에서 접근하고자 한다. 물론 각종 문헌에 대한 문법적 미시적 분석 연구가 있었기에 이런 연구가 가능하다. 그러므로 이런 식의 사회언어학적 연구는 문법 중심의 연구를 부정하는 것이 아니라 보완하는 것이다. 그러기 위해 훈민정음 보급 차원에서의 동기와 전략, 언어정책, 주체, 그에 따른 텍스트 성격까지를 규명하기로 한다.

1) 동기

훈민정음 보급은 창제 못지않게 어려운 일이었다. 곧 세종은 창제자로서뿐만 아니라 보급자로서도 거의 완벽한 정책을 수행했다(김슬옹 : 2009나). 그동안 우리는 세종을 창제자로서 주로 조명했지 보급자로서의 모습은 제대로 조명하지 못했다. 정음 창제 후의 불교 관련 문헌은 세종의 치밀한 통치 전략이나 언어정책에 따른 것이다.

훈민정음 창제 주체인 세종과 세종을 가장 많이 도운 세조에 의한 불교 관련 정음 문헌의 간행은 우연이나 단지 불심 차원이 아니었다.[25] 그렇다면 정음으로 펴낸 첫 책이 하필 불교 서적인가 물을 수 있다. 거기다가 유교 국가, 그것도 배불 숭유 정책의 중심에 있어야 할 임금이 그 반대인 듯한 정책을 폈을까 반문하게 된다. 그 당시나 지금이나 그러한 문제의식은 너무도 당연한 것이기에 세종과 세조의 불교 정음 문헌 간행이 더욱 고도의 통치 전략이라는 것이다.

> 1443년 12월, 훈민정음 창제.
> 1444년 2월 16일, <운회> 번역.

---

25) 최현배(1942)에서는 다음과 같이 <석보상절>과 <월인천강지곡>을 언해류가 아닌 정음 문헌으로 분류하였다.

그런데 이(석보상절) 서문에는 먼저 순한문으로 '釋譜詳節'을 짓고 다음에 그것을 한글로 뒤친 양으로 되어 있지마는, 나는 이제 '釋譜詳節'을 한문을 한글로 뒤친 것, 이른(바) 언해의 일종으로 치지 아니하고, 한글의 독립스런 쓰기에 딸린 지음이라 하여, 여기에서 말하는 것이다. 왜그러냐 하면, 비록 대본의 한문 '釋譜詳節'이 있었음이 사실이라 하더라도, 그것은 다만 사실 적발의 대본일 따름이요, 세조의 '釋譜詳節'은 다른 한문 뒤침부류의 언해와는 달라, 원한문으로 나란히 적지도 아니하고, 그 문체도 한문의 냄새가 없고, 순연한 입말체로 되어, 한글 상용의 기운이 넘치는 동시에 자유 저술의 문세로 되어, 아무 거리낌이 없기 때문이다.
－최현배(1982 : 62)

1444년 2월 20일, 최만리 반대 상소 논쟁.

1445년 4월 5일, <용비어천가> 10권을 제본하여 바침(권제, 정인지, 안지).

1446년 9월 상한, 훈민정음 반포. <훈민정음> 해례본 펴냄.

1446년 10월 10일, 공식문서(의금부, 승정원)로 실천.

1446년 11월 8일, 언문청 설치.

1446년 12월 26일, 문서 담당 하급 관리 시험 제도로 시행.

1447년 4월 20일, 다음 과거부터 모든 관리 시험에 훈민정음 실시 예고

1447년, 최초 언문 산문책 <석보상절> 간행(수양대군).

1447년, 세종 친제 <월인천강지곡> 간행.

1448년 3월 28일, <사서> 번역 지시.

1449년 10월 5일, 정승을 비판한 언문 벽서 사건.

이와 같은 사건 연보를 보면, <석보상절>과 <월인천강지곡>을 간행한 다음에서야 겨우 사서 유교 경전 번역을 지시했다. 세종은 이조차도 완성을 보지 못하였고 결국 그 번역도 지지부진하여 100년 이상을 끌게 된다. <삼강행실>과 같은 행실 유교서 간행을 위해 새 문자를 창제하게 된 세종의 태도로 보아서는 매우 특이한 사건임에 틀림없다. 이는 불교 언해본을 펴낸 것이 단순한 불심에 의한 것이 아니라 치밀한 언어정책 또는 통치 전략에 의한 것임을 알 수 있다.

여기서는 일단 그러한 전략조차도 다양한 동기의 하나로 본다. 어떤 사건이든 그 동기는 복합적이거나 다목적 계기에 의해 이루어질 수 있다. 복잡하고 정치적 의미가 다양할 수밖에 없는 사건일수록 더욱 그렇다. 이러한 다양한 동기를 파헤치기 위해 우리는 <석보상절>, <월인천강지곡>으로 대표되는 불교 관련 문헌이 훈민정음이 창제되지 않았다면 존재할 수 없는 문헌임을 주목해야 한다. 다시 말하면 '훈민정

음' 표기 문헌에 먼저 주목해야지 그 내용인 '불교'에 먼저 주목해서는
안 된다는 것이다. 형식(훈민정음)과 내용(불교)을 이분법적으로 보자는
것이 아니다. '정음을 통한 불교'에 주목하자는 것이다.

　세종은 피지배층과의 소통을 고려하되 지배층을 배려한 전략에 의
해 훈민정음을 창제했듯이 불교 서적 또한 그러한 전략에 의한 것으로
볼 수 있다. 고려 왕조 불교 정책과 실상의 타락 때문에 새 왕조의 정
치 이념, 도덕 이념이 부각되었지만 불교는 단지 정치적 종교적 차원
만은 아니었던 것이다. 그것은 바로 지배층이던 피지배층이던 온몸의
잠재의식과 생활의식에 자리 잡고 있는 오랜 역사요 전통이요 생활양
식이었던 것이다. 세종은 바로 새 문자의 실제적 실험과 적용을 그러
한 장대한 역사의식과 생활 민심에 기대어 누구나 문자를 쉽게 배울
수 있는 전범을 보이고자 했다. 마치 하나의 달이 천 개의 강에 비치듯
(월인천강지곡), 부처님의 공덕이 천 개의 강에 비치듯, 28자의 간단하고
쉬운 정음이 만백성 교화의 도구로 자리 잡기를 바랐다.

　세종은 서당조차 다닐 여유가 없고 그럴 시간조차 가질 수 없는 뭇
백성들이 특별한 교육 없이도 배울 수 있는, 그야말로 하루아침에 배
울 수 있는 손쉬운 문자를 훈민정음 반포 십 년 이전부터 고심해온 터
였다. 정음 반포 12년 전, 창제 9년 전 세종의 치적을 정리한 국조보감
에서 신숙주는 이렇게 전하고 있다.(1434, 세종 16)

　　세종이 하교하기를,
　　"타고난 착한 마음을 잘 지켜가는 것은 모든 백성들이 다 같이 해야
　할 일이고, 윤리를 후하게 하고 풍습을 바로잡는 것은 임금이 먼저 힘
　써야 할 일이다. 그러나 세상의 도리가 쇠퇴하여 순후한 풍습이 옛스럽
　지 않고 법칙과 기강이 점점 진실을 잃게 됨에 따라 신하는 신하다운

도리를 다하지 못하고 자식은 자식다운 직분을 다하지 못하며, 아내는
아내다운 덕성을 온전히 하지 못하는 자가 간혹 있게 되니, 참으로 한
탄스럽다.

생각건대, 옛날의 훌륭한 임금들은 몸소 신교(身敎)를 실천하여 따르
도록 인도함으로써 모든 사람을 다 훌륭한 인격자로 만들었다. 나는 박
덕하여 비록 만에 하나도 그것을 기대할 수는 없지만 뜻만은 지녀왔다.
그래서 법을 도타이 하고 교화를 펴나가는 도리를 두고 밤낮으로 마음
을 쏟은 결과, 비로소 어리석은 백성들이 나아갈 방향을 모르고 있는
것은 본받을 것이 없어서 그렇다는 것을 생각하게 되었다.

이에 유신(儒臣)에게 명하여 예로부터 지금까지 법으로 삼을 만한 충
신, 효자, 열녀들의 걸출한 사적을 일에 따라 기록하고 아울러 시(詩)와
찬(贊)도 지어서 싣게 하였다. 그러고도 어리석은 백성들이 쉽게 이해하
지 못할까 염려되어 도형(圖形)을 그려서 붙이고 <삼강행실(三綱行實)>
이란 이름으로 널리 중외에 반포하였다. 다만 백성들이 문자를 알지 못
하는데 책을 반포하여 내려준다고 하더라도 사람이 가르쳐주지 않는다
면 어떻게 그 뜻을 알아서 흥기할 수 있겠는가.

내가 <주례(周禮)>를 보니, '외사(外史)가 책 이름을 사방에다 알리는
일을 담당하는데 사방 사람들로 하여금 책의 문자를 알게 하여 글을 읽
을 줄을 알게 한다.' 하였다. 지금 이것을 본받아서 중외의 유사는 백성
들 중에서 학식이 있는 자를 찾아내어 모두 가르치도록 하라." 하였다.

-<국조보감(國朝寶鑑)> 제6권 세종조 2
(한국고전종합 DB(www.db.itkc.or.kr), 한국고전번역원)

세종은 이런 고민 때문에 한문보다 쉬운 이두를 통한 보급과 양반을
통한 보급 등에 대해 많은 생각을 하다 절대적인 한계에 부딪치자 새
문자 창제를 결심하게 된 것이다.

세종이 훈민정음을 창제한 시기는 온갖 국방, 정치, 경제적인 문제
가 해결되고 문화와 과학에 힘을 쏟은 시기다. 세종은 유교에 의한 표
면적 정통 교화와 불교에 의한 이면적 교화를 모두 추구함으로써 지배

층과 피지배층 모두를 아우르는 교화를 이루고자 했다. 또한 그런 교화를 통해 지배층과의 소통, 피지배층과의 소통 모두를 이루기를 바랐던 것이다.

한자를 통한 지식 권력과 유교적 지배 이념에 대한 특권 의식이 있는 지배층을 고려해 볼 때 새 문자 실험 또는 문자 보급을 유교 경전으로 할 수는 없는 것이었다. 지배층의 새 문자에 대한 반발심도 잠재우고 누구나 읽고 배울 수 있는 흔들리지 않는 정음 문헌이 필요했던 것이다. 그래서 불교 문헌 발행이야말로 고도의 통치 전략에 의한 것이라 할 수 있다.

거기다가 개인적인 불심과 불교에 우호적인 태도도 다양한 동기가 되었다. 정치 희생양으로 비참하게 죽은 장인 때문에 한 속에 살아간 소헌왕후의 죽음에 대한 세종의 인간적 애달픔, 그런 어머니의 한을 지켜보며 자란 수양대군에게는 불심이야말로 그런 애통함을 다스리는 유일한 돌파구였던 것이다. 또한 부부에 대한 도리, 어머니에 대한 효는 유교적 윤리와도 통하는 것이기에 유신들의 반발을 최소화하면서 새 문자를 보급하는 문헌 간행의 역설적 전략이 되었다.

더군다나 지배층들에게 존귀한 유교 경전을 훈민정음으로 먼저 간행했다고 한다면 최만리식 창제 반대보다 더 심한 반발에 부딪칠 수도 있는 문제였다. 결국 역사와 전통 생활 종교에 의한 민심 잡기, 정음 실험, 통치 전략, 개인 불심 등이 불교 관련 문헌 간행의 동기가 된 것이다. 이런 동기에 의해 우리는 세종의 불교 서적에 의한 언어정책의 전략과 흐름을 읽어낼 수 있다.

2) 언어정책 측면에서

불경언해서를 중심으로 한 훈민정음 보급을 위한 다양한 동기를 보면 그것은 일종의 세종과 세조에 의한 언어 정책임을 알 수 있다. 그렇다면 이러한 언어정책을 새 문자 보급을 위한 전략으로 파악할 수 있다. 그러한 세종과 세조의 불교 정음 문헌을 통한 언어정책을 전략 차원에서 네 가지로 정리할 수 있다.

첫째는 언해 중심 복합 전략이다. 아무리 뛰어난 문자를 만들었다고 해서 그 문자가 생명력을 가지라는 법은 없다. 따라서 새 문자를 어떤 식으로 보급할 것인가는 창제 못지않게 중차대한 문제다. 세종이 이 점을 모를 리 없었다. 아이들에게 문자를 깨우치게 하는 그런 문제가 아니었다. 모든 계층의 사람들에게 새 문자가 파고들 고도의 복합 전략이 필요했다. 훈민정음이 기존의 문자를 완전히 대체하고자 한 것은 아니었지만 기존 문자뿐 아니라 입말을 자유자재로 옮겨놓는 것을 실제로 보여줄 필요가 있었다. 그렇다면 그것은 언해 전략이 최고였다. 기존 한문을 새 문자 체계로 완전하게 풀어내고 그 이상의 효과를 보여준다면 새 문자는 저절로 보급될 것이다.[26] 설령 유자 계층이 새 문자를 부정적으로 본다 하더라도 마치 샘물이 솟듯이 퍼져나가는 새 문자의 힘을 막을 수는 없었을 것이다.

그렇기에 그러한 언해 전략을 보여줄 준거 문헌이 필요했는데 그것이 불교 문헌인 것이다. 그 당시 조선에서 통용되는 불교 문헌은 당연히 일종의 번역문이다. 유교 경전은 중국인에 의한 중국인의 사상에

---

26) 방종현(1948 : 128)에서도 언해의 동기와 목적을 "언해를 왜 하였는가, 그 이유는 한문을 조선사람에게 이해시키려고 알기 쉬운 방법을 쓴 것이라고도 할 것이지마는 또 훈민정음을 널리 보급하는 한 방편도 되었을이라고 말할 수 있을 것 등의 여러 가지 이유를 들 것이다."라고 복합적으로 보았다.(*되었을이라고 : 원문)

의한 온전한 한문 문서인데 반해 불교 문헌은 인도말 또는 산스크리트
어를 한문으로 번역한 것이기에 새로운 문자 대체 보기 문헌으로 매우
적절한 셈이었다.

둘째는 실용 전략이다. 새 문자의 효용성을 입증하고 그것을 기반으
로 새 문자를 보급하기 위해서는 무척 실용적인 문자 서사가 가능해야
했다.[27] 그렇다면 그러한 문헌은 <용비어천가>와 같은 시가 문헌보다
는 <석보상절>과 같은 산문체 문헌이 더 정확하다.

셋째는 다중 소통 전략이다. 만일 유교 경전을 통한 소통을 꾀했다
면 그것은 지배층 중심의 일방적 소통인 셈이다. 그렇다면 새 왕조의
이념 전파에는 효율적이었겠지만 모든 계층을 아우르는 전략은 되지
못했을 것이다. 모든 계층을 소통하는 문헌은 오랜 역사와 민심에 기
반한 문헌이어야 했다. 그러므로 불교 관련 문헌이 제일 적격인 셈이
다. 비록 숭유억불 정책이 새 왕조의 주요 정책이었다 하더라도 그것
은 정치적 전략 문제이지 불교를 아예 차단하거나 없애는 전략은 아니
었다. 그리고 사대부 중 주류 양반들조차도 불교에 대한 태도는 전면
거부가 아니라 이중적이었다. 사대부들은 불교를 정치적으로는 멀리한
다 하더라도 최소한 사적으로 아니면 가족의 불교 성향까지 막을 수는
없었을 것이다.

넷째는 서책을 통한 교화 전략이다. 세종은 책을 통한 교화를 위해
새 문자를 만든 셈이다. 그렇다면 근본적인 민심 교화를 위한 서책이
필요했고 그것이 불교 책인 것이다. 좁은 의미의 교화는 유교 윤리 중
심으로 백성을 가르치는 것이지만 인간의 근본 도리를 담고 있는 종교

---

27) 이상혁(2003)을 비롯한 많은 연구자들은 신문자 보급 운동 차원을 지적한 바 있다.

서적도 넓게 보면 교화서에 포함된다.

3) 주체 측면

불교 문헌의 주체 문제를 짚어보자. 이 문제에서도 세종과 세조는 불교 책 발간의 핵심 주체로서도 고도의 전략을 썼다. 다음 문종 때의 기록을 보면, 세종과 세조, 신미 스님 등이 정음청을 중심으로 불교 관련 연구나 발행을 무척 적극적으로 했음을 알 수 있다.

> "윤허(允許)를 받지 못하니, 안연히 직사에 나아가는 것이 마음에 실로 부끄러움이 있습니다."라고 하니, 임금이 말하기를, "이제 겨울에 따뜻한 기후가 있으나 별로 재이(災異)의 변(變)은 없다. 너희들이 누른 안개라고 하나 나는 아니라고 생각한다. 또 내가 간언(諫言)을 따르지 않는다고 하여 근일에 너희들이 말한 일이 상당히 많은데 하나같이 청종(聽從)하지 않던가? 어찌 청종한 일을 논하지 아니하고 다만 윤허하지 않은 일만을 거론하는가?" 하였다. 안완경 등이 아뢰기를, "신 등이 근일에 본 바는 비록 누른 안개가 아니더라도 한난(寒暖)이 때를 잃었으니, 이것이 어찌 재이(災異)가 아니겠습니까? 또 신 등이 오늘 말한 바가 만약 성덕(聖德)을 칭찬하여 드러내는 일이라면 윤허(允許)하심을 얻었을 것입니다. 사의(事宜)를 조목별로 나열하여 진달(陳達)하고 윤허하지 아니한 일을 가지고 유윤(兪允)하시기를 간절히 바라는데 어찌 반드시 이미 시행한 일을 아울러 논하겠습니까?" 하니, 임금이 말하기를, "너희들이 말한 바가 모두 족히 의논할 만한 것이 없는 일이다. <u>다만 신미(信眉)와 정음청(正音廳)의 일만은 너희들이 심상하게 이를 말하나, 신미의 직호(職號)는 이미 고치었고, 정음청은 오늘에 세운 것이 아니라 일찍이 이미 설치한 것인데, 하물며 그 폐단도 별로 없는 경우이겠는가?</u> 너희들의 뜻이 반드시 나더러 불교를 좋아하여서 불경(佛經)을 찍으려 하여

그러한 것이라고 하겠으나, 그러나 나는 잠시도 불교를 좋아하는 마음이 없다. 만약 마음으로 성심껏 불교를 좋아하면서도 '불교를 좋아하지 않는다.'고 한다면 마음이 실로 스스로 부끄러울 것이다. 대군(大君) 등의 무리가 불경을 찍는 일과 같은 것을 내가 어찌 금하겠는가?" 하였다. 안완경·어효첨 등이 말하기를, "정음청은 신 등이 명(命)을 들은 이래로 전하께서 불경을 찍기 위하여 설치한 것이 아니라는 것을 믿고 있습니다. 금일에 이를 아뢰는 까닭은 오로지 아문(衙門)을 따로 설치하여 환관(宦官)으로 하여금 주장하게 하여서, 좌우(左右)1186[28]의 세력이 커지는 환(患)을 가져왔기 때문입니다. 이제 '대군(大君)이 불경을 찍는 일을 내가 어찌 금하겠느냐?'고 하시니, 신 등은 명(命)을 듣고 낙담(落膽)하는 바가 실로 큽니다. 전하께서 만약 이와 같으시다면 어떤 사람이 종실(宗室)의 불의한 일을 금지할 수가 있겠습니까? 비록 금지하기가 어려운 일일 것 같더라도 유사(有司)에 회부한다면 이것은 금지하지 아니할 것을 금지하는 일이 될 것입니다. 청컨대 모름지기 파하도록 명하소서." 하니, 임금이 말하기를, "주조(鑄造)한 글자가 모두 이미 주자소(鑄字所)에 나갔고, 공장(工匠)도 또한 모두 이미 주자소에 소속시켰으니, 이 청(廳)에 남아 있는 것은 소소한 서판(書板)뿐이다. 요행히 모인(模印)할 일이 있을 때에는 환시(宦侍) 등의 무리에게 이를 주장하게 하면 별로 쓸데없는 비용이 드는 폐단은 없을 것이다. 너희들은 혐의하지 말고 직사에 나아가라." 하였다. 세종은 환관을 심히 엄하게 규제하여 환관은 죄를 두려워하여 마지않았으므로 횡포를 감히 부리지 못하였다. 금상(今上)은 너그럽고 어질어서 환관이 조금 교만하고 방자하여 조사(朝士)를 능멸하고 상당히 위복(威福)을 펼치려는 조짐이 있었기 때문에 상소가 이에 미치었다.

                                        -문종 원년, 1450년 10월 28일자

불교 책의 발간은 불교 인사가 적극적으로 주체로 나서지 않으면 불가능한 일이다. 그렇다고 그들은 숭유억불의 논리상 그들을 적극적으

---

28) [註 1186] 좌우(左右) : 근시(近侍).

로 내세울 수도 없으므로 매우 조용하면서도 은밀하게 불교 인사들을 핵심 주체로 내세웠다. 그러면서도 유자들을 적절하게 배치해 유불 조화와 유자들의 반발을 막을 수 있는 여러 장치를 해놓았다.

[표 7] 간경도감 참여 인사 구성(최윤곤, 2003 재인용)

문헌\직급	《능엄경(언해본)》, 세조 7년(1462)	《법화경(언해본)》, 세조 8년(1463)	《금강경(언해본)》, 세조 9년(1464)	《원각경(언해본)》, 세조 10년(1465)
도제조	계양군, 윤사로, 황수신	윤사로, 황수신	황수신	황수신
제조	박원형, 조석문, 윤자운, 이극감, 원효연, 성임, 한계희	박원형, 조석문, 윤자운, 김수온, 원효연, 성임, 한계희, 강희맹	박원형, 윤자운, 김수온, 김국광, 원효연, 성임, 한계희, 강희맹	박원형, 윤자운, 김수온, 김국광, 원효연, 성임, 한계희, 강희맹, 윤찬
부제조	홍응, 이부형, 노사신, 강희맹, 윤찬	노사신, 윤찬	노사신, 윤찬	노사신
사	김왕필, 이계전, 정문형, 신송주	이계전, 남윤, 김달전, 안관후, 신송주	남윤, 김달전, 안관후	김달전, 안관후, 권왕함, 홍방치, 김원신
부사	권왕함, 윤필상	윤필상, 김영견	권왕함, 이원효, 정지, 김영견	정지, 윤호, 남효남
판관	이극증, 이극돈, 최호	–	최호, 김계창	김계창
합계	24명	19명	20명	20명

4) 텍스트

불경언해서는 특정 부류의 책으로 분류될 수 없는 다목적용 책으로 그 성격을 네 가지로 자리매김할 수 있다.

첫째는 정음(한글) 교육서라는 점이다. 세종이 새 문자를 반포하면서 특별한 교육서나 그에 대한 내용을 저술하지 않은 것은 아마도 오늘날의 한글 교육과 같은 통문자 방식을 염두에 둔 듯하다. 곧 기존 언어 (한자)와 대조시켜 실제 사용된 글말을 보여주면서 자연스럽게 문자를 익히게 하는 방식이다. 석보상절이 가장 초기 문헌임에도 생활 언어인 산문 중심의 언해를 보여주고 있다는 점이 더욱 그러하다. 더욱이 세종은 자신이 직접 지은 <월인천강지곡>에서는 오늘날 맞춤법과 같은 읽기 중심의 표기 사례까지 보여주고 있다. <용비어천가>와 <월인천강지곡>에 나타난 오늘날 맞춤법과 같은 형태음소적 표기법은 다음과 같다.

> (1) 곶 됴코 ; 좇거늘, 빛나시니이다 ; 깊고, 새 닢 <용비어천가>
> (2) 다숫 곶, 맞나ᅀᄫ며 ; 딮동울 , 깊거다 <월인천강지곡>

따라서 이들 문헌은 정음 규범서로서의 성격을 지녔다. 고영근(2006)에서 지적한 바와 같이, 한자가 노출될 때는 동국정운식 교정음으로 표기하고, 한자가 노출되지 않을 때는 당시의 현실음으로 표기함으로써 맥락에 따른 올바른 규범의 방향을 제시하였다.

> (1) 爲윙, 迷몡惑휙, 爲윙頭뚱公공事쌍 - 월인석보
> (2) 위, 미혹, 위두, 공ᄉ - 석보상절, 고영근(2006)에서 재인용

둘째는 문학 문헌이라는 점이다. 경전 언해서들을 지금 시각의 문학 책과 똑같이 볼 수는 없지만 문체라든가 그 속에 담겨 있는 많은 이야기들은 문학 갈래로 보아도 무방하다(김두루한 : 2009).

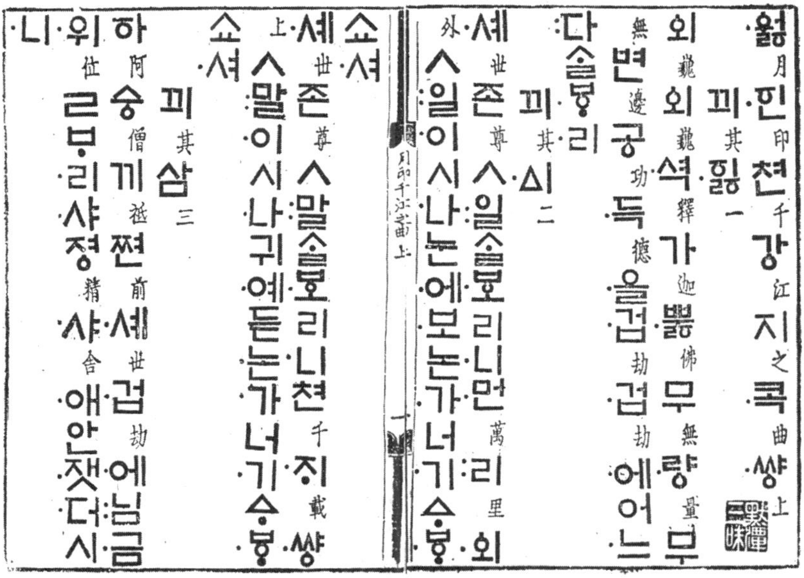

[사진 4] 동국정운식 한자음으로 표기한 <월인천강지곡>

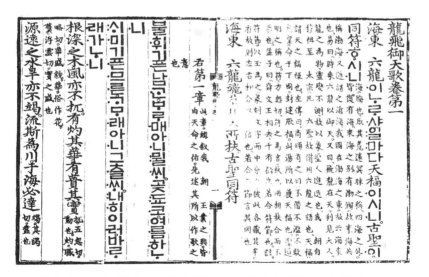

[사진 5] 오늘날 맞춤법 표기인 형태음소적 표기(곶)가 적힌 <용비어천가> 2장

불교의 끼리서낭굿이야기말꽃이라고 할 만한 것은 고려 말엽에 나타
났다. 고려 충숙왕 15년(1328)에 이루어진 <석가여래십지수행기>야말로
참다운 불교의 끼리서낭굿이야기말꽃이다. 바로 불교의 서낭인 석가여
래 부처님의 삶을 열 마리의 이야기로 마련한 것이기 때문이다. 석가모
니의 삶은 물론 인도와 중국에서 경전으로 자리 잡은 지 이미 오래되었
고, 중국 한문으로 뒤처진 경전이 우리나라에 들어온 지도 오래되었다.
그러나 경전은 경건하고 딱딱하여 쉽사리 다가가기 어려우므로 이야기
로 바꾸어 사람들에게로 다가가려고 한 것이다. 그리고 이것은 100년
남짓 지난 다음 마침내 만들어진 우리말 한글로 뒤처져 참된 배달말꽃
의 모습을 갖추어 사람들에게 나타났다. 게다가 또, 한글을 만든 다음
조선 왕실은 곧바로 석가모니의 삶을 나름대로 새롭게 가다듬어 한글
의 우리말에다 담아냈다. 그것이 저 이름 높은 <석보상절>(1447, 세종
29)이고, <월인석보>(1459, 세조 5)다. 이들은 그대로 모두가 불교의 끼리
서낭굿이야기말꽃으로서 우리 겨레의 배달말꽃에 탐스러운 열매로 손
꼽힐 만하다. 그런데 커다란 끼리서낭굿이야기말꽃 안에는 짜임새와 속
뜻을 제대로 갖춘 작은 이야기말꽃들이 여러 마리 들어앉아 있다.

- 김수업(2002 : 457~458)[29]

'석보상절'의 '인욕태자 이야기' (15세기 한말의 줄글)

부톄 미륵보살ᄃᆞ려 니ᄅᆞ샤ᄃᆡ 디나건 불가사의 아승지겁에 비바시여
래의 상법 중에 나라히 이쇼ᄃᆡ 일후미 파라내러니 파라내대왕이 어디
르샤 정법으로 나라ᄒᆞᆯ 다ᄉᆞ리시니 여쉰 소국에 위두ᄒᆞ얫더시다 왕이
아ᄃᆞ리 업스실ᄊᆡ 손 신령을 셤기샤 열 두 ᄒᆡᄅᆞᆯ 누흙디 아니ᄒᆞ샤 자식ᄋᆞᆯ
구ᄒᆞ더시니 제일부인이 아기ᄅᆞᆯ 빈여 나ᄒᆞ시니 그 태자ㅣ 단정ᄒᆞ고 성
이 됴하 진심ᄋᆞᆯ 아니ᄒᆞᆯᄊᆡ 일후믈 인욕이라 ᄒᆞ시니라 인욕태자ㅣ ᄌᆞ라
아 보시ᄅᆞᆯ 즐기며 총명ᄒᆞ고 중생ᄋᆞᆯ 골오 어여삐 너기더니 그ᄢᅴ 여슷 대
신이 이쇼ᄃᆡ 성이 모디러 태ᄌᆞᄅᆞᆯ ᄉᆡ와 ᄒᆞ더라 그 ᄢᅴ 대왕이 즁ᄒᆞᆫ 병을

---

29) 김두루한(2009 : 293)에서 이런 석보상절의 문학적 가치를 산문 관점에서 지적하
    였다.

어더 겨시거늘 태자ㅣ 신하이궁에 가 닐오디 아바닚 병이 기프시니 엇
뎨흐료 신하ㅣ 닐오디 됴흔 약올 어듫씬 명이 아니 오라시리이다 태자
ㅣ 듣고 안닶겨 싸해 그우러 디엣더라 여슷 대신이 논의흐더 태자롤 더
러브리디 아니흐면 우리 내죵내 편안티 흐리라 흔 대신이 닐오디 내 방
편으로 더로리라 흐고 태자끠 가 닐오디 내 요스싀예 여쉰 소국에 가
약올 얻다가 호이다

　　'석보상절'의 '인욕태자 이야기' (오늘말로 옮긴 글)

　　부처님이 미륵보살더러 말씀하시기를, 지난 불가사의 아승기겁 <전>
에 비바시여래의 상법 중에 나라가 있었는데, 이름이 바라내였다. 바라
내대왕이 어지셔서 정법으로 나라를 다스리시니, 예순의 작은 나라들에
으뜸이셨다. 왕이 아들이 없으시므로 손수 신령을 섬기시어 열두 해 동
안 느즈러지지 아니하시고 자식을 구하셨는데 제일부인이 아기를 배어
낳으시니, 그 태자가 모습이 단정하고 성품이 좋으며, 성 내는 마음이
없으므로 이름을 인욕이라 하셨다.

　　인욕 태자가 자라서 보시를 즐기며 총명하고 중생을 고루 가엾게 여
기더니, 그때 여섯 대신이 있었는데, 성품이 모질어서 태자를 새암하였
다. 그때 대왕이 중한 병을 얻어 앓고 계셔서 태자가 신하들에게 이르
되, "아버님 병환이 깊으시니 어찌하리오?" 하니 신하가 이르되, "좋은
약을 얻지 못하므로 명이 오래지 아니하실 것입니다."고 했다. 태자가
그 말을 듣고, 애타하여 땅에 굴러 넘어졌다. 여섯 정승이 의논하되, "저
태자를 덜어버리지 아니하면 우리가 마침내는 편안치 못할 것이다." 한
정승이 이르되, "내가 방편을 써서 덜어버리겠다 하고서는 태자께 가서
이르기를, 제가 요사이에 예순 소국에 가서 대왕의 약을 얻어보았으나,
구하지 못하였습니다."고 했다.

－세종대왕기념사업회, <(역주) 석보상절> 제6, 9, 11권,
수목문화사, 1991.

천병식(1990)은 세 가지 측면에서 이러한 언해서의 문학적 가치를 정

리했다. 하나는 언해하는 과정에서 많은 고유어가 발굴되고 기록되었다는 점에서 고유어 구사를 비롯한 문학용어의 정착이 이루어졌다고 보았다. 다음으로는 문학 담당층의 저변이 확대되었다고 보았다. 마지막으로는 시가와 산문문학 발전에 기여했다고 보았다.

텍스트 성격으로서의 셋째는 시각매체 언어서라는 점이다. 훈민정음은 소리의 성질을 문자에 반영한 지구상의 유일한 소리글자이자 자질문자다. '시각매체서'라고 한 이유는 그 당시 시각에서 소리글자의 사회적 의미를 부여한 것이다. 곧 입으로 하는 말, 들리는 말이 눈으로 보이는 언어로 바뀐 것이고 그것을 제대로 구현한 것이 이런 언해서다. 그 당시에 이러한 훈민정음의 참가치를 아는 이였다면 소리가 눈으로 보이는 그 충격은 이루 말할 수 없었을 것이다.

이렇게 필자가 '시각매체 언어서'라고 이름 붙인 것은 전화를 발명한 벨의 아버지인 알렉산더 멜빌 벨(Alexander Melville Bell)이 1867년에 펴낸 <보이는 음성 : 보편 알파벳 과학(Visible Speech : The science of Universal Alphabetics)> 이란 책에서 발음기관과 발음 작용을 상형한 이상적인 문자를 '보이는 음성'이라고 한 데서 아이디어를 얻은 것이다.

최만리조차도 이런 훈민정음의 과학적이면서 신비로운 면을 인정할 정도였다. 정인지의 찬사와 함께 인용해보면 다음과 같다.

> 신 등이 엎디어 보건대, 언문을 만든 것이 매우 신기하고 기묘하여, 새 문자를 창조하시는 데 지혜를 발휘하신 것은 전에 없이 뛰어난 것입니다. 그러나 신 등의 좁은 소견으로 볼 때 오히려 의심되는 것이 있기에 아주 간절한 마음으로 삼가 아래와 같이 글을 올리니 전하께서는 직접 검토하여 주시옵기를 바랍니다.
>
> -최만리, 갑자 상소문

스물여덟 자로써 굴러 바뀜이 무궁하고, 간단하고도 요령이 있으며, 정밀하고도 잘 통한다.

– 정인지, 서문

특히 차자 표기로 해오던 구결을 한글로 바꿈으로써 한자와 한문과 대비되는 우리말의 특성을 더욱 살리는 효과를 가져왔다는 점이다. 구결은 글말 형식이라는 측면에서 보면 두 가지로 나눌 수 있다. 곧 하나는 한자 차자로 된 것이요, 나머지 하나는 한글로 된 것이다. 또 그 용도 측면에서 보면 읽기구결과 새김구결로 갈래지을 수 있다. 읽기구결은 새김구결을 바탕으로 이뤄진 것이다.

<능엄경(언해)>을 통해 우리말의 문법이 어떻게 반영되었는지를 보기로 한다. <능엄경(언해)>은 간경도감에서 제일 먼저 간행된 언해서로 다른 언해서의 규범이 되기 때문이다.

(1) 但一月이 眞이오 (2.60.ㄴ)
　　–오직 ᄒᆞᆫᄃᆞ리 眞진實씷이오 (2.60.ㄴ)
　　汝ㅣ 猶未悟ᄒᆞ야 惑爲自然ᄒᆞᄂᆞ다(2.65.ㄴ)
　　–네 오히려 아디 몯ᄒᆞ야 몡획ᄒᆞ야 쥰연을 삼ᄂᆞ다(2.66.ㄱ)
(2) 是非롤 已去了ᄒᆞ고(2.69.ㄴ)
　　–시와 비와롤 ᄒᆞ마 앗고(2.69.ㄴ)
　　還名不見가 如是二相ᄋᆞᆯ 俱名不見이로다(2.72.ㄴ)
　　–도로 보디 몯ᄒᆞᄂᆞ다 일훔ᄒᆞ려 이 ᄀᆞᆮᄒᆞᆫ 두 샹ᄋᆞᆯ 다 보디 몯ᄒᆞᄂᆞ다 일훔ᄒᆞ리로다(2.72.ㄴ)
　　舍攝衆德을 曰藏이오(2.106.ㄴ)
　　–모ᄃᆞᆫ 득을 머거가져쇼믈 니ᄅᆞᆫ산짱이오(2.107.ㄴ)
(3) 見與塵ᄋᆞᆫ 指妄根과 安境也ᄒᆞ시니라 (2.61.ㄱ)
　　–견가 띤과ᄂᆞᆫ 거즛 ᄀᆞᆫ과 거즛 경ᄋᆞᆯ ᄀᆞᄅᆞ치시니라(2.61.ㄱ)

(4) 唯省之觀은 謂唯有省者] 샤 見之也] 라(2.80.ㄱ)

　－오직 싱ᄒ니 보ᄆ 오직 싱잇노니샤 보ᄆᆯ 니ᄅ시니라(2.80.ㄴ)

　　이제 오히려 일체 세간앳 망샹ᄋ로 화합혼 모든 인연셩으로(2.96.ㄴ)

(5) 別有혼거시면(2.81.ㄴ)

　－각별히 잇ᄂ거시면(2.81.ㄴ)

(6) 女是히 開示方便ᄒ야 眞實告汝] 어놀 (2.65.ㄴ)

　－이ᄀ티 방뼌을 여러뵈야 진씷로 너ᄃ려 니ᄅ거늘 (2.65.ㄴ)

이렇게 제한된 자료에서 거의 모든 한글 구결이 망라되었다는 것은 한글 구결의 다양한 기능을 보여주는 것이기도 하다. 위와 같은 분석에서 몇 가지 중요한 사실을 발견할 수 있다.

곧 구결의 대부분이 문법(형식) 형태소라는 점이다. 이는 한문이 의미 요소(실질 형태소)는 전달할 수 있어도 다양한 우리말의 문법 기능을 나타낼 수 없어 그 당시의 언중이 많은 갈등을 겪었음을 보여주는 것이다. 또한 그만큼 우리말은 형식 형태소를 통하여 다양한 문법 정보를 나타내는 첨가어적 특성이 강한 언어임을 보여주는 것이다. 곧 우리말은 문법 형태소에 우리말의 고유 특성이 많이 드러나는 토(씨끝, 뒷가지 포함) 중심의 언어임을 알 수 있다. 구결은 외국 글자(한문)와의 갈등 속에서 우리말의 특성을 극명하게 드러내주는 좋은 자료다.

텍스트 특성으로서의 넷째는 불교서라는 점이다. 당연히 불교서지만 불교서로서의 자리매김을 마지막으로 배치한 것이 중요한 의미부여다. 불교서로서의 본질이나 중요도를 무시하는 것이 아니다. 불경언해에 주도적으로 참여한 불교계 인사들 입장에서 보면 불교서로서의 자리매김이 가장 중요할 것이다. 그러나 훈민정음 보급 관점이나 언어정책 관점에서 보면 불교서로서의 성격은 부차적인 것이다.

5. 비주류 종교와 비주류 문화의 찰떡궁합

조선시대 비주류 종교인 불교가 비주류 문자인 훈민정음 발전의 핵심 역할을 한 것은 대단한 역설 같지만 그로 인해 훈민정음은 더욱 발전할 수 있었다. 이 장에서는 훈민정음 반포 초기에 불교 중심 보급이 어떻게 이루어졌는지를 집중적으로 살폈다.

또한 불교 문헌을 네 갈래로 나눠 발간과 보급 맥락을 짚었다. 각종 불경언해서는 언해의 규범 역할을 했고 유교 경전 언해서 발간 보급의 바탕 역할을 하였다. 진언집류 불교 문헌은 훈민정음 교육의 핵심인 한글 음절표 보급을 통해 훈민정음 발전에 결정적인 역할을 하였다. 불경언해서가 불교 전문가나 지식인 위주의 보급 역할을 하였다고 한다면 진언집류는 일반 민간의 신도들을 중심으로 한글 저변 확대에 기여했을 것이다.

또한 이 장에서는 불교 문헌의 맥락적 의미를 다각적으로 조명하였다. 핵심 요지를 그림으로 내보이면 다음과 같다.

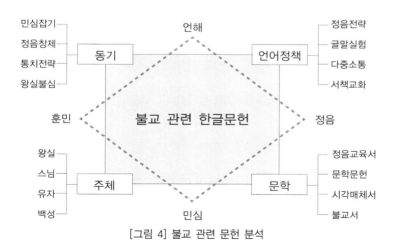

[그림 4] 불교 관련 문헌 분석

4장 유교를 통한 훈민정음 발달

1. 성리학과 훈민정음의 만남

중국의 유학은 송나라 때 주자(朱子, 1130~1200)에 의해 새롭게 집대성되어 신유학 또는 성리학이라는 이름으로 학문과 정치의 새로운 조류가 되었다. 고려의 유학자들은 원나라(1271~1368)를 통해 신유학을 받아들였고 이를 중심으로 세력을 강화한 고려 말 사대부층은 성리학을 바탕으로 조선이라는 새로운 나라를 건설하는 데 성공하였다. 이로써 조선은 성리학과 유교적 생활 질서를 강력한 통치 이념으로 삼게 되었다.

새 왕조의 성리학적 교화 이념은 그들의 계층적 특권을 강화하면서도 고려시대 귀족과 같은 배타적 특권을 약화시키는 역설적 결과를 가져왔다. 이는 사대부들의 권력과 지식의 상징이자 실체인 한문이 궁극적으로 교화의 도구로서는 절대적 한계가 있다는 자기모순에 빠지게 되었음을 의미한다. 결국 조선 사회는 교화 도구로서의 한문과 그러한 한문으로 기록한 서책의 기능과 의미를 인정하면서도 이런 문자가 가지고 있는 절대적 모순에 부딪치게 되었고 그런 모순을 극복할 수 있는 전혀 새로운 문자와 그 문자로 기록한 책이 필요하게 되었다. 안타깝게도 대다수의 사대부들은 교화 도구로서의 한자의 모순을 깨닫지 못했거나 아예 의식하려 하지 않았다. 오히려 이러한 사대부들의 특권을 배려하되, 평민이나 하층민을 교화의 대상으로 삼아야 하는 왕실에 의해 그런 모순은 깨질 수밖에 없는 시대적 변화에 직면하게 되었다.[1]

세종은 이런 시대적 흐름 속에서 각종 제도를 민본주의 체제로 바꾸면서 통치 막바지에 이르러 문자 혁명을 은밀하게 단행하게 된 것이다.[2] 이러한 세종의 문자 혁명은 최만리를 비롯한 일부 사대부들의 강력한 반발에 부딪치기는 하였으나 거대한 집단적 반발에 직면하지는 않았다. 워낙 세종의 언어정책이 은밀하고 치밀한 탓이기도 했고, 훈민정음의 복합적 성격 때문에 사대부들은 노골적으로 찬성하거나 노골적으로 반대할 수는 없었다. 더욱이 왕조의 정당성을 홍보하는 <용비어천가>가 훈민정음으로 기록되고, 표준 한자음 제정 등은 사대부의 특권 문자인 한자나 한문에 대한 접근을 도와주는 긍정적 효과가 있기에 새 문자를 무시할 수는 없었을 것이다. 또한 사대부들이 새 문자를 부정하는 것은 교화의 도구성을 부정하는 것이므로 자기모순에 빠지게 된다.

---

1) 물론 교화의 필요성만으로 훈민정음이 창제되었다는 것은 아니다. 새 문자의 다목적성과 세종의 천재성이 결합 되어 가능했지만 교화가 핵심 동기나 목적임은 분명하다. 훈민정음 창제의 다목적성에 대해서는 김슬옹(2011다)에서 자세히 밝힌 바 있다.

2) 통치 막바지에 새 문자 혁명이 단행된 것은 여러모로 시기적 의미가 있다. 첫째, 문자 창제보다 더 급한 민생, 국방, 경제 등의 시급한 문제 해결이 있었다. 둘째, 훈민정음은 천문, 음악, 인쇄, 음운학 등의 기반 연구가 있어야 가능한 일이었다는 점이다. 셋째, 세종은 교화가 다급한 일이기는 했으나 이를 세종 당대의 문제로만 보지 않고 근본적인 길을 여는 데 주력했던 듯하다.

따라서 삼강행실, 사서삼경과 같은 유교 서적을 중심으로 한 교화가 새 문자 창제의 강력한 동기가 되었고 세종은 창제에 성공하였다. 그러나 새 문자를 통한 교화 정책이 쉽지는 않았다. 훈민정음 반포 후에 사서 번역을 시도하기는 했지만 강력하게 추진은 못하고 좀 더 손쉬우면서도 원대한 불교 서적 간행을 먼저 추진하게 된 것이다.[3]

결국 대다수 사대부들 입장에서는 이러한 새 문자를 부정할 수는 없지만 그렇다고 노골적으로 찬성할 수도 없었다. 훈민정음 창제가 기존 문자를 대체하는 식의 문자 혁명은 아니었을 뿐 아니라 새 왕조의 정체성이기도 한 '교화' 정책에 도움을 주는 문자를 적극 반대할 이유는 없었다. 그렇지만 문자를 통한 배타적 특권에 길들여져 있는 양반층은 새 문자 창제나 보급에서도 그 핵심 정책 추동자는 될 수 없고 그 몫은 왕실이 될 수밖에 없었다.

새 문자를 통한 교화 정책에 대한 왕실의 의지는 사대부들과는 다른 것이며 무척 대단했다. 훈민정음 문자 정책의 실질적 계승자인 세조와 성종 때에 이르러 언해서를 통한 삼강행실 교화 정책과 '훈민정음'의 하급 관리 국가시험 과목 제정을 최상위 법전인 경국대전[4]에 명문화하

---

3) 세종실록 1448년 3월 28일자에 "상주사 김구를 역마로 부르다. 구는 상주사가 된 지 반년도 못되었는데, 집현전에서 어명을 받들어 언문으로 <사서>를 번역하게 하였다. 직제학 김문이 이를 맡아 했었으나, 문이 죽었으므로, 집현전에서 구를 천거하기에 특명으로 부른 것이며, 곧 판종부시사를 제수하였다.(驛召尙州〔牧〕使金鉤. 鉤爲尙州未半年, 時集賢殿奉敎以諺文譯四書, 直提學金汶主之, 汶死, 集賢殿薦鉤, 故特召之, 尋拜判宗簿寺事)"라고 기록하고 있다. 그렇다면 김문이 언제부터 번역하기 시작했는지, 김구의 번역은 어떻게 진행되었는지 등이 기록에 남아 있지 않는 것으로 보아 번역 과정에서 문제가 생겨 완성하지 못한 것으로 보인다. 실제 사서 언해는 선조 때나 나오게 되므로 불경언해만큼 쉽지 않은 언어적 문제, 정치적 문제 등이 있었음을 짐작할 수 있다. 번역을 하려면 구결을 확정하고 그것을 먼저 언문으로 옮겨야 하는데 그것이 쉽지 않았을 것이다. 실록에 보면 언문을 통한 구결 또는 자구 해석에 대한 토론이 자주 나오는 것을 통해 그런 점을 짐작할 수 있다.

여 이런 문자를 통한 교화 정책의 중요성을 만천하에 선언, 계승했다.

훈민정음 공적 사용의 가장 두드러진 문헌은 당연히 유교 관련 문헌이다. 비록 유교 언해서가 불경언해서보다 훨씬 늦게 나왔지만 사회언어학적 가치는 매우 크다고 볼 수 있다. 그렇다고 불교서 언해가 더 중요하냐 유교서 언해가 중요하냐는 식의 이분법 논리에 빠져들 필요는 없다. 조선 왕조의 전체 언어 정책이나 훈민정음 발달 측면에서 보면 일종의 다중 전략, 다중 효과가 있기 때문이다. 훈민정음 보급 발전에 똑같이 기여한 바도 있고 당연히 서로 다른 기여도가 분명하기도 하다. 따라서 각각 어떤 맥락에서 그런 문헌이 나왔으며 각각 어떤 효과가 있었는지를 따지면 된다.

훈민정음 사용과 보급의 공적 성격을 규명하기 위한 차원에서 지배층의 권위적인 문자로 이루어진 수신서와 경학서를 언해한 문헌을 사회언어학적 맥락 관점에서 조명해보기로 한다. 곧 이들 문헌의 공적 성격과 사회적 영향력을 더 조명해볼 필요가 있다. 그동안의 국어학 쪽의 많은 연구는 대부분 문법과 서지정보 분석에 치중되어 왔다. 그런 연구 성과가 있었기에 이들 문헌의 역사적, 사회언어학적 의미와 가치를 규명하는 맥락적 포괄적 연구가 가능하다고 본다. 백두현(2009 : 293)에서 "지금까지 국어사 연구 혹은 국어학사 연구에서, 조선 왕조의 인민 통치를 위한 정책에서 훈민정음이 어떻게 활용되었는지에 대한 종합적 연구는 찾아보기 어렵다."라고 밝혀 이런 측면의 연구 의의를 강조한 바 있다.[5]

---

4) <경국대전>은 그 이전의 '조선경국전, 경제육전(태조, 정도전 등 편찬)', '원육전, 속육전(태종)', '정전 6권, 신찬경제육전(세종)' 등의 법전을 토대로 세조 3년(1457)에 편찬을 시작하여 성종 13년(1482)에 수정 작업을 완료하여 성종 16년(1485) 1월부터 시행한 조선의 최고 법전이다.

2. 유교 관련 한글문헌의 갈래에 따른 훈민정음 보급 맥락

유교는 개인의 수신 윤리이자 국가의 통치 윤리다. 곧 유교의 도는 국가의 정체성이자 개인들의 삶의 지표가 되어야 한다. 그러한 생활양식으로서의 지표가 삼강오륜이고 그것을 뒷받침해주는 사상서가 사서오경이다.[6] 따라서 유교 관련 한글 핵심 문헌은 크게 수신 중심의 행실언해서와 사상 위주의 경전언해서, 지역 풍속 위주의 풍속언해서로 나눌 수 있다.

1) 행실언해서 발간과 보급 맥락

삼강오륜의 내용은 분명하지만 그 내용에 따른 행실교화서 발간은 간단하지 않다. 삼강은 윤리적 행위의 기본 강령이고 오륜은 구체적인 실천 덕목이다. 말 그대로 '삼강'은 삼강오륜의 근본이자 바탕이다. 군신 관계, 부자 관계, 부부 관계는 내용상 삼강과 삼륜이 겹치므로 삼강

5) 세세한 연구사는 해당 내용에서 밝히기로 한다. 다만 백두현(2009)에서는 분단으로 잃어버린 '인민'이라는 용어 사용을 통해 조선시대 지배층이 훈민정음을 활용하여 인민을 어떻게 통치했는지를 밝혔다. 유교 경서 간행과 훈민정음 활용 측면에서 행실도류 문헌의 간행과 훈민정음 활용 윤음언해를 통한 인민 통치, 인민의 복리 후생을 위한 훈민정음 활용 : 김안국의 사례 등을 집중 조명하였다. 어문생활에 매우 중요한 영향을 끼치는 지배층의 언어정책 측면을 밝혔다.
6) 유교의 도는 군신유의·부자유친·부부유별·장유유서·붕우유신에 불과하며, 그 글은 <시경(詩經)>·<서경(書經)>·<주역(周易)>·<춘추(春秋)>요, 그 법은 예악(禮樂)·형정(刑政)이요, 인(仁)을 행하고 의(義)를 지키는 것이니, 그 도는 밝히기가 쉽고 그 교(敎)는 행하기 쉬운 것입니다. 이것으로 자기 자신을 위하면 순리(順理)하여 잘될 것이며, 이것으로써 남을 위한다면 사랑하고 공정하게 될 것이며, 이것으로 천하와 국가를 다스리면 어디에서나 합당하지 않은 곳이 없습니다. 김굉필, 경현록(景賢錄).

행실에 대한 교화서의 중요성은 더욱 커진다. 훈민정음 창제 10여 년 전에 이루어진 한문본 삼강행실도 발간은 훈민정음 창제의 직접적인 계기가 되었다는 점에서 중요하고 삼강행실도 언해본 발간과 보급은 훈민정음 초기 보급 발전과 맥을 같이한다는 측면에서 중요하다.

'삼강'은 교화의 근본이면서 통치의 근본이다. 오륜은 삼강을 구체화하거나 뒷받침해주는 실제 규범이다. 오륜에서 '장유유서', '붕우유신'을 제외하고는 나머지는 '군위신강-군신유의', '부위자강-부자유친', '부위부강-부부유별'과 같이 삼강과 연관된다. 결국 '삼강오륜'의 핵심은 '삼강'이다. '강'은 순우리말로 하면 무언가의 기준이 되고 표준이 되는 '벼리'다. 곧 임금은 신하에게, 아버지는 아들에게, 남편은 아내에게 행실의 표준이고 기준이 되어야 하고 신하는 임금을, 아들은 아버지를, 아내는 남편을 공경하고 받들어야만 된다는 내용이고 그러한 상호 관계를 좀 더 구체화시켜놓은 것이 '군신유의, 부자유친, 부부유별'이 된다. 유교적 신분 질서와 도덕 양식의 절대적 지표가 되기에 이는 조선 왕조의 정체성이자 통치 이념이 된다.

[표 1] 삼강오륜의 기본 내용과 행실 언해서 상관도

유교 도덕				언해서	
기본 강령	삼강	군위신강(君爲臣綱)	임금은 신하의 벼리 되기	삼강행실도	
		부위자강(父爲子綱)	아버지는 아들의 벼리 되기		
		부위부강(夫爲婦綱)	남편은 아내의 벼리 되기		
실천 덕목 (행실)	오륜 (오상)	군신유의(君臣有義)	임금과 신하 사이의 의리 지키기	이륜 행실도	오륜 행실도
		부자유친(父子有親)	아버지와 아들 사이의 의리 지키기		
		부부유별(夫婦有別)	부부 사이의 분별 태도 갖기		
		장유유서(長幼有序)	어른과 아이들 사이의 차례 지키기		
		붕우유신(朋友有信)	친구 사이에 믿음 지키기		

이렇게 삼강과 삼륜이 중요하다 보니 '삼강행실도 언해서'가 훨씬 먼저 많이 발간되었다. 거기서 빠진 '장유유서, 붕우유신'의 '이륜행실도'가 보완이 되고, 다시 '삼륜'을 더해 '오륜행실도'도 발간이 되어 삼강오륜 언해서가 완성이 되고 더불어 일반 보급이 이루어지게 된다.

삼강오륜의 나머지 내용 장유유서, 붕우유신에 대한 이륜행실도는 중종 때, 행실언해서의 완결판인 오륜행실도는 정조 때 와서야 이루어진다.

삼강행실과 관련된 각종 서책과 판본에 대한 연구는 다양한 분야에서 폭넓게 이루어져 왔다. 이러한 판본 중심 연구는 志部昭平(1990), 송일기·이태호(2001)에서 가장 집약적으로 정리되었다. <속삼강행실도>에 대한 정우영·이정일·정상훈(2008)의 역주와 '삼강행실도'에 대한 단행본인 주영하 외(2008)가 나옴으로써 삼강행실도 관련 연구와 학술적 조명은 대중적 의미까지 갖게 되었다. 이 장에서 논의하고자 하는 바가 이미 낱낱이 밝혀졌지만 여기서는 훈민정음 보급 발전 맥락에서 기존 연구를 재조명하고 필자의 해석과 평가를 덧붙이기로 한다. 이와 관련된 역사적 흐름은 일곱 단계로 나눌 수 있다.

(1) 훈민정음 창제 동기와 맥을 같이하는 한문본 발간
(2) 경국대전에까지 명기되는 최초 삼강행실언해본 발간과 보급 시기
(3) 속삼강행실도언해본 발간과 보급
(4) 동국삼강행실도언해본 발간과 다양한 판본의 생성과 보급
(5) 이륜행실도 간행 보급
(6) 오륜행실도 간행 보급
(7) 여성을 위한 내훈, 여사서 간행 보급

(1) 훈민정음 창제 동기와 맥을 같이하는 〈삼강행실도〉 한문본 발간

한문본 〈삼강행실도〉는 훈민정음 창제 12년 전인 세종 14년(1432)에
집현전에서 설순의 책임으로 편찬을 끝내고 세종 16년(1434)에 발간되었
다. 이 책 발간의 직접적 계기는 세종 10년(1428)에 발생하는 패륜 범죄
였음은 조선왕조실록 기록을 통해 두루 알려진 바다. 이 책 편찬 과정
에서 세종은 교화 문자(이두)와 편찬 방식(그림책 방식)에 대해 고민하게
되므로 이 책이 훈민정음이라는 새 문자 창제 동기와 연결된다고 본
것이다. 이러한 추론은 최만리 갑자상소에 따른 세종과의 논쟁 기록에
서 더욱 분명해졌다. 다음 네 기록을 대비시켜보면 이런 흐름이 명확
히 잡힌다.

> (1) "후세에서는 교화가 점점 쇠퇴하여져서, 백성들이 군신·부자·부
> 부의 큰 인륜에 친숙하지 아니하고, 거의 다 타고난 천성에 어두워서
> 항상 각박한 데에 빠졌다. 간혹 훌륭한 행실과 높은 절개가 있어도, 풍
> 속·습관에 옮겨져서 사람의 보고 듣는 자의 마음을 흥기(興起)시키지
> 못하는 일도 또한 많다. 내가 그중 특별히 남달리 뛰어난 것을 뽑아서
> 그림과 찬을 만들어 중앙과 지방에 나누어주고, 우매한 남녀들까지 다
> 쉽게 보고 느껴서 분발하게 되기를 바란다. 그렇게 하면, 또한 백성을
> 교화하여 풍속을 이루는 한 길이 될 것이다."라고 하시고, 드디어 집현
> 전 부제학 신(臣) 설순에게 명하여 편찬하는 일을 맡게 하였습니다.
> -〈삼강행실도〉 권채 서문 / 〈조선왕조실록〉 세종 14년(1432) 6월 9일자

> (2) 임금이 말하기를,
> "삼강은 인도의 큰 경전이니, 군신·부자·부부의 벼리를 마땅히 먼
> 저 알아야 할 것이다. 이제 내가 유신에게 명하여 고금의 사적을 편집
> 하고 아울러 그림을 붙여 만들어 이름을 '〈삼강행실(三綱行實)〉'이라 하
> 고, 인쇄하게 하여 서울과 외방에 널리 펴고 학식이 있는 자를 선택하여

항상 가르치고 지도하여 일깨워주며, 장려 권면하여 어리석은 백성으로
하여금 모두 알아서 그 도리를 다하게 하고자 하는데 어떻겠는가."
— 세종 16년(1434) 4월 27일

(3) <삼강행실(三綱行實)>을 종친과 신하들에게 내려주고, 또 여러 도
(道)에 내려주었다.
— 세종 16년(1434) 11월 24일

(4) 정창손은 말하기를, "삼강행실을 반포한 후에 충신·효자·열녀의
무리가 나옴을 볼 수 없는 것은, 사람이 행하고 행하지 않는 것이 사람
의 자질 여하에 있기 때문입니다. 어찌 꼭 언문으로 번역한 후에야 사
람이 모두 본받을 것입니까." 하였으니, 이따위 말이 어찌 선비의 이치
를 아는 말이겠느냐. 아무짝에도 쓸데없는 용렬한 선비이다." 하였다.
　이보다 앞서 임금이 정창손에게 하교하기를 "내가 만일 언문으로 삼
강행실을 번역하여 민간에 반포하면 어리석은 남녀가 모두 쉽게 깨달
아서 충신·효자·열녀가 반드시 무리로 나올 것이다." 하였는데, 창손
이 이 말에 대해 아뢰었기 때문에 이제 이러한 하교가 있은 것이다.
— 세종 26년(1444) 2월 20일

(1), (2), (3)의 예는 삼강행실 편찬 과정을 설명하고 있고, (4)는 창제
후 교화와 훈민정음의 상관관계에 대한 논쟁을 담고 있다. 실제 충신,
효자, 열녀가 이 책으로 인해 얼마나 나왔는지, 정창손 말대로 되었는
지, 세종 뜻대로 되었는지는 잘 알 수 없으나 훈민정음 문자 보급과 언
해본 보급은 세종 뜻대로 된 셈이다. 물론 언해본은 세종 때 나오지는
못했다. 이런 뜻을 같이한 둘째 아들 세조의 손자 성종 때에야 이루어
진다. 다행히 1434년에 보급한 3권 3책의 한문본이 언해본의 저본이
되었다.

[표 2] <삼강행실도> 한문본과 언해본 상관도(송일기·이태호, 2001)

| 3권 3책 | 한문본 소장처 | | 언해본 |
	원간본 (세종 16년, 1434년)	중간본	
효자편	유택일본 고대 만송문고	세종대왕기념사업회 (16세기 초)	三綱行實孝子圖(권1)
충신편	미상	규장각(15세기 후)	三綱行實忠臣圖(권2)
열녀편	미상	호암미술관(김원룡본) (15세기 후)	三綱行實烈女圖(권3)

(2) <경국대전>에까지 명기되는 최초 삼강행실언해본 발간과 보급 시기

세종의 훈민정음 반포 맥락이라면 세종은 훈민정음 창제나 반포 후에 한문본을 얼른 언해했어야 옳다. 그러나 공식 기록으로는 삼강행실 번역보다 사서 번역을 먼저 시작했다. 세종은 정확한 시기를 알 수 없으나 반포 직후 김문을 시켜 사서 번역을 지시한 것으로 보인다. 김문이 죽자 1448년 3월 28일 상주 부사 김구를 다시 번역하게 했다는 기록으로 능히 짐작할 만하다. 그러나 이 책도 실제 지시 기록은 남아 있지 않고 실제 언해가 된 흔적도 없다. 세종은 반포 후 4년 만에 세상을 떴으므로 여유가 없었을 것이다. 아니면 언문서 못지않은 그림판 책이 이미 나와 있었으므로 정책 순위에서 밀렸을 수도 있다.

결국 <삼강행실도> 언해본은 훈민정음 반포 44년 후인 성종 21년(1490)에서야 나온다. 이때의 실록 기록과 경국대전의 기록을 함께 보자.

(1) 三綱行實飜以諺文令京外士族家長父老或其教授訓導等教誨婦女小子

使之曉解若能通大義有操行卓異者京漢城府外觀察使啓聞行實－經國大典,
卷 3, 禮典, 獎勸偏 43什

　　삼강행실을 언문으로 번역하여 서울과 지방의 양반층 가장, 마을 어
르신, 또는 학당 스승, 서당 훈장 등으로 하여금 부녀자와 어린이들을
가르쳐 이해하게 하고, 만약 그 큰 뜻에 능통하고 몸가짐과 행실이 뛰
어난 자가 있으면 서울은 한성부가, 지방은 관찰사가 왕에게 보고하여
상을 준다.

　　(2) <삼강행실도(三綱行實圖)>를 경성(京城)의 오부(五部)와 팔도(八道)
의 군현(郡縣)에 배포하고 우부우부(愚夫愚婦)로 하여금 두루 알지 못함
이 없게 하라고 명하였다.

－성종 21년(1490) 4월 1일

　　<경국대전>이 성종 때 완성되었고 언해본 또한 성종 때 완성되므로
두 기록 모두 성종의 삼강행실도와 관련된 훈민정음 정책으로 볼 수
있다. 언해본이 1490년에 발간 보급되었으므로 언해 자체는 그 이전에
이루어졌을 것이다. 삼강행실도 관련 핵심 기록(요약)은 다음과 같다.

　　(1) 성종 1년(1470) 2월 22일 : 대사헌 이극돈의 상소 : 학교는 인재를
배출하는 곳이기에 교화(풍화)의 근본이니 학교에서 교수와 훈도로 하
여금 삼강행실도를 잘 가르치게 하여 세종의 뜻을 이으소서.

　　(2) 성종 2년(1471) 3월 28일 : 예조에 "<삼강행실>을 여러 고을의 교
생으로 하여금 강습하게 하되, 제때에 아울러 강(講)하게 하여서 풍속을
권장하도록 하라."고 지시하다.

　　(3) 성종 2년(1471) 6월 8일 : 사헌부 대사헌 한치형 상소 : <소학>과
<삼강행실>을 널리 간행하여 어른과 어린이가 모두 배우게 하소서

　　(4) 성종 2년(1471) 6월 18일 : 각 도의 관찰사로 하여금 <소학>·<삼
강행실> 등을 널리 간행하여 백성들로 하여금 강습하게 하라고 예조에
지시를 내리다.

　　(5) 성종 12년(1481) 4월 21일 : 예조에서 <삼강행실열녀도>를 강습시

킬 절목을 아뢰다.

이와 같은 일들이 일어난 성종 때는 <내훈>을 지은 인수대비가 수렴청정을 할 때다. 그래서 언해 정책이 더욱더 강력하게 추진되었고, <삼강행실열녀도> 강습 절목에는 "가장(家長)이나 또는 여노(女奴)로 하여금 서로 전(傳)하고 전해서 깨우쳐 가르쳐서, 사람들로 하여금 훤하게 알게 하라."라고 되어 있어 여성 노비까지도 교화의 대상으로 삼고 있음을 알 수 있다.

성종 때 펴낸 <삼강행실도> 언해본은 고유명사와 주요 단어에 한해 한자 병기가 되어 있다. 그러나 선조 때인 1570년에 나온 개간본 계열에서는 한자가 빠져 언해문 자체는 한글전용체로 발간되었다. 이렇게 한글전용체로 바뀌면서 번역도 의역체로 바뀐 것으로 보아 하층민 독자를 좀 더 배려한 발간 전략을 엿볼 수 있다.

(3) 〈속삼강행실도〉 언해본 발간과 보급

<속삼강행실도언해본>은 훈민정음 관련 정책이 성종 때 못지않게 강력히 추진된 중종 때 와서 이루어진다. 중종은 연산군을 몰아내고 반정에 성공함으로써 통치 기간 내내 성리학적 이념을 더욱 널리 펴고 불교를 탄압하는 정책을 일관되게 폈다. 어떤 왕 때보다도 월등하게 많은 41건의 삼강행실 관련 기사가 그런 점을 잘 보여준다. 16세기 중기 이후는 성리학적 이념 보급에 적극적인 사림이 정권을 잡을 때이고 훈민정음을 반포한 지 반세기가 넘어선 시점이라 훈민정음 보급의 중흥기라고 볼 수 있다.

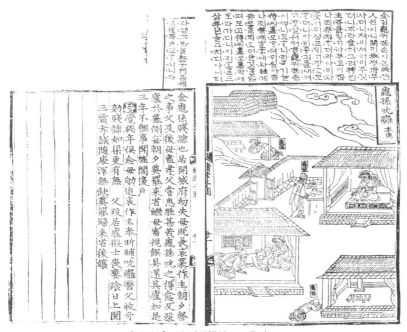

[사진 1] <속삼강행실도> 효자도

중종은 1514년(중종 9) 신용개(申用漑) 등으로 하여금 <삼강행실도(언
해)>에 빠진 효자 36명, 충신 5명, 열녀 28명의 사적을 수록하고 언해하
여 <삼강행실도> 속편을 펴내게 하였다. 이때 펴낸 원간본은 아직 발
견되지 않았지만 이를 중간한 중간본(가람본)이 남아 있다. 이 책은 성종
때 원간본의 체재를 따랐으므로 다음과 같이 한자 병기로 되어 있다.

언해 부분 현대 활자 재현(정우영 외, 2008 : 45)

<孝子圖 21ㄱ>   龜孫吮癰 本國

金김龜귀孫손이·는   賤:쪈人·신·이·니   開[기]城셩府:부ː사·
더·니 져·머·서 ·어·미 주·겟[더]·니 ·ᄌ·라 슬·허 ·그·려
神씬主ː쥬·를 밍·ᄀ·라 두·고 아춤 나죄 祭·졔·ᄒ·더·라 아·

비·와 :홋·어·미 셤교뎌 ㄱ·장 :효·도·ㅎ·더·니 아·비 ·
죵·긔·를 :내·여 ㄱ장 :셜·워커·늘 龜귀孫손·이 ·쌘·니 :됴·
ㅎ·니·라 죽거늘 侍 :씨墓·모·ㅎ·며 :미·실 아춤 나죄 祭·제
ㅎ :후·에 ·와 繼·계母·모·롤 :뵈 ·오 머글 것·돌 솖·펴 보·
고 侍 :씨墓·모幕막애 도·라 ·가·더·니 ·이·리·호·몰 三삼年
년을 그·치·디 아·니터<21ㄴ> ·라 :엳·즈·바·늘 紅횽門門몬 :셰 :
고 復 ·뽁戶호호ㅎ·시·니·라

중종은 즉위한 지 3년만인 1508년에 홍문관으로 하여금 사가독서 등
을 철저히 시행하게 하였고(2월), 이해 10월에는 독서당을 복원하고, 1510
년에는 <삼강행실>을 8도에 나누어주는 등 문화정책을 강력히 시행하
였다.

1511년 10월 20일에는 기존의 <삼강행실도>를 무려 2천 9백 40질을
반포하여 가장 강력한 보급 정책을 폈다. 1513년 2월 28일에는 <삼강
행실도>에 종종반정 때의 충절을 지킨 사람을 추가하게 함으로써 <속
삼강행실도>의 발간 의도를 분명히 하였다. 그다음 해인 1514년 4월 2
일에는 <삼강행실>을 속찬할 때 반정 후의 일도 수록하고 민가(여항)
의 보통 사람들(우민)도 알 수 있도록 언문 번역 인쇄 글자를 크게 하도
록 했다. 실질적인 보급을 위해 활자 크기에까지 신경을 쓰고 있다. 이
렇게 하여 이해 6월 27일 <속삼강행실도>가 간행되었다.

그다음 해인 1514년 5월 21일에는 <삼강행실>을 나누어주는 일에
관해 계획을 세우도록 전교함으로써 세밀한 보급 정책을 폈다. 이해 5
월 9일에는 불교 관련 사건을 빌미로 개성부에 <삼강행실>을 더 많이
보내도록 함으로써 불교 억제 정책 차원에서도 이 책을 널리 보급하였
다. 이 책은 우리나라 사람 59명을 추가하여 반정에 따른 정치적 의도

가 반영되어 있다.

　이러한 삼강행실도는 역동적인 추가 편집을 통해 교재의 실용성을 높였다. 1515년 6월 5일에는 공신과 옹주가 가까운 종친의 귀한 몸으로 절행이 뛰어났는데도 기록에 빠졌다고 찬집청(撰集廳)에 추가 기록을 명했다. 1528년 12월 27일에도 속삼강행실의 추가 편집을 지시하기도 했다.

　<속삼강행실도>도 한글전용체 이본이 발간되었고, 그 중간본은 영조 3년인 1727년에 발간되는 등 지속적인 보급이 이루어져 정조 때 오륜행실도로 수용되어 다시 한 번 그 의미가 부각되기도 하였다.

(4) 〈동국신속삼강행실도〉 발간과 보급

　<속삼강행실도>가 나온 지 100년 만에 완전 증보개정판인 <동국신속삼강행실도>가 나왔다. 중국사람 위주로 되어 있는 기존의 삼강행실도 내용에다가 우리나라 사람을 대폭 더하여 '동국-'이란 말이 붙었다. 이 책은 임진왜란이 끝난 지 9년만인 광해군 9년, 1617년에 유근, 이성 등에 의해 편찬 간행되었다. 17권 17책에 별책(別冊) 성격의 1책을 더한 방대한 책이다. 광해군은 이 책 편집 간행에 총력을 기울였으나 재정난으로 중앙에서 간행하지 못하고 5도에 간행을 분담시켜 성공시켰다. <동국신속삼강행실(東國新續三綱行實)>의 원질(元帙) 18권을 공홍(公洪)·평안(平安)·황연(黃延)·경상(慶尙)·전라(全羅) 등 5도에서 나누어 간행해서 50건(件)을 인출해서 진상하게 하였다. 그 가운데 공홍도에서 2백 권, 평안도에서 50권, 황연도에서 1백 50권, 경상도에서 2백 권, 전라도에서 3백 권 등 총 9백 권을 들였다(1617년 3월 11일).[7] 이로부터 8일

---

7) 韓纘男啓曰 : "<東國新續三綱行實>元帙十八卷, 分刊 公洪, 平安, 黃延, 慶尙, 全羅等五

뒤인 3월 19일에는 다시 찍는 데 필요한 판본은 매우 중요하므로 흩어
진 판본을 서울로 모으기로 결정하였다.[8]

조선 왕조는 삼강행실도와 책만을 간행 보급한 것이 아니라 수시로
실제 효자, 충신, 열녀를 뽑아 기림으로써 민심을 수습하고 지배 이념
을 공고히 하는 통치 전략을 썼다. 전쟁 중에도 이런 일은 지속되었다.
<동국신속삼강행실도> 간행 역시 광해군 통치 초기부터 추진된 것
이다. 전쟁은 끝났으나 그 폐해는 참혹하여 민심은 극도로 나빴다. 지
배층은 자기 성찰에 따른 제도와 현실 개혁보다는 민심 덮어두기에 주
력했다. 그래서 광해군은 임진왜란이 끝난 지 4년 후인 1612년 6월 1일
에 이때를 "인심이 무지스럽고 어두워진 때"라고 규정하여 충절을 표
창하여 무너진 세속을 격려하는 것이 급선무(1612년 6월 1일)임을 강조하
였다. 이런 관점에 따라 광해군은 해당 관청에서 "임진년 이후 효자·
충신·열녀 등의 실행(實行)을 속히 심사 결정하여 반포"하기를 독려했
다.[9] 그러나 기리고자 하는 사람을 뽑는 일과 편찬 과정의 방대함으로
이로부터 5년이 걸린 셈이다.

이러한 편찬 과정에 대해 사관은 부정적으로 평가를 하고 있다. 이
책이 세종조와 중종조에 지은 삼강행실과 이륜행실 두 권을 아울러 지
금 지은 것과 합하여 한 질로 만들면서 세종, 중종의 서문·발문의 문

道, 進上印出五十件內, 公洪道二百卷, 平安道五十卷, 黃延道一百五十卷, 慶尙道二百
卷, 全羅道三百卷, 竝九百卷畢入矣." 傳曰 : "知道." - 광해군 일기, 광해 9년(1617) 3월
11일.

8) 冊板本散在各道, 非徒不謹藏置, 以致闕失, 如有更印之事, 則遠路往來, 日字遲延, 亦多
貽弊之端. 此板本無遺輸取京中, 以便印用, 以廣其傳, 恐或無妨. 竝爲啓禀." 傳曰 : "依
啓." - 광해군 일기, 광해 9년(1617) 3월 19일.

9) 壬辰以後, 孝子, 忠臣, 烈女等實行, 速爲勘定頒布事, 曾已累教, 尙未擧行. 當此人心貿
貿, 義理晦塞之日, 褒崇忠節, 激礪頹俗, 莫大急務也. 該曹可急速議勘 - 광해군 일기,
광해 4년(1612) 6월 1일.

자를 다 버려서 한때에 지은 것 같이 멋대로 편집했다고 평가했다. 또한 본래 왜놈들이 사람 죽이기를 좋아했으므로 까닭 없이 칼을 맞아 죽은 자에게는 기록할 만한 절의가 없는데도 그 가족이나 문중에서 그 일을 크게 만들려고 장황하게 거짓말로 보고하는 자들이 있었다는 것이다. 심한 경우는 더러 포로로 잡혀가 절의를 상실했는데도 부형과 자제들이 그 추행을 숨기고자 하여 거짓으로 보고하고 허위로 작성한 것도 있었다고 했다. 그런데 지금 일체 허실과 경중을 상고하지 않고 혼합하여 이 책을 만들었으므로 이 책이 세상에 행해지자, 사람들이 무리지어 조소하였고 어떤 사람은 벽을 바르고 장독을 덮는 데에 쓰기도 하였다고 혹평하고 있는 것이다.10)

이 책으로 벽을 바르고 장독을 덮는 데에 쓰이기도 하였다는 마지막 구절을 통해 사관의 부정적 평가가 극에 달해 있음을 알 수 있다. 이 실록은 인조 때 편찬된 것이므로 간행 후의 상황까지 사관의 관점으로 평을 해놓은 것이다. 임진왜란 이후에 정표(旌表)를 받은 효자, 충신, 열녀를 중심으로 엮었으므로 전란으로 인한 민심을 수습하고 전란을 막지 못한 조정의 책임을 성찰하는 의미가 담겨 있을 것이다. 천 명이 넘는 인물을 다루다 보니 잘못 들어간 인물도 있을 것이므로 이를 부정적으로 보았다. 그러나 특정 계파의 부정적 평가라 하더라도 이 책이 민심 수습에 큰 영향을 미치지 못했다는 것은 일부 견해일 수 있다.

그러나 어떤 책이든 다면성이 있다. 1617년에 나온 <동국신속삼강행실도>가 후손들에게까지 영향을 미친 기록이 숙종실록 1681년 6월 30일자 기록에 전해진다. <동국신속삼강행실도>에 수록된 임진왜란 때

---

10) 甚則或被俘失節, 而父兄子弟欲掩其醜, 有謬報而僞成者。今一切不考虛實, 輕重, 混爲是書, 書行而人群笑之, 或爲塗壁, 覆瓿之資 - 광해군 일기 광해 5년(1614) 12월 12일.

의연히 죽은 열두 부인 후손들이 함께 숙종 임금에게 상소를 올린 것이다. 상소 내용인즉 <동국신속삼강행실도>에 자신들의 조상이 열부로 실렸는데 왜 실제 표창은 안 해주냐는 것이다. 실록에서는 가족들이 쇠잔하고 흩어져 있어 미처 표창을 못했다고 했지만, 아마도 광해군 때는 재정 부족으로 시행을 못했을 것이고 이 가족들도 당대에는 미처 챙기지 못하다 후손들이 <동국신속삼강행실도>를 보고 서로 연락해서 상소를 올렸을 것이다. 책을 펴낸 지 64년 후의 일이다.

임진왜란 때의 사건은 12명의 부인이 배에 숨어 있다가 일본군에 잡히기 전에 동시에 목숨을 끊은 참혹하면서도 의연한 사건이다.[11] <동국신속삼강행실도>는 이런 기가 막힌 역사 현장을 수록한 역사책이기도 하다.

이 책은 기존의 삼강행실도와는 달리 대중성을 높였다. 시(詩)·찬(贊)을 붙이지 않고 위에 있던 언해를 한글전용체로 본문 안에 배치하여 언문 해득층의 읽기 편의성을 높였다. 또한 이 책은 전란에 따른 민심 수습책이라 하지만 충신을 다룬 책보다는 효자, 열녀를 다룬 책의 비중이 높아, '東國新續三綱行實孝子圖'(권1~8), '東國新續三綱行實忠臣圖'(권9), '東國新續三綱行實烈女圖'(권10~17)로 구성되었다.

---

11) 열두 사람의 절부(節婦)를 정려(旌閭)하였다. 정유년(1597년, 선조 30)의 변란 때 함평인 정함일의 처 이씨, 정함일의 장자인 정경득의 처 박씨, 차자(次子)인 정희득의 처 이씨, 정함일의 딸 정씨, 정운길의 처 오씨, 정주일의 처 이씨, 정주일의 아들인 정절의 처 김씨, 정절의 아들인 정호인의 처 이씨, 경도인 심해의 처 정씨, 권척의 처 정씨, 무장인 오굉의 처 변씨, 김한국의 처 오씨 등 온 족친(族親)이 함께 배를 타고 난리를 피해 영광의 바다 가운데 있는데, 적선이 뒤쫓아 오자, 12절부가 동시에 바다에 뛰어들어 죽었다. 당초에 모두 정문(旌門)하고, 일을 <동국신속삼강행실(東國新續三綱行實)>에 실었었는데, 자손(子孫)이 쇠잔하고 유락(流落)해서 폐지한 채 거행하지 못하였다. 이때에 이르러 그 후손들이 연명하여 상언하자, 예조에서 다시 아뢰어 시행하게 되었다. ─숙종 7년(1681) 6월 30일.

[사진 2] 동국신속삼강행실도(92b93a)[12]

(5) 〈이륜행실도〉 간행 보급

　오륜 가운데 삼강행실도에서 다루지 않은 장유유서(長幼有序)와 붕우유신(朋友有信)의 이륜(二倫)을 널리 가르치기 위하여 김안국의 건의에 의해 펴낸 책이 〈이륜행실도〉 언해본이다. 이 책은 중종 13년인 1518년에 김안국이 중심이 되어 편찬하여 경상도 금산에서 간행하였다. 중국 문헌에서 가려 뽑은 인물의 행적을 삼강행실도 체제에 맞추어 구성한 책이다.

　　송나라 사롬 사되 동당갈제 가난ᄒ여 질나디 못ᄒ엿써눌 권당돌히
　　돈 삼만놀 모도와 주니 길 가다가 아븨 벗 녀옹의 집의 디나드니 녀옹
　　이 주거셔 송장 못ᄒ여 그ᄯ롤 파 호려커눌 사되 제 잘닛 돈을 다 내

여주고 坯 그 坯롤 남진 얼이게 ㅎ니라.(이륜 - 이륜종족40) 딸을 팔아
송장하다. (띄어쓰기 - 필자)

이 책 간행의 중심에는 오롯이 김안국이 있다. 김안국은 이 책뿐만
아니라 소학을 비롯한 행실도 언해류 보급의 최고 공로자다. 김안국은
성리학 중심의 도학정치의 이론가이자 실천가다. 소학을 널리 보급하
였고, 행실서뿐만 아니라 풍속서(정속언해), 의료언해서도 보급하였다.
[그림 1]의 계보도에서 보듯, 기호학파 사림의 거두로, 학자로서 관리
로서 눈부신 업적을 남겼다.

[그림 1] 사림의 계보(상종열, 2002 : 143)

이렇게 펴낸 이륜행실도는 발간 의도대로 삼강행실도와 함께 논의
가 되고 보급되는 핵심교화서로 자리를 잡게 된다.

이 책이 나온 지 50년이 지나 선조가 즉위한 1568년 1월 12일, 고봉 기대승은 이렇게 건의하고 있다(고봉집 논사록 상권). 지방 향교의 유생들로 하여금 모두 <소학>과 <삼강행실(三綱行實)>과 <이륜행실(二倫行實)> 등의 책을 읽도록 각 도의 감사(監司)에게 하유하시어 궁벽한 시골까지도 모두 이런 책들이 필독서임을 알게 해야 한다고 건의했다. 자신 또한 시골에 살면서 서책을 몰랐으나 송인수(宋麟壽)가 전라도 관찰사로 내려왔을 때 <소학>을 읽으라고 권하였으므로 그 책을 얻어 읽어 성현의 언행을 알게 되었다는 경험을 통해 지방 감사를 통한 교육적 보급을 강조했다.

선조 39년인 1606년 5월 21일 사헌부에서는 임란 후 나빠진 풍속을 걱정하며, 그 원인을 교화 서책이 부족한 데 기인함을 언급하고, <삼강행실도(三綱行實圖)>와 <이륜행실도(二倫行實圖)>야말로 그림과 언문(방언)으로 되어 있어 서민의 부인이나 아이들까지 쉽게 교화시킬 수 있는 책이라 극찬하고 있다. 문제는 민가에 이 책이 드물어 다시 간행하자고 건의하여 선조가 윤허하였다. 3일 뒤 예조에서 사헌부 건의를 실행하기 위한 건의를 올렸다. 호조로 하여금 주선해서 인출하게 하되 종이 등의 물품은 교서관(校書館)에서 전적으로 맡아 인출하게 하고 많은 권질(卷帙)을 2사(司)의 힘만으로는 인출을 완료하기가 쉽지 않으니, 하삼도(下三道) 감사(監司)에게 종이 등의 물품을 편의에 따라 돕도록 하는 정책 시행을 건의하여 선조가 받아들였다. 결국 이 책은 정조 때의 오륜행실도에 포함되어 더욱 확대 보급되었고, 영조 3년인 1727년, 영조 6년인 1730년에도 중간되어 지속적으로 발간 보급되었다.

(6) 〈오륜행실도〉 언해본 간행과 보급

〈오륜행실도〉는 〈삼강행실도(三綱行實圖)〉와 〈이륜행실도(二倫行實圖)〉의 두 책을 합하되, 단행본 체제로서 수정 보완한 책으로 5권 4책으로 되어 있다.[13] 심상규(沈象奎), 이병모(李秉模) 등이 정조의 명을 받아 1797년(정조 21)에 간행하였다.[14]

〈삼강행실도〉, 〈속삼강행실도〉, 〈이륜행실도〉, 〈동국신속삼강행실도〉 등은 책이 나올 수밖에 없는 시대적 맥락이 분명하다. 이를테면 〈동국신속삼강행실도〉는 전란으로 인한 민심수습용이라든가 하는 정치적 동기가 분명하다. 그런데 〈오륜행실도〉는 표면적으로만 보면 특별한 정치적 동기를 부여하기 어렵다. 오히려 이때는 정조 21년으로 정조가 병으로 갑자기 죽기 3년 전으로 수원 화성이 완공되고 정조의 치세가 정점에 올랐을 때다. 그러나 한편으로 정조는 양학의 수입을 부정적으로 보고 백성들의 풍속과 민심이 썩 좋지 않음을 늘 걱정하여 백성들과 직접 소통하는 윤음을 자주 발표하던 때다. 〈오륜행실도〉 발간 7개월 전 1월 1일 발표한 윤음에 그런 흐름이 잘 나와 있다.

이 윤음 첫 구절에서 정조는 공자께서 '향음주례(鄕飮酒禮)를 보고 왕도(王道)가 참 쉽다는 것을 알았다.'라고 하였는데 정사(政事)는 조정을 보아야 하고 풍속은 민간(民間)을 보아야 한다. 정사가 미치는 것은 얕지만 풍속에서 얻는 바는 깊기 때문에 남의 나라를 잘 살필 줄 아는 자는 반드시 민간을 먼저 보고 난 다음에 조정을 보는 것이라고 하여

---

13) 중국에서 133건, 우리나라에서 17건, 도합 150건의 사적을 효자(孝子)·충신(忠臣)·열녀(烈女)·형제(兄弟)·붕우(朋友)의 5권에 나누어 실었다. 권1~3은 〈삼강행실도(언해)〉와, 권4~5는 〈이륜행실도〉와 수록 사적이 대체로 일치한다.

14) 오륜행실도의 간행 맥락은 황문환(2000나)에서 가장 집약적으로 이루어졌다. 최근 역주로는 송철의·이현희·장윤희·황문환(2006)이 있다.

풍속의 중요성을 강조하고 있다. 향음주례는 공자의 '주례'에서 비롯된 것으로 조선시대 향촌의 선비와 유생(儒生)들이 향교나 서원에 모여 예(禮)로써 주연(酒宴)을 함께 즐기는 향촌의례(鄕村儀禮)로 양반 중심의 미풍양속의 전형적인 예에 속한다.

그런데 정조는 민간의 풍속이 새로워진 것이 없음을 개탄한다. 그러면서 효경과 맹자를 인용하여 웃어른에 대한 예의를 강조하면서 만물은 계절이 다하면 그 본모습을 드러내고 잘못된 버릇을 없애면 참된 마음이 나타나는 법이니, 날로 새롭게 하여 밝은 세상을 만들 계기가 바로 지금이라고 하면서 <삼강행실도(三綱行實圖)>와 <이륜행실도(二倫行實圖)> 같은 책도 정치를 돕고 세상을 권면하는 도구로써 <소학>과 함께 버릴 수 없는 책이므로, 하나로 정리하여 <오륜행실도(五倫行實圖)>라고 명명한다고 선포하면서 풍속교화를 강조한 것이다.

정조는 1795년(정조 19) 어머니 혜경궁 홍씨 회갑연에 즈음하여 향음주례와 같은 미풍양속을 강조했다. 일부 신하들도 풍속 교화 정책을 더 강력히 펴달라고 요청하였다. <오륜행실도>는 이런 흐름 속에서 나온 것이다.

정조는 이 윤음을 발표하기 9개월 전인 1796년 3월 22일, 동몽 교관 최곤이 올린 소회 8조에 대한 답에서도 지금은 교화가 쇠퇴해지고 습속이 퇴폐해져서 삼강(三綱)과 구법(정치도덕의 아홉 원칙)이 없어져버렸다고 개탄했다. 그리하여 기강·명분·의장·법도가 재빨리 날로 허물어져가고 있는 것이 두렵기까지 하다고 하면서, 근래에 향약(鄕約)을 밝히는 가장 중요한 데에 유의하고자 한 것은 그렇게 물불 속에 빠진 사람을 구하는 길로 삼고자 함이라고 하였다. 그런 의미에서 향약의 취지를 경외에 거듭 유시하여 그 효과가 있기를 기대하겠다고 하여 이즈음 교화 정책에 대해 많은 배려를 해왔음을 스스로 밝히고 있다.

이와 더불어 정조는 <오륜행실도>의 발간 동기를 스스로 밝혔다. 학교를 부흥시키라는 최곤의 상소에 대하여, 이렇게 말하고 있다.

> 소학(小學)을 세워서 청소하고 응대하는 예절을 가르치고 대학(大學) 을 설립하여 몸소 실천하고 마음속으로 체득하는 요점을 근본으로 삼 아서 그 차례와 절목을 환히 기술할 수가 있다. 이에 능한 자는 남을 다 스리고 능하지 못한 자는 남의 다스림을 받게 되니, 사도(師道)가 위에 있어야 백성을 교화시키고 풍속을 이루게 된다. 그런데 후세에 이르러 서는 '학(學)'이라는 한 글자를 말하기조차 부끄럽게 여겨 모든 학교의 공부하는 형식조차 울타리 가에 던져버리고 말았다. 성균관이 이러하니 향교를 알 수가 있다. 더군다나 근래에는 조정에 모범이 될 만한 어진 선비가 없어서 사람마다 방종하기를 좋아하고, 일마다 단속하는 법이 문란하여 군신·부자 사이의 사생활 속에 당연히 행해야 할 법칙이 있 음을 알지 못한다. 그리하여 정학이 이를 말미암아 밝혀지지 않고, 사도 가 이를 말미암아 높아지지 않아서, <u>심지어는 이른바 서양에서 전래한 양학(洋學)이 나와 장차 선비가 오랑캐로 변하게 되었는데도 사람들이 두 려워할 줄을 모른다.</u> (밑줄 – 필자)
>
> -<정조실록>, 정조 20년(1796) 3월 22일

새롭게 들어온 양학이 선비를 오랑캐로 만들고 있다고 매우 부정적 으로 보고 있는 것이다. 정조는 문체반정을 통해 복고주의 왕권을 강 조했듯이, 새로운 양학 중심의 개혁에는 선을 긋고 있는 것이다. 이런 흐름에 대한 반작용으로 유풍(儒風)을 크게 진작시켜 정치와 교화를 이 루고자 삼강행실도와 이륜행실도를 새 시대에 맞게 개편한 것이 오륜 행실도인 셈이다. 정조의 정치적 기반인 남인들이 향약 등의 지방 풍 속교화를 중요하게 여기는 맥락도 작용했을 것이다.

이렇게 해서 1797년 6월 2일 <향례합편>15)이 완성되었고, 7월 20일
에는 <오륜행실도>가 인쇄되었다. 실록은 교정한 내용까지 자세히 보
고하고 있다.

> 이미 <향례합편(鄕禮合編)>을 반포하고 나서 또 각신(閣臣) 심상규(沈
> 象奎) 등에게 명하여 <삼강행실>과 <이륜행실> 두 서적을 가져다가 합
> 하여 바로잡고 증정(證訂)하고 언해(諺解)하여 이름하기를 <오륜행실>
> 이라 하였다. 그리고 주자소에 명하여 활자로 인쇄해서 널리 반포하게
> 함으로써 <향례(鄕禮)>의 우익(羽翼)이 되게 하였다. 그런데 효자류(孝子
> 類)에서 곽거(郭巨)의 한 조목을 특명으로 삭제하게 하였는데, 이는 대개
> 주자(朱子)가 문인에게 경계하여 등유(鄧攸)의 일을 <소학(小學)>에 상세
> 히 기록하지 못하게 한 유의(遺意)를 본받은 것이라고 한다.
> <정조실록>, 정조 21년(1797) 7월 20일

이 책은 한자를 병기한 삼강행실도 원간본과는 달리 한글전용체로
되어 있어 시대 변화를 반영하고 있음을 알 수 있다.

> <子路負米 列國魯>
> 중유의 ᄌᆞᄂᆞᆫ ᄌᆞ뢰니 공ᄌᆞ 뎨지라 어버이 셤기믈 지효로 홀시 집이
> 가난ᄒᆞ야 ᄂᆞ믈 음식을 먹으며 어버이룰 위ᄒᆞ야 빅니 밧긔 ᄡᆞᆯ을 져오더
> 니 어버이 죽은 후의 남으로 초나라히 놀시 조츤 술위 일빅이오 만죵곡
> 식을 ᄡᅡ흐며 자리룰 겹으로 안즈며 솟츨 버려 먹을시 이에 탄식ᄒᆞ여 굴
> 오디 비록 ᄂᆞ믈을 먹으며 어버이 위ᄒᆞ야 ᄡᆞᆯ을 지랴 ᄒᆞ나 가히 엇디 못
> ᄒᆞ리로다 ᄒᆞᆫ대 공지 드ᄅᆞ시고 굴ᄋᆞ샤 뎌ᄌᆞ로ᄂᆞᆫ 가히 닐오디 살아셔 셤

15) 정조(正祖) 21(1797)년에 왕명(王命)으로 이 병모(李秉模) 등(等) 일곱 학자(學者)가,
고례(古禮)를 다시 일으키기 위(爲)하여 지은 책이다. 향음 주례(鄕飮酒禮)・향사례
(鄕射禮)・향약(鄕約)을 싣고 사관례(士冠禮)・사혼례(士婚禮)를 부록으로 구성한 3
권 2책이다.

기매 힘을 다ᄒᆞ고 죽은 후 섬기매 ᄉᆞ모ᄒᆞᄆᆞᆯ 다ᄒᆞ다 ᄒᆞ리로다(띄어쓰기
-필자)

(7) 여성 행실서; 〈내훈〉, 〈여사서〉

그 어떤 지위의 여성조차 학교에 다닐 수 없었던 조선시대임을 생각
하면 나라에서 발행한 공식적 여성 교육서가 있다는 것 자체가 특별한
의미가 있다. 조선 전기에 나온 〈내훈〉과 조선 후기에 나온 〈여사서〉
가 대표적인 교육서다. 두 권 모두 네 권의 책에서 발췌 편역한 책이
다. 언해서이니만큼 여성들의 한글 문자 교육에도 크게 이바지했으므
로 그 맥락을 짚어보기로 한다.

[표 3] 〈내훈〉과 〈여사서(언해)〉 저본 내용

갈래	엮은이	엮은 때	저본
내훈	인수대비 한씨	성종 6년(1475)	〈소학(小學)〉, 〈열녀전(烈女傳)〉, 〈여교(女敎)〉, 〈명심보감(明心寶鑑)〉-인수대비 서문
여사서언해	영조, 이덕수	영조 12년(1736)	후한 조대가의 〈녀계(女誡)〉, 당 송고조의 〈여론어(女論語)〉, 명 인효문성후의 〈내훈〉, 명왕절부의 〈녀범(女範)〉

① 내훈

인수대비는 훈민정음 보급에 최대 공적을 남긴 세조의 며느리이자
성종의 생모다. 성종이 매우 탁월한 훈민정음 정책을 수행한 것이 생
모의 영향으로 볼 수 있을 만큼 인수대비의 언문 업적도 대단했다. 바
로 우리나라 최초, 여성 교육언해서인 〈내훈〉을 직접 언해하여 펴냈

기 때문이다. 온 국민을 대상으로 하는 행실 교육서인 <삼강행실도(언해)>가 1481년(성종 12)에 나오는데 이보다 6년이나 앞선 성종 6년 1475년에 여성 전문 교육언해서가 나온 것이므로 이는 훈민정음 발달사에서도 획기적인 일이다.

이 책이 남성 위주의 지배 질서에 여성을 편입하려는 시도가 담겨 있다 하더라도 여성을 교육의 주체로 삼았다는 것은 그런 한계를 뛰어넘는 것이다. 전체 7장으로 구성된 내용을 보면, 권1의 <언행>은 부녀자의 기본적인 말과 행실을 다룸으로써 남성 중심 사회에서 조심스럽게 언어적 주체로서의 여성의 역할을 기술하고 있다. <효친>은 부모 섬기기, <혼례>는 혼인의 예절에 대한 내용을 담았다. 권2의 <부부>는 남편을 어떻게 대할 것인가를 담은 것으로 가장 많은 분량을 배려하여 여성 교육서로서의 특이성을 살리고 있다. 권3의 <모의(母儀)>는 어머니로서 자세, <돈목(敦睦)>은 친척과의 관계, 마지막으로 <염검(廉儉)>은 사회 경제 생활의 자세를 담았다. 전반적으로 보면 단순히 여성다움으로 한정시키지 않고 총체적인 생활 교양인 관점에서 접근하고 있다.

결국 이 책을 펴낸 기본 동기는 궁중 여성들을 교육하기 위해서였으나(서문) 최종 간행 맥락에서는 "민간의 우매한 부인들에 이르기까지 여자들이 일손 틈틈이 아침저녁으로 익히고 외워서 집안을 다스리는 법을 깨닫도록 배려"한 것이다. 이런 의도대로 이책은 조선시대 내내 지속적으로 발간되고 소통되었다. 1573년(선조 6). 1611년(광해군 2). 1656년(효종 7)에 간행되었고, 1736년(영조 13)에는 <어제내훈>으로 다시 간행됨으로써 조선시대 내내 여성 교육서로서, 또는 교화서로서 매우 중요한 영향을 끼쳤다.

② 여사서언해(女四書諺解)

1736년 영조는 직접 <내훈>을 개간한 <어제내훈(御製內訓)>을 펴냈고 더 나아가 새로운 여성 교육서인 <여사서>를 이덕수 등으로 하여금 언해하게 하여 펴냈다. 이 책은 후한 조대가의 <여계(女誡)>, 당나라 송고조의 <여론어(女論語)>, 명나라 인효문성후의 <내훈>, 명왕절부의 <여범(女範)>을 엮은 <여사서(女四書)>를 영조가 이덕수 등으로 하여금 언해하게 하여 4권 3책으로 펴낸 여자들의 수신교과서다.

이 책 발간 2년 전인 1734년 12월 20일 영조는 당나라판인 <여사서(女四書)>는 <내훈(內訓)>과 다름이 없다고 하면서 옛날 성왕의 정치는 반드시 가문을 바로잡는 일로써 근본으로 삼았으니, 여성들을 위한 법은 곧 왕도 교화의 근원이 된다고 밝히고 있다. 여성 중심의 가정 교화 차원에서 여성 교화서 발간 정책에 힘을 기울이는 정치적 동기를 분명히 하고 있는 것이다.

영조는 이 서적을 간행하여 반포한다면 반드시 여성 규범(閨範)에 도움이 있을 것이라고 확신하였다. 그러면서 훈민정음 관련 중요한 문제를 밝히고 있다. 언문으로 해석한 후에야 여성들이 쉽게 이해할 수가 있을 것이라고 하면서 제조(提調) 이덕수(李德壽)로 하여금 언문으로 해석하도록 하였다.16)

단순히 책 발간을 지시한 것이 아니라 언해서의 중요성을 강조하고 있다. 여성들을 주류 문자인 한문의 주체로 인정하지 않는 지극히 현실적인 여성 인식이지만 여성들을 교육의 대상으로 교육의 주체로, 교

---

16) 唐本<女四書>與<內訓>無異. 古昔聖王之治, 必以正家爲本, 閨梱之法, 乃王化之源. 此書若刊布, 則必有補於閨範, 而第有諺釋, 然後可易曉. - 영조실록, 영조 10년(1734) 12월 20일.

화의 대상으로 설정한 것 자체가 그 시대로 보면 적극적인 여성 인식
이었다.

이로부터 2년 후인 1736년 8월 27일, 영조는 서문을 친히 지어 내리
고, 홍문 제학 이덕수에게 언해하여 (책에) 넣어 간행하라고 다시 지시
했다(上下<女四書>親製序文, 命弘文提學李德壽諺譯入刊). 실제로 간행된 것은
1737년 3월 19일이다.

본문은 한문 원문을 언문 구결을 달아 싣고, 그 뒤에 언해문을 한
칸 낮추어 배치했다. 한문 원문과 언해문 모두 한글 독음을 달아 한자
를 모르는 여성층을 배려했음을 알 수 있다. 특히 권4의 경우는 원문
이 모두 끝난 뒤 언해문이 실려 있어 국한 병기에 따른 불편함을 없애
려는 의도를 보여주고 있다.

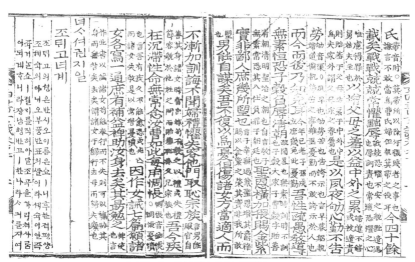

[사진 3] 여사서(언해본) 영인본 2a1b

이 책은 내훈과 비슷한 맥락의 책이지만 또 다른 성격도 띠고 있다. 내훈은 여성이 지은 것이지만 '여사서'는 남성인 왕과 신하들에 의해 주도되었기 때문이다. 그만큼 남성 시각의 교육서이지만 이 교육서의 영향력은 남성 위주의 부정성에만 있지 않았다. 여성들이 베껴 쓴 필사본까지 나오는 등 활발하게 유통되어 여성들을 고전 소설 유통의 핵심 주체로 떠오르게 하는 효과를 가져왔다.

2) 경전언해서의 발간과 보급 맥락

[표 4] 조선시대 사서오경 관련서와 언해서 발간 현황

유교 경전과 관련 서책					언해서			성격/등급
소학(小學)					소학언해, 번역소학			어린이용 (초급용) 일반용
효경(孝經)					효경언해			
사서	칠서 (칠경)	사서		논어(論語)	논어언해	사서언해	칠서 언해	성인용, 성균관 교육용, 과거 시험용
				맹자(孟子)	맹자언해			
				대학(大學)	대학언해			
				중용(中庸)	중용언해			
오경		오경	삼경	시경(詩經)	시경언해	삼경언해		
				서경(書經)	서전언해			
				역경(易經)(주역)	주역언해			
				춘추(春秋)	언해 안 됨			
				예기(禮記)				
심경(心經)[17]								일반 수신서
근사록(近思錄)[18]								성리학 입문서
여성용					내훈, 여사서			여성 일반

---

17) 일종의 2차 문헌으로 <사서삼경>과 주렴계, 정자, 주자 등의 글에서 발췌한 본문에 이와 관련된 학설을 주석으로 붙여놓은 책이다. 송시열의 <심경석의(心經釋疑)>, 성호 이익의 <심경질서(心經疾書)>, 다산 정약용의 <심경밀험(心經密驗)> 등이 나와 있을 정도로 조선시대 사대부들에게 매우 중요한 책이었다.

삼강오륜의 이론적 기반 또는 사상적 바탕이 되는 것이 '소학, 효경, 사서오경' 등이다. 삼강행실도 관련 서적이 하층민을 중심으로 일반 백성들에게 보급된 책이라면 사서오경 관련 책들은 양반 중심으로 보급된 책들이다.

책의 중요성에 비해서는 언해서가 늦게 나왔다. 그나마 소학, 효경은 중종 때 나왔지만 사서는 선조 때 이르러서야 간행되었다. '춘추'와 '예기'만 제외하고는 모두 언해서가 나왔으니 핵심 문헌의 언해에 치중한 셈이다. '심경'과 '근사록'도 핵심 문헌이긴 하나 2차 문헌이라 언해가 안 된 듯하다. 간행 순서대로 역사적 맥락을 살피기로 한다.

(1) 〈효경〉과 〈소학〉 언해서 간행 보급 맥락

정철의 훈민가 가운데 효경과 소학 교육에 관한 시조가 전한다.

네 아들 효경 읽더니 어도록 배웠느냐
내 아들 소학은 모레면 마칠 거다
어느 때 이 두 글 배워 어질 것을 보려뇨
            －정철, 훈민가(1580, 선조 13)[19]

효경과 소학이 아이들 교육에서 필독서였음을 보여주는 시조다. 물론 이때의 효경은 한문본을 가리킨다. 소학은 이미 언해본이 나와 있었지만 <효경언해>는 이 시조가 나온 지 십 년 뒤인 1590년(선조 23)에

---

18) 이 책도 2차 편집 문헌으로 성리학자의 학문적 태도를 주로 다룬 책이다. 1175년경 주희(朱熹)와 여동래(呂東萊)가 엮은 책으로 북송 시대 도학(道學)의 대표적 사상가인 주돈이, 장횡거(張橫渠), 정명도(程明道) 및 정이천(程伊川)의 저술(著述)·어록(語錄)을 발췌하여 편집한 책으로 초학자들의 입문서로 읽혔다.

19) 정철 외 / 김하명 엮음(2005 : 63).

교정청에서 <효경대의>의 본문에 한글 독음과 한글 구결을 달고서 언해하여 발간한 책이기 때문이다.[20] 효경은 공자가 제자인 증자에게 가르친 내용을 제자들이 엮은 책으로 중국 13경에 속한다.

고려사절요에 보면, 고려 문종 10년, 1056년에 서경 유수사가 아뢰기를, "서경 안에 진사·명경 등 여러 과거를 준비하는 사람들의 공부하는 서적이 거의 다 손으로 베껴 써서 글자가 잘못된 것이 많으니, 비서각(祕書閣)에 간직한 구경(九經)·<한서(漢書)>·<진서(晉書)>·<당서(唐書)>·<논어>·<효경>과 자(子)·사(史)·제가문집(諸家文集)·의(醫)·복(卜)·지리·율(律)·산(算)의 모든 책을 나눠 내려주어, 여러 학원에 비치하게 해주소서." 하니, 유사에게 명령하여 인쇄한 책 각각 한 질씩을 보내주었고 인종 2년인 1134년에는 왕이 <효경>과 <논어>를 민간의 아이들에게 나누어주었다는 것으로 보아 조선시대 때는 <효경>도 소학 못지않은 아이들의 필독서로 자리 잡았음을 알 수 있다. 중종 16년, 1521년 2월 2일 기록에는 "대자(大字)로 인쇄된 <효경(孝經)> 30건(件)과 소자(小字)로 인쇄된 <효경> 30건을 문무루(文武樓)에서 찾아 대내(大內)로 들이도록 하라."는 지시로 보아 <효경>이 다양한 방식으로 출판 유통되었음을 알 수 있다.

실록 기록에는 최세진이 효경을 언해했다는 것(1539년 5월 17일)과 그 책 이름이 '언해효경'이라는 것(최세진 졸기, 1542년 2월 10일)이 구체적으로 두 번이나 나오는 것으로 보아 언해된 책이 있었던 것으로 보인다. 그러나 이 책에 대한 흔적뿐만 아니라 또 다른 관련 기록이 전혀 없어, 결국 선조 때의 <효경언해>가 전해오는 첫 번째 언해책으로 볼 수밖

---

20) <효경언해>와 <효경대의>와의 상관관계에 대해서는 안병희(1992가 : 462~473) 참조.

에 없을 것이다. 1589년(선조 22)의 유성용(柳成龍) 발문과 언해 양식과 여러 서지정보로 볼 때 교정청에서 사서언해와 같은 해에 간행된 것으로 본다.

<효경언해> 역시 많은 중간본들이 간행되었다. <번역소학>이 의역을 하고 <소학언해>가 직역을 하였듯이 <효경언해>도 그러했다. 이 책의 초간본은 의역 중심으로 펴냈고, 효종 7년 1666년에 나온 중간본은 직역투라 "어딘 マ 르침이(초간본)→德教ㅣ(중간본)"와 같은 변화를 보여준다.

송나라의 유자징이 편찬한 <소학>을 처음부터 끝까지 꼼꼼히 읽어본 사람이라면 이 책이 왜 조선시대 내내 강조가 되었고, 서당부터 성균관까지 각종 교육기관에서 필독서로 자리잡았는지 이해할 수 있다. 이 책은 성리학적 이념부터 독서하는 방법, 기본 인성 태도 등을 종합적으로 다룬 일종의 교양서이기 때문이다. 내용 수준도 기초 수준부터 높은 수준까지 아우르고 있다. 그래서 초학 교재이면서도 너무 어렵다는 논의도 있었고 그러면서 고급 과정에서까지 끊임없이 참고가 되는 책으로 소통되었다.[21]

<번역소학(飜譯小學)>은 중종의 명을 받아 김전(金銓), 최숙생(崔淑生) 등이 언해하여 찬집청(撰集廳)에서 1518년(중종 13)에 간행했다. <소학>의

---

21) 다음은 왕실의 얘기기는 하지만 조선의 지배층들이 소학을 얼마나 중요하게 여겼는지를 단적으로 보여준다. 영조가 1736년(영조 12)에 사도세자 첫돌 때 이 책을 물려주었고, 사도세자는 1753년(영조 29)에 다시 정조가 첫돌을 맞이했을 때 물려주었다는 기록이다(손인수, 1998 : 325).
영조께서 나에게 주셨고 나는 그 손자에게 전하니,
내가 태어나고 손자가 태어났을 때 모두 이 책을 사용한다.
받아서 전해주기까지 걸린 시간이 18년.
오늘을 맞이하여 다시 펼치게 되었네.

주석서 중 명나라 하사신(何士信)이 주해한 10권 10책의 <소학집성(小學集成)>을 저본으로 하여 번역본도 모두 10권으로 간행하였다. 다른 언해서들과 달리 의역을 위주로 한 것은 초급 어린이 학습자를 배려한 것으로 보인다. 원간본은 전하지 않고 16세기 이후 이루어진 복각본들이 전한다.

<소학언해(小學諺解)>는 1588년(선조 21)에 선조의 명으로 교정청(校正廳)에서 직역 위주로 펴낸 책이다. 이 책은 정유(程愈)의 <소학집설(小學集說)>을 저본으로 하였기 때문에 <번역소학>과 달리 6권으로 되어 있다. 의역 중심의 <번역소학>의 번역을 비판하고 원문에 충실한 직역의 방법을 취하였다.

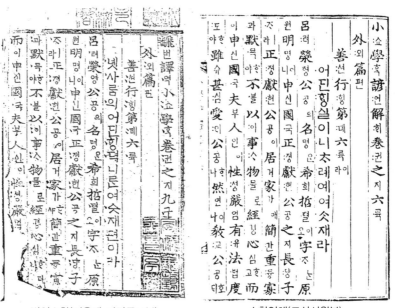

번역소학(서울대 가람문고본)   소학언해(도산서원본)

[사진 4] 번역소학과 소학언해 비교(100대 한글 문화유산 보고서)

사진을 보면 소제목부터가 직역투인 소학언해는 의역투인 번역소학과 다르다. 의역을 직역으로 돌린 것은 중요한 여러 전략이 있겠지만 언문밖에 모르는 일반 학습자 입장에서 보면 퇴보한 셈이다. 직역은 사진 예에서 보듯, 소통력이 약한 한자어의 남용을 불러오기 때문이다.

결국 <소학>은 조선시대 핵심 교화서이면서 초등 학습서이고 평생을 가까이 두고 배워야 하는 평생학습서이기도 하다. 그만큼 영향력이 큰 책이고 한글 보급에도 그만한 영향을 끼쳤을 것이다. <번역소학>이 나오기 1년 전 소학의 한글 번역의 중요성이 언급되었다. 중종 12년(1517) 6월 27일 <소학>은 곧 일상생활에 절실한 것인데도 일반 서민과 글 모르는 부녀들은 독습(讀習)하기가 어렵게 되었다고 하면서 여러 책 가운데에서 일용(日用)에 가장 절실한 것, 이를테면 "<소학>이라든가 <열녀전(列女傳)> · <여계(女誡)> · <여측(女則)>과 같은 것을 한글로 번역하여 인반(印頒)하게 하소서."라고 했고 이를 중종이 받아들였다.

위와 같은 건의가 홍문관에서 이루어졌음을 주목해야 한다. 홍문관은 사헌부, 사간원과 더불어 삼사로 규정되는 핵심 권력 기관이다. 유학과 학문을 장려하고 풍속을 교화하는 핵심 기관이기도 하다. 1505년 연산군에 의해 없어졌다가 중종 반정과 더불어 1506년에 복구된 기관이다. 사대부층이 주체인 핵심 권력 기관에서 서민과 한자 모르는 이들을 위해 언해서를 통한 교화를 강력하게 요청한 것이 무척 중요하다.

이원재(2006)에서는 조선왕조실록 기록에 나타난 소학 교육과 보급의 부정적 기사 분석을 통해 소학이 필독서로서 교육이 제대로 이루어지지 않았다고 보았다. 그 원인으로 소학이 과거시험 예비 과목으로서 시험에서도 소홀히 여기는 문제 때문에 실제로는 필독서로서 제대로 보급이 안 되었다는 것이다. 이는 일면 맞지만 전면화하기 어려운 진실이다.

조선왕조실록은 비교적 객관적 기록을 담고 있지만 그 객관적 사실
은 결국 기록 주체인 양반들, 성리학자들의 견해를 모아놓은 것이다.
그 당시 현실을 보여주지만 또 한편으로는 그들만의 정치적 담론의 현
실인 것이다.

또한 소학 교육에 대한 조선 왕조의 노력은 조금 정서적인 어휘를
동원한다면 한 마디로 처절했다. 그 근거는 네 가지다.

(1) 국가적으로 그 중요성을 강조했다.
(2) 모든 교육과정, 교육기관에서 필독서로 삼았다.
(3) 지도층, 사상가들이 소학 교육의 중요성을 두루 강조했다.
(4) 생활양식으로서의 소학 실천의 중요성을 보여주는 수많은 기록들
   이 있다.

이원재(2006)가 지적한 소학 교육의 부정적 현실은 이러한 지난한 노
력에 비해 성과가 적다는 의미로 보아야 한다.

(2) 사서삼경 언해서 발간과 보급

문광부에서는 2002년에 100대 한글문화유산을 선정 발표하고, 2004
년 한국어세계화재단에서 그 결과보고서를 발표하였다.22) 100대 문헌
가운데 사서삼경 언해서 가운데 중용언해, 대학언해를 제외한 다섯 권

---

22) 보고서에서 밝힌 이 사업의 필요성을 보면, "한글은 세계 문자 사상 유례가 없는
   가장 과학적이고 체계적인 문자로서, 우리 민족의 문화 역량을 잘 보여주는 자랑
   스러운 문화유산이며, 또한 문자는 문화 전반의 기반이 되기 때문에, 이토록 훌
   륭한 한글을 사용하여 이루어진 우리의 문화유산 또한 매우 소중하며 영구히 보
   존하고 발전시킬 만한 가치"를 들어 한글문헌의 근본 가치를 천명하고 있다.

이 선정되었다. 그만큼 이 책들이 조선시대뿐 아니라 지금에 이르기까지 그 가치가 매우 중요함을 알 수 있다.

여기서는 기존 연구 성과를 바탕으로 이러한 한글문헌의 사회역사적 의미를 재조명해보기로 한다.

① 사서언해서 발간과 보급 맥락23)

논어언해, 대학언해, 중용언해, 맹자언해 등의 사서언해서는 선조 23년인 1590년, 교정청에서 소학언해와 함께 간행되었다. 이 책 자체에는 편찬과 간행에 대한 기록이 없으나 같이 간행된 <소학언해>의 범례와 발문, 내사기 등을 통해 확실한 연도를 추정한 것이다. 이 언해정책은 이산해, 정철 등 31인이나 참여한 국가 대형 프로젝트였다. 선조는 특정 개인에게만 비밀리에 맡긴 세종의 실수를 만회하듯, 국가 총력 사업으로 완성하였다. 이러한 발간 역사적 맥락을 짚어보고 이 책의 훈민정음 관련 맥락은 무엇인지를 짚어보기로 한다.

사서 번역은 앞에서 밝힌 바와 같이 세종 때부터 시작되었다. 사서오경은 태조의 즉위 교서에서 사서오경에 통달한 사람을 주요 인재로 언급할 만큼 중요한 사대부 필수 교재이자 덕목이었다. 따라서 사서를 어떻게 읽고 해석하며 그것을 실천 덕목으로 옮기느냐가 핵심 과제였다. 이런 중요성 때문에 세종은 사서 번역을 훈민정음 반포 후 곧바로 시행해 옮겼던 것이다. 그러나 사서언해는 훈민정음 반포 144년 만에 완성되었다. 불경언해서보다 100년이나 뒤에 이루어진 것은 역설일 수밖에 없지만 그럴만한 맥락이 있었다.

---

23) 사서언해의 전반에 걸친 고찰은 이충구(1990), 김해정(1996, 2006) 참조.

사서가 중요한 만큼 번역을 위한 구결 달기와 해석이 쉽지 않은 문제였다. 불경은 이런 작업 전통이 오래전부터 내려왔기 때문에 번역이 훨씬 쉬웠던 것이다. 태조가 사서를 보기 위해 하윤과 조박에게 구절마다 점을 쳐서 바치게 한 것(태조 7년, 1398년, 9월 17일 실록)은 사서를 배우는 학생들의 사서 읽기의 어려움을 대변해준다.

세종 10년, 1428년 윤 4월 18일 실록 기록을 보면, 경전의 토(구결) 달기가 관건임을 알려주고 있다. 세종이 변계량에게 말하기를, 옛날 태종(太宗)께서 권근(權近)에게 명하여 오경(五經)에 토(吐)를 달라고 하니, 권근이 사양하여 허락을 얻지 못하였다고 하여 우여곡절 끝에 <시경(詩經)> · <서경(書經)> · <역경(易經)>의 토를 달았으나, 오직 <예기(禮記)>와 <사서(四書)>에는 토가 없다고 하였다.24) 이렇게 대학자인 권근조차 임금의 명을 거부할 만큼 토 달기는 쉽지 않은 문제였고 세종은 변계량으로 하여금 예기와 사서에 토 달기 작업에 동참할 의사를 물어보는 것이다.

세종은 토 달기가 아주 중요함을 강조하였다. 세종은 후학들이 혹시 본래의 뜻도 잘 모르고 여러 생도들을 가르칠까 봐 염려된다고 하면서 토 달기가 되어 있는 경전으로 가르치면 얼마나 유익하겠냐고 변계량에게 물었다. 변계량으로 하여금 토 다는 작업을 은근히 유도한 것이다.

---

24) 연려실기술 별집 제14권 문예전고(文藝典故) 편에는 "양촌 권근이 사서 · 오경의 구결을 정하였다."라고 하여 <용재총화>의 기록을 인용하고 있다. <필원잡기>에도 세조가, 우리나라 학자들이 어음(語音)이 바르지 못하고 구두(句讀)도 분명하지 못해, 선대의 유학자인 권근 · 정몽주의 구결이 있다고 말하고 있다. 그러나 세조가 생각하기에 이들 구결은 오류가 아직 많고 속된 선비들이 오류를 그대로 전승하고 있음을 안타까워했다. 마침내 세조는 늙은 신하와 학식이 많은 선비에게 오경 · 사서를 나누어주어 옛것을 상고하고 지금 것을 참고로 하여 구결을 정하도록 하였으며, 또 문신 · 유신(儒臣)을 모아 어음이 같고 다름을 강론하게 하고, 임금이 친히 재결하였다고 <필원잡기>는 전한다.

변계량은 권근 같은 대학자도 못한 것을 자신이 어찌할 수 있느냐며 사서(四書)는 어릴 때에 배웠으나 <예기(禮記)>는 본래 배우지 않았을 뿐 아니라 예기는 글이 자질구레하고 번거로우며 뜻도 매우 넓어 한 가지로 정할 수 없다고 하였다. 더불어 앞선 유학자들도 <예기>는 한(漢)나라의 유자들이 불탄 나머지를 주워 모았기 때문에 말이 자세하지 않은 것이 많다고 하여 뜻을 고정(考定)하기가 어려울 것 같다고 보았다. 뜻이 고정되어야 구결을 분명히 달 수 있는데 뜻이 유동적이니 토 달기가 어렵다고 한 것이다.

세종은 사서에 토가 없다고 했으나 변계량은 토 없이도 배우기는 배웠으나 <예기>는 아예 배우기조차 않았다는 것이다. 이때 맹사성은 오히려 "토가 있으면 신은 배우는 자가 힘써서 연구하지 않을까 봐 두렵습니다."라고 오히려 토 달기 부정론을 편다. 그러나 세종은 "정자(程子)·주자(朱子)도 또한 배우는 자가 경서(經書)의 깊은 뜻에 통달하지 못할 것을 염려하였기 때문에 주해(註解)를 붙이어 알기 쉽게 하였다. 지방의 교도(敎導)들이 만약 이것을 가지고 사람들을 가르친다면 어찌 도움이 없겠는가."[25]라고 하여 토 달기가 주해의 기본이며 주해를 통해 깊이 이해하는 것이 중요하며 따라서 지방의 교도들이 학생들을 가르칠 때 토 달기를 가르쳐야 한다고 보았다.

이때는 훈민정음 창제 전으로 토(구결)도 한자로 달아야 하기 때문에 토 달기가 쉽지 않았다. 토를 정확히 달기 위해서는 기본 해석과 글자마다의 음을 파악하는 것이 매우 중요하기 때문에 세종은 이런 고민을 통해서도 새 문자 창제 아이디어를 얻었을 것임은 능히 짐작하고도 남

---

25) 程、朱亦慮學者, 未達經書奧旨, 故着註解, 令其易知。外方敎導若因此誨人, 則豈無補乎? -<세종실록>, 세종 10년(1428) 윤 4월 18일자.

는다. 이는 훈민정음 창제 15년 전의 일이다.

　세종은 사서 번역의 어려움을 알고 경서에 정통한 김문에게 벼슬까지 올려가며 번역을 지시했다. 김문은 최만리 갑자 상소에 참여하여 말을 바꾸었다고 하여 벌을 받은 사람이지만 실력이 뛰어나 중책을 맡긴 것이다. 그러나 김문은 중책을 맡은 지 얼마 안 돼 중풍으로 갑자기 세상을 떠났다.[26] 그가 죽은 지 보름만에 김구에게 후임을 맡긴 것으로 보아 세종이 이 프로젝트를 얼마나 중요하게 여겼는지 알 수 있다.

　선조는 개인적으로 언문을 매우 중요하게 여기고 공적으로 사적으로 언문 사용을 실천한 임금이다. 사서언해 책이 임진왜란이 터지기 2년 전에 완성되어 간행된 것은 그나마 천운이었다. 만일 이때 간행이 되지 않았다면 전란으로 선조 때 간행되기 어려웠을 것이다. 선조 후에도 전란의 후유증으로 쉽지 않았을 것이기 때문이다.

　사서언해가 간행된 1590년보다 16년 전에 사서언해 관련 기록이 실록에 전한다. 선조 7년, 1574년 10월 10일에, 선조는 유희춘에게 말하기를, "무릇 글 속의 토석(吐釋)을 혹자들은 소소한 일이어서 꼭 유의(留意)할 것까지는 없다고 하지만 성현들의 하신 말씀이 '글 뜻을 알지 못하고서 정미(精微)한 내용을 통할 수 있는 자는 없다. 지금 사서(四書)와 경서(經書)의 구결(口訣)과 언석(諺釋)을 경이 정하지 않은 것이 없으니 경의 학문이 정밀하고 해박함은 세상에 드문 일이다. 사서와 오경(五經)의 구결 및 언석을 경이 모두 자상하게 정해놓았으니, 하나의 국(局)을 설치할 만하다. 혹 경학을 강론할 관원을 뽑고 싶다면 7인이 있으니, 경이 알아서 가리라."라고 하였다. 이때 이미 사서언해 기초 작업이 끝난 것이다.

---

26) 자세한 내막이 1448년 3월 13일 실록의 김문 졸기에 기록되어 있다.

이로부터 9일 뒤인, 1574년 10월 19일에 유희춘은 사서(四書)와 오경(五經)의 구결(口訣)과 언해(諺解)는 자신의 힘만으로 어렵다고 하면서 이황(李滉)의 해설을 근거로 삼고 널리 모든 유신 및 유생들에게도 물어보아 공동 프로젝트로 해야 한다고 호소했다.

선조는 그런 점을 인정하고 사서와 오경을 반드시 모두 이루어지기를 기다린 다음에 언해책을 올린다면 내가 보기가 용이하지 않을 것이니, 한 가지 글이 이루어질 적마다 고치는 대로 올리라고 독려했다.

이로부터 6일 뒤인 1574년 10월 25일에, 유희춘은 우리 동방에는 예부터 경서의 훈고(訓詁)를 저작(咀嚼)하고 주자(朱子)의 문어(文語)를 침잠(沈潛)·반복(反復)하기로는 이황(李滉)이 최고라고 하면서 자신이 귀양살이 할 때 10년 공력을 들여 사서를 연구하여 논설해놓은 것이 있었는데 이황의 해설을 보니 서로 맞는 것이 10에 7~8이었다고 고백했다. 이황의 경서 해설은 매우 정밀하여 비록 혹 천에 하나 잘못된 것이 있기는 하지만 잘된 곳이 많으므로 방해될 것 없다고 하였다. 또, 이이(李珥)도 <대학(大學)>의 토와 풀이를 한 것이 있다고 하면서 이 이이와 홍문관(옥당)에 있을 적에 <대학>을 이야기하게 되었는데 율곡의 맞는 말이 많아 이번에 율곡의 자료를 가지고 왔다고 했다. 그러면서 유희춘은 한 가지 책이 이루어질 적마다 마땅히 바로 올려 보내려고 하는데, 다만 절충하기가 매우 어려울 것임을 호소했다.

이 말을 들은 선조는 혹시 양자의 해설을 둘 다 버릴 수 없는 곳에 이르러서는 둘 다 취하면 된다고 의견을 제시했다. 주자도 그런 적이 있으니 이는 본받아야 한다고 명쾌한 답을 제시했다.

이렇게 유희춘을 중심으로 선조와 이황과 이율곡의 업적이 만나 사서언해의 대장정이 이루어질 수 있었다. 아쉽게도 이 작업을 주도한 유희춘은 사서언해 간행을 보지 못하고 1577년, 선조 10년 5월 1일 세상을 떴다. 이때 사관은 유희춘은 기억력이 남보다 뛰어나 경서나 사서(史書)를 한 번 보기만 하면 외니, 당대의 학식이 넓고 유학에 조예가 깊은 기대승(奇大升)·김계휘(金繼輝) 등이 모두 첫째 자리를 양보하였다고 극찬하면서, 만년에 교지를 받들어 <경서구결언석(經書口訣諺釋)>, <선주대학석의(先奏大學釋義)>를 찬정(撰定)하였고, 나머지는 미처 완성하지 못하고 죽었음을 아쉬워했다.

유희춘이 세상을 뜨기 1년 전인 1576년(선조 9)에 유희춘은 사서언해의 일을 율곡에게 맡김이 옳다고 상소하여 선조는 율곡에게 사서와 오경의 언해를 하도록 명하였다. 율곡은 이로부터 8년 후인 1584년에 세상을 뜨기까지 <율곡대학언해(大學栗谷諺解)>(1권), <중용율곡언해(中庸栗谷諺解)>(1권), <율곡논어언해(論語栗谷諺解)>(4권), <율곡맹자언해(孟子栗谷諺解)>(7권)를 완성하였다.

율곡이 세상을 뜬 지 6년만에 사서율곡언해와는 별도로, 율곡이 언해하지 못한 삼경까지 합쳐 사서삼경 언해가 1590년에 완성된 것이다. 물론 이때 완성된 사서언해는 율곡의 사서율곡언해를 참고하여 만든 것이다.

사서율곡언해는 필사본으로 전하다가 1749년(영조 25)에 이르러 홍계희(洪啓禧) 등이 그 필사본을 선생의 후손과 문하생의 집에서 구하여 <율곡사서언해(論語栗谷諺解)>를 간행하였다.

이런 경과를 자세히 살펴보는 것은 사서언해가 140년 만에 이루어진 전후 맥락을 규명하기 위함이다. 그 답이 유희춘과 선조의 토의에 나와 있다. 선조 때 와서 사서언해서가 가능했던 것은 여러 요인 외에 유희춘, 이황, 이이로 대표되는 사서언해에 필요한 학문적 기반과 당대

유신들의 합의를 이끌어낼 수 있는 문화적 정치적 기반이 충분히 형성
되어 있었기에 가능한 것이고 그것은 이런 여건이 갖추어지는 데 많은
시간이 필요했음을 알려주는 것이기 때문이다.

이렇게 복잡한 절차를 거쳐 드디어 선조 21년인 1588년, 사서삼경의
음석 교정과 언해 작업을 마친 업적을 실록은 다음과 같이 담담히 전
하고 있다.

> 지난 갑신년에 교정청(校正廳)을 설치하고 문학하는 선비들을 모아
> 사서 삼경의 음석(音釋)을 교정하고 아울러 언해(諺解)를 달도록 하였는
> 데 이때에 이르러 모두 마쳤다. 당상 낭청(堂上郎廳) 등에게 차례로 논
> 상(論賞)하고 태평관(太平館)에서 어주(御酒)와 1등 풍악을 하사하였다.
> 이튿날 좌찬성(左贊成) 이산해(李山海) 이하가 입궐하여 전(箋)을 올려 사
> 은(謝恩)하였다.
>
> – 선조 21년 1588년 10월 29일

율곡이 개인적으로 언해한 책은 발간을 못하고 1584년에 세상을 떠
났으므로 후손들의 도움으로 1749년(영조 25)에 간행되었다.

사서언해의 중간본 간행 현황을 보면 이 책의 기본 보급이 활발히
이루어졌음을 알 수 있다(한국어세계화재단, 2004, 100대 한글문화유산 해제 재
구성 인용).

[표 5] 사서언해서의 중간본 또는 복각본 발간 현황

언해서	중간본 또는 복각본 발간 현황
논어언해	1612년(광해군 4) 목활자본 : 서울대 규장각, 1631년(인조 9) 목판본 : 서울대 규장각 1696년(숙종 22) 무신자본 : 서울대 규장각, 계명대 도서관 18세기 전반 무신자본 : 서울대 규장각

논어언해	18세기 후반 무신자본 : 서울대 규장각 19세기 초반 정유자본 : 한국정신문화연구원 장서각 19세기 초반(1810?) 하경룡장판(河慶龍藏版) : 서울대 규장각, 전남대 도서관, 영남대 도서관, 홍윤표 19세기 초반(1820?) 내각장판(內閣藏版) : 서울대 규장각, 연세대 도서관, 영남대 도서관 19세기 초반(1822?) 영영판(嶺營版) : 한국정신문화연구원 장서각 19세기 중엽(1862?) 영영판(嶺營版) : 서울대 규장각
맹자언해	1612년(광해군 4) 목활자본 : 서울대 규장각, 1631년(인조 9) 목판본(원간본의 복각본?) : 서울대 규장각 1689년(숙종 15) 목판본 : 고려대 도서관(권1-6 3책 결) 1693년(숙종 19) 원종자본(元宗字本) : 서울대 규장각, 한국정신문화연구원 장서각, 연세대 도서관, 고려대 도서관 17세기 후반(1695?) 무신자본 : 서울대 규장각(권11, 12 1책의 영본) 1785년 영영판(嶺營版) : 고려대 도서관 18세기 후반(1793?) 무신자본 : 고려대 도서관(권7, 8 영본) 19세기 초반(1820?) 내각장판(內閣藏版) : 서울대 규장각, 고려대 도서관, 한국정신문화연구원 장서각, 영남대 도서관 19세기 중엽(1862?) 영영판(嶺營版) : 서울대 규장각, 한국정신문화연구원 장서각 19세기 후반(1882?) 영영판(嶺營版) : 영남대 도서관 19세기 후반(1884?) 영영판(嶺營版) : 고려대 도서관, 영남대 도서관, 한국정신문화연구원 장서각
대학언해	1611년(광해군 3) 萬曆三十九年七月日 1631년(인조 9) 崇禎四年閏十一月日 1810년(순조 10) 歲庚午仲春開刊全州河慶龍藏板 1820년(순조 20) 庚辰新刊內閣藏板 1828년(순조 28) 戊子新刊嶺營藏板 1862년(철종 13) 壬戌季春嶺營重刊 ? 辛丑五月嶺營重刊 ? 丙午仲夏咸鏡監營開刊
중용언해	1612년(광해군 4) 萬曆四十年十二月日 1631년(인조 9) 崇禎四年閏十一月日 1684년(숙종 10) 康熙二十三年十月十六日 1693년(숙종 19) 康熙三十二年九月十四日 1820년(순조 20) 庚辰新刊內閣藏板 1824년(순조 24) 戊子新刊嶺營藏板 1862년(철종 13) 壬戌季春嶺營重刊

| 중용언해 | 1810? 歲庚午仲春開刊全州河慶龍藏板
? 丙午孟秋咸鏡監營開刊 |

② 삼경언해서 발간과 보급

삼경언해서인 <시경언해>, <서전언해>, <주역언해>는 다른 사서 언해와 마찬가지로 임진왜란 이전인 1590년에 교정청에서 언해를 완성했으나 발간되지 못하고 1613년(광해군 5)에 이르러 간행되었다.

임진왜란 전에 간행하지 못한 사연이 임란 후 5년이 흐른 뒤, 선조 36년(1603) 5월 13일자 실록에 전한다. 교서관이 증언하기를, 전란이 일어나기 전에 삼경(三經)을 번역 교정해놓고 미처 간행하지 못했다가 병화에 유실되어버렸다는 것이다. 그중에 <시경>은 몇 권만을 수습했을 뿐 전질을 찾지 못했고, <역경>과 <서경>은 번역 교정한 대본이 완전히 없어져 <역경>은 다시 번교를 했고 <서경>은 이제 다시 번역 교정을 하였다는 것이다. 이런 노력 외에 재정의 어려움과 그것을 해결할 방안까지 제시하고 있다. 전란 후의 어려운 재정 속에서도 삼경언해의 복구작업에 총력을 기울인 것이다.

이로부터 10년이 걸려 광해군 때(1613) 발간이 되었으니 그 과정의 어려움과 광해군 때만의 업적이 아님을 알 수 있다. 교서관은 임란 전의 <주역언해>가 많은 관원들이 여러 책들을 참고하여 정확하게 주해한 것임을 강조하고 이것을 다시 살려 후학들에게 유익함이 있도록 하자는 것이다.

광해군도 <시경언해>와 <내훈>을 교정한 홍문관 관원에서 많은 상을 내려 문제가 될 정도로 애정을 쏟았다(광해 4년, 1612년 1월 17일).

시경언해는 <시경(詩經)>의 원문에 한글로 한자음과 구결(口訣)을 달고 언해한 책으로 20권 10책(원간본) 또는 5책, 7책(중간본)이다. 서경언해역시 <서전(書傳)>의 원문에 한글로 한자음과 구결(口訣)을 달고 언해한 책으로 5권 5책이다. 주역언해 역시 <주역> 원문에 한글로 한자음과 구결을 달고 언해한 9권 6책이다.

삼경언해서 역시 매우 활발하게 지속적으로 발간됨으로써 사서언해서 못지않게 경전 학습과 훈민정음 사용 발전에 이바지했다.

[표 6] 삼경언해서의 중간본 또는 복각본 발간 현황(100대 한글문화유산 해제 재구성)

삼경언해	중간본 발간 현황(100대 한글문화유산 해제)
시경언해	17세기 말 목판본(원간본 복각) : 서울대 규장각 17세기 말 목판본 : 서울대 규장각(권7, 8, 9 1책의 영본) 18세기 이후 목판본 : 서울대 규장각(영본) 18세기(1695?) 무신자본 : 국립중앙도서관 19세기 초반(1810?) 하경룡장판(河慶龍藏版) : 고려대 도서관 19세기 초반(1820?) 내각장판(內閣藏版) : 서울대 규장각, 한국정신문화연구원 장서각, 국립중앙도서관, 고려대 도서관, 연세대 도서관, 영남대 도서관(권6~9, 13~16 2책 결) 19세기(戊子新刊) 영영판(嶺營版) : 국립중앙도서관, 영남대 도서관, 경북대 도서관 19세기 전반(1828?) 영영판(嶺營版) : 고려대 도서관 19세기 중반(1862?) 영영판(嶺營版) : 서울대 규장각, 경북대 도서관
서전언해 (書傳諺解)	17세기 말(1695?) 무신자본(사주쌍변) : 서울대 규장각, 성암문고 18세기 전후 무신자본(사주단변) : 서울대 규장각, 고려대 도서관(권2 영본) 18세기 전후 무신자본(사주단변) : 서울대 규장각 18세기 중반(1742?) 목판본 : 고려대 도서관 19세기 초반(1810?) 하경룡장판(河慶龍藏版) : 고려대 도서관, 경북대 도서관 19세기 초반(1820?) 내각장판(內閣藏版) : 서울대 도서관, 한국정신문화연구원 장서각, 국립중앙도서관, 고려대 도서관, 연세대 도서관, 경북대 도서관(권5 1책의 영본) 19세기 초반(1826?) 영영판(嶺營版) : 고려대 도서관, 경북대 도서관

서전언해 (書傳諺解)	19세기 중반(1862?) 영영판(嶺營版) : 서울대 규장각(권5 1책 영본). 국 립중앙도서관, 경북대 도서관
주역언해	1666년(현종 7) 경 목판본 : 고려대 도서관["康熙五年(1666) 四月"의 지배문서] 17세기 후반(1695?) 무신자본 : 고려대 도서관, 콜롬비아대(사주쌍변 의 1704년(숙종 30)의 내사본, 권1~9의 9권 5책, 권4는 목판본 으로 배보) 18세기 초반(1704?) 무신자본(사주쌍변) : 서울대 규장각 18세기 무신자본(사주단변) : 한국정신문화연구원 장서각, 국립중앙 도서관, 고려대 도서관(권1, 3, 4 3책의 영본) 19세기 초반 정유자본 : 한국정신문화연구원 장서각, 경북대 도서관 (권2, 3, 4 3책의 영본) 19세기 초반(1810?) 하경룡장판(河慶龍藏版) : 서울대 규장각, 한국정 신문화연구원 장서각, 국립중앙도서관, 영남대 도서관, 전남 대 도서관 19세기 초반(1818?) 영영판(嶺營版) : 고려대 도서관(권5~9 1책) 19세기 초반(1820?) 내각장판(內閣藏版) : 서울대 규장각, 한국정신문 화연구원 장서각 연세대 도서관, 고려대 도서관, 경북대 도 서관 19세기 초반(1830?) 영영판(嶺營版) : 고려대 도서관, 경북대 도서관, 영남대 도서관(경인) 19세기 중엽(1862?) 영영판(嶺營版) : 국립중앙도서관, 경북대 도서관, 영남대 도서관, 전남대 도서관 19세기 후반(1865?) 영변판(寧邊版) : 서울대 규장각 목활자본 : 국립중앙도서관(권2, 3 2책의 영본). 전북대 도서관

3) 풍속언해서 발간과 보급 맥락

일반 풍속 관련 언해서는 관혼상제나 공동체 윤리에 관한 풍속서를
말한다. '주자가례, 여씨향약, 정속편' 등이 대표적이다.

[표 7] 풍속언해서 발간 현황

중국 풍속서	조선 관련서	
주자가례	사례편람(이재 편찬, 8권 4책, 목판본, 1844년 증손 광정 간행) 가례집람(김장생 엮음, 10권 6책 목판본, 송시열 등 간행, 1685(숙종 11)	가례언해 상례언해
여씨향약(11세기 초, 북송 때, 향촌교화용 자치 규약서) 주자증손여씨향약		여씨향약언해
정속편(원나라 일암 王逸庵王 지음, 14세기 중엽).		정속언해
	* 김정국 편저	경민편(언해본)

행실 교화서와 사상 교화서 보급이 교화 정책이나 정권을 잡은 양반들에 따라 달라지기도 하고 정재걸(1983 : 28)의 지적처럼 양반과 서민에게 적용되는 맥락이 달랐다. 양반은 수신 차원에서 또 향촌 질서유지의 주체로서 서민 교화에 앞장선 것이고 서민들은 윤리 규범 차원에서 예 중심으로 배우고 실천해야 했다. 양반들은 국가 시험 준비와 외우기 방식의 교육을 통해 교화서의 내용을 철저히 익혀야 했다. 언해서는 이런 측면에서 양반이나 서민에게 두루 영향을 미쳤다.

[표 8] 교학과 교화의 비교(정재걸, 1983 : 28)

갈래	교육대상	교육기관	교육목적		교육내용	교육방법
			국정	양반		
교학(敎學)	양반	정규 학교 기관	취재(取才)	수신(修身)	경학	강경(講經)
교화(敎化)	서민	각종 시책 및 행사	치인(治人)	향촌 질서유지	윤리규범	예의 보급 (非禮단속)

(1) 가례언해와 상례언해

가례언해는 소학을 지은 주희의 '주자가례'를 언해한 책이다. 신식(申湜, 1551~1623)이 언해하고 그의 아들 신득연(申得淵)이 1632년(인조 10)에 강원도 원주에서 간행하였다.[27] 중앙에서 국가 주도로 펴낸 것이 아니라 지방에서 민간 중심으로 펴낸 책이라 더욱 가치가 있다. 지배층에서는 평민이나 하층민을 대상으로 이 책을 펴낼 필요를 못 느껴 언해하지 않았을 것이다.

다만 광해군 2년인 1610년 윤 3월 8일 승정원에서 민덕남(閔德男)이 아뢴 <가례언해(家禮諺解)>를 간행 배포할 것 등을 모두 처분하지 않았음을 보고하자 광해군은 <가례언해>를 간행 배포하는 일은 예조에 말하도록 하겠다는 기사가 나온다.[28] 이로 미루어볼 때 광해군 때 가례언해 편찬 논의가 있었던 것으로 보인다.

<주자가례>는 중국 송나라 때 나온 책으로 통례(通禮), 관례(冠禮), 혼례(婚禮), 상례(喪禮), 제례(祭禮) 등을 담아 조선시대 때 가정 예절을 위해 매우 유용하게 쓰인 책이다. 실록에 나오는 상례, 제례 관련 기록은 이 책을 참고하고 있다.

1687년(숙종 14)에 간행된 김장생의 문집 <사계전서> 28권의 가례집람(家禮輯覽) 상례(喪禮) 편에 보면, 계모와 가모가 자신을 따라온 전 남편의 아들을 위해 입은 옷에 관한 글에서 '가모(嫁母)'의 '모' 자는 마땅히 '이(而)' 자로 되어야 한다고 하면서 정구(鄭逑)의 <예초(禮抄)> 및 지사(知

---

27) 인조 10년(1632) 8월 5일자 승정원일기의 조보에 의거하여 "강원 감사 신득연(申得淵)의 서목은, "선신(先臣), 신식이 지은 <가례언해(家禮諺解)> 간인(刊印)에 관한 일로 상달(上達)하는 상소를 올려 보냅니다."라는 일이었는데, 입계(入啓)하였다.

28) 閔德男所啓 : '<家禮諺解>刊布'事, 竝無發落, 取稟." 傳曰 : "－줄임－<家禮諺解>刊布事, 言于禮曹－광해군일기(중초본) 광해 2년(1610) 윤 3월 8일.

事) 신식(申湜)의 <가례언해(家禮諺解)>에는 그대로 '모' 자로 되어 있다고 하여 신식의 <가례언해>를 중요하게 참고하고 있음을 알 수 있다. 양반가가 아니더라도 가례는 매우 중요하게 여기는 풍토로 보았을 때 조선 후기에 이 책이 많이 참고가 된 듯하다.

<상례언해(喪禮諺解)>는 김장생이 지은 <상례비요(喪禮備要)> 중에서 초기 장례 예절(初終之禮)를 가려 뽑아 1623년에 이문수(李文曳)가 언해한 2권 1책의 원고본이다. 이문수는 김장생과 같은 동네에 사는 사람으로 김장생이 다음과 같은 서문을 써주었다.

> 예절의 번거로움치고 상례(喪禮)보다 더 심한 것이 없고, 또 초상(初喪)보다 더 급박한 것이 없다. 비록 예를 아는 사람일지라도 요령을 알지 못하여 잘못하는 경우가 많은데, 하물며 외진 고을에 살면서 견문이 적어 평소부터 예절에 어두운 자들이야 어떻게 그 절문(節文)의 자세함을 다 알 수 있겠는가.
>
> 덕신정(德信正) 이문수는 신문(新門) 교관(敎官) 박형(朴泂)에게 수학하면서 경서를 읽고 또 예학에까지 미쳤는데, 그는 세속 사람들이 특히 급작스러운 변고를 당했을 때에 예(禮)를 그르치게 되는 것을 걱정해왔다. 그래서 마침내 상례의 초종(初終) 예절을 뽑아 언해(諺解)하여 많은 사람들에게 전해주었는바, 설령 부인(婦人)이라 할지라도 이에 근거하여 행하면 아마 대사(大事)에 유감이 없을 것이니, 그 뜻 또한 근실하다 하겠다.
>
> 신문이 후생들을 가르쳐 그를 추종하는 자가 거의 수십, 수백 명에 이르지만 학문이 성취되어 학업을 계승한 자는 한 사람도 없으니, 인재를 얻기 어렵다는 것이 이런 것이 아닐까. 오직 문수만은 어려서부터 학문에 뜻을 두어 늙도록 게을리하지 않았으니, 가상한 일이다. 문수의 아들 이홍오(李弘吾)가 이 책을 직접 가지고 와서 나에게 그 책머리의 서문을 부탁하기에 감히 사양하지 않고 이를 기록하는 바이다.
>
> -'喪禮諺解序' 현대말 옮김(박완식), <사계전서> 5권, 한국고전 번역원

　김장생은 이 서문에서 언해본의 효용성을 정확히 짚어내고 있다. 부인들도 이 책을 통해서 정확한 상례의 예절을 익히고 적용할 수 있다는 것이다. 단지 언문으로 되어 있다고 해서 추천하는 것이 아니라 이 문수의 학문과 성실성으로 보아 내용도 추천하기에 부족함이 없다고 보았다. 매우 유익한 실용서를 통해 언문의 사용역이 넓고 정확하게 적용되는 맥락을 보여준다.

(2) 여씨향약언해

　<여씨향약언해>는 김안국이 중종 13년인 1518년에 주자증손여씨향약(朱子增損呂氏鄕約)을 언해한 것이다.[29] 향약은 조선시대 지방 자치 규약으로 '향약'하면 '여씨향약'을 일컫는다. <소학> '先行' 편에는 송나라 역사 책인 '여대방열전'을 인용하여 그 내용을 소개하고 있다.

> 藍田呂氏鄕約曰, 凡同約者, 德業相勸. 過失相規. 禮俗相交. 患難相恤. 有善則書于籍, 有過若違約者, 亦書之, 三犯而行罰, 不悛者絶之. - <소학> 선행 편

　이때의 남전 여씨는 송나라 때 섬서성 남전에 살던 여대충(呂大忠), 여대방(呂大防), 여대균(呂大鈞), 여대림(呂大臨) 등 네 형제를 가리킨다. 이들이 그 고을 사람들과 서로 지키기로 약속한 자치 규범이 향약이었다. 이렇게 중국 송나라 때에 여씨 4형제가 만든 <여씨향약>을 주자가 다시 보충하여 정리한 책이 <주자증손여씨향약>이고, 김안국이 이 책을 언해하여 펴낸 것이다.

---

29) 안병희(1992가), 안병희(1992마)에서 판본 문제가 집중 규명되었다.

사림들은 지방 자치에 의한 풍속교화를 위해 '향약'을 매우 중요하게 여겼다. 양반들은 향약계를 조직하여 서원과 향교를 중심으로 결속을 다지고 하층민들 교화를 위해 향약을 중요한 덕목으로 설정하였다.

조광조와 함께 중종 시대의 사림파를 대표하던 김안국은 경상도 관찰사로 재직하던 1517년에 여씨향약을 직접 보급하는 데 총력을 기울였다. 이때는 언해본이 정식으로 나오기 전이므로 한문본과 임시로 만든 언해본을 가지고 교화에 나선 것으로 보인다. 1518년(중종 13) 4월 1일 정식으로 중앙 정부에 간행을 건의하는 내용에 이런 내막이 언급된다.

"신이 경상도 관찰사(慶尙道觀察使)가 되었을 때 그 도의 인심과 풍속을 보니 퇴폐하기 형언할 수 없었습니다. 지금 성상께서 풍속을 변화시킴에 뜻을 두시므로, 신이 그 지극하신 의도를 본받아 완악한 풍속을 변혁하고자 하는데, 가만히 그 방법을 생각해보니 옛사람의 책 중에서 풍속을 바로잡을 수 있는 것을 택하여 거기에 언해(諺解)를 붙여 도내에 반포하여 가르치게 하는 것이었습니다. 신이 이 책들을 수찬하기로 마음먹고 있으나 사무가 번다하여 미처 자세히 살피지 못하였으므로 착오가 필시 많을 것으로 봅니다. 지금 별도로 찬집청(撰集廳)을 설치하여 문적(文籍)을 인출하고 있으니, 이 책들을 다시 교정하여 팔도에 반포하게 하면 풍화(風化)를 고취시킴에 조금이나마 도움이 있을 것입니다. <여씨향약(呂氏鄕約)>이나 <정속(正俗)> 같은 책은 곧 풍속을 순후하게 하는 책입니다. <여씨향약>이 비록 <성리대전(性理大全)>에 실려 있으나 주해(註解)가 없어 우리나라 사람들은 쉽게 이해하지 못합니다. 그러므로 신이 곧 그 언해를 상세하게 만들어 사람마다 보는 즉시 이해하게 하고, <정속> 역시 언자(諺字)로 번역하였습니다."

―중종실록, 중종 13년(1518) 4월 1일

중종은 이런 김안국의 보고를 받고 높이 치하한 뒤 이 책은 모두 풍교(風敎)에 관계되는 것이라 찬집청에 보내 개간하여 널리 반포하게 하라고 지시했다.

이로부터 2개월 뒤인 6월 19일에 홍문관 응교 한충은 "신이 보니 충청 감사(忠淸監司)가 <여씨향약(呂氏鄕藥)>을 간인(刊印)해서 그 지방의 연소한 선비들을 가르치고 있습니다."라고 하면서 신이 시골에서 아이들이 읽는 <향약(鄕約)>을 보니 곧 김안국(金安國)이 교정(校正)한 언해본(諺解本)이었습니다. 이것을 널리 인출하여 팔도(八道)에 반포하는 것이 가합니다."라고 증언하고 있는 것으로 보아 <여씨향약언해본>이 주요 지방에 퍼진 것으로 보인다.

김안국의 <여씨향약언해> 보급은 이 책이 보급되자마자 역풍을 맞는다. 이 책이 보급된 지 얼마 안 된 1519년 남곤 등의 훈구 세력에 의해 조광조를 비롯한 사림파에 대한 숙청이 이루어지기 때문이다. 중종은 아예 향교 혁파 명령까지 내린다. 선조에 이르러 이황과 이이에 의해 다시 활성화되지만 사림의 중심인 남인의 몰락으로 다시 약화된다. (백두현 : 2009)

안병희(1993)와 백두현(2009)에 따르면 <여씨향약언해>의 중간본은, "華山文庫本 : 을해자본 1574년보다 앞선 판본(42장), 一石本 : 을해자본 1574년 간행(43장), 一石本의 복각 목판본(42장)" 등으로 16세기에 집중되어 있고 매우 적어 시대의 흐름을 반영하고 있다.

이런 영향 외에 백두현(2009)에서는 <여씨향약언해>의 효용성이 약화된 또 하나의 원인으로 향약 보급 대상과 관련하여 찾고 있다. 곧 "향약의 시행은 일반 民이 아닌 향촌의 사인(士人)을 대상으로 한 것이었고, 사인층은 대부분 한문에 능통했기 때문에 군이 언해서를 계속 간행할 필요는 없었을 것"이라는 것이다.

이런 한계는 있지만 16세기는 훈민정음 지방 보급이 이루어진 본격적인 시기이므로 이 시기에 한정된 훈민정음 보급 영향력은 분명한 것이었다.

(3) 정속언해와 경민편

<정속언해>는 김안국이 1518년(중종 13) 경상도 관찰사로 일하면서 펴낸 대표적인 풍속 교화서이다. 이 책은 일암왕공(逸菴王公)이 중국 송 강부에서 14세기 중엽 왕지화가 서문을 붙여 간행한 <정속편(正俗篇)>을 번역한 책이다.

<정속편>은 내용으로 보면 풍속 교화서의 결정판임은 차례만 봐도 알 수 있다. 이 책은 풍습을 바로잡기 위하여 효부모(孝父母)・우형제(友兄弟)・화실가(和室家)・훈자손(訓子孫)・목종족(睦宗族)・후친의(厚親誼)・휼인리(恤紐里)・신교우(愼交友)・대간복(待幹僕)・근상제(謹喪祭)・중분묘(重墳墓)・원음사(遠淫祀)・무본업(務本業)・수전조(收田租)・숭검박(崇儉朴)・징분노(懲忿怒)・진기황(賑飢荒)・적음덕(積陰德) 등 18조목의 내용 효부터 분노와 같은 감정 다스리기까지 풍속 교화의 실제와 근본을 매우 명료하게 제시하고 있다.

한문본 <정속편>이 조선에 언제 들어왔는지 모르지만 조선왕조실록에 딱 한 번의 기사가 세종조에 등장한다. 세종 5년(1423) 12월 27일에 예조에서 "제생원의 의녀들은 반드시 먼저 글을 읽게 하여, 글자를 안 연후에 의방(醫方)을 읽어 익히도록 하고 있으니, 지방에서 선발하여 올려 보내려고 하는 의녀도 또한 지금 거주하고 있는 그 고을의 관원으

로 하여금 먼저 <천자(千字)>·<효경(孝經)>·<정속편(正俗篇)> 등의 서
책을 가르쳐서 문자를 대강 해득하게 한 뒤에 올려 보내도록 하게 하
소서."라고 세종에게 아뢴 것이다.

　사림파의 거두인 김종직의 <점필재집>에 보면, "우리들을 가르칠
적에도 학문을 하는 데 있어서는 등급을 뛰어넘지 못하게 하였다. 그
래서 처음에는 <동몽수지(童蒙須知)>, <유학자설(幼學字說)>, <정속(正俗
篇)>을 가르쳐주고 이것을 모두 배송(背誦)한 다음에야 <소학>에 들어
가게 하였다. 그리고 그다음으로는 <효경(孝經)>, <대학(大學)>, <논어(論
語)>, <맹자(孟子)>, <중용(中庸)>, <시경(詩經)>, <서경(書經)>, <춘추(春
秋)>, <주역(周易)>, <예기(禮記)>를 읽게 하였고, 그런 다음에야 <통감(通
鑑)> 및 제사(諸史)와 백가(百家)를 차례로 각자의 마음대로 읽도록 하였
다.[30]"라고 나온다. 이렇게 보면 <정속편>은 아이들의 기본 학습 교재
였다고 볼 수 있다.

　이렇게 중요한 언해서가 18세기에 딱 두 번 중간된 데 그치고 널리
보급되지 않은 이유에 대해 백두현(2009)에서는 국가의 정책적 뒷받침
이 없었다고 지적했다. 그렇다면 국가는 왜 정책적 뒷받침을 하지 않
았을까가 문제다. 아마도 이 책 내용 상당 부분이 삼강행실이나 소학
과 겹치고 정통 성리학서가 아닌 탓도 있었을 것이다. 아니면 김안국
과 같은 뛰어난 안목과 실천적 의지가 정책을 결정하는 왕과 핵심 지
배층에게 없어서일 수도 있다. 이렇듯 여러 요인이 복합적으로 작용했

---

30) 正統元年丙辰. 世宗大王十八年 先生六歲.始受學.先公教先生曰.爲學不可躐等.初授童蒙
　　須知, 幼學字說, 正俗篇.皆背誦.然後令入小學.次孝經.次大學.次論, 孟.次中庸.次詩.次
　　書.次春秋.次易.次禮記.然後令讀通鑑及諸史百家.任其所之.至於學射.亦不禁.嘗曰.弓矢.
　　衛身之物.不可不閑習.況古之人.以此觀德.非博奕比也.勸之書字.則言.書.心畫也.模楷必
　　端正.草及篆.亦須要精熟.勸之握籌.則曰.日用事物.非此.不易究數.位置不可傾側也.

을 것이다. 기묘사화(1519)로 사림 세력이 위축이 된 정치적 요인도 컸음에 틀림이 없다.

<경민편(警民編)>은 김안국의 동생인 김정국(金正國)이 1519년에 처음 간행한 언해 책이다. 이 책은 윤리적 교화와 법적 교화를 동시에 담은 매우 중요한 책이다. 이때 중요하다는 것은 그만큼 영향력이 컸고 다양한 방식으로 간행되었으며 다면적 평가가 가능하다는 것이다. 또한 삼강오륜식 내용을 탈피하여 향촌 질서의 유지에 필요한 "족친·노주·인리·투구·근업" 등의 항목이 추가되어 향촌 현실을 많이 반영했다는 점에서 매우 실용성이 높은 책이다. 이는 삼강행실도나 소학 같은 이념 위주 교화에 언문을 활용한 것이 아니라 실제 생활을 위해 언문을 활용한 대표적인 사례다.

백두현(2009 : 283)에서는 이런 관점에서 "범법 사항 뒤에 따르는 엄한 형벌 조항(태형, 장형, 교수형, 참형 등)도 명기"되어 있는 점을 들어 이 책은 "인민 통치에서 나아가 인민 억압에 한글이 활용된 사례가 <경민편언해>라 하겠다."와 같이 평가했다. 매우 적절한 지적이지만 전반적인 내용은 '억압'이라기보다는 사림 위주의 향촌 질서 재배치라고 보아야 한다. 사림은 지방 양반들의 억압적 수탈적 지배를 막고 하층민들의 동요를 막으면서 자신들의 지배 질서로 끌어들이는 양면 전략을 썼기 때문이다. 사림 세력이 "향음주례, 유향소, 향회" 등 다양한 조직을 통해 결속력을 다지면서 한편으로는 농업 생산력 개선과 향약 같은 공동체 교화 전략을 함께 추구한 것은 그 때문이다. 김안국, 김정국 형제는 이런 사림들의 가장 모범적인 전략을 언해서를 통해 구현하고자 했던 것이다.

[표 9] 경민편(언해) 간행 계보도-박종국(2003 : 9~15) 서술 내용 재구성

갈래	원본	중간본/개간본/복각본		
	경민편	경민편	경민편전(全)	경민편 (중간본의 복각본)
시기	중종 14년(1519)	선조 12년(1579)	효종 9년(1658)	영조 24년(1748)
편저자/ 번역자	김정국	김정국 *허엽이 '君上第一' 추가 간행	한문본(김정국)을 이후원이 번역	
판본/ 번역 특징		중간본	개간본 (원간본을 못 보고 한문본으로 된 사본을 구하여 번역)	중간본(효종 9)의 복각본 *책머리에 이후원의 차자를 얹고, 입곁과 번역은 효종9년 간본을 따름
소장처	전하지 않음	일본 동경대학교	규장각	세종대왕 기념사업회

<경민편>의 원간본은 전하지 않고 각 중간본마다 발간 의도가 명확한 것이 중요 특징이기도 하다. 선조 12년, 1579년에 진주에서 나온 중간본은 경상도 감사 허엽이 '君上第一'을 추가하여 경주 등 지방에서 간행하여 집집마다 보급하기 위한 전략을 썼다.[31]

효종 9년(1658)에 나온 개간본은 이후원이 번역하여 간행했다. 언해된 원간본을 보지 못한 상황에서 한문본을 바탕으로 새로 번역하고 송강 정철의 훈민가 시조를 덧붙여 펴냈다. 상주목사 이정숙(李廷㷩)은 경술년(1730) 구월에 다시 그의 발문을 붙여 이 개간본을 간행하였다.[32] 이 상주판을 다시 복각한 것이 '戊辰七月日 龍城開刊'이라는 간기를 가진 영조 24년에 나온 남원판(1748)이다.

---

31) 玆以此編添補君上一條 付之四長官 慶州尙州晉州靑松 函上於梓 印頒屬邑 屬邑各來 印出 兼許民間私印 期於家家有之 人人見之 (허엽의 重刊序).
32) 이 발문은 현전하는 완영판에 실려 있다. -홍문각 영인본(1992)

현전하는 <경민편언해> 중 가장 흔히 보이는 것은 '乙丑六月完營開
刊'이라는 간기를 가진 완영판이다. 이 완영판에는 이정숙의 발문과
정철의 훈민가 그리고 평안감사 송인명(宋寅明)이 지은 '八戒'가 실려 있
다. 송인명의 '팔계33)'는 상문각 영인본 <경민편>34)에 실려 있는데 백
두현(2009)에서는 이 영인본을 송인명이 간행한 평안도판으로 추정했다.
백두현(2009)에서는 이러한 중간본 발간의 정치적 맥락을 주목했다.
이를테면 초계판(草溪版) <경민편언해>는 1731년 경상도 초계(지금의 합
천군 초계면 지역)에서 간행한 것인데 1727년에 이인좌의 난 때 합천, 거
창, 함양 등의 지역민들이 반군에 동조하였다고 한다. 특히 합천에 거
주하던 정희량(초계 정씨)은 반군을 이끌고 합천·함양 등 4개 군현을
석권할 정도로 강세했으나 평정되었다. 이 난이 평정된 후 반군이 횡
행했던 이 지역의 민심을 수습하고자 간행한 것이 바로 초계판 <경민
편언해>라고 보았다. 따라서 언해본이 단순한 민심 교화가 아니라 정
치적 억압용으로 사용된 것으로 평가하였다.

3. 유교 관련 한글문헌의 의미

앞의 논의를 바탕으로 조선 왕조가 유교 관련 문헌, 특히 언해서를

---

33) 관서는 이 긔즈의 녯 도업이라 셩인의 ᄀᆞᄅᆞ치시미 임의 멀고 빅셩의 풍쇽이 졈
졈 문허디여 패륜 범샹ᄒᆞᄂᆞᆫ 일이 간간이 만히 이시니 내 흐릭믈 닛고 교화를 펴
ᄂᆞᆫ 소임으로써 이지 ᄇᆞ야호로 스스로 도로혀 기피 슬허ᄒᆞ며 삼가 ᄋᆞ돏 가지 됴
목으로 ᄀᆞᄅᆞ치시던 깃틴의로써 ᄋᆞ돏가지 경계을 지어 경민편 ᄭᅳᆺ틱 븟텨써 셧녁
빅셩을 경계ᄒᆞ로라. (後序 1a-1b)
34) 이 책은 일찍이 상문각에서 영인하였고, 홍문각에서 <경민편언해(이본 삼종)>
(1992)라는 제목으로 초계판, 완영판과 함께 영인하였다.

펴낸 동기와 언어정책 측면에서의 의미, 언어정책 집행 주체와 대상 주체 측면, 이들 문헌의 복합적 성격 등을 짚어보기로 한다.

1) 유교 문헌 간행 동기

훈민정음 창제와 보급의 핵심 동기가 교화에 있음은 이제 두루 알려진 바다. 그렇다면 유교 문헌 간행 동기의 첫 번째 의미로 교화 도구로써 책의 문제를 짚어볼 필요가 있다. 교화도 서책 출판도 모두 국가의 정체성을 드러내고 강화하는 핵심 정책이었다. 조선 왕조는 중국과는 달리 조선 후기까지 책 서점(서사)을 허용하지 않았다. 그만큼 출판 정책은 중앙통제의 성격이 강했고 교화 정책과 그 흐름을 같이한 것이다.

세종이 훈민정음 창제 10여년 전부터 실용적인 책과 쉬운 문자를 통한 교화에 매우 큰 관심을 갖고 있었음은 김슬옹(2011라)에서 두루 규명한 바와 같다. 이러한 교화 정책을 위한 서책과 언해의 관계를 김안국 관련 실록 기록이 명쾌하면서도 집약적으로 보여주고 있음을 확인하였다. 교화의 핵심 주체인 관리이자 교화 서책의 편집인이기도 한 김안국이 풍속을 교화할 서책과 의약에 관한 서책을 개간하여 널리 반포하기를 청하는 기사문이었다.

'언해'는 어려운 내용을 쉬운 말로 자세히 풀어낸다는 뜻과 언문으로 번역한다는 두 가지 뜻이 담겨 있다. 결국 언해는 어려운 한문을 쉬운 언문으로 바꿔 풀이한다는 뜻이므로, 단순 번역이라 하더라도 쉬운 언어로 풀어낸다는 뜻을 함의하고 있음을 알 수 있다. 곧 언해 정책은 쉬운 문자로 번역해서 단지 전달하는 것뿐만 아니라 쉽게 풀어서 가르친다는 의미를 담고 있다. 이러한 교화 정책을 관리로서 학자로서 충실하게 수행한 김안국의 증언은 무엇을 왜 어떻게 교화시켜야 하는지를 명쾌하게 보여준다.

둘째는 국가의 정체성을 강화하는 전략 아래 유교 언해 문헌이 지속적으로 발간되고 끊임없이 정책 기제가 된다는 점이다. 따라서 세도 정치로 국가 기강이 무너지기 전까지 삼강행실 언해서의 간행이 반복된다. 또한 오륜행실도와 같은 삼강행실도 서책의 확대 변형판이 시대 맥락에 맞게 간행되었다. 소학언해와 효경언해 역시 번역 방식을 달리하면서 시대와 지배 이념에 따라 변형되어 보급되었다. 임진왜란 직전에 완성 보급된 사서언해는 조선 후기에 지속적으로 영향을 끼쳤다.

이러한 국가 정체성 강화 정책은 언문이 있었기에 가능한 것이다. 하층민에 대한 특별한 교육제도가 거의 전무한 상태에서 언문으로 풀어낸 서책 보급은 단순한 출판 이상의 의미가 있다. 여기서 책과 내용의 맥락적 이해가 필요하다.

셋째는 유교 관련 문헌은 훈민정음을 보급하는 강력한 계기를 마련해주었다. 결과적으로 보면 그런 목적을 달성한 셈이다. 삼강행실 언해서 보급을 최고 법전에서 명문화하였다. 또 [표 10]에서 보면 과거 시험에서 사서 삼경이 필수 과목이므로 더욱 강력한 추동력이 되었을 것이다. 사서오경 언해 자체는 훈민정음 반포 100년 뒤에나 이루어지지만 사서오경 공부에서 중요한 한자음 발음이나 구결식 읽기를 위해서라도 훈민정음은 많은 영향을 끼쳤다. 영조가 직접 시험을 본 경우도 있었다. 영조는 시험의 난이도를 높이기 위해 일부러 언해(諺解)가 없는 <예기(禮記)>, <춘추(春秋)> 과목부터 암기 시험을 보고, <주역(周易)>, <서전(書傳)>, <시전(詩傳)>으로 차례차례 암송 시험을 보았다.[35] 언해본이 학습과 시험 공부에 많은 영향을 끼쳤음을 보여준다.

[표 10] 조선시대 문과 시험 과목

구분			시험 과목
소과(小科)	생원과 生員科	초시	사서오경(四書五經). 강서(講書)
		복시	위와 같음
	진사과 進士科	초시	부(賦) 1편, 고시(古詩). 명(銘). 잠(箴) 중 1편
		복시	위와 같음
대과(大科)	초시 初試	초장	사서(四書)의 의(疑) 1편 및 논(論) 1편
		중장	부(賦) 1편 및 표(表). 전(箋) 중 1편
		종장	대책(對策) 1편
	복시 覆試 회시 會試	초장	사서삼경(四書三經) 배송(背誦)
		중장	초시와 같음
		종장	초시와 같음
	전시(殿試)		대책(對策). 표(表). 전(箋). 잠(箴). 송(頌). 제(制). 조(詔). 논(論). 부(賦). 명(銘) 중 1편

　이런 임금의 특별 시험이 아니더라도 조선시대 문과 시험 과목을 보면, 사서삼경 배송이 핵심임을 알 수 있다. 이런 식의 경전 학습과 과거 시험이 조선을 동아시아 보편 문화에 동참하게 하는 긍정 효과를 가져오기도 했지만, 그 반면에 과거제도가 갑오개혁 때까지 지속되어 근대화에 걸림돌이 되기도 했다. 숙종 때 제술관으로 일본 통신사를 다녀온 신유한은 해유록에서 과거제도가 없는 일본이 오히려 문물이 발달함을 들어 우리의 과거제도를 간접 비판한 점은 눈여겨볼 만하다.
　넷째는 옛 풍속이나 옛 문화를 수용하고 이어가는 전통 수용의 계기

---

35) 上親試專經文臣講.舊制以五經中輪回背誦 而名官輒自書不通 不以爲恥.上知其弊 乃命
　　從自願臨講 則又以無諺解之 <禮記><春秋>應講 故遂以<易><書><詩>循次試講 使
　　知當次之書 而預加講習 又令臨講 使不通者知恥 是日乃定式後初也.講員亦無一人通者
　　例當罷職 上以適中其願 只命禁推. - 영조실록, 영조 18년, 1742년 9월 27일.

를 마련하고 실제 그것을 이루었다. 유교의 기본 도덕 질서는 공자 이전에도 있었던 것이다. 그러한 도덕이 성리학 사상에 의해 강화되고 변형된 것은 있을지라도 그 근본은 미풍양속의 전통이라 볼 수 있다. 가부장적 이데올로기와 남녀차별 등 부정적 요인을 시대적 한계로 본다면 '미풍양속'의 근본 가치는 시대를 초월한 보편적 생활 양식이요 규범이었다. 지식으로서 권력과 문자(한자)에 갇혀 있던 근본 양식이 언문과 언해 책으로 인해 소외 계층까지 소통할 수 있는 길로 열린 것이다.

언어문화 측면에서 보면 다채로운 고유 입말의 세계가 문자화됨으로써 계승되고 활용될 수 있는 가치를 얻었다. 김영수(2001 : 263)에 의하면 [표 11]에서 보는 것과 같이 고유어가 문자화됨으로써 고유 문화 계승에 매우 중요한 역할을 했음을 알 수 있다.

[표 11] 조선중세한문번역본의 고유어 사용 비율 : 김영수(2010 : 263) 일부 재인용

갈래	총 단어수	고유어휘수	한자어휘수	비례	출판년대
훈민정음	286	228	60	79 : 21	1447~1459년
삼강행실도	5588	3691	1845	66 : 33	1481년
맹자언해9~12	7419	3138	4281	42 : 58	1601년
태평광기언해1	11762	9851	1911	84 : 16	17세기 후반기

고유어 비율이 다르지만 모두 합치면 최소 50퍼센트가 넘는다. 이는 고유 문자가 창제되면서 유교 문헌 재창조를 통해 더욱 확산되는 어휘로 설정되게 된 것이다. 삼강행실도언해가 일반 백성들을 대상으로 하므로 이런 문화적 기록이 가능했다.

이뿐만 아니라 삼강행실도가 새롭게 편집되면서 다양한 방언이 수용되었다는 점이다.

4장 유교를 통한 훈민정음 발달 199

玉·옥슈금·이·는 安한陰흠:사·르·미·라 ·나·히 ·열닐·
구·베 남지·니 죽거·늘 ·쉭·어버·이 조·차:사더·니 제 무
슐:사·륵[미] 길·헤 맛·보·아 어·루·려커[늘] 거·스·러 좃·디
아·니터·니 [그] ·노·미 다조·차 무·늬 ·오·나[·늘] 玉 ·옥슈
금·이:면·티 ·몯홀 [주를 알오] 목 민·야·드·라 쥐[그니라]
　　　　　－<속삼강행실도> '烈女圖 25ㄱ' 玉今不汚 本國

[현대말 옮김] 옥금이는 몸을 더럽히지 않았다[36]
　옥금이는 안음(安陰) 사람이다. 나이 열일곱에 남편이 죽거늘, 시부모
를 따라가 살았는데, 그 마을 사람이 길에서 (옥금이를) 만나 (강제로)
어르려고 하거늘 거역하고 따르지 아니하였다. 그놈이 다급하게 따라와
문에 오거늘 옥금이가 (겁간을) 면치 못할 줄을 알고 목매달아 죽으니라.

　열녀도의 '무술'은 정우영 외(2008 : 164)에서 "효자도(3, 6, 22, 26) 및 열
녀도(28) 등에서 거의 '무술'로 적었으나, 여기서만 '무술'로 표기되었다.
오기일 수도 있지만, 방언형 '스이-스시'에 대한 표준어형 '스쇠'처럼
방언형을 적었을 가능성도 있다."라고 조심스럽게 방언형임을 추론했
지만 실제 현대에도 '마실'이라는 방언이 있으므로 방언형으로 보아야
한다.

　·츠·마:몰·ᄒ·애·라 ·ᄒ ·더·라 새배 니·러 의·식 무:
덤 [읇]·픠 ·가:울·오 脫탈喪상ᄒ·고·도 더·욱 슬·코 ·그·
려 어버·의 상·녜 안·쩐 ·듸·를 ·보·와:돈 恭공敬·경호·물:
산·적 ·ᄀ·티 ᄒ·며 ·쏘 祀[쏘]堂땅·애 아춤 나죄 의·식 절ᄒ·

---

36) 이하 속삼강행실도 현대말 옮김은 정우영·이정일·정상훈(2008)에 따른다. 원문
　　인용의 띄어쓰기도 이 문헌에 따른다. 정우영 외(2008 : 일러두기)에 의하면, <續
　　三綱行實圖>(1514)는 신용개 등이 중종의 명으로 <三綱行實圖>(세종 연간에 원고
　　완성, 1481년에 간행)에서 빠진 효자 36명, 충신 5명, 열녀 28명에 대한 사적을 수
　　록하고 언해하여 목판으로 간행한 책이다.

고 朔 : 삭望 · 망祭 : 졔 · 와 薦 · 쳔新신[을] : 궐 · 티 아 · 니ᄒᆞ · 며 : 일
잇거 · 든 의식 告곰호 : 후에 · ㅿ · ᄒᆞ · 더 · 라 죽거 · 늘 : 두 [아] · 둘
벼 · 슬 : 희 · 시 · 고 무 · 덤 · 의 碑비 : 셰 · 시니 · 라
                                    −孝子圖 6ㄴ 德崇全孝 本國

정우영 외(2008 : 16)에서는 '의식'을 '반드시'로 풀고, 15세기에는 나타
나지 않는 어휘로 보았다. 15세기의 '반ᄃᆞ기, 모로매, 당당이'에 대응되는
단어라고 해석했다. 적절한 해석이라고 본다. 오늘날의 시각으로 보면
사라진 어휘지만 15세기 어휘의 다양성이 언해 문서에 녹아든 것이다.

기존 연구는 방언이냐 아니냐와 왜 방언이 유입되었느냐에 그치고
있다. 그러나 사회언어학적으로 보면 이는 대단히 중요한 의미를 담고
있다. 그것은 언어 문화의 다양성과 통일성이 교화서 발행으로 점진적
으로 수용되고 확산됨을 의미하기 때문이다. 여러 지방의 효자, 효녀,
충신, 열녀 등이 정부 발간 문헌의 주인공이 됨으로써 지방 문화에 대
한 사회적 의미가 부여되는 것이다. 실제로 1481년 세종 연간의 <삼강
행실도(三綱行實圖)>는 중국인의 사례가 대부분이었으나, <속삼강행실
도>에서는 <삼강행실도>에서 빠진 효자 36명, 충신 5명, 열녀 28명에
대한 사적을 수록하고 있다. 이 가운데 중국인은 효자 3명, 충신 3명,
열녀 8명뿐이다.(정우영 외, 2008 ; 김항수, 2003 : 201)

이 밖에도 번역 과정에서 중국 문화를 좀 더 풍부하게 해석하고 창
조적으로 수용하는 효과도 가져왔다. 이 점에 대해 최봉영(2010)에서는
퇴계의 주자학이 중국의 주자학을 넘어설 수 있었던 것은 한문의 뜻을
풍부한 우리말과 한글로 풀어냈기 때문이라고 보아 다음과 같이 퇴계
의 사유과정을 인용하여 서술하였다.

퇴계는 <논의석의(論語釋義)>에서 思無邪라는 구절을 한국말로 풀이하면서 "○思이 邪이 업스미니라. ○思이 邪이 업게 홀디니라. '업게 홀디니라'는 공부의 뜻이 담겨 있다(此有工夫說). 지금 내가 두 가지 설명, 즉 '업스미니라'와 '업게 홀디니라'를 살펴보니 모두 마땅히 살려두어야 하겠지마는, 단지 뒤에 나오는 '업게 홀디니라'는 마땅히 '업게 호미니라'라고 말해야 한다(今按兩說皆當存之, 但下說當云'업게 호미니라)"라고 말하고 있다.

— 최봉영(2010 : 225)

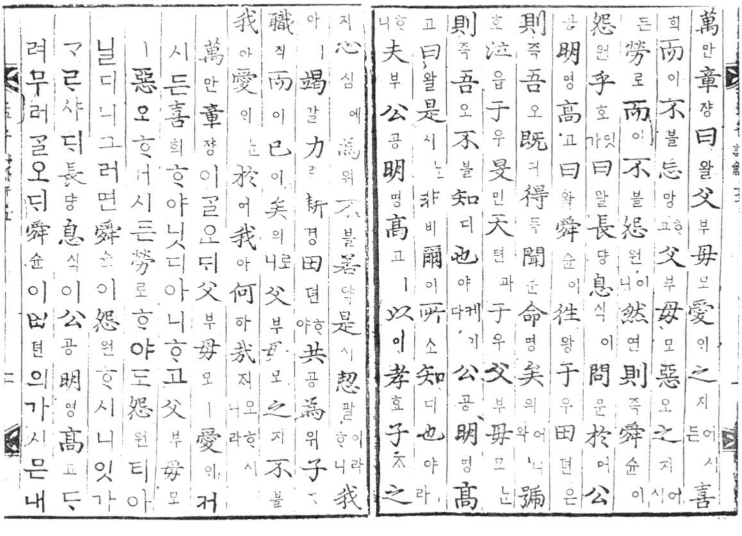
萬만章장曰왈父부母모ㅣ愛이之지어시든喜
희而이不불忘망고ᄒᆞ父부母모ㅣ惡오之지어시
든勞로而이不불怨원이니然연則즉舜슌이
怨원乎호아잇가曰왈長댱息식이問문於어公
공明명高고ㅣ曰왈舜슌이往왕于우田뎐은
則즉吾오旣긔得득聞문命명矣의어니와號
호泣읍于우旻민天텬과于우父부母모ᄂᆞᆫ
則즉吾오不블知디也야ㅣ로다公공明명高
고ㅣ曰왈是시ᄂᆞᆫ非비爾이所소知디也야ㅣ라
니ᄒᆞ夫부公공明명高고ㅣ以이孝효子ᄌᆞ之
지心심에爲위不블若약是시恝괄ᄒᆞ이니라我
아ㅣ竭갈力력耕경田뎐ᄒᆞ야共공爲위子ᄌᆞ
職직而이已이矣의니로父부母모之지不블
我아愛이ᄂᆞᆫ於어我아何하哉재오ᄒᆞ니라시
萬만章장이ᄀᆞᆯ오ᄃᆡ父부母모ㅣ愛ᄒᆞ거
시든喜희ᄒᆞ야닛디아니ᄒᆞ고父부母모
ㅣ惡오ᄒᆞ시거든勞로ᄒᆞ야도怨원티아
닐디니그러면舜슌이怨원ᄒᆞ시니잇가
ᄆᆞᄅᆞ샤ᄃᆡ長댱息식이公공明명高고ᄃᆞ
려무러ᄀᆞᆯ오ᄃᆡ舜슌이田뎐의가시믄내

[사진 5] 율곡 맹자언해 1b2a(홍문각 영인본)

이와 같은 고민은 퇴계만의 문제가 아니라 언해 과정에서 늘 따라다니는 고민이었을 것이다. 곧 이는 단지 번역 문제를 넘어서 중국의 사상이나 문화를 수용하고 재창조하는 담론의 장이 지식인 사이에서 치열하게 전개되었음을 의미한다. 이러한 과정이 있었기에 중국 경전을 통한 사상과 문화의 수용이 다층적이면서도 창조적으로 이루어질 수 있었다.

2) 언어 정책 측면

언어 정책은 정치가가 언어를 통해 또는 언어에 의한 무엇인가를 달성하려는 정책이다. 당연히 법률과 제도에 의해 뒷받침되는 구체적이면서도 체계적인 정치적 시행을 말한다. 굳이 근대적인 정책을 엄격하게 적용하지 않는다면 전근대 시대에도 언어 정책은 존재하기 마련이다. 세종의 훈민정음 창제와 반포 자체가 이미 언어 정책의 커다란 성과물이다. 좀 더 치밀하고 제대로 된 새 문자 실용성을 위해 무려 3년 가까이 준비를 거쳐 세상에 반포했던 것이다. 필자는 이러한 세종의 언어 정책을 다음과 같은 틀로 정리한 바 있다.

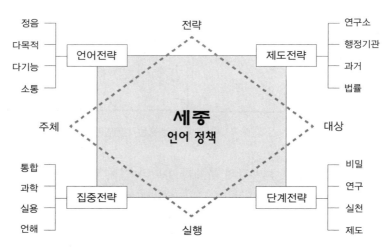

[그림 2] 세종의 언어 정책 구성도(김슬옹, 2011라 : 441, 재인용)

후대 왕들의 훈민정음 정책이 이처럼 치밀할 수는 없겠지만 유교 교화서 발행 측면에서 본다면 세종의 언어 정책은 지속적으로 유지된 셈이다. 따라서 교화서를 통한 언어 정책을 네 가지 측면에서 조명해보고 그 의미를 찾아보고자 한다.

첫째, 교화 언어정책이다. '교화'는 일종의 이데올로기적 교육을 말한다. 특별한 목적을 위해 무언가를 가르치겠다는 것이다. 무엇을 왜 가르치느냐가 너무도 분명한 교육으로 바로 훈민정음 문자 자체가 이미 그런 역할을 위해 만들어진 것이고 그것을 실용화시킨 것이 교화서다. 따라서 다음과 같은 식의 논의는 잘못된 것이다.

> 한글은 애초 민중을 위한 문자로 탄생했지만, 한글로 쓰여진 서적은
> 극히 소수일 뿐이다.
>
> — 강명관(2002 : 8)

한글은 민중을 위한 문자가 아니라 민중을 배려한 다계층용 문자다. 다시 말하면 훈민정음은 지배층(관리층), 양반층, 하층민(민중)을 함께 고려한 문자다. 그렇다면 삼강행실도가 언문으로 되어 있다고 해서 무조건 하층민만을 위한 교화서로 설정할 수는 없다. 그 내용 자체는 모든 계층의 교화와 관련된 것이므로 단지 언문으로 표기되었다고 해서 그것이 하층민만을 위한 것이라고 볼 수 없다. 따라서 강명관(2002 : 28)에서 지적한 것처럼 "중세적 윤리의 전파로 체제의 안정과 영원한 존속을 도모할 수 있었다."라고 한 것은 일리가 있지만, 삼강행실의 내용 또는 그 내용을 담은 책이 "약자에게 가해진 도덕의 폭력(강명관, 2002 : 29)"으로 일방적으로 규정할 수는 없다.

교화는 교화시키는 자가 모범을 보일 때 가능한 것이다. 삼강행실도의 '충, 효, 열'이 하층민만 따라야 하는 것이라면 강명관의 논리가 맞지만 양반을 포함한 모든 백성이 따라야 하는 것이라면 민중들에게만 강요한 도덕이라 보기 어렵다는 것이다. 이런 측면에서 이경하(2009 : 477)에서는 강명관(2002)의 논리에 대하여, "이 교화서가 발휘한 효과의 부정적 측면만을 부각시키고, 삼강행실도 텍스트 소재가 된 '역사적 실재'로서의 자기폭력의 진정성을 무시하고 있지 않은가 하는 점"이라고 반박하면서, "삼강행실도의 편찬은 애당초 어리석은 백성을 교화하기 위한 목적으로 이루어졌지만, 그것은 유자들의 치열한 도덕적 자의식의 구현이기도 했던 것이다."라고 하여 지배층에게도 중요한 역할을 함을 밝혔다.

물론 오늘날의 시각으로 보면, 강명관(2002)의 지적대로, 절개를 지키기 위한 남성 위주의 순결 의식에서 비롯된 여성의 비인간적 자결 행위와 성차별 등 많은 문제가 있는 것만은 분명하다. 그러나 그것은 하층민만의 문제나 언해 문서만의 문제는 아닌 것이다.

둘째는 교화서를 통한 언어 정책은 지배층의 관점으로 보면 다중 언어 정책이다. 언해서의 대상은 하층민이라고 하지만 언해서를 만든 계층도 언해서를 전파하는 계층도 모두 양반층이다. 언문이 하층민의 언어라고 못 박을 것이 아니라 계층별로 언문 이용 목적이 다르고 의미가 다른 다층적 문자로 보아야 한다. 이 점은 세종이 훈민정음을 다목적용으로 창제할 때부터 이미 예견된 것이다. 곧 언해에 사용된 한글은 여러 가지 목적을 수행함으로써 다양한 역할을 수행하게 된다. 먼저 한문을 쉽게 풀어주는 역할을 한다. 한문을 쉽게 푸는 것은 양반 지식층만 할 수 있는 일이다. 또한 쉬운 문자 도구가 없으면 풀기 어려운 법이다.

<열녀도 3ㄱㄴ>

陳氏.樂平人.徐得安妻.年二十.夫病革.謂之曰.汝年少無子.我死.善事後人.陳
氏泣曰.旣爲君婦.忍事二姓乎.卽割耳剪髮爲誓.夫死.納之棺中.終身不改節.事
聞.旌其門 陳氏剪髮 本朝 - 속삼강행실도

<열녀도 3ㄱㄴ>

陳띤氏 :씨 · 는 樂 · 락平뼝 :사 · 르 · 미 · 니 徐쎠得 · 득安한 · 의 :
겨 · 지 · 비 · 라 · 나 · 히 스 · 믈 · 혜 남지 · 니 病 · 뼝 · ᄒ · 야 죽 ·
게 도 · 여 · 서 닐 · 오 · 디 :네 · 나 · 히 :졈 · 고 子 :ᄌ息 · 식 · 이 :
업 · 스 · 니 나 죽거 · 든 :훗남지 · 늘 :됴 · 히 셤 · 기 · 라 · ᄒ · 야 ·
늘 陳띤氏씨 :[울]오 닐 · 오 · 디 ᄒ · 마 그딧 :겨 · 지 · 비 드외 · 여 ·
시 · 니 · 춤 · 마 :두 :사 · 르 · 믈 셤 · 기 · 려 ᄒ · 고 · 즉 · 재 · 귀 ·
와 머리 · 와 · 롤 버혀 盟 · [밍]誓 · 쎄ᄒ · 고 남지 · 니 죽거 · 늘 · 귀 ·
와 머 · 리[터 ·]를 棺관 안 · 해 녀 · 코 죽 · 도 · 록 ᄆᅀᆞᆷ 올 고 · 티 ·
디 아 · 니ᄒ · 니 :열 · ᄌ · 바 · 늘 紅뽕門몬[:셰] · 니 · 라

<열녀도 3, 진씨전발 본조>

[현대말 옮김] 진씨가 머리카락을 베다

진씨(陳氏)는 낙평(樂平) 사람이니 서득안(徐得安)의 계집이다. 나이 스
물에 남편이 병들어 죽게 되어서 (진씨에게) 말하되 "네 나이 젊고 자식
이 없으니 나 죽거든 훗남편을 잘 섬기라." 하거늘 진씨(陳氏)가 울고 이
르되 "이미 그대의 계집이 되었으니 차마 두 사람을 섬기겠는가" 하고
즉시 귀와 머리를 베어 맹세하고 남편이 죽거늘 귀와 머리털을 관 안에
넣고 죽도록 마음을 고치지 아니하였다. (관아에서 이러한 사실을 조정
에) 여쭙거늘 홍문(紅門)을 세웠다.

- 정우영 · 이정일 · 정상훈(2008 : 109)

위 이야기는 매우 간단하고 쉬운 이야기지만 위와 같은 한문과 언문

의 문식성이 없는 사람에게는 무의미하다. 조선 후기의 박지원과 정약용은 매우 뛰어난 한문 실력을 갖추었지만 언문 능력은 매우 부족하였으므로 위 언해문처럼 옮기는 것은 불가능했다. 곧 한문 실력과 언문 실력이 매우 뛰어난 사람만이 위와 같이 언해할 수 있다. 전체 문맥을 쉽게 옮길 수 있는 풀이 능력이 있어야 가능한 것이다. 곧 이러한 문헌을 통해 다양한 언어 소통 방식이 형성되는 것이고 역시 다양한 언어 수행자가 생기게 마련이다.

자연스럽게 이러한 언해는 교육의 역할을 한다. 한문을 배우는 텍스트가 되기도 하고 한글을 배우는 텍스트가 되기도 하고 둘 다를 익히는 텍스트가 되기도 한다. 또한 한문과 언문이 표상하는 바는 다르다. 양반은 둘 다를 할 수 있지만 하층민은 언해문에 대한 접근이 가능하므로 언문은 하층민을 표상하는 기능을 할 수밖에 없다.

여기서 중요한 것은 어떤 방식으로든 언해문은 다양한 소통의 도구가 된다는 점이다. 이런 문헌은 임금 지시에 의한 것이므로 임금과 하층민의 소통이 되기도 하고 문헌을 만든 양반층과의 소통, 문헌에 실린 다양한 역사적 사건과 얽힌 수많은 사람들과의 소통이 이루어진 것이다. 그 소통의 의미가 어떤 의미이냐도 중요하지만 일단 소통의 가능성이 열린 것만으로 언어 문화의 대변혁이다.

셋째는 언해서 발간은 훈민정음의 공용성을 강화시킨 정책이었다. 양반 지배층이 언문을 어떻게 대하건 국가의 핵심 윤리서가 한문과 언문이 나란히 쓰이거나 언문으로만 쓰인 셈이므로 이는 국가가 언문의 공공성과 공용성을 공적으로 강화시킨 것이 된다.

넷째, 교화 언해서 발간은 훈민정음의 실용성을 강화한 정책이었다. 교화서에 쓰인 언문이 실제로 다양한 역할을 수행함으로써 실용성을 최대한 발휘하게 된다. 아무리 뛰어난 문자라 하더라도 실제 쓰이지 않으면 의미가 없다. 불경언해서의 경우 오랜 전통에 기댔다 하더라도 실제 많은 사람들이 읽었을 것이라고 추론하기는 어렵다. 국가의 강력한 이념과 전파 의지를 담고 있으면서 일상생활에 필요한 윤리서야말로 가장 실용적인 서책임은 우리가 능히 짐작하고도 남는다. 이런 실용성이 극대화된 상징적 사건에 관한 기록이 남아 있다.

　　봉산(鳳山)에서 농사를 짓는 어떤 백성이 있었는데 그는 글을 잘 알지 못하였고, 겨우 훈민정음을 약간 터득하고 있었다. 집에 <소학언해(小學諺解)>가 한 권 있었는데, 그는 내심 매우 흡족해하였다. 그리하여 그의 모든 행동거지와 언행을 <소학언해>에 준거하여 행하였다. 그의 아내와 약속하기를, 집에 들어오고 나갈 때는 반드시 서로 절하기로 하였고 날마다 서로 마주 보며 단정하게 꿇어앉아 언해본을 읽으니, 이웃 사람들이 모두 조소하고 크게 놀라 그를 미친 병에 걸렸다고 지목하는가 하면 어떤 이는 그를 가리켜 굶어죽기 십상이라고 하기도 하였다. 그러나 그는 이런 것에 조금도 동요되지 않았다.

　　대저 봉산이란 곳은 바닷가의 구석진 곳이다. 그래서 예로부터 풍속이 거칠고 강폭하여 사나운 성질을 지녔으며 농업이나 상업을 하여 생계를 꾸려 나갔다. 그중에서도 더 건장한 사람들은 큰 활 당기는 법을 배워 무과(武科)에 응시할 뿐, 공부하는 사람은 아주 드물었다. 이 백성도 평소 아무런 식견(識見)이 없던 사람이었는데 마음에 느낀 바가 있어, 그와 같이 거친 환경 중에서도 스스로 힘써 노력하였으니, 또한 탁월(卓越)하지 않은가.

　　　　　　　　　　　　　　－<연암집> 8권 별집, 봉산학자전

한국고전번역원 역주에 의하면 위 이야기는 이덕무(李德懋)의 <청장관전서(靑莊館全書)> 권50 이목구심서(耳目口心書)에 실려 있는 실화에 의한 것이라고 한다. 이목구심서는 역사, 풍속, 서책, 경전 등에 관한 기

록으로 정조 때 집필된 것이다. 매우 드문 경우겠지만 가난한 농사꾼
을 통해 소학언해의 효용적 가치를 보여주는 이야기다.

진정한 실용성은 실제 쓰이고 있고 그 쓰임에 따라 효과를 보았을
때 가치가 있다. 이러한 특정 개인의 실용성을 일반화시킬 수는 없겠지
만 언해본의 사회적 실용성에 대한 사회적 의미는 충분하다.

3) 주체 측면

교화서 보급의 핵심 주체는 당연히 임금이었고 교화를 시키는 핵심
주체 또한 그러했다. 그 대상은 신하들과 만백성이다. 그런데 양반층이
면서 핵심 관리층이거나 학식이 뛰어나 덕망이 높은 양반은 교화 정책
의 핵심 주체가 된다.

그리고 대다수 주류 양반들은 교화의 주체이면서 대상이 되는 양면
성을 띤다. 결국 다단계식 교화를 지향하면서도 지배층은 교화의 상호
관계에 의하여 서로 훈계하고 계몽하는 처지가 된다[표 12] 참조). 이를
테면 '경연'이라는 제도적 틀 속에서는 임금은 학식이 뛰어난 신하로
부터 교화의 도리를 배워야 하는 대상 위치에 서게 된다.

[표 12] 교화의 두 가지 차원(정재걸, 1983 : 31)

교화주체	교화대상	교화기관	교화방법	주도시기
국가	명목상 : 전국민 실질적 : 서민층	중앙행정기구 파견지방관	직접 : 예의 보급, 윤리서 의 간행반포, 향교의 행사	조선 초기
재지(在地) 양반층	향촌서민(농민)	향촌자치기구	과실자 제재, 자체규약 입 안 등	조선 중기

이런 교화 측면의 복합 관계가 언해서의 생산과 보급의 다양한 계기
와 효과를 만들어냈다. 다음 기록은 그런 점을 복합적으로 보여주는
좋은 예다.

> <대학>의 가르침은 덕을 밝히고 백성을 새롭게 하는 것이니, 상께서
> 학문에 마음을 두신다면 더할 나위 없겠습니다. 그러나 상께서 혼자만
> 학문을 하시고 혜택이 혹 백성에게 미치지 않는다면 온당치 않은 일이
> 아니겠습니까. 선(善)으로써 남에게 미치게 하면 믿고 따르는 사람이 많
> 기 때문에 즐거운 것입니다. 평범한 사람이 선을 하여도 남에게 미치는
> 데, 더구나 임금이 선을 행하면 한 번 호령하는 사이에 사람들이 모두
> 믿고 따를 것입니다. 지방 향교의 유생은 모두 <소학>과 <삼강행실(三
> 綱行實)>과 <이륜행실(二倫行實)> 등의 책을 읽도록 각 도의 감사(監司)
> 에게 하유하시어 궁벽한 시골까지도 모두 이런 책들이 필독서임을 알
> 게 한다면 절로 온 나라 사람들이 듣고 흥기할 것입니다. 소신은 시골
> 에서 생장하여 책을 읽을 줄 몰랐습니다. 그리하여 중종 말년에 조정에
> 서 책을 읽게 했는지 여부에 대해서는 신이 미처 알지 못하였으나 송인
> 수(宋麟壽)가 전라도 관찰사로 내려왔을 때 <소학>을 읽으라고 권하였
> 으므로 그 책을 얻어 읽었습니다. 그 후에 성현의 언행을 알게 되었습
> 니다. 오늘날에도 만약 이 책들을 읽게 한다면 어찌 흥기하는 이가 없
> 겠습니까. 옛날에는 감사가 된 자가 임금의 덕화를 받들어 널리 펴더니,
> 을묘년 이후로는 다른 일은 미처 할 겨를이 없고 다만 군기(軍器)를 척
> 간(擲奸)할 뿐이니, 지금부터는 사표가 될 만한 자를 발탁하여 방백으로
> 임명하신다면 유생들을 가르칠 수 있을 것입니다.
> ㅡ<고봉집(高峯集)> 논사록 상권 무진년(1568, 선조1) 1월 12일

고봉 기대승은 신하로서 '대학'의 도리를 강론하면서 구체적인 교화
전략까지 아뢰고 있다. 양반 관리층은 역시 교화의 대상이면서 다스리
는 백성들을 교화시키는 주체가 된다. 이러한 교화의 단계별 실행 전

략은 '소학언해'와 같은 언해서가 있기에 가능해진 것이다. 일반 백성들이 이런 교화서를 소유하고 있지 않더라도 교화의 전범이나 정전으로서의 가치와 효과를 지녔다고 볼 수 있다. 비록 일방적 교화라 하더라도 최소한의 소통 텍스트의 전범이 된 것이다.

언해서를 통한 교화는 지배층의 통치 전략에 포섭되는 측면도 있겠지만 그보다는 일반 백성들이 스스로 교화할 수 있는 주체가 되는 길이기도 하다.

4) 문헌 성격 측면

이상 분석 결과로 보면 유교 관련 훈민정음 문헌은 네 가지 성격을 지녔다. 첫째는 다계층용 교화서라는 점을 주목해야 한다. 앞에서 살펴본 바와 같이 하층민만을 위한 교화서가 아니라는 점이 중요하다. <속삼강행실도>의 내용을 통해 교화서의 의미를 짚어보자. 분석의 편의를 위해 정우영 외(2008) 번역 제목을 통해 전체 흐름을 보이면 [표 13]과 같다.

지금 시각으로 보면 지극히 전근대적이다. 효자는 있어도 효녀는 없고, 열녀는 있어도 열부는 없다. 그러나 그 당시 시각으로 보면 생생한 서사와 문학적 비유와 상징과 역사를 혼용하여 다양한 계층과 다양한 사람들을 감화시키는 일정한 틀로 구성되어 있다.

무릇 교화는 감동에 의한 교화가 최고다. 또한 그 감동은 빨리 전달되고 기억이 잘 되며 인구에 회자될 수 있어야 한다. 그러기 위해서는 다음과 같은 복합적인 장치가 필요하다.

[표 13] 속삼강행실도 내용 구성

효자도	충신도	열녀도
왕중이가 하늘을 감동시키다	손염이 굽히지 않다	백씨가 시어미를 (정성을) 다하여 섬기다
주병이가 (어머니에게) 노루를 바치다	역선이 성을 지키다	장씨가 (남편의) 시체를 지다
조아가 (아비와 형제의) 원수를 갚다	하충이가 도적을 꾸짖다	진씨가 머리카락을 베다
인후가 여묘(廬墓)하다	운혁이 도적을 치다	허매가 물에 빠지다
강렴이 얼음을 뚫다	김동이 주인을 살리다	유씨 땅으로 몸을 던져 죽다
덕숭이 온전하게 효도를 하다		유씨가 남편을 따라 죽다
한구가 거친 밥을 먹다		마씨 우물에 몸을 던지다
정명이 이(蝨)를 나누다		원씨가 (남편의) 시신을 찾다 약가가 정조를 바르게 하다
연수가 호랑이를 위협하다		
극일이 범을 길들이다		송씨가 죽음으로 맹세하다
양욱이 범을 감동시키다		최씨가 절개를 지키다
황신지가 하늘을 부르다		서씨가 대나무를 안고 울다
방계가 거상을 지키다		석금이 삶을 버리다
옥랑이의 흰 대추나무		구씨가 초상을 그려 걸다
금지가 범을 때려 잡다		김씨가 스스로 목을 매다
한로가 (아버지가) 설사한 것을 맛보다		구음방이가 들로 도망가다
녹련이 아비의 병을 고치다		손씨가 수절하다
을시가 아비를 지고 나오다		양씨가 관을 껴안다
박씨 두 사람이 범을 좇다		권씨가 흙을 지다
사용(思用)이 흙을 지다		김씨가 흰 옷을 입다
귀손(龜孫)이 등창(종기)을 빨다		성이가 칼을 차다
숙함이 (어미의 병에) 약으로 모시다		우씨가 시어머니를 업어내다
윤문이 초상을 그리다		강씨가 (남편의) 시체를 안다
득인이 왜구를 감동시키다		조이가 스스로 맹세하다
우명이의 순수한 효성		옥금이는 몸을 더럽히지 않았다
경연이 잉어를 얻다		옥금이 스스로 목매달다
조금이가 사슴을 잡다		정씨가 음식을 먹지 아니하다
서만이가 물고기를 얻다		이씨가 믿음을 지키다
응정이 하늘에 빌다		
종손이가 자신의 손가락을 자르다		
득평이가 거려(居廬)하다		
정씨 가문의 대를 이은 효성		
자화가 효를 다하다		
나유문의 복상(服喪)		
숙손이가 사당을 만들다		
계주의 효성		

먼저 감동을 주기 위한 가장 일반적인 요소는 지극한 정성이다.

<효자도 31ㄱ> 得平居廬 本國

進·진士 : 쏜 權권得·득平뼝·이·는 豊풍基긔 : 사·ᄅᆞ·미·라 제
아 : 비 ·눈 : 몯 ·보거·늘 나·며 [·들] ·제 : 민·양 ·쎼들·며
飮 : 흠食·씩·을 의·식 親친·히 이받 ·더·니 어버·이 : 두·ᅀᅥ·
날 스·이·예 니·ᅀᅥ 죽거·늘 三삼年년 侍·씨墓·모ᄒᆞ·고 : 어·
미 : 위·ᄒᆞ·야 ·또 三삼年년 거상ᄒᆞ·니·라 祠쏭堂땅애 아춤 나죄
飯·빤祭·제ᄒᆞ·며 ·나갈 ·제 告·공ᄒᆞ·고 도·라·와 뵈·요·
물 : 산·제 ᄀᆞ·티 ·ᄒᆞ·더·라 紅葵治띠 己 : 긔未·미예 : 열·ᄌᆞ·
바·놀 紅葵門몬 : 세·니·라

[현대말 옮김] 득평이가 거려(居廬)하다

진사 권득평이는 풍기 사람이다. 제 아비가 눈을 못 보거늘 나가며
들어올 때 매양 부축하며 음식을 반드시 친히 드리더니 어버이가 두어
날 사이에 이어서 죽거늘 삼 년 시묘하고 어미를 위하여 또 삼 년을 거
상하였다. 사당에 아침저녁에 반제(飯祭)를 하며 나갈 때 고하고 돌아와
뵙는 것을 살아 있는 때와 같이 하더라. 홍치 기미(1499, 연산군 5)에 (관
아에서 이러한 사실을 조정에) 여쭙거늘 홍문을 세웠다.

어버이가 두어 날 사이에 같이 돌아가셨으므로 융통성을 발휘하여
시묘를 삼 년만 해도 될 법한데 무려 6년을 한다. 극한의 정성이다. 물
론 이때의 감동은 살아생전 공양 태도도 그러했기에 가능하다. 이런
감동 장치 앞에 "6년 동안 무엇을 먹고살았을까. 일하지 않고 그렇게
시묘하는 것이 비합리적이지 않은가."라는 현대적 분석을 들이댈 필요
는 없다. 부모님을 최고의 정성으로 모시면 그에 합당한 보상을 받는
다는, 그렇게 하지 않을 경우 벌받을 수 있다는 권선징악의 장치로 받

아들이면 된다.

　다음으로는 극한 상황과 극한 대처가 주를 이루고 있다. 곧 죽음과 신체 훼손의 사례가 많은 부분을 차지한다.

　　<열녀도 15ㄱ> 金氏自經 本國
　　金김氏：씨·는　咸햠陽양：사·ㄹ·미·니　李：리陽양·의：겨·지·비·라 남지·니 子·ᄌ息·식·업·고 ·일 죽거·늘 다른：사·ㄹ·미 어·루·려 ᄒᆞᆫ·대 金김氏：씨 제 남진·의 墳뿐土：토·애 ᄃᆞ·라·가 ·플 혜혀·고 사·ᄒᆞᆯ ·빠·몰 자·니·라·후·에 ·ᄯᅩ：겨·집 사·모·려 ᄒᆞ·리 잇거·늘 金김氏：씨 對·딩答·답[·디]아·니ᄒᆞ·고 목미·야 ·ᄃᆞ·라 주·그니·라 康강靖：쪙大·때王왕·이 그 墳·뿐土：토·애 祭·졔ᄒᆞ·라 ·ᄒᆞ·시고 紅뽕門몬：셰시니·라

　　[현대말 옮김] 김씨가 스스로 목을 매다
　　김씨는 함양 사람이니 이양의 아내이다. 남편이 자식 없고 일찍 죽거늘 다른 사람이 어르려고 하니 김씨가 제 남편의 분토에 달려가 풀을 헤치고 사흘 밤을 잤다. 후에 또 아내로 삼으려 하는 사람이 있거늘 김씨 대답 아니하고 목매달아 죽었다. 강정대왕이 그 분토에 제사하라 하시고 홍문을 세우시었다.

　　<효자도 17ㄱ> 祿連療父 本國
　　李：리祿·록連련·이·는 居거昌챵：사·ㄹ·미·라 ·나·히 아·홉：서·레 아·비：모 ·딘 病·뼝：어·더·늘 손싸락·을 버·혀 藥·약·애 섯·거 머기·니 病·뼝·이：됴 ·ᄒᆞ·니·라：열·ᄌᆞ·ᄫᅡ·ᄂᆞᆯ 紅뽕門몬：셰·니·라

　　[현대말 옮김] 녹련이 아비의 병을 고치다
　　이록련(李祿連)이는 거창(居昌) 사람이다. 나이 아홉 살에 아비가 모진

병을 얻거늘 손가락을 베어 약에 섞어 먹이니 병이 좋아졌다. (관아에서 이러한 사실을 조정에) 여쭙거늘 홍문(紅門)을 세웠다.

위와 같은 사례는 지금의 시각으로 보면 강명관(2002)에서의 지적처럼 약자에게 가해진 폭력이고 엽기적이기까지 하다.[37] 그러나 사랑하고 존경하는 사람을 위해 최선을 다하는 상징적 장치거나 감동의 장치로 보면 역시 감화를 통한 교화 전략임을 알 수 있다.

이러한 교화서는 단지 피지배층만을 위한 것은 아니다. 이를테면 다음의 경우를 보자.

<효자도 1ㄱ> 王中感天 本朝

[王]왕中듕·이·는 쯩둥封봉:[사]·ᄅ·미:라 지·비 녀·룹지·이ᄒ·고 [·그]·를:몰·로·더 性·셩·이 ᄀ[장 효]·도·롭더·니 ·어·미 죽[거]·늘 三삼年년 侍:씨墓·모·ᄒ·야 ·딛·옷 닙·고 ·나·날 粥·쥭 머·그·며 아춤 나죄:울·오 祭·제ᄒ·며 머·리 비·시와 ·옷 ᄀ·라닙·디 아·니터·라 무·덤 겨·틔 ·믈:업·서 ·우·므·를:네:길 ·나·마 포·더 ·므·리:업거·늘 우·므를 횟도·라 ·절·ᄒ·야 하·눌·ᄭᅴ 블·러 [:빈]·대 ·므·리 [쇼]·사 나거·늘 ᄆ술[·]히 ·호·더 [孝·힝誠]셩·으·로 그·러·타 ·ᄒ더·라 洪薨[武]:무 저긔 洪薨門몬:셰·니[·라]

[현대말 옮김] 왕중이가 하늘을 감동시키다

왕중(王中)이는 등봉(쯩封) 사람이다. 집이 농사짓기를 하고 글을 모르

---

37) 이 밖에 부정적 평가로는 김영황(1997 : 126)에서의 "봉건통치배들은 1432년에 봉건 유교사상을 류포하기 위하여 <삼강행실도>를 찍어내면서 그것이 한문으로 되어 있어 평범한 인민들이 읽을 수 없기 때문에 다시 그림으로 해설까지 붙이는 놀음을 벌렸다. 이 과정에 그들은 봉건유교사상의 선전을 위해 이렇듯 궁색한 방법을 쓰지 않자면 아무래도 새로운 문자가 있어야 하겠다고 느끼게 되었으며 이에 따라서 그들 자신이 새 문자 창제를 위해 적극 나서게 되었다."라는 평가가 있다.

되 셩(品)이 매우 효도를 잘하더니 어미가 죽거늘 삼 년을 시묘하여 깃
옷[상복] 입고 나날이 죽을 먹으며 아침저녁으로 울고 제사 지내며 머
리 빗기와 옷 갈아입기를 아니하더라. 무덤 곁에 물이 없어 우물을 네
길 넘어 파되 물이 없거늘 우물을 휘돌아 절하여 하늘께(=천지신명께)
부르짖어 비니(=기원하니까) 물이 솟아나거늘 마을(사람들)이 말하기를,
효성으로 그렇게 되었다고 하더라. 홍무(洪武) 적에 홍문을 세웠다.

위 사례에서 왕중이는 글을 모르는 사람이다. 이 얘기는 글 모르는
우매한 이도 이렇게 효도를 하는데 글을 많이 아는 사대부층인 너희들
은 무엇이냐는 자기 성찰과 경계가 담겨 있는 것이다. 이런 교화서는
실제로는 양반이 전달과 교육의 주체가 되었다. 대다수 하층민은 책을
소유할 수는 없었고 대다수는 문맹인 처지에서 빌려 읽기도 어려웠을
것이다. 양반이나 중간관리층을 통해 전해 듣고 간접적으로 교육을 받
았다. 교육 주체의 기본은 몸소 실천하고 모범을 보이는 것이다.

둘째, 유교 교화 언해서는 교육서 구실을 하였다. 먼저 이런 책은 훈
민정음 교육서로서의 역할을 말한다. 다음 소학언해를 보면 책을 읽는
방법을 규정하고 있다.

. 훈몽ᄌᆞ회(訓蒙字會)예 평셩(平聲)은 뎜(點)이 업고 샹셩(上聲)은 두 뎜
(點)이오, 거셩(去聲) 입셩(入聲)은 혼 뎜(點)이로디 요ᄉᆞ이 시쇽(時俗)애
음(音)이 샹거셩(上去聲)이 서르 섯기여 뻐과 글리고티기 어려온디라, 만
일 다 본음(本音)을 쓰면 시쇽 듣기예 히괴홈이 이실 고(故)로 무인(戊寅)
년 칙에 샹거(上去) 두셩(聲)을 시쇽을 조차 뎜(點)을 ᄒᆞ야실ᄉᆡ 이제 이
법녜롤 의지ᄒᆞ야 뻐 닐그리롤 편(便)케 ᄒᆞ니라.(소학언해 범례 3)

. 믈읫 ᄌᆞ(字)ㅅ 음(音)의 놉ᄂᆞᆺ가이롤 다 겨틧 뎜(點)으로뻐 법을 삼을
디니 뎜(點) 업슨 이는 편히 ᄂᆞᆺ가이 ᄒᆞ고 두 뎜(點)은 바ᄅᆞ 노피홀 거시

니라.(소학언해 범례 2)

기존 훈민정음 교육서로서 매우 중요한 훈몽자회와의 비교를 통해
언어 변천에 따른 읽기 방식을 일러두기에 기술함으로써 소학을 배우
는 지침서 역할과 언어 교육의 지침서 역할로서 학습자의 학습 편의를
도모하고 있다.

다음으로는 교육 상황을 자세하게 보여주는 교육에 대한 교육서 역
할을 한다는 점이다.

> 明道 程 先生이 ▽르샤디 子弟이 경박ᄒᆞ며 눌라니를 분별ᄒᆞ리는 오
> 직 실혹오로 ▽르쳐 글 닐기를 좀탹ᄒᆞ게 ᄒᆞ고 글 지ᇫ란 아니케 홀디니
> ᄌᆞ뎨이 믈읫 온가짓 맛드러 ᄒᆞ논 이리 다 ᄠᅳᆮ들애 혀 이ᄂᆞ니 글ᄌᆞ 수매
> 니르러는 션비이 이레 ▽장 갓갑건마른 그러나 ᄒᆞᄅᆞᆯ▽티 향ᄒᆞ야 맛들
> 면 ᄯᅩ 스싀로 ᄠᅳᆮ들 일ᄂᆞ니라.(번소 6 : 6)

> 伊川 程 先生이 ▽르샤디 사ᄅᆞᆷ믈 ▽르쵸디 ᄠᅳ디 지향올 몰라셔는 반
> ᄃᆞ시 비호믈 즐기디 아니ᄒᆞ리니 안즉 놀애며 춤과롤 ▽르치고져 식브
> 니라. 녜 詩 三百篇는 다 녯 사ᄅᆞ미 지ᅀᆞ니 關雎▽튼 거슨 지블 正희요
> 매 시작일식 이런ᄃᆞ로 ᄆᆞ숤 사ᄅᆞᆷ의게도 ᄡᅥ며 나래해도 ᄡᅥ 날마다 사ᄅᆞ
> 모로 듣게 ᄒᆞ더니 이러툿ᄒᆞ 詩는 그 말ᄉᆞ미 간략ᄒᆞ고 기퍼 이젯 사ᄅᆞ미
> 쉬 아디 몯ᄒᆞᄂᆞ니 각별히 詩를 지어 아ᄒᆡ의 ᄡᅳ리고 ᄡᅳᆯ며 디답ᄒᆞ며 일운
> 셤플 졀츠 ▽르쵤 일 대개로 닐어 아춤나조호로 놀애 사마 브르면 반ᄃᆞ
> 시 도올 주리 이실 ᄃᆞᆺᄒᆞ니라.(번소 6 : 7)

구체적인 교육 상황과 방법, 목적 등을 자세하게 설명함으로써 자연
스럽게 학습이 되게 하고 있다. 또한 교화서는 이미 그 자체가 교육서
지만 여기서 강조하는 것은 특별한 언문 교육제도가 없는 상황에서 언

해서가 끊임없이 교육 교재로 사용된다는 점이다.

　　중종(中宗) 18년에 <소학언해>를 인쇄하여 서울과 지방에 두루 배포
하도록 명하였다. 이에 앞서 연신(筵臣) 김안국(金安國)이 상에게 아뢰기
를, "치도(治道)는 효제(孝悌)를 우선으로 하는 것입니다. 그런데 이를 가
르치는 방도로써 <소학>보다 더 절실한 것은 없습니다. 또 선왕께서
이미 <삼강행실(三綱行實)>을 지어 사방 백성을 가르치셨으니, 장유(長
幼)와 붕우(朋友)를 더하여 <오륜행실(五倫行實)>로 만들어 서울과 지방
에 널리 배포하소서." 하였는데, 이때 이르러 <소학언해>를 인쇄하여
배포해서 민간의 <u>부녀자나 어린아이들까지도</u> 모두 알 수 있도록 하였다.
　　　　　　　　　　　　　-<임하필기> 17권 문헌지장편 / 한국고전번역원

　　"국가가 흥하고 망하는 것은 풍속의 순수함과 각박함에서 말미암는
데, 풍속을 바로잡으려면 반드시 집안을 바로잡는 데서부터 시작해야
한다. 옛날에는 동방이 곧고 신의가 있으며 음란하지 않다고 일컬어졌
는데, 근래에 사대부 집안의 부녀자 가운데 간혹 행실이 옳지 않은 자
가 있으니, 나는 이 점이 매우 염려스럽다. 언문으로 <삼강행실열녀도
(三綱行實烈女圖)>를 간행하여 서울의 오부(五部) 및 여러 도에 반포하여
<u>시골의 아낙네들</u>로 하여금 모두 강습하게 함으로써 풍속을 변화시키도
록 하라." 하였다.
　　　　　　　　　　　　　-<성종실록>, 성종 12년(1481) 3월 24일

　　위에 나오는 부녀자와 어린아이들이 직접 언해된 책을 가지고 배우
는 경우는 드물었을 것이다. 그러나 가르치는 이는 언해 책을 참고로
하거나 교재로 삼아 가르쳤을 것이므로 학습자와 소통할 수 있는 주요
교육 교재로 쓰인 셈이다.
　　셋째, 유교 언해서는 다목적 공용 문헌이었다. 때로는 교화서로 때
로는 정치 이념서로 때로는 역사서로서 쓰였다.

(1) <충신도 5ㄱ> 金同活主 本國 – 속삼강행실도

金김同똥·이·는 宗종親친 江강寧녕副·부正·졍 : 죵이·라 燕연山
산君군 스랑·호시·는 女 : 녀妓 : 기 江강寧녕副·부正·졍 지·블 : 앗
고 쏘 다론 지·블 아·소·려 ·호·야 : 거·즛 : 이·를 [하로]디 江
강寧녕副·부正·졍이 ·죵 ·[츄]·겨 ·나·룰 꾸·지·제·라 ·
호·야·눌 燕연山산君군·이 : 노·호·야 江강寧녕副·부正 ·졍·
[과] 金김同똥·이·를 가·도·아 烙·락刑형 니·르[리] ·호·여·늘
金김東똥 ·이 닐·오·디 내 ·죄·라 ·항·거·시 모·르리·라 ·
호·더·니 ·느·미 닐·오·디 : 네 ·항·것과 ·달·살·어·니
·몰·래·라 호면 버·스리·라 ·호·야·눌 金김同똥·이 닐오·디
·내 버스·면 항거·시 : 죄·롤 니·브리·니 ·항것 : 죄 니·피·고
·내 사·로 ·몰 ·츠·마 : 몯호·로·다 호·더·라 주·길 ·제
닐·오·디

<5ㄴ>내 주·구·믄 벌에 [즘]슝 ·곧·호·야 [앗 : 갑]디 아·니
커·니·와 오·직 내 ·항·거·시 ·죄 : 업·시 ·매마·자 귀·향·
가·는 ·주·롤 : 셜·워 ·호·노·라 제 ·어·미 : 울·어·늘 金김
東똥·이 닐·오·디 ·어·미 ㅂ·리·고 주·구·미 진·실로 ·브
허·나 내 ·항·거시 이시·면 ·어·미·를 : 어·엿·비 너길 거·
시·니 슬·허 : 말·라 ·호·더·라 : 사룸·미 [술]머·겨·눌 : 울·
오 닐·오·디 내 항·거·시 어·려·이 머·리 귀·향 ·가·거·늘
·뉘 머·기눈·고 호·고 ㄱ·장 슬·허호·거·늘 본 : 사·룸·미 :
다 슬·피 너·겨 ·호·더·라 수금上 : 쌍 三삼年년[에] 紅홍門몬 :
셰·니·라

[현대말 옮김] 김동이 주인을 살리다.

김동(金同)이는 종친(宗親) 강녕부정(江寧副正)의 종이다. 연산군(燕山
君)이 사랑하는 기녀(妓女)가 강녕부정의 집을 빼앗고 또 다른 집을 앗
으려 하여, 거짓으로 참소하되 강녕부정이 종을 부추겨 나를 꾸짖는구
나 하거늘 연산군이 노하여 강녕부정과 김동이를 가두어 낙형(烙刑)에
이르도록 하거늘 김동이 이르되 "내 죄입니다. 상전은 모릅니다" 하니

남들이 말하기를 "너는 상전과 따로 살거니와 모르겠다고 하면 (죄를) 벗으리라" 하거늘 김동이 이르되 '내가 (죄를) 벗으면 상전이 죄를 입으리니 상전에게 죄를 입히고 내가 사는 것을 차마 못하겠도다' 하였다. 죽일 때 이르되 "내가 죽는 것은 벌레 짐승 같아서 아깝지 않거니와 오직 내 상전이 죄없이 매맞아 귀양 가는 것을 서러워하노라" (하였다.) 제 (=김동이의) 어미가 울거늘 김동이 말하되 "어미를 버리고 죽는 것이 진실로 불효이지만 내 상전이 있으면 어미를 가엾게 여길 것이니 슬퍼하지 말라" 하더라. 사람이 술을 먹이거늘 울고 말하되 "내 상전이 어렵게 멀리 귀양 가거늘 누가 먹이는고" 하고 매우 슬퍼하거늘 본 사람이 다 슬프게 여겨 하였다. 지금의 임금 삼 년에 홍문을 세웠다.

(2) 가. 관챵은 경쥐부 사룸이니 쟝군 품일의 아둘이라. 태종왕 저고 군ᄉ룰 내여 당병으로 더브러 빅졔룰 틸시 챵이 부쟝이 되엿더니 품일이 닐러 골오더 네 비록 져므나 지긔 이시니 오ᄂ리 이 공명을 셔일 저기라 ᄒ대 챵이 골오더 올ᄒ이다 ᄒ고 즉졔 물 ᄐ고 챵을 빗기고 뎍딘의 딕도ᄒ야 두어 사룸을 주기고 빅졔 사룸의게 자븐 배 되거늘 원슈 계빅이 그 졈고 ᄯ 눌라믈 ᄉ랑ᄒ야 ᄎ마 주기디 몯ᄒ야 노하눌 챵이 골오더 내 아러 젹딘의 드러가 능히 쟝슈 버히며 긔 것디 몯ᄒ니 기피 ᄒᄂ 배라코 우믈므룰 우희여 마시기룰 못고 다시 돌딘ᄒ더니 계빅이 자바 목 버히니라. (동국신속 충신 8)

나. 최츈명은 ᄌ산군 사룸이라. 부ᄉ 되엿더니 몽고병이 고을홀 ᄡᅡ눌 구디 디킈여 항복 아니ᄒ더니 왕이 몽쟝의 힐칙호믈 시름ᄒ야 사룸 보내야 항ᄒ라 니룬대 츈명이 문 닫고 디답 아니터니 희안공 뎡이 대집셩을 보내야 항ᄒ라 니룬대 츈명이 좌우로 ᄒ여곰 ᄡᅩ니 집셩이 최이의게 춤소ᄒ야눌 이 니빅젼을 보내야 쟝ᄎᆺ 목 버히려 ᄒ거눌 몽 사룸이 무ᄅ되 이 엇던 사룸고. 빅젼이 골오더 이 고을 원니라 ᄒ니 몽인이 골오더 이 사룸이 내게 비록 역명ᄒ나 네게 이셔는 튱신이 되여시니 나도 ᄯ 아니 주기거든 네 젼셩ᄒ 튱신울 주기미 가ᄒ냐코 구디 쳥ᄒ야 노ᄒ니라. (동국신속 충신 25)

다. 참의 고경명은 광쥐 사룸이니 임진왜난의 의병을 슈챵ᄒ야 금
산 도적글 티다가 패ᄒ여 아둘 인후와 막하 사룸 뉴파ᄆᄉ노 안영으로 혼
가지로 죽다. 댱ᄌ 종휘 원슈 갑ᄑᆞ려 군을 닐와다 진쥐 가 죽다. 처엄의
경명의 주검을 거두워 금산 묏 가온대 가만이 무덧더니 마ᄋᆞᆫ날 밧긔 처
엄으로 넘습ᄒ니 눗비치 산 둣ᄒ더라. 영장호매 긴 므지게 무뎀 녑퓌쳐
니러나 비치 슈샹ᄒ니 사룸이 니로디 튱분의 감동혼 배라 ᄒ더라. 쇼경
대왕이 명ᄒ샤 졍녀ᄒ시고 광쥐다가 졔홀 집을 셰시고 집 일홈을 포튱이
라 ᄒ시고 관원 보내샤 졔ᄒ시고 증 좌찬셩ᄒ시니라. (동국신속 충신 37)

(3) 12사람의 절부(節婦)를 정려(旌閭)하였다. 정유년의 변란(變亂) 때
함평인(咸平人) 정함일(鄭咸一)의 처(妻) 이씨(李氏), 정함일의 장자(長子)
인 정경득(鄭慶得)의 처 박씨(朴氏), 차자(次子)인 정희득(鄭希得)의 처 이
씨(李氏), 정함일의 딸 정씨(鄭氏), 정운길(鄭雲吉)의 처 오씨(吳氏), 정주
일(鄭主一)의 처 이씨(李氏), 정주일의 아들인 정절(鄭慴)의 처 김씨(金氏),
정절의 아들인 정호인(鄭好仁)의 처 이씨(李氏), 경도인(京都人) 심해(沈
諧)의 처 정씨(鄭氏), 권척(權陟)의 처 정씨(鄭氏), 무장인(茂長人) 오굉(吳
宏)의 처 변씨(邊氏), 김한국(金翰國)의 처 오씨(吳氏) 등 온 족친(族親)이
함께 배를 타고 난리를 피해 영광(靈光)의 바다 가운데 있는데, 적선(賊
船)이 뒤쫓아오자, 12절부가 동시(同時)에 바다에 뛰어들어 죽었다. 당초
에 모두 정문(旌門)하고, 일을 <동국신속삼강행실(東國新續三綱行實)>에
실었었는데, 자손(子孫)이 쇠잔하고 유락(流落)해서 폐지(廢止)한 채 거행
하지 못하였다. 이때에 이르러 그 후손(後孫)들이 연명(聯名)하여 상언
(上言)하자, 예조(禮曹)에서 다시 아뢰어 시행하게 되었다.

－숙종실록, 숙종 7년(1681) 6월 30일

위 세 사례를 보면 '속삼강행실도'와 '동국신속삼강행실도'가 역사
적 맥락에 따라 정치적 의도가 반영되어 있음을 알 수 있다. 단순한 교
화서가 아니라 역사서를 겸하고 있다.

첫 번째 속삼강행실도는 중종의 명에 따라 편찬된 것이므로 연산군

때의 충신 이야기가 들어가 있다.[38] 생생한 미시사의 반영인 것이다. <동국신속삼강행실도>는 임진왜란 이후의 민심을 수습하기 위해 광해군에 의해 편찬된 것이므로 임진왜란 유공자(충신)들이 수록되었고, 그러한 역사적 기록과 실제 후손들의 삶의 문제가 또 다른 역사 문제로 후대에 문제가 되었다. 이러한 시대적 요구에 의한 충신이 그 이전의 역사적 충신들과 함께 생생한 삶으로 기록되었다. 이런 관점에서 보면 <동국신속삼강행실도>는 미시사로서 다양한 사람들의 삶이 한글로 기록되어 역사적 소통이 된 것이다.

넷째, 다양한 편집에 의한 입체 문서라는 점이다. 이는 언해 절차, 역사 과정, 주체와 대상이 혼용된 문서다. 더욱이 삼강행실도나 오륜행실도는 만화와의 융합 문헌임이 중요하다. 삼강행실도의 그림은 사건 순서에 따라 여러 장면이 차례대로 구성되어 있고, 동국신속삼강행실도도 비슷하다. 그러나 오륜행실도는 한 면에 한 장면만 사실적으로 그려져 있다.

<여훈언해>의 경우는 한문의 원문을 한꺼번에 싣고 그 뒤에 각 차례별로 원문의 한자음과 한글토를 달아놓은 후 이를 다시 한자를 섞은 한글로 번역하여 놓았다.[39] 같은 내용을 한문 원문, 한자음과 국문토를 달아놓은 것, 그리고 국한문 혼용의 언해문의 세 가지로 해놓은 체재

---

38) <속삼강행실도>의 편찬 과정에 대한 세밀한 고찰은 김항수(2003)에서 이루어졌다. <동국신속삼강행실도>의 편찬 과정에 대해서는 신성철(2010), 이광렬(2007)을 참조.

39) <女訓諺解>는 1532년(중종 27)에 최세진이 <女訓>을 언해하여 교서관에서 간행한 책이나, 현재 전하지 않는다. 현재 전하는 <女訓諺解>는 인조 연간, 특히 1620~1640년대에 간행된 것으로 추정되는 2권 2책의 목판본이다. 고려대 만송문고에 소장되어 있는 이 <女訓諺解>는 1508년 명나라 무종 때 聖母韋聖慈仁皇太后가 편찬 간행한 <女訓>을 1530년에 다시 간행한 중간본 <女訓>을 언해한 것이다. -홍윤표 해제.

를 사용한 것은 부녀자들을 쉽게 이해시키기 위한 목적 때문인 것으로 보인다.

한문과 구결과 언문의 삼중 구조는 그 자체가 다양한 언어 양식의 문헌을 만들어내는 바탕이 된다. 경민편의 경우 다양한 판본이 만들어 졌다. 효종 때 이후원의 개간본은 원간본을 못 본 탓이지만 결과적으로 보면 다양한 소통 양식의 문헌을 창출해낸 것이다.

> 네 후한(後漢) 나라 딘원(陳元)이 제 어믜 할린 배 되여눌 뎡댱(亭長) [관원이라] 구향(仇香)이 친히 그 집의 나ㄹ러 인뉸(人倫) 대의(大義)로[사 롬의 덧덧훈 도리라] ㄱㄹ치니 드듸여 효ㅈ(孝子)ㅣ 되고 븍ㅅ(北史)에 쳥하(淸河) 빅셩이 형뎨(兄弟) 지믈 드토리 잇거눌 군슈(郡守) 소경(蘇瓊) 이 고(告)호되 엇기 어려온 거슨 형뎨(兄弟)오 엇기 쉬운 거슨 밧과 집이 라 훈대 드듸여 감동ᄒ여 씨드라 숑수를 그치고 훈가지로 살기롤 처엄 과 ᄀ티 ᄒ니 덧덧훈 거슬 허러 ᄇ리며 풍쇽을 어즈러이는 빅셩은 나라 법으로 더을 배라.(경민편 23)

마치 분단의 비극성이 조선왕조실록에 대한 전혀 다른 번역 판본을 만들어내는 긍정적 효과와 같다.[40]

4. 유교 관련 언해서의 총체적 의미

조선은 유학의 나라였으므로 그 유학의 정신을 널리 보급해야 했다. 건국한 지 얼마 안 돼 한문으로 된 유교 경전을 백성들에게 어떻게 알

---

40) 조선왕조실록의 북한 번역은 의역 중심이고 남한 번역은 직역 중심이다.

리고 가르쳐야 하는지가 매우 중요한 문제로 떠올랐다. 물론 그런 점은 단순히 하층민에게만 해당되지 않는다. 양반층도 교화의 대상이자 주체이기 때문에 다계층 소통이 가능한 문자가 필요했고 훈민정음은 그런 맥락을 제대로 수행하기 위해 창제되었고 실제 그런 기능을 수행했다.

이 장에서는 유교 관련 언해서를 세 부류로 나누고 각각의 문헌들의 역사적·사회적 맥락을 밝히는 데 주력했다. 기존 연구에서 잘 드러나지 않았던 맥락은 다음과 같다.

첫째, 유교 관련 언해서를 총체적으로 그 맥락을 규명했다.

둘째, 수신 교화서, 경전 언해서, 풍속 교화서 등으로 분류하여 각각의 맥락을 밝혔다.

셋째, 소학에서 여성용 교화서에 이르기까지 단계별 언해서 발간 맥락을 밝혔다.

넷째, 기존 연구에서 소홀히 하거나 제대로 밝히지 못한 언해서 맥락을 밝혔다. 이를테면 <오륜행실도>가 왜 정조 말기에 이루어졌는지를 양학에 대한 정조의 반발심, 향촌 교화를 민본주의 차원에서 지속해온 맥락과 정조의 정치 열정, 남인 계열에 대한 배려 등의 맥락을 규명했다.

다섯째, 유교 문헌의 통합적 성격을 총체적으로 규명했다. 그림으로 내보이면 다음과 같다.

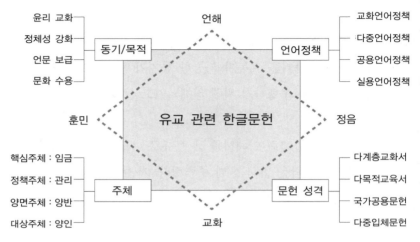

[그림 3] 유교 관련 문헌 분석

3부

문학을 통한
훈민정음
발달

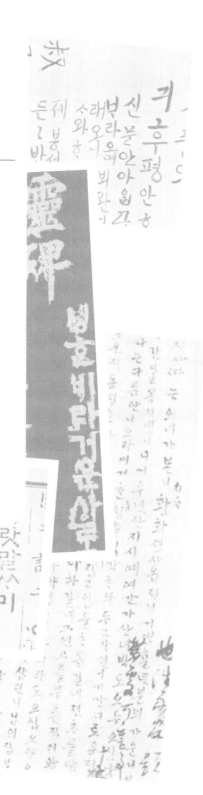

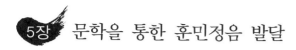

5장 문학을 통한 훈민정음 발달

1. 문학과 훈민정음의 만남

들뢰즈에 의하면 문학은 욕망의 기계다.[1] 인간의 끊임없는 경험과 상상, 타고난 본성과 만들어가는 본성이 어우러져 빚어진 욕망은 인간의 온갖 정서와 감정이 교차하는 이야기꽃을 만들고 문학을 잉태시켰다. 그러한 문학은 그 자체가 삶의 양식이면서 끊임없이 삶을 변용시키는 생명체가 되어 우리들의 삶을 지배하고 횡단해왔다. 정치가 문학을 변용시키기도 하지만 문학은 정치를 넘어 우리 삶을 새로운 방향으로 바꾸기도 한다. 조선시대 문학이 기존 질서와 체제의 강화에 이바지하기도 하지만 그 반대로 체제와 질서를 횡단하기도 하고 깨기도 한다. 김시습, 채수, 허균, 김만중 등 조선시대 주요 문학가들이 비판적 지식인이면서 비주류이기도 한 점이 그런 점을 잘 보여준다. 익명으로

---

1) Deleuze. Gilles & Guattari. Félix(1980)을 중심으로 한 들뢰즈의 저술들은 일반 철학서와는 달리 문학적 변주가 뛰어나다. 들뢰즈의 문학론에 대한 조명으로 고미숙 외 (2002)와 이 책에 수록되어 있는 이진경(2002)을 참조하면 좋다.

떠도는 수많은 문학 텍스트는 문학이 생성되고 생성해가는 세계의 역
동성을 가늠하게 해주기도 한다. 이런 문학이 언어생활사에서 차지하
는 비중이 클 수밖에 없지만 국어사 또는 국어생활사 기술에서 제대로
연구된 적이 없다.

특히 한글문학을 중심으로 훈민정음 발달사를 짚어보는 것이 주목
적인 이 글에서 문학 텍스트의 다중 효과, 문학 담론의 맥락적 의미에
주목하는 이유가 거기에 있다.[2] 한문학은 한문학 나름대로의 의미와
가치가 있는 것이므로 한글문학과 이분법적으로 논의할 필요는 없지
만 문자생활에 끼친 영향 차원에서 문자 표기 양식이 한자인가 한글인
가의 의미는 매우 중요하다.

문학은 모국어의 정서와 힘을 가장 잘 드러내주는 매체요, 문화요,
예술이다. 인간은 문자가 발명되기 전부터 이야기꽃을 통해 문학을 향
유해왔다. 그러한 입말 중심의 문학은 문자의 발명 또는 문자사용으로
인해 새로운 양식의 문학으로 변화 발전해왔다.[3] 우리 겨레는 이웃 나
라의 한자 덕에 일찍부터 문자생활을 해왔지만 우리말을 제대로 적을
수 없어 무척 불편한 문자생활을 해왔다. 그러한 언어 모순으로 인해
지배층, 또는 지식 계층은 향찰문, 이두문, 구결문 등 다중 문자생활을
하게 되었고 그로 인해 다양한 언어 문화를 창출해왔다.

훈민정음 반포로 입말과 글말이 전혀 다른 극한적 언어 모순은 어느
정도 해결되었으나 다중 문자생활은 더욱 심화되었다. 한문, 이두문,
구결문은 그대로 존속되었고 언문만의 글자생활이 추가됨과 동시에

---

2) '훈민정음, 언문, 한글' 세 용어는 통일시키지 않고 상황과 맥락에 따라 적절하게
   사용하기로 한다.
3) 이런 측면에서 김수업(2002)에서 '문학'이란 한자어를 '말꽃'이란 토박이말로 뒤치
   는 전략은 매우 적절하다.

언문과 한자가 다양한 방식으로 결합하는 그야말로 다중 문자생활의 양상은 더욱 복잡해졌다.[4] 이러한 다중 언어 생활의 중심에 문학과 훈민정음이 있었다.

　문학의 힘은 모국어의 힘이다. 모국어는 입말과 글말로 이루어지지만 그 근본은 입말에 있다. 입말을 제대로 살려낼 수 없는 문자라면 제대로 된 문자라 할 수 없고 그런 문자로 제대로 된 문학을 일궈낼 수 없다.[5] 결국 훈민정음은 그런 모국어가 가지고 있는 생태성, 생명성, 문화성, 자중감을 제대로 살릴 수 있게 한 것이다.

　한글 창제 이전부터 우리 민족은 한자를 빌어 우리의 문학을 표현하려고 갖은 애를 써왔고 그만큼 뛰어난 문학 전통을 갖고 있다. 한글 창제 이전의 한자나 이두, 향찰로 표기된 문학이 우리 문학이냐 아니냐를 논할 필요가 없다. 문학 표현 양식은 시대와 맥락에 따라 다를 수밖에 없는 특수성이 있다. 한글 창제 이후에도 한문을 통해 뛰어난 문학을 남긴 박지원 같은 작가들은 얼마든지 있을 수 있다. 그러나 진정한 국문학이 훈민정음 창제로 가능해졌다는 데 대해 이의를 제기할 사람은 없을 것이다. 그렇다면 거꾸로 문학이 훈민정음 보급 발전에 얼마

---

4) 흔히 조선시대 한문과 훈민정음 사용 관계를 양층언어현상(Diglossia), 이중언어현상(Bilingualism)이라 한다. 정소연(2009 : 188~189)에서 구별하였듯이, 양층언어현상은 두 언어가 차별적 관계이고 이중언어현상은 대등적 관계를 말한다. 단순한 문자 갈래로 보면 두 언어 관계지만 문자생활의 다양한 양상으로 보면 이두문, 구결문까지 최소 사중체계이며 한자 병기 양상까지 보면 다중언어 관계다. 복잡한 문자생활에 따른 다양한 맥락을 규명하기 위해서는 이중언어 관계로 보기보다는 다중언어 관계로 보는 것이 좋다.

5) 박지원의 한문학은 매우 뛰어난 국문학이지만, 모국어(언문) 관점에서는 그 가치가 온전히 드러나지 않는다. 그의 문학은 한자를 모르는 모국어 사용자에게는 반쪽 효과밖에 없기 때문이다. 그나마 <열하일기>와 같은 한문학의 가치가 제대로 인정받게 된 것은 한글 번역이 있기에 가능한 것이다. 물론 이러한 한문학이 동아시아 보편 문자(한자)를 통해 국문학을 더욱 풍부하게 했다는 임형택(2002)의 관점에는 동의한다.

나 영향을 끼쳤는지를 검토할 필요가 있다.

훈민정음 보급 발전과 한글의 상관관계를 해명하기 위해서는 다음과 같은 주요 특징과 현상이 해명되어야 할 것이다.

> (1) 훈민정음 최초 표기가 시가(악장) 문학 형식으로 이루어진 점과 영향
> (2) 두시언해, 시경언해류가 끼친 영향
> (3) 최초의 한글 번역 작품(설공찬전)과 최초의 한글 창작 작품(홍길동전, 허균)의 영향
> (4) 일부 사대부들의 한글 시조, 가사 문학이 끼친 영향
> (5) 김만중의 사씨남정기, 구운몽을 비롯하여 조선 후기 한글소설이 널리 퍼진 맥락
> (6) 계축일기, 한중록 등 여성 산문 문학의 발전 맥락
> (7) 이러한 한글문학이 전반적인 훈민정음 발달에 끼친 영향

최남선은 조선상식문답(1946)에서 마지막 질문으로 "훈민정음 보급 과정을 대강 알려주십시오."라고 던졌다. "조선이란 이름은 언제 생겼습니까?"라는 첫 질문을 시작으로 여러 가지 장대한 질문 말미에 이 질문을 던진 것이다. 일제 말기인 1942년쯤 책 집필을 마친 것으로 보니(최남선, 1946 / 최상진 해제, 2007 : 20) 이 마지막 질문이 더더욱 의미심장하다. 이때는 창씨개명과 조선어학회 사건으로 한민족의 바탕인 모국어조차 흔들리던 시기였기에 이 질문이 더욱 도드라져 보인다는 것이다.

여기서 최남선은 발전의 첫 번째 축으로 음운의 정리, 두 번째 축으로 문학의 건설, 세 번째 축으로 번역 사업의 번성을 들고 있다. 음운의 정리는 문자 창제와 직접 관련된 것이므로 결국 훈민정음 발전의 최대 요인으로 최남선은 '문학'을 본 것이다. 역사학자이면서 문학가였던 최남선다운 통찰이었다. 최남선은 훈민정음이 창제된 첫 번째로 기

록된 것이 용비어천가, 월인천강지곡, 석보상절 등 문학작품이었다는
점에 더욱 주목했다.

조선시대 한글문학은 넓게 보면 한글로 표기된 문학이요 좁게 보면
한글로 창작된 문학을 말한다. 넓은 의미로 보면 표기 형식을 기준으
로 본 것이므로 한글로 번역된 문학과 한글로 창작한 문학으로 나눌
수 있다.6)

이원수(2001)에서는 '한글문학'을 한글로 창작된 문학으로 한정해야
한다고 했지만, 훈민정음 발달사 측면에서는 문학을 통한 한글 사용
자체가 중요하므로 번역 문학까지 포함해야 한다.7) 물론 한글로 번역
된 문학과 한글로 창작된 문학의 내용 가치와 역사적 가치가 사뭇 다
르다는 것은 분명하다. 한글 사용자 확산 측면에서 보면 어느 하나를
낮게 볼 필요는 없다. 훈민정음 발달 초기 또는 다계층 소통 차원에서
는 한글 번역 작품이 창작 작품보다 훨씬 더 기여하기도 했다.

일반적인 갈래에 따라 문학을 운문 문학과 산문 문학으로 나눈다면
<두시언해>는 한글 번역 운문 문학이요, 한글본 <설공찬전>은 한글
번역 산문 문학이다. 허균의 <홍길동전>은 한글 창작 산문 문학이요,
정철의 <훈민가>는 한글 창작 운문 문학이 된다.8)

---

6) '한글'은 '훈민정음'과 같은 말이면서 다른 말이다. '한글'은 일제 강점기 때 생긴
   말이지만 훈민정음의 역사성을 이은 말이므로 같은 말이고 한편으로는 훈민정음
   의 현대적 명칭이므로 다른 말이다. 조선시대는 엄격하게 말하면 '훈민정음'이란
   말은 거의 안 썼고 '언문'이라 하였다. 따라서 언문문학이라 해야 가장 정확한 표
   현이지만 '한글문학'이란 말이 보편화되었으므로 그대로 따르기로 한다.
7) 김석배(1987 : 114)에서는 "18, 9세기에 널리 읽혀진 한글로 기록된 모든 소설"로 보
   았다.
8) 고종석(2007 : 321~327)에서는 '한글소설'이라는 말 자체가 잘못되었다고 지적한다.
   그러한 용어는 '한문소설'과 맞세우기 위한 것인데, '한글'과 맞세울 수 있는 것은
   '한자'이기에 잘못되었다는 것이다. 따라서 그는 '한문소설(고전중국어소설)'과 맞
   세우기 위한 적절한 용어는 '한국어소설'이라고 해야 한다고 주장한다. 이러한 '한

한글문학의 갈래
  (1) 한글 번역 문학
    ① 한글 시가 번역 문학
    ② 한글 산문 번역 문학
  (2) 한글 창작 문학
    ① 한글 시가 창작 문학
    ② 한글 산문 창작 문학

한글문학에 관한 연구 논저는 꽤 많이 축적되어왔으나 문학과 한글 발전을 함께 다룬 연구는 그리 많지 않다. 문학 쪽의 한글 관련 풍부한 연구가 국어사나 훈민정음 관련 연구에서 충분하게 수용되지 않아 통섭적 연구가 절실하다. 허웅(1974)은 한글 문화사를 다루면서 문학이 한글 발전에 끼친 영향을 총체적으로 다룬 최초의 논의다. 이 연구는 민족 문화 차원에서 한글 발전을 조명하고 시기별로 한글문학을 통해 한글문화의 가치와 한글 발달사를 다루었다. 따라서 15세기에는 두시언해 보급과 <악학궤범>에서 고려가요와 같은 구전가요가 훈민정음으

국어소설'이란 용어는 조선 사대부 문학가들의 이중문자생활의 특수성을 제대로 드러내지 못한다. 김만중, 박지원과 같은 조선 문학가들은 똑같은 한국어(조선어)를 말하면서 문자생활은 한문과 한글, 또는 한자와 한글 병기(이두 포함)를 하는 다문자생활을 하였다. 이를테면 김만중의 '구운몽'은 한글본도 있고 한문본도 있다. 이때의 한글본을 '한국어소설'이라고 하면 문어와 국어를 함께 가리키므로 문어의 특수성을 제대로 드러내지 못한다. 또한 그 당시 한자는 주류 공식문자였고, 한글은 비주류 공식문자로 그 격이 사뭇 달랐다. '한문 / 한국어'로는 그런 대립 구도를 드러내지 못한다. 조선의 대문호이자 실학 시대의 거장인 박지원, 정약용은 한국어로 밥을 먹고 숨을 쉰 한국문학가 또는 한국어문학가였지만, 철저하게 한글문학은 배척하고 한문문학만을 지향하였다. 한국어를 글말로 한정한다면 그 당시 조선식 한문도 한국어로 보기도 한다. 물론 이런 대립 구도가 사라진 현재의 한국어문학을 한글문학이라 부르면 어불성설이다. 고종석의 견해는 현대의 시각을 그대로 적용한 셈이다. 고종석(2007)은 '국문소설'은 '한글'과 달리 텍스트를 가리킬 수 있기 때문에 괜찮다고 하였으나, '한글소설'도 한글로 표기한 텍스트를 가리키는 것이며, '국문소설'의 '국문'은 '한글'과 같은 맥락으로 쓰인 것이다.

로 수록된 점을 조명하였고, 16세기에는 가사나 시조를 통한 시가 문학의 발전, 17세기에는 소설 문학과 수필, 일기, 편지 문학의 발전을 들었다. 다만 이 연구는 한글 발달이라는 목적성에 지나치게 비중을 두어 한글문학의 근본적인 가치와 힘, 이를 둘러싼 맥락 등을 제대로 짚지 못했다. 또한 문고본이라 분량이 적어서인지 특정 시기를 특정 문학 갈래로 한정시켜 논의한 점이 아쉽다.

한글문학만의 논의는 아니지만 전반적인 문학사에서 한글과 연계된 논의를 심도 있게 다룬 문학사로는 조동일(1989), 김수업(2002) 등이 있다. 이러한 종합적 연구 외는 단연 한글소설에 대한 연구가 많다. 한글소설과 한글 발달 관계를 집중 조명한 이는 정병설(2005가, 나, 2008) 등이 있고, 국어학 쪽에서는 홍윤표(2007)가 두드러진다. 이외에도 직간접으로 연관시킨 논의는 아주 많지만 본론에서 필요한 경우에 인용하기로 한다.

입말 문학은 피지배 계층과 밀접한 관련을 맺고 있는 경우가 많지만 글말 문학은 문자생활에 좀 더 여유가 있던 지배 계층에 의해 발생하고 발전해왔다. 여기서는 글말 문학만을 훈민정음 발달 과정과 연계시켜 다루고자 한다.

조선시대 문학은 신분 계층과 관련시켜 보면 그 역학 관계가 매우 복잡하다. 지배층인 성리학자들은 시가 문학은 적극적으로 즐겼지만 소설 같은 경우는 노골적으로 배척했다. 그럼에도 초기의 산문 문학은 김시습의 <금오신화>, 허균의 <홍길동전>에서 보듯 양반 사대부에 의해 크게 발전했다. 이 연구는 그동안의 연구 성과를 바탕으로 한글소설뿐만 아니라 시가 문학 등 문학에 대한 총체적 접근을 통해 한글 발전과의 상관관계를 따지고자 한다. 큰 흐름을 내보이면 다음과 같다.

1) 한글 시가 문학의 발전 양상
용비어천가식 악장 문학 → 두시언해와 같은 언해류 문학
　　　　　　　　　　→ 시조, 가사 문학
　　　　　　　　　　→ 전래 구전 가요 표기

2) 한글 산문 / 서사 문학의 발전 양상
유교식, 불교식 이야기 문학 → 한글 번역소설 ―――――――→
　　　　　　　　　　→ 한글 창작소설 ――――――→
　　　　　　　　　　→ 한글 수필 / 일기 / 행장 문학 ―――→
표기 방식 : 필사 > 인쇄
소통 방식 : 그냥 빌려 보기+돈 주고 빌려 보기(세책)+방각본 사기

　김슬옹(2010나 : 37)에서 텍스트의 용어를 이성만(2010)을 참조로 [표 1]
과 같이 정리한 바 있다.

[표 1] '텍스트' 용어의 사용역과 의미(김슬옹, 2010나 : 37)

사용역		의미
텍스트 언어학[9)	초기의 좁은 의미	'응집성, 결속성' 따위의 일정한 조건을 지닌 언어 중심의 문법적-구조주의적 텍스트
	중기의 넓은 의미	언어를 넘어선 기호 단위로 확장되고 상호텍스트성을 강조한 텍스트
	후기의 넓은 의미	모든 형태의 문화적 기호체계(크리스테바)로서 열린 상호텍스트성을 지닌 텍스트와 비선형적인 하이퍼텍스트
탈구조주의자의 텍스트		논의의 대상이 되고 의미 부여가 가능한 언어와 기호, 각종 매체로 "토론 텍스트, 볼펜 텍스트, 텔레비전 텍스트" 등 모든 것이 텍스트가 될 수 있다.
2007 국어과 교육과정 해설서		(1) 의사소통 기능을 지닌 최소 발화 단위 (2) 언어나 다매체적 요소로 이루어진 것으로 "설명 텍스트, 매체 텍스트, 애니메이션 텍스트, 도식 텍스트, 검색된 텍스트" 등으로 사용할 수 있다. 다양한 해석 여지에 따라 '닫힌 텍스트'와 '열린 텍스트'로 나눈다.

---

9) 이성만(2010)은 텍스트언어학의 발달 계보를 다섯 단계로 나누어 텍스트 의미 변화를 정리하였다. 김슬옹(2010나, [표 1])은 텍스트 개념과 사용역으로 보아 그러한

이 장에서 쓰고 있는 '텍스트'는 중기 이후의 넓은 의미 또는 탈구조주의자 관점에서의 텍스트로 맥락에 따라 다양한 의미가 부여될 수 있는 구성물로 본다. 이때의 텍스트는 일종의 맥락과 담론 차원에서 이루어지는 역동적인 의미 구성체다. 똑같은 내용의 <춘향전>이라도 관판본으로 찍어낼 때와 방각본으로 찍어낼 때, 개인이 필사할 때, 팔기 위해 필사한 세책본일 때 그것은 서로 다른 텍스트이므로 맥락에 따라 서로 다른 의미와 가치를 지닌 담론 구성체가 된다. 물론 서로 다른 텍스트라 하더라도 특정 관점이나 맥락에서는 일관된 의미와 가치를 지니기도 한다.

이런 텍스트 관점에 따라 한글 관련 문학 텍스트를 한글 사용과 발달 맥락에서 살펴보았다. 맥락적 접근 방법에 대해 담론 차원에서는 김슬옹(2009가), 맥락 교육 차원에서는 김슬옹(2010나)으로 정리한 바 있다. 조선시대 훈민정음 사용의 공적 담론은 김슬옹(2005나), 훈민정음에 대한 종합적 평가는 김슬옹(2011라)으로 자리매김한 바 있다.

2. 시가 문학을 통한 훈민정음 보급 발전 양상

1) 최초의 한글 표기 문학 : 용비어천가

세종은 훈민정음을 사용한 최초 공식 문헌을 무엇으로 할 것인가를 가지고 고민을 많이 했을 것이고 그 결과가 <용비어천가>다.[10]

다섯 단계의 의미 변화를 '초기, 중기, 후기'3단계로 재구성하고 탈구조주의와 2007 개정 교과서의 의미를 덧붙인 것이다.

[표 2] 용비어천가 주요 구성

구성	지은이	구성	덧붙임
龍飛御天歌 序(1권)	정인지		조선왕조실록에 부록으로 수록
進 龍飛御天歌 箋(1권)	권제, 정인지, 안지		핵심내용 : 조선왕조실록에 실림-1445년 (세종 27) 4월 5일
제1권 : 1장~9장			
제2권 : 10장~12장			
제3권 : 13장~17장	1차(한시와 주해) : 권제, 정인지, 안지 2차(1차 보완+언문시와 주해) : 최항, 박팽년, 강희안, 신숙주, 이현로, 성삼문, 이개, 신영손	-언문시 원문 -주해(해설+주석) -한역시11) 원문 -주해(해설+주석)	한시는 조선왕조실록에 부록으로 실림
제4권 : 18장~26장			
제5권 : 27장~40장			
제6권 : 41장~49장			
제7권 : 50장~58장			
제8권 : 59장~77장			
제9권 : 78장~97장			
제10권 : 98장~125장			
龍飛御天歌 跋(10권)	최항		

　세종은 즉위할 때부터 '악장'이라는 음악 양식에 많은 관심을 기울였다. 세종 원년인 1418년 11월 3일에 세종은 변계량에게 상왕인 태종에게 바치는 악장을 짓게 하였는데, 그 노래의 일부인 <천권동수지곡(天眷東陲之曲)>의 내용은 용비어천가의 흐름과 비슷하다.12)

10) 정확한 서지정보는 조규태(2007) 참조.
11) 언문시에 대한 번역이라기보다는 우리말 노래에 대한 번역이라는 뜻이다.
12) "아, 하늘이 동방을 돌보아 상성(上聖)을 낳아 위태한 세상을 구제하였네. 아아, 만수무강하소서. 태조를 도와 고려를 대신하게 하고, 적장(嫡長)을 높여 천륜(天倫)을 바루었네. 아아, 만수무강하소서. 상제(上帝)의 명을 받아 군사(君師)가 되었으니, 다사(多士)가 도와 모든 공적이 빛나네. 아아, 만수무강하소서. 해적(海賊)이 굴복하고 감로(甘露)가 내리니, 세상의 태평함은 옛날에도 드물었네. 아아, 만수무강하소서. 성자(聖子)를 두어 왕업을 맡겼으니, 오래 수(壽)를 누려 만년(萬年)까지 살 것이다. 아아, 만수무강하소서." - 천권동수지곡, 세종 즉위년(1418). 11

세종 8년 때인 1426년 4월 25일에 박연은 세종의 지시로 연구한 음악에 관한 상세한 보고를 올리는데 여기에 훈민정음의 음악적 원리와 관련한 중요한 몇 가지 내용이 나온다. 첫째, 노래와 연주는 음양이 배합되어 서로 부르고 화답한 뒤에야, 중성(中聲)이 갖추어지고 화기가 응한다는 것이다. 곧 음양의 조화를 통해 신(神, 자연)과 사람을 화합하게 한다는 것이니 이는 천지자연의 소리에 걸맞은 천지자연의 문자를 창제한 이치에 걸맞은 것이다. 이와 더불어 궁상각치우의 음악에 따른 오성의 조화 문제를 다루고 있어 훈민정음에 반영된 음악 이론이 이때쯤 이미 체계화되고 있음을 알 수 있다.

훈민정음 창제 13년 전인 세종 12년(1430) 윤 12월 1일에는 <훈민정음> 해례본 집필 실무 책임자이기도 한 정인지가 <아악보>가 완성되어 서문을 지었음을 보고하고 있다. 이 기록은 훈민정음 소리 연구의 기반이 어디 있었는가를 보여주는 매우 중요한 기록인데 그동안 학계에서 주목하지 않아 주요 내용을 인용하기로 한다.

> 음악은 성인이 성정을 기르며, 신과 사람을 화하게 하며, 하늘과 땅을 자연스럽게 하며, 음양을 조화시키는 방법이다. 우리나라는 태평한 지 40년을 내려왔는데도 아직까지 아악이 갖추어지지 못하였다. 공손히 생각하옵건대, 우리 주상 전하께옵서 특별히 생각을 기울이시와 선덕(宣德) 경술년 가을에 경연에서 채씨(蔡氏)의 <율려신서(律呂新書)>를 공부하시면서, 그 법도가 매우 정밀하며 높고 낮은 것이 질서가 있음에 감탄하시와 음률을 제정하실 생각을 가지셨으나, 다만 황종(黃鍾)을 급작히 구하기가 어려웠으므로 그 문제를 중대하게 여기고 있었다. 마침내 신 등에게 명하시와 옛 음악을 수정하게 하였다. 신 등이 보면, 지금 봉상시(奉常寺)에 보존된 악기는 고려 예종(睿宗) 때에 송(宋)나라 휘종

월 3일.

(徽宗)이 준 편종(編鍾)과 공민왕(恭愍王) 때에 고황제(高皇帝)가 준 종(鍾)
과 경(磬) 수십 개가 있으며, 우리 왕조에 이르러 또 태종 문황제(太宗文
皇帝)가 준 종과 경 수십 개가 있을 뿐이다. 이제 그 소리에 따라서 편
종(編鍾)을 주조(鑄造)하고, 좋은 돌을 남양(南陽)에서 얻어 편경(編磬)을
만들어서, 악기가 모두 일신해졌다. 또 그 소리에 의하여 동률(銅律)을
주조했는데, 그 율(律)이 약간 길어서, 서(黍)가 너무 많이 들어가는 것을
보아 옛적의 자[尺]와 맞지 않는 듯하므로, 그 자는 쓰지 아니하고, 모든
악기는 모두 적당하게 만들고 그 율관(律管)만을 남겨두어 음정을 조화
시키는 데 편리하게 할 뿐이었다. 네 가지의 청성(淸聲) 가운데서 황종
(黃鍾)의 청성이 반율(半律)로 변한 것이 아니었고, 태주(太簇)의 청성도
손익(損益)하는 수에 다 들어맞지 않았다. 그러나 역대로 써온 것이 오
래되었고, 중국에서도 이것을 보내주었다. 그런데 음악에서는 신민(臣
民)이 임금을 능가하는 것을 가장 꺼려 한다.

　그러므로 지금도 그 소리를 병용(倂用)하여 우선 상(商)과 각(角)이 궁
(宮)보다 지나침을 피하였다. 또 지금 봉상시의 악장(樂章)이 어디로부터
전해온 것인지 알 수 없었고, 그중에는 악공(樂工)들이 일시적으로 보탠
것도 있어서 신빙할 만한 가치가 없고, 참고할 수 있는 것은 <의례(儀
禮)>와 <시악풍아(詩樂風雅)> 12편과 <지정조격(至正條格)>과 임우(林宇)
의 <석전악보(釋奠樂譜)> 17궁(宮)뿐이다. 그러나 다른 악장 12편은 모두
황종(黃鍾)을 궁으로 만들고, 혹은 청성(淸聲)으로 기조(起調)하기도 하고,
또한 청성을 간용(間用)하기도 하니, 이것은 이른바, '황종(黃鍾)이라는
운(均)은 순수한 가운데도 순수한 것'이라는 것이 아니다. 풍시(風詩) 6편
에 이르러서는 다만 세 가지의 궁(宮)만이 일곱 소리[七聲]를 쓰고, 다른
궁(宮)은 모두 섞인 소리[雜聲]가 있다. <석전악보(釋奠樂譜)>에도 이와
같은 것이 많다. 지금의 것을 가지고 참고하여 보면 궁(宮)·상(商)·각
(角)·치(徵)·우(羽)의 다섯 가지 소리는 오행(五行)에 기본을 두고, 여기
에다 임금·신하·백성·일·물건을 배합한 것이어서, 정치가 잘 되고
못 된다든가, 재난과 길상(吉祥)이 모두 그 종류에 따라서 응답되는 것
이다. <주관(周官)>에서 이른바, '태사(太師)가 동률(同律)을 가지고 군대
의 소리를 들으며 길하고 흉한 것을 알린다.'고 한 것이나, <악기(樂記)>
에서 이른바, '다섯 가지가 문란하지 않으면 부조화(不調和)된 음이 없을

것이다.'라고 한 것이 모두 이 때문이다. 만일 궁(宮)과 상(商)의 중간에 다른 소리를 쓴다면 곧 궁도 아니요, 상도 아닌 어긋난 소리요, 상과 각의 중간에 다른 소리를 쓴다면 곧 상도 아니요, 각도 아닌 어긋난 소리가 되며, 치와 우도 모두 이러한 성질로 미루어 나갈 수 있다. 더구나 궁성(宮聲) 위에다 딴 소리를 사용해서는 안 된다. 다만 <의례(儀禮)>의 주해(註解)에서 주자(朱子)는, "청성(淸聲)으로 곡조를 시작하는 것은 옛 법이 아니다."라고 말하면서, 이에 대해서는 말이 미치지 않았으니 정말 의문된다. 그러나 그의 말을 보면, "율과 여(呂)가 12개씩이 있는데, 사용할 때에는 다만 7개만 쓰는 것이니, 만일 다시 한 소리를 끼워 넣는다면 곧 잘못이다."라고 하였으니, 또한 서로 발명(發明)이 되기에 충분하다. <시악(詩樂)> 12편은 개원(開元) 연간에 전해온 음악이요, 옛날의 음악이 아니며, <석전악보(釋奠樂譜)>의 17궁(宮)도 그대로 다 믿기가 어렵다. 그러나 이 두 악보 이외에는 다시 의거할 곳이 없으므로, 의례악(儀禮樂)에서 순수히 일곱 종류의 소리[七聲]만을 사용한다는 취지와, 소아(小雅)의 6편 26궁(宮)의 원칙을 가지고 이것을 부연하여 3백 12궁을 만들어서 조회의 음악을 갖추고, <석전악보(釋奠樂譜)>에서는 순수히 칠성(七聲)·12궁(宮)의 원칙을 가지고 부연하여 1백 44궁을 만들어서 제사의 음악을 갖추고, 황종(黃鍾)의 궁은 모두 바른 소리[正聲]를 사용하고, 나머지의 궁은 모두 네 가지의 청성(淸聲)을 사용하여 악보(樂譜) 두 질(帙)을 만들고, 또 <의례(儀禮)>와 <시악(詩樂)>과 <석전악보(釋奠樂譜)> 한 벌씩을 베껴서 따로 한 질을 만들어서, 후일에 음악을 아는 사람의 참고 자료가 되기를 기다린다. 아깝게도 그 음악 서적이 완전한 대로 남지 못하고 악보의 법도 전하지 못하여, 음악이 무너졌다는 탄식을 자아내게 한 것이다. 옛 음악은 이미 다시 볼 수 없으나, 이제 황종(黃鍾)을 음성의 기본에서 찾아내어 28개의 음성을 마련하였고, 크고 작으며 높고 낮은 것이 제 차례를 문란시키지 아니한 점에 있어서는, 주자(朱子)와 채씨(蔡氏)의 뜻이 천 년 이후에 이르러 조금이라도 펴게 되었으니, 이것은 반드시 우리 왕조를 기다리어 이루어졌다고 아니할 수 없다.

- 세종 12년(1430) 12월 1일

이 정인지 서문에는 표준음(황종음)을 마련하기까지의 과정과 28개의
표준 소리를 정한 내력이 기술되어 있다. 중국 음악 고전인 <율려신
서>의 취지에 맞는 진정한 표준 바른 소리인 28개 음성이 세종에 의해
제정되었음을 강조하고 있다. 이러한 소리 연구가 직간접으로 훈민정
음 문자 창제에 연결되었음은 누구나 짐작할 수 있는 바다.

한태동(2003)은 성종 때 성현이 지은 <악학궤범>이 세종 때 음악 이
론을 그대로 반영한 것이라 하였는데, 이 기록은 그러한 견해가 옳았
음을 보여준다. 성현도 악학궤범 서문에서 세종의 음악 지식은 채원정
의 <율려신서>를 넘어서는 것이며 자신은 세종 때 음악 지식을 정리
한 것이라고 하였다. 위 인용문에서 보면, 황종을 통해 기본 소리 28성
을 정리한 것은 기본 소리로서 훈민정음 기본 자모음 28자 설정에 영
향을 주었을 것이다.

이로부터 2년 후인 세종 14년(1432) 3월 16일에 세종은 경연에서 권맹
손에게 회례 악장에서 태조와 태종의 업적을 중국 고사와 어떻게 연결
할 것인가 등에 대한 의논을 하였다. 1433년 9월 12일에는 예조의 건의
로 민속 노래의 가사를 채집 기록하는 법을 마련하여 민속의 노래를
수집하기로 하였다. 이때 이미 소리와 음악의 이치가 시대 정치에 관
계가 있는 것으로 보아 관습 도감(慣習都監)에서 신라·백제·고구려 때
의 민간 속어[俚語]로 이루어진 50여 노래를 수집해놓았다고 보았다. 물
론 그 당시의 정치의 잘잘못을 기록해 교훈으로 삼기 위함이었고 이런
자료를 더 수집하기 위해 "각 도와 각 고을에 명하여 노래로 된 악장
이나 속어임을 막론하고 오륜(五倫)의 정칙에 합당하여 족히 권면할 만
한 것과 간혹 짝 없는 사나나 한 많은 여자의 노래로서 정칙에 벗어난
것까지라도 모두 샅샅이 찾아내어서 매년 세말에 채택(採擇)하여 올려

보내게[13]" 한 것이다.

이런 오랜 준비가 있었기에 <용비어천가>의 장편 가사가 비교적 빨리 완성될 수 있었다. 그리고 <용비어천가>는 노래 가사임을 주목할 필요가 있다. 이 중에는 새로 지은 것도 있지만 상당 부분 이미 노래로 불려진 것을 문자로 적은 것으로 보인다.[14] 새 문자를 적용한 가사임에도 무척 정교하고 장대한 이유는 거기에 있다. 이는 본문 가사를 지은 '권제, 정인지, 안지' 가운데 대표 저자인 정인지의 서문에 그대로 나온다.[15]

　　엎드려 생각해보건대, 전하께서는 왕실의 정통을 이어 옷을 드리우고 손을 모아 예절을 갖추고 음악을 고르게 하였습니다. 그래서 그동안 공덕을 기리는 노래를 지으니 바로 오늘에 이릅니다.
　　신과 집현전대제학 의정부우찬성 신 권제, 제학 공조참판 신 안지는 은택을 입어 글짓는 직책을 맡았습니다. 성대한 덕을 노래지어 부르는 것은 곧 마땅한 것입니다. 그러나 비루하고 졸렬한 말을 가지고 덕업을 풀어내는 것은 불가능한 것이므로 삼가 백성의 풍속에서 칭송하는 말을 채록하여 시 125장을 노래 지었습니다.
　　(…중략…)
　　이로 인하여 그 노래를 풀어서 해설한 시를 지었으니, 아름다움을 기리는 남아 있는 시가 관현악에 실려 끊임없이 전하여 이어지기를 바랍니다.
　－번역 : 윤석민 외(2006), <(쉽게 읽는) 용비어천가> 1, 박이정, 59~60쪽

---

13) 令各道州縣, 勿論詩章俚語, 關係五倫之正, 足爲勸勉者及其間曠夫怨女之謠, 未免變風者, 悉令搜訪, 每年歲抄, 採擇上送.－세종 15년(1433) 9월 12일.
14) 윤형두(2003 : 24)에서 "처음으로 글자를 만들어 쓴 글이라고는 보기 어려울 정도로 그 문체가 유창하고 정교하다. 아마도 이 가사는 그 이전부터 구전으로 전해져 내려오다가 문자화된 것이 아닌가 보여진다."라고 추측하였는데 이는 옳은 추론이다.
15) 이런 측면에서 보았을 때 한글 시가를 먼저 지었다는 일반적인 견해(성기옥 : 1989)나 한문 시가를 먼저 지었다는 견해(강신항 : 1958, 성호주 : 1984, 조흥욱 : 2001)나 모두 적절하지 않다. 우리말 시가를 가장 먼저 지었다는 측면이 먼저 부각되어야 한다. 그런 다음 한문 시가, 한글 시가로 이어지는 것이다.

이러한 구전 노래가사 수집을 세종이 직접 챙겨 도와주고 짓게 한 것으로 볼 수 있다.

> 경상도와 전라도 관찰사에게 교지를 내리기를, "홍무 13년 9월에 왜구가 떼를 지어 육지로 올라와 우리의 경계를 침략하였을 때에, 우리 태조께서 부오(部伍)를 정비하여 이끌고서 바로 운봉(雲峯)에 이르러 한 번에 소탕하였으니, 그 훌륭한 공과 위대한 업적은 후세에까지 전하지 아니할 수 없는 것이다. 그러므로 그때의 군마의 수효와 적을 제어한 방책과 접전한 수와 적을 함락시킨 광경 등을 반드시 본 사람이 있을 것이니, 경은 도내 여러 고을에 산재하여 살고 있는 늙은이들에게 널리 다니며 방문하여 상세히 기록하여 아뢰라." 하였다. 이때에 임금이 바야흐로 <용비어천가(龍飛御天歌)>를 짓고자 하여 이러한 교지를 내린 것이었다.16)
>
> ‒ 세종 24년(1442) 3월 1일

노인들을 통해 자료 수집을 했다는 것은 바로 이성계 업적에 대한 구전가요나 떠도는 민간 이야기를 수집하기 위함이고 이런 자료를 바탕으로 신하들로 하여금 시가를 짓게 한 것이다.17)

---

16) 傳旨慶尙, 全羅道觀察使 : 洪武十三年庚申九月, 倭寇成群下陸, 侵掠其界. 我太祖整率部伍, 直到雲峯, 一擧掃除, 神功偉烈, 不可不傳於後世也. 其軍馬之數, 制敵之策, 接戰次數, 陷敵施爲, 必有及見之人, 卿於道內諸郡散居故老之人, 廣行訪問, 詳書以啓.時上方欲撰<龍飛御天歌>, 故乃下此傳旨.

17) 세종은 무려 8년이나 준비한 끝에 시행한 공법 사례에서 보듯 어느 하나의 정책을 시행하기 위해 미리부터 치밀하게 준비하는 태도를 보여준다. 세종이 용비어천가를 짓고자 경상도 전라도 관찰사에게 자료 수집을 명한 것은 훈민정음 창제 1년 9개월 전쯤이고 용비어천가 시가 짓기를 완성한 것은 1445년 4월이니 그로부터 딱 3년 전이다.
傳旨 慶尙 全羅道 觀察使 : 洪武 十三年庚申九月, 倭寇 成群下陸, 侵掠其界.我 太祖 整率部伍, 直到 雲峯 一擧掃除, 神功偉烈 不可不傳於後世也.其軍馬之數, 制敵之策 接戰次數陷敵施爲, 必有及見之人 卿於道內諸郡散居故老之人 廣行訪問, 詳書以啓.時上方欲撰 <龍飛御天歌> 故乃下此傳旨. ‒ 세종실록 95권 ‒003 ‒4집 402면.

[표 3] 〈용비어천가〉 창작, 반포 관련 연표

날짜	지은이	덧붙임
1442년(세종 24) 3월 1일	세종	용비어천가 제작을 위한 자료 수집 지시
1443년(세종 25) 12월	세종	훈민정음 창제
1445년(세종 27) 4월 5일	1차 저자 : 권제, 정인지, 안지	10권으로 된 125장 우리말 노래를 한시로 지어 해설을 붙여 완성하여 바치니(歌用國言. 仍繫之詩, 以解其語 세종이 인쇄하여 반포하라고 지시(命刊板以行) => 한시와 해설로 이루어진 〈용비어천가〉 간행을 지시하였으나 간행 지시로만 끝난 듯함, 언문시는 짓지 않음)
1446년 (세종 28) 9월 상한	훈민정음 반포, 해설서 〈훈민정음〉 간행 공동 저자 : 세종, 정인지, 최항, 박팽년, 강희안, 신숙주, 이현로, 성삼문, 이개	훈민정음 반포
1447년 (세종 29) 2월	2차 저자 : 최항, 박팽년, 강희안, 신숙주, 이현로, 성삼문, 이개, 신영손	1445년 4월에 완성된 한시와 간략한 주해를 다듬고 보충하고, 언문시와 언문시에 대한 주해를 지어 편찬을 이날 완료하고 세종에게 바침. *훈민정음 해설서 집필자와 〈용비어천가〉 2차 집필자가 신영손을 제외하고는 같은 것으로 보아 반포 후에 언문시와 주해 작업에 집중하여 매달린 듯함. 언문시가 매우 정교한 것은 훈민정음 해설가들이 참여해서 그런 것.
1447년 (세종 29) 10월	−기획 저자 : 세종 −최종 공동 저자 : 권제, 정인지, 안지, 최항, 박팽년, 강희안, 신숙주, 이현로, 성삼문, 이개, 신영손(11명)	550본을 간행하여 신하들에게 배포

이리하여 1445년(세종 27) 4월 5일에 〈용비어천가〉 1차 지은이인 권제, 정인지, 안지 등이 10권으로 된 125장 우리말 노래를 한시로 지어 해설을 붙여 완성하여 세종에게 바치니(歌用國言. 仍繫之詩, 以解其語) 세종

이 인쇄하여 반포하라고 지시(命刊板以行)하였다. 곧 한시와 해설로 이루어진 <용비어천가> 간행을 지시하였으나 간행 지시로만 끝난 듯하다.

이때는 이미 훈민정음 기본 문자 체계는 완성된 후지만 표기 체계에 대한 추가 연구와 해설서 집필이 한참 이루어질 때이므로 언문시 제작은 본격적으로 이루어지지 않았을 것이다. 또한 <용비어천가> 제작 자체가 매우 중차대한 문제이므로 신중에 신중을 거듭하였던 듯하다. 그런 고민의 흔적이 이해(1445) 11월 3일자 실록 기록에 나온다.

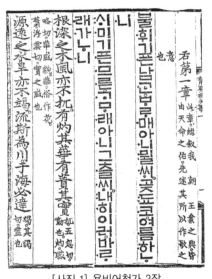

[사진 1] 용비어천가 2장

세종은 유의손, 이사철, 정창손에게 이르기를 "우리 조종께서 인덕을 쌓아 집[家]을 화(化)하여 나라를 만들었으니 높은 공(功)과 성대한 덕(德)이 과거 역사에서 탁월하다. 이미 용비시(龍飛詩)로 찬양하여 공덕을 가송(歌頌)하였으나, 그 체(體)가 시(詩)로 모방하여 사언(四言)으로 지어서 자못 뜻을 다하지 못하였다. 지금 또 문신으로 하여금 혹은 절구(絶句) 혹은 장편(長篇), 혹은 찬(讚), 혹은 송(頌)으로 뜻에 따라 찬술하여, 공덕의 성대함을 포장(鋪張)하여 만세(萬世)에 전하고자 하니, 경 등은 집현전의 관원과 더불어 나누어 지어서 올리라."라고 지시하였다.

권제, 정인지, 안지 등이 지은 1차 저작물(4월 5일자)이 부족하니 보완하라는 것이다. 더욱 중요한 것은 우리 조종의 업적이 중국 고사의 사례보다 더 훌륭한데 그 점이 제대로 드러나지 않았다는 점이다. 그러나 세종은 또 다른 고민이 있는지 이 명령을 중지하여 신하들은 짓지 않았다고 사관은 이날 기록을 보완하고 있다.

결국 <용비어천가>는 언문시보다 한시를 먼저 지었으나 언문시를 윤석민 외(2006)에서처럼 번역시(언해문)로 보기는 어렵다. 왜냐하면 말(노래, 국언)로 된 우리말 시가 먼저 있고, 그것을 한시로 번역한 뒤 훈민정음 해설서 완성과 더불어 우리말 시를 언문으로 적은 것이기 때문이다.[18] 물론 먼저 지은 한시는 우리말 시를 구조가 전혀 다른 문자체계로 번역한 것이므로 번역시로 보아야 한다. 이런 흐름 때문에 최종 편집 단계에서는 당연히 언문시를 한시보다 앞세운 것이다. 시가 표기 단계와 최종 편집 과정을 정리해보면 다음과 같다.

　　　자료 수집→ [우리말 노래(입말)] 지음 → [한시]로 번역 표기 → 간단한 주해 → 훈민정음 표기 체계 최종 완성 → [언문시] 표기 → 최종 주해 → 재배치 간행 : [언문시] 주해 [한시] 주해

최종 결과로 보면 마치 전래되어 오던 입말의 고려가요를 훈민정음 창제 후에 기록한 것과 비슷하다. 이런 맥락은 2장에서 절정을 이룬다.

　　　불휘 기픈 남ᄀᆞᆫ ᄇᆞᄅᆞ매 아니뮐ᄊᆡ 곶됴코 여름 하ᄂᆞ니 ᄉᆡ미 기픈 므른 ᄀᆞ므래 아니그츨ᄊᆡ 내히 이러 바ᄅᆞ래 가ᄂᆞ니 - 용비어천가 2장

---

18) 조규태(2007 : 3)에서의 해제가 가장 정확하다. 이윤석(1997가 : 12)에서는 "모든 옛일을 바르게 고쳤으며 노래는 나랏말을 썼습니다."라는 대목으로 보아 한글시가 먼저 되었다고 보는 것이 좋을 것이라고 하였으나 한글시는 '우리말 노래'로 해야 옳다.

125장 가운데 다른 장들은 한자 병용체지만 2장만큼은 한글전용으로 되어 있다. 이는 토박이말에 담긴 입말의 전통이 글말로 그대로 녹아들었음을 의미한다. 이후에 나오는 한글전용 문체의 뿌리는 바로 2장에서 비롯되었다고 보아도 무방하다.

'해(海)'는 '회(晦)'의 뜻이다. 그 거칠고 아득하며 어둡다는 뜻을 취한 것이다. 사해(四海)의 밖은 모두 다시 바다다. 동해의 별칭은 발해다. 따라서 동해를 발해라 부르고, 또 창해(滄海)라고도 통하여 말한다. 우리나라는 발해의 동쪽에 있으므로 '해동(海東)'이라 말한다.

-번역 : 윤석민 외(2006), <(쉽게 읽는) 용비어천가> 1, 박이정, 65쪽.

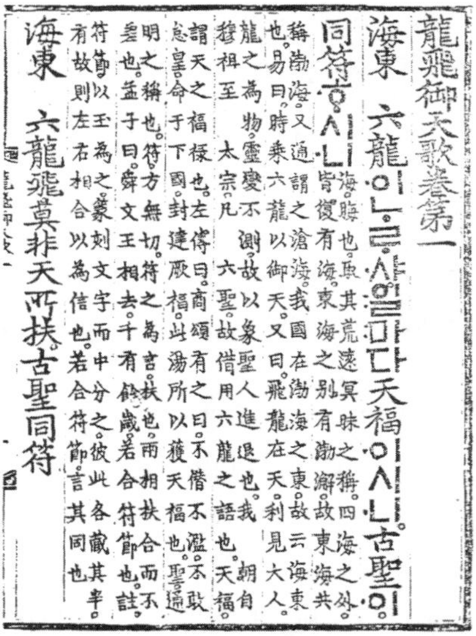
龍飛御天歌卷第一
海東 六龍이 ᄂᆞᄅᆞ샤 일마다 天福이시니 古聖이 同符ᄒᆞ시니
海晦也。取其荒遠冥昧之稱。四海之外皆復有海。東海之別有渤澥。故東海共稱渤海。又通謂之滄海。我國在渤海之東。故云海東。也。易曰。時乘六龍以御天。又曰。飛龍在天。利見大人。龍之爲物。靈變不測。故以象聖人進退也。我穆祖至 太宗凡六聖。故借用六龍之語也。天福謂天之福祿也。左傳曰。商頌有之曰。不僭不濫。不敢怠皇。命于下國。封建厥福。此湯所以獲天福也。聖通明之稱也。符之爲言。扶也。兩相扶合而不差也。孟子曰。舜文王相去千有餘歲。若合符節也。註符節以玉爲之。篆刻文字而中分之。彼此各藏其半。有故則左右相合以爲信也。若合符節。言其同也。
海東 六龍飛莫非天所扶。古聖同符

[사진 2] 용비어천가 1장 언문시와 주석

<용비어천가>의 주석 내용은 두루 알려진 바와 같이 언어학이면서 역사학이다.[19] 각종 용어나 어휘의 음운이나 어원을 상세하게 밝혀 역

19) 이런 측면에서 해설 번역을 최초로 시도한 김성칠(1948, 1997)을 비롯해 주석 완역을 시도한 이윤석(1992)과 완역 외 역주를 한 윤석민 외(2006) 등은 매우 의미가 깊다. 다만 김성칠(1948)은 주석이 빠져 아쉽고, 이윤석(1992)은 원문이 실려 있지 않고 할주의 일부가 빠져 아쉽고, 윤석민 외(2006)는 원문이 실려 있고 할주까지 번역되고 역주까지 실려 있지만 아직 완결되지 않아 아쉽다(49장까지 이루어짐). 주석의 넓이와 깊이에 매료되어 있는 필자로서는 이런 번역 작업이 얼마나 힘든 일인 줄을 잘 안다. 그러기에 전문의 구도를 그대로 살린 완역판이 얼른 완성되

사적 언어 사용의 바탕 역할을 하게 하였다.

 간결하고 웅장한 시가 형식으로 왕조의 뿌리를 노래하고 이에 대한 자세한 주석을 덧붙임으로써 새왕조를 기리고 그 정당성을 자세히 고증하는 방식을 썼다. 일종의 복합 전략이다.[20] <용비어천가>가 시가로만 이루어졌다면 또는 자세한 설명식 문헌으로 이루어졌다면 새 문자로 담은 첫 작품으로서의 가치는 훨씬 떨어졌을 것이다.

 이러한 세종의 <용비어천가> 전략은 왕조의 정당성이라는 가장 권위적인 내용을 새 문자로 표기함으로써 새 문자에 권위를 부여했다는 점이다. 또한 이 시가는 최만리 갑자 상소 이후에 이루어졌다는 점에 주목할 필요가 있다. 세종은 훈민정음 창제 공포 이전부터 <용비어천

기를 염원하는 것이다. 물론 전문 학자들은 관련 연구와 비평 작업으로 동참해야 할 것이다.

20) <용비어천가>에 대한 부정적 평가로는 이가원(1994 : 408)이 두드러진다. "訓民正音은 실로 위대한 文字다. 이러한 文字가 創制된 직후에 당연히 文民政治를 위하여 經國·濟世의 典籍을 著述하여야 할 것임에 反하여 이와 같은 事大·屈辱的인 阿諛文字를 지어 歷史의 僞造, 自主의 喪失, 國民을 우롱하는 커다란 과오를 범하게 되었다. 요즘 一部 한글학자들이 <용비어천가>를 하나의 역사로서 高評한 그릇됨을 변증하는 동시 이 <龍歌>를 세계 阿諛文字의 대표작으로 貶評하여야 타당할 것이다. – 이가원(1994). <朝鮮文學史>. 태학사. 408쪽."라고 하였다. 이러한 지적에서 기본 내용은 옳지만, 대안 저술 제시와 무조건 자주의 상실로만 보는 평가는 동의하기 어렵다. 그러나 이런 부정적 평가에 앞서 <용비어천가>는 이상과 현실을 조화시키려는 긍정적 전략으로 보아야 한다. 세종은 이상을 이루기 위해서라면 일부 현실 문제에 대해서는 철저히 타협하는 전략을 썼다. 정치적 현실 분야에서는 '사대교린'이라는 건국 이념에 철저히 따르되, 그 밖의 달력, 실용 과학, 문자, 음악 등 문화와 실용 생활 분야에서는 철저하게 자주를 추구하고 실현했다. 만일 모든 분야에서 이상(자주)만을 추구했다면 오히려 부작용이 컸을 것이다. 자주적인 새 문자에 지독한 사대를 담음으로써 보수적인 사대부들의 새 문자에 대한 반발까지 막은 고도의 통치 전략, 언어 정책에 의해 나온 것이 <용비어천가>다. 또한 가장 자주적인 문자를 실현 전략으로 보면 <용비어천가>를 비자주적인 것으로만 평가하는 것은 적절하지 않다. 이가원(1994)에 대한 비판으로는 김기협(1997)에서 이루어진 바가 있고 이에 대해 이윤석(1997나)이 반론을 폈다.

가> 작업을 서둘러왔다. 이 준비 작업은 공개적으로 해왔지만 신하들
은 새 문자로 지을 것이라고는 꿈에도 상상을 못했을 것이다. 일부 유
학자들 반대에 부딪치면서 왕조의 정당성과 교화의 장대한 꿈을 담은
새 문자의 정당성을 일치시키기 위한 전략에 골몰했을 것이다.

　더욱이 중요한 것은 <용비어천가> 역시 훈민정음의 바탕 사상인 천
지인 삼재 사상을 바탕에 깔았다는 점이다.[21] 중국의 역사 사례에 비
추어 왕조의 정당성을 합리화하는 사대주의 측면이 강하지만 그 이면
에 새로운 문자, 그 문자를 통한 원대한 자주 문화에 대한 자부심이 담
겨 있다. 이러한 <용비어천가>의 삼재 사상에 주목한 이는 조동일(1989 :
263~269)에서였다. 1장이 한 줄로 되어 있으면서 하늘(천)에 해당되는 내
용을, 2장이 두 줄로 되어 있으면서 땅(지)에 대한 내용을, 3장 이하가
사람의 사건을 다루었으므로 사람(인)을 다룬 천지인 삼재 사상이 반영
되었다는 것이다. 이와 같은 해석과 평가는 매우 적절하다. 더욱이 마
지막 125장은 천지인 삼재의 조화 속에 왕이 어떻게 정치를 해야 하는
지를 노래하고 있다.

　　"千世우희. 미리 定ᄒᆞ샨 漢水北에 累仁開國ᄒᆞ샤 卜年이 ᄀᆞᆺ업스시니 聖
　　神이 니ᅀᅥ샤도 敬天勤民ᄒᆞ샤ᅀᅡ 더욱 구드시리이다. 님금하 아ᄅᆞ쇼셔 洛
　　水예 山行 가이셔 하나빌 미드니잇가.
　　　　　　　　　　　　　　　　　　　　　　　　　　　　　－125장

　하늘(천)의 기운으로 수도(지, 한양)가 이루어진 것이니 왕(인)은 왕답게
하늘(천)을 받들고 백성을 다스리는 데 근면해야 조화로운 세상(천지인,

---

21) 악장 자체가 천명관과 성리학을 바탕으로 이루어졌다. 조규익(2005 : 127)에서는 악
　　장 창작 주체인 사대부들의 천명 사상이 악장의 바탕임을 자세히 밝힌 바 있다.

나라)이 더욱 굳을 것이라고 노래한 것이다.

세종은 이상과 현실을 동시에 추구하고 조화시키는 다중 전략가였고 하나의 작품에 이러한 다중 전략을 복합적으로 배치하는 멀티 천재였다. <용비어천가>는 노래이자 문학 시가이자 역사서이자 세종의 사상이 응축된 사상서다. 세종은 핵심 아이디어를 구상하고 끝까지 직접 밀고 나가되, 유능한 신하들을 앞세워 구체적인 저술을 하게 하는 전략을 주요 작품마다 적용했는데 그 첫 작품이 <용비어천가>인 셈이다.

또한 첫 출판물을 그 당시로서는 파격적인 550부나 신하들에게 나눠줌으로써 새 문자 보급에 필요한 실질적인 정책을 수행했다. 이 책은 사대부들이 새 문자를 배우는 학습서 역할도 했을 것이다.

최근 윤봉길 의사(1908~1932)의 한글 야학 교재인 <농민독본>(보물 568호)의 '한글편'이 80년 만에 발견되어 화제가 되고 있다. 야학에 다녔던 사람들의 증언으로 말로만 전해오던 자료가 실제 발굴된 것이다. 흥미로운 것은 보도 기사(한겨레신문 2011. 4. 26. 29쪽)에 의하면 이 교재는 '소리의 갈래', '조선글 마침법' 외에 '훈민정음 예의본'과 '용비어천가'의 일부가 한글로 옮겨져 실려 있다고 한다. 이는 <용비어천가>가 단지 지배층 홍보용으로만 쓰인 것이 아니라 일종의 어학 학습 텍스트로도 끊임없이 쓰여 왔음을 보여준다.

2) 세종이 직접 지은 노래가사(악장) : <월인천강지곡>

<월인천강지곡>은 훈민정음 반포 1년 후에 세종이 직접 기획 집필한 책이다. 완성은 1447년에 이루어졌으나 간행 자체는 이해에 이루어

졌는지는 정확한 기록이 남아 있지 않다.[22]

　500곡이 넘는 찬불 노래책으로 상, 중, 하 3권으로 간행되었으나 현재 권 상 1책과 권 중의 낙장이 전하고 있다. 발문이 붙어 있을 것으로 추정되는 하권이 전하지 않아 간행자와 간행 연도에 대한 일부 논란이 일고 있는 것이다. 그러나 세종이 지었다고 보는 근거는 비교적 명확하다. 수양대군이 부왕이 직접 지었다고 증언했을 뿐 아니라 월인천강지곡에는 훈민정음 창제자로서의 세종의 전략이 고스란히 담겨 있기 때문이다.

　첫째, 한자어의 경우 한자를 그대로 병기한 용비어천가나 한자를 크게 앞세우고 한글을 조금 작게 병기한 석보상절과는 달리 <월인천강지곡>은 한글을 크게 앞세우고 한자를 조금 작게 표기한 전략에 주목해보자. 이는 훈민정음을 공문서로 실행하면서까지 보급하려는 정책적 열정을 보인 세종이 아니면 이루기 어려운 전략이기 때문이다. 이러한 한글 위주의 과감한 표기 전략은 세종의 의지가 반영된 것이다.

　더욱이 "손ᄋᆞ로, 비늘을, 말ᄋᆞᆯ, ᄃᆞ틀에, 눔이, 눌을, ᄆᆞᆷ울, ᄆᆞᆷ애, 몸이, 몸애, 죽을" 등과 같이 형태소 밝혀 적기는 소리 그대로 적은 그 당시의 표기법과 다른 것으로 깊이 있는 언어학 지식이 없이는 어려운 표기 전략이었다.

　또한 세 텍스트(용비어천가, 석보상절, 월인천강지곡)의 핵심 기획 저자는 세종이다. 세종은 점진적으로 다양한 방식의 실험을 한 훈민정음 보급

---

22) 홍윤표(1997)에서는 "<월인천강지곡>은 世宗 29年(1447)이나 늦어도 同王 31年(1449)에 刊行되었을 것으로 추정되는 3卷으로 된 冊이다. 現在 上卷의 初刊本이 傳하고(前 陳琪洪 소장, 現 대한교과서주식회사 소장). 國立圖書館 소장 橋正本 「釋譜詳節」 속에 「月印千江之曲」의 몇 葉(15장)이 끼어 있다. 上卷에 수록된 194章의 노래로 보아 원래 上, 中, 下 三卷에는 582章 內外의 노래가 수록되어 있었을 것이다."라고 시기와 노래 수를 추정했다.

용 3대 정책 텍스트를 완성함으로써 특정 문서를 통한 보급 전략을 마무리 짓게 된다.

이러한 프로젝트 핵심 연구원이자 세종의 보조자였던 수양대군은 임금이 되어 자신이 쓴 <석보상절>과 부왕이 쓴 <월인천강지곡>을 합치고 이러한 텍스트를 읽을 수 있는 규범서인 훈민정음 언해본을 앞머리에 붙여 하나의 책으로 간행함으로써 보급용 책의 대단원을 장식했다. 이렇게 함으로써 <월인석보> 텍스트는 훈민정음을 보급하기 위한 가장 중요한 표준 텍스트가 된 셈이다.

세종이 <월인천강지곡>을 둘째 아들 수양대군이 지은 <석보상절>을 보고 지었다는 것은 전후 맥락으로 보아 적절하지 않다. <월인천강지곡>의 방대한 양으로 볼 때 <석보상절>과 거의 같은 시기에 집필이 시작되었을 것으로 보인다. <석보상절> 자체가 세종이 기획한 책이므로 더욱 그렇다.

<월인천강지곡> 또한 천지인 삼재 사상을 담았다. 부처님의 사상은 한 개의 달(천)이 천만 개의 강(지)에 비추듯 널리 퍼져야 하므로 사람(인)은 부처의 뜻을 온전히 받들어야 한다는 것이다. 천지자연의 조화를 담은 훈민정음으로 조화로운 부처님 뜻을 담음으로써 이와 더불어 훈민정음의 바른 소리의 큰 뜻이 널리 퍼지길 세종은 염원했을 것이다. 이러한 염원이 이루어지기 위해서는 노래 가사라는 문학 양식과 백성들이 오래 두루두루 따르고 싶어 했던 부처님이 딱 어울렸던 것이다.

이러한 기획 의도는 그대로 적중하여 <월인천강지곡>은 노래로 불려지면서 그 언문 가사가 노래를 부르고 퍼뜨리는 데 중요한 역할을 했음을 알 수 있는 기록이 전한다.

[사진 3] 석보상절

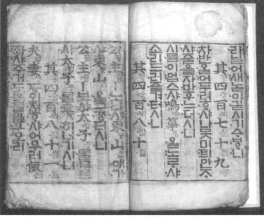

[사진 4] 월인천강지곡

　　임금이 사정전에 나아가 종친・재신・제장(諸將)과 담론(談論)하며 각
각 술을 올리게 하고, 또 영순군(永順君) 이부(李溥)에게 명하여 8기(妓)
에게 언문 가사를 주어 부르도록 하니, 곧 세종이 지은 <월인천강지곡
(月印千江之曲)>이었다. 임금이 세종을 사모하여 묵연(默然)히 호조 판서
노사신을 불러 더불어 말하고, 한참 있다가 눈물을 떨구니, 노사신도 또
한 엎드려 눈물을 흘리므로 좌우가 모두 안색이 변하였는데, 명하여 위
사(衛士)와 기공인(妓工人)을 후하게 먹이게 하였다.

-세조 14년(1468) 5월 12일

　　<월인천강지곡>이 노래 가사라면 노래를 부르는 사람들을 고려했
을 것이며 그렇게 해서 세종은 한글음을 앞세우는 전략을 세웠을 것이
다. 기녀들은 노래를 부르기 위해서라도 언문을 반드시 배웠을 것이며
그렇게 언문이 퍼지는 데 중요한 역할을 했음을 짐작하게 해주는 실록
기사다. 세조는 이해 9월 8일에 운명하였으므로 위 기록은 운명하기 4
개월 전의 사건이다. 인생의 막바지였으므로 부왕과의 추억이 더욱 그

리웠을 것이다. 이때는 훈민정음이 반포된 지 22년째요 세종이 돌아간 지 14년밖에 안 된 시점이었다. 세조는 1459년(세조 5) 훈민정음언해(訓民正音諺解)가 수록된 <월인석보(月印釋譜)> 전 25권을 간행하고 운명하기 1년 전까지 <목우자수심결언해> 등을 간행하며 부왕의 훈민정음 정책을 철저히 추구한 그였기에 또 한편으로는 부왕의 뜻을 거스르고 조카까지 죽이며 왕위에 오른 처지였기에 더욱 눈물을 흘렸을 것이다.

3) 옛 노래, 고려가요의 기록

훈민정음 반포가 국문학사에서 차지하는 위치에 대해서는 많은 논저에서 언급하고 있는 바이지만 훈민정음 보급 차원에서 다시 논의해 보기로 한다. 일부 상반된 평가를 보이는 두 글을 함께 보기로 한다.

> 우리 민족의 언어가 기록되기 시작한 진정한 시기는 훈민정음 창제 이후로 보아야 할 것이다. 이때부터 진정한 역사가 시작되며, 민족의 주체적인 문화생활이 여기에서 시작되었다 해도 과언이 아니다. 진정한 국문학이 여기에서 시작되었으며, 민중의 진정한 의미로서의 의사 통달이 여기에서 시작된 것이다.
>
> －허웅(1974), <한글과 민족문화>, 세종대왕기념사업회, 121쪽.

> 훈민정음이 사용되자 문학사의 획기적인 전환이 이루어졌음은 물론이나, 그 점을 처음부터 지나치게 강조할 것은 아니다. 훈민정음은 한문을 대신하는 글이고, 한자에 의한 국어 차자표기를 대신하는 국문이라는 두 가지 의의가 있으며, 기록문학의 성장에서 한문학의 등장, 차자표기문학의 시작에 이어 세 번째로 국문문학의 시대를 여는 구실을 했다. 훈민정음 창제와 더불어 국문문학으로의 전환 가능성이 일거에 마련된 것은 사실이지만, 한문 및 한자 차자표기에 맞서서 국문이 관장 영역을

확대하고 마침내 그 둘을 퇴장시키기까지 여러 단계에 걸쳐 많은 진통
을 겪어야 했다. 훈민정음의 창제에서 한문학에 대한 국문문학의 승리
가 이루어지기까지 과정을 실상대로 파악하는 역사 이해의 관점이 긴
요하다.

- 조동일(1989), <한국문학통사 2>, 지식산업사, 258쪽.

위와 같은 차이는 특정 역사적 사건을 연속 측면을 강조하느냐 불연
속 측면을 강조하느냐의 차이다. 특정 변화든 어떤 측면을 지나치게
강조하는 것은 역사적 변화와 맥락을 왜곡시킬 수 있으므로 옳지 않
다. 그렇다고 훈민정음을 한문이나 차자표기를 '대신'한다는 수준으로
낮출 수는 없다. 대신하는 측면도 있지만 훈민정음은 새로운 차원의
문학의 세계를 여는 기폭제가 된 것이다. 한문이나 차자표기의 문학은
국문으로 표현할 수 없는 시기에 대체의 효용성은 있으나 보편적 정서
의 표현과 공유에 근본적인 한계가 있기 때문이다. 인간의 보편적 정
서에 기댄 표현과 향유의 욕망 자체를 특권 계층과 특정 표현으로 한
정시켜야 하는 한자 표기 문학의 한계를 극복하게 된 것을 '대신'이라
할 수는 없다.

훈민정음의 문학적 가치는 입말로만 떠돌거나 억지 한자로 표기될
수밖에 없었던 고려가요가 훈민정음으로 인해 그 적나라한 모습을 드
러낸 데서 극명하게 자리매김된다.

(1) 處容歌 - 지은이 알 수 없음.
　　- 앞줄임
　(中葉) 東京 볼갼 드래 새도록 노니다가
　(附葉) 드러 내 자리롤 보니 가룬리 네히로새라
　(小葉) 아으 둘흔 내해어니와 둘흔 뉘해어니오

(大葉) 이런 저긔 處容아비옷 보시면

　　　熱病神(大神)이사 膾ㅅ가시로다

　　　千金을 주리여 處容아바

　　　七寶를 주리여 處容아바

(附葉) 千金 七寶도 말오

　　　熱病神를 날자바 주쇼셔

(中葉) 山이여 미히여 千里外예

(附葉) 處容아비롤 어여려거져

(小葉) 아으 熱病大神의 發願이샷다

(2) 處容歌(삼국유사 발췌)

　　東京明期月良

　　夜入伊遊行如可

　　入良沙寢矣見昆

　　脚烏伊四是良羅

　　二 兮隱吾下於叱古

　　二 兮隱誰支下焉古

　　本矣吾下是如馬於隱

　　奪叱良乙何如爲理古

(3) 처용가(신라) 양주동 해석 및 재구

　　시볼 볼긔 ᄃ래

　　밤드리 노니다가

　　드러사 자리 보곤

　　가ᄅ리 네히어라

　　둘흔 내해엇고

　　둘흔 뉘해언고

　　본디 내해다마론

　　아사놀 엇디ᄒ릿고

첫 번째 글은 성현(成俔)과 유자광(柳子光) 등이 성종의 명으로 펴낸
<악학궤범>에 실려 있는 고려가요다.[23] <악학궤범>은 훈민정음 반포
47년만인 1493년(성종 24)에 처음 간행되었다. 이때의 책은 지금 남아 있
지 않지만 다행히 16세기의 복각본이 남아 있어 그 귀중한 기록을 자
세히 살필 수 있다. 이 책은 중국의 음악 명저인 송나라 때 진양(陳暘)
이 쓴 <악서(樂書)>와 채원정(蔡元正)이 쓴 <율려신서(律呂新書)>를 우리화
한 책이다(한태동, 2003 : 197). 성현의 서문에 의하면 세종 때 음악 이론을
정리한 것으로 되어 있다. 이러한 정리 덕에 훈민정음의 바탕인 음악
이론을 제대로 알 수 있다. 이런 맥락 때문에 이 책의 가치를 훈민정음
과 관련시켜 처음으로 드러낸 한태동(2003)은 이 책을 <훈민정음(해례
본)>, <동국정운>과 더불어 세종 때 3대 저서로 자리매김하고 있다.[24]

세종 대의 집현전 학자들은 희세의 음성학적 작품을 이루어놓았다.
언어에 있어 <훈민정음>과 운학에 있어 <동국정운>과 음악에 있어
<악학궤범> 들이 그 대표작이다. 이 작품을 하나하나 볼 때 그들의 발
상이 깊고 넓었음을 느끼게 되고, 셋을 연관시켜볼 때 하나에서 다른
권(卷)으로 가면서 계속 문제를 새로이 발전시켜 마침내 음성학을 집대

---

23) 성종실록 기록에는 관련 기록이 없지만, 다행스럽게도 국조보감 성종조 8월 기록
에 "<악학궤범(樂學軌範)>이 완성되었다. 성종이 장악원에 소장된 의궤(儀軌) 및
양조(兩朝)의 악보가 해가 오래되어 떨어져나가고 다행히 남아 있는 것도 대부분
소략하거나 잘못되어 빠뜨리는 일이 많다고 생각하였다. 그리하여 예조 판서 성
현(成俔)에게 명하여 장악원 주부 신말평(申末平), 전악(典樂) 김복근(金福根)과 함
께 다시 교감하여 아악(雅樂), 당악(唐樂), 향악(鄕樂) 세 분야로 나누도록 하였다.
이때에 이르러 올리니, 성현 등에게 차등 있게 상을 주었다."라고 나온다.
24) 한태동(2003 : 197)이 이렇게 보는 이유는 세종이 박연의 도움을 받아 직접 정리한
각종 음악 이론이 악학궤범에 정리되어 있고, <악학궤범> 주 저자인 성현도 세
종 때 음악 이론을 정리했다고 밝히고 있기 때문이다. 필자는 여기에 천문서인
<제가역상집>(세종, 이순지 외)을 더해 이를 세종의 사상이 담긴 4대 저서(이론
서)로 본다.

성시킨 것으로 보인다.

- 한태동(2003), 279쪽

이와 같은 맥락 속에서 구전되거나 한자로 표기되어 전해오던 고려가요를 제대로 적게 되었고(표 4), 이와 더불어 이두식으로 겨우 기록된 신라 노래 처용가가 복원되었다. 이렇게 노래 문학의 정체성이 복원됨으로써 새 문자의 효용성은 더욱 빛을 발하게 되었다. 가장 정서적이면서도 일상적인 노래가 살아난 것은 장구한 역사처럼 흘러가는 입말의 생명력을 문자화시킨 것으로 그것은 바로 문자의 생명력, 새 문자의 현실과 미래로 이어지는 미래지향적 생성성을 보여주는 것이다. 고려시대는 한문학이 크게 융성하고 국문학이 쇠퇴했던 시기라 고려가요의 한글 기록이 더욱 가치 있는 것이다.

이런 과정에서 양반 사대부 관료들의 신념에 의해 많은 고려 노래들이 걸러진 것은 무척 아쉬운 일이지만 그나마 음악이라는 테두리 속에서 이 정도로 기록되게 된 것은 그 당시 사대부 관행으로 보아서는 기적에 가깝다.

최초의 <악학궤범>은 전하지 않지만 펴낸 시기가 명확하고 <악장가사>는 중종 때, <시용향악보>는 성종~중종 때로 저작 시기가 명확하지 않다. 그러나 훈민정음이 서민들 사이로 가장 폭넓게 보급된 성종~중종 때 나온 것만은 확실하다. 이들 책은 한문본이지만 서민과 가까운 음악과 가요 관련 기록인지라 이 문헌의 상징적 효과는 컸을 것이다. 지배층에 의한 기록이므로 지배층과 하층민과의 소통의 근거가 되는 문헌으로서의 효과도 있는 셈이다.

[표 4] 고려 구전가요의 한글 표기 현황

문헌명(시기) 작품명	악학궤범(성현 외, 성종 24, 1493년)	시용향악보 (15세기 말~16세기 전반 간행 추정)	악장가사(중종 때 박준으로 추정)
정석가		○	○
청산별곡		○	○
서경별곡		○	○
사모곡 (엇노리)		○	○
쌍화점		○	○
이상곡			○
가시리 (귀호곡)		○	○
처용가	○		○
만전춘별사			○
동동	○		
정과정	○		
유구곡 (비루도기)		○	
상저가		○	

조선시대 사대부층은 다문자주의자들이고 훈민정음이 한자를 대체할 수 있는 상황이 아니었으므로 굳이 한글 표기 문학과 한문학을 조동일(1989)에서의 언급과 같이 대립적으로 볼 필요도 없다. 한문학은 한문학 나름대로의 의미와 가치가 있는 것이고 역시 국문 문학은 그 나름대로의 의미와 가치가 있는 것이다. 실학이 강조되는 시기에서도 박지원과 같은 이는 한문을 아는 사람들에게는 위대한 문학적 가치를 일궈냈다. 그러나 한자를 모르는 사람들에게는 그런 위대한 문학적 가치가 없는 것이다. 그나마 그런 뛰어난 한문학은 한글로 번역되어 그 가치가 더욱 드러났다.

핵심 양반 관료였던 성현의 기록 덕에 서민의 노래가, 천 년의 노래가 맥을 이어갈 수 있게 되었다. 이 책은 조선시대 음악서로서 내내 참고되거나 전거 역할을 했다. 영조 18년 때인 1742년, 8월 7일에는 영조가 직접 <악학궤범>의 서문을 짓기까지 했다. 입말을 자연스럽게 적을 수 있다는 것은 그 글말이 자연스럽게 읽기 쉽다는 뜻이다.

4) 두시언해와 시경언해

(1) 두시언해와 훈민정음[25]

시가 문학으로서 용비어천가나 월인천강지곡 다음으로 중요한 역할을 한 텍스트는 <두시언해>다.[26] 두보(杜甫, 712~770)가 지은 시를 모아 놓은 이 책의 본 제목은 <분류두공부시(分類杜工部詩)>로 성종 12년인 1481년에 모두 25장(권)의 내용을 17책으로 간행했다.[27]

<두시언해>는 불경언해서보다는 늦었지만 유교언해서인 사서언해

---

25) 두시언해의 사적 고찰은 이병주(1979), 정의순(1981), 심경호(1985)에서 자세히 이루어진 바 있다. 정의순은 언해의 배경과 효과에 초점을 두었고, 심경호는 두시집 간행 자체를 집중 조명하였다. 허경진(2004 : 327~329)에서는 이백 시 언해 맥락을 논의하면서 두보 시 언해 맥락을 짚었다.

26) 정의순(1981 : 185)에서는 "<두시언해>는 조선시대의 문학에 있어 <용비어천가>와 맞먹는 문학사적 가치를 가지고 있다."라고 평가하였다. <용비어천가>가 인위적이요, 어용적이라는 흠이 있다 하더라도, 우리 문자로 된 우리 민족의 높은 탑이었듯이, <두시언해>도 비록 남의 시지만, 높은 예술적 표현에 담긴 위대한 인격을 훈민정음이라는 제 그릇에 담아낸 가치가 높다는 것이다.

27) 간행 1년 전인 성종 11년인 1480년 10월 26일, 시독관 이창신이 "사장(詞章)이 비록 치국(治國)에 관계되지 않는 것 같으나, 중국의 사신(使臣)으로 장영(張寧)과 기순(祈順) 같은 무리가 나온다면 반드시 더불어 창화(唱和)해야 하니, 사장을 여사(餘事)로 보아서 익히지 않음은 옳지 않습니다. 그리고 두시(杜詩)는 시가(詩家)의 근본인데, 전 사성(司成) 유윤겸(柳允謙)이 그 아비 유방선(柳方善)에게 전수(傳受)하여 자못 정통하고 능숙하니, 청컨대 연소(年少)한 문신(文臣)으로 하여금 수업(受業)하게 하소서." 하니, 임금이 말하기를, "옳다."라고 하였다.

서보다 훨씬 먼저 출판되었으므로 훈민정음 보급 발전에 매우 중요한 텍스트였다. 이 또한 세종의 기획이 훈민정음 반포 35년 만에 이루어진 것이다.

<두시언해> 자체는 성종 때 조위와 의침이 주축이 되어 완성하였지만 주해는 세종 때부터 시작되었다. 물론 이러한 세종의 노력은 상층부가 조선시대 이전부터 이백과 두보의 시를 하나의 생활 교양으로 삼아온 전통이 있었기에 가능했다. 고려시대 때는 이백과 두보의 시를 상층부들이 매우 즐겨왔고 조선시대 사대부들은 시 자체를 생활의 일부로 사용하고 즐겼다. 조선 사대부들의 시에 대한 가치관이나 생각은 남구만의 "琴湖遺稿序"에 잘 나타나 있다. 이 글에 따르면 시는 교화를 위한 것이며 본래 부드럽고 도타웁고자 하는 이는 시 정신으로 성정을 다스려 풍화, 곧 교화를 이룬다는 것이다. 곧 사람의 마음을 감화하여 세상의 도리를 평정하게 하고자 하는 것이 시라고 보았다.(詩之爲敎.本欲以溫柔敦厚者.理性情而形風化.感人心而神世程.)

두보 시에 대해 세종은 훈민정음 창제 13년 전인 1430년에 "두시(杜詩)와 같은 것은 풍월(風月)을 읊조리는 것이므로 유자(儒者)의 정식 학문이 아니나, 또한 대강 익히지 않을 수 없으니 그대들은 더욱 학문에 힘써서 두시·한류문(韓柳文) 등의 글을 모두 익혀보는 것이 가하다.[28]"라고 하였다. 유자의 정식 학문이 아니라고 한 것은 사서삼경과 같은 경서가 아니기 때문이다. 대강 익힐 필요가 있다는 것은, 시지만 그만큼 내용이 중요하다는 것이다. 시집임에도 주제별로 분류되어 있는 것은 그만큼 내용이 중요했다는 것이다.

---

28) "若<杜詩>則吟風詠月, 非儒者正學, 然亦不可不涉, 若等尤加勉學. 如<杜詩>, 韓柳文等書, 靡不熟看可也. - 세종 12년(1430) 5월 18일.

　인조 10년인 1632년에 새로운 교정을 거쳐 지방에서 중간본이 간행
될 정도로 지속적으로 발간되었다.

　중간본 발간 방식에서 두시언해의 소통 맥락을 어느 정도 이해할 수
있다. 중간본은 경상감사 오숙(吳翻, 1592~1634)이 대구부사 김상복(金相宓,
?~1652)의 도움을 받아 목판본으로 간행한 책이다. 중간본에 실려 있는
장유(張維)의 <중각두시언해서(重刻杜詩諺解序)>에 의하면, 성종조에 간행
된 책이 드물어서 구해보기 어려워 여러 고을에서 나누어 간행한 것이
라 한다. 이는 초간본이 드문 것은 전란 등으로 없어진 탓도 있지만 그
만큼 끊임없이 인기를 끌었다는 것이고, 지방에서 여러 고을의 연합으
로 교정까지 해가며 펴냈다는 것은 그만큼 중요성과 공공적 필요성이
강하게 작용했다는 점이다.

　드디어 훈민정음 창제 공포 7개월 전쯤인 1443년 4월 21일에는 두시
(杜詩)에 대한 여러 학자(제가)의 주해를 구입하도록 명하기까지 하였다
(命購<杜詩>諸家註于中外). 이렇게 다양한 주석을 모은 것은 "집현전 학사
들로 하여금 여러 사람의 주석을 참고하고 교정하여 하나의 표준 주석
안을 만들기 위해서"였다.[29] 언해(번역)는 표준 주해가 있어야 표준 번
역을 할 수 있는 것이고 그 주해조차도 언해해야 하기 때문이었다. 이
로부터 6일 뒤에, 세종은 두시의 주해 자문을 구하기 위해 대학자였던
이색, 이숭인과 시를 논할 정도로 시에 밝았던 회암사 주지승 만우(卍
雨)를 궁궐에서 가까운 홍천사로 이주토록 하고 3품 관직에 해당되는
월급을 지급할 정도로 총력을 기울였다.[30]

---

29) 令集賢殿參校<杜詩>諸家註釋, 會粹爲一故, 求購之 - 세종 25년(1443) 4월 21일.
30) 命檜嚴住持僧卍雨移住興天寺, 仍賜衣, 令禮賓供三品之廩. 卍雨及見李穡, 李崇仁, 得
　　聞論詩, 稍知詩學, 今註<杜詩>, 欲以質疑也 - 세종 25년(1443) 4월 27일.

이렇게 조선왕조가 두보 시를 중요하게 여긴 것은 유교적 이념이 많이 담겨 있어서이기도 하지만 두시를 사서오경 가운데 하나인 시경에 뿌리를 두고 있는 것으로 보았기 때문이다. 정종 때 이첨이 <시경> 삼백 편을 모방하여 두시 삼백 편을 경연에서 다룰 것을 건의한 것도 그 때문이다.31) 조선시대 가장 중요한 교과서인 <소학>에서도 시경의 시를 생활양식으로 강조하고 있다.

> 정이천 선생(북송의 유학자)이 다음과 같이 말했다.
> "사람을 가르칠 때에 그 사람 자신이 무엇을 하고 싶은지 알지 못하면 학문을 즐기지 못할 것이다. 이때에는 잠시 노래와 춤을 가르쳐야 한다. 이를테면 <시경>의 고시 삼백 편은 모두 옛사람이 지은 것으로 그중에 <관저> 같은 것은 집안을 바로잡는 데 으뜸이다. 그러므로 향리의 사람들이나 수도의 사람들에게 교재로 사용됐으며 사람들에게 날마다 이 노래를 듣도록 했다. 하지만 이와 같은 시는 그 내용이 간략하면서도 심오해 오늘날 사람들이 쉽게 이해할 수 없다. 그래서 따로 시를 짓고자 하면 어린아이들이 물 뿌리고 청소하며, 남을 응대하며, 어른 섬기는 예절을 대략 가르치는 내용을 지어서 아침저녁으로 노래하게 하면 반드시 도움이 될 듯하다. (이정전서)
> -주희 지음 / 유청지 엮음 / 윤호창 옮김(1999), <소학>, 홍익출판사32)

그렇다면 사대부들은 <두시언해>를 얼마나 보았을까. 두시를 공부하는 이라면 볼 수밖에 없을 맥락이 서문에 잘 나와 있다.

---

31) 同知事李詹進曰："頃上欲覽古詩. 爲人君者, 亦不可不習也. 昔漢高祖製<大風歌>, 武帝製<秋風詞>, 下及于隋煬帝, 亦好詞章. 然忌上人之才, 故殺薛道衡, 王冑, 鄭鼐. 抄<杜詩>百首, 蓋倣<詩>之三百篇也. 乞於經筵幷觀之 - 정종 2년(1400) 8월 4일.

32) 伊川程先生曰, 敎人, 未見意趣, 必不樂學. 且敎之歌舞. 如古詩三百篇, 皆古人作之. 如關雎之類, 正家之始. 故用之鄕人, 用之邦國, 日使人聞之. 此等詩, 其言簡奧, 今人未易曉. 別欲作詩, 略言敎童子灑掃應對事長之節, 今朝夕歌之. 似當有助 -<小學>, <嘉言第五>.

　　시는 마음속으로 이해해야 할 대상이다. 그러니 주해(注解) 따위를 낼
필요가 있겠는가. 주해도 낼 일이 없는데, 더구나 언문(방언)으로 번역할
필요가 있겠는가. 그러나 식견이 뛰어난 자의 입장에서 논한다면야 물
론 이 말이 당연하다 하겠지만, 배우는 자의 입장에서 생각한다면 마음
속으로 이해되지 않는 점이 있을 경우 어찌 주해를 보지 않을 수 있겠
으며, 또 주해를 보아도 시원하게 풀리지 않을 경우 어떻게 번역물을
보지 않을 수가 있겠는가. 이 점이 바로 <두시언해(杜詩諺解)>가 시가
(詩家)에 공이 있게 된 이유라고 하겠다.33)

　　한시는 짧은 만큼 지식인들에게는 쉽게 이해되거나 감흥을 줄 수 있
지만 한참 배우는 사람들에게는 짧은 만큼 더 어렵다. 또한 한시를 이
해한다는 것은 단순 번역 차원의 이해는 무의미하다. 그 의미를 풀어
낼 수 있어야 진정한 이해라고 할 수 있고 따라서 언해는 무척 요긴한
참고서 역할을 하였을 것이다. 그래서 장유는 <두시언해> 서문에서
"두시를 읽을 때 언해가 있는 것이야말로 길을 잃었을 때 나침반이 있
는 것과 같다고 해야 하지 않겠는가(讀杜而有諺解.其不猶迷塗之指南乎)."라고
까지 하였다. 또한 거듭 간행하는 목적을 "재차 간행하고 널리 배포하
여 시를 배우는 자들로 하여금 집집마다 보관하고 사람마다 외우게 함
(重刊而廣布.使學詩者.戶藏而人誦之)"이라고 하였다.
　　실제 <두시언해>가 독학 교재로서도 요긴하게 사용되고 한시의 대
가에게도 참고용으로 쓰였다는 다음 두 기록은 <두시언해>의 소통 맥
락을 통합적으로 보여주는 기록이다.

---

33) 詩須心會.何事箋解.解猶無所事.況譯之以方言乎.自達識論之.是固然矣.爲學者謀之.心有
　　所未會.烏可無解.解有所未暢.譯亦何可已也.此杜詩諺解之所以有功於詩家也 ─ 한국고
　　전종합DB ─ 한국고전국역원(http://www.itkc.or.kr)

(1) 이언적의 아들 이전인은 두시를 배울 만한 스승이 없어 <두시언해>
를 읽었다(허경진, 2004 : 328).

(2) 시골 집에 있는 <두시언해> 전질을 가지고 오라 - 정철 1591년, 아들
에게 보낸 편지에서(송강선생문집, 別集卷一)[34]

조선 사대부에게 한시를 외우고 짓는 것은 취향의 문제가 아니라 그
들의 정체성을 확인하고 각인시켜 가는 생활양식의 한 부분이었다. 시
를 짓고 낭송하며 즐기는 '시회'는 주류 사대부들의 생활 자체였다. 이
러한 흐름이 있었기에 사대부들의 시가 문학이 꽃피웠을 것임을 짐작
하기는 어렵지 않다.

[표 5] 두보, 강촌(江村) 원시와 언해시, 현대 번역시(국어 교과서 수록 작품 재구성)

淸江一曲抱村流 長夏江村事事幽	물ᄀᆞᆫ ᄀᆞᄅᆞᆷ 훈 고비 ᄆᆞᅀᆞᆯ홀 아나 흐르ᄂᆞ니 긴 녀름 江村(강촌)애 일마다 幽深(유심) ᄒᆞ도다.	맑은 강 한 구비가 마을을 안고 흐르나니, 긴 여름 강 마을에 일마다 그윽하고 깊도다.
子去自來梁上燕 相親相近水中鷗	절로 가며 절로 오ᄂᆞ닌 집 우횟 져비오, 서로 親(친)ᄒᆞ며, 서르 갓갑ᄂᆞ닌 믌 가온 딧 ᄀᆞᆯ며기로다.	저절로 가며 저절로 오는 것은 집 위의 제비요, 서로 친하며 가깝게 노는 것은 물 가운데 의 갈매기로다.
老妻畵紙爲棋局 稚子敲針作釣鉤	늘근 겨지븐 죠ᄒᆡᄅᆞᆯ 그려 쟝긔파놀 밍ᄀᆞᆯ 어놀, 져믄 아ᄃᆞᆯ론 바ᄂᆞᆯ롤 두드려 고기 낫골 낙술 밍ᄀᆞᄂᆞ다.	늙은 아내는 종이를 그려 장기판을 만들 거늘, 어린 아들은 바늘을 두드려 고기 낚을 낚 시를 만든다.
多病所須唯藥物 微軀此外更何求	한 病(병)에 엇고져 ᄒᆞ논 바는 오직 藥物 (약물)이니, 져구맛 모미 이 밧괴 다시 므스글 求 (구)ᄒᆞ리오. - <두시언해(杜詩諺解)>초 간본 권7	많은 병에 얻고자 하는 것은 오직 약물이니, 조그마한 몸이 이 밖에 다시 무엇을 구하 리오.

34) 심경호(1985 : 111), 허경진(2004 : 328)에서 인용되었다.

정의순(1981 : 187~202)에서는 두시언해 애독자 문제를 처음으로 집중 탐구한 바 있다. 비록 시적 양식 때문에 사대부층에 한정되었겠지만, "번역된 <두시언해>는 그 기본 가능성에 있어서 전 국민에게 열려 있는 것(200)"으로 보았다. 해방 후 7차 교육과정까지만 하더라도 <두시언해> 몇 편이 고등학교 교과서에 실려 애독된 것으로 보면, 두시언해는 조선시대나 그 후나 국민 애송시 역할을 한 것으로 볼 수 있다. 어쩌면 언해시가 단순한 번역시가 아니라 원 한시보다 더 아름다운 정감을 불러일으켰기에 널리 퍼졌을 가능성이 높다.

(2) 시경언해와 훈민정음

100대 한글문화 유산으로 선정된 <시경언해>는 <시경> 원문에 훈민정음으로 한자음과 구결을 달고 언해한 책으로 원간본은 20권(장)을 10책으로 펴냈다. 이때가 광해군 5년인 1613년 9월이었다. 간행 1년 9개월 전인 1612년 1월 17일에 광해군은 <신정사략(新訂史略)>, <통감찬요(通鑑纂要)>, <시경언해(詩經諺解)>, <내훈(內訓)>을 교정한 홍문관의 관원들에게 품계를 올리고 말과 물건 등을 차등을 두어 주었다. 보름쯤 뒤에 이러한 상이 지나치다는 상소가 올라왔고, 광해군은 "구례에 따라 심사하여 상전(賞典)을 시행한 것이니 개정은 불가하다. 번거롭게 논하지 말라."라고 가차없이 상소를 받아들이지 않았다.[35] 이런 것을 보면, 무척 후하게 상을 내린 것임을 알 수 있고 이러한 사실은 광해군이 언해 사업을 비롯한 출판 프로젝트를 매우 중요하게 여겼음을 보여준다.

---

35) 司諫院連啓, (趙存世, 元裕男, 尹應瑞等及<璿源錄>纂集, <通鑑>·<史略>·<詩經諺解>·<內訓>校正等)賞加大濫, 請並命改正. 答曰 : "查倣舊例, 酌施賞典, 不可改正. 勿爲煩論.-광해군 4년(1612) 2월 2일.

선조 38년인 1605년 11월 3일 기록에 의하면 <시경언해>가 일부 완성된 것으로 보인다. 선조가 말하기를 "<가례(家禮)>는 해석하지 않을수 없다. 글에 능한 자로 하여금 보게 하여도 오히려 쉽게 알지 못하는데 하물며 글을 알지 못하는 자이겠는가. 지금 <가례>를 현토 해석하여 여염 사람과 규중의 부녀들도 모두 알게 하는 것이 좋겠다. <시경언해>의 채 완간하지 못한 권책과 <서전>·<가례>는 마땅히 (언해를) 해야 하겠다.36)"라고 했다. 경연에서 세자(광해군) 교육을 위해 언해서가 필요하다는 논의를 하는 과정에서 나온 말이었다. 결국 세자 시절부터 매우 중요하게 진행된 언해 사업이었기에 마무리를 독려하기위해 큰 상을 내린 것으로 볼 수 있다.

1613년은 광해군이 5월에 영창 대군의 관작을 삭탈하고 서인으로 강등시키고 6월에는 선조의 계비 인목왕후의 아버지 김제남을 역적죄로처형하는 등 정치적 격동기였다. 이런 시기임에도 9월에는 <훈몽자회>·<고려사>·<경국대전>·<시경언해> 등이 간행되었고, 11월에는 허준의 <동의보감>이 내의원에서 간행되고, 12월에는 허준 등이지은 <벽온신방>이 간행되었다. 실용적인 문화정책은 정치 변동과 관계없이 지속되고 있음을 알 수 있다.

이로부터 몇십 년 뒤 김만중의 어머니 윤씨는 <시경언해>를 빌려밤새도록 필사를 시키며 두 아들 교육을 시켰다는 기록이 있다. 사대부들 교육을 위해서 또는 창작을 위해 <시경언해>가 두루 소통되었음을 알 수 있다.

---

36) 自今 <家禮>宜爲吐釋, 雖窮巷之人, 閨中婦人, 皆使知之可也. <詩經諺解>未准卷, <書傳>, <家禮> 釋當爲之矣. - 선조 38년(1605) 11월 3일.

5) 시조와 훈민정음

조선 사대부들은 소설을 잡스러운 이야기로 깔본 반면에 시조와 가사에는 한시 못지않은 품격을 부여했다. 시조는 노래인 '정악(正樂)'으로 먼저 발전했기 때문이다. 따라서 시조는 주류 양반들에 의해 주로 창작되었고 생활 속에서 한시 못지않은 인기를 누렸다. 어느 때이든 쉽게 지을 수 있었기 때문이다. 한글 사용 측면에서 주목할 점은 시조는 일종의 음악이었으므로 고려속요처럼 구어나 음악 가사처럼 전승되던 것이 기록으로 남게 되었다는 점이다.

시조는 훈민정음 창제 이전인 고려 말에 형성되어 조선시대 내내 인기를 끈 장르다. 시조의 대명사처럼 소통되는 이방원의 하여가와 정몽주의 단심가는 당연히 훈민정음 창제 전에 나온 것이지만 훈민정음으로 기록되었다.

> 이런들 엇더ᄒ며 저런들 엇더ᄒ리
> 萬壽山 드렁츩이 얽어진들 긔엇더리
> 우리도 이ᄀᆞ치 얽어져 百年ᄭᆞ지 눌이리라 – 정몽주

> 이 몸이 죽어죽어 一百番 고쳐죽어
> 白骨이 塵土되야 넉시라도 잇고업고
> 님向ᄒᆞᆫ 一片丹心이야 가실줄이 이시랴. – 이방원

둘째 주류 양반들이 언문생활에 참여하는 장치가 되었다. 퇴계 이황, 율곡 이이, 농암 이현보, 윤선도 등이 남긴 시조 작품은 너무도 유명하다.

(1) 古人(고인)도 날 못보고 나도 古人(고인) 못봬
    古人(고인)을 못봐도 녜던 길 앒희 잇네
    녜던 길 앒희 잇거든 아니 녜고 엇뎰꼬
                            ─ 이황의 <도산십이곡> 9연 ─ <교주 가곡집>

(2) 高山(고산) 九曲潭(구곡담)을 사룸이 모르더니
    誅茅(쥬모) 卜居(복거)ᄒ니 벗님네 다 오신다
    어즈버 武夷(무이)를 想像(샹샹)ᄒ고 學朱子(ᄒ쥬ᄌ)를 ᄒ리라.

(3) 이 듕에 시름 업스니 漁父(어부)의 生涯(생애)이로다
    一葉扁舟(일엽편주)를 萬頃波(만경파)애 ᄯ워두고
    人世(인세)를 다 니젯거니 날가ᄂ주를 알랴
                                        ─ 농암 이현보의 <어부사>

(4) 雪鬢漁翁(설빈어옹)이 住浦間(주포간)ᄒ야
    自言居水(자언거수)이 勝居山(승거산)이라 ᄒ놋다
            비ᄯ텨라 비ᄯ텨라
    早潮纔落(조조재락) 晚潮來(만조래) ᄒᄂ다
            至匊忽(지국총) 至匊忽(지국총) 於思臥(어사와)
    倚船漁翁(의선어옹)이 一肩(일견)이 고(高)로다.
                                    ─ 윤선도의 <어부사시사> 1연

셋째, 비주류 여성들의 언문 사용을 가능하게 하였다. 비록 특정 직업의 여성들로 한정되어 있지만 사대부들의 품격 있는 정악이나 정형시 분야에 여성들이 참여하고 기록으로 남게 된 것은 역시 언문의 힘이다.

(1) 靑山裏(쳥산리) 碧溪水(벽계슈)야 수이 가믈 쟈랑마라
    一到滄海(일도창회)ᄒ면 다시 오기 어려오니

明月(명월)이 滿空山(만공산)ㅎ니 쉬여간들 엇더리
> – 황진이의 <교주가곡집>에서

(2) 相公(상공)을 뵈온 後(후)의 事事(ᄉᆞᄉᆞ)를 밋ᄌᆞ오나
　　拙直(졸직)ᄒᆞᆫ ᄆᆞ음의 病(병)들까 念慮(념녀)ㅣ러니
　　이리마 져리챠 ᄒᆞ시니 百年(빅년) 同抱(동포) ᄒᆞ리이다.
> – 평양 기녀 소백주

넷째, 시조를 중심으로 다양한 소통이 이루어졌다. 먼저 표기 이동이 이루어졌다. 다음은 우암 송시열이 율곡의 고산구곡가를 한역시로 옮긴 것이다. 편의상 현대말 옮김(이명구, 2007 : 669~670)을 덧붙여 인용하면 다음과 같다.

高山九曲潭(고산구곡담) 고산의 구곡담을
世人曾未知(세인증미지) 세상 사람들이 일찍이 아직 몰랐는데
誅茅來卜居(주모래복거) 띠를 잘라 지붕을 덮고 살림을 차리니
朋友皆會之(붕우개회지) 벗님네들이 모두 모이신다
武夷仍想像(무이잉상상) 저 중국의 무이산을 상상하며
所願學朱子(소원학주자) 주자 배우기를 바라노라
> – 율곡 / 송시열 한역

많지는 않지만 고전소설처럼 일부 표기 전환이 이루어져 다중언어 생활의 소통 기제가 되었다. 또한 주로 노래를 통해서지만 시조를 통해 서로 다른 계층이 소통하는 계기가 되었다. 농암의 어부사에 대한 이황의 발문에 관련 기록이 나온다.

세상에 전하는 <어부사>는 옛사람들이 어부를 노래한 것을 모아서 그 가사 사이사이에 우리말을 섞어서 지은 것이다. 긴 것은 무릇 12장인

데, 지은 사람의 이름은 듣지 못했다. 일찍이 안동에 노기(老妓)가 있어
능히 이 노래를 불렀고 숙부이신 송재 선생(松齋先生, 李堣)께선 때로
이 기녀를 불러 수석(壽席)의 즐거움을 돕게 하셨다. (···중략···) 좌랑(佐
郞) 황중거(黃仲擧) 군은 선생과 친분이 두터웠는데 일찍이 박준의 책
속에서 이 노래와 또 달리 단가(短歌)인 <어부사> 10수를 얻어 바쳤다.
선생께선 이를 얻어 즐기시며 그 소박함은 기뻐하시나 그 지루하게 긴
것을 면치 못하였음을 병으로 여기셨다. 이에 고치고 보태어서 12는 줄
여서 9로 하시고, 10은 줄여서 5로 하셨다. 이를 시중드는 아이에게 주
어 익혀 노래하게 하셨다. (···중략···) 이해 12월 기망(旣望)[16일], 풍기
군수 이황은 절하며 삼가 군재(郡齋)에서 쓴다.

- 현대말 옮김(이명구, 2007 : 653~654)

위 서문을 보면 사대부, 기녀, 시중드는 아이 등 다양한 층위의 사람
들이 시조와 언문을 매개체로 연결됨을 알 수 있다.

다섯째 영정조 이후 사설시조가 발달함에 따라 평민 작가가 등장하
고 생활 소재의 문학이 형성되어 언어생활에 많은 영향을 끼치게 된다.

(1) 이 시름 져 시름 여러 가지 시름 防牌鳶에 細細 成文ᄒ여
　春正月 上元日에 西風이 고이 불졔 올白絲 ᄒᆞ 얼레를 좃가지 풀어 씌
울졔 큰 盞에 술을 부어 마즘막 餞送ᄒᆞᄌ 둥게둥게 둥둥 쩌셔 놉고 놉
피 소스올라 白龍의 구븨갓치 굼틀 뒤틀 뒤틀어져 굴음 속에 들거고나
東海바다 건너가셔 외로이 셧는 남게 걸엇다가
　風蕭蕭 雨落落 홀졔 自然 消滅ᄒ여라.

- 평민 작가 김수장의 시조

(2) 발가벗은 아해들이 거미줄 테를 들고
　개천으로 往來하며 발가숭아 저리 가면 죽나니라 이리 오면 사나니
라 부르나니 발가숭이로다
　아마도 世上 일이 다 이러한가 하노라

-익명 시조

(1)은 평민 시조 작가인 김수장이 남긴 작품이다. 이는 시조의 참여층이 넓어지면서 생활 문학으로서의 위상이 넓어짐을 의미한다. (2)는 작가를 알 수 없는 시조다. 일상생활의 소재가 그대로 녹아들면서 더욱 맛깔스럽고 깊이 있는 주제를 보여주어 한글 사용의 품격을 높여주는 텍스트다.

3. 한글 산문 문학과 훈민정음

한글 시가 문학은 특정 지식인이나 일부 계층 위주로 발달되었으므로 훈민정음 발전에 부분적인 역할을 하였지만 한글 산문 문학, 특히 한글소설은 모든 계층을 아울러 발전하는 축이 되었다. 양반 사대부, 지배층들에게 비주류 문자였던 훈민정음이 그들이 철저하게 비주류로 본 소설 양식과 결합하여 결국 광범위한 발전의 축이나 장이 된 것은 문학의 힘이었고 시대의 역설이었다. 물론 여성이나 하층민에게 훈민정음은 주류 문자요 소설은 주류 문학이었다.

최초의 한글 창작소설은 <홍길동전>이지만 최초의 한글 번역소설은 <설공찬전>이다. 따라서 두 소설의 역사적 의미를 짚어보고 다양한 한글소설의 흐름과 보급 양상을 짚어보기로 한다.

1) 최초의 한글 번역소설 <설공찬전>을 통해 본 한글 보급·발전 양상

최초의 한글 표기 소설을 규명하는 일은 무척 중요하다. 그것은 그

런 소설로 인해 한글 보급 양상이나 정도를 알 수 있고 또 그러한 소
설이 훈민정음 보급에 어떤 역할을 얼마나 했는지를 가늠할 수 있기
때문이다.

그동안 밝혀졌거나 연구된 기본 결론은 다음과 같다.

[표 6] 최초의 한글 번역소설과 창작소설의 기본 정보

최초의 한글 번역소설	<설공찬전> (한글본)	원작자	채수
		번역자	모름
		원작 존재 여부	원작 발견 안 됨
		원작 창작 시기	16세기
		번역본 여부	일부 전함(이문권, 묵재일기)
		번역 시기	15세기 말~16세기 초
최초의 한글 창작소설	홍길동전	지은이	허균(일부 반론)
		지은 때	17세기
		원본	전함

<설공찬전>에 대한 연구는 한글본 일부가 이문건의 <묵재일기>를
통해 1997년에 드러난 이후 많은 연구가 이루어졌다. 여기서는 이복규
(1997가)를 중심으로 하는 연구 성과를 반영해 훈민정음 사용 양상과 영
향 관계 측면만 다시 정리해보기로 한다. 이에 대한 사실 기록은 많지
않으므로 다시 정리해보면 다음과 같다.

[표 7] 설공찬전 관련 기록 종합

갈래	날짜	내용
실록 기록	중종 6년(1511) 9월 2일	사헌부가 보고하길 채수의 <설공찬전(薛公瓚傳)>은 모두 화와 복이 윤회한다는 매우 요망한 이야기인데 한문을 그대로 베끼거나 한글로 번역하여 전하여 민중을 현혹하니 사헌부에서 거두어들이고 숨기는 자는 죄로 다스리자고 청하자 중종이 금서는 옳지만 벌을 줄 필요는 없다고 답함.

갈래	날짜	내용
실록 기록	중종 6년(1511) 9월 5일	<설공찬전>을 불사르고 숨기고 내어놓지 않는 자는, 요서 은장률(妖書隱藏律)로 치죄할 것을 명함.
	중종 6년(1511) 9월 18일	채수의 파직을 명했다. 그가 지은 <설공찬전(薛公瓚傳)>이 괴이하고 허탄한 말을 꾸며서 문자로 나타낸 것이어서 사람들로 하여금 믿어 혹하게 하기 때문에 '부정한 도로 정도를 어지럽히고 인민을 선동하여 미혹케 한 율(律)'에 의해 사헌부가 사형시키길 원했으나 파직만을 명한 것이다.
	중종 6년(1511) 9월 20일	채수의 죄의 경중을 논함. 사형 반대쪽 견해 : 채수가 인심을 선동하려는 것이 아니라 재주를 뽐내고 싶어 보고 들은 대로 망녕되이 지은 것으로 형벌과 상은 중도가 가하므로 파직이 옳다. 사형시킨다면 <태평광기(太平廣記)>·<전등신화(剪燈新話)> 같은 경우도 사형시켜야 한다. 사형 찬성쪽 견해 : <설공찬전>은 윤회화복(輪廻禍福)의 설(說)을 만들어 어리석은 백성을 미혹케 하였고 자신의 일가 말을 믿어 혹하여 저술한 것으로 교화에 관계되어 다스리는 도에 해로우니, 파직만으로는 가볍다.
	중종 6년(1511) 12월 13일	채수가 <설공찬전>을 지은 것은 진실로 잘못이나, 옛날에도 또한 <전등신화(剪燈新話)>·<태평한화(太平閑話)>가 있었는데, 이는 실없는 장난거리로 만든 것뿐으로 이 지방의 일과는 다릅니다. 이미 정한 죄이지만 이제 상께서 조심하고 반성하시는 때를 맞아 감히 아룁니다.
	중종 10년(1515) 11월 8일	채수 사망. 채수는 사람됨이 영리하며 글을 널리 보고 기억을 잘하여 젊어서부터 문예로 이름을 드러냈고, 성종조에서는 폐비의 과실을 극진히 간하여 간쟁(諫諍)하는 신하의 기풍이 있었다. 그러나 성품이 경박하고 조급하며 허망하여 하는 일이 거칠고 경솔하였으며, 늘 시주(詩酒)와 음률(音律)을 가지고 스스로 즐겼다. 일찍이 설공찬전을 지었는데, 떳떳하지 않은 말이 많기 때문에 사림(士林)이 부족하게 여겼다.
어숙권(魚叔權, ?-?) <패관잡기>		나재(懶齋) 채수가 중종 초에 <설공찬환혼전(薛公瓚還魂傳)>을 지었는데, 그 내용이 매우 괴이하다. 그 끝에 이르기를, "설공찬이 남의 몸을 빌려 몇 달 동안을 머물러 있으면서 자기의 원한과 저승에서 들은 일들을 아주 자세히 말하고, 또 말하고 쓴 것을 그대로 써보게 하여 한 자도 틀리지 않은 것은 그것을 전하여 믿게 하고자 하는 것이다." 하였다. 언관(言官)이 그것을 보고 논박하기를, "채 아무개가 허황되고 거짓된 책을 지어서 사람의 귀를 현혹시키고 있으니, 사형에 처하소서." 하였으나, 임금이 허락하지 않고 파직시키는 것으로 그쳤다.
이문건(李文健·1494~1567)의 묵재일기(1535-1567)		한글로 내용 일부가 <설공찬이>란 제목으로 일기 뒷면에 기록됨.(13쪽 4천여 자 분량)

(1) 사건의 경과

중종 6년, 1511년 9월 2일에 사헌부가 중종에게 보고하길 채수의 <설공찬전(薛公瓚傳)>은 모두 화와 복이 윤회한다는 매우 요망한 이야기인데 한문을 그대로 베끼거나 한글로 번역해서 전하여 민중을 현혹하니 사헌부에서 거두어들이고 숨기는 자는 죄로 다스리자고 청했다. 이때 중종이 금서는 옳지만 벌을 줄 필요는 없다고 답했다. 이로부터 3일 뒤인 9월 5일 실제로 <설공찬전>을 불사르고 숨기고 내어놓지 않는 자는 요서 은장률(妖書隱藏律)로 치죄할 것을 명하였다. 이때 이미 수거된 책자들을 본보기로 불을 태웠을 것이다. 그리고 추가 수거 작업을 독려한 것이다. 그로부터 보름 뒤 9월 18일에는 채수를 파직하는 벌을 내렸다.

사림 세력이 주축인 사헌부에서는 <설공찬전>이 괴이하고 허탄한 말을 꾸며서 문자로 나타낸 것이어서 사람들로 하여금 믿어 혹하게 하기 때문에 부정한 도로 정도를 어지럽히고 인민을 선동하여 미혹케 한 법률에 의해 사형시키길 원했으나 중종은 파직만을 명했다. 이틀 뒤인 9월 20일 채수의 죄의 경중에 대해 논쟁이 벌어졌다. 사형을 반대하는 쪽은 채수가 인심을 선동하려는 것이 아니라 재주를 뽐내고 싶어 보고 들은 대로 망녕되이 지은 것으로 형벌과 상은 중도가 가하므로 파직이 옳다면서 사형시킨다면 <태평광기(太平廣記)>・<전등신화(剪燈新話)> 같은 경우도 사형시켜야 하니 그럴 수 없다고 하였다. 사형 찬성쪽은 <설공찬전>은 윤회화복(輪廻禍福)의 설(說)을 만들어 어리석은 백성을 미혹케 하였고 자신의 일가 말을 믿어 혹하여 저술한 것으로 교화에 관계되어 다스리는 도에 해로우니, 파직만으로는 가볍다고 본 것이다. 이

는 국가 통치 이념인 교화에 무척 해가 된다고 본 것으로 국가 기강을
문란하게 하였으니 사형에 처해야 한다고 주장했다. 중종은 사형 반대
쪽 편을 들었다. 중종이 사림 쪽 견해를 따랐다면 채수는 그 많은 공로
에도 소설 한 편 쓴 죄로 형장의 이슬로 사라질 뻔했다.

　이 문제는 매우 중요했던지 그해 12월 13일에 죄의 경중 문제가 다
시 어전 회의에서 언급된다. 이러한 사건의 흐름은 당대의 어숙권이
거의 그대로 압축해서 정리해놓았다.

> 　나재(懶齋) 채수가 중종 초에 <설공찬환혼전(薛公瓚還魂傳)>을 지었
> 는데, 그 내용이 매우 괴이하다. 그 끝에 이르기를, "설공찬이 남의 몸을
> 빌려 몇 달 동안을 머물러 있으면서 자기의 원한과 저승에서 들은 일들
> 을 아주 자세히 말하고, 또 말하고 쓴 것을 그대로 써보게 하여 한 자도
> 틀리지 않는 것은 그것을 전하여 믿게 하고자 하는 것이다."라고 하였
> 다. 언관(言官)이 그것을 보고 논박하기를, "채 아무개가 허황되고 거짓
> 된 책을 지어서 사람의 귀를 현혹시키고 있으니, 사형에 처하소서."라고
> 하였으나, 임금이 허락하지 않고 파직시키는 것으로 그쳤다.
> 　　　　　　　　　　　　　　　－어숙권, <패관잡기> 2, 한국고전번역원

(2) <설공찬전>의 문자생활사에서 세 가지 의미

　채수(蔡壽, 1449~1515)는 훈민정음 반포 3년 후에 태어나 중종 때인
1515년에 죽었으니 <설공찬전> 설화 사건(1511)은 거의 말년에 이루어
진 사건이다. 채수는 초시(初試)・복시(覆試)・전시(殿試)에 장원할 만큼 천
재적이었고, <세조실록>, <예종실록> 편찬에서 그런 실력을 발휘했
다. 성종 때는 장악원을 겸직할 만큼 음악에도 조예가 깊었고, <설공
찬전>을 직접 지은 만큼 문학적 감수성도 뛰어나 다방면에서 재주를

드러냈다. 실록에서도 중종 10년(1515) 11월 8일 졸기에 사관들은 "채수
는 사람됨이 영리하며 글을 널리 보고 기억을 잘하여 젊어서부터 문예
로 이름을 드러냈고, 성종조에서는 폐비의 과실을 극진히 간하여 간쟁
(諫諍)하는 신하의 기풍이 있었다. 그러나 성품이 경박하고 조급하며 허
망하여 하는 일이 거칠고 경솔하였으며, 늘 시주(詩酒)와 음률(音律)을 가
지고 스스로 즐겼다. 일찍이 <설공찬전>을 지었는데, 떳떳하지 않은
말이 많기 때문에 사림(士林)이 부족하게 여겼다."라고 공과를 함께 적
었다.

채수는 언문 사용에도 능통했던 것으로 보인다. 채수는 성종 10년
1479년 6월 5일에 폐비 윤씨가 조작한 언문서를 한자로 번역해서 역사
책에 쓰게 하라고 건의하여, 성종이 채수 및 이창신(李昌臣)·정성근(鄭誠
謹)에게 번역하게 하였다. 채수는 이 일로 연산군 10년 1504년에 처벌
을 받지만, 폐비 자체는 반대하였으므로 큰 화를 모면하였다. 이때 채
수는 언문을 한문으로 번역한 것이지만 그것은 언문 사용 능력도 상당
했을 것임을 암시해준다. 1511년 한글 번역소설이 조정에서 논의된 것
은 이미 이 소설이 널리 퍼진 뒤일 것이므로 <설공찬전> 창작 연대는
1500년대 초라고 할 수 있을 것이다.

채수의 소설은 성종 때 언문 보급이 활발하게 이루어진 사회적 변화
와 분위기 때문에 가능했던 것이다. 한글본이 널리 퍼져 있다는 것은
이미 훈민정음 해득 독자층이 형성되어 있다는 것을 의미한다. 이복규
(2000 : 36)에서는 "한글 보급률의 확대야말로 국문소설을 형성시키는 기
본적인 토양이 된다."라고 보아, 안병희(1985, 1992나)에서 논의한 16세기
에 들어서 한글이 지방에 퍼진 근거를 인용하였다. 안병희(1985, 1992나)
가 한글의 본격적인 지방 보급을 16세기로 보는 핵심 근거는 한글문헌

의 지방판이 16세기에 들어서 간행되었기 때문이다. 간경도감에서 간행한 <목우자수심결언해>의 복각본이 1500년(연산 9) 경상도 협천(陜川) 봉서사(鳳栖寺)에서 간행되었고, 원간본 <이륜행실도>, <여씨향약>, <정속언해>가 1518년(중종 13)에 경상도에서 간행한 것을 들었다.[37] 안병희의 추론은 일리는 있으나 지방의 한글 보급을 이보다 조금 더 앞당겨 보아야 한다. 그래야 채수의 한글 번역소설 사건과 일치한다.

한글이 지방으로 보급된 토대는 세조 때 간행된 각종 불교언해서가 지방 사찰로 전달되면서 시작되었을 것이다. 그러다가 본격적으로 일반 백성들에게 보급되기 시작한 것은 <삼강행실언해서>와 같은 국가 이념서에 의해서다. 그에 관한 구체적인 증거가 실록에 나와 있다. 물론 <삼강행실도> 언해본이 언제 간행되었는지 지금으로서는 알 수 없지만, 학계의 중론은 표기법으로 보아 세종 말기로 추정한다. 표기법이 아니더라도 세종 말기로 볼 수 있는 맥락은 충분하다. 세종은 삼강행실의 하층민 교육을 염두에 두고 그림을 첨부한 한문본 <삼강행실도>를 설순(偰循) 등에게 명하여 1434년(세종 16)에 편찬, 간행하였다. 이로부터 12년 후에 훈민정음이 반포되었으므로 반포 후에 자연스럽게 언해되어 쓰이다가 성종 때 이르러 언해서를 통한 본격적인 지방 보급이 이루어진 것으로 보인다.

성종은 열세 살에 왕위에 오른 뒤 7년간 정희대비의 수렴청정을 받았다. 수렴청정을 받던 15세기 후반기인 1471년 3월 28일(성종 2)에 <삼강행실>을 여러 고을의 교생(校生)으로 하여금 강습(講習)하게 할 것을

---

37) 이복규(2000)에서는 16세기에 한글소설이 출현할 수 있었던 두 가지 배경을 논했다. 첫째는 한글이 16세기에 지방으로 보급되었다는 것이고, 둘째는 한문소설을 향유할 수 있는 독자로서의 문인층이 형성되어 있다는 점이다.

명했다. 곧 지방의 향교를 중심으로 한 교육을 명한 것이다. 이때의 <삼강행실도>가 언해서라는 말은 실록에 나오지 않지만, 언해서임을 추정할 수 있는 명백한 증거가 성종 때 완성된 경국대전에 기록되어 있다.

같은 해 6월 18일에도 교육을 담당한 예조에 교지를 내려, 관찰사로 하여금 소학과 삼강행실 간행을 통해 백성의 풍습과 선비의 습속을 장려하게 하였다. 그다음 해인 1472년 9월 7일에는 절검을 힘쓰고 몸소 행하라는 임금의 교지를 부인과 어린이들까지 알 수 있도록 언문으로 옮겨 온 나라에 반포하도록 명했다. 4년 뒤인 1476년 7월에는 두 번이나 관찰사로 하여금 <소학>과 <삼강행실> 간행을 통해 백성의 풍습과 선비의 습속을 장려하게 하였다.

1481년 3월 24일(성종 12)에는 성종이 언문으로 된 <삼강행실열녀도>를 박아 부녀에게 강습하도록 예조에 교지를 내렸고, 그다음 달인 4월 21일에는 예조에서 <삼강행실열녀도>를 강습시킬 구체적인 지침서인 절목을 마련해 보고했다. 그 절목의 내용은 아주 구체적이어서 보급 과정을 세밀하게 알 수 있다.

예조에서 아뢰기를, "지금 임금의 말씀을 받들건대, ' 국가의 흥망은 풍속이 순한가, 박한가에서 비롯되고, 풍속을 바로잡으려면 반드시 집안을 바로잡는 데에서부터 시작된다. 옛날에는 "동방 사람들은 곧고 미더워 음란하지 않다."라고 일컬었는데 근래에는 양반가의 부녀자들 가운데 혹은 실행(失行)하는 자가 있으니, 내가 매우 염려한다. <삼강행실열녀도(三綱行實列女圖)>를 서울과 외방(外方)의 부녀자들에게 두루 강습시킬 절목(節目)을 마련해서 아뢰어라.'고 하셨습니다. 신 등이 참작하여 헤아려보건대, 경중(京中)에서는 비단 종친(宗親)·재추(宰樞)와 벌열(閥閱)의 집안뿐만 아니라, 비록 가문이 보잘것없는 자라도 모두 온 가족이 모여서 거주하므로, 가장으로 하여금 각각 스스로 가르치게 할 것이요, 외방(外方)에서는 궁벽한 시골에 흩어져 거주하여 혹은 친척이 없으므로 가르치기가 어려울 것이니, 마땅히 촌로 가운데 명망이 있는 자를 골라서 여리(閭里)에 두루 행하게 하소서. 가장(家長)이나 혹은 여노(女奴)로 하여금 서로 전(傳)하고 전해서 깨우쳐 가르쳐서, 사람들로 하여금 훤하게 알게 하되, 이로 인하여 깨달아서 절행(節行)이 남보다 뛰어나는 자에게는 특별히 정문(旌門)하는 은전(恩典)을 더하고, 그 가르치는 일을 맡은 자도 아울러 논상(論賞)하도록 하소서.” 하니, 임금이 그대로 따랐다.

- <성종실록>, 성종 12년(1481) 4월 21일

이런 과정으로 보았을 때 실제로 훈민정음이 얼마나 보급되었는지는 정확히 알 수 없지만 지방 양반들과 양반 집안의 부녀자들, 각 지방의 서당이나 향교를 중심으로 훈민정음이 15세기 후반에 지방에까지 보급되었을 것임을 알 수 있다. 따라서 안병희 교수가 추정한 16세기보다는 15세기 말쯤으로 더 앞으로 올려 잡을 수가 있다.

이런 흐름 속에서 1485년에는 한성 시장에서 언문 투서 사건까지 벌어지고, 이 밖에도 특이한 사건이지만 1485년 11월 10일에는 종의 아들인 유막지가 언문을 잘 쓴다는 기록이 실록에 등장하기까지 한다. 1490년에는 정희의 종 남편 정의손이 수춘군 아내가 가져온 언문 서장을 한문으로 바꾸어 금부에 올리고 같이 올린 언문 장초도 정의손이 지었다는 기록이 등장했다.[38] 또한 1488년에는 <향약집성방>에서 일상에 절실한 것을 언문으로 번역하여 민간에 펴게 하였고, 이런 흐름 속에서 1504년(연산 10) 익명 언문 투서 사건이 벌어진 것이다.

---

38) 조선왕조실록에 나오는 한글 관련 기록에 대한 총체적 조명은 김슬옹(2005나)에서 이루어졌다. 전체 기사 수에 비해서는 매우 미미한 기록이지만 대략 947건의 기록이 나온다.

안병희(1985)의 지적대로 16세기 초에 더욱 널리 퍼진 것만은 분명하다. 1510년(중종 5)에 <삼강행실>을 팔도에 간행하여 내려보냈다는 기록도 있기 때문이다.

<설공찬전> 한글본 문제가 중앙 조정에서 문제된 것이 1511년이었으므로 한글본은 이미 널리 퍼진 상태였고 한글본이 나온 시기는 최대 5년 이내로 압축해볼 수 있을 것이다. 더욱 중요한 것은 한글문학이 자발적으로 소통되었다는 것이다. <설공찬전>은 황당하지만 실제를 가장한 귀신 이야기로서의 재미 요소와 비판적인 사회의식이 결합된 문학이다. 또한 누군가가 널리 퍼뜨리고 싶은 요소를 다각적으로 가지고 있다. 사헌부가 강력한 금서로 설정하지 않았다면 더욱 널리 퍼졌을 것이다. 다만 분명한 것은 16세기 초에 국가 중심의 훈민정음 보급 흐름과 더불어 민간에서 문학 중심의 훈민정음 보급에 기여했다는 점이다.

번역 주체와 향유 주체의 의미는 무엇인가를 살펴보자. 번역 주체는 한문과 언문 모두에 능숙한 양반층이었을 것이다. 언문 사용에만 능숙한 이가 한문본 이야기를 듣고 전달하는 이야기나 축약식으로 옮길 수도 있으나 이 당시에는 언문을 배우고 여유 있게 쓸 수 있는 계층은 지배층에 한정되어 있었으므로 언문만 아는 이가 옮겼다고 보기는 어렵다. 실록에 실려 있는 채수의 졸기에 이 소설을 사람들이 싫어했다는 기록이 나온다. 불교적 소재와 중종반정에 대한 부정적 내용 때문이었을 것이다. 중종 때는 조선 역사상 가장 불교를 탄압한 때였다.

그렇다면 이 소설은 사림에 대해 반감을 가진 훈구파 쪽 사대부들이 옮겨 전파했을 확률이 높다. 그렇다고 이 한글 번역본을 읽은 이들은 양반사대부들이 아니거나 극히 일부일 것이다. 한문에 능숙하고 언문에 배타적인 사대부들이 한문본이 있는 터에 굳이 한글본을 탐닉했다고 보기 어렵기 때문이다. 그렇다면 양반층 부녀자들이나 양인으로서의 서민 계층들이 주로 읽었을 것이다. 정치적 이념보다는 불교적 소재와 귀신 소재가 주는 재미에 의해서 널리 퍼졌을 것이다. 여기서 우리는 한글 보급 발전에 주요한 시사점을 얻을 수 있다. 한글을 통해 쌍방향 소통은 아니지만 한글이 계층을 넘나드는 매체 역할을 했다는 점이다.39)

<설공찬전> 사건은 중종의 탄압 정책만 아니었다면 조선 후기 한글소설이 퍼진 흐름이 더욱 앞당겨질 수 있음을 보여주고 있다. 중종 때는 책을 빌려주거나 판매할 수 있는 서점 건립 건의까지 이루어지지만 그조차 이루어지지 않아 본격적인 한글 보급 발전의 계기를 잃게 된다.

2) 창작 한글소설의 뿌리

최초의 한글소설 <홍길동전>은 문학 수준이나 주제 의식이나 매우 놀라운 한글 사용 양상을 보여주지만 결코 돌발적인 역사적 사건은 아니었다. 지속적인 한글 발전과 한글 표기 이야기(서사) 문학이 그 뿌리 역할을 했기 때문이다. 그 주된 흐름으로 유교계 이야기인 <삼강행실도>와 유교적 교화 번안소설인 <오륜전전>, 그리고 불교계 이야기 문학의 흐름을 설정할 수 있다.

---

39) 이복규(2000 : 36)에서는 "번역본의 향유층은 부녀와 서민이겠으나, 그 번역 주체는 결국 한문을 해독할 수 있는 일부 문인층일 것"이라고 보았다.

(1) 유교계와 불교계 이야기와 한글 번안소설

<삼강행실도>는 충신, 열녀, 효자, 효부 이야기지만 대개가 극한적 상황에서 일어난 사건을 소재로 삼고 있어 서사적 요소가 강한, 마치 현대의 르포 문학다운 성격을 지니고 있다.

중종 8년인 1513년에는 겸박(謙朴)을 권장하는 전지(傳旨)를 언문으로 번역하게 하는 등 16세기 초에는 언문 번역문이 활발하게 쓰인다. 이런 흐름에 힘입어 1514년(중종 9)에는 <속삼강행실도>를 간행하였다.

이로부터 15년 뒤인 1531년에 16세기 초의 한글 번역소설, 17세기의 한글 창작소설 사이에 한글 번안소설인 <오륜전전>이 존재했음이 의성김씨 학봉종가의 문헌 기증과 한국학중앙연구원과 심경호(1990) 등 관련 연구에 의해 밝혀졌다. 비록 오늘날 소설은 전하지 않지만 존재했음이 분명하다면 그 나름대로의 역사적 의미를 부여해야 한다.

의성김씨가에서 기증한 <오륜전전>은 한문본 필사본인데 그 서문에 언문을 모르는 아녀자들을 위해 한글본으로 번역했음을 분명히 밝히고 있다. <오륜전전(五倫全傳)>은 명나라 구준(丘濬, 1421~1495)이 지은 <오륜전비기>를 1531년 낙서거사가 집안 아녀자들을 교화시키기 위해 언문으로 번안하여 펴낸 번안소설이다. 더욱이 이 책은 관판본으로까지 출판되었다는 데 의미가 있다. 유중영(柳仲, 1515~1573)이 충주 군수로 있던 1550년에 풍속을 교화시킬 목적으로 충주에서 관찬으로 간행하였다.40) 이후 17세기 후반인 1665년에 한희설(韓希卨, 1612~?)이 재령 군

---

40) 그것을 읽는 사람으로 하여금 오랫동안 사모하는 정을 일으키고 선한 본심을 불러내는 것이 곧 이 책(오륜전전)이다. 어찌 다만 듣고 말뿐이겠는가? 이에 애착을 가지고 흩어진 글자를 모아 엮어서 한 질을 만들었으니, 그 말이 비록 약간에 불과하나 교화를 돈독히 하고 풍속을 선하게 하는 방편이 또한 옛 군자의 서책에 버금가리로다.[使讀之者, 起慕於千載之下, 而發其本心之善, 則是篇也, 豈徒爲耳之歸

수로 있으면서 또 관판본으로 간행하였다.[41]

　이렇게 보면 <오륜전전>은 양반 사대부들이 멀리했던 소설 양식으로 양반 사대부들이 꼭 알리고 싶어 했던 유교적 이념을 결합했다는 데 의의가 있다. 그러기에 관에서 나서서 펴내기까지 하였으므로 그 파급 효과는 매우 컸을 것임은 미루어 짐작할 수 있다.

　이 밖에 사재동(1977)에서 집중 조명된 불교계 이야기도 소설 보급과 발달에 매우 중요한 역할을 하였다.

(2) 본격적 한글소설 : 홍길동전

　<홍길동전>을 과연 허균(1569~1618)이 지었느냐는 작자 문제가 명쾌하게 해결된 것은 아니지만 이제는 학계나 교과서에서나 일반 대중들에게 '허균의 홍길동전'으로 각인되어 있다. 이는 <홍길동전>이 허균이 지은 것임을 처음으로 공표한 택당 이식의 권위를 인정해서이기도 하지만, 허균과 <홍길동전>을 연결시켜주는 진실성 때문이기도 하다. 이상적인 세계를 꿈꿨지만 이루지 못하고 이상과 현실 사이에서 갈등하다 억울하게 죽은 허균의 삶이 비주류 약자에 대한 염원을 담고 있

乎? 玆用是愛, .集散字, 聯爲一帙, 其言雖不過若干, 而其敦化善俗之方, 亦庶幾乎古君子之書矣.] - 무악고소설 자료연구회 편(2011, 106~107쪽).

41) 일찍이 수십 년 전에 언문 서책 가운데 <오륜전전>을 얻어 보았었는데, 그 감탄할 만한 것이 지극했기에 한문으로 번역하여 세상에 널리 알리려 했었지만 뜻한 바를 이루지 못했었다. 그런데 군내에 사는 늙은 선비 손정준이 책 한 권을 소매 속에 넣어 가지고 와서 나에게 보여주었는데, 바로 <오륜전전>이었다. 심히 다행으로 여기고, 즉시 관찰사 강유후에게 아뢰어 판각해서 배포하니, 풍속을 교화하는 데 조금이나마 도움이 될 것이다. 을사년(1665) 가을 재령군수 한희설이 삼가 발문을 쓴다.[嘗於數十年前, 得見..五倫全傳..於諺書中, 極其可歎, 欲爲飜眞行布於世, 而有志未就矣. 郡居老儒孫廷俊, 袖一卷書來示余, 乃書..五倫全傳..也. 深以爲幸, 卽告于觀察使姜公裕俊, 入梓行布, 庶幾有補於風化之萬一矣. 乙巳菊秋, 載寧郡守韓希卨謹跋] (무악고소설자료연구회 편, 『한국고소설관련자료집』 I, 태학사, 2001, 108~109면)

는 <홍길동전> 이야기와의 일관성이 허균 저작 담론의 진실성을 보여주고 있기 때문이다.

허균 저작설 반대쪽 견해 중에 주요 논거 중의 하나는 허균이 한글로 남긴 작품이 <홍길동전> 외에는 없다는 것이었다. <홍길동전>과 같은 한글소설을 남길 정도면 또 다른 흔적이 남아 있어야 한다는 것이다. 그러나 허균은 대역죄인으로 죽은 사람이라 많은 자료가 사라졌을 것이며 그런 맥락을 무시하고 지금 남아 있는 자료만으로는 판단이 어렵다. 그리고 실제 그의 한글 표기 작품이 발견되어 반박 근거가 형성되었다.

> 送오吳참參군ᄌ子어魚대大형兄환還텬天됴朝
>
> ᅙᆫ恨ᅙᆼ行초初샹相식識
> ᅙᆼ行ᅙᆼ行싱生별別리離
> 경經혼 魂디知유有몽夢
> ᄎ此별別공恐무無긔期
> 마馬슈首셔西픙風환換
> 운雲단壇츄秋안雁비飛
> 금今됴朝명明경鏡니裡
> 쳥青빈貧뎡定셩成ᄉ絲
>
> ─허균, 출전 : 吳明濟, <朝鮮詩選>

이런 맥락에 따라 필자도 허균 저작설을 따르기로 한다. 그렇다면 이 소설은 16세기 말에서 17세기 초에 나온 셈이다. 이때는 임진왜란으로 인한 피해가 제대로 복구되지 않고, 지배층의 잘못된 정치 모순에 의해 민중들은 갖은 핍박을 받던 시기였다. 양반의 확산을 방지하고 주류 양반화의 배타적 권력화 장치였던 서얼 제도와 같은 근본적 사회 모순은 임진왜란을 겪었어도 개선되지 않은 시대였다.

<홍길동전>은 이야기문학이었지만 민중의 언어인 토박이말과 한글로 양반들의 잘못된 세상을 꼬집은 작품이다. 양반을 비판하고 꼬집은 작품으로는 정조 임금 때 박지원(1737~1805)이 쓴 양반전이 있지만 이 이야기는 <홍길동전>이 나온 지 100년이나 지나서 나온 데다가 한문으로 쓰여 있다. 한문으로 된 양반전보다 100여 년이나 앞서 한글로 나온 <홍길동전>이기에 더욱 가치가 있다.

<홍길동전> 이야기의 배경 시대가 한글이 만들어진 '세종' 때인 것도 특이하다. 아마도 소통을 중요하게 여겨 한글을 창제한 세종 시대를 배경으로 삼은 것은 서자들이 아버지를 아버지라고 부를 수조차 없을 정도로 소통이 안 되는 현실을 꼬집는 상징적 장치가 아니었을까 생각해본다.

'홍길동'이란 이름은 원래 조선왕조실록에도 나오던 실제 도적 이름이었다(한자는 다름). 연산군 때인 1500년 10월 22일 기록에 의하면 영의정 한치형·좌의정 성준·우의정 이극균이 아뢰기를, "들건대, 강도 홍길동을 잡았다 하니 기쁨을 견딜 수 없습니다. 백성을 위하여 해독을 제거하는 일이 이보다 큰 것이 없으니, 청컨대 이 시기에 그 무리들을 다 잡도록 하소서."라고 하니, 그대로 좇았다고 한다. 그러고 나서 12월 29일자에 중요한 기록이 나온다. 의금부의 수사 책임자인 한치형이 아뢰기를, "강도 홍길동이 갓 꼭대기에 옥을 달고 붉은 띠를 매고 높은 벼슬아치임을 내세워 대낮에 떼를 지어 무기를 가지고 관청에 드나들면서 거리낌 없는 행동을 자행하였는데, 농촌의 유지나 책임자들, 지방 유지들이 어찌 이를 몰랐겠습니까. 그런데 체포하여 고발하지 아니하였으니 징계하지 않을 수 없습니다. 이들을 모두 변방으로 옮기는 것이 어떠하리까."라고 말하고 있다.

아마도 홍길동이 큰 도적으로 이름을 떨쳤고, 시골 사람들이 신고하지 않은 것으로 보아 그들의 지지를 얻었을 것이다. 홍길동은 그 당시 민중들과 관계를 맺고 있던 도적임에는 틀림이 없었을 것이다. 이때의 홍길동은 못된 탐관오리를 응징했던 의적으로 전남 장성 아치실(오늘날 전남 장성군 황룡면 아곡1리 아치실) 출신의 실존인물이었다는 설이 유력하다. 이러한 역사 속의 인물이 허균에 의해 소설 속 주인공 이름으로 다시 태어나면서 의적의 대명사가 되었다.

광해군 때는 임진왜란을 겪은 뒤라 민중들의 삶은 참혹할 정도였다. 민중의 피땀을 갉아먹는 나라의 세금제도와 도둑보다 더한 관리들의 수탈이 심해 민중들은 산 속으로 들어가 화전민이 되거나 떠돌거나 실제 도적이 되는 경우가 많았다. 당시 민중들(농업종사)의 50% 이상이 이렇게 경작지를 버리고 떠돌게 될 정도였다고 한다.

허균은 1500여 편의 시를 비롯하여 많은 작품을 남겼다. 그 많은 작품 가운데서도 양반들이 꺼리는 소설 형식, 그것도 언문(한글)으로 남겼다는 것 자체가 혁명적이다. 물론 그 당시 대부분의 민중들은 한글을 배울 만한 처지는 안 되었지만 민중의 글자로 자리 잡은 때였다. 이를테면 임진왜란이 일어난 그다음 해인 1593년에 선조는 한글로 다음과 같은 포고문을 발표했다.

> 빅셩의게 니르는 글이라. 님금이 니르샤디 너희 처엄의 예손디 후리여셔 인흐여 든니기는 네 본 무옴이 아니라. 나오다가 예손디 들려 주글가도 너기며 도르혀 의심호디 예손디 드럿던 거시니 나라히 주길가도 두려 이제드리 나오디 아니호니 이제란 너희 그런 의심을 먹디 말오 서르 권흐여 다 나오면 너희를 각별히 죄주디 아닐 뿐 아니라 그 듕에 예롤 자바 나오거나 예흐는 이를 즈세 아라 나오거나 후리인 사룸을 만히 더브러 나오거나 아무란 공 이시면 냥쳔을 론흐여 벼슬도 흐일거시

니 너희 싱심도 젼의 먹던 ᄆᄋᆞᆷ을 먹디 말오 ᄲᆞᆯ리 나오라.

(백성에게 이르는 글이라. 임금께서 말씀하시되, 너희가 처음 왜놈들에게 휘둘려 다닌 것은 너희들 본마음이 아니니, 나오다가 왜놈들에게 붙들려 죽을 것인가 여기며, 도리어 의심받을까 왜놈들에게 끼어들었던 것이니, 나라가 죽일까 두려워 이제까지 나오지 아니하니 이제는 너희는 그런 의심을 먹지 말고 서로 권하여 다 나오면 너희를 각별히 죄주지 아니할 뿐 아니라 그중에 왜놈을 잡아 나오거나 왜놈들이 하는 일을 자세히 알아 나오거나 잡혀 있는 사람을 많이 더불어 나오거나 하는 등의 공이 있으면 평민과 천민을 막론하고 벼슬도 할 것이니 너희 진심이 전에 의심하던 마음을 먹지 말고 빨리 나오라.

　　　　　　 － 만력 21년(1593) 9월 / 재현본과 번역(김종택, 1975)

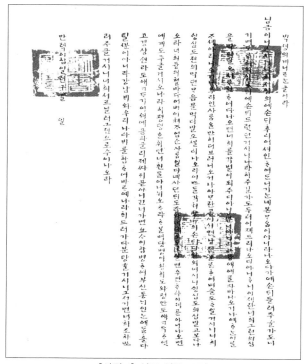

[사진 1] 선조 언문 교지

신분에 관계없이 모든 백성, 특히 하층민에게 나랏일을 알리기 위해
임금이 직접 한글로 발표한 것이다. 선조 때는 임진왜란으로 고난의
시기였지만 한글 역사만 보면 한글 사용 양상이 질적으로 변화된 시기
였다. 선조는 정치 측면에서는 부정적 평가를 많이 받지만 한글 측면
에서는 성종 못지않은 업적을 남겼다. 첫째는 사서를 한글로 언해하는
대업을 완성했고, 둘째는 나라 포고문과 각종 행정 문서를 한글로 직
접 사용함으로써 세종의 공적 사용을 계승 발전시켰다. 그만큼 한글은
하층민인 민중의 힘이었다. 허균은 이런 흐름을 정확히 읽은 뛰어난
양반이요 지식인이었다. 허균은 "글은 뜻이 통하면 된다."라고 생각했
고 그래서 민중들이 아무리 쉽게 써도 모르는 한자를 버리고 누구나
쉽게 알 수 있는 한글을 선택한 것이다. 실용성을 중시하는 실학자의
대표격인 박지원도 흉내 못 낸 일을 그보다 100여 년 앞서 이룩한 것
이라 더욱 가치가 있다.

이런 맥락으로 <홍길동전>은 그 시대 최고의 작품이었고 영원히 우
리 가슴에 살아 있는 작품이 되었다. 허균은 그가 바라던 세상을 못 이
루고 죽었지만, 그가 남긴 소설은 시대를 뛰어넘는 더 큰 혁명을 이룩
한 셈이다.

(3) 17·18세기 한글 사용의 디딤돌, 김만중의 한글 관련 작품

① 김만중이 남긴 훈민정음 문학작품들과 가치[42]

김만중은 한글문학을 극찬하는 평론을 남겼을 뿐만 아니라 실제 한
글문학도 남겼다. 그렇다 보니 그가 한글문학과 한글 발전에 아주 큰

---

42) 김병국(2001 : 235~249)에서 김만중 연구 서지가 1차 정리되었다.

업적을 남겼음은 누구나 인정한다. 그 유명한 평론을 다시 보면, 그동
안 주목하지 않은 점이 발견된다.

松江關東別曲 前後思美人歌 乃我東之離騷 而其以不可以文字寫之 故惟
樂人輩 口相授受 或傳以國書而已 人有以七言詩飜關東曲 而不能佳 或謂澤
堂少時作 非也鳩摩羅什有言曰 天竺俗最尙文 其讚佛之詞 極其華美 今以譯
秦語 只得其意 不得其辭理 固然矣 人心之發於口者 爲言 言之有節奏者 爲
歌詩文賦 四方之言雖不同 苟有能言者 各因基言而節奏之 則皆足以動天地
通鬼神

不獨中華也 今我國詩文 捨其言而學他國之言 設令十分相似 只是鸚鵡之
人言 而閭巷間樵童汲婦咿啞而相和者 雖曰鄙俚 若論眞贋 則固不可與學士
大夫所謂詩賦者 同日而論 況此三別曲者 有天機之自發 而無夷俗之鄙俚 自
古左海眞文章 只此三篇 然又就三篇而論之 則後美人尤高 關東前美人 猶借
文字語 以飾其色耳

- 김만중, <서포만필>

위 평론에서 보면, '언문' 명칭을 한자를 뜻하는 '文字'와 대비시켜
'國書'라고 일컫고 있다. 각종 한자 대자전에 나와 있듯이 '국서'는 '國
字'와 같은 뜻으로 '나랏글'이란 뜻이다. 조선시대 훈민정음이 공식문
자가 아니라는 견해들이 있지만 여기서는 당당히 공식문자로서의 이
름을 붙여놓았다. '-書'와 '-字'는 한문을 뜻하는 '-文'과 대별되는 글
자로 특별할 것이 없지만 여기에 '國-'이 붙음으로써 파격적인 용어가
되었다.[43] 곧 '국서'라는 말은 시대적 한계를 고려한다면 갑오경장 때
고종이 언문을 '국문'으로 일컫는 것에 버금가는 대단히 중요한 말이

---

43) 사재동(2006 : 22)에서도 '國書'라는 용어에 주목하여 국문학에 대한 진심이 이 용
   어에 담겨 있다고 보았다.

다. 조선왕조실록에 언문에 관한 기록이 947건 나오고 언문을 가리키는 많은 용어가 나오지만, 언문을 뜻하는 '國書'라는 용어는 단 한 건도 나오지 않는다. 422건의 실제 예는 모두 한문으로 쓰인 외교 문서에 쓰였다. 한글에 관한 선구자적인 인식과 사랑과 실천이 아니고서는 쓰기 힘든 용어다. 그의 한글에 대한 식견은 단순히 문학가로서 좋아하는 수준이 아니었다는 것이다. 아래 글과 같이 <서포만필>에 실려 있는 언문에 대한 가치 부여는 문학 차원을 뛰어넘는 것이다.

> 서역의 범어 문자는 초성·중성·종성으로 합하여져서 글자를 이루니, 그 생성이 무궁하다. 원의 세조 때 서역승 파사파가 그 문체를 변화시켜 몽고글자를 만들었고, 우리나라도 이로 말미암아 언문을 만들었다.
> ─김만중, <서포만필>

위 견해를 보면 김만중은 음소 문자의 원리와 음소 문자의 계보를 정확히 꿰뚫고 있음을 알 수 있다.

이 평론이 한문이라고 해서 문제될 것은 없다. 이런 평론은 그 당시 사대부 지식인들의 보편적 담론 차원의 소통을 위한 것이었으므로 당연히 한문으로 쓸 수밖에 없는 것이다. 그가 남긴 한시 또한 대중적 소통 문학 양식은 아니었으므로 문제될 것이 없다. 그러나 여성 또는 대중적 소통, 또는 섬세한 문학적 표현이 필요한 소설류에서는 여지없이 한글로 썼다. <사씨남정기>가 대표작이다.

아쉽게도 <구운몽>은 한글본과 한문본의 각종 이본이 거의 대등하게 남아 있는 데다가 그가 남긴 최초의 원작이 제대로 규명이 안 돼 논란에 휩싸여 있다. <구운몽>은 한글본이 과연 한문본보다 먼저냐는 논란이 있지만 한글본 자체가 김만중이 쓴 것이므로 한글본에 대한 역사적 평가에 걸림돌이 되지는 않는다. 한글본이 먼저이고 한문본이 번역본이라는 쪽은 임형택(1997), 한문본이 먼저이고 한글본이 번역본이라는 쪽은 정규복(1971), 김만중이 한글본, 한문본 모두 썼다는 쪽은 설성경(1972)이 두드러진다. 문제는 어느 한쪽의 견해를 일반화할 수 없다는 데 있다. 한글본, 한문본의 이본수도 비슷하다. 또한 어떤 관점, 어떤 맥락을 중요하게 여기느냐에 따라 다르게 볼 수 있는 문제다.

원전 문제에 대해 정규복(1961)에서 처음 문제제기한 이래 50여 년간 지속돼온 논쟁의 흐름을 꼼꼼히 살펴보았다. 그러나 남아 있는 물증(각종 판본)으로는 한문본 우세론의 정규복(1971)의 최종 결론에 동의할 수 있지만 그것을 일반화시키는 것에는 동의할 수 없다는 것이다. 한문본 우세론에 동의하는 계보론의 물증조차도 정길수(2007), 지연숙(2003) 등으로 갈라져 논쟁 중에 있음은 우리가 잘 아는 바다. 일반화는 물증 외에 사고와 심리에 의한 추론이 동반되어야 하는데 그 점은 김만중이 문학가로서 창작할 수 있는 여러 상황 중의 일부라는 점이다. 이를테면 정규복(1971)에서 김만중이 최초로 한문으로 저작했다는 핵심 추론 논거 중의 하나는 <사씨남정기>가 정통 국문 소설의 계보를 이은 반면에 <구운몽>은 회장체로서 중국계 소설의 구조를 띠고 있다는 점이다. 이것이 사실일지라도 김만중이 선택할 수 있는 다양한 창작 전략의 전부로 보면 그것을 일반화시킬 수 없다는 것이다. 또한 한문본과 한글본이 오가는 과정에서 단순 번역이 아닌 개작의 개연성이 열려 있는 상황을 고려해보면 더욱 그렇다.

한 가지 분명한 사실은 설령 김만중이 <구운몽>을 최초로 한문으로 저작하였다 할지라도 한글본에 대한 가치 부여가 훼손되지 않는다는 점이다. 그렇다면 한글 사용사 측면에서 보면 이런 논란의 밑바탕에 깔려 있는 각종 이본, 특히 한문본과 한글본의 공존 자체가 의미가 있다. 한문본과 한글본이 서로 넘나들며 이를 둘러싼 소통 문화가 확대되고 한글문화 공동체 형성이 더 넓어졌음을 의미하기 때문이다.

<윤씨행장>도 내용이 똑같은 한문본과 한글본이 남아 있어 어느 것이 먼저인지 논란이 된다.44) 이명구(2007 : 822, 주석 16)에서는 다음과 같이 조심스럽게 한글본이 먼저일 가능성을 추론하였다.

[표 8] 김만중의 한글 관련 작품 현황

갈래	제목	지은 때	표기 / 판본	덧붙임
소설	구운몽	1687년(숙종 13) 9월부터 이듬해 11월 사이 *선천(宣川) 유배지에서	한글본(필사본, 간행본), 한문본(필사본, 간행본) 등 다양한 판본	
	사씨남정기	1689년(숙종 15)~1692년(숙종 18)	한글본(목판본·활자본·필사본), 한문본(김춘택)	
행장	선비정경부인행장 *윤씨행장	1690	한문본, 한글본(어느 것이 먼저인지 논란이 됨)	
평론	서포만필	1687~1692	한문본(필사본)	한글문학 중요성 강조
문집	서포집	1702년(숙종 28) *아들 김진화 편집 간행	한문본(목판본, 10권 2책)	선비정경부인행장 수록(한글본과 내용 같음)

이 국문 <윤씨행장>은 <서포집(西浦集)>에 수록된 한문으로 된 <선비정경부인행장(先妣貞敬夫人行狀)>과 그 내용이 꼭 같다. 이 한글본 첫머리에 '서포 선생이 지으시다'라는 글이 있다. 서포가 이 행장을 쓴 동기 내지 목적은 어머니의 언행을 기록하여 어머니를 기념할 뿐 아니라, 또한 자손들로 하여금 할머니를 본받도록 하려는 교육적 목적이 있다

---

44) 대부인이 셩밧긔 보너여 골오디 녕희의 힝흐믄 네 착흔 사람도 오히려 면티 못흐니 힝흐야 몸을 스스로 싱각흐고 날을 싱각디 말나. <국문 윤씨 행장>에서.

고 하였다. 한편, 국어의 가치를 높이 평가한 그의 국어에 대한 인식 내
지 견해로 미루어볼 때 또 글 가운데 보이는 고어나 문체로 미루어서
서포는 이 행장을 한글로 지은 것은 아니었을까 하는 추측을 해본다. 그
리고 한문 행장은 이 한글 행장을 한역한 것은 아닐까 라고 생각해본다.

<사씨남정기>는 한글본과 한문본에 대한 갈등이 없다. 서포의 종손
(從孫)인 북헌(北軒) 김춘택(金春澤)이 "서포는 한글로 소설을 많이 지었다.
그중 <사씨남정기>는 보통 소설에 비길 바가 아니다. 그래서 내가 한
문으로 번역하였다. 소설이라고 한결같이 허무맹랑한 것은 아니다. 백
성을 계몽하고 세상을 교화하는 데에는 이 <사씨남정기>가 가장 훌륭
하기 때문이다."라고 분명한 기록을 한문본에서 남기고 있기 때문이다.

한글본 <사씨남정기>는 국가(왕) 정책 비판 또는 사회 비판용으로
쓰였다는 점에서 한글 사용의 사회적 가치를 한층 더 높였다는 데 중
요성이 있다. 장희빈과 관련된 정치 문제에 대한 직언으로 인해 유배
를 가 있던 그가 문학의 힘으로 또 다른 직언을 한 것이기 때문이다.
문학으로 일종의 상소를 한 대사건이다.

김만중은 숙종이 당쟁 구도를 활용하여 환국 정치(판 뒤집기 정치)를
행함을 잘 알고 있었기에 숙종에게 더 이상의 직언은 무리라고 보았을
것이다. 또한 직언을 할 수조차 없는 유배지에서 잘못된 정치를 바로
잡는 것은 그 주체(왕)의 깨달음이고 여론의 힘이라고 보았을 것이다.
물론 이 작품은 '수신제가치국평천하'와 같은 유교적 보편 윤리를 담
고 있어 단순히 왕만을 겨냥해서 만든 것은 아니었다. 보편적 윤리와
교화를 통한 사회 참여를 시도한 것이다.

그리고 <사씨남정기>를 집필할 당시에는 김만중의 시련은 극에 달
해 있었다. 이런 시점에서 더 근원적인 교화 수단으로 문학의 힘을 빌

려 개인의 시련과 사회적 문제를 동시에 극복한 것이다. 인현 왕후가 폐위되어 옛집에서 고달픈 나날을 보낼 때 <사씨남정기>가 입에서 입으로 널리 퍼졌다고 한다. 당대 최대의 임금 스캔들 관련 작품이라 그 파급 효과는 더욱 컸을 것이다.

<사씨남정기>는 되도록 까다로운 한문투의 표현을 피해 한글 사용의 격을 높였다.

> "속담에 이르기를 한 말에 두 안장이 없고 한 밥 그릇에 두 숟가락이 없다 하더라, 지금 시속이 예전과 다르고, 성인이 아닌 범인으로서 어찌 투기가 생기지 않으리라고 장담하랴. 공연히 옛날의 미명(美名)을 사모하여 화근의 씨를 뿌리지 않도록 함이 좋다."

이렇게 구어체로 속담이나 격언 등을 적절히 이용하여 우리말을 능숙하게 구사하고 있다. 그냥 한글로만 쓴 것이 아니라 진정한 우리말을 살려 쓴 것이다. 김만중이 선조 때 이름을 날린 정철의 <속미인곡>과 같이 우리말을 잘 살려 쓴 작품을 중국의 유명한 작품보다 더 뛰어나다고 극찬한 평론 정신을 본인이 직접 실천한 것이다.

김만중이 남긴 한글작품의 가치를 논하려면 먼저 그가 핵심 권력 벌열 양반의 위치에 있었음을 조명해야 한다. 이는 비주류 한글이 주류 양반에 의해 본격적으로 평가되고 실용적인 작품으로까지 검증되었음을 의미한다. 이런 저자의 시대적 맥락은 한글 사용의 파급적 효과를 가늠해볼 수 있는 잣대가 된다.

이율곡의 제자이자 송시열의 스승으로 조선시대 예학의 최고 권위자로 추앙받는 김장생이 그의 증조부며, 역시 예학의 대가인 김집이 그의 조부다. 아버지는 생원시에 장원한 김익겸이며, 형 김만기는 숙종의 부원군이었다. 다시 말해 숙종의 첫째 왕비 인경왕후의 숙부였던 것이다. 병자호란 와중에 유복자로 태어나고 50세 이후 유배 생활로 불우한 면도 있었으나 그의 계층적 위치는 대단했던 것이다. 그런 그가 양반들이 두루 꺼렸던 소설뿐 아니라 한글문학을 추켜세운 평론을 남겼다는 것은 훈민정음 발달사에서 대단히 중요한 의미를 지닌 것이다. 핵심 양반 계층이면서 한글문학의 중요성을 평론과 실제 작품으로 남긴 유일한 양반이며, 실제 삶 속에서 한글 사랑을 실천한 사람이다.

② 김만중의 한글문학 생산 배경

이렇게 김만중이 훈민정음 보급 실천의 핵심 공로자가 된 배경은 무엇이었을까.

첫째, 시대적 배경이다. 김만중이 태어나 활동한 시기는 병자호란 후의 무척 혼란스런 시기였으나 한글 사용이 급속하게 발달한 시기였다. 선조를 이어 광해군 때도 <동국신속삼강행실도>와 같은 한글 언해가 꾸준히 보급되었고, 숙종 또한 한글 공적 실천에 적극적이었다.

둘째, 양반 문학가들의 앞선 노력을 들 수 있다. 허균의 <홍길동전>과 같은 본격적인 한글문학이 널리 퍼졌고 정철과 같은 정통 사대부들의 '관동별곡, 속미인곡, 사미인곡' 등의 한글 작품이 널리 퍼진 시점이었다.

셋째, 어머니 윤씨의 문학적 교육의 힘이다. 윤씨는 아이들이 아비 없는 자식이라고 놀림을 당할까 봐 엄하면서도 자애롭게 키웠다고 한다. 이런 기록이 <윤씨행장>에 그대로 담겨 있다.

윤씨는 <소학>, <논어>, <맹자> 등의 교육서도 열심히 가르쳤지만, <삼국지연의>와 같은 재미있는 이야기책도 들려주었다고 한다. 요즘 아이들에게 책 읽어주기가 유행하는데 그것을 일찍이 실천했던 것이다. 훗날 김만중이 뛰어난 문학가요 평론가요 관리요 학자로 성장할수 있었던 것은 바로 이런 교육의 힘이었다. 김만중은 이런 어머니에대해 생각할 때마다 눈물을 흘리며, "어머니가 책을 좋아하므로 옛날기이한 책들을 모으고 얻어 와서 밤낮 틈만 나면 들려주시니 듣는 사람들이 모두 기뻐했다."라고 말했다. "아이들이 나관중의 이야기책<삼국지연의>를 들으면서는 울어도, 진수의 역사책 <삼국지>나 사마온공의 역사책 <통감>을 보고는 울 사람이 없으니 이것이 통속소설을쓰는 까닭이다."라고 하였다. 김만중이 <구운몽>이나 <사씨남정기>와같은 뛰어난 이야기를 쓴 까닭을 스스로 고백한 셈이다.

넷째, 개인의 문학적 능력이다. 그가 죽었을 때 사관은 "글솜씨가 기발하고 시는 더욱 고풍스럽고 우아하여 근세의 조잡한 한문투 어구를쓰지 않았다."며 한글 관련 문학적 능력을 높이 평가하고 있다. 단지한글만 사용한 것이 아니라 되도록 살아 있는 구어체 문장을 담으려고했고 그것은 당연히 한글로만 가능했기에 자연스럽게 실천했던 것이다.

그렇다면 김만중의 한글문학은 어떤 영향을 끼쳤을까? 김수업(2002 : 504)에서는 다음과 같이 행장(전기) 문학이 널리 퍼지는 데 직접 영향을끼쳤다고 보았다.

이것 <윤씨행장>을 본받아 그 집안에서는 김춘택(1670~1717)이 그의어머니 이씨의 행장인 <정경부인니씨행록>을 짓기도 하고, 김만중의형인 김만기의 부인 청주 한씨의 전기 <서원부부인행장>을 그 손자 김양택(1712~1777)이 짓기도 하였다. 그 밖에도 지은이를 알 수 없으나 집안의 아낙 어느 분이 지었을 것으로 보이는 이숙(1662~1723)의 1전기

<옥동이선생행록>이며, 정약용의 서누이인 나주 정씨(1776~?)가 그의 시아버지인 체재공(1720~1799)의 생애를 그린 <상덕총녹>이며, 의유당 의령 남씨가 친가 이질부인 연안 이씨(1738~1785)의 삶을 적은 <이딜부 슉부인이씨행녹> 같은 전기(행장)가 알려진 것들이다.

이렇게 행장 문학이 17세기 중엽부터 19세기까지 꾸준히 발전하는 계기가 된 것으로 보았다. 판소리계 소설 <심청전>에 보면 <구운몽> 얘기가 언급되어 있다. 이는 <구운몽> 이야기가 다양한 방식으로 소통되며 조선 사회에 영향을 끼쳤음을 보여준다.

김만중은 인현왕후가 복위되기 몇 년 전인 1692년에 세상을 떠났다. 조선왕조실록에서는 4월 30일자(음력) 졸기에서 다음과 같이 평가하고 있다.

전 판서 김만중이 남해의 유배지에서 죽었는데 나이는 56살이었다. 김만중의 자(성인이 될 때 지은 이름)는 중숙(重叔)이고 김만기의 아우다. 사람됨이 청렴하게 행동하고 마음이 온화했으며 효성과 우애가 매우 돈독했다. 벼슬을 하면서는 언론이 강직하여 선이 위축되고 악이 기세를 떨칠 때마다 더욱 정직이 드러나 청렴함이 다른 사람들보다 뛰어났고, 벼슬이 높은 직위에 이르렀지만 가난하고 검소함이 유교의 도를 닦는 선비와 같았다. 왕비의 가까운 친척(조카가 세자빈)이었기 때문에 더욱 스스로 겸손하고 경계하여 권세 있는 요로를 피하여 멀리했고, 이조판서와 병조판서, 대제학을 극력 사양하고 벼슬을 받지 않으므로, 세상에서 이를 대단하게 여겼었다. 글솜씨가 기발하고 시는 더욱 고풍스럽고 우아하여 근세의 조잡한 한문투 어구를 쓰지 않았으며, 또한 재주를 감추고 나타내지 않았는데, 사람들이 그의 타고난 성품이 도에 가까우면서도 학문에 공력을 들이지 못한 것을 한스럽게 여겼었다. 유배지에 있으면서 어머니를 잃은 슬픔을 만나 가볼 수 없으므로, 애통해하며 울부짖다가 병이 되어 죽게 되었으므로, 한때 슬퍼하며 상심하지 않는 사람이 없었다.

-숙종 18년(1692) 4월 30일

그가 죽은 지 한 세기가 안 된 정조 7년, 1783년 2월 20일에 정조는 그에게 어울리는 '문효(文孝)'라는 시호를 내려 그의 업적을 기렸다. 나라가 기울어 가던 고종 23년, 1866년 김상헌은 "문효공 김만중은 대현 (大賢)의 시(詩)와 예(禮)를 계승하여 사림들의 영수가 되었습니다. 임금 앞에서 바른 말과 이치에 맞는 의론을 하여 흉악한 무리들의 꺼림을 거듭 받다가, 기사년 변란 때 남해에서 천극(荐棘)의 형벌을 받았는데 갑술년에 다시 바뀌는 것을 보지 못하고 귀양지에서 죽었습니다. 신의 생각에는 이 두 신하들을 다 같이 숙종대왕(肅宗大王)의 묘정에 추향해 야 한다고 봅니다."라고 다시 한 번 그의 업적을 기렸다.

3) 후기 한글소설의 국어생활사적 의미

17세기 이후의 한글소설의 급속한 확산은 한글 사용의 혁명적 변화 였다. 국가 주도의 훈민정음 텍스트 보급에 따른 확산과 발전이 아니 라 일부 사대부들과 일반 백성들의 자발적 사용에 의한 확산과 발전이 가속화되었기 때문이다.

물론 이 시기 또한 한글의 비주류 공식문자로서의 위치는 변함이 없 었다. 비주류 한글이 비주류 문학인 소설 양식으로, 비주류 사회적 주 체인 여성 중심으로 사용된 것이기 때문이다. 그러나 그러한 사용 맥락 의 사회적 가치와 효용성은 이전 시기에 비할 바가 못 되었다. 판소리계 한글소설에서 보듯 하층 문화의 급속한 성장과 발전을 의미한다.

조선 전기가 왕실을 중심으로 한글의 공적 사용이 확대되었다면 조선 후기는 문학을 중심으로 자발적 공적 사용이 이루어졌다. 그렇다면 얼마나 많은 한글소설이 누구에 의해 어떻게 소통되었는지가 규명되어야 한다.

(1) 저자의 익명성(작자 미상)

한글소설이건 한문소설이건 간에 소설류 자체가 작가를 모르는 익명성을 띠고 있다. 작가가 분명한 작품은 손으로 꼽을 정도라 조광국(2005 : 87~88)에서 한문소설과 한글소설을 통틀어 25명의 작가를 들고 있다. 그중의 일부는 작자 미상으로 논란이 되는 것도 있으니 이런 작품을 제외하면 대략 20명의 작가만 드러난 셈이다. 작가가 밝혀진 <홍길동전>, <구운몽>조차도 그 근본은 익명성으로 보아야 한다. 작품 가운데 밝혀진 것이 아니라 전후 맥락이나 증언에 의해 작가가 밝혀진 것이기 때문이다. 스무 명 남짓 작가 가운데 대부분은 한문소설 작가이고 보면 한글소설 작가는 익명성이 주된 특징임을 알 수 있다.

이런 익명성 자체가 중요한 의미가 있다. 기록문화가 철저했던 조선시대에 익명성으로 유통되었다는 것은 역시 비주류 텍스트로서의 시대적 위상을 보여준다. 그것은 실명성으로 상징되는 주류 문화에 대한 저항 문화 또는 하위 문화로서의 자리매김을 뜻한다.

또한 수많은 이본 텍스트를 통해 다수가 공동 저자로 참여하는 격이므로 특정 저자를 내세울 필요가 없었음을 의미하기도 한다. 특히 판소리계 소설의 경우는 그런 집단성에 의해 입에서 입으로 형성되면서 소설화가 이루어진 것으로 볼 수 있다. 오오타니 모리시게(2010 : 347)에서 밝히고 있는 한글소설 필사본 800여 종, 방각본 80여 종에 비하면 익명성이 주요 특징임을 알 수 있다.

(2) 다중언어성과 다계층성

한글소설은 조선 후기 한글 발전의 기폭제가 되었다. 이때의 한글 발전은 단순히 한글소설이 많이 소통되었다든가, 하층민이 한글소설의 독자로서 또는 창작자로서 한글 사용이 늘었다는 식의 단순한 구도로 설명할 수 없다. 굳이 발전 양상을 줄여서 핵심만 이야기한다면 한글소설은 다양한 계층을 넘나들며 한글 사용 영역이 확대되는 구실을 하였다. 소설은 경박하고 잡스럽다 하여 멀리한 일부 사대부층과 문자 습득과 한글 교육을 제대로 받을 수 없었던 일반 평민이나 하층민, 여성 등을 한글 사용의 핵심 주체로 끌어들이는 역할을 하였다. 조동일 (2005 : 3권, 91)은 "소설이 상층과 하층, 남성과 여성의 경쟁적 합작품이라는 증거이다."라고 하여 한글소설의 다계층성을 명쾌하게 진술한 바 있다.

일부 사대부층은 한문과 이두와 한글을 두루 사용할 줄 아는 다중언어주의자로서 사회적 위치를 활용하여 한글소설을 창작하기도 하고, 한글소설을 한문으로 옮기기도 하고, 한문소설을 한글로 옮김으로써 다양한 양식의 한글소설을 잉태시켰다.

이러한 표기 문자 전환에 대하여 정출헌(2003 : 197)은 "표기 문자의 전환을 통해 계층과 계층을 자유롭게 둘러싸고 전개된 고전소설은 문제적"이라 하여 16세기의 이념적 교화 중심의 번역, 그러한 이념적 측면을 배제하면서 여성성과 화해 측면의 17세기의 번역, 다양한 독자를 포괄하는 18세기 등과 같이 단계별로 조명하였다.

최운식(2004)에서 [표 10]과 같이 나눈 독자층은 문자 양식에 따른 다양한 독자층을 잘 보여주었다. 문제는 이러한 다양한 독자층이 서로 교섭하면서 더 다양한 실질적 독자층을 구성한다는 것이다. 또한 한글 표기 문학으로 인해 간접 독자가 직접 독자로 전환될 수 있는 가능성이 넓어졌다는 데서 역동적인 독자층의 변이에 대해 주목할 필요가 있다.

[표 10] 고소설 독자 유형

	남성	여성
직접 독자	(Ⅰ) 한문과 국문을 아는 남성 독자	(Ⅱ) 한문과 국문을 아는 여성 독자
	(Ⅲ) 국문만 아는 남성 독자	(Ⅳ) 국문만 아는 여성 독자
간접 독자	(Ⅴ) 남성 청자	(Ⅵ) 여성 청자

*최운식(2004), <한국 고소설 연구>, 보고사, 126쪽

권혁래(2004)에서는 한문본 소설이 다수 한글본 소설로 번역되는 양상을 주목하고 그런 현상의 의미를 텍스트 중심으로 다각적으로 분석하면서 한글로 번역된 한문소설의 목록을 다음과 같이 제시했다.

1. 강로전	2. 구봉기	3. 금산사몽유록	4. 금선각
5. 김영철전	6. 난학몽	7. 동선기	8. 박태보전
9. 박효랑전	10. 배시황전	11. 봉래신설	12. 삼한습유
13. 서대주전	14. 설공찬전	15. 숙향전	16. 염시탁전
17. 옥련몽	18. 옥루몽	19. 옥린몽	20. 옥수기
21. 왕경룡전	22. 왕랑반혼전	23. 운영전	24. 원생몽유록
25. 위경천전	26. 유생전	27. 유연전	28. 육미당기
29. 육신전	30. 윤지경전	31. 임경업전	32. 임진록
33. 정향전	34. 조충의전	35. 주생전	36. 최척전
37. 최고운전	38. 최현전	39. 홍백화전	40. 효열지 41. 홍무왕연의

권혁래(2004)는 "문학작품의 번역은 창작 못지않은 중요한 문학활동의 하나이며, 그 자체로 창조적 문학행위"로 보아 사대부층이 지은 한문소설 작품을 국문으로 번역하는 행위는 "상위 계층의 고급문학의 성과를 서민문학계에 소개하고 파급하는 효과"를 갖는다고 보았다. 더욱이 번역은 양쪽 층위 언어에 능통해야 하므로 창작 번역층이나 향유층이나 이러한 텍스트들은 의사소통이나 사회적 여론 형성의 장치가 되었음을 의미한다. 그러므로 번역소설의 소통과 확산은 권혁래(2004)의 지적처럼 상층과 하층, 남성과 여성의 새로운 의사소통의 통로 역할을 한 것이다. 이강옥(2009 : 76)에서도 "한문소설의 한글 번역은 계층별 문화 영역의 확장이라는 순기능적 의의를 가진다."라고 의미를 부여했다.

(3) 필사본과 이본성

한글소설의 경우는 방각본과 같은 출판 인쇄에 의한 소통도 중요하지만 그보다는 필사본을 통한 소통 비중이 높다는 것이 일반적이다. 필사본은 인쇄본보다 필사 주체가 다양함을 의미하고 그만큼 개작의 가능성이 높다는 것을 의미한다. 그로 인해 아주 많은 이본이 생성되며 그러한 이본은 또 다른 원작으로서 다양한 효과를 불러일으켰다. 윤세순(2008나)에서 밝혔듯이, 필사자의 신분이나 위치, 필사의 목적, 필사본 독자의 맥락에 따라 수많은 필사본이 있었다. 한글 필사본의 문화적 맥락에 대해서는 이지영(2008)에서 집중 조명되었다. 한글 텍스트가 갖고 있는 읽기와 쓰기의 복합성, 작자와 독자의 중층성 등의 필사본의 맥락이 한글 텍스트의 확산을 부추겼다고 볼 수 있다.

조동일(2005 : 92~93)에서는 지금까지 밝혀진 소설의 총수를 858종쯤으로 보고 이본 수를 다음과 같이 기술했다.

> <춘향전> 349종, <조웅전> 295종, <구운몽> 292종, <유충렬전> 268종, <심청전> 248종, <창선감의록> 236종, <사씨남정기> 214종의 이본이 있는 것으로 집계되었다. 필사본은 <창선감의록> 211종, <사씨남정기> 188종, <유충렬전> 176종, <춘향전> 150종, <조웅전> 150종, <구운몽> 140종이다. 목판본은 <구운몽> 127종, <조웅전> 119종, <춘향전> 75종, <심청전> 70종, <소대성전> 55종, <유충렬전> 54종이다. 활자본은 <춘향전> 110종, <유충렬전> 37종, <적벽가> 34종, <심청전> 31종, <옥루몽> 30종이다.
>
> – 조동일(2005), 92~93쪽

이러한 이본 수 자체가 한글이 한글소설을 통해 얼마나 역동적으로 보급되었는지를 보여준다.

(4) 입말성

이강옥(2009 : 69)에서는 한글소설이 묵독용이 아닌 낭독용이었음을 주목하였다. 낭독은 듣는 사람이 여럿이므로 소설에 대한 공감을 확대하는 데 큰 역할을 하였다는 것이다. 이러한 낭독문화는 가정에서, 시장이나 거리와 같은 사회적 공간에서 동시에 이루어짐으로써 다양한 계층의 한글 문식성을 높이는 데 기여했다. 영조 때 조수삼이 당시의 상황을 생생하게 전하므로 그의 증언을 그대로 보자.

> 이야기책 읽어주는 노인은 동대문 밖에 산다. 언문으로 쓴 이야기책을 입으로 줄줄 외우는데 <숙향전>, <소대성전>, <심청전>, <설인귀전> 따위의 전기소설들이다. 매달 초하루에는 청계천 제일교 아래 앉아

서 읽고, 초이틀에는 제이교 아래 앉아서 읽으며, 초사흘에는 배오개에 앉아서 읽고, 초나흘에는 교동 입구, 초닷새에는 대사동 입구, 초엿새에는 종루 앞에 앉아서 읽었다. 그렇게 거슬러 올라가기를 마치면 초이레부터는 거꾸로 내려온다. 아래로 내려갔다가 올라가고, 올라갔다가 또 내려오면 한 달이 지난다. 달이 바뀌면 또 전과 같이 한다.

노인이 전기소설을 잘 읽었기 때문에 몰려들어 구경하는 사람들이 노인 주변을 빙 둘러 에워쌌다. 소설을 읽어가다 몹시 들을 만한, 가장 긴장되고 중요한 대목에 이르면 노인은 갑자기 입을 다물고 아무 말도 하지 않는다. 그러면 사람들이 다음 대목을 듣고 싶어서 앞다투어 돈을 던지면서 "이게 바로 돈 긁어내는 방법이야."라고 했다. _조수삼, 추재기이

– 안대회 역(2010, <조선을 사로잡은 꾼들>, 한겨레출판사, 77~78쪽)

한글이 단순히 조용히 읽기용으로만 끝난다면 이러한 담화 공동체는 형성되기 어렵다. 낭독이다 보니 다양한 계층의 다양한 사람들이 다양한 방식으로 낭독 공동체에 참여하게 된다. 비록 언문을 모르는 양반이나 노비일지라도 귀동냥을 통해 참여하게 된다.

가정에서는 노모를 위해 딸이나 며느리가 읽어줄 수도 있지만 때로는 양반 사대부도 낭독자로 참여하게 된다. 거리에서는 전문 낭독가인 강독사(전기수)가 등장하여 낭독을 상업화함으로써 한글 사용 능력이 경제적 가치로 부각되고 한글문헌 또한 상업용 도구로 사용되기에 이르렀다.

다음과 같은 사건은 살인 사건으로서의 비극성보다는 한글소설의 낭독문화가 얼마나 사람들의 흥미를 끌었으며 인기가 있었는지를 보여주는 상징적 사건이다. 정조가 어전 회의에서 직접 말한 사건이다.

"항간에 이런 말이 있다. 종로거리 연초 가게에서 짤막한 야사를 듣
다가 영웅이 뜻을 이루지 못한 대목에 이르러 눈을 부릅뜨고 입에 거품
을 물면서 풀 베던 낫을 들고 앞에 달려들어 책 읽는 사람을 쳐 그 자
리에서 죽게 하였다고 한다. 이따금 이처럼 맹랑한 죽음도 있으니 참으
로 가소로운 일이다."

-<정조실록>, 1790년(정조 14) 8월 10일자[45]

낭독이 아무리 재미있는 소통이었을지라도 그 책을 직접 읽고 싶어
하는 욕망을 막을 수는 없었을 것이다. 재미있는 책을 갖고 싶어 했을
것이고 그 책을 기록한 언문을 어떻게 해서든지 깨치고 싶어 했을 것
이다.

18, 19세기에 전문 이야기꾼은 세 부류가 있었다. 구수하게 이야기하
듯 이야기를 전달하는 '강담사(講談師)', 소리와 아니리를 이용하여 판소
리하듯 이야기를 전달하는 '강창사(講唱師)', 이야기책을 읽어주는 '강독
사(講讀師, 전기수)'가 있었다.[46]

한시나 한문은 뽐내기용 암송은 가능할지언정 소통을 전제로 한 낭
독은 불가능하다. 바른 문자를 통해 바른 소리를 구현해 소리와 문자
가 자연스럽게 이어지는 훈민정음의 진정한 꿈이 소설을 통해 구현된
것이다. 말소리가 그대로 글로 적혀지고 글이 다시 말소리로 의미와
감정을 실어나르는 입말과 글말이 소통되는 문자가 소설을 통해 제대
로 구현된 것이다.

---

45) 諺有之, 鍾街烟肆, 聽小史稗說, 至英雄失意處, 裂眦噴沫, 提折草劍直前, 擊讀的人, 立
斃之 - 정조 14년(1790) 8월 10일.
46) 김균태(2005 : 381) 참조.

(5) 여성성

김슬옹(2005가, 나)에서는 왕실 여성을 중심으로 공식적 언문 공동체가 형성됨을 증명한 바 있다. 지배층 여성들에게는 언문이 주류 공식문자였다. 주류 사대부들조차 여성과의 소통에서는 철저하게 언문을 사용했다. 그런 사대부의 태도는 언문을 여성들의 글자로 인식하거나 낮게 보는 의식이 깔려 있으나 그런 인식이 오히려 한글 사용 확대로 이어지는 역설적 효과를 낸 것이다. 이런 점이 소설에서도 확대 심화된다. 아래 두 경우는 딸과 어머니로 인해 사대부가 언문 문화에 참여하는 정황을 보여준다.

(1) 1595년 1월 3일, 하루 종일 집에 있으면서 무료하기 짝이 없던 참에 딸이 청하기에 <초한연의(楚漢演義)>를 언해하여 둘째딸에게 그것을 쓰도록 했다.

-오희문, <쇄미록> 권4

(2) 태부인(어머니)은 총명하고 슬기로워서 고금의 역사책이나 괴기한 이야기류 등을 모르는 것이 없을 정도로 두루 알고 있었다. 늘그막에 누워서 다른 사람이 읽어주는 소설을 듣는 것을 좋아했는데, 이는 잠을 쫓거나 시름을 잊기 위함에서였다. 그래서 아들 조성기는 항상 누워서 책 읽기를 듣는 것이 계속되지 못할까 근심하였다. 조성기는 남의 집에 아직 그의 모친이 읽지 않은 책이 있다는 말을 듣게 되면 어떻게 해서든지 그것을 구해 오곤 하였다. 또 때로는 자신이 직접 옛이야기에 의거하여 몇몇 작품을 지어 바치기도 했다.

-조성기, <졸수재집>

위와 같은 이야기는 특정 가정의 사적인 사건이지만 여성 중심의 언문이 가족공동체를 위한 주요한 능동적 소통 도구가 되고 있음을 보여주는 대표적인 공적 사건이기도 하다.

더욱 중요한 것은 주요 교육서와 창작소설을 제외하고는 실용서와 언간, 필사본 소설쓰기 등의 주체는 여성이었다는 점이다.[47)

(6) 상업성

무릇 욕구와 수요가 많으면 그것이 반드시 경제적 문제와 연결되는 것은 고금의 이치다. 책을 돈 받고 빌려주는 세책업과 상업적 출판인 방각본 유통에 의한 경제적 변화가 한글소설의 확산을 부채질하였다.[48) 중요한 것은 빌려주기와 사고팔기와 같은 확산이 한글 문화 확산에 기여하였지만 그 근본은 한글을 통한 문자생활이 부추겼다는 점이다(조동일 : 2005). 물론 그 이면에는 상품 화폐 경제의 발전, 시장의 발전, 신분제 변화에 따른 사회적 욕구의 확대 등이 뒷받침되었다.

서점 설립과 상업용 출판이 공식적으로 금지되어 있는 조선 사회에서 세책업이 활성화된 것은 커다란 사회적 변화였고, 그 중심에 한글소설 텍스트가 있었다는 것은 한글소설의 사회적 영향력이 매우 컸음을 의미한다.

많이 알려진 대로 세책에 관한 최초 기록은 18세기의 문헌이다. 체재공(1720~1799)이 부인이 필사한 <여사서(女四書)>에 쓴 서문과 이덕무(1741~1793)가 <사소절(士小節)>에서 여성들의 세책 행위에 대한 비판이다. 이런 기록을 통해 이윤석·정명기(2003)에서는 18세기 이후에는 세

---

47) 이지하(2008 : 310)에서도 "여성교육서의 저술자는 남성이 압도적인 반면 필사자는 여성이 우세하다."라고 밝혔다.
48) 세책 고소설 연구는 김동욱(1971)에서 논의한 이래 정명기(2003가, 나), 이윤석·大谷森繁·정명기 편저(2003), 정병설(2005가, 나, 2008), 오오타니 모리시게(1985) 등 매우 활발하게 진행되어 많은 진척이 있었다.

책업이 성행한 것으로 보고 있다.

이러한 세책업은 상업 경제와 밀접한 관련을 맺을 수밖에 없다. 18세기 중엽 전국 각지에는 1000여 개의 장이 열리고 이를 연결하는 도로, 수상 운송망이 뚫리기 시작했다고 한다. 그렇다고 18세기 중엽의 세책업이 전국 시장 규모라는 것은 아니지만 서울은 더욱 시장 유통이 활발하였으므로 세책업 성행 시기와 전체 경제 변화가 일치한다는 것이다.

이렇게 세책을 통한 독자의 확대와 교류는 사회적 경제의 주체로서 사회적 목소리의 잠재적 주인공으로서, 쓰기, 읽기의 주체로서의 욕망과 권리를 실현해감으로써 근대를 열어가는 실질적 주체가 되어갔다고 볼 수 있다.

4. 계층을 넘어선 한글문학의 힘

다목적용으로 창제된 훈민정음은 실제로 다목적용으로 사용되었으며, 수많은 양식의 텍스트를 생성해내는 핵심 기제가 되었다. 지배층이건 피지배층이건 피할 수 없는 욕망의 문자였으며 비주류 문자로서의 위치는 오히려 또 다른 소통 문화의 주류가 되었다.

훈민정음 발달의 핵심은 계층별로 보면, 지배 사대부층은 훈민정음을 철저히 비주류 문자로 여기면서도 일정 부분에서는 매우 중요하게 여겨 사용했다는 점이고, 하층민들은 훈민정음을 통해 점차 소통 영역을 확대해가면서 주류 문자로서의 위상을 높였다는 점이다. 더불어 이 모든 발달의 기저에 한글문학의 힘이 있었고, 그 중심에 일부 사대부 문학가, 애호가들과 여성 독자층이 있었다.

주요 흐름을 짚어보면 첫째, 지배층에 의한 한글 표기 문학의 초기 발전은 지배층이 만든 문자에 의해 이루어졌고, 그것이 악장 가사인 용비어천가와 월인천강지곡으로 이루어졌다. 노래 가사로서의 음악성과 문학성이 언문 보급 발전의 씨앗이 되었다.

둘째, 시가 문학인 두시언해와 시조, 가사 등은 사대부의 한글에 의한 생활문학을 가능하게 하였다.

셋째, 사대부들은 한글소설의 창작과 협조자로 참여하고 여성들에 의해 확산 보급되었다.

고종이 일본식 개혁의 흐름 속에서도 비주류 공식문자인 언문을 주류 공식문자(한글)로 선언한 자주적 사건(고종의 국문 칙령)에는 특정 분야에서 주류성을 획득해온 한글문학의 힘이 있었다.

6장 한글편지(언간)를 통한 훈민정음 발달

1. 한글편지와 훈민정음

조선의 비주류 공식문자인 훈민정음이 철저하게 주류 문자로 역할을 한 분야가 편지 분야다.[1] 왜냐하면 한문편지로는 불가능한 여러 계층 연결하기 등을 한글편지가 담당해왔기 때문이다. 실제 조선의 한글편지, 언간(언문 간찰)은 왕족부터 노비까지, 남성 사대부부터 이름 없는 여성 부인까지 두루 사용한 대표적인 통용 매체요 텍스트였다.

편지는 문어를 통한 대화다. 편지는 대화와 마찬가지로 쌍방향성과 역동성을 갖는다. 발신자가 있으면 반드시 수신자가 있게 마련이고 수신자가 있으면 발신자가 있게 마련이다. 그리고 상황과 맥락에 크게 좌우되는 역동성이 있다. 표준 문체로서의 언문일치가 아닌, 말하듯이 쓰는 언문일치를 자연스럽게 가장 잘 구현할 수 있는 것이 편지이기도

---

1) 물론 양반들 사이에서는 한문편지가 주류다. 그러나 계층간의 편지와 하층민, 여성들 사이에서는 한글편지가 주류다.

하다.2)

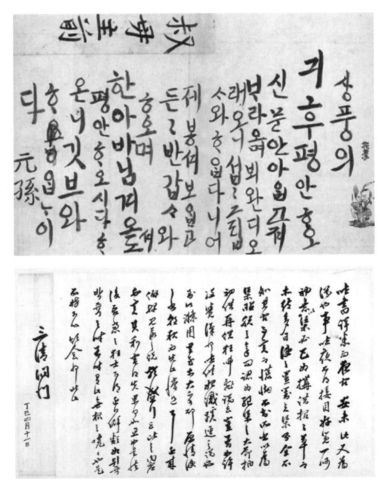

[사진 1] 정조의 원손 시절의 한글편지와 '뒤죽박죽'이란 한글이 섞인 정조의 한문편지

---

2) 언문일치에 따른 언어의 발달 문제는 김슬옹(2011다)에서 논한 바 있다.

편지는 일종의 생활문학이면서 일상적 의사소통의 도구다. 의도적인 창작이 아니라 자연스런 소통의 욕망이나 소통의 수단으로써 개성 있는 수필투의 문학이 창출된다. 예나 지금이나 중요하고도 일상적인 정보 전달의 수단이다.

이러한 일반적인 편지의 성격과 기능을 제대로 구현하는 건 한문으로는 근본적으로 불가능하다. 한문이 가지고 있는 근본적인 문자로서의 한계 때문에 한문편지는 남성 사대부, 그것도 한문에 능숙한 특정인들에게 한정될 수밖에 없었다. 모든 사람들이 자연스럽게 소통할 수 있는 길이 원천적으로 차단되어 있었다. 이에 반해 한글은 오히려 편지 기능과 역할을 더욱 부채질하는 효과를 가져왔다. 훈민정음 창제로 하여 편지는 더욱 활성화되었고, 그러한 활성화된 편지에 의해 훈민정음이 더욱 발전했을 것이라는 것은 너무나 자명한 명제처럼 다가온다.

이 글은 이러한 명제를 자세히 입증하는 것이 주요 목표이다. 다행스럽게도 이 분야 연구는 매우 활성화되어 있고 많은 연구가 축적되어 왔다. 이 분야 연구사에 대해서는 허원기(2004), 황문환(2004), 허재영(2005가), 황문환(2010)에서 정리된 바 있다.

이 분야 연구는 자료 발굴의 역사와 판독과 역주 연구와 그 맥을 같이한다. 이병기 편주(1948), <근조내간선>에서 비롯된 한글편지 발굴과 연구는 김일근(1959)을 거쳐 김일근(1986/1988), <增訂 諺簡의 硏究>, 건국대학교출판부로 집대성되었다. 특히 2005년부터 한국학중앙연구원을 기점으로 국가프로젝트로 역주가 이루어지고 있어 이 분야 자료 구축과 연구는 괄목할 만한 성장을 이루었고 이런 흐름 전반에 걸린 '조선시대 언간 자료와 연구 일람'이 황문환(2010 : 108~110)에 연구 논저 목록과 함께 자세히 소개되어 있다. 이 자료와 김일근(1986 : 165~179)에서의 자료 집약과 비교하면 연구 흐름의 양적 질적 변화를 읽어낼 수 있다. 순원왕후 / 이승희 역주(2010)와 백두현(2011)과 같은 대중적 학술화 작업도 이루어지고 있는 점은 이 분야 연구의 또 다른 성과라 볼 수 있다. 이경하(2005가, 나), 이지하(2008) 등에서와 같이 여성의 어문 생활 전반에 걸친 사회적 담론 속에서의 조명도 주목할 만하다.

조선시대 한글 간찰은 이제 연구 대상뿐만 아니라 국어교육 차원에서도 중요성이 부각되어 교과서에서 매우 비중 있게 다루고 있다. 2011년도에 전면화된 2007 개정 국어과 교육과정 새교과서에서 7차에 비해 훨씬 비중 있게 다루고 있기 때문이다. 이호형(2010)에서는 언간을 통한 국어교육 전략을 제시하였다. 이 논문에서 인용한 교과서 수록 언간을 갈래별로 재구성하여 제시하면 다음과 같다.3)

[표 1] 언간 수록 교과서 갈래

언간 갈래	수록 교과서
이응태 처 언간	김대행 외(2011), 고등학교 국어(하), 천재교육 문영진 외(2011), 고등학교 국어(하), 창비 민현식 외(2011), 고등학교 국어(하), 좋은책신사고 윤여탁 외(2011), 고등학교 국어(하), 미래엔컬쳐그룹
현풍 곽씨 언간	박갑수 외(2011), 고등학교 국어(하), 지학사
완산 이씨 언간	김종철 외(2011), 고등학교 국어(하), 천재교육
선조 언간	김대행 외(2011), 고등학교 국어(하), 천재교육
정조 언간	윤여탁 외(2011), 고등학교 국어(하), 미래엔컬쳐그룹
인선 왕후 언간	오세영 외(2011), 고등학교 국어(하), 해냄에듀 윤희원 외(2011), 고등학교 국어(하), (주)금성출판사

조선시대 한글편지는 익히 알려졌듯이 보통 '언간'이라 부른다.4) 언

---

3) 언간을 활용하는 맥락은 다르다.

문으로 쓰인 간찰이란 뜻이다. 그렇다고 '언간'을 일반 용어로 쓰기에
는 적절하지 않다. 앞선 연구자들이 지적했듯이, '언간'은 부정적인 이
미지가 강해서이기도 하고 '편지'의 의미가 얼른 다가오지 않기 때문
이다. '간찰'이라고만 하면 한글편지와 한문편지 모두 가리키므로 이
용어도 적절하지 않다. 시대의 특수성을 드러내는 말로는 '언간'이 제
격이지만 지금 시점의 소통을 위해서는 이보다는 '한글 간찰, 옛 한글
편지'라는 말이 적절하다.5) 여기서는 어느 한 용어로 통일하기보다는
맥락에 따라 적절한 용어를 쓰기로 한다. 요즘 한글편지를 한글편지라
고 지칭할 필요는 없으므로 이 글에서 '옛-'자 없이 '한글편지'라고 쓰
기로 한다.6)

2. 한글편지의 역사적 발전

지금까지의 한글편지에 대한 연구 결과를 종합해보면 한글편지의
발달사는 3단계로 나눌 수 있다. 1단계는 왕궁을 중심으로 왕족이나
궁녀 중심으로 쓰인 시기다. 2단계는 민간에서 훈민정음이 보급되면서

---

4) 김슬옹(2005나 : 31)에서 언급하였듯이, 엄격히 말하면 '언간, 언찰'의 경우는 어딘
   가로 전달된 모든 문서를 가리키는 문서에 대한 총칭이므로 오늘날의 정형화된
   갈래로서의 '편지'보다는 쓰임새와 의미가 더 넓다.
5) 이 밖에 한자어 용어로는 "간찰(簡札), 서간(書簡), 서한(書翰) 척독(尺牘), 서찰(書札),
   서신(書信), 소식(消息), 편지(片紙), 기별(奇別), 간독(簡牘)" 등 무척 다양하다. '편지
   (片紙)'라는 말은 실록에서는 세종 14년(1432) 7월 6일자에 처음 나온다. '諺文片紙'
   라는 말은 성종 25년(1494) 7월 10일자에 딱 한 번 나온다. 이 밖에도 "글월, 유무,
   긔별" 등의 용어도 많이 쓰였다.(허재영, 2005나 : 88).
6) 허재영(2005가 : 258)에서는 '언간'의 '언문'은 다소 부정적인 뜻이 담겨 있는 경우가
   많으므로 '한글 간찰' 또는 '한글편지'라는 명칭이 좀 더 적절한 용어라고 보았다.

편지가 민간에서 넓게 쓰인 시기이고, 3단계는 '언간독' 등의 상업용 편지 관련 출판물이 등장하여 한글편지가 대량으로 확산된 시기다.

1) 1기 왕실 중심의 한글편지

기록에 의한 최초의 한글편지는 역시 왕실에서 나왔다.

> 양녕 대군 이제(李禔)가 언문으로써 짧은 편지를 써서 아뢰니, 그 뜻 은 김경재(金敬哉)로 하여금 상경하여 그 딸을 시집보내도록 하기를 청 하는 것이었다. 정부에 내려 의논하게 하였다.
>
> −문종 1년(1451) 11월 17일[7]

훈민정음 반포 5년만의 일이다. 야인으로 돌아가 있던 세종의 형이 조카인 문종에게 보낸 편지 관련 기사다. 여기서 짧은 편지를 '短簡'이 라 표현하여 서간문 형식임을 분명히 하고 있다.[8] 물론 이때의 짧은 편지는 사적인 편지와는 성격이 다를 것이다. 아무리 야인이라 하더라 도 왕실 어른이고 '啓'라는 표현으로 볼 때 기본적인 공식 절차를 밟은 것이다. 그러나 부탁하는 내용이 사적인 것이고 일반 공식 절차를 밟 지 않았으므로 사관은 '簡'이란 표현을 썼다.

여기서 더 주목할 점은 편지의 발신자와 수신자의 문제다. 이때는 언문이 반포된 지 채 5년이 되지 않았고 한문 명필로 유명한 양녕대군 이 굳이 한문으로 쓰지 않고 언문으로 거리낌 없이 편지를 썼다는 것

---

7) 讓寧大君禔, 以諺文書, 短簡以啓, 其意則請使金敬哉上京, 嫁其女子也. 下政府議之. − 문종실록 1451년 11월 17일.

8) 앞 정의에서 살펴보았듯이 '簡'은 오늘날 편지보다는 쓰임새가 더 넓은 말이다.

이다. 이런 사실은 몇 가지 추론을 가능하게 한다. 첫째는 훈민정음 반포 5년째이지만 왕실 또는 궁궐 내부에서는 매우 폭넓게 쓰이고 있었다는 점이다. 둘째는 실용적 태도가 강한 양녕대군의 개인적 취향이 크게 작용했을 것이고 수신자(문종) 또한 훈민정음 반포 1등 공신이었으므로 이런 편지 소통이 자연스러웠을 것이다. 또한 양녕대군이 이런 편지를 쓸 정도이면 내용은 가벼워 보이지만 언문 실력이 고급 사용자 수준급이었을 것이다. 이미 정계를 떠난 양녕이 자기 동생이 만든 문자를 스스럼없이 사용할 정도로 언문은 양녕에게 소통 전략 도구로써 자연스런 실력을 갖추게 했을 것이다. 그만큼 양녕이 언문에 대한 관심이 지대했음을 보여준다. 셋째는 최고 권력을 가진 왕에게 일종의 사적 성격이 강한 편지를 준 공적 계통을 통해 전달했다는 점이다. 임금의 백부라는 특수 관계라 가능했겠지만 왕족 사이에서는 언문이 결코 비중이 낮은 문자가 아님을 반증해준다. 넷째는 이상호(2003), 백두현(2011)에서의 지적처럼 남성끼리의 편지라는 점이다. 한글편지가 여성 중심으로 발달한 것은 맞지만 그것이 한글편지 주체로서의 남성의 역할을 낮게 볼 수 없다는 맥락적 의미가 있기 때문이다.

이로부터 2년 뒤에 실제 사적 편지가 역시 왕실에서 등장한다.

> (1) 시녀들 가운데 수강궁에 머무르는 자가 있었는데, 한 시녀가 언문으로 아지(阿之, 궁내 유모)의 안부를 써서 혜빈(惠嬪)에게 보내니, 혜빈이 내전(內殿)에 바쳤다. 언문을 승정원에 내렸는데, 그 사연에 이르기를, "묘단(卯丹)이 말하기를, '방자(房子)인 자금(者今)·중비(重非)·가지(加知) 등이 별감(別監)과 사통하고자 한다.' 합니다." 하니, 즉시 의정부 사인(議政府舍人) 이예장(李禮長)을 불러서 당상(堂上)에 의논하게 하였다.
> ―단종 1년(1453) 4월 2일

(2) 의금부 지사 이불민(李不敏)이 당상의 의논을 가지고 아뢰기를, "방자(房子)인 중비가 말하기를, '3월 사이에 차비문(差備門)에 이르러 별감(別監) 부귀(富貴)를 보고 붓을 청하니, 부귀가 이르기를, "후일에 마땅히 받들어 보내겠다." 하였습니다. 그 후에 자금·가지 등과 더불어 시녀 월계(月桂)의 방에 모여서 언문으로 서신을 써주도록 청하여 부귀에게 보내어 말하기를, "전날 허락한 붓을 어찌하여 보내지 않는가? 지금과 같이 대궐이 비고 적막한데 서로 만나보는 것이 좋지 않겠는가?"라고 하였습니다. (···후략···)

－단종 1년(1453) 4월 14일

시녀와 별감과의 사통 내용을 담은 언문편지가 공개돼 역사 기록으로 남게 되었다. 이 내용은 양녕대군 편지와 다른 의미가 있다. 그야말로 사적인 공간에서 실제로 쓰인 편지다운 편지 사건이기 때문이다. 벌써 이 시기에는 왕실 여성들뿐 아니라 궁녀들 사이에서도 언문을 통한 소통이 이루어졌음을 보여준다.[9] 더불어 사적 편지였지만 공개된 이후 최고의 권력기관인 승정원까지 한글편지인 언간이 전달되었다는 점이다.

2) 2기 민간에서의 한글편지 사용

기록에 의한 민간에서의 최초 한글편지는 백두현(2011)에서 보고된 순천 김씨 언간이다.

---

9) 편지가 오고갔다고 해서 당사자가 그 편지를 썼다고 할 수는 없다. 무릇 문맹이 지속되는 한 대필에 의한 편지 주고받기는 늘상 있는 현상이며, 실제 해방 이후에도 시골에서는 대필에 의한 편지 주고받기가 있었음을 쉽게 확인할 수 있다. 조선시대 궁인들 사이의 언문 쓰기도 그런 했을 것이다. 그러나 대필에 의한 소통이라 하더라도 언문 대필자가 있는 상황과 그렇지 않은 상황은 질적으로 다르다.

순천 김씨 언간 : 189건. 1550년대~임진왜란 이전의 자료.

송강 정철가 언간 : 7건. 송강의 어머니인 죽산 안씨(1495~1573)가 아
　　들에게 쓴 편지와 송강이 부인에게 쓴 편지(1571).

학봉 김성일 언간 : 1건. 1592년 김성일이 부인에게 보낸 편지.

이응태묘 출토 언간 : 1건. 1596년. 원이 엄마가 죽은 남편을 애도한
　　편지.

곽주와 현풍곽씨언간 : 172건. 1602~1650년.

송규렴가 언간 : 128건. 17세기 후반~18세기 초기. 은진 송씨 집안의
　　편지.

송준길가 언간 : 400건. 17세기 이후~19세기 말.

추사 김정희가 언간 : 70여 건. 18세기 후반~19세기.

허목, 김윤겸, 이집 등 사대부 편지.

　　　　　　　　　　　　－ 백두현(2011 : 14~15), 핵심 사실 부분 요약 인용

　위 기록으로 보면 16세기 후반의 편지가 최초인 셈이다. 그렇다고
이 편지가 실제 최초라고 볼 수는 없다. 편지가 공적인 역사 기록물이
아닌 이상은 제대로 보관하는 것 자체가 특수 사례에 해당되기 때문이
다. 16세기 후반은 왕실에서의 사적인 편지 보고 기록과는 무려 100여
년 차이가 난다. 왕실의 편지 유통과 민간의 편지 유통이 시기적 간극
이 클 수밖에 없지만 100년의 세월은 많은 차이가 있기 때문이다.

　따라서 최초의 민가에서의 한글편지 추론은 민가에 훈민정음이 보
급된 시기와 거의 비슷할 것이다. 왜냐하면 편지야말로 가장 일상적이
고도 절실한 소통 수단이었기 때문이다. 삼강행실이나 소학을 통해 또
는 최세진식 한글 교육에 의해 한글을 배웠을 경우 그것을 실용적으로
쓰게 되는 글의 갈래는 편지일 확률이 가장 높은 것이다.

　편지 작성 시기와 편지 주체가 밝혀진 여성 편지는 송강 정철 어머
니 죽산 안씨(竹山安氏, 1495~1573) 편지(1571)다. 이 편지는 김만중의 비평대

로 송강이 최고의 한글 문학작품을 남긴 것은 성장 과정에서 어머니의
영향이 있었을 것이라는 짐작을 하게 한다. 다음은 죽산 안씨가 경기
도 고양에서 부친상으로 여막살이를 하던 송강 형제에게 보낸 한글편
지다.

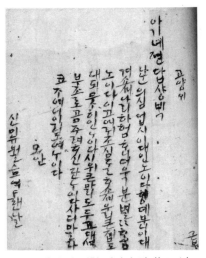

[사진 2] 송강 정철 어머니 편지(1571년,
선조 4년, 죽산 안씨) (송강전집 영인본)

근봉
고양이
아기네젼 답샹빅

나는 의심 업시 이대 인노이다. 형뎨부
니 이대 겨쇼셔. 나리 하 험흐니 더욱
분별분별ᄒ옵노이다. 이 고여리 조심
둘 ᄒ쇼셔. 우리 큰 집도 대되 무ᄉ히
인ᄂ이다. 시위 큰 마리도 두 고대셔
부조로곰 주려 ᄒ신단 ᄂ이다. 사디 말
라코 자여니 이리 도여ᄂ이다. 신미 뉴
월 스므 여ᄃ랜날 모안.

현대 활자(띄어쓰기 적용)(김일근,
1986 : 180)

여성은 남성의 편지를 촉발하는 수신자이기도 하고 적극적으로 발
송하는 주체이기도 하다. 따라서 여성의 편지는 사대부 남성들까지 한
글 사용권으로 끌어들이는 역할을 하였다.

3) 3기 언간독(諺簡牘) 간행 이후

언간독은 한글편지의 서식과 예시 편지글을 모아놓은 책을 말하는 것으로 언간식(諺簡式), 언찰투(諺札套), 편지투(便紙套) 등으로 부르기도 했다. 필사본 언간독은 17세기에 등장하기도 했지만 상업용 방각본은 19세기에 발간되었다. 언간독은 일종의 한글편지 지침서다. 이러한 책이 상업용으로 발간된 것은 그만큼 한글편지가 중요한 소통도구로 자리 매김되었다는 것이며, 이러한 책으로 인해 한글편지가 더욱 활성화되었음을 의미한다.

방각본 언간독에서는 홍은진(1997)에서 본격적으로 소개되었고, 김남경(2001)에서는 언간독과 증보언간독 비교 연구가 이루어졌고, 김봉좌(2003)에서 학위 논문으로 총체적 규명이 이루어졌다. 증보 언간독의 경우 상하 2권으로 되어 있는데 실제 차례는 다음과 같다.

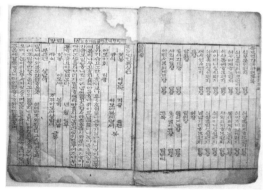

[사진 3] 증보언간독 상편 목록   [사진 4] 증보언간독 하편 목록과 첫 장

이러한 언간독은 서식과 실제 예시 글이 아래 표 내용처럼 실림으로써 일종의 작문 교과서 역할을 했다. 필자가 중학교를 다니던 1970년

대만 하더라도 편지서식집이 가정백과사전에 끼어 있거나 독립된 책
자로 집집마다 굴러다녔다. 이런 책자가 편지 쓰는 길잡이 역할을 했
던 것이다. 언간독이 어떤 방식으로 유통되고 사용되었는지 능히 짐작
하고도 남는다.

[표 2] 증보언간독의 실제 예시

갈래	발신	답장
시희인 스편지	희가 밧괴이고 날이 오리오되 즉시 덕된 용모를 밧드지 못ᄒ오니 셥〃ᄒ오며 신셰의 연ᄒ여 형후 만즁ᄒ시고 경ᄉ가 존문의 가득ᄒ다 ᄒ오니 치하ᄒᆞᆸ기 마지 아니 ᄒ오며 데ᄂᆞᆫ 쓸디 업ᄂᆞᆫ 나살만 더ᄒ오니 남이 붓그럽ᄉ옵ᄂᆞ이다 신셰 소식 탐ᄒ고져 디강 격습ᄂᆞ이다 즉일 데 아모 비	회셰 후 앙념 간졀ᄒ옵더니 먼져 젹으시니 든〃ᄒ오며 신셰의ᄂᆞᆫ 형후 만안ᄒ시고 만싀 디길ᄒ다 ᄒ오니 깃부오이다 데ᄂᆞᆫ 신구셰에 연고 업ᄉ오니 다힝이오며 슈이 가셔 회포롤 두ᄌᆞᄒ옵ᄂᆞ이다 즉일 데 아모 비
가을에 노잔ᄂᆞᆫ 쳥	셔리 ᄇ롬이 날노 ᄎ온ᄃᆡ 형후 만즁ᄒ시니잇가 앙념이오며 데ᄂᆞᆫ 별고 업시 지니오며 근리 경치를 보오니 일쳔 밧튼 가을 셔리를 물드려 누르며 불ᄭᆡ셥 아리 국화ᄂᆞᆫ 도좀이를 만나ᄂᆞᆫ 드시 송이마다 웃ᄉ오니 형이나 데이나 이런 ᄶᆡ 아이 놀고 엇더ᄒᆞᆫ ᄶᆡ질기리잇가 ᄌᆞ리를 졍이 슬고 기다리오니 즉시 오시옵쇼셔 즉일 데 아모 비	이 동안 조격ᄒ와 셥〃ᄒ옵더니 글월 보옵고 살피건ᄃᆡ 형후 평안ᄒ오신 일 깃부오이다 긔별ᄒ오신 말ᄉᆞᆷ은 졍히 좃ᄉ오니 이졔야 훈번 비부른 식슈가 터진가 ᄒᄂᆞ이다 즉일 데 아모 비
문병ᄒᄂᆞᆫ편지	날ᄉ이 어루신 병환 신병은 신졀이라 ᄒ고 안희병은 니환이라 ᄒᄂᆞ이라 더ᄒ오시니잇가 오즉 초민 친환의ᄂᆞᆫ 초민이라 ᄒ고 손아리ᄂᆞᆫ 민망이라 ᄒᄂᆞ이라 ᄒ시랴 일캇ᄎ오며 데ᄂᆞᆫ 장 골몰와 지니옵기 몸소 못 가오니 졍만 갓디 못ᄒ오이다 이 동안 가감이 엇더ᄒ오신지 ᄌᆞ셰 별ᄒᆞᆸ쇼셔 층〃 그치ᄂᆞ이다 즉 일 데 아모 비	긴 말ᄉᆞᆷ 못ᄒ오며 일간형후 만안ᄒ신 일부오며 데ᄂᆞᆫ 친환이 졔병은 신병이라 ᄒ고 안희병은 쳐병이라 ᄒ고 아희 병은 아환이라 ᄒᄂᆞ이라 진퇴ᄒ오니 만박ᄒ오며 ᄉᆞ람 부리시고 ᄯᅩ 편지 ᄒ오시니 감소ᄒ오이 다 심난 다 못ᄒᆞᆸᄂᆞ이다

3. 한글편지의 다양한 속성과 가치

한글편지의 다양한 긍정적 속성과 가치는 바로 훈민정음의 긍정적 속성과 가치로 이어진다. 또한 그러한 속성과 가치로 인해 훈민정음 발전의 기제와 실제의 역동성으로 이어진 것이다. 한글편지의 다양한 속성과 가치, 효과에 대해서는 김일근(1986 : 98~158)에서 "언간의 제학적 고찰"이란 제목 아래 종합적으로 조명하였다. 곧 김일근은 국문학, 국어학, 국문서체, 역사 · 민속 네 학문 분과별로 주요 가치와 효과를 밝혔다. 지금까지의 한글편지에 대한 총체적 규명은 이 논의에서 비롯되었다.

여기서는 한글편지의 특성을 고려하여 '윤리, 언어, 사회 · 역사, 효과' 네 측면에서 조명해보고자 한다.[10] 윤리 측면은 편지가 갖고 있는 관계맺기라는 인간적 측면을 고려한 것이고, 언어는 한글편지의 본래 기능인 언어 소통 측면을 사회 · 역사는 한글편지의 맥락, '효과'는 한글편지의 맥락적 효과나 영향을 조명하기 위해 설정한 것이다.

1) 관계, 윤리적 측면의 속성과 가치

(1) 관계맺기의 바른 길

윤리는 관계맺기의 바른 길을 말한다. 편지는 다른 매체와는 달리 나쁜 의도로 쓰이는 경우가 거의 없다. 모르는 사람 사이에 쓰이는 경

---

10) 황문환(2010)에서는 언간 자료의 특성을 일상성, 자연성, 구어성 / 문어성, 개인성, 기타(사실성)으로 보았다. 이런 특성은 편지의 일반적 특성이기도 하지만 언간은 한문편지와는 질적으로 달랐다.

우는 거의 없고 대개 아는 사람 사이에서 정의 매체로 쓰이기 때문이다. 예나 지금이나 편지는 가족이나 친구, 선후배 등 혈연, 지연 등의 관계에 의해 이루어진다. 따라서 지금 남아 있는 언간의 대부분은 가족끼리 주고받은 것이다. 언간이 가족공동체를 유지하고 발전시키는 데 결정적인 역할을 한 셈이다. 정약용이 아들들과 주고받은 한문편지도 역시 대단히 소중한 가족공동체의 아름다운 사연으로 남아 있지만, 그것은 한문을 잘 아는 아들에 한정된 소통 매체다. 한문편지는 온 가족을 엮어주는 것이 원천적으로 불가능하다.

19세기에 나온 편지 안내서인 '언간독'을 보면 대부분 가족끼리 주고받는 양식들이다.

[표 3] 증보언간독 주요 목록

증보언간독 상편 목록	증보언간독 하편 목록
아들의게ᄒᆞᄂᆞᆫ편지 답쟝	신부문안편지 답쟝
아비의게ᄒᆞᄂᆞᆫ편지 답쟝	싀삼촌의게ᄒᆞ난편지 답쟝
죡하의게ᄒᆞᄂᆞᆫ편지 답쟝	싀삼촌딕의게ᄒᆞᆫ편지 답쟝
슘촌의게ᄒᆞᄂᆞᆫ편지 답쟝	싀아즈비의게편지 답쟝
아오의게ᄒᆞᄂᆞᆫ편지 답쟝	싀누의게ᄒᆞᄂᆞᆫ편지 답쟝
형의게ᄒᆞᄂᆞᆫ편지 답쟝	동셔의게ᄒᆞᄂᆞᆫ편지 답쟝
외슘촌의게ᄒᆞᄂᆞᆫ편지 답쟝	싀사돈에ᄒᆞᄂᆞᆫ편지 답쟝
쟝인의게ᄒᆞᄂᆞᆫ편지 답쟝	샤외의게ᄒᆞᄂᆞᆫ편지 답쟝
사돈의게ᄒᆞᄂᆞᆫ편지 답쟝	싀아바니씽신편지 답쟝
존쟝의게ᄒᆞᄂᆞᆫ편지 답쟝	싀어마니씽신편지 답쟝
답교날쳥ᄒᆞᆫ편지 답쟝	싀삼촌의씽신편지 답쟝
화류ᄶᅥ쳥ᄒᆞᄂᆞᆫ편지 답쟝	싀삼촌딕씽신편지 답쟝
관등날쳥ᄒᆞᄂᆞᆫ편지 답쟝	졔ᄉᆞ인ᄉᆞ편지 답쟝
복날쳥ᄒᆞᄂᆞᆫ편지 답쟝	남남기리ᄒᆞᄂᆞᆫ편지 답쟝
가을의노ᄌᆞᄂᆞᆫ편지 답쟝	됴쟝
무근히셰찬편지 답쟝	위쟝
시희인ᄉᆞ편지 답쟝	답됴쟝
	답위쟝

싱남훈치하편지 답쟝	동셔간됴쟝 답쟝
과거치하편지 답쟝	쫄의게됴쟝 답쟝
외임훈치하편지 답쟝	샤외게됴쟝 답쟝
상고들왕복편지 답쟝	웃스람케됴쟝 답쟝
상고간환민훈편지 답쟝	아러스롬의게됴쟝 답쟝
물건아니밧는편지	고목
문병ᄒ는편지 답쟝	답빈디

위에서 보면 직계 가족뿐만 아니라 외삼촌, 사돈까지 친인척에 관한 서식과 예시가 대부분이다. 이러한 혈연 공동체끼리의 편지는 상하귀천이 따로 없는 것이다. 왕실의 왕이나 왕비, 대비 등과 같은 지엄한 신분의 편지라고 해서 일반 양인들의 편지와 다를 바가 없다. 애절한 혈연으로서의 정이 묻어나온 편지를 주고받는 것이다.

(2) 자기정체성 드러내기

자기정체성 드러내기로서의 가치다. 조선의 여성이나 하층민들은 자신의 정체성을 문자를 통해 드러내는 것이 쉽지 않았다. 한문을 모르면 몰라서 그렇고 한문을 안다 해도 정체성을 드러내지 않는 것이 미덕인양 관습화되어 있었다. 그러나 한글편지로 인해 그러한 자기정체성을 거리낌 없이 드러내게 되었다. 비록 공개적으로 드러내기 위한 것은 아니지만 그것을 나 아닌 다른 사람에게 털어놓는 것 자체가 자기정체성 드러내기다.

현행 교과서에 가장 많이 실려 있는 이응태 부인의 편지는 애절하고 극적인 편지 맥락 때문일 것이다. 그러나 이 편지를 자기정체성 드러내기로 볼 필요가 있다.

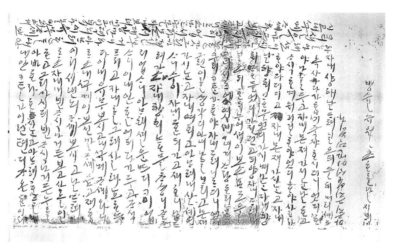

[사진 5] 원이 엄마의 한글편지와 현대말 옮김(디지털 한글박물관, 안귀남)

자내 상해 날드려 닐오디 둘히 머
리 셰도록 사다가 홈씌 죽쟈 ㅎ시
더니 엇디ㅎ야 나룰 두고 자내 몬
져 가시ᄂ 날ㅎ고 ᄌ식ㅎ며 뉘 긔
걸ㅎ야 엇디 ㅎ야 살라 ㅎ야 다 더
디고 자내 몬져 가시ᄂ고 자내 날
향히 ᄆᄋ믈 엇디 가지며 나는 자
내 향히 ᄆᄋ믈 엇디 가지던고 ᄆ
양 자내드려 내닐오디 ᄒ디 누어
셔 이보소 ᄂ도 우리
ᄀ티 서르 에엿삐 녀겨 ᄉ랑ㅎ리
ᄂ도 우리 ᄀ튼가 ᄒ야 자내드려
니르더니 엇디 그런 이룰 ᄉ각디
아녀 나룰 ᄇ리고 몬져 가시ᄂ고
자내 여희고 아므려 내 살 셰 업ᄉ
니 수이 자내 ᄒ디 가고져 ㅎ니 날
ᄃ려 가소 자내 향히 ᄆᄋ믈 ᄎ ᄉ
니룰 줄리 업ᄉ니 아므려 셜운 ᄠ
디 ᄀ이 업ᄉ니 이내 안ᄒ 어듸다
가 두고 ᄌ식
ᄃ리고 자내룰 그려 살려뇨 ㅎ노이
다 이내 유무 보시고 내 ᄭ메 ᄌ세

원이 아버님께 올리는 편지
당신 늘 나에게 말하기를 둘이 머리가 세도록
살다가 함께 죽자고 하시더니, 그런데 어찌하여
나를 두고 당신 먼저 가셨나요? 나와 자식은 누
가 시킨 말을 들으며, 어떻게 살라고 다 던져 버
리고 당신 먼저 가셨나요? 당신은 날 향해 마음
을 어떻게 가졌으며 나는 당신 향해 마음을 어
떻게 가졌던가요? 나는 당신에게 늘 말하기를,
한데 누워서, "여보, 남도 우리같이 서로 어여삐
여겨 사랑할까요? 남도 우리 같을까요?"라고 당
신에게 말하였더니, 어찌 그런 일을 생각지 않
고 나를 버리고 먼저 가시나요? 당신을 여의고
는 아무래도 난 살 힘이 없으니 빨리 당신에게
가려 하니 나를 데려가세요. 당신을 향한 마음
은 이승에서 잊을 수가 없으며, 아무래도 서러
운 뜻이 끝이 없으니 이내 마음은 어디에다 두
고, 자식 데리고 당신을 그리워하며 어찌 살 수
있을까 생각합니다. 이내 편지 보시고 내 꿈에
자세히 와 말해주세요. 꿈속에서 이 편지 보신
말 자세히 듣고 싶어 이렇게 편지를 써서 넣습
니다. 자세히 보시고 내게 일러주세요. 당신 내
가 밴 자식 나거든 보고 살 일 하고 그리 가시
되, 그 밴 자식 나거든 누구를 아버지라 부르게

와 니르소 내 쑤메 이 보신 말 ᄌ
셰 듣고져 ᄒᆞ야 이리 서 넌뇌 ᄌᆡ
보시고 날ᄃᆞ려 니 르소 자내 내 빈
ᄌᆞ식 나거든 보고 사롤 일ᄒᆞ고 그
리 가시더 빈 ᄌᆞ식 나거든 누롤 아
바 ᄒᆞ라 ᄒᆞ시ᄂᆞ고 아무려 ᄒᆞᄂᆞ들
내 안 ᄀᆞ톨가 이런 텬디 ᄌᆞ온ᄒᆞ 이리

하시나요? 아무래도 내 마음 같을까요? 이런 천
지가 온통 아득한 일이 하늘 아래 또 있을까요?
당신은 한갓 그곳에 가 있을 뿐이니 아무래도
내 마음같이 서러울까요? 한도 없고 끝이 없어
다 못 쓰고 대강만 적습니다. 이 편지를 자세히
보시고 제 꿈에 와서 보이고 자세히 말해주세요.
저는 꿈에서 당신 볼 것을 믿고 있어요. 한꺼번
에 와서 보여주세요. 사연이 너무 한이 없어 이
만 적습니다. 병술(丙戌, 1586) 유월 초하룻날 집
에서 아내가

이 편지는 단지 애절한 사랑 편지 이상의 내용을 담고 있다. 비록
이 편지 내용을 남들이 보았을 가능성은 적지만 마치 오늘날 젊은 여
인의 사랑 고백을 당당하게 하듯 자신의 감정을 고백하고 있다는 점이
그렇다. 그뿐만 아니라 과부로서 혼자 살아가야 하는 조선 여인으로서
의 현실 문제에 대한 솔직한 자신의 생각을 담고 있다. 그래서 당당히
요구하고 있다. "데려가라, 와달라", 마치 살아 있는 사람에게 애원하
듯 절절한 자기정체성을 드러내고 있는 것이다. 저 세상에 간 당신보
다 내가 더 불쌍하다는 토로에서는 앞으로 남편 없이 살아갈 험난한
세상에 대한 비감 어린 역설적 결심을 보는 듯하다.

삼종지도의 현실 속에서 자신의 정체성, 자신의 속마음을 제대로 드러
낼 수 없었던 조선의 여인이 이렇게 당당하게 드러낼 수 있는 것은 편지
라는 양식과 언문이라는 문자 양식이 결합이 되어 가능했던 것이다.

(3) 갈등 해결 매체

셋째는 갈등 해결 매체로서 사회적 윤리 형성에 기여했다는 점이다.
다음은 우암 송시열이 제자의 미망인에게 보낸 편지다. 당쟁으로 인한

한 가족의 상처를 어루만지는 편지다. 당쟁의 성격으로 보나 당대의 권력 관계로 보나 조선시대 남녀의 격식상 차이로 보나 이런 식의 상처 어루만지기는 쉽지 않은 일이다. 특수한 예이기는 하나 한문 권력의 정점에 있는 송시열이 편지라는 매체가 있었기에 가능한 언문 소통 방식이었다.

	[현대말 옮김]
네 쥬ᄌᆡ라 ᄒᆞᆸ시ᄂᆞᆫ 성현네겨 ᄋᆞᆸ셔 서ᄅᆞ 친ᄒᆞᆫ 부인네끠 권당 아니와도 편지ᄒᆞᄋᆞᆸ시던 일이 겨ᄋᆞᆸ시더니 죄인이 그 례ᄅᆞᆯ 의거ᄒᆞ와 ᄒᆞᆫ 젹 편지ᄅᆞᆯ 알외ᄋᆞᆸ고져 ᄒᆞᄋᆞ오디 이제 시졀의 업ᄉᆞ온 일이오매 쥬져ᄒᆞᄋᆞᆸ더니 엇그제 ᄒᆞᆫ가지로 죄 닙ᄉᆞ온 사ᄅᆞᆷ의 녜편네 죄인의게 덕어 뭇ᄌᆞ왓습거ᄂᆞᆯ 혜오매 이제도 이 일이 해롭디 아니 ᄒᆞᄋᆞᆸ도다 ᄒᆞ와 천만 황공ᄒᆞᄋᆞᆸ다가 덕ᄉᆞ와 알외ᄋᆞᆸᄂᆞ이다 젼일 혼ᄉᆞᄂᆞᆫ 내 집이 천만 그릇 ᄒᆞ온 거ᄉᆞᆯ 내 집 허믈 내ᄋᆞᆸ디 말고져 ᄒᆞᄋᆞᆸ셔 흔젹 업게 ᄒᆞᄋᆞᆸ시니 후ᄒᆞᄋᆞᆸ신 덕이 깁ᄉᆞ오실ᄉᆞ록 내 집 참괴ᄒᆞᄋᆞᆸ기ᄂᆞᆫ 더욱 깁ᄉᆞ오며 디하의 가와도 녜 사ᄅᆞᆷ둘ᄋᆞᆯ 어ᄂᆞ ᄂᆞᆺᄎᆞ로 보오려뇨 ᄒᆞ오며 노쳬 잇ᄉᆞ온 졔 ᄆᆞᄋᆞᆷ의 미일 편티 몯ᄒᆞ와 ᄒᆞᄋᆞᆸ다니 죽ᄉᆞ온 후도 일 뎡 닛디 몯ᄒᆞ오링이다 뎡쳔이 ᄌᆞ식 낫습 기ᄅᆞᆯ 시작ᄒᆞ엿습고 내 집도 증손 남녀 여러히오니 젼의 일을 [隔]닛ᄌᆞ오시고 년가ᄅᆞᆯ ᄒᆞ려 ᄒᆞ오시면 내 집 이 젼의 일을 져그나 깁ᄉᆞ올가 ᄒᆞᄋᆞᆸᄂᆞ이다 죄인이 됴셕의 죽게 되오매 ᄌᆞ식둘ᄃᆞ려 유언을 ᄒᆞᄋᆞᆸᄂᆞ이다 ᄯᅩ [隔]산소 일은	옛날 주자(朱子)라 하시는 성현께서 서로 친한 부인네께, (비록) 친척이 아니어도 편지를 하시던 일이 있었습니다. 죄인(송시열)이 그 예(例)에 의거하여 한번 편지를 (써서) 아뢰옵고자 하였으나 요즘 시절에 없는 일이라 주저하였었습니다. (그런데) 엊그제 함께 죄를 입은 사람의 부인이 죄인에게 편지를 써서 물어왔거늘 (가만히 속으로) 헤아려보니 요즘도 이런 일이 해롭지 않구나 생각되어, 천만 황공스러워하다가 (편지를) 적어 아뢰옵니다. 전일(前日) 혼사(婚事)는 내 집이 천만 잘못한 것을 내 집 허물을 드러내지 않게 하고자 하시어 (그와 같이) 흔적 없게 하셨습니다. 후하신 덕이 깊으실수록 내 집 부끄러움은 더욱 깊사오며, 지하에 가도 옛사람들을 어느 낯으로 볼 수 있을까 합니다. 제처가 (살아) 있을 때 마음에 매일 편치 못하였지만 죽은 후도 반드시 (그 부끄러움을) 잊지 못할 것이옵니다. 정천이 자식 낳기를 시작하였고 내 집도 증손(曾孫) 남녀가 여럿이오니 전에 있었던 일을 잊으시고 연가를 하려 하시면 내 집이 전의 일을 조금이나마 갚을까 하옵니다. 죄인이 조석(朝夕)에 죽게 될지 몰라 자식들에게 유언을 하옵니다. 또 산소 일은 서울에서 봉화가 극히 멀기 때문에 정천이 제사 (모시러) 다니다가 고생하는 일이 있을까 하여 제천에 (산소를) 쓰면 편

셔울셔 봉홰 극히 머오매 뎡쳔이
[隔]졔亽 듣니옵다가 굿기옵논 일
이 잇亽올가 호와 뎨쳔곧 쓰오면
시 〃 편당호오매 그리로 권호오나
봉홰롤 어루신네 극히 듕히 네기
옵시던 디오니 이제라도 듣 〃 이
슈습호와 즈손이나 쓰옵게 호옵시
고 눔이 사려 호와도 허티 마옵시
면 죄인이 져그나 속죄호올가 호
옵느이다 또 분묘애 녀느 셕믈은
부허호옵거니와 표셕 지셕은 브디
업디 몯호올 거시오니 급 〃 히 호
옵시게 호옵쇼셔 이 밧근 뎡쳔이
롤 시 〃 로 글 닑습기와 힝실 닷글
일을 니르옵시고 싀동싱님네 집
말슴을 일졀 몯호옵게 호옵쇼셔
노병호와 계유 쓰오매 셩즈롤 몯
호며 말슴이 추셰 업亽오니 더
옥 황공호오이다
긔미 이월 초오일 안티 죄인 송시렬

리할 것이라 (산소 자리를) 그리로 권하옵니
다. 그러나 봉화가 어르신네께서 극히 중하
게 여기시던 곳이오니 이제라도 단단히 수
습하여 자손이라도 쓰게 하시고 남이 사려
하여도 허락하지 않으시면 죄인이 조금이나
마 속죄할까 하옵니다. 또 분묘(墳墓)에 다른
석물(石物)은 쓸데없지만 표석(標石)과 지석
(誌石)은 부디 없으면 안 될 것이니 급급히
하도록 하시옵소서. 이 밖에는 정천이에게
시시로 글 읽는 일과 행실 닦을 일을 이르시
고 시동생님네 집 말을 일절 못하게 하시옵
소서. 늙고 병들어 겨우 (편지) 쓰는 것이라
(제대로) 글씨를 쓰지 못하오며, 말씀에 차서
(次序)가 없으니 더욱 황공하옵니다.
기미(己未, 1679) 이월 초오일 안치(安置) 죄
인(罪人) 송시열(宋時烈)
          – 백두현(디지털 한글박물관)

(4) 다계층성

넷째는 여러 계층의 소통을 엮어주는 다계층성을 띤다는 점이다. 사
대부끼리의 언문편지는 매우 드물다. 한문편지가 같은 사대부끼리라는
같은 계층끼리의 소통에 집중되어 있는 반면에 한글편지는 같은 계층
뿐만 아니라 서로 다른 계층 간의 소통의 매개체가 되었다. 여기서 말
하는 다계층성은 이질적인 계층 간의 소통 매체로 쓰인 편지의 속성을
말한다. 다음과 같은 경우가 여기에 해당한다.

성별 통용성 : 남성과 여성
계층별 통용성 : 왕족 여성과 남성 사대부, 양반과 서민, 노비

사대부와 여성을 중심으로 다양한 계층을 넘나드는 편지는 아주 많다. 이 얘기는 한문은 특정 계층 내부용으로만 쓰이고 계층을 넘어서는 소통이나 통용을 위해서는 언문이 필요했음을 보여준다(백두현, 2001). 가장 특이한 예로는 상전이 노비에게 보낸 편지다.

상전이 소작노에게 보낸 편지

빅쳔 노 긔튝이

무태라 너놈이 공연히 내 집던토롤 거집ᄒ여셔 넉 셤 도디란 거시 원간 무형 〃 ᄒᆫ디 그롤

사 일졀 고디식히 아니ᄒ니 너놈의 사오납기는 던디간의 업슨 놈이니 ᄒᆫ 번 큰일이 나리라 젼년 도디두 셤을 공연히 아니 ᄒ여 가지고 비놈을 주어 인노라 그런 으긔즈긔ᄒᆫ 일이 업스니 네 블과벌리 이시매내롤 어이ᄒ리 ᄒ고 그리 흉악을블이거니와 내죵을 어이 ᄒ려 ᄒᄂᆫ가 올 도디 젼년 미슈 합ᄒ여 엿셤을 브경히 ᄒ여야만졍 ᄯᅩ 흉악을브리다가ᄂᆫ 나도 젹분ᄒᆞ연 디 오라니큰일을 낼 거시니 알라

壬申 十月 初七日

宋　(手決)

[현대말 옮김]

백천(白川) 노(奴) 기축(己丑)이에게

다름 아니라, 네놈이 일부러 내 집 전토(田土)를 속여 차지하고서, 넉 섬 도지란 것이 원래 별것 아닌데 그것을 전혀 사실 그대로 하지 아니하니, 네놈의 사납기는 천지간에 없는 놈이라, 한번 큰일이 날 것이다. 지난해 도지 두 섬을 일부러 아니 하여 가지고 배놈에게 주었다 (하니) 그런 얼토당토한 일이 없다. 네가 불과벌이 있으매 '나를 어이하리' 하고 그리 흉악을 부리는데, 나중에 어찌 감당하려 하느냐. 올 도지와 지난해 미수(未收)된 것 합하여 여섯 섬을 반드시 차질 없이 바쳐야 할 것이다. 또 흉악을 부리다가는 나도 분을 쌓은 지 오래되어 큰일을 낼 것이니 (그리) 알라.

임신(壬申, 1692) 시월(十月) 초칠일(初七日)
송(宋)   (手決)

 편지 내용이 과격하지만 17세기 후반의 신분제 차이에 따른 갈등과 문제 상황을 여과 없이 보여준다는 의미에서 이 편지는 가치가 있다. 편지 정황으로 보아 노비는 언문을 깨쳤을 가능성이 높다. 나중에 실제 편지 내용처럼 악화되었는지는 모르지만 이 편지는 일단 한글편지로서 문제 해결을 시도했다는 점에서 계층을 넘어서 소통 가능성을 보여준다.

2) 언어적 측면의 속성과 가치

 언어 측면에서 두드러진 속성과 가치는 그동안 기존 연구에서 많이 지적되어 왔듯이 언문일치의 뿌리인 구어체 문장의 바탕이 되었다는 것이다. 또한 일상생활어의 보고로서의 문화적 속성도 지닌다. 또한 다양한 소통이 가능하게 한 것이며 마지막으로 서간체 문학으로 발전했다는 점이다.

(1) 구어체 전통

 구어체 전통에 대해서는 김주필(2009), 황문환(2010) 등에서 집중적으로 논의하였다. 필자는 김슬옹(1985)에서 구어와는 다르지만 구어 속성을 최대한 반영한 문어를 '입말투 글말'이라 칭한 바 있다. 여기서는 일반화된 '구어체 문어'를 쓰기로 한다. 현대의 언문일치 문장은 이러한 구어체 문어에 대한 표준화된 문어(-다)를 결합한 것이므로 이러한 구어체 문어는 언문일치의 뿌리가 된 것이니 언어의 근대화에 한글편지가 매우 큰 역할을 한 셈이다. 그 핵심은 한글전용 문체 전통과 구어체 전통의 흐름이라는 것이다.

물론 한글편지 문체 역시 일반 문어체와 같이 다양하다.

"이애. 어디 있니."

"남원읍에 사오."

"어디를 가니."

"서울 가오."

"무슨 일로 가니."

"춘향의 편지 갖고 구관댁에 가오."

"이애. 그 편지 좀 보자꾸나."

"그 양반 철모르는 양반이네."

"웬 소린고."

"글쎄 들어보오. 남아(男兒) 편지 보기도 어렵거든 황 남의 내간을 보잔단 말이오."

"이애 들어라. 행인이 임발우개봉이란 말이 있느니라. 좀 보면 관계하랴."

"그 양반 몰골은 흉악하구만 문자속은 기특하오. 얼른 보고 주오."

"호노자식이로고."

편지 받아 떼어 보니 사연에 하였으되

일차 이별후 성식이 적조하니 도련님 시봉 체후만안하옵신지 원절복모하옵니다. 천첩 춘향은 장대뇌상에 관봉치패하고 명재경각(命在頃刻)이라. 지어사경에 혼비황릉지묘하여 출몰귀관하니 첩신(妾身)이 수유만사나 단지 열불이경(烈不二更)이요 첩지사생(妾之死生)과 노모(老母) 형상이 부지하경이오니 서방님 심량처지하옵소서.

편지 끝에 하였으되

거세하시군별첩고 작이동설우동추라. 광풍반야누여설하니 하위남원옥중수라.

혈서(血書)로 하였는데 평사낙안(平沙落雁) 기러기 격으로 그저 툭툭
찍은 것이 모두 다 애고로다. 어사 보더니 두 눈에 눈물이 듣거니 맺거
니 방울방울 떨어지니 저 아이 하는 말이

　　"남의 편지 보고 왜 우시오."

-<춘향전>(6차 고등 국어 교과서)

　춘향전에 나오는 춘향이 편지는 한문편지를 모방한 편지로 구어체
와는 거리가 멀다. 실제로 이와 같은 문체의 편지가 있었을 것이다. 중
요한 것은 실제 발견된 한글편지와 증보언간독에는 이런 식의 한문편
지 모방투가 거의 발견이 안 된다는 점이다. 이런 식의 편지를 쓸 정도
면 차라리 한문편지로 지적 과시 욕망을 충족했을 것이다.

　다음으로는 선조 편지와 같은 국한문 혼용체 편지가 있다.

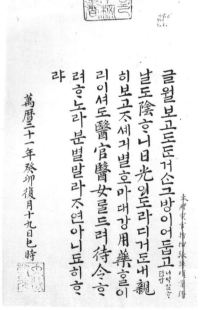

[판독문]
글월 보고 도돈 거손 그 방이 어둡고
(너 역질ᄒᆞ던 방) 날도 陰ᄒᆞ니 日光이
도라디거든 내 親히 보고 ᄌᆞ셰 긔별ᄒᆞ
마 대강 用藥ᄒᆞᆯ 이리 이셔도 醫官 醫女
ᄅᆞᆯ 드려 待令ᄒᆞ려 ᄒᆞ노라 분별 말라 ᄌᆞ
연 아니 됴히 ᄒᆞ랴 萬曆三十一年 癸卯
復月 十九日 巳時

[현대말 옮김]
(네가 쓴) 편지 보았다. (정안 옹주의
얼굴에) 돋은 것은, 그 방이 어둡고[너
역질 앓던 방] 날씨도 음(陰)하니 햇빛
이 (그 방에) 돌아서 들면, 내가 (돋은
것을) 친히 보고 자세히 기별하마. 대
강 약을 쓸 일이 있어도 의관과 의녀
를 (그 방에) 들여 대령하게 하려 한다.
걱정 마라. 자연히 좋아지지 않겠느냐.
만력 31년(선조 36, 1603) 계묘년 11월
19일 오전 10시경

-디지털 한글박물관(황문환)

[사진 6] 선조가 정숙 옹주에게 보낸 편지

이런 편지 또한 실제 발견된 한글편지에서는 거의 발견이 안 된다. 이와 같은 선조 편지는 글투 자체는 구어체 편지와 다를 바가 없지만 격식을 차려 쓴 편지라서 그런지 한자 병기 문체를 구사하였다. 이는 옹주의 한문 실력이 배려되었기 때문이다. 선조가 임진왜란 때 일반 백성들을 대상으로 쓴 윤음은 한글전용으로 되어 있기 때문에 그런 식의 추론이 가능하다. 남아 있는 대부분의 편지투는 말하듯이 쓴 언문일치체가 대부분이다.

(2) 생활 어휘의 보고

한글편지는 생활 어휘의 보고라는 점이다. 일상생활을 담았으므로 당연하지만 공식적인 기록으로는 담아낼 수 없는 삶의 어휘와 표현을 담아내어 언어 문화적 가치가 높다.

곽주가 아내 진주 하씨에게 보낸 편지	현대어
뎌근 거슨 주세 보아니와 저의 셜워훈다 훈고야 제곰 집의 나려 홀가 자내게옷 하 셟디 아니훈면 삼 년으란 아므려나 훈 집의 살고 삼 년 후에 제곰 나고져 훈니 자내 짐쟉 훈여 긔별훈소 친어버이 친주식 스이예도 편치 아닌 이리 혹 잇거든 훈물며 <u>다숩어버이</u>와 훈 집의 살며 엇디 일마다 다 됴케야 싱각훌고 자내게 하 셟게 아니거든 삼 년으란 견디게 훈고 하곳 셟게 훈거든 다시 긔별훈소 저의 셜워훈다코사 제곰 날 주리 이실가 다믄 도노르 아주바님 유무예 저의롤박히 디졉훈다 훈고 놈이 니른다 훌시 느믜마를 슬허 훈더니 자내 긔별훈 말도 올훈니 나도 짐쟉훈뇌 녀느 여러 마론 다 내 타신 둣훈거니와 자	적은 것은(=편지는) 자세히 보았거니와 저(=아들)가 서러워한다고 해서 제각기 집에서 (각살림을) 나게 할까. 자네에게 너무 서럽게 하지 않으면 삼 년은 아무려나 한집에서 살고, 삼 년 후에는 제각기 (각살림을) 나게 하고자 하니 자네가 짐작하여 기별하오. 친어버이와 친자식 사이에도 편치 않은 일이 혹 있거늘, 하물며 <u>의붓어버이</u>와 한집에 살며 어찌 일마다 다 좋게야 생각할꼬. 자네에게 너무 서럽게 하지 않거든 삼 년은 견디고, 너무 서럽게 하거든 다시 기별하오. 저가 서러워한다고 하여 제각기 (각살림을) 날 수가 있을까. 다만 도나루터 아주버님 편지에 (자네가) 저희를 박하게 대접한다 하고 남이 이른다 하기에 남의 말을 듣고 슬펐는

내ᄂᆞᆫ 어ᄂᆡ 경에 먼 발 굴러 말ᄒᆞ여 겨신고 자내 먼 발 굴러 마ᄅᆞᆯ 아니ᄒᆞᆫ돌 이제ᄯᆞᆫ 자내 가ᄉᆞᆷ 틔올 이ᄅᆞᆯ 내 ᄒᆞᆯ 주리 이실가 글란 ᄉᆡᆼ각도 말고 자내 몸애 병이나 삼가 댱슈히 사소 내 ᄆᆞᄋᆞᆷ으로 ᄒᆞᆯ 제ᄯᆞᆫ 자내 가ᄉᆞᆷ 틔올 이ᄅᆞᆯ 저즐가 의심 말고 먼 발 구로디 마소나 살고 자내 댱슈ᄒᆞ면 녀나ᄆᆞᆫ 이ᄅᆞᆫ 의심 마소	데, 자네가 기별한 말도 옳으니 나도 짐작하네. 다른 여러 말은 다 내 탓인 듯하거니와 자네는 어느 경황에 먼 발 굴러 말하셨는고. 자네가 먼 발 굴러 말을 아니 한들 이제야 자네 가슴 태울 일을 내가 할 리가 있을까. 그것은 생각도 말고 자네 몸에 병이나 조심하여 장수하며 사오. 내 마음으로 할 때는 자네 가슴 태울 일을 저지를까 의심하지 말고 먼 발 구르지 마오. 나 살고 자네 장수하면 (그만이지) 다른 나머지 일은 의심 마오.

곽주는 한문편지를 능숙하게 쓸 수 있는 사대부다. 만일 곽주가 한문편지를 썼다고 한다면 위와 같은 표현을 살려내기란 거의 불가능할 것이다. 위 편지를 보면 '다숨어버이'와 같은 어휘, '먼 발 굴러(제 나름대로 마음속으로 짐작하여)'와 같은 관용구 표현, '녀나믄 이른 의심 마소'와 같은 구어체 표현을 생생하게 전달해주고 있다.

(3) 소통의 가치

소통은 상호작용을 통해 의미와 생각과 느낌을 주고받는 것이다. 세종이 훈민정음 서문에서 훈민정음 창제 동기로 소통 문제를 아주 중요하게 언급했다. 편지는 소통의 꽃이다. 왜냐하면 편지는 평등과 배려가 가장 잘 살아 있는 소통의 도구이기 때문이다. 주류와 비주류 사이에는 원천적으로 평등한 소통이 힘들다. 한글편지는 비록 혈연관계가 대부분이지만 남성과 여성, 위아래가 엄격한 관계 속에서도 배려가 따르는 소통이 형성된다. 어머니가 아들에게, 남편이 아내에게 보내는 편지에서 겸양과 높임 서법을 사용하는 것도 배려가 따르는 격식체를 사용했기 때문이다.

또한 소통은 문체만의 문제는 아니다. 각종 사회적 관계를 맺어주거나 풀어주는 사회적 소통이 중요한데 한글편지가 그런 역할을 한 것이다.

(4) 서간체 문학

한글편지는 문학 차원에서 서간체 문학으로 발전했다. 최지녀(2002)에서 밝혔듯이 언문편지는 서간체 문학으로 발전함으로써 한글 보급과 문학의 발전에 기여했다. 편지 자체가 문학이지만 정보 전달, 의사소통이라는 실용적인 기능 외에 편지 발신자의 내면세계와 삶에 대한 통찰력을 담아 맛깔스런 문학적 표현으로 드러냄으로써 한글편지의 문학적 위상은 더욱 높아졌다.

김일근(1986 / 1991 : 160)에서도 한글편지가 "일기, 기사, 소설 등의 산문문학에 대하여 그 산파적 역할을 한 것은 물론, 언문일치와 문예의식의 기준으로 볼 때 근대문학의 기점으로 작용했을 가능성"도 있다고 보았다.

3) 사회 역사적인 가치

한글편지는 사회 역사적 맥락 속에서 발생했고 역시 사회 역사적 맥락 속에서 발전했다. 이러한 사회 역사적 맥락은 일상성으로서 미시사 담아내기, 여성성, 역사 전승, 사회적 참여 등으로 나눠볼 수 있다.

(1) 일상성으로서 미시사 담아내기

편지는 소소한 일상의 삶이 담길 수밖에 없다. 그러한 일상의 삶을 단순 표현이 아니라 다양한 관계 맺기 속에서 소통하기 위해서 언문편지는 절대적인 구실을 한다.

[봉투] 아긔게 긔셔
　　　　　송셰마 집　　(手決)

　　내여 보내고 그려 ᄒᆞᄂᆞᆫ 얼굴을 싱각고 안잔노라 커와쭐ᄌᆞ셕은 부모를 멀리 잇게 삼겨시니 엇디ᄒᆞᆯ고 네 어마님은 편히 와 이시니 깃브고 나는 졈〃 ᄒᆞ려 가니 분별마라 졍일이는 할마님 ᄯᅥ나기를 셜워ᄒᆞ더라 ᄒᆞ니 더 어엿브다 원대란 ᄭᅩᆯ왜디 마오 글비호라 닐러라 요〃 ᄒᆞ야 대강만 뎍노라

　　　　　　　　　　　　　　　　　　　오월 망일 부

[현대말 옮김]
　　(시집으로) 내어 보내고 (친정집을) 그리워하는 (네) 얼굴을 생각하고 앉아 있다. 하지만 딸자식은 (본래) 부모를 멀리 (하고) 있도록 생겼으니 어찌하겠느냐. 네 어머님은 편히 와 있으니 기쁘고, 나는 차츰 (병세가) 나아 가니 걱정마라. 정일이는 할머님 (곁을) 떠나기를 서러워했다 하니 더 어여쁘다. 원대는 날뛰지 말고 글 배우라 일러라. 마음이 어지러워 대강만 적는다.

　　　　　　　　　　　　　　　　　－오월 보름날 부(父)
　　　　　　　　　번역 : 디지털 한글박물관(http://www.hangeulmuseum.org/)

위 편지는 우복 정경세가 송준길가에 출가한 딸에게 보낸 편지다. '긔셔'는 편지를 붙인다는 한자어 '寄書'를 자연스럽게 한글로 표기하고 있다. 편지는 '출가외인'의 안타까운 현실을 극복하고 있다. 사대부

정경세는 이 짧은 편지 안에 딸과 딸의 어머니, 손자들까지 이르는 가족의 정을 엮어내고 있다. '서러워하다(셜워ᄒ더라)', '날뛰지 말고 글 배우라 일러라(ᄃᆯ왜디 마오 글비호라 닐러라)'라는 할아버지의 자상한 마음이 멀리 있는 딸과 손자에게 전달되는 일상의 정과 힘이 묻어나는 편지다. 인간의 소소한 삶을 엮어내고 소통하고자 하는 것은 신분에 관계없는 인간의 기본적인 욕망의 세계다. 이것이 진정한 훈민정음의 가치의 실현이다. 거창한 역사가 아니더라도 일상의 행복을 감당하고 실현시켜준 훈민정음의 힘이 바로 이런 한글편지에 의해 확산되어간 것이다.

(2) 여성성

언문을 '암클'이라 부른 것은 언문을 여성들이 주로 사용하는 하찮은 문자로 여겼기 때문이다. 이는 거꾸로 보면 '언문'이 주로 여성들에 의해 많이 사용되었고 여성들에 의해 발전되었다는 반증도 된다. 따라서 '암클'은 역사적 사실을 보여줌과 동시에 한글 발전에서 여성이 차지하는 비중을 보여주는 말이다. 이런 역사적 사실이 철저하게 부합되는 것이 편지 분야다.

양반 남성 사대부들이 편지 문화에 많이 참여했다는 것이 드러났지만 대부분 여성과의 소통 차원에서 참여하여 이루어졌다. 따라서 한글편지를 모두 '내간체'로 부르는 것은 적절하지 않지만 여성을 중심으로 소통이 이루어진다는 측면에서는 옳은 측면이 있고 그 속성을 '여성성'으로 본다면 '내간체'라는 말은 적절한 용어가 될 수 있다.

한글편지 교환이 여성을 중심으로 이루어졌다는 사실은 두 가지를 통해 입증이 된다. 하나는 실제 여성 참여 비율이고 또 하나는 증보언간독의 후편이 여성 중심 서식이라는 것이다.

　여성 참여 비율에 대해서는 조항범(1998 : 8~9), 백두현(2004가), 김무식(2007 / 2009)에서 자세히 밝혀졌다. 김무식(2009)에서 주요 한글편지에서 한글간찰류별 집계한 통계에서 핵심 통계를 알기 쉽게 집약해보면 다음과 같다.

[표 4] 김무식(2009) 통계 자료 핵심 내용 재구성

한글편지류 (발신-수신)	순천김씨묘 출토 한글편지	현풍곽씨 한글편지	'선세언독'소 재 은진송씨 한글편지	은진송씨 한글편지(박 순임 : 2004)	제월당편 '선찰' 소재 은진송씨 한글편지	'편지급주ᆞ 문집'의 한글편지
여성끼리	64.7%	29.4%	17.5%	7.7%	3.3%	79.5%
남성끼리	0%	0.6%	0%	0%	2.4%	0%
여-남	3.7%	4.4%	27.5%	54.8%	65.0%	9.0%
남-여	28.3%	65.0%	52.5%	22.1%	20.3%	3.8%
기타 (불명 포함)	3.2%	0.6%	2.5%	1.0%	9.0%	2.6%

　한글편지류에 따라 편차가 크지만 중요한 것은 남성끼리의 편지는 거의 없다는 것이다. 그 얘기는 거의 모든 편지에 여성이 관련되어 있다. 김무식(2009)에서도 언급하였듯이, 발견 안 된 편지가 더 많을 터이므로 위와 같은 통계를 일반화시키기에는 어렵겠지만 다른 여러 정황을 연계하여 추론해볼 때 한글편지가 여성 중심 소통 문화의 핵심이라는 것은 분명하다. 더욱 중요한 것은 사대부 남성이 여성에게 보낸 발신자 주체 비율이 매우 높다는 것이다. 이는 주류 문자 사용의 권력자인 사대부들이 여성과의 관계 속에서 유창한 언문을 사용했다는 점이다.

이 밖에 김무식(2009)에서는 여성끼리 편지 문장이 남성 관련 편지 문장보다 더 길다는 점을 주요 특징으로 들었다. 이는 여성만의 수다문화와 편지의 구어체에 더 강한 여성문화에 말미암은 것으로, 이것도 여성성의 주요 특징으로 볼 수 있다.

(3) 역사 기록

편지는 당대의 사회적 문제와 흐름을 담을 수밖에 없다. 편지 자체가 역사 기록인 것이다. 다음은 허재영(2005가)에서 연구사 차원에서 정리한 것이지만 시기별 역사 자료로 가치가 있음을 보여준다.

[표 5] 판독 대상이 된 한글 간찰 자료의 작성 시기(허재영, 2005가)

세기별	연구자별	계
16세기	김일근(1986) 31통 조항범(1998) 192통 안귀남(1999) 4통	227통
17세기	김일근(1986) 128통 백두현(1997) 170통	298통
18세기	김일근(1986) 58통 황문환(1998가, 나) 3통	61통
19세기	김일근(1986) 67통 신정숙(1967) 53통	120통
20세기	김일근(1986) 6통	6통
계		712통

편지 하나하나가 역사적 가치를 지니지만 여러 갈래의 편지가 축적됨으로써 일정한 사회적, 역사적 담론을 형성하게 된다. 편지 성격상 특정 집안 위주의 편지 뭉치로써 발굴되었지만 그러한 편지들이 집약

되어 시대별 담론을 수행하는 역사적 사료가 된 것이다.

이 밖에도 정사에서 잘 드러나지 않는 역사가 드러나기도 한다. 기밀을 유지하기 위해 한문편지 대신 언문편지를 쓴 사례가 실록에 몇 건 나온다. 한문으로 쓸 경우 기밀이 노출될 염려가 있으므로 한글로 문서를 작성하여 보고한 사례다. 이와 같은 외교적 기밀 전략으로 한글편지가 활용된 사례가 이봉환의 한글편지에 직접 나온다. 영조 23년 음력 11월 일본 통신사 수행원인 이봉환(李鳳煥)이 한성을 떠나 부산으로 가는 중에 어머니께 올린 편지다.

> 아춤 무님 가울재 샹셔ᄒ여습더니 진시 드러갓습더니잇가 오간
> 긔후 평안ᄒ옵심 엇더ᄒ오니잇가 ᄌᆞᄂᆞᆫ 너둘이 졈심ᄒᆞ고 뇽인ᄋᆞᆸ니로
> 가오니 가고 갈ᄉᆞ록 졈졈 머러 가오니 아모리 져어ᄒ여 견디노라ᄒ여
> 어렵ᄉᆞ오이다 차담 흔힝담 녀허 봉표ᄒ여 이찬이 가ᄂᆞᆫ디 주어 보내옵
> ᄂᆞ이다 일본 가온 후ᄂᆞᆫ 진서 편지ᄂᆞᆫ 못주어 보낸다 ᄒᆞ오니 미리 긔별ᄒ
> 오니 혹 친고의 편지라도 드려보내지 마옵쇼셔 이복이ᄂᆞᆫ 양지참ᄀᆞ지
> 드려 가옵ᄂᆞ이다 씌가 둘이 젹ᄉᆞ오니 그 돈의 모단 씌 ᄒᆞ나만 쟝만ᄒ여
> 두엇다가 아무 신편의 부관회ᄒ여 부디부디 몸 됴셥ᄒ옵셔 병환 업시
> 겨옵쇼셔
>
> 지월 넘구셕 ᄌᆞ 봉환 샹셔

일본에 들어가면 한문편지는 안 되므로 혹 혈육의 편지라도 보내시지 말라고 어머니께 간곡히 부탁하고 있다. 한문으로 역사 기록을 남기기 위하여 서기(기록관)로 통신사의 중책을 맡은 이봉환이 어머니와의 언문편지를 통해 공적 한문으로 쓰여진 역사 기록으로 남기 어려운 역사적 사실을 언문 기록으로 남기고 있다. 이렇게 언문은 비주류적 효용성으로 인해 또 다른 역사 매체가 되어 많은 기록 그 자체가 되어 왔다.

(4) 사회적 참여

이경하(2005나 : 220~221)에서는 여성 편지가 단순히 안부나 묻는 수준에서 머무르는 것이 아니라 사회 참여 또는 정치적 성격까지 띤다고 보았다. 자식 교육에 관여한다든지 아들의 공무의 바른 자세를 걱정한다든지 하는 것이 그런 예라는 것이다. 물론 이경하(2005)는 여성 글쓰기 문제만을 다룬 것이기에 여성으로 한정했지만 그런 성격은 한글편지의 공통 성격이라 할 수 있다. 백두현(2001 / 2011)에서는 한글편지가 사회의 질병 문제, 교육 문제, 관혼상제와 같은 사회적 관습 문제에 정보를 제공하고 문제해결에 참여하는 적극적인 역할을 담당한다는 것을 보여주고 있다.

이러한 적극적 사회 참여 외에 단순히 안부를 묻는 정서적인 편지라 하더라도 편지라는 양식과 그로 인한 소통 담론은 일반 사회 참여와 다를 바가 없다. 단순한 정서적 표현이라 하더라도 그것이 일기 수준에서 공개가 되지 않을 때와 편지 형태로 누군가에 공개될 때의 의미는 다르기 때문이다.

비록 쉬운 한글이 보급되었다 하더라도 시대적 한계로 인해 문맹률은 높았다. 이런 상황에서 편지를 통한 글쓰기 참여는 그 자체가 사회적 참여인 것이다.

> 어떤 부인이 이웃 부인에게 보낸 언간
> 지쳑의 잇스와도 훈번 연신 못ㅎ옵고 쟝 일캇줍고만 지니여스오며 스랑의셔는 거긔 샤랑의 친족[ㅎ]오셔 졍의 돗타오시고 한 형졔나 다름 업스오신고로 즈연뒥 셩식을 익이 듯스와 지니여스오며 요스이 일긔 디단 부죠ㅎ온듸 긔운 평안ㅎ오시고 아기네도 잘 잇슙ㄴ니잇가 향념

> 간졀이오며 이 곳즌 아희들 ᄒᆞ고 쟝 골몰이 지ᄂᆡ오며 요ᄉᆞ이ᄂᆞᆫ 젹이 틈 업ᄉᆞ오나 긴긴밤의 ᄎᆡᆨ이나 보고져 ᄒᆞ오ᄃᆡ ᄂᆡ훈이라 ᄒᆞᄂᆞᆫ ᄎᆡᆨ은 오륜ᄒᆡᆼ실의 잇ᄉᆞ오니 보와 더 신긔ᄒᆞᆫ 것 업ᄉᆞ오며 진ᄃᆡ방젼이라 ᄒᆞᄋᆞᆸᄂᆞᆫ ᄎᆡᆨ은 ᄃᆡ방 슈ᄌᆞᆨᄒᆞ온 말이 너모 호번만 ᄒᆞᄋᆞᆸ고 별노 신긔ᄒᆞ온 ᄎᆡᆨ 어더 볼 슈 업ᄉᆞ오니 ᄃᆡᆨ의 무ᄉᆞᆫ ᄎᆡᆨ 잇습거든 빌이시ᄋᆞᆸ쇼셔 밋습ᄂᆞ이다 일후 연ᄒᆞ와 연신도 ᄒᆞᄋᆞᆸ고 혹 무엇 빌이라 ᄒᆞ오시면 잇ᄂᆞᆫ 거슨 그리ᄒᆞ오리이다 총총다못그치ᄋᆞᆸᄂᆞ이다.
>
> -<증보 언간독>

위 편지는 이웃끼리 가벼운 대화를 나누는 듯한 경쾌한 편지이나 <내훈>, <진대방전>과 같은 책에 대한 정보를 주고받음으로써 은연중에 사회적 소통, 사회적 여론 형성에 참여하고 있는 것이다. 이러한 편지는 조선 후기에 고전소설에 대한 잠재적 독자를 형성하는 계기가 되었고 '언간독'이라는 상업용 출판물까지 나오게 된 계기가 된 것이다.

4) 효과와 영향

한글편지의 발전이 끼친 영향은 매우 크다. 이 분야에서만큼은 철저하게 주류 문자로 쓰인 한글 발전과 비주류 계층의 역사 주체화, 공동체 결속, 역사 기록화 등을 들 수 있다.

(1) 한글의 주류 문자화에 따른 훈민정음 사용의 확산성 증진

문자는 소통의 도구로 쓰일 때 실용적 사용영역이 넓어진다. 편지는 훈민정음을 일상의 요긴한 용도로 쓰이게 함으로써 자연스럽게 확산되는 역할을 하게 했다. 국가적으로는 <삼강행실도언해>나 <소학언

해>와 같은 언해류 국가이념서 보급을 더 적극적으로 하였겠지만 실제 하층민 사이의 한글 확산은 편지의 기여도가 높을 것이다.

훈민정음을 위한 교육제도나 여성들을 배려한 교육제도는 없으므로 <소학언해>와 같은 책의 교육은 특별한 가정이나 특별한 환경에서만 가능했다. 그러나 편지에 대한 욕망과 실현은 자연스럽게 훈민정음 교육과 학습 환경을 조성하게 했다. 특히 19세기의 언간독은 작문교과서 역할을 함으로써 훈민정음 사용자 층위를 넓히고 고급 한글 사용 능력을 키우는 데 결정적인 역할을 하였다.

(2) 비주류 계층의 역사 주체화

조선시대 비주류는 여성과 사대부 이외의 남성이다. 비주류라는 것은 신분제에 따른 권력의 소외를 의미하기도 하지만 주류 문자인 한자, 한문으로부터의 배제를 의미하기도 한다. 신분제와 같은 전통적 굴레도 중요하지만 한자라는 문자가 그런 비주류성을 더욱 강화시키는 역할을 한다는 점이다. 이런 상황에서 훈민정음이 한문 이상의 문자 역할을 함으로써 비주류 계층을 역사 주체로 끌어올리게 하는 구실을 하였다. 특히 여성의 경우는 편지로 인해 남성과의 관계 속에서 적극적인 주체로 발현될 수 있었다.

(3) 공동체 결속

한글편지는 여러 가지 측면에서 조선 사회 공동체 결속 효과를 가져왔다. 첫째는 혈연 공동체의 결속을 강화하는 데 중요한 역할을 하였다. 편지의 대부분이 가족 친지간의 안부와 건강 문제, 집안 행사 문제

로 집중되어 있다. 그만큼 가정의 평화와 결속에 핵심 역할을 했다는
점이다.

> 학봉 김성일이 아내에게 보낸 편지
> 　요ᄉ이 치위여 대되 엇디 계신 고 ᄀ장 스렴ᄒᆡ 나는 산음 고올 와
> 셔 모믄 무ᄉ히 잇 ᄂᆞ거니와 봄 내ᄃᆞ르면 도ᄌᆨ기 ᄀᆞ욀 거시니 아ᄆᆞ려 홀
> 주놀 몰나 ᄒᆡ 또 직산 잇던 오ᄉ 다 와시니 치이 ᄒᆞ고 이ᄂᆞᆫ가 분별
> 마소 댱모 뫼숩고 과셰 됴히 ᄒᆞ소 ᄌᆞ식ᄃᆞᆯ게 우무 스디 몯ᄒᆞ여 몯ᄒᆞᆡ
> 됴히 이시나 ᄒᆞ소 감시나 ᄒᆞ여도 음시글 갓가 스로 먹고 ᄃᆞ니〃 아ᄆᆞ
> 것도 보내디 몯ᄒᆞᆡ 사라셔 서ᄂᆞ 다시 보면 그지놀 홀 가마ᄂᆞ 긔필 몯
> 홀쇠 그리디 말오 편안히 겨소 그지 업서 이만 셔쫄 스믈 나흔날
> 　[위 여백]
> 　김 (手決)

> [현대말 옮김]
> 　요사이 추위에 모두들 어찌 계시는지 심히 걱정이 되오. 나는 산음
> (山陰, 지금의 경남 산청) 고을에 와서 몸은 무사히 있지만, 봄이 내달으
> 면(=닥치면) 도적들이 다시 날뛸(=침범할) 것이니 어찌해야 할지 모르
> 겠소. 또 직산(稷山)에 있던 옷은 다 (여기에) 왔으니 추위하고 있는가
> 걱정하지 마시오. 장모님 모시고 과세(過歲)를 잘하시오. 자식들에게는
> 편지를 따로 쓰지 못하오. 잘 있으라 하오. 감사(監司)라 하여도 음식을
> 가까스로 먹고 다니니 아무것도 보내지 못하오. 살아서 서로 다시 보면
> 기약을 할까마는 언제라고 기한을 정하지 못하겠소. 그리워하지 말고
> 편안히 계시오. 끝이 없어 이만. 섣달(12월) 스무 나흗날.
> 　김(金) (手決)
> 　　　　　　　　　　　　　　　　　－안귀남(디지털 한글박물관)

위 편지는 학봉 김성일이 임진왜란 중에 가족을 챙기는 편지다. 전
쟁의 가장 큰 폐해는 가족공동체를 무너뜨리는 일이다. 이런 국가의
고난 시기에 정통 사대부인 김성일은 '수신제가치국평천하'의 평소 삶

의 태도로 한글편지를 통해 가족공동체를 위한 곡진한 편지를 쓴 것이
다. 편지는 단지 가정의 행복을 위한 역할에만 그치지 않는다. 다음 완
산 이씨가 아들에게 준 편지는 가정의 올바른 공동체 의식이 사회적
공동체 의식으로 이어지고 있음을 보여준다.

　　아긔개
　　너롤 쩌나 보니니 모지 처엄으로 먼리 쩌나니 못 닛눈 졍은 닐러 알
　일이 아니니 다시 뎍디 아니ㅎ거니와 네 내 독ᄌᆞ(獨子)로 ᄯᅩ 휵양(慉養)
　ㅎ미 간고(艱苦)혼 ᄉᆞ태우 집과 달라 됴히 ᄌᆞ라기로 셰틱(世態)롤 아디
　못ㅎ여 냥반(兩班)의 글이 귀ㅎ며 녜의념티 듕혼 줄을 오히려 네 아디
　못ㅎ여 볼셔 나히 십삼 셰 되니 혼취 셩인이 머디 아녀시니 어미 그리
　온 졍은 싱각 말고 ᄉᆞ댱(師丈)이란 거슨 홀롤 슈훅ㅎ여도 죵신토록 공경
　ㅎ눈 거시니 공경ㅎ고 조심ㅎ며 버릇 업순 샹된 말ㅎ여 외오 녀기게 말
　며 줌심(潛心)ㅎ여 챡실이 비화 션비 도롤 일티 아니미 ᄌᆞ식의 효되(孝
　道])니 너 룡빅고 두계량을 아라실 거시니 집의셔 내게 일의 ㅎ던 버
　ᄅᆞ술 말고 온윤(溫潤)ㅎ며 ᄌᆞ연ㅎ여 말숨과 거룹을 쳔쳔이 ㅎ여 브디 네
　급거(急遽)혼 셩품을 ᄀᆞ다드머 고티기롤 ᄇᆞ라노라 (…중략…)
　　갑신 구월 삼십일 모
　　네 글시 쁘던 죠희와 붓을 보니랴 말라 글시도 노디 말고 쩌라 네 편
　지 글시 긔괴ㅎ다

　　[현대말 옮김]
　　아기(아들)에게
　　너를 떠나보내니, 모자가 처음으로 멀리 떨어져 지내는구나. (너를)
　못 잊는 정은 (말로) 일러 알 일이 아니니 다시 적지 않는다. 네가 내 외
　아들로 (태어난 데다) 길러 온 환경이 곤궁한 사대부 집과 달라 (너는
　부족함을 모르고) 잘 자랐다. 그러다 보니 세상 물정을 알지 못하여 양
　반의 글이 귀하며 예의염치가 중한 것을 아직도 네가 알지 못한다. 벌
　써 나이가 십삼 세가 되니 아내를 맞아 어른이 되는 것이 멀지 않았다.

(그러니) 어미를 그리워하는 정은 생각하지 마라. 스승이란 하루를 배워
도 종신토록 공경하는 것이니 (스승을) 공경하고 조심하여라. (또) 버릇
없는 상스러운 말을 하여 잘못된 사람으로 여기지 않게 하여라. 마음을
쏟아 착실히 배워 선비의 도를 잃지 않는 것이 자식의 효도이다. 네가
용백고(龍伯高)와 두계량(杜季良)을 알 것이니 집에서 내게 응석 부리던
버릇을 (그대로 하지) 말거라. 온순하고 자연스런 태도로 말하는 것과
걷는 것을 천천히 하여 부디 네 성급한 성품을 가다듬어 고치기를 바란
다. (…중략…)

　갑신(甲申, 1704) 구월 삼십일 모(母)

　네가 글씨 쓰던 종이와 붓을 보내려 마라. 글씨도 놀지 말고 써라. 네
편지 글씨 기괴하다.

　위 편지에서 어머니는 성인의 길목에 서 있는 아들에게 어머니로서
의 정과 사회적 책임을 가르쳐야 하는 어른으로서의 자세를 함께 담고
있다. 효도와 선비의 도가 어떻게 소중하고 관련되어 있는지를 편지를
통해 일깨우고 있는 것이다.

(4) 역사기록화

　역사는 기록에 의해 의미가 부여되고 재구성된다. 공식적 기록에 의
한 역사를 정사라고 한다. 편지는 일종의 비공식적 기록 매체다. 정사
로서의 역사는 보이지 않는 미시사에 의해 보완될 때 진정한 가치가
있다. 정사가 의도적인 기록이라면 편지와 같은 매체는 비의도성에 의
한 기록이다. 이러한 두 가지 방식의 기록은 서로 보완해주는 상보적
역할을 한다. 한글편지가 이러한 역사기록화 구실을 한다.

효종이 장모에게 보낸 편지

[봉투] 답샹장 댱졍승   딕   (수결)

신셰예 긔운이나 평안ㅎᆞᆸ신가 ㅎᆞ오며 스힝츠 드러오올 제 뎍ᄉᆞ오신
편지 보ᅌᆞᆸ고 친히 뵈ᅀᆞᆸᄂᆞᆫ 둧 아ᄆᆞ라타 업서 ㅎᆞ오며 쳥음은 뎌리 늘그신
니가 드러와 곤고ㅎᆞ시니 그런 일이 업ᄉᆞ오이다 힝차 밧브고 ㅎᆞ야 잠 뎍
습ᄂᆞ이다 신ᄉᆞ 졍월 초팔일   호

[봉투] 답샹장(答上狀)   쟝졍승(張政丞) 댁(宅) (手決)

새해에 기운이나 평안하신지 궁금합니다. 사신(使臣) 행차가 (심양으
로) 들어올 때 (장모님이) 쓰신 편지 보고 (장모님을) 친히 뵙는 듯, 아무
렇다 (드릴 말씀이) 없사옵니다. 청음(淸陰, 김상헌[1570~1652]의 호)은
저리 늙으신 분이 (심양에) 들어와 어렵게 지내시니 그런 (딱한) 일이 없
사옵니다. 행차 바쁘고 하여 잠깐 적사옵니다.

신사(辛巳, 인조 19년, 1641) 정월(正月) 초팔일 호(淏)

위 편지는 효종이 봉림대군 시절에 장모에게 쓴 편지다. 김상헌이
청나라에 잡혀 갔다는 것은 두루 알려진 공적 역사 기록이다. 그런데
봉림대군이 장모에게 보낸 편지 속에 그런 역사 기록이 실려 있다. 이
런 거시사 관련 기록뿐만 아니라 모든 일상사가 기록이 되면 언젠가는
역사 기록으로 가치를 지니듯 모든 편지 내용이 역사기록화라 할 수
있다.

4. 한글편지의 역사적 힘

최지녀(2002 : 87)는 여성의 한글편지에 대해 "사대부 여성이 주역이

되어 국문문체를 확충시킬 수 있었던 데는 한글이 아녀자들의 글로만
치부된 상황이 역설적인 기여를 했다."라고 평가했다. 적절한 평가다.
훈민정음의 비주류성과 여성의 비주류성이 결합이 되어 한글문화의
꽃을 피웠다.

이상의 논의를 핵심어 중심으로 도식화해보면 다음과 같다.

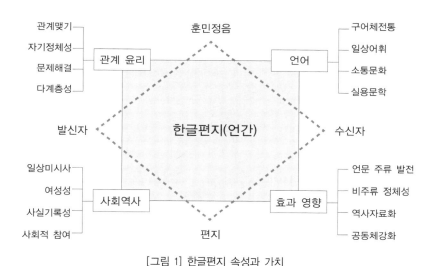

[그림 1] 한글편지 속성과 가치

조선시대 한글편지에 대한 이러한 통합적 조명은 한글편지에 대한 1
차 강독 연구가 있었기에 가능했다. 역사를 복원해준 1차 연구자들과,
그러한 연구를 가능하게 해준 편지의 주인공들께 삼가 경외의 마음을
기록에 남긴다.

4부

실용서와 **종교**를 통한 발달

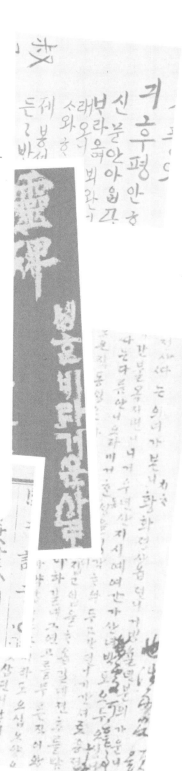

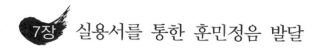

7장 실용서를 통한 훈민정음 발달

1. 실용서와 훈민정음의 만남

'실용서'는 실제 쓸모가 있는 내용을 담은 책을 가리킨다. '실용'의 핵심은 몸과 일상성, 도구성이다. 정신이 아닌 몸의 움직임에 관한 것, 그 몸을 통해 실질적으로 이루고자 하는 것 등이 여기에 해당된다. 따라서 몸을 치료하는 의학, 몸이 아픈 질병 분야, 몸의 움직임이 중요한 농업 분야, 몸을 움직여 수행하는 전쟁 분야, 몸을 위한 요리 분야, 몸을 둘러싼 생활총서 분야 등이 모두 여기에 포함된다.

지금이야 이런 실용서가 분야를 가리지 않고 넘치고 있지만, 조선시대 지적 담론 속에서는 이 분야의 실용서가 매우 제한적이었다. 여러 가지 이유가 있겠지만 가장 중요한 것은 실용적인 분야를 가볍게 여기는 성리학적 이념 탓이 컸다. 물론 성리학이라 해서 실용 분야를 무조건 배척한 것은 아니다. 아주 절실한 실용 분야와 성리학적 이념 테두리 안에 드는 실용 분야는 존중을 하고 그 분야를 이끈 이 역시 사대부였다.[1] 그러한 사대부들이 한글 관련 실용서를 낼 수밖에 없는 실용 성이란 바로 그 자신들의 생존 문제였으며 절박한 생활의 문제였고 대 다수 백성들, 하층민과 연결된 삶이었다. 따라서 사대부들이 실용서 소 통의 주체가 될 수밖에 없는 역사적 힘에 주목하는 것이 이런 책에 접 근하는 올바른 관점이다.

조선시대는 훈민정음 보급에 따라 진정 소통이 중요한 실용서들이 지속적으로 간행되었다. 생존을 위해 꼭 필요하고 절실한 분야로서 의 학, 농업, 병서, 총서, 조리 등이 있다.

<음식디미방>처럼 전문이 한글로 된 것도 있고, <언해두창집요>과 같은 언해서도 있고, 한문책이지만 한글이 낱말 차원에서 인용되어 있 는 <금양잡록>, <과농소초>, <동의보감>과 같은 책도 있다. 역시 시 대적 한계 때문에 한글이 한 글자라도 포함되어 있으면 소중한 가치가 있으므로 여기서 함께 논의하기로 한다. 시기별, 주제별로 연구 대상 책을 나열해보면 다음과 같다.

[표 1] 실용 분야 한글문헌 분류

의료서	15세기	구급방(언해, 1466, 세조 12), 구급간이방(언해, 1489, 성종 20)	
	16세기	간이벽온방(언해, 1525, 중종 20), 촌가구급방(한 문, 1538, 중종 33), 우마양저염역치료방(언해, 1541, 중종 36), 분문온역이해방(언해, 1542, 중종 37), 구황촬요(언해, 1554, 명종 9)	*<촌가구급방> 한문본(한글표기 어휘)

---

1) 김남일(2011)은 한의학에 미친 조선의 지식인들 대부분이 사대부였음을 종합 고찰 한 대중 학술서다.

의료서	17세기	언해구급방(1607, 선조 40), 언해두창집요(1608, 선조 41), 언해태산집요(1608, 선조 41), 동의보감(한문, 1613, 광해군 5), 구황촬요(언해, 1639, 인조 17), 구황촬요·벽온방(합본, 1639, 인조 17), 침구경험방(한문, 1644, 인조 22), 신간구황촬요(언해, 1660, 현종 1), 구황보유방(1660, 현종 1), 두창경험방(언해, 헌종, 17세기 후반), 마경초집언해(1682, 숙종 8)	언해납약증치방(17세기 중엽 이후 추정) *<동의보감> 한문본(한글표기 어휘)
	18세기	증수무원록언해(1796, 정조 20), 제중신편(한문, 1799, 정조 23)	*<제중신편>(한문본)(한글표기 어휘)
	19세기	방약합편(한문, 1885, 고종 22)	*<방학합편>(한문본) (한글표기 어휘)
한글 일부 사용 농서	15세기	금양잡록(한문, 1492, 성종 23)	한문본, <금양잡록> 한글 어휘 실림
	17세기	농가집성(한문, 1655, 효종 6),	<농사직설>, <금양잡록>, <사시찬요초>. 부록 : <구황촬요>
	18세기	과농소초(한문, 1798, 정조 22)	한문본, 한글어휘 실림
병서	16세기	무예제보(언해, 1598, 선조 31)	
	17세기	신기비결(한문, 1603, 선조 36), 무예제보번역속집(1610, 광해군 2), 연병지남(언해, 1612, 광해군 4), 화포식언해(1635, 인조 13), 신전자취염소방언해(1635, 인조 13), 진법언해(한글, 1693, 숙종 19), 신전자초방언해(1698, 숙종 24)	* <화포식언해>와 <신전자취염초방언해> 합철 * <진법언해> 한문 없음.
	18세기	신간삼략언해(1711, 숙종 37), 병학지남(언해, 1787, 정조 11), 무예도보통지언해(1790, 정조 14)	
	19세기	신간증보삼략직해(1805, 순조 5), 신간증보삼략(1813, 순조 13)	
언문 조리서	17세기	음식디미방(1600연대)	

언문 생활 총서	19세기	규합총서(1809년, 순조 9)	

2. 분야별 실용서의 역사적 맥락

1) 의학, 질병, 생존 관련 실용서

질병을 퇴치하는 문제나 위기에서 살아남는 문제는 생존의 문제라 나라 차원에서 거의 모든 시기에 끊임없는 노력을 기울였다. 그러나 이 또한 책을 통해 노력을 기울인 역사는 오래지 않다. 이 분야는 그 어떤 분야보다도 소통과 정확성이 매우 중요했다. 따라서 훈민정음 반포는 책을 통한 보급의 중요한 출발점이 되었다.

조선시대는 의료 정책을 매우 엄격하게 하고 중요하게 여겼다. 태조 2년인 1393년 1월 29일, 전라도 안렴사(按廉使) 김희선(金希善)이 도평의사 사에 보고하기를 "외방(外方)에는 의약을 잘 아는 사람이 없으니, 원컨 대, 각도에 의학 교수 한 사람을 보내어 계수관(界首官, 지방행정단위)마다 하나의 의원을 설치하고, 양반의 자제들을 뽑아 생도로 삼고, 글을 알 며 조심성 있고 온후한 사람을 뽑아 지도 선생(교도)으로 정하여, 그들 로 하여금 향약(鄕藥)으로 백성의 질병을 고치는 경험방(經驗方)을 익히게 하고, 교수관(敎授官)은 두루 다니면서 설명하여 권장하고, 약을 채취하 는 젊은 일꾼을 소속시켜 때때로 약재를 채취하여 처방에 따라 제조하 여, 병에 걸린 사람이 있으면 즉시 구제하여 치료하게 하소서.[2]"라고 건의했다.

7월 14일에는 예조에서 상소하기를, "의학은 사람을 살리는 방법이요, 법률학은 정치를 돕는 기구이니 진실로 국가의 요긴한 사무입니다. 원하옵건대, 이 직종에 능히 통달한 사람을 시험하여 그 직책에 충원하게 하소서.[3]"라고 하여 임금이 그대로 따랐다. 그리하여 같은 해 10월 27일에 육학(六學)을 설치하고 양반가의 자제들로 하여금 익히게 했으니 1은 병학, 2는 법률학, 3은 문자학, 4는 통역학, 5는 의학, 6은 산학이었다.

의학 분야는 일반 의서와 기근 때 살아남는 구황 관련 책이 있다. 대상에 따라서는 사람에 관한 책과 말과 같은 동물에 관한 책으로 나눌 수 있다. 의학 관련 언해서에 대한 연구는 국어학 차원에서 많은 연구가 이루어져 왔다. 그러나 그러한 책의 역사적, 사회학적 연구는 드문 편이다.

의학 언해서의 뿌리는 역시 세종 때부터다. 세종 당대에 의학 언해서가 나온 것은 아니지만 후대의 의학 언해서가 세종 때 나온 의학서에 뿌리를 두고 있기 때문이다. 세종의 민본주의는 이 분야에서도 여실히 드러난다. 지방에 기존 의서를 보내거나 의사를 보내 치료하는 한편 새로운 의서를 편찬하는 데도 총력을 기울였기 때문이다.

세종 9년(1427)에 전 판나주목사 황자후(黃子厚)가 고려 때 만든 의서

---

2) 全羅道按廉使金希善報都評議使司曰 : "外方無通曉醫藥者, 乞於各道遣醫學敎授一員。每於界首官, 置一醫院, 選聚兩班子弟, 以爲生徒, 擇其識字謹厚者, 定爲敎導, 令習鄕藥惠民經驗方, 敎授官周行講勸, 定屬採藥丁夫, 以時採取藥材, 依方劑造, 有得病者, 隨卽救療。 - 태종 2년(1393) 1월 29일자.

3) 禮曹上言 : "醫學, 活人之方; 律學, 輔治之具, 誠國家要務。 乞試所業能通者, 以充其職。" 上允之. - 태종 2년(1393) 7월 14일자.

<향약구급방(鄕藥救急方)>을 인쇄하여 외방(外方)에 나누어서 생명을 구제하는 길을 넓히게 해달라고 하여 충청도로 보내어 간행하도록 명하였다.

- 세종 9년(1427) 9월 11일

세종 11년(1429) 1월 29일 기록에 의하면, 세종은 제주 안무사에게 의서 17벌을 보내 의생들을 가르쳐 백성들의 질병을 구하도록 했다.[4] 직접 의생을 파견한 것이 아니라 의서를 보내 의생을 가르치는 방식을 썼다. 이만큼 의서가 중요했음을 보여준다.

의학(醫學)은 <의학직지(醫學直指)>·<맥찬도(脈纂圖)>·<맥직지방(脈直指方)>·<화제방(和劑方)>·<상한류서(傷寒類書)>·<화제지남(和劑指南)>·<의방집성(醫方集成)>·<어약원방(御藥院方)>·<제생방(濟生方)>·<제생발수방(濟生拔粹方)>·<쌍종처사활인서(雙鍾處士活人書)>·<연의본초(衍義本草)>·<향약집성방(鄕藥集成方)>·<침구경(針灸經)>·<보주동인경(補註銅人經)>·<난경(難經)>·<소문(素問)>·<괄성제총록(括聖濟摠錄)>·<위씨득효방(危氏得效方)>·<두씨전영(竇氏全嬰)>·<부인대전(婦人大全)>·<서죽당방(瑞竹堂方)>·<백일선방(百一選方)>·<천금익방(千金翼方)>·<우마의방(牛馬醫方)>이요,

- 세종 12년(1430) 3월 18일,
상정소에서 보고한 의학 과거 시험(취재) 과목

이때만 하더라도 치료 기관, 치료서가 턱없이 부족했다. 그만큼 민속 신앙에 의존하는 경우가 많았고 민속 신앙을 억제하기 위해 아예 무당을 국가 기관에 귀속시켜놓을 정도였다.[5] 이로부터 2년 뒤인 1431

---

4) 傳旨濟州按撫使曰：今送醫書十七件, 其教誨醫生, 以救疾病.-세종실록 1429년 1월 29일자.
5) 今與政府諸曹同議, 各官各里民戶, 使近居巫覡分掌之, 如有熱病之戶, 守令令醫生及巫

년에는 무격에 의한 치료를 엄금하게 된다. 다시 2년 뒤인 1433년에 세종은 향약을 통한 치료에 적극 나서게 된다.[6]

평안도·함길도의 감사에게 전지(傳旨)하기를,

"평안도의 강계·여연·자성과 함길도의 경원·경성·갑산 등지에 사는 백성들이 만약 질병에 걸리게 되면, 약을 얻지 못하여서 목숨을 잃는 경우에 이르게 되니, 진실로 가엾고 민망하다. 그러므로 내가 널리 향약을 준비하여 그들의 목숨을 건져주고자 한다. 그러나 경성(京城) 안에서도 전적으로 관아(官衙)를 설치하여 구제하여 치료하여도 오히려 고루 혜택이 미치지 못하는 형편이니, 하물며 멀고 궁벽한 곳의 많은 백성들을 어찌 한 사람 한 사람 구제할 수 있겠는가. 그러나 그곳 국경 지대 군사들은 멀리 고향을 떠나서 추위와 바람을 무릅쓰고 있어서 병에 걸리기 쉬울 것이니, 구제하지 않을 수 없다. 그 도의 의학 교유(醫學教諭)에게 시켜서 향약을 채취하게 하여 치료하게 할 수 있는지 없는지 자세히 살펴보아서 아뢰라." 하였다.[7]

— 세종 15년(1433) 10월 12일

覡, 考察救療, 如或不用心救治, 隨卽論罪. 及年終, 活人多者, 減巫稅, 或蠲賦役. 若病家貧乏, 無救療之資, 則以國庫米穀, 依京中活人院例, 一日給米一升, 及歲抄, 以病人之數, 報于監司, 以憑會計." 從之. — 세종 15년(1429) 4월 18일자.

6) 세종 13년 가을 집현전 직제학 유효통, 전의 노중례, 부정 박윤덕에게 명하여 다시 향약방에 대해 여러 책에서 빠짐없이 찾아낸 다음 분류하여 증보하게 해서 한 해가 지나 완성되었다. …… 합하여 85권으로 바치니 이름을 향약집성방이라 하였다.

7) 平安道江界·閭延·慈城、咸吉道慶源·鏡城·甲山等處居民, 如遇疾病, 不得藥餌, 以至殞命, 誠可憐閔, 思欲廣備鄕藥, 以救其生. 然京城之內, 專委設官救療, 猶且未周, 況僻遠之地, 衆多之民, 安得人人而濟之? 其赴防軍士, 遠離鄕土, 觸冒風寒, 易致於病, 不可不救. 以其道醫學教諭, 採取鄕藥, 可以療治與否, 商搉以啓. — 세종 15년(1429) 10월 12일자.

(1) 구급방(救急方)류 : 〈구급방〉(언해, 1466, 세조 12), 〈구급간이방〉(언해, 1489,
    성종 20), 〈촌가구급방〉(한문, 1538, 중종 33), 〈언해구급방〉(1607, 선조 40)[8]

〈구급방〉은 급할 때 처방할 수 있는 치료법을 말한다. 이러한 치료
법을 담은 책은 쉽고 간결해야 한다. 실용 언해서 가운데 구급방류 언
해가 가장 먼저 이루어진 것은 그런 사정과 밀접한 관련을 맺고 있다.

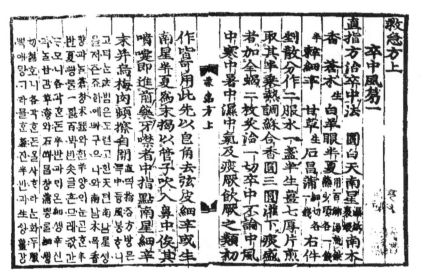

[사진 1] 구급방 상권(한글학회 영인본) 1a1b

최초의 〈구급방〉 언해서는 세조 통치 후기인 세조 12년, 1466년에
이루어졌다. 세조는 왕자 시절부터 다양한 서책 간행에 관심이 많았다.
왕이 되어서도 경서 위주로만 경연을 진행하지 않았다. 세조 5년(1459)
12월 28일자에 의하면 강녕전에서 대궐 안의 여러 관사(官司)의 문신을

---

8) 구급방류에 대한 총체적인 조명은 정순덕(2009)의 박사학위 논문에서 이루어졌다.

불러 경서를 강의하게 하고, 내의를 불러서는 의서를 강하게 하고, 강
이생을 불러 역학을, 이조 판서 구치관과 예조 판서 홍윤성과 병조 참
판 김질 등에게 명하여 무경(武經)과 병서를 강의하게 하였다.9) 세조 8
년(1462) 12월 2일에도 서현정(序賢亭)에서 겸예문관(兼藝文官) 및 성균관 유
생(成均館儒生)들에게는 경서(經書)를 강하게 하고 습독관(習讀官)에게는 의
서를 강하게 하였다.10)

　그리고 의서를 정확히 읽고 제대로 외우는 일은 생명과 관련된 매우
중요한 일이지만 오늘날 같은 엄격한 의학 전문 과정이 없었던 터이므
로 그 당시에는 쉽지 않은 일이었다. 그래서 의서를 습독하는 문제가
자주 제기되어 왔다. 또한 왕궁에 있는 의서조차 문제가 많아 오히려
민가에서 자료 수집을 하게 하는 기록이 세조 9년(1463) 3월 25일자에
나온다. "궁궐에 있는 의서가 혹 빠졌거나 없어지거나 글자가 해져서
참고하기가 어렵다고 하면서 이제 모아서 교정하려 하니, 중국에서 펴
낸 책자가 비록 온전하지 않더라도 아울러 모두 진상하게 하라. 대저
서적이 많고 문헌이 있는 권세 있는 가문에서는 숨기고 내 뜻을 본받
지 않는 자가 있을 것이니, 교정한 뒤에는 돌려주고, 혹 논상(論賞)하여
원하는 바와 같이 할 것이니, 비록 일반 백성들에게까지라도 널리 알
려서 행하라.11)"라고 하고, 아울러 각 도 관찰사에게도 유시하였다.

---

9) 御康寧殿, 引見宗親, 宰樞. 招內諸司文臣講經書, 又招內醫講醫書, 講肄生講譯學. 命吏曹判
　書具致寬, 禮曹判書洪允成, 兵曹參判金礩等, 講武臣兵書 - 세조 5년(1459) 12월 28일.

10) 御序賢亭, 閱陣. 內宗親及領議政申叔舟, 右贊成具致寬, 刑曹判書李克墉, 判漢城府事
　李石亨, 兵曹參判金國光, 刑曹參判徐居正, 諸將, 承旨等入侍, 講兼藝文官及成均儒生
　等經書, 習讀官醫書. - 세조 8년(1462) 12월 2일.

11) 內藏醫書或不秩, 或脫落, 或字刓, 難於考閱. 今欲裒集校定, 唐本方書雖不秩, 並皆進
　上. 凡書籍多在文獻世家, 如有秘惜不出, 非體予意者, 校定後給還, 或論賞如願, 雖至閭
　巷小民廣行知會. - 세조 9년(1463) 3월 25일.

세조는 직접 의약론을 짓기도 했다. 세조 9년(1463) 12월 27일에 <의약론>을 지어 임원중에게 주해를 하게 하고, 인쇄 반포하게 했다. 그 논(論)에서 이르기를, "의술은 세간의 요법이요 국가의 이해에 관계되는 바로서 성인(聖人)이 이루어놓은 지극한 공업(功業)인데 사람이 못나고 가르침이 해이하였으며, 여덟 가지 종류로 구분하였으나 간악하고 어리석은 무리들이 다투어 숨기어서 죽임[殺]은 있으되 살림[生]은 없으니, 진실로 경장(更張)하지 아니하면 그 사고(事故)가 적지 아니할 것이다. 금후(今後)로는 의원(醫員)을 제수(除授)할 때 반드시 실지의 재주를 상고하고 자격(資格)에 구애하지 말 것이며, 시행하기에 합당한 일의 조건을 조목별로 뒤에 열거한다."라고 하였다.

세조 10년(1464) 9월 8일에는 <무경>을 주석하고 <의서유취>를 편찬한 사람들에게 직급을 올려주기도 했다. 그 이듬해인 세조 11년(1465) 11월 27일에는 예조(禮曹)에 내리는 교지에서, "의원(醫員)이 읽는 의서(醫書)를 유생의 예에 의하여 매월 초하루와 보름에 친히 강하겠다."라고까지 하였다.12) 동물 의료서의 효시가 되는 '마의서(馬醫書)'도 세조 12년(1466)에 서거정(徐居正)을 시켜 편집하게 하였다.

세조는 임금이 되어서도 친히 구결을 달고 출판 사업에 일일이 관여하였다. <구급방(언해)>이 간행되기 두 해 전인 세조 10년(1464) 1월 11일에는 세종 때 지은 <의방유취>를 다시 간행할 때 교정 실수를 많이 한 이들에게 10명 파직, 7명은 파직과 일한 날 삭제, 46명 일한 날 삭제, 11명 직첩 회수 등의 처벌을 내렸다. 절대 왕정의 전근대적 처벌로 볼 수도 있지만, 그만큼 의서 간행에 심혈을 기울였다는 의미로 보아야 한다.

---

12) 醫員所讀醫書, 依儒生例, 每月朔望親講 － 세조 11년(1445) 11월 27일.

세조 12년(1466) 4월 11일에는 "의학 강이관(醫學講肄官) 등은 이제부터는 지방직에 임관하지 못하게 하고 본업에만 정신을 오로지하게 하라."라고 하여 의관 보호에 세심한 배려를 아끼지 않았다.

이런 흐름 속에서 세조 12년(1466) 6월 13일에 8도에 구급방을 각각 두 건씩 모두 12질을 하사했다는 간단한 기록이 마지막으로 등장한다. 1466년은 훈민정음이 반포된 지 20년 뒤다. 본격적인 실용도서는 이 책이 처음이다. 고려시대 한문본 <향약구급방(1236, 고종 23)>이 나온 지 230년, <향약집성방(1433, 세종 15)>을 펴낸 지 33년의 일이다. 세조는 앞의 예에서 보듯 의서 발간에 직접 관여하여 총력을 기울였다. 이때 이미 출판을 완료하여 반포한 것이므로 앞선 의서 관련 기록이 준비 기간에 이루어진 것임을 알 수 있다.

이 책은 그 뒤로 전문직 과거시험으로 채택되어 의학 발전과 의서 보급, 질병 치료에 기여하게 된다. 성종 3년(1472) 3월 14일에 예조(禮曹)에서 의사 제조(醫司提調)와 함께 의학(醫學)을 권장하는 조건(條件)을 마련(磨鍊)하여 아뢰기를, 금년 봄의 맹삭(孟朔, 음력 4월)에는 <찬도맥(纂圖脈)>·<창진집(瘡疹集)>·<직지방(直指方)>, 여름의 맹삭(음력 7월)에는 <구급방(救急方)>·<부인대전(婦人大全)>·<득효방(得效方)>, 가을의 맹삭(음력 10월)에는 <태산집요(胎産集要)>·<동인경(銅人經)>·<화제방(和劑方)>, 겨울의 맹삭(음력 정월)에는 <본초(本草)>·<자생경(資生經)>·<십사경발휘(十四經發揮)>에 나누어 배속시켜 취재(取才)하게 건의하고 있다.

<구급간이방>은 성종의 명으로 성종 20년(1489)에 윤호(尹壕) 등이 편찬하여 활자본 8권 8책으로 간행한 의학책이다. 이 책은 세조 때의 구급방보다 훨씬 체계를 갖춘 책이면서 시골에서도 이 책만 있으면 치료할 수 있도록 한글로 언해를 해놓았다는 데 의의가 있다. 역시 원간본

은 전하지 않고 16세기 경의 복각본만이 전한다. 임란전 명종 때 어숙권 등이 왕명으로 펴낸 <고사촬요(1554, 명종 9)>의 책판 목록에 의하면, 원주, 전주, 남원, 합천, 곤양, 해주 등에 책판이 있었다 하므로 지방에서 많이 간행되었을 것이다.[13]

> 1481년(성종 12) <분류두공부시(언해)> 전 25권 간행, <삼강행실도(언
>   해)> 전 3권 1책 간행.
> 1482년(성종 13) <남명집(언해)>, <금강경삼가해> 간행.
> 1484년(성종 15) 전교서(典校署)를 다시 교서관(校書館)으로 고침.
> 1485년(성종 16) <불정심경(관음경)(언해)>, <오대진언> 간행.
> 1489년(성종 20) <구급간이방(언해)> 간행.

성종 20년(1489) 5월 30일에는 내의원 제조 영돈녕 윤호 등이 <신찬구급간이방>을 저술하였다. 내의원 제조(內醫院提調) 영돈녕(領敦寧) 윤호(尹壕) 등이 <신찬구급간이방(新撰救急簡易方)> 9권을 바치자, 전교하기를, "많이 인출(印出)하여 온 나라 모든 고을에 두루 반포함이 가하다. 또 민간의 소민(小民)들도 모두 인출한 것을 얻도록 하라."라고 하니, 윤호 등이 아뢰기를, "모든 고을에 두루 반포하기는 어려우니, 모든 도의 감사(監司)로 하여금 본도에서 개간(開刊)하여 계수관(큰 읍의 수령)이 찍어내도록 하소서."라고 하니, 전교하기를, "가하다." 하였다. 성종 20년(1489) 9월 21일(병자)에는 <구급간이방>을 올린 내의원에 상을 하사하였다. 5일 뒤인 9월 26일에는 각도 관찰사에게 <구급간이방>을 보내어 이를 인출하여 널리 펴낼 것을 명하였다.

<촌가구급방>은 말 그대로 시골에서 위급한 상황이 벌어졌을 때 처

---

13) 김치우(2007) 참조.

방할 수 있는 방문이다. 이 책은 중종 13년인 1538년에 김안국의 아우인 김정국이 펴낸 것으로 김정국이 기묘사화(1519, 중종 14)로 파직되어 고양군에서 지낼 때, 민간에서 쉽게 구할 수 있는 약재로 치료할 수 있는 방문을 모아 편찬한 1권 1책의 목판본 책이다. 원간은 김정국이 복직되어 전라도 관찰사로 가서 간행한 것인데, 현재 원간본은 없고, 함경도 함흥에서 간행된 중간본이 성암문고 소장으로 전한다.

가난한 촌민들이 손쉽게 이용할 수 있도록, 흔히 널려 있는 약재와 노인들의 경험에서 나온 여러 가지 질병치료법을 수록하여 의미가 있다. 내용을 대방과(大方科)·부인과(婦人科)·소아문(小兒門)으로 나누고, 대방과에서는 일상생활의 질병 70여 종에 대한 치료법을 기술하고, 부인과에서는 여성의 질병 24종에 대하여, 소아문에서는 아

[사진 2] 허준 집필 상상도(허준박물관, 2010)

이들의 질병 24종에 대한 치료법을 각각 기록하였다. 책머리의 '본초지부'에서는 본문에 나오는 200여 종의 약재 이름을 한글로 적어놓아, 약재 이름만을 한글로 적는 <동의보감>, <제중신편>, <방약합편> 등의 저술 전통이 되었다.

<언해구급방>은 임진왜란 직후의 절박한 질병 문제를 해결하기 위해 나온 책이다. 허준이 집필하였지만 국가적 프로젝트였다. 임진왜란 7년의 참상은 상상을 초월한 것이었다. 전쟁 막바지인 1598년 10월 8일 선조 교서에는 호서와 호남은 다른 지역보다 나은 지역임에도 일본군과 기근, 역질에 죽은 자가 열에 팔구는 된다고 기록하고 있다. 전란은 끝났지만 굶주림과 전염병이 창궐하여 사망자가 속출하였다.

  (2) 전염병, 특정 질병 치료서 : 〈간이벽온방〉(언해, 1525, 중종 20), 〈분문온
      역이해방〉(1542, 중종 37), 〈언해두창집요〉(1608, 선조 41), 〈벽온신
      방〉(1653, 효종 4), 〈두창경험방〉(언해, 헌종, 17세기 후반)

  돌림병(전염병)은 나라의 큰 골칫거리였지만 이에 대한 본격적인 대비는 조선에 와서야 이루어진다. 세종이 훈민정음을 반포한 그다음 해인 1447년에 한성(서울)에 돌림병이 크게 유행하여 공식 집계된 사망자만 457명이나 되었지만 고작 국가에서 한 일이란 귀신에게 제사지내는 일이었다. "좌찬성 황보인(皇甫仁)이 고려 숙종 때의 옛일에 따라 돌림병 귀신에게 제사지내어 예방하기를 청하니, 그대로 따랐다."라고 5월 1일 실록은 전하고 있다.14) 실제로 엿새 후인 5월 7일 동서 활인원에서 제사를 지내니 환자가 천 명이나 몰려들었다고 한다.15)

  세종은 이틀 후인 5월 9일에서야 올해 봄, 여름, 가을에 돌림병으로 죽은 자가 옛날보다 갑절이나 된다고 걱정하면서 체계적인 치료를 지

---

14) 京城疫癘大行, 人多死亡. 上命漢城府, 檢括五部死者, 四百五十七人. 又命兵曹, 令護軍五
    員把直城門, 計其人屍出門者以聞. 左贊成皇甫仁請依高麗肅宗故事, 祭瘟神以(穰)〔禳〕, 從
    之. - 세종실록, 세종 29년(1447) 5월 1일자.
15) 命漢城府, 祭五瘟神於五部, 以(穰)〔禳〕疫癘. 時東西活人院病人千餘. - 세종실록, 세
    종 29년(1447) 5월 7일자.

시한다.16) 이런 과정을 거쳐 한 달 보름이 지난 6월 24일 "각도에 돌림병 구휼하는 법이 <원육전(元六典)> · <속육전(續六典)>에 실려 있어 자세하고 완비하여 남음이 없는데, 다만 관리가 잘 살리지 못했을 뿐이니, 경들은 나의 간절하고 측은한 뜻을 본받아서 모두 기존 법에 따라 구휼하는 데에 마음을 다하여서 우리 백성으로 하여금 어질고 장수하는 나라를 이루도록 하라."라고 지시한다.

그리고 7월 3일에 서울과 외방에 돌림병을 치료하는 법을 널리 밝히었다고 하는데 자세한 기록은 나오지 않는다. 다행히 중종 때 김안국이 "급성 전염병은 전염되기 쉽고 사람이 많이들 모여 그로 인해 죽기 때문에, 세종조에서는 생명을 중히 여기고 아끼는 뜻에서 이를 이두로 번역하여 전국에 간행 반포하였는데, 지금은 희귀해졌기로 신이 또한 언해를 붙여 개간하였습니다."라고 말하는 것으로 보아 그 책은 세종 때 발간한, 이두(이어)로 풀어 쓴 책이었던 것으로 보인다.17)

이런 전염병 전문 치료책이 발간 되기 전에 <향약집성방>이 1433년에 완성되었고, 그로부터 12년만에 동양 최대의 의서인 <의방유취>가 1445년에 이미 완성되어 있었다. 그러나 이런 책들이 전염병 앞에서는 속수무책이었다. 법전에 실려 있는 대책도 자세하지 않아 별 쓸모가 없었던 것으로 보인다.

성종 때조차도 돌림병을 퍼뜨리는 귀신을 없애자는 어전 회의가 열렸을 정도다(성종 20, 1489년 12월 10일). 결국 돌림병에 대한 체계적인 치료

---

16) 論諸道監司及開城府 : "今年春夏, 京城疫癘, 死亡者倍於昔時, 道內疾疫有無, 備細訪問以啓. 若有則須愼治療, 以副予意." – 세종실록, 세종 29년(1447) 5월 9일자.

17) 如<辟瘟方>, 則瘟疫之疾, 易於傳染, 人多死傷, 故在世宗朝, 重惜人命, 飜以俚語, 印頒中外, 今則稀罕, 故臣亦加諺解以刊. 至如<瘡疹方>, 曾已翻譯開刊, 而不頒布于中外 – 중종실록, 중종 13년(1518) 4월 1일자.

대책이 마련되는 것은 중종 때 와서다. 앞서 밝힌 중종 13년인 1518년에 김안국이 돌림병 예방 치료서를 내자고 건의를 했고 중종이 받아들였다.

중종 19년인 1524년에 관서 지방(평안도 지방)에 유행성 열병(여질)이 널리 퍼지자, 중종이 이듬해 의관(醫官) 박세거(朴世擧), 김순몽(金順蒙), 유영정(劉永貞) 등을 시켜 그 치료법과 예방법을 밝히고, 설명하여 만든 책이 <간이벽온방>이다. '간이'라는 말에서 알 수 있듯이 1권 1책의 간단한 책으로 한문의 원문에 언해를 붙여 1525년에 간행하였다. 병후(病候), 약명(藥名), 치법(治法), 벽양(禳) 등을 간명하게 서술하고, 각 항목마다 언문으로 주석을 붙였다. 이때의 책은 전하지 않고, 선조 11년, 1578년에 펴낸 중간본이 전한다.

중종 20년 1525년 1월 23일의 실록은 <속벽온방>에 관한 매우 의미 있는 기록을 전하고 있어 전문을 인용해본다.

> 새로 간추려 엮은 <벽온방(辟瘟方)>을 승정원에 내리며 전교하였다.
> "이 치료서에 약명이 매우 많으니, 전례에 따라 언해하여 박아내도록 하라. 다만 박아내기를 기다리면 늦을 듯하니, 우선 베껴서 염병을 물리치는 약과 함께 함경도·평안도 등에 내려보내라. 또, <벽온방>을 박아낼 때에 색승지(色承旨)를 시켜 책 끝에 편찬의 전후 사정을 간단하게 적어 후세 사람들이 어느 때에 지은 것인지를 알게 하라. 전에 <벽온방(辟瘟方)>이 있었으니, 이것은 <속벽온방(續辟瘟方)>이라 이름지어야 하겠다."[18]
>
> ―중종 20년(1525) 1월 23일

---

18) 下新抄辟瘟方于政院曰：“此方書, 藥名甚多. 依前例, 諺解印出可也. 但待印出, 則似乎遲緩, 姑傳寫, 竝辟瘟藥, 下送于咸鏡, 平安等道. 且印出辟瘟方, 宜令色承旨, 略序首尾於篇末, 使後世, 知某時所著. 前有辟瘟方, 此則可名以續辟瘟方也.” ―중종 20년(1525) 1월 23일.

중종의 명에 보면 약명이 매우 중요하므로 반드시 언문 번역이 필요함을 강조하고 있다. 또한 인쇄 출판은 시간이 걸리므로 필사본을 먼저 만들라고 하고 있다. 국가 차원에서 언해본 필사본을 만들어 보급하였음을 보여준다. 또한 후세를 염두에 두고 책의 서지정보를 정확히 밝히라고 하면서 책 이름까지도 구체적으로 작명해주고 있어 임금이 마치 편집장과 같은 역할을 하고 있다. 그만큼 벽온방 책 발간 보급이 다급하면서도 섬세한 노력을 필요로 했음을 알 수 있다.

4개월 후인 5월 6일 정식으로 간행한 책을 널리 보급했다(頒賜辟瘟方于中外). 그다음 해인 1526년 3월 4일에는 경기, 충청, 함경, 전라도 관찰사에게 이 책의 효과를 구체적으로 보고하게 하면서 책 내용 가운데 어느 약으로 몇 사람이나 치료했는지를 보고하게 했다(辟瘟方內, 某藥救活幾人與否 馳啓). 이 책의 성격 또한 분명히 하고 있다. 이날 중종은 말하기를 "대저 질병에 걸려 사망하는 자들은 대부분 굶주리던 민중들이다."라고 하면서 더욱 신경을 쓰게 했다. 이 책은 바로 하층민을 염두에 둔 책이기에 아래와 같은 특정 단어 외에는 한글전용 언해체를 쓰고 있다.

疫癘病候
모딘 병 중후
瘟疫家先令開啓門戶以大鍋盛水二斗於堂中心用二十圓煎
瘟疫혼 지븨 드러가딕 몬져 문올 열오 큰 소틱 믈 두 말을 다마 집 가온딕셔 스므 환올 달히면(돌림병에 걸린 집에 들어갈 때는 먼저 문을 열고, 큰 솥에 물 두 말을 담아 집 가운데서 약 스무 알을 달이면)

－<簡易辟瘟方>

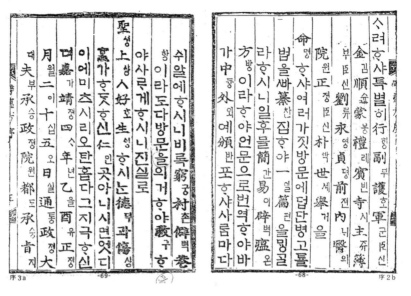

[사진 3] 간이벽온방 '서2b, 서3a'(홍문각 영인본)

이런 편찬 취지는 서문에 "언문으로 번역ㅎ야 바가 中듕外외예 頒반
포ㅎ샤 사룸마다 쉬 알에 ㅎ시니 비록 窮궁村촌僻벽巷항이라도 다 방문
을 의거ㅎ야 救ㅎ야 사르게 ㅎ시니"라고 하여 깡촌의 촌부들조차도 읽
을 수 있도록 편찬 지침을 밝혀놓았다.

더욱 중요한 것은 이 책의 편집에 앞서 <의방유취(醫方類聚)>에 적혀
있지 않은 치료 방문들을 뽑아 평안도에 보내 시험하게 하였고 치료
약을 먼저 평안도, 함경도에 보냈다. 실질적인 대책과 더불어 책을 보
급하였기에 책의 권위가 더욱 있어 보였다.

<분문온역이해방>은 1542년(중종 37)에 간행된 일종의 열병(온역) 치료
법에 관한 의서(醫書)로 활자본 1권 1책으로 되어 있다. 김안국이 왕명
으로 문세련(文世璉)·유지번(柳之蕃) 등과 함께 여러 책 중에서 간단한

치료법과 구비하기 쉬운 약을 가려 구초(舊抄) 60여 방(方)에 다시 40여 방을 첨부하여 편찬한 것이다. 진양(鎭禳)·불상전염(不相傳染)·복약(服藥)·노복(勞服) 등의 4문(四門)으로 나누고, 이어 약 이름과 채취법을 더하여 모두 한글로 번역하여 만든 것으로, 약초 채취법까지 더해 비상시 자율 대책이 되도록 한 점도 이 책의 장점이다.

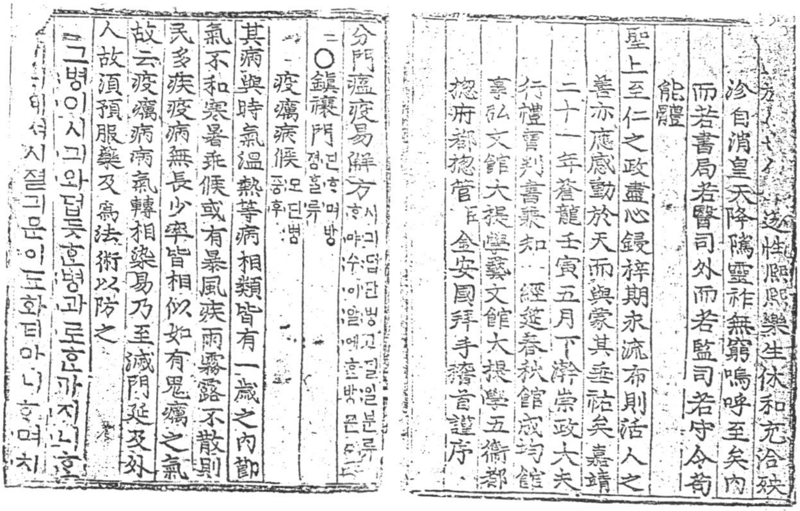
沴自消皇天降隲靈祚無窮嗚呼至矣內
而若書局若醫司外而若監司若守令苟
能體
聖上至仁之政盡心鋟梓期永流布則活人之
善亦應感動於天而與衆其垂祐矣嘉靖
二十一年蒼龍壬寅五月下澣崇政大夫
行禮曹判書兼知經筵春秋館成均館
事弘文館大提學藝文館大提學五衛都
摠府都摠管臣金安國拜手稽首謹序

分門瘟疫易解方
○鎭禳門
一疫癘病候
其病與時氣溫熱等病相類皆有一歲之內節
氣不和寒暑乖候或有暴風疾雨霧露不散則
民多疾疫病無長少率皆相似如有鬼癘之氣
故云疫癘病病氣轉相染易乃至滅門延及外
人故須預服藥及爲法術以防之
그 병이 시긔와 덥듯ᄒᆞᆫ 병과로 ᄒᆞᆫ가지니 ᄒᆞᆫ
ᄒᆡ예셔 시졀 긔운이 됴화티 아니ᄒᆞ며 치

[사진 4] 본문온역이해방(영인본) 서문(2b)과 1a

[사진 4]에서 보듯이 한문과 언해를 분리하여 "그 병이 시긔와 덥듯ᄒᆞᆫ 병과로 ᄒᆞᆫ가지니 ᄒᆞᆫ ᄒᆡ예셔 시절 긔운이 됴화티 아니ᄒᆞ며 치(1a)"와 같이 언문전용체로 구성하여 읽기의 편의를 염두에 두고 편찬하였음을 알 수 있다. 1542년 6월 13일 함경도 종성(鐘城), 온성(穩城), 경원(慶源), 부령(富寧), 경성(鏡城), 경흥(慶興), 회령(會寧) 등지에 급성 전염병(온역)이 크게 번지자 이 책을 보내 치료하여 구제하게 했으므로 이를 통해 이 책의

파급 효과를 짐작할 수 있다.[19]

<벽온신방>은 <간이벽온방>과 같은 계열의 의서로 총 18장 36쪽의 얇은 책이다. 17세기 후반 효종 4년(1653)에 안경창(安景昌) 등이 왕명으로 편찬한 언해서다. 실록에 의하면, 1653년 2월 25일에, 경연 뒤에 조복양이 건의하기를 "시골 백성들이 약을 사용하는 방법을 모르고 있으니, 의원들로 하여금 <벽온속방(辟瘟俗方)> 가운데 시골 사람들이 알기 쉽고 얻기 쉬운 것을 골라 뽑아 (언문으로) 번역하게 한 다음 이를 수백 본(本) 출간하여 각 도에 나누어 보내자."라고 하여 효종이 따랐다. 그리하여 이틀 뒤인 2월 27일 예조에서 전염병에 관한 여러 가지 약방문을 뽑아 각 도에 보냈다.

<벽온신방>은 민간요법을 다룬 만큼 다음과 같이 민간에서 손쉽게 치료할 수 있는 치료법과 비물리적인 민간 속설까지 소개하고 있다.

> 녹두죽은 시병 열흐믈 고티니 죽 쑤어 머그라 무근 니뿔 달힌 믈과 싱동출 달힌 믈이 쏘훈 됴흐니라 시병의 양지흐는 법이라 네 조를 블근 거스로 크게 써 문 두 편의 브티라 <辟瘟, 12b>
>
> 수릿날 뿍으로 사롬 밍그라 우희 둘면 됴흐니라 아촌설날 밤의 대를 뜰 가온대 틱오면 됴흐니라 칠월 칠일에 스나희는 콩 닐곱을 숨끼고 계집은 폿 두닐곱을 숨기면 됴흐니라 <辟瘟, 15a>
>
> 쏘 병흐는 집의 드러갈 제 거름을 종용히 흐고 왼편으로 드러가되 스나희 병은 모딘 긔운이 입으로셔 나고 계집은 모딘 긔운이 음문으로셔 나느니 서르 디흐여 안쩌나 닐거나 홀 제 등으로 향흐여 안즈라 <辟瘟, 16a>

19) 咸鏡道鍾城, 穩城, 慶源, 富寧, 鏡城, 慶興, 會寧等邑, 癘疫熾發, 溫疫易解方, 下送救療. -중종 37년(1542) 6월 13일.

'두창(痘瘡)'은 '천연두, 마마'라고 하는 병으로 조선시대 때는 '대역' 이라 할 만큼 중한 병이었다. 한때 전 세계 사망 원인의 10%를 차지할 정도였고, 사라진 질병으로 선언된 것이 1979년이었으므로 근세까지도 매우 무서운 질병이었다. 그만큼 전통 한의학에서 중요하게 다뤄왔지 만 언해서가 처음으로 발간된 것은 임진왜란 후인 선조 41년, 1608년 에 허준의 <언해두창집요>에서다. 의학 전문 지식과 언문 실력이 모 두 필요한 작업이었으므로 허준 같은 이에게만 가능한 일이었다.20) 원 래 <태산집>, <두창집>, <구급방> 등이 전해왔지만 임진왜란을 거치 면서 모두 소실되었으므로 선조는 허준에게 관련 책을 다시 펴내게 한 것이다. 모두 부녀자 등에게도 널리 보급하기 위하여 언해하여 간행하 였다.

<두창경험방>은 저자와 간행 연도가 불분명한 1권 1책의 약방문 수 록 책이다. 다만 관련 자료와 여러 맥락으로 헌종 때인 17세기 후반에 박진희(朴震禧)가 엮은 것으로 추론한다.

(3) 임신 육아 관련 의료서 : 〈언해태산집요〉

세종은 훈민정음 창제 9년 전인 1434년에 임신과 아기 낳기에 관한 <태산요록(胎産要錄)>을 노중례(盧重禮)에게 명하여 펴냈다. 그래서 3월 5 일에 "상권에는 임신과 육아에 관한 교양 지식을 상세히 논하고, 하권 에는 아기의 보호 육성법을 구체적으로 기록하였는데, 주자소(鑄字所)로 하여금 이를 인쇄하여 반포하게 하였다."21)라고 하였다. 이 책은 오늘

---

20) <언해두창집요>에 대한 서지 종합 연구는 김중권(1994나), 강순애(2000)에서 이루 어졌다.

21) 命判典醫監事盧重禮, 編 <胎産要錄>, 上卷詳論胞胎敎養之法, 下卷具載嬰兒將護之術,

날 전하지 않지만 성종 3년(1472)에는 의원 과거시험에서 <태산집요>를
보았다는 기록(3월 14일)으로 보아 한문본 관련 서적은 계속 발간되었을
것이다.

이러한 한문본 임신, 육아 전문서가 선조 때 와서야 허준이 언해하
여 간행되었다. <언해태산집요(諺解胎産集要)>는 허준이 선조 41년인
1608년에 선조의 명을 받아 편찬하고 내의원(內醫院)에서 간행한 임신과
출산 전문 의서다. 허준은 익히 알려진 대로 뛰어난 의술에 풍부한 의
학 지식에다 언문 실력까지 두루 갖추어 이런 책을 스스로 펴낼 수 있
었다.[22]

脉經曰 婦人有孕 令人摸之 如覆盃者則男也 如肘頸參差起者女也(10a)
　믹경의 굴오디 겨집이 잉티ᄒ엿거든 사ᄅᆞᆷ ᄒ여 모지라 잔 어픈 ᄃᆞᆺᄒ
　ᄂᆞᆫ ᄉᆞ나희오 풀 고븐 더ᄀ러티 머흐러 내와ᄃᆞᄂᆞᆫ 겨집이라(10a-10b)

이 책은 전문성과 대중성을 두루 갖춘 책이지만 편집 체제는 대중
의료서인 <벽온방류>와 같이 한문 원문과 언문전용체를 병행한 쉬운
체제로 되어 있다. 이 책은 최미현(2009가)이 상세하게 밝힌 바와 같이
<동의보감(東醫寶鑑)>을 집필하던 중에 간행하여 <동의보감>의 내용과
도 겹친다. <동의보감>은 선조 29년인 1596년에 집필을 시작하여 광
해군 5년인 1613년에 완성되었기 때문이다. <동의보감>이 한문본이어
서 <언해태산집요>와 같은 언문 언해서가 더욱 가치 있어 보인다. 수
록 내용은 다음과 같다.

令鑄字所模印頒行. - 세종 16년(1434) 3월 5일.
22) 선조 37년(1604) 7월 2일자 기록에 의하면, "허준은 모든 서적에 박통하고 약물을
　사용함이 노련하다(許浚, 博通諸書, 老於用藥."라고 하였다. (선조실록)

<諺解胎産集要目錄>

(1) 求嗣 －固本健陽丹 / 五子衍宗丸 / 溫經湯一名調經散 / 調經種玉湯 / 如
金丹一名玉鑰啓榮丸 / 百子建中丸一名百子附歸丸 / 戊戌酒 / 單方二 /
灸法一

(2) 孕胎 －十月胎形

(3) 태맥

(4) 驗胎 －神方驗胎散 / 驗胎法 / 艾醋湯

(5) 辨男女法無方

(6) 轉女爲男法 －單方六

(7) 惡阻 －人參橘皮湯一名參橘散 / 白尤散

(8) 禁忌無方

(9) 將理無方

(10) 通治 －芎歸湯一名佛手散 / 益母丸一名濟陰丹 / 返魂丹 / 四物湯

(11) 安胎 －獨聖散一名安胎散 / 膠艾湯 / 安胎飮 / 葱白湯 / 葱粥 / 治法一 /
單方一

(12) 欲産候無方

(13) 保産 －十産候[23] / 霹靂丹 / 如神散一名神驗散 / 催生如聖散一名黑神
散 / 催生丹 / 三退散一名催生散 / 紫蘇飮一名縮胎飮 一名達生散 / 如
聖膏 / 治法一 / 禳法三

(14) 半産 －芩尤湯 / 安胎丸 / 單方一

(15) 察色驗胎生死無方

(16) 下死胎 －香桂散 / 治法二 / 單方一

(17) 下胞衣 －治法二 / 禳法一

⑷ 구황류 : 〈구황촬요〉(1544, 명종 9)와 〈(신간)구황촬요〉(1660, 현종 1)

두 책은 제목은 같지만 〈(신간)구황촬요〉는 〈구황촬요〉를 신속이

---

23) 〈언해태산집요〉의 목록에 '十産候'가 '保産'의 하위 항목으로 포함되어 있으나
본문 속에서는 따로 독립되어 있다.

100년만에 개정 증보한 책이다.[24] '촬요'는 그야말로 요긴한 것을 간단하게 추려놓았다는 것이므로 <구황촬요>는 27쪽밖에 안 되는 책으로 흉년이 들었을 때 굶주림에 대처할 수 있는 방법을 모아놓은 1권 1책의 언해서다. 복잡한 주석도 없고 한글전용체 언해문이어서 예상 독자층과 이 책의 성격을 짐작할 수 있다. 하층민을 염두에 둔 책이고 긴박한 상황에서 살아남는 법이므로 간결하고 쉬운 문체로 되어 있다.

문정왕후가 섭정을 하던 명종 9년(1554) 11월 25일자에 이르기를, 이 책은 세종 때의 <구황벽곡방(救荒辟穀方)>을 근래에 들어 가장 요긴한 것들을 가려 뽑아 방문(方文)으로 만들어 언문으로 번역하여 온 나라에 반포하여 집집마다 알게 한 것이라고 한다. 그런데 요사이 흉년이 들었는데 관리들은 태만하고 백성들은 먹여주기만을 바라다가 마침내는 도랑에 뒹굴고 서울 사람들은 사치스러우니 이 책의 방문을 잘 지키게 하자고 진휼청이 건의하고 있다.[25]

이 책은 승지 이택차(李澤次)의 진언에 따라 왕명으로 세종이 편찬했다는 <구황벽곡방(救荒辟穀方)> 중에서 중요한 부분을 가려 뽑아 언문으로 번역, 원문과 함께 진휼청에서 간행한 것이다. 이 책은 11문(門) 20항으로 되어 있다. 굶주려 죽게 된 사람을 살리는 법, 굶주려 부황이 난 사람을 고치는 법, 솔잎가루를 만드는 법, 느릅나무 진을 얻는 법, 느

---

24) <구황촬요>와 <신간구황촬요>에 대한 세밀한 서지정보와 각종 고증은 서종학 (1986)에서 이루어진 바 있다.

25) 賑恤廳啓曰 : "蓄穀賑飢, 雖爲救荒之本, 穀乏民飢, 則不可坐視而莫爲之所. 我世宗大王旣著<救荒辟穀方>, 又以備荒之物, 載諸<經濟大典>, 以救萬世蒼生之命, 可謂至矣. 邇者連歲大侵, 湖嶺二南尤甚. 國家遣使賑救, 又抄救荒之最要者, 集爲一方, 翻以諺字, 名曰<救荒撮要>, 印布中外, 使家諭戶曉, 斯實救民良方. 近來吏慢民頑, 不究荒政, 歲一失稔, 人且喁顒望哺, 終顚溝壑, 而京城則習尙侈靡, 尤以粥溢爲羞, 朝餐美食, 暮已絕炊. 今此良方, 若不嚴飭, 則復廢不行. 請遍諭中外, 使人無不諳解." 上從之. ─ 명종 9년 (1554) 11월 25일.

릅나무 껍질로 떡을 만드는 법, 장 담그는 법, 솔잎을 가공하여 죽을 만드는 법, 솔잎가루와 콩가루를 섞어 구황식을 만드는 법, 겉보리·쌀·조피 등을 섞어 가루를 얻는 법, 메밀과 콩·콩잎을 이용하여 구황식을 만드는 법을 간략하게 설명하고 있다.

<구황촬요>는 일종의 전근대적인 구휼서다. 쉽게 말해 이 책은 위기에 처했을 때 국가의 도움 없이 살아남은 법을 기술한 책이다. 근대적인 복지 개념의 책이 아니라 민간 자율의 구제책에 가깝다. 진휼청 관리들이 이 책의 효용성이 제대로 먹혀들지 않음을 걱정한 것은 당연한 현실이었을 것이다. 여기서 진휼청 관리들이 관리들의 태만과 백성의 게으름을 같이 논하고 있음을 주목해야 한다. 이 책이 비록 언해된 책으로 집집마다 보급되었다 하더라도 일반 백성들이 굶주림을 벗어나기 위해 이 책을 참고하는 상황은 상상하기 어렵다.

따라서 이 책은 양면적인 평가가 가능하다. 국가가 기근에 대한 국가 정책의 한계를 인정함과 동시에 진휼책의 보조 수단으로 삼는 일종의 지침서였던 것이다. 그러나 이 책의 내용을 보면 오늘날의 응급조치법, 값싼 비상 식품 조리법과 같은 생활의 지혜를 모았음을 알 수 있다. 국가의 일방적인 복지는 지금도 어렵거니와 그 당시로 보면 보조 진휼 정책으로서는 최선의 방법이었던 것이다. 또한 심각한 기근 상황이라 하더라도 간단한 구제 방법이 있는데, 이를 모르고 숱한 사람들이 죽어가는 상황이었으므로 이 책 내용의 가치는 매우 절실하고 소중했던 것이다. 문제는 관리들의 태만으로 이조차도 제대로 교육되지 않는 상황이다.

굶주림의 문제는 비상 때가 아니더라도 가난한 나라에서는 연례 행사였다. 우리도 보릿고개로 상징되는 굶주림의 국가적 고난을 완전히

벗어난 지가 50년이 되지 않았고 북한의 굶주림 문제는 세계적 관심사
가 되고 있을 정도다. 1660년(현종 1)에 이 책에 대한 증보가 이루어진
것은 이런 문제가 지속되었으며, 매우 심각했음을 보여준다.

서원 현감이었던 신속(申洬, 1600~1661)이 현민들의 문제를 해결하기 위
해 자신이 엮은 <구황보유방(救荒補遺方)>과 본래의 <구황촬요>를 합본
하여 <(신간)구황촬요(新刊救荒撮要)>를 간행했다. 당대의 대학자이자 권력
가인 송시열의 서문이 붙어 있어 이 책의 가치를 높여주었다.[26]

신속은 훈민정음 1등 공신인 신숙주의 후손으로 구황촬요를 펴낸
지 4년 뒤인, 1655년(효종 6) 공주목사로 재직하고 있을 때 농서를 쉽게
구할 수 없는 농민들이 어려움을 겪는 것을 보고 <권농문(勸農文)>,
<금양잡록(衿陽雜錄)>, <사시찬요(四時纂要)> 등을 참고하여 <농가집성(農
家集成)>을 편찬하여 보급하였다. 효종이 이 책을 보고 호피를 하사할
정도로 대단한 업적으로 평가되었다.

<(신간)구황촬요>는 사실 <구황촬요>에 대한 단순 증보 수준을 넘
는다. 그가 직접 엮은 <구황보유방>에 <구황촬요>보다 더욱 상세한
조리법과 음식 재료들이 설명되어 있기 때문이다. 찹쌀 1되와 술 3되
를 조리하여 이것으로 1개월을 견디는 법, 청량미(靑粱米) 1말과 쓴술 1
말로 3개월을 견디는 법, 무씨로 주림을 견디는 법 등 좀 더 절실하면
서 매우 요긴한 구황 전략이 기술되어 있다. 또한 <벽곡절식방(辟穀絶食
方)>에서는 검은콩 등을 재료로 식량을 절약하는 법과 추위를 견디기
위한 요리법, 소금·콩·밀·누룩·조 등을 재료로 간장을 담그는 법
과 적선소주(謫仙燒酒)를 빚는 법까지 기록되어 있다.

---

26) 송시열은 <삼방촬요>라는 의서를 남긴 의학 전문가이기도 하다.(김남일, 2011 :
34~38)

결국 이 책은 100년 전의 책을 증보함으로써 조선시대의 음식문화, 구황의 역사 등을 일관되게 서술하는 효과를 가져왔다. 단지 구황 수준을 넘어서 음식 조리 수준으로 나아가 언해서의 효용성과 활용도를 높였다는 데 의미가 있다. <구황촬요>가 국가 차원의 보급책이었다면 <(신간)구황촬요>는 현지 관리가 생생한 경험을 바탕으로 증보한 것이어서 효용성과 보급 차원을 한층 높인 책이었다.

(5) 법의학서 : 〈증수무원록언해〉

각종 범죄 사건의 과학적 수사에 법의학 지식이 매우 중요함은 이제 두루 알려진 사실이다. 이를 소재로 한 드라마나 책이 매우 인기를 끌곤 한다. 조선시대 때도 "네 죄를 네가 알렸다."로 상징되는 비과학적 수사도 있었지만 현대의 과학적 수사 못지않은 제도와 관행이 있었다. 그 중심에 법의학서인 <증수무원록언해>가 있다.

이 책은 정조 20년인 1796년에서야 발간되었다. 실용서 언해가 늦은 대표적 사례에 꼽힌다. 물론 이 책의 뿌리인 <신주무원록>은 죄인의 억울한 사정을 훈민정음 창제의 동기 가운데 하나로 삼았던 세종 때, 훈민정음 창제 3년 전인 세종 22년 1440년에 발간되었다. <증수무원록언해> 연구의 대표적인 연구자인 정재영(1999), 김호(2003) 등에 의거하여 책의 흐름을 밝히면 다음과 같다.

　　　<무원록(無冤錄)[27](원나라, 왕여)>
　　　→ 세종 1년 명나라본 수입 → 세종 22년(1440) : <신주무원록(新註無

---

27) 송나라 때의 <세원록(洗冤錄)>, <평원록(平冤錄)>, <결안정식(結案程式)> 등의 법의학서들을 발췌 편집한 책.

冤錄)(최치운 등 주석)>28)

　　→ 영조(英祖) 1748년 : <증수무원록(增修無冤錄)> 구택규(具宅奎)가 증
수(增修)하고 구윤명(具允明)이 보주(補註)

　　→ 정조 14년(1790) : <증수무원록대전>을 서유린에게 언해하도록 지시

　　→ 정조 16년(1792); <증수무원록>과 <무원록언해> 교서관(校書館)에
서 간행 지시

　　→ 정조 20년(1796) : <증수무원록대전>과 <증수무원록언해> 실제 간
행(교정과 번역 : 서유린(徐有隣), 원서 2권, 언해 2권)29)

언해 책은 늦게 나왔으나 본 책은 세종 때부터 활용되어 온 셈이다.
이 책의 가치와 취지는 다음과 같은 흐름을 보면 잘 알 수 있다.

　　(1) 우리나라 말이 중국과 달라 한자와는 서로 통하지 않으므로 <u>어리
석은 백성이 말하고자 하는 바가 있어도 끝내 제 뜻을 펴지 못하는 사람
이 많으니라.</u> 내가 이것을 가엾게 여겨 새로 스물여덟 글자를 만드니,
모든 사람들로 하여금 쉽게 익혀서 날마다 쓰는 데 편하게 하고자 할
따름이니라.

　　　　　　　　　　　　　　　　　　　　　　　　　　－1443년 세종 서문

　　(2) 전하께서 말씀하시길 "사형 집행에 대한 법 판결문을 이두문자로
쓴다면, 글뜻을 알지 못하는 어리석은 백성이 한 글자의 착오로도 원통
함을 당할 수도 있으나, 이제 그 말을 언문으로 직접 써서 읽어 듣게 하
면, 비록 지극히 어리석은 사람일지라도 모두 다 쉽게 알아들어서 억울
함을 품을 자가 없을 것이다."라고 하오나 예로부터 중국은 말과 글이

---

28) 세종은 최치운(崔致雲), 이세형(李世衡), 변효문(卞孝文), 김황(金滉) 등에게 시켜 명
　　나라에서 발간된 <무원록(無冤錄)>의 중간본을 저본으로 하고 <세원록>과 <평
　　원록> 등을 참고하여 세종 20년(1438) 11월부터 <신주무원록(新註無冤錄)>을 편찬
　　하게 하였다. 세종 22년(1440)에 간행되었다.

29) 弘齋全書 卷184 羣書標記6 增修無冤錄, 無冤錄諺解. 정조실록 16년 11월 20일. [四庫
　　全書總目提要 卷101 子部11 法家類存目]

같아도 죄인을 심문하거나 심의를 해주는 사이에 억울하게 원한을 품는 사람들이 아주 많습니다. 가령 우리나라로 말하더라도 옥에 갇혀 있는 죄수로서 이두를 아는 자가 직접 공술문을 읽고서 그것이 거짓인 줄을 알면서도 매를 견디지 못하여 거짓말로 자복하는 자가 많사옵니다. 이런 경우는 공술문의 뜻을 알지 못해서 억울한 죄를 뒤집어쓰는 것이 아니라는 것을 명백하게 알 수 있습니다. 만약 그렇다면 비록 언문을 쓴다 할지라도 이와 다를 것이 무엇이겠습니까? 여기에서 범죄사건을 공평히 처결하고 못하는 것은 법을 맡은 관리가 어떤가에 달려 있으며 말과 글이 같고 같지 않은 데 달려 있는 것이 아니라는 것을 알 수 있습니다. 그런데도 언문을 사용해야 처결 문건을 공평하게 할 수 있다는데 대해서는 신 등은 그것이 옳다고 보지 않사옵니다. - 1444년, 최만리 대표 갑자상소

(3) 대저 <무원록>은 형옥(刑獄)을 다스리는 자의 지남(指南)이다. 만일 초. 복검이 한번 실착(失錯)하면 비록 고요로 하여금 다스리도록 하더라도 반드시 그 요령(要領)을 얻기는 어려울 것이다. 형옥(刑獄)의 어그러짐이 대개 이로 말미암는 것이다. 오직 우리 주상(主上) 전하께서 이를 깊이 생각하시고 문신(文臣)들에게 명하여 <고주무원록>을 가져다가 다시 살피고 훈석(訓釋)을 가하도록 하고, 또 <검시격례>와 <법식(法式)>을 따로 인쇄하도록 하였다. 그렇게 한 연후에 비로소 책을 열어 보니 일목요연하기가 손바닥을 보는 것 같았다. 때는 기미년 봄, 강원도 감사 유효통에게 명하여 이를 인쇄하여 널리 반포하도록 하므로 공장(工匠)과 목재를 모아들여 장차 원주에서 간행하려고 했으나 당시에 농무(農務)가 점차 많아지므로 일을 마무리하지 못하고 체직(遞職)되었다. 신 최만리가 이를 계승하여 늦은 가을에 일을 시작하여 늦겨울에 일을 마치게 되었다. 오호라. 이 책이 원래 원(元)나라에서 만들어진 것이지만 이제 조선에서 주해를 달자 명백해지게 된 것이다. 형옥(刑獄)을 다스리는 자들이 진심을 다해 이에 근거하여 검험한다면 거의 적중하고 백성들이 원통함이 없게 할 수 있을 것이다. 이로써 임금의 백성을 사랑하고 형률을 신중하게 하려는 뜻에 부합할 수 있는 것이다.

경신(庚申) 봄 정월에 통정대부강원도관찰출척사겸병마절제사겸감창
안집전운권농관학사제조형옥공사지초토영전사(通政大夫江原道觀察黜陟
使兼兵馬節制使兼監倉安集轉運勸農官學事提調刑獄公事知招討營田事)　신
최만리(崔萬理) 삼가 머리 숙여 지음.

— 1440년[30)

　　(3)이 제일 먼저 나온 글이다. (3)은 세종의 의지와 최만리의 생각이
결합된 발문이다. 이 책은 죄인을 다스리는 관리가 보는 책이지만 제
대로 된 수사를 통해 억울한 죄인이 생기지 않게 하겠다는 의지가 잘
반영되어 있다. <신주무원록>은 훈민정음 창제 과정에서 그것도 3년
전에 나온 책이므로 이 책의 취지가 세종 서문에 반영되어 있음을 알
수 있다. 이 책의 발문을 지은 최만리가 비슷한 취지의 내용을 훈민정
음 반포 반대 갑자 상소에 밝히고 있다. 세종이나 최만리나 똑같이 올
바른 수사와 억울한 죄인이 생기지 않게 해야 한다는 점은 동의하고
있다. 다만 최만리는 죄인도 읽고 쓸 수 있는 문자 자체가 중요하지 않
고 오히려 부작용이 있을 것이라고 한 점이 세종과 달랐다.

　　억울한 죄인을 막아야 한다는 민본주의적 법률과 의학 지식 접근 전
략은 <증수무원록언해>의 구윤명 발문에도 그대로 이어지고 있다.[31)
여기서 더욱 강조하는 것은 법률적 지식의 중요성이다. 의학적 지식을
엄밀한 법률적 지식의 테두리 안에 넣음으로써 좀 더 정확한 지식 전
달을 위한 언해본의 취지를 더욱 잘 드러내고 있다.

　　증수무원록언해는 "1. 시체를 검안하는 방식, 2. 관문식(關文式), 3. 시

---

30) 세종은 1440년 정월에 집현전에서 강원도 관찰사로 가 있던 최만리에게 명하여 발
　　문을 쓰게 하고, 원주 감영(原州監營)에서 초판을 발행하였다. 칠 년 뒤 재판을 발행
　　할 때에는 교수관 승훈랑(敎授官承訓郞) 직성(直城) 손조서(孫肇瑞)가 발문을 썼다.
31) 정재영(2000)에서 전문을 번역해놓았다.

체의 검안, 4. 시장식(屍帳式), 5. 검험을 면제하는 경우, 6. 증빙할 근거가 없는 시체의 검험, 7. 관을 열고 검시하는 경우, 8. 궤란(潰爛)한 사체(상하여 썩은 시체), 9. 사계절에 따른 사체의 변동, 10. 시체를 씻기고 의복 등으로 덮는 방법" 등 수십 가지의 사체 검시를 중심으로 한 극악 범죄 관련 내용을 담고 있다. 섬세한 신체 용어와 정밀한 의학 용어가 빼곡한 일종의 전문 의학서와 법률서를 합쳐놓은 책이다. 그 어느 책보다 언해가 절실한 책이었으며 신주무원록이 나온 지 350여 년 만에 민본주의 의학서를 완성한 셈이다. 이러한 의학서의 전통은 1905년에 새로운 <형법>이 반포된 이후에도 중요한 준거 자료로 활용되었다.

정재영(2000 : 203)에서 "<증수무원록대전>과 <증수무원록언해>는 우리나라 법의학사에 일획을 긋는 중요한 의미를 지니고 있을 뿐 아니라, 세계적으로도 빼어난 법의학서다."라는 평가는 이 책의 가치를 집약적으로 보여준다.

(6) 종합의서 : 〈동의보감〉(1613, 광해군 5), 〈제중신편〉(1799, 정조 23), 〈방약합편〉(1885, 고종 22)

세 책 모두 한문본이지만 약재 명칭을 한글로 표기했다는 공통점을 지닌다. 각각 17세기, 18세기, 19세기를 대표하는 종합의서들이다. <제중신편>과 <방약합편>은 그 뿌리가 <동의보감>이므로 같은 계열의 책들로서 제한적이지만 부분적으로 한글의 가치를 드러내주는 책들이다.

<동의보감>은 허준이 선조의 명으로 편찬을 시작하여 1613년(광해군 5)에 내의원에서 25권 25책으로 간행한 한의서다. 완성은 1610년(광해군 2) 8월 6일에 이루어졌으나 간행하기까지 3년이 걸린 셈이다. 한문으로

저술되었지만 이 중 탕액편 3권 3책은 약물 명을 한글로 써놓아 그것 자체가 대단한 자료적 가치를 제공해준다. 한글로 쓰인 향약명이 약 640개나 된다. 생명과 직결되는 향약명이었기에 이러한 기록이 더욱 소중하다. 이 책 역시 이본이 많다는 것은 그만큼 많이 읽혔다는 것이다.

<제중신편(濟衆新編)>은 정조 23년, 1799년 강명길이 정조 명으로 활자본 8권 5책으로 간행한 의서다. 제중신편에 대한 연구는 이정화(2010)에서 집약적으로 이루어졌다.

이 책은 허준의 <동의보감>을 현실에 맞춰 수정 보완하여 매우 필요한 것만 모아 원편 8권과 목록 1권을 합해 9권으로 간행하였다. 이정화(2010 : 167~172)에서는 향약명의 한글 표기가 거의 일치함을 부록으로 제시하고 있다. <제중신편>의 권지팔(卷之八)은 약성가(藥性歌)로, 중요한 약물의 효용을 4언 4구로 엮어서 마치 노랫가락처럼 기억하기 쉽게 한 것으로 모두 386수가 실려 있다. 386수, 한 수 한 수마다 그 아래에 작은 글자의 한글로 약물명을 쓰고 있다. 정확성과 대중성을 살린 가치가 있다.

<방약합편>은 갑신정변이 일어나던 1884년에 황도연이 지은 <의방활투(醫方活套)>와 <손익본초(損益本草)>를 합하여, 그의 아들 황필수가 불분권 1책의 목판본으로 간행한 의서다. 이 책 역시 한글로 쓰인 415개의 향약 이름이 실려 있어 <동의보감>, <제중신편>과 같은 맥락을 보여준다. 또한 <제중신편>처럼 조선 말기의 시대적 흐름에 따른 실용적, 자주적 치료 전략을 담고 있다.

(7) 동물치료 : ⟨우마양저염역치료방⟩(1541, 중종 36), ⟨마경초집언해⟩(1682, 숙종 8)

조선시대 통틀어 동물 질병과 치료에 관한 책은 딱 두 권이 나와 있다. ⟨우마양저염역치료방⟩은 제목 그대로 소, 말, 양(염소), 돼지 등의 가축에서 발생하는 전염병에 대한 치료서다. ⟨마경초집언해⟩는 수의학서다.

⟨우마양저염역치료방⟩은 한문 원문으로 된 방문별로 이두 번역과 한글 번역이 함께 실려 있는 매우 특이한 체제로 되어 있다. 언해 부분은 한글전용체로 되어 있어 최대한 대중성을 고려하였다.

⟨마경초집언해⟩는 중국 수의학서인 ⟨신편집성마의방⟩과 마사문(馬師文)의 ⟨마경대전⟩에서 가려 뽑아 언해한 책이다. 흔히 ⟨마경언해⟩로 불리는 2권 2책으로, 활자본과 목판본이 모두 전한다.

각 권 앞에는 내용 목록이 나오고 이어서 본문이 배치되었다. 본문은 한문으로 된 원문에 그 한자의 한자음과 토를 단 부분이 큰 글자로 되어 있고 한 행에 두 자씩 작은 글자로 언해문을 달고 있다.

농업 관련 언해서가 단 한 권도 없지만 축산업 관련 언해서가 조선 전후기로 각 한 권씩 있어 축산업 분야에 많은 도움을 주었을 것이다.

2) 농서 관련 한글문헌의 역사적 의미

가장 먼저 언해서가 나올 법한 농서 분야에서 실제 언해서는 나오지 않았다. 따라서 여기서의 한글문헌은 곡식명 따위가 한글로 표기된 매우 제한적인 한글 관련 문헌이다. 그래서인지 이 분야의 훈민정음 관련 연구는 매우 적다. 염정섭(2000)에서 조선시대 농서에 대한 총체적인 규명이 이루어졌고, 국어학적 연구는 정철주(1993), 손혜선(1996)에서와 같은 표기와 음운론 연구가 있으나 관련 연구는 매우 적다.

세종 1429년에 정초(鄭招)가 왕명을 받아 저술한 <농사직설(農事直說)> 서문을 보면, "농업은 천하의 모든 국가의 근본이다. 그래서 지혜로운 임금은 그 누구도 농업에 힘쓰지 않은 이가 없었다(農者天下國家之大本也 自古聖王 莫不以是爲務焉)."라고 밝히고 있다. 조선은 '사농공상'의 나라라 하여 사대부 다음으로 농업 분야를 우대하여 공업이나 상업보다 더 중요하게 여겼다. 사대부들조차도 그들이 직접 일을 안 했을 뿐이지 많은 토지를 통해 농사를 병행한 것이나 다름이 없다. 굳이 이런 자리매김이 아니더라도 먹고사는 문제야말로 생존의 문제이므로 천하 제일의 근본이 되지 않을 일이 없다.

그러나 실상은 조선 후기로 오면 그렇지 못했다. 정약용은 상소를 통해 "엎드려 신은 가만히 생각하기를 농사가 다른 일보다 못한 것이 세 가지가 있는데, 그 대우가 선비들만 못하고, 이익이 상업만 못하고, 편안하기가 공업만 못한 것이 그것입니다."라고 하여 실제로는 농업이 상업과 공업보다 천시되고 있음을 탄식하였다. 이러한 흐름 속에서 농사에 관한 책들이 얼마나 발간되었으며 그 가운데 한글 관련 책들의 비중은 어떠하며 그 영향력은 어떠했는가이다.

농사 그 자체가 문제가 아니라 농사에 관한 정확하고 풍부한 지식이 문제였던 것이다. 그래서 하위지는 <권농교서(勸農敎書)>에서 "무릇 농가의 일은 시기를 일찍 서두른 자는 소득이 또한 이르고, 힘을 많이 쓴 자는 수확이 역시 많아지는 것이다. 그러므로 농정(農政)의 중요한 것은 오직 때를 어기지 않고 힘을 빼앗지 않는 데에 있을 뿐이다."라고 하여 농정의 중요성이 정확한 농사 지식에 있음을 갈파했다. 문학가로서

'과농소초'라는 농서를 남긴 박지원은 "토질에 따라 거두는 방법이 다르고 곡식에 따라 심는 조건이 같지 않은데 농사에 관한 지혜를 농군에게만 맡겨두고 토지 이용의 효율적 방안이 무엇인가를 알지 못하고 있으니 백성들이 어찌 기근을 면할 수가 있겠는가."라고 하여 <홍범우익서(洪範羽翼序)>에서 농사 지식을 강조하고 있다. 조선시대 내내 농사 문제는 중요한 정치 문제였고 실용 지식인들의 고민이었다.

농업은 먹고사는 문제와 토지 소유와 같은 부와 권력과 직접 연관되므로 어느 시대든 매우 중요했다. 조선 태조가 새 왕조 건국과 더불어 전제 개혁을 제일 먼저 단행한 것은 바로 그런 이유 때문이다. 농업의 생산성도 높이고 토지에 얽힌 권력 문제도 해결하기 위해 가장 시급한 것이 토지 관련 제도인 것이다.

조선은 농업의 생산성을 높이기 위해서라도 자주적 농업 기술 개량이 절실하였다. 고려시대까지만 하더라도 민간의 자율적 농사 지식 외 공적 지식은 주로 중국식 농업 지식에 의존하였다. 태종 때 와서야 자주적 농업 지식을 정리하기 위한 작업이 본격화되었고 태종은 이두(향언)를 사용하여 정확하게 농사 관련 지식을 정리하게 하였다. 이를 계승한 세종에 의해 완성된 것이 <농사직설>이다. 이러한 자세한 내력은 정초가 지은 <농사직설> 서문에 쓰여 있고, 세종실록 11년(1429) 5월 16일자에 재수록되었다.[32]

---

32) 삼가 생각하건대 태종 공정 대왕께서 일찍이 유신(儒臣)에게 명하시어 옛날 농서로서 절실히 쓰이는 말들을 뽑아서 향언(鄕言)으로 주(註)를 붙여 판각 반포하게 하여, 백성을 가르쳐서 농사를 힘쓰게 하셨다. 우리 주상 전하께서는 명군(明君)을 계승하여 정사에 힘을 써 더욱 백성 일에 마음을 두셨다. 오방(五方)의 풍토가 같지 아니하여 곡식을 심고 가꾸는 법이 각기 적성(適性)이 있어, 옛 글과 다 같을 수 없다 하여, 여러 도(道)의 감사에게 명하여 주현의 나이든 농부들을 방문(訪問)하게 하여, 농토의 이미 시험한 증험에 따라 갖추어 아뢰게 하시고, 또 신(臣)

그다음 해인 세종 12년(1430) 2월 14일에 세종은 <농사직설>을 여러 도의 감사와 주·군·부·현과 서울 안의 시직(時職, 현직)·산직(散職) 2품 이상의 관원에게 반포하였다. 보통은 도 관찰사에게만 보내는 것이 관례였지만 이 책은 작은 시골까지 직접 배포하였고 서울 지역의 고급 관리들에게도 보급하였다. 그 당시로 보면 대량 인쇄에 의해 집중 보급되었다.

이런 노력 덕에 이 책은 농사지침서로 꾸준히 활용되었다. 세종 19년(1437) 2월 15일에는 함길도·평안도의 감사에게 이 책을 활용하여 백성들을 잘 가르쳐 경작 지도를 하고 가을에 수확량을 아뢰도록 하고 있다. 세종이 책을 통해 농사 지식을 가르치는 데 매우 고심하고 있음을 알 수 있다. 이런 배경이 훈민정음 창제 동기에 크게 작용했을 것이다. 1437년은 1432년 이두를 통한 백성 교화에 관심을 보인 지 5년 후의 일이다.

<농사직설>이 비록 한문으로 쓰여 있지만 주요 농사 지식을 자세히 풀어 쓰고 곡식명을 이두로 쓴 것은 세종이 농민들로 하여금 훤히 쉽게 알도록 독려하였기 때문이다.[33] 이러한 이두 표기가 <금양잡록(衿陽雜錄)>, <과농소초>의 곡식명을 한글로 표기하는 데로 이어졌다고 볼

초(招)와 변효문(卞孝文)과 더불어 기록물을 자세히 살펴 그 중복된 것을 버리고 그 아주 중요한 것만 뽑아서 찬집하여 한 편을 만들고 제목을 <농사직설(農事直說)>이라고 하였다. - 세종실록 11년(1429) 5월 16일자.

33) 또 차례로 주현(州縣)에 물어서 그 땅에서 이미 시험한 결과를 모아서 <농사직설(農事直說)>을 만들어 농민들로 하여금 훤히 쉽게 알도록 하기에 힘썼으며, 혹이나 농사에 이(利)로울 만한 것은 마음을 다하여 연구하여 거론하지 않은 것이 없었다. 사람들은 그 힘을 다하고 땅에는 버려둔 이(利)가 없게 되기를 기대하였는데, 백성들에게는 저축할 여유가 없어서 한번 흉년이 들면 문득 굶주린 얼굴들을 하니, 이것이 어찌 아전들이 나의 가르침을 받들어 힘써 종사하지 않음이 적기 때문이겠는가. 내가 매우 염려하는 바이다. - 세종 26년(1444) 윤7월 25일.

수 있다. 농사를 제대로 짓기 위한 농사 지식에서 곡식에 대한 정확한
명칭은 매우 중요하기에 이러한 변형적 표기는 가치가 있는 것이다.

 그렇다면 훈민정음 창제 후에 <농사직설>을 빨리 언해하지 않은 이
유는 무엇일까. 이 책은 농사짓는 사람들이 직접 보기보다는 수령이나
아전, 양반들에 의해 관리 감독하고 지시하는 것을 염두에 두었기 때
문인 것으로 보인다. 이 책의 원간본은 전하지 않지만 중간본이 <금양
잡록>과 합본되어 전한다. 이 합본은 1581년(선조 14)의 내사본으로 <금
양잡록>의 곡식 이름이 한글로 적혀 있는 것은 <농사직설>의 곡식명
이 이두로 적혀 있는 것과 같은 맥락이고 <농사직설>이 <금양잡록>
간행에 많은 영향을 주었음을 알 수 있다.

 중종 12년(1517) 2월 26일 기록에 의하면, <농사직설>로 인해 백성들
이 즐겁게 농사를 짓고 해마다 풍년이 들어 시절이 태평하게 되었다고
한다. 그 후 성종 23년에는 왕실에서 반포하고, 1656년(효종 7)에는 <농
가집성>에 포함시켜 10행본으로, 숙종 12년에는 숭정본(崇禎本)으로 각
각 간행되었다.

 <농사직설>이 2대 왕에 걸친 국가 대형프로젝트에 의한 저술인데
반해 <금양잡록>은 사대부 강희맹이 민간에서 펴낸 저술이라 색다른
의미가 있다. <금양잡록>의 저자 강희맹(姜希孟)은 <훈민정음> 해례본
집필 공로자인 강희안의 동생이다. <농사직설>이 농사에 경험이 많은
촌로들의 경험 진술에 의존한 2차 저술인 데 반해 <금양잡록>은 강희
맹이 금양(衿陽, 지금의 시흥)에 은퇴하여 직접 농촌에서 농민과의 대화를
통해 이 책을 기술하여 실증성이 높은 농사책이다. 역시 원간본이 전
하지 않아 후대에 발간된 중간본과 그의 아들의 발문 연대에 따라 발
간 연대를 1492년(성종 23)으로 추정한다. 이 책은 <농사직설>과 합본되

어 중간된 것으로 보아 이 두 책이 농사에 요긴한 대표적인 책으로 유통되었음을 알 수 있다.

<금양잡록>이 언문으로 저술되거나 국역된 것은 아니지만 곡물의 토박이말 이름을 이두와 한글로 표기한 내용이 있다. 당시에 재배되던 27종의 벼와 54종의 잡곡 등 81종의 곡식에 대하여 그 형태와 특성, 파종의 적지, 적합한 토양, 수확기와 탈곡할 때 주의할 점 등을 간결하게 논하였다. 특히, 벼농사에 역점을 두어 요령 있게 기술하고, 경작의 문제점을 구체적으로 밝히고 있어서 농사 기술의 향상에 이바지하였다고 할 수 있다. <곡품(穀品)> 부분에는 곡물명 80여 개가 이두로 표기되어 있고, 한글 표기도 '구황되소리'(救荒狄所里, 1b)와 같이 협주를 중심으로 60여 개가 실려 있다.

3) 병서

인류의 역사는 전쟁의 역사라 해도 과언이 아니지만 이와 관련된 지식이 책으로 간행되고 보급된 역사는 그리 길지 않다. 우리나라의 경우도 병서 간행이 통일신라에 와서야 이루어졌으며 오늘날 전하는 대부분의 병서류는 조선시대에 간행된 것이다. 병서류가 생존 문제와 직결된다는 중요성에 비해서는 그와 관련된 다른 분야보다 서책의 비중이 낮았다. 그래서 조선시대 때 병서 언해서 발간은 적은 양이지만 의미가 매우 크다.

병서 분류는 다양하게 이루어지지만 대중적 관점에서 볼 때 '제승방략'과 같은 군사제도, '진법'과 같은 군사훈련과 병법, '신기비결'과 같은 '무기', '무예제보'와 같은 '무예', '화성성역의궤'와 같은 방어제도, '역대병요, 징비록'과 같은 전쟁사, '병장설'과 같은 총서류로 나눌 수 있다(정해은 : 2004). 이 가운데 언해서는 군사를 대상으로 소통이 중요한 군사훈련과 병법, 무예, 무기 등에 집중되어 있다.[34]

조선시대 병서에 대한 총체적 조명은 정해은(2004)에서 이루어졌고, 한글 관련 언해 병서에 대한 종합적 연구는 이진호(2009)에서 이루어졌다. 특히 이진호(2009)에서는 병서 언해문을 현대 활자로 입력하여 부록으로 모두 실어 자료의 편의성을 높였다.

한글로 언해한 병서에 관한 최초의 기록은 임진왜란 때 나왔다. 임진왜란이 발발한 지 3년 뒤인 선조 28년, 1595년 5월 28일에 선조는 승정원에 "삼안총(三眼銃)은 적군을 막아내는 좋은 무기로 익히지 않아서는 안 된다. 입직하는 포수(砲手)들은 다음 달부터 삼안총 쏘기를 연습하여 몇 차례 돌아가서 끝맺도록 하라. 논상은 조총(鳥銃)과 같이 할 것이다. 이 내용을 회계하도록 훈련 도감에 말하라. 입직하는 살수(殺手)들을 후원에서 따로 재주를 시험하여 상을 내리고자 하는데, 어떤 사람을 시켜 시험을 관장하고 등수를 정하게 해야 할지 모르겠으며 또 살수들의 원래 수효가 얼마인지 모르겠다. 또 <살수보(殺手譜)>를 언해(諺解)하여 사람들이 쉽게 알도록 하라고 전교한 지가 벌써 오래인데 지금까지 하지 않고 있으니 매우 옳지 못한 일이다. 이 말을 훈련도감에 말하여 회계하도록 하라."라고 지시하였다.

선조는 한글의 효용성을 어느 왕 못지 않게 잘 알고 몸소 실천한 왕이다. 역대 숙원 사업이던 <사서언해>를 마무리했을 뿐 아니라 전쟁

---

34) 노영구(1998 : 303)에서는 학문적 소양이 부족한 군사들을 훈련시키기 위해 이러한 언해서가 발간되었다고 보았다.

중에 백성들을 향해 최초의 언문 교서를 내리기도 했다. 그래서인지
다급한 병기 교육에 언해서가 꼭 필요함을 인지하고 위와 같은 지시를
내린 것이다. 다만 <살수보>가 구체적으로 어떤 책인지와 실제 언해
서가 나왔는지는 그 어디에도 기록이 없다.

> (1) 훈련, 병법서 : <연병지남>(1612, 광해군 4), <진법언해>(한글, 1693, 숙종
> 19), <신간삼략언해>(1711, 숙종 37), <병학지남>(1787, 정조 11), <신간
> 증보삼략직해>(1805, 순조 5), <신간증보삼략>(1813, 순조 13)

<연병지남>은 1612년(광해군 4)에 한교(1556~1627)가 함경도 함흥에서 펴
낸 군사학 교범이다.[35] 한교가 명나라 척계광의 <기효신서>를 참고로
편찬하여 1598년(선조 31)에 <무예제보>를 펴낸 지 14년 만에 나온 책이
다. 이 책은 임진왜란 이후 조선의 군사 전략에 많은 영향을 끼친 명나
라 척계광의 <기효신서>에 바탕을 두었다. <기효신서>는 척계광이 중
국 해안 지역에서 왜군을 물리친 경험에 의해 집필된 병서였기 때문이
다. 이 <기효신서>의 효력은 명나라 군대가 1593년 1월 평양성 전투 승
리에서 그 효력이 드러났기에 이 책이 조선에 미친 영향은 지대하였다.
다행히도 이 책에 정통한 한교 노력으로 관련 언해서가 나온 것이다.

언해 방식은 한문 원문을 단락별로 끊고 원문보다 한 칸 낮추어 언
해를 하고 한문으로 필자의 견해를 덧붙였으며 이 중 <전차제(戰車制)>
는 언해가 되어 있지 않다. 아마도 이와 같은 맥락 때문에 이 책을 병
사 사용보다는 군사 지휘관용으로 평가하지만 일반 병사를 염두에 둔 저
술임에는 틀림이 없다.

---

35) 萬曆四十年(1612)七月上浣 體府標下 西北敎練官 副司果 韓嶠 書于咸山之豊沛館 - 연
병지남 권말.

<병학지남> 또한 <기효신서>를 바탕으로 하였지만, <연병지남>보다 160여 년 뒤에 나온 것이다. 군대의 조련 방법인 군사 훈련법을 간추려 뽑아 언해하였다. 이 책은 다양한 판본이 존재하며 최초 저자는 불분명하다. 그림과 함께 언해되어 17세기 이후로 우리나라 병영의 기본 지침서로 사용되어 각 병영에서 복각되기도 해 많은 이본이 전한다. 이런 사실은 그만큼 절박한 병서 언해 작업이 다양한 방식으로 이루어져 왔음을 보여주는 증거이기도 하다. 흔히 최숙이 지은 것으로 알려졌으나 규장각 해제(신중진)에서 "1686년(숙종 14)의 간기를 가진 남원 간본에 있는 최숙 발문은 최숙이 이미 있던 <병학지남(兵學指南)>에 두주(頭註)를 붙이고 권2를 언해하고, <영진총도(營陣總圖)>를 첨삭했다는 기록"이라고 지적한 것처럼 이는 수정에 따른 발문으로 보인다.

<진법언해>는 한문 원문을 싣지 않아 언해문 자체로만 보면 최초의 한글전용 단독 단행본 체제다.[36] 흔히 18세기 중엽인, 1755년(영조 31)에 나온 <천의소감언해>를 최초로 보기도 하지만 이보다 62년 앞선다. 다만 <진법언해>의 소제목은 "四한亽面면操조"와 같이 한자를 병기했다. 그러나 <천의소감언해>는 제목까지도 한글전용체다. 완전한 한글전용체로 보면 <천의소감언해>가 최초 한글전용 단행본이다.

<진법언해>는 1694년 삼도수군통제사를 지낸 최숙이 펴낸 책이다. '계유년 5월 함경감영 개간'이라는 간행기록으로 보아 1693년에 간행됐을 것이라고 추정한다. 한글전용체인 만큼 "오른편으로 가라치거든 오른편으로 가고, 앞으로 가라치거든 앞으로 가고, 뒤흐로 가라치거든 뒤흐로 가라" 등과 같은 구어체 훈련 내용을 엿볼 수 있어 더욱 가치가 높다.

---

36) 국립중앙도서관에서 온라인 원문보기를 제공하고 있다[刊寫地未詳]咸鏡監營[刊寫年未木板本).

[사진 5] 진법언해(1693)-최숙　　　　　[사진 6] 천의소감언해(1755)-영조

'삼략'은 중국의 일곱 가지 병법서인 무경칠서 가운데 하나다. 조선은 태조 즉위교서에서 무경칠서를 통한 군사 훈련을 강조할 만큼 이 책을 중요하게 여겼다. 문종은 그의 동생인 수양에게 구결을 명하여 세조 8년 10월 21일에 이르러 세조가 이르기를, "문종(文宗)께서 내가 병법을 안다고 하여 내게 명하여 구결(口訣)과 해석을 붙이게 하시었으나, 내가 권남(權擥)·홍윤성(洪允成)과 더불어 정난(靖難)에 겨를이 없어 상세히 하지 못하였는데, 이제 다시 신숙주(申叔舟)·권남·최항(崔恒)·송처관(宋處寬)·홍응(洪應) 등과 더불어 구결(口訣)을 정하고 교주(校註)하기를 명하였으니, 거의 영재(英才)를 길러 사방에 공을 거두는 데 도움이 될 것이라고 이른다."라고 하고 있다. 언해의 초석 작업이 세조 때 이루어졌음을 알 수 있다.

그러나 칠서 가운데 '삼략'의 언해서가 나온 것은 18세기다. 그동안

19세기에 나온 신간증보삼략직해(1805, 순조 5), 신간증보삼략(1813, 순조 13) 등만 알려졌으나 남권희(2002나)에 의해 신간삼략언해(1711, 숙종37)가 밝혀졌다. '삼략'은 '육도삼략'이라 할만큼 중국의 대표적인 병법서지만 <삼략>은 주로 지휘자의 정신적 자세를 논하고 있어 이와 관련된 언해서는 군사의 훈련과 직접 연관된 언해서들과 다른 성격을 지닌다.

(2) 무기류 : 〈신기비결〉, 〈화포식언해(火砲式諺解)〉와 〈신전자취염소방언해(新傳煮取焰焇方諺解)〉

<신기비결>은 한문본이지만 주요 명칭 중 일부를 한글로 병기했다. 한효순(1543~1621)이 선조 36년인 1603년에 함경도 도순찰사로 있을 때 지은 병법서로 1책이다. 이 책은 당시에 신기(神器)로 여기던 각종 화약 병기의 제작과 사용법에 대한 설명과 병법 병법론을 그 내용으로 하고 있다. 특히 권두에 대포의 14가지 부속품과 조총의 8가지 부속품의 명칭 중 일부를 "격목 다ᄋᆞᆫ 쇠몽동이"와 같이 한글로 표기했다.

<화포식언해>와 <신전자취염소방언해> 두 책 모두 이서(李曙)가 1635년(인조 13)에 펴낸 책으로 같이 합철되어 펴냈다. <화포식언해>는 총 쏘는 방법과 화약 굽는 방법을 기술한 2권 1책의 목판본 책이고 <신전자취염소방언해(新傳煮取焰焇方諺解)>는 화약(염초) 제조를 설명한 책이다. 임진왜란이 끝난 지 36년, 병자호란(1636)이 터지기 1년 전에 나온 책이다. 이서는 1636년에 병조판서를 지낼 만큼 이 분야의 전문가였고 인조 10년(1632)에는 임금에게 자강책(自强策)을 올리는 등 부국강병에 관심이 많은 관리였다.

(3) 무예 : 〈무예제보〉(1598, 선조 31), 〈무예제보번역속집〉(1610, 광해군 2), 〈무예도보통지언해〉(1790, 정조 14)

<무예제보>는 최초의 언해 병서다. 한교(韓嶠, 1556~1627)가 1598년(선조 31)에 펴낸 우리나라에서 가장 오래된 무예 서적이기도 하다. <무예제보>는 곤봉·등패·낭선·장창·당파·검 등 여섯 가지 무기의 운용법을 한문과 한글, 그리고 그림으로 설명하고 있어 마치 삼강행실도식 편집 체제를 보여주고 있어 말단 병사까지 배려한 책임을 알 수 있다. 임진왜란 끝 무렵에 나와 이 책의 발간 의도의 역사적 맥락을 짐작할 수 있다. 조선군은 일본군과의 싸움에서 근접전투에서의 무기 활용도가 떨어져 문제가 많았던 것이다. 조선은 지나치게 활쏘기에 편중된 무예 수련이 일반적이었기 때문이다.

김동소(2002)에서는 목록의 제목과 본문의 제목이 약간 다르게 되어 있음을 다음과 같이 지적한 바 있다.

[목록]	[본문]
棍譜	[大棒製·諺解, 棍譜·諺解](1~15장)
牌譜	[藤牌製·諺解, 牌譜·諺解](16~20장)
筅譜	[筤筅製·諺解, 筅譜·諺解](21~26장)
長鎗前譜	[長鎗製·諺解, 長鎗前譜·諺解](27~34장)
長鎗後譜	[長鎗後譜·諺解](34~38장)
鈀譜	[鎲鈀製·諺解, 鈀譜·諺解](39~43장)
劍譜	[長刀製·諺解, 劍譜·諺解](44~53장)
許遊擊答問	[技藝質疑](54~55장)
籌海重編交戰法	[武藝交戰法](56장)
	[跋文](57~59장)

　　<무예도보통지언해>는 한문본 <무예도보통지> 일부를 언해한 책
이다. 한문본은 정조 14년(1790)에 정조가 규장각 검서관 이덕무(李德懋),
박제가(朴齊家)와 장용영 장교 백동수(白東修) 등에게 명하여 간행했다. 같
은 해 언해본도 나왔다. 이에 대한 연구는 이현희(2000)에서 집약적으로
이루어졌다. 여기서는 언해본이 갖는 맥락적 의미를 집중해서 조명하
기로 한다.

　　이현희(2000 : 205)에서도 밝혔듯이 조선은 무예보다는 병법이나 진법
을 더 중요하게 여겨 무예에 대한 관심이 상대적으로 적었다. 그런데
무예를 중요하게 여기는 일본에서도 찾아보기 힘든 무예에 관한 걸작
이 한문본 <무예도보통지>와 이 책의 자매편인 <무예도보통지언해>
다. 이는 자체적으로 한문본을 만들고 다시 그중 일부를 전략적으로
언해본을 만든 매우 특이한 사례에 속한다.37) 그래서 한문본만으로는
4권 4책, 언해본을 합치면 5권 5책, 언해본만으로는 1책 등과 같이 다
양한 판본 구성이 가능하게 만들어 책 활용성을 높였기 때문이다. 그
런 만큼 언해본의 맥락은 다른 언해본과 다르다. 이 맥락을 짚어볼 때
<무예도보통지언해>의 역사적, 사회적 맥락이 제대로 드러날 것이다.

　　이덕무의 <청장관전서>에도 재수록되어 있는 범례 18항에 '언해본'
설정 맥락이 나와 있다. "원서에는 언해(諺解)를 도보 사이에 섞어 두어
서 보기가 어려우므로 이제 언해를 떼어내어 따로 한 책으로 편집하
여, 책에 붙이면 보기에 편하고 떼어놓더라도 단행본이 될 수 있게 하
였다."라고 하였다.38) 한문본과의 관계 속에서 언해본의 편의성을 최대

---

37) <무예도보통지(武藝圖譜通志)>는 4권 4책으로 '총도(總圖)'와 '총보(總譜)'로 되어
　　있는데 이 중 '총보' 부분만 언해하여 불분권 1책으로 되어 있다.
38) 현대말 옮김은 한국고전번역원, 이현희(2000 : 215)에 따랐음.

한 고려한 언해와 편집 전략을 보여준다. 또한 "이 책은 장령과 군졸들이 사람마다 쉽게 이해할 수 있도록 의도하였기 때문에, 궁벽한 글자나 심오한 문구는 음과 뜻을 따로 주석하고, 또 원보에서 언해를 도와 보 사이에 끼워 넣은 것을 따로 뽑아내어 신보와 함께 해석을 한 다음, 별도의 한 권으로 엮었으니, 한데 붙이면 같이 볼 수 있고 따로 떼면 단행본으로 쓸 수도 있을 것이다. 설명에 고어와 금어, 서울말과 지방말의 차이가 있는 것은 일일이 바로잡았다."(무예도보서술 六 주해항)라고 하였다.

이렇게 개별동작의 해설 부분을 언해하여 누구나 그 내용을 암기하고 그림을 보며 전투기술을 익힐 수 있게 되어 있다. 언해 부분의 한자에는 한글로 한자음을 달아놓아 한자를 모르는 이도 쉽게 읽을 수 있게 해놓았다.

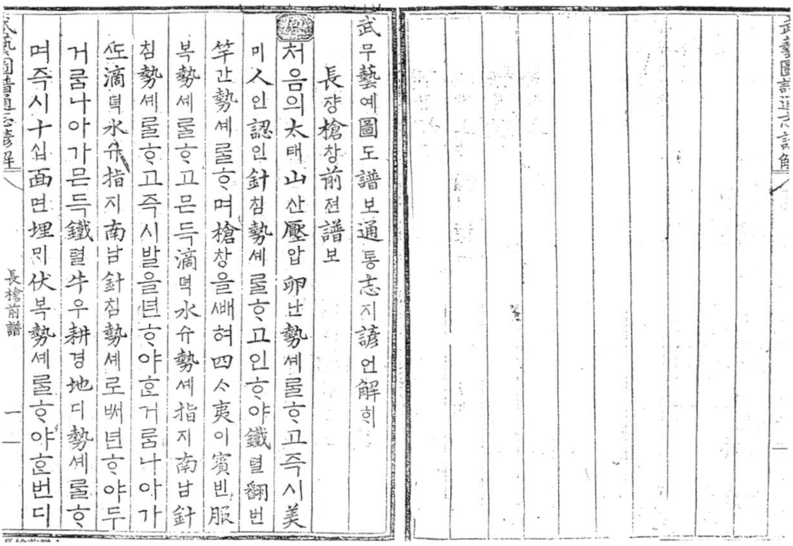
武무藝예圖도譜보通통志지諺언解해

長장槍창前젼譜보

처음의太태山산壓압卵난勢셰롤ᄒᆞ고즉시美

미人인認인針침勢셰롤ᄒᆞ고인ᄒᆞ야鐵텰翻번

竿간勢셰롤ᄒᆞ며槍창을ᄲᅢ혀四ᄉᆞ夷이賓빈服

복勢셰롤ᄒᆞ고믄득滴뎍水슈勢셰指지南남針

침勢셰롤ᄒᆞ고즉시발을드러ᄒᆞ야ᄒᆞᆫ거롬나아가

또滴뎍水슈指지南남針침勢셰로벼ᄐᆡᄒᆞ야두

거롬나아가믄득鐵텰牛우耕경地디勢셰롤ᄒᆞ

며즉시十십面면埋ᄆᆡ伏복勢셰롤ᄒᆞ야ᄒᆞᆫ번디

武藝圖譜通志諺解 長槍前譜 一

[사진 7] <무예도보통언해> 1a2b

선조는 임진왜란이 터졌을 때 문과 생원 진사 초시 시험에까지 무예 시험을 도입하기 위한 노력을 기울였다. 선조는 이 제도를 반대하는 신하들에게 "생원·진사의 초시(初試)에 무재(武才)를 시험 보이는 일과 공사천(公私賤)에게도 과거 보이는 일을 무엇을 꺼려 거행하지 않고 있는가? 지난날처럼 전연 무비(武備)를 잊어버리려 한다면 그만이거니와 만일 무예(武藝)를 권장하여 방비에 관한 계책을 세우려 한다면 이 규정을 버리고 어떻게 할 수 있겠는가? 이 일은 단연코 거행해야 한다.(1593. 10. 13)"라고 강력한 의지를 천명하였다. 그래도 반대하는 신하들에게, 선조는 이렇게 말했다.

> 대개 생원 진사시는 곧 유학(幼學)을 선발하여 태학(太學)에 승보(陞補)하는 것이다. 공자(孔子)가 사람을 교육할 적에 어디 문장으로만 하였던가. 활쏘기와 말달리기는 육예(六藝) 중의 재예가 아니었던가. 우리나라의 말학(末學)으로 인한 문폐(文弊)는 말할 수 없이 크다. 그리하여 <u>무사(武士)를 업신여기기를 마치 당(唐)나라 말엽에 이석궁(二石弓)을 당기는 사람을 정자(丁字) 하나를 아는 사람만큼도 못하게 여긴 것처럼 하였으니, 오늘날의 이 사태도 바로 이런 데서 연유한 것이다. 또 이른바 무재를 시험 보이자는 것도 반드시 무과처럼 강한 활을 당기고 말을 달리는 것이 아니라 단지 보사(步射) 두어 순을 시험 보여 무예를 익히게 하려는 것뿐이다.</u> 사내가 태어나면 뽕나무 활과 쑥대 화살로 천지 사방에 쏘는 법인데, 어찌 우리나라 문사들이 하는 것과 같겠는가. 이는 사리가 매우 분명한 것이니 구애되거나 지체하지 말고 단연코 시행하라. 이런데도 오히려 꺼리고 하지 않는다면, <논어>에 이른바 '나도 어찌할 수 없다.'고 한 것과 같은 격이 된다." 하였다.
>
> — 선조 26년(1593), 10월 17일 9(밑줄 — 필자)[39]

---

[39] 이달 10월 21일 비변사는 답변하기를, "규정에 없기는 하지만 임금의 분부가 너무 간곡하여 따르겠다."라고 했으나 그 결과는 알 수 없다.

흔히 임진왜란과 이순신 장군 관련 사건으로 선조를 무능한 왕으로 인식하지만 사실은 매우 영민한 왕이었다. 다만 영민성을 제대로 통치 전략으로 발휘하지 못한 책임은 있을 것이다. 선조는 조선이 전란의 위기를 겪게 된 여러 문제를 정확히 간파하고 있었던 것이고, 문과 시험에까지 무예 시험을 도입하는 과단성까지 보였다. 공자 담론까지 도입하여 결코 전통에서 벗어난 것도 아님을 설파하고 있다.

물론 임진왜란 후에 전란의 책임이 있는 지배층이 제대로 반성과 성찰을 했다고 보기는 어렵다. 그나마 군사 무예훈련의 중요성을 깨달아 1598년(선조 31)에 한교의 노력으로 <무예제보(武藝諸譜)>가 완성되었다. 또한 1610년(광해군 2)에는 최기남에 의해 <무예제보번역속집>이 간행되었다.(이현희, 2000 : 주석 4번) 이 책은 본문 안에 일본국도가 있고 부록으로 일본고(日本考)가 실려 있고 병기마다 언해문이 달려 있어 임진왜란에 대한 성찰 의지가 담겨 있다. 두 책을 집대성하고 보완하여 <무예도보통지(武藝圖譜通志)>가 정조 때 완성된 것이다. 정조가 주도한 만큼 어제 선문과 범례, "兵技總敍, 戚茅事實, 技藝質疑, 引用書目" 등이 있으며, 본문에서는 24종의 병기를 수록하였고, 권말에는 관복도설(冠服圖說)과 고이표(考異表)가 첨부되어 있다.40)

4) 특정 목적의 언문서 : 조리서

실학의 바람이 불기 전에 17세기에 전문 실용서인 요리에 관한 책이 나왔다. 안동 장씨가 지은 <음식디미방>은 한글 필사본으로 정식으로

---

40) 이런 기본 맥락이 정조 14년(1790) 4월 29일자에 기록되어 있다.

간행되지 못해 정확한 완성 시기를 모르지만 17세기 후반으로 추정한다.[41]

우리나라 영남 지역의 토속 음식조리법을 체계적으로 저술한 것임에도 출판되지 못한 것은 조선시대의 한계였다. 따라서 이 책이 그 당시에 어떤 영향을 끼쳤는지는 논의하지 못하지만 이런 저술이 의미하는 역사적 의미는 간접적으로 추론할 수밖에 없다.

이 책은 전해 내려오거나 스스로 개발한 조리법을 한글로 기록하여 이 분야의 역사적 전통을 살려놓았다. 이 책에 소개한 만두 요리법 부분을 이 책을 발굴하고 널리 소개한 백두현 교수의 번역과 함께 제시하면 다음과 같다.

만두법

모밀ᄀᆞᄅᆞ 쟝만ᄒᆞ기를 마치 조ᄒᆞᆫ 면ᄀᆞᄅᆞ ᄀᆞ치 ᄀᆞᄂᆞᆫ 모시예나 깁의 뇌여 그 ᄀᆞᄅᆞᆯ 더러 플 ᄲᅮᄃᆡ 의이쥭 ᄀᆞ치 ᄲᅮ어 그 푸릐 눅게 ᄆᆞ라 개곰낫마곰 ᄴᅦ예 비ᄌᆞ라. 만도ᄶᅩ 쟝만키ᄂᆞᆫ 무을 ᄀᆞ장 무ᄅᆞ ᄲᆞᆯ마 낫 업시 ᄶᅩ사 싱치 무ᄅᆞᆫ 술ᄒᆞᆯ ᄌᆞ쳐 지령기ᄅᆞᆷ의 볏가 빅ᄌᆞ와 호쵸 쳔쵸 ᄀᆞᄅᆞᆯ 약념ᄒᆞ야 녀허 비저 ᄲᆞᆯ몰 제 새용의 쟉쟉 녀허 ᄒᆞᆫ 분게 잡ᄉᆞ오리식 ᄲᆞᆯ마 초지령의 싱강즙 ᄒᆞ야 잡ᄉᆞ오라. 싱치 업거든 황육을 힘줄 업ᄉᆞᆫ 술을 지령기ᄅᆞᆷ의 니겨 ᄶᅩ아 녀허도 죠ᄒᆞ니라. 황육을 아니 니겨 ᄶᅩ으면 ᄒᆞᆫ ᄃᆡ 엉긔여 못ᄒᆞᄂᆞ니

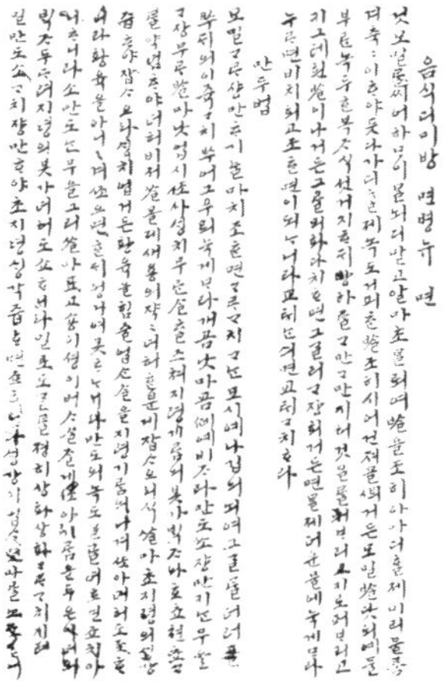

[사진 8] 음식디미방의 '만두법' 소개 부분

41) 안동 장씨는 경상남도 안동 서후면 금계리에서 1598년(선조 31)에 태어나 1680년(숙종 6)에 별세하였다. 장씨의 아버지는 향리에서 후학을 가르쳤던 성리학자 경당(敬堂) 장흥효(張興孝)이고, 어머니는 첨지 권사온(權士溫)의 딸이다.

라. 만도의 녹도 굴롤 녀흐면 죠치 아니ᄒ니라. 소만도ᄂ 무을 그리 쏠
마 표고 송이 셩이 버스술 줄게 쏘아 기름을 두은이 녀허 빅즈 두드려
지령의 봇가 녀허도 죠ᄒ니라. 밀로도 굴롤 졍히 샹화 샹화 ᄀ르 ᄀ치
지허 모밀 만도소 ᄀ치 쟝만하야 초지령 싱각줍 ᄒ면 죠ᄒ니라. 싱강이
업ᄉ면 마롤도 죠ᄒ디 만롤은 내 나모르로 싱강만 못ᄒ다 ᄒᄂ니라.

만두법(饅頭法) (메밀로 군만두 만드는 법)

메밀가루 장만하기를 마치 깨끗한 면가루같이 가는 모시나 비단에
거듭 쳐서, 그 가루를 덜어 풀을 쑤되 율무죽같이 쑤어서 그 풀을 눅게
반죽하여 개암알 크기만큼씩 떼어 빚어라. 만두소 장만하기는 무(菁)를
아주 무르게 삶아 덩어리 없이 다지고, 말리거나 익히지 않은 꿩고기의
연한 살을 다져 기름 간장에 볶아 잣과 후추·천초 가루를 양념하여 넣
어 빚어라. 삶을 때에 번철에 적당히 넣어 한 사람이 먹을 만큼씩 삶아
초간장에 생강즙을 넣어 먹어라.

꿩고기가 없거든 힘줄 없는 쇠고기 살을 기름간장에 익혀 다져 넣어
도 좋다. 쇠고기를 익히지 않고 다지면 한데 엉기어 못 쓰게 된다. 만두
에 녹두 가루를 넣으면 좋지 않다. 소만두는 무를 그렇게 삶아 표고·
송이·석이 버섯을 잘게 다져 기름을 홍건히 넣고 잣을 두드려 간장물
에 볶아 넣어도 좋다.

밀로도 가루를 곱게 상화가루처럼 찧어 메밀 만두소같이 장만하고,
초간장물에는 생강즙을 치면 좋다. 생강이 없으면 마늘도 좋으나 마늘
은 냄새가 나서 생강보다 못하다.

–안동 장씨 지음 / 백두현 옮김

마치 만두 요리를 직접 보면서 설명을 듣는 듯한 착각에 빠질 정도
로 그 당시로는 파격적인 구어체 문장으로 기술되어 있다. 딸과 며느
리에게 전하기 위한 책이므로 자연스럽게 구어체 문장으로 서술했을
것이다.

만두 만드는 방법뿐만 아니라 맛을 내는 방법, 주의점, 각종 재료의

맥락적 특징 등이 간결하면서도 소상하게 기술되어 있다. 한글 사용의
실용적 가치를 극대화시킨 저술이라 볼 수 있다. 이 책은 서문과 발문
이 없지만 책 끝에 저자가 직접 쓴 것으로 추정되는 필사기(筆寫記)가
있어 이 책의 소중함을 부각시켜주고 있다.

> 이 책을 이렇게 눈이 어두운데 간신히 썼으니, 이 뜻을 알아 이대로
> 시행하고, 딸자식들은 각각 베껴 가되, 이 책을 가져갈 생각일랑 절대로
> 내지 말며, 부디 상하지 않게 간수하여 빨리 떨어져버리게 하지 말아라.
> － 한글디지털박물관 백두현 해제

나이 들어 막중한 소명 의식을 가지고 집필하였음을 알 수 있다. 이
책을 절대 가져가지 말라는 것은 정리한 조리법 지식이 매우 소중하게
전수되기를 바라는 마음을 반영한 것이다.

넉넉한 사대부가의 생활 속에서나 가능한 조리법이기에 대중적 소
통은 되지 않았지만 안동 장씨의 한글 저술은 17세기 생활의 역사이자
17세기 전과 후를 이어주는 귀중한 역사서가 되었음이 분명하다.

5) 생활총서

<규합총서>는 한글로 지은 조선시대 최초이자 유일한 생활총서다.
이 책은 세종의 27남의 직계 후손인 빙허각 이씨가 19세기 초인 1809
년(순조 9)에 집필하였다.[42] 의식주와 질병 관련 생활 지침을 모아 한글

---

42) 이러한 이 책의 저작 연대는 정양완 필사본 서문에 따른다. 한글디지털 박물관
　　이영경 해제를 인용하면 다음과 같다.
　　서문 첫머리의 "긔亽 ㄱ을의 닉 도호 힝뎡의 집흐애(기사 가을에 내 동호 행정에

로 기록한 책이다. 빙허각은 서문에서 책 집필 동기와 목적을 다음과
같이 밝히고 있다.[43)

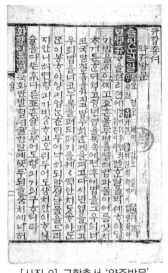

[사진 9] 규합총서 '약쥬방문'

　무릇 부인의 하는 일이 안방 밖을 나
지 아니하므로, 비록 예와 이젯일을 통하
는 식견과 남보다 나은 재주가 있더라도,
혹 문자로 표현하여 남에게 보고 듣게 하
려 함은, 아름다움을 속에 품어 간직하는
이의 도리가 아니다. 하물며 나의 어둡고
어리석음으로 어찌 스스로 감히 글로 표
현하는 방법을 생각하리요 마는 이 책이
비록 많으나 그 귀결점을 구한즉 이것들
이 다 건강에 주의하는 일이요, 집안을
다스리는 중요한 법이라. 진실로 일용에
없지 못할 것이요, 부녀의 마땅할 바다.
그러므로 마침내 이로써 서를 삼아 집안
의 딸과 며늘아기들에게 준다.

－<규합총서> 서문(정양완 역주(1975), 1~2쪽)

　책의 규모나 유용성에 비해 저자의 집필 동기와 목적은 지극히 순수
하고 여성적이다. 여성이 사회적 관계 속에서 문자나 글의 표현 주체

집을 삼아) …"에서는 그 저작 연대를 추정할 수 있다. 여기의 '긔ᄉ'는 이씨 생전
의 기사년이어야 하므로 이 책의 저작 연대는 저자가 51세 때인 1809년(순종 9)인
것으로 생각된다.

43) 이러한 놀라운 총서 집필이 가능했던 것은 개인적 능력 이외 가정 분위기도 한
몫한 것으로 보인다. 유희의 <언문지>, 서유구의 <임원경제지>라는 책과 관련되
기 때문이다. 빙허각 이씨 어머니가 유희의 고모이고 서유구는 남편 서유본의 동
생이다. 빙허각은 시동생인 실학자 서유구에게 글을 가르칠 정도로 뛰어난 한문
학과 문장 실력을 지녔다. 이러한 실용적인 가정백과전서는 그 당시 남성으로는
불가능한 일로, 오히려 여성의 입장이라 제대로 저술하고 세상에 드러냈다.

가 되지 못함을 그대로 수긍하고 있다. 사회적 효용성보다는 집안의 일상성에 진지한 의미를 부여하고 있다. 이는 책 전반적인 내용이나 효용성으로 볼 때 일정 부분은 겸손한 미덕을 발휘한 것으로 본다. 비록 이 책이 가정 안의 일로 내용을 한정했다 하더라도, 모든 가정에서 필요한 책이라면 그것의 사회적, 역사적 의미는 지대하다.

<규합총서> 발견을 보도한 동아일보 1939년 1월 31일자에 의하면 이 책은 오늘날 전하지 않는 <빙허각전서(憑虛閣全書)>의 제1부였다고 한다.[44] 이 책은 빙허각 이씨의 시가가 되는 서씨(徐氏)의 후손 집에서 발견되었다고 한다. 이 전서는 총 3부 11책으로 제1부가 모두 5책으로 된 <규합총서>로서 술과 음식, 바느질과 길쌈, 시골 살림의 즐거움, 병 다스리기 등으로 구성되었다.

더욱이 이 책은 단순히 상식 수준의 기술이 아니라 관련 서책을 인용해 가며 최대한 객관적 지식과 생활의 지혜를 결합하고 있다. 유두 날에 대한 기록을 보면 다음과 같다.

> 뉴두일은
> 여지승남의 왈, 신나 젹 옛 풍속은 이날의 동뉴슈의 머리을 감고, 묘혀 놀며 뉴두연이라 훈고로 써 비로스이라.(여지승람에 이르되, 신라 적 옛 풍속은 이날에 동으로 흐르는 물에 머리를 감고 모여 놀며 유두잔치라 한 고로 이로써 비롯함이다.)

이렇게 생활 풍속을 전통과 옛 서책에 의거하여 간결하면서 알기 쉽게 기술하였다. 이는 조선시대 때 한글로 집필된 서적 가운데 실용적 가치와 사회적 가치가 최고다.

---

44) 정양완 역주(1975) 앞머리에 기사 영인과 현대 역이 실려 있다.

3. 실용서의 총체적 의미

실용서 언해나 실용서 관련 한글문헌은 의외로 많지 않다. 가장 많이 지속적으로 발간된 것은 의료 분야이고, 그다음이 병서 분야다. 상대적으로 한글 관련 문헌이 가장 적게 나온 분야는 농서였다. 농서는 아예 언해서조차 없다. 17세기에 한글 조리서가 나온 것은 대단한 업적이나 사회적 소통이 되지 않아 조선시대의 한계를 드러냈다. 19세기에 이르러 여성에 의한 한글 생활총서가 나온 것도 여성만이 가능한 탁월한 한글 사용 업적이었다. 언해서와 한글 일부 사용서, 순수 한글 창작서를 구별해보면 다음과 같다.

[표 2] 한글 관련 실용서의 한글 사용 양상에 따른 분류

갈래		책명	수량
언해서	의서	구급방(언해, 1466, 세조 12). 구급간이방(언해, 1489, 성종 20). 간이벽온방(언해, 1525, 중종 20). 우마양저염역치료방(언해, 1541, 중종 36). 분문온역이해방(언해, 1542, 중종 37). 구황촬요(언해, 1554, 명종 9). 언해구급방(1607, 선조 40). 언해두창집요(1608, 선조 41). 언해태산집요(1608, 선조 41). 구황촬요(언해, 1639, 인조 17). 구황촬요 · 벽온방(합본, 1639, 인조 17). 신간구황촬요(언해, 1660, 현종 1). 구황보유방(1660, 현종 1). 마경초집언해(1682, 숙종 8). 두창경험방(언해, 1711, 숙종 37). 증수무원록언해(1796, 정조 20)	16
	병서	무예제보(1598, 선조 31), 무예제보번역속집(1610, 광해군 2). 연병지남(언해, 1612, 광해군 4). 화포식언해(1635, 인조 13). 신전자취염소방언해(1635, 인조 13). 진법언해(한글, 1693, 숙종 19). 신전자초방언해(1698, 숙종 24), 병학지남(언해, 1649, 정조 11). 무예도보통지언해(1790, 정조 14). 신간증보삼략직해(1805, 순조 5). 신간증보삼략(1813, 순조 13)	11
	농서 외	없음	

갈래		책명	수량
한문 속의 한글 사용서	의서	촌가구급방(1538, 중종 33). 동의보감(1613, 광해군 5). 침구경험방(1644, 인조 22). 제중신편(1799, 정조 23). 방약합편(1885, 고종 22)	5
	농서	금양잡록(1492, 성종 23). 농가집성(1655, 효종 6). 과농소초(1798, 정조 22)	3
	병서 외	신기비결(1603, 선조 36)	1
한글 창작서	조리서	음식디미방(1600연대)	1
	생활 총서	규합총서(1809년, 순조 9)	1

　한글 관련 실용서들이 대부분 순수 창작서가 아니라 한문을 번역한 언해서에 머무른 것은 사대부의 한계였다. 사대부에 의해 한글 실용 창작서가 나오지 않았다는 것은 그들이 한글을 철저히 비주류 문자로 여긴 점과 실용 분야에 대한 낮춤 의식이 결합된 결과다. 그러한 사대부의 한계를 극복한 이는 최초의 한글 조리서를 펴낸 안동 장씨, 최초의 생활총서를 펴낸 빙허각 이씨와 같은 사대부가의 여성이었다. 상류층이라는 위치와 소외자로서의 여성의 위치가 결합되어 가능한 업적이었다.

　결국 이 분야에서도 괄목할 만한 새 시대를 여는 실용 저술을 한 것은 사대부가의 여성이다. 이로써 문학 분야, 비문학 분야를 가리지 않고 한글의 질적 양적 발전에 여성들이 결정적인 역할을 했음을 알 수 있다. '암클'이란 말은 그런 업적에 대한 주류 남성 양반들의 비뚤어진 인식이 작용한 것이다.

　둘째, 연도별 발간의 의미를 짚어보기 위해 연도와 주제별로 문헌을 재배치하면 다음과 같다.

[표 3] 한글 관련 실용서 초간본의 세기별 분류

갈래		책명	특성	수량
15세기	의서	구급방(언해, 1466, 세조 12), 구급간이방(언해, 1489, 성종 20)	언해서	2
	농서	금양잡록(한문, 1492, 성종 23)	한문본	1
16세기	의서	간이벽온방(언해, 1525, 중종 20), 우마양저염역치료방(언해, 1541, 중종 36), 분문온역이해방(언해, 1542, 중종 37), 구황촬요(언해, 1554, 명종 9)	언해서	4
		촌가구급방(한문, 1538, 중종 33)	한문본	1
	병서	무예제보(언해, 1598, 선조 31)	언해서	1
17세기	의서	언해구급방(1607, 선조 40), 언해두창집요(1608, 선조 41), 언해태산집요(1608, 선조 41), 구황촬요(언해, 1639, 인조 17), 구황촬요·벽온방(합본, 1639, 인조 17), 신간구황촬요(언해, 1660, 현종 1), 구황보유방(1660, 현종 1), 두창경험방(언해, 헌종, 17세기 후반), 마경초집언해(1682, 숙종 8)	언해서	9
		동의보감(한문, 1613, 광해군 5), 침구경험방(한문, 1644, 인조 22).	한문본	2
	병서	무예제보번역속집(1610, 광해군 2), 연병지남(언해, 1612, 광해군 4), 화포식언해(1635, 인조 13), 신전자취염소방언해(1635, 인조 13), 진법언해(한글, 1693, 숙종 19), 신전자초방언해(1698, 숙종 24)	언해서	7
		신기비결(1603, 선조 36)	한문본	1
	농서	농가집성(한문, 1655, 효종 6)	한문본	1
	조리서	음식디미방(1600년대)	한글서	1
18세기	의서	증수무원록언해(1796, 정조 20)	언해서	1
		제중신편(한문, 1799, 정조 23)	한문본	1
	병서	병학지남(언해, 1649, 정조 11), 무예도보통지언해(1790, 정조 14)	언해서	2
	농서	과농소초(한문, 1798, 정조 22)	한문본	1
19세기	의서	방약합편(한문, 1885, 고종 22)	한문본	1
	병서	신간증보삼략직해(1805, 순조 5), 신간증보삼략(1813, 순조 13)	언해서	2
	생활총서	규합총서(1809년, 순조 9)	한글서	1

　이로써 보면 시급한 의료 분야에 대한 언해서가 가장 먼저 나왔음을 알 수 있다. 병서 분야는 임진왜란과 밀접한 관련을 맺고 있음을 알 수 있고 이는 성찰적인 긍정적 평가와 소 잃고 외양간 고치기 식의 부정적 평가가 가능하다.

　17세기부터 의서와 병서 분야가 많이 늘어 시대적 흐름을 반영하고 있음을 알 수 있다. 임진왜란은 실용 서적 분야 발간 발전에 많은 영향을 끼쳤다. 17세기에 나온 조리서는 전반적인 흐름으로 볼 때 시대를 앞서간 저술이었지만 사회적 소통이 되지 않아 훈민정음 보급의 성과와 한계를 동시에 보여준다.

　18세기는 정조의 업적으로 집중되어 있어 정조의 개혁 정책이 단순히 정치적인 수준에만 머무르지 않았음을 알 수 있다. 실용 분야에서도 정조의 개혁 정치는 적극적으로 구현되었다. 의서, 병서 이외의 분야에 대한 한글 관련 서책은 이루어지지 않아 훈민정음 사용 보급에 큰 변화가 일어난 것은 아니었다.

　셋째, 발간 주체에 따른 간행 양상은 [표 4]와 같다.

[표 4] 한글 관련 실용서의 주체별 발간 현황

갈래			서책
국가 (사대부)		의서	구급방(언해, 1466, 세조 12), 구급간이방(언해, 1489, 성종 20)
		병서	무예제보번역속집(1610, 광해군 2), 연병지남(언해, 1612, 광해군 4) 외
		농서	금양잡록(한문, 1492, 성종 23) 외
개 인	사대부	의서	없음
		병서	없음
		농서	없음
	여성	생활서	음식디미방(1600연대), 규합총서(1809년, 순조 9)

표에서 보면 여성의 생활서를 제외하고는 개인 문집과 같은 개인 차원의 저술은 없는 셈이다. 물론 의서와 병서의 경우 김정국과 한효와 같이 개인 저술로 볼 수 있는 저자들이 있지만, 전후 맥락은 공적 맥락이 작용했다. 사적인 출판과 상업용 서점을 허용하지 않은 조선의 정책이 크게 작용한 탓이다.

넷째, 언해 문체로 보면 대부분 대중성을 고려해 언해 자체는 한글 전용체로 하였으며 <진법언해>는 아예 한문 원전 없는 최초의 한글전용 단행본체(제목 제외)로 기술되었다. 이러한 한글 사용의 적극적 양상은 제한된 분야에만 머물러 근대적 발전의 직접적 계기는 되지 못하였다. 오히려 여성들에 의해 실질적인 한글 사용 실용서가 집필되는 새 시대가 열렸다.

8장 기독교를 통한 훈민정음 발달

1. 기독교와 훈민정음의 만남

종교는 훈민정음 발달에 거의 절대적인 영향을 끼쳤다. 종교의 대중성과 확장성으로 인해 종교에서 언어 문제가 매우 중요하기 때문이다. 더욱이 종교는 경전을 통한 권위와 소통으로 성립하고 발전하므로 글말의 중요성이 더욱 부각된다.[1] 이런 까닭에 훈민정음 창제는 조선의 다양한 종교 보급과 발전에 기폭제 역할을 하였다.

세종은 불교의 힘을 빌어 초기 훈민정음 연구와 보급의 기틀을 마련했고 유교는 훈민정음 창제 동기와 지속적 확산의 힘이 되었다. 기독교는 조선 후기 새로운 시대의 힘과 맞물려 한글의 근대적 발전에 기여했다. 동학과 도교 등도 양적 비중은 적지만 조선 후기에 매우 중요한 역할을 하였다. 물론 이들 모든 종교는 종교 측면에서만 훈민정음

---

1) 기독교는 일종의 계시 종교이기에 하나님의 말씀을 담은 경전과 경전의 소통을 중요하게 여긴다.

발달에 기여한 것은 아니었지만 종교의 힘이 중심에 놓여 있는 것만
은 확실하다. 또한 이들 종교가 한글 발전에 이바지했다는 것은 거꾸
로 이들 종교가 한글로 인해 종교 확산에 많은 도움을 받았음을 의미
한다.

　불교와 유교는 조선왕조와의 특수성, 훈민정음 보급 발전에 핵심 역
할을 하였으므로 따로 살폈다. 여기서는 기독교를 중심으로 살펴보기
로 한다. 기독교의 경우는 불교와 유교와는 달리 외국인의 역할이 컸
다는 점, 조선 후기, 근대로 가는 과정에서 매우 큰 역할을 했다는 점
이 두드러진다.

　비주류 문자 훈민정음은 조선의 주류 종교인 유교와 전통 종교인 불
교와 일정한 관계 맺기는 성공했으나 전면적 결합은 실패했다. 불교는
훈민정음 표기 경전을 포교용으로 전환하지 못했으며 유교 또한 삼강
오륜 관련 언해서가 많이 나오기는 했지만 대중용으로 본격 출판은 하
지 못했다. 그런데 조선 후기의 비주류 종교인 기독교는 비주류 문자
훈민정음과 결합하여 끝내는 주류 종교로 전환되었다. 이것이 기독교
와 한글 관계의 핵심이다. 따라서 이 장에서는 어떻게 종교와 문자의
비주류성이 서로 결합하여 힘을 발휘하게 되었는가의 맥락 규명이 논
의의 초점이다.

　기독교의 한글 공헌에 대해서는 일찍이 김윤경(1938), 小倉進平(1940 :
300~303), 최현배(1938)에서 간략히 논의되고, 최현배의 한글갈(1942 / 1983 :
248~259)에서 집중 조명된 이래 이만열(2011), 민현식(2011), 현길언(2011)에
이르기까지 많은 논문과 저술에서 연구되어 왔다. 여기서는 이들 연구
를 종합하여 좀 더 체계적인 의미를 부여하고자 한다.

　그리고 이 책은 조선시대 훈민정음 발달사를 다룬 것이므로 일제 강

점기 이후의 기독교 문제는 다루지 않는다. 다만 기독교가 훈민정음 발달에 끼친 시기가 가장 늦게 현대까지 지속적인 영향을 미치고 있기 때문에 훈민정음이란 말보다는 한글이란 용어가 더 잘 어울리므로 이 용어를 쓰기로 한다.

2. 기독교(천주교와 개신교)와 한글

서양의 알파벳과 인쇄술이 기독교 발달과 맞물려 돌아갔듯이 조선에서의 한글과 인쇄술, 기독교도 비슷한 양상을 띠었다. 조선에서의 기독교의 가치는 최남선(1946)에서 집약되었다.

(1) 미신의 타파니 기독교가 유일신 밖의 모든 우상을 배척함으로 말미암아 다른 어떤 방법으로도 조치하기 어려운 미신이 한번 교단에 들면 뿌리째 뽑혀버림은 실로 정신적 해방의 큰 은덕이었다 할 것입니다.

(2) 국어와 국문의 발달입니다.

(3) 근대문화의 세례입니다.

(4) 부녀의 해방이니 예배 기타의 집회에 있는 남녀회동은 우선 부녀의 폐쇄적인 생활을 타파한 것이요, 남녀평등의 사상과 축첩제도를 폐지하는 교칙은 부녀의 사회적 지위 향상이요, 여학교의 설립과 보급은 부녀에게 교육상 기회균등을 준 것입니다.

(5) 의례의 간소화이니 조선인의 본래 형식을 좋아하는 천성이 있는데다 유교의 예의 숭상을 그대로 수용하여 이른바 사례(四禮)를 그대로 좇는 인생 활동상의 큰 질곡을 이루고 인습에 얽매어서 그 폐단을 벗지 못하든가 기독교의 신앙에서 비로소 까다로운 규

척과 예절에서 벗어나는 길을 얻고 기독교적 혼례와 장례의 간단
하고 장중함은 드디어 일반 사회의 환영을 얻기에 이르렀습니다.

이러한 종합적 평가에 한글이 중심에 놓여 있음을 알 수 있다. 이
모든 것이 한글 교리서나 한글 성경을 통해 이루어졌기 때문이다. 기
독교가 한글에 끼친 공적에 대해서는 최현배(1962)에서 다음과 같이 여
섯 가지로 정리한 바 있다.

(1) 한글을 민중의 사이에 전파하였다.
(2) 성경을 가르치고 설교를 하는 목사의 활동에 따라, 신도들은 사상
    표현의 말씨를 배우며, 글 읽고 글 쓰는 방법까지 깨치게 되었다.
(3) 한글에 대한 존중심을 일으키고 한글을 지키는 마음을 길렀다.
(4) 한글의 과학스런 가치를 인정하였다.
(5) 배달의 말글을 널리 세계에 전파하였다.
(6) 한글만 쓰기의 기운을 조성하였다.

이러한 선행 연구를 바탕으로 문헌, 교육, 주체, 효과 네 가지 측면으
로 조명해보기로 한다. 기독교가 한글 발전에 기여한 것은 문헌과 교육
이 핵심이기 때문이다. 이와 더불어 계층이나 주체 측면에서도 누가 어
떻게 기여했는가를 살피고 종합적인 효과를 정리해보자는 것이다.
18세기 이후 언문을 적극적으로 활용하여 대중포교에 성공한 종교
가 천주교와 기독교다. 일찍이 언해 전통을 가지고 있는 불교가 한문
식 경전 암송으로 우리말과 훈민정음 사용 차원에서 퇴보한 반면에 천
주교와 기독교는 한글을 종교 생활에서 가장 요긴한 도구로 활용하였
다.[2]

1) 문헌 측면

(1) 자체 교리서

조선에 기독교가 전파된 것은 18세기 무렵이다. 청나라에서 서학과 서양 종교를 직접 접하고 배우기까지 한 소현 세자의 갑작스런 죽음은 조선 후기 기독교에 대한 폐쇄적 정책의 상징적 사건이 되었다. 소현 세자가 청나라 포로로 있으면서 독일인 신부 아담 샬로부터 천문·산학·천주교에 관한 서적과 지구의·천주상을 가지고 한성으로 돌아온 때가 17세기 중기인 1645년 인조 23년 1월이었다. 이로부터 한 세기가 지나 조선은 서학과 천주교를 비롯한 서양 종교의 흐름을 타게 된다.

18세기 중반인 1758년 영조 34년에는 해서·관동지방에 천주교가 크게 보급되었다는 기록과 제사까지 폐지하는 자가 있어 이를 엄금하기까지 하였다.

천주교 전파에 큰 영향을 끼친 이승훈이 중국 연경에서 천주교 관련 서적을 갖고 귀국한 것이 1784년 정조 8년이었다. 그다음 해인 정조 9년, 1785년 무렵 조선에 천주교 관련 문헌이 꽤 퍼져 있음을 알 수 있는 기록이 있다. 이해 정조실록 4월 9일자를 보면, 장령 유하원(柳河源) 상소에 "서양(西洋)의 책들이 처음으로 관상감[雲臺]의 역관[象胥] 무리들로부터 흘러 들어오기 시작한 지 여러 해가 되었는데, 백성들을 속이는 일이 날로 심해지고, 그것을 믿는 무리들이 많아졌습니다. 이른바도(道)라는 것은 다만 하늘이 있다는 것만 알고, 임금이나 부모가 있는 줄을 알지 못할 뿐만 아니라, 천당(天堂)이니 지옥(地獄)이니 하는 말로써

---

2) 기독교와 한글에 대해서는 전택부(1978), 정두희(2003) 참조.

백성들을 속이고 세상을 현혹시키니, 그 해독은 홍수나 맹수보다도 심합니다. 마땅히 법사(法司)로 하여금 더욱 금지하기를 더하여야 할 것입니다. (…후략…)"라고 구체적인 기독교 교리를 들어 기독교를 사교로 보아 금할 것을 건의했다. 이에 관한 정조의 답변은 "이른바 서양 천주교(天主敎)의 서책(書冊)에 대한 일은 진짜로 그러하다. 너의 말이 옳으니, 아뢴 대로 시행할 것이다. 영남 지방의 일도 과연 너의 상소에서 진술한 바와 같다면, 또한 마땅히 금지하여야 할 것이다. 그러나 다만 금지할 때에 절대로 백성들을 소란스럽게 하는 것을 경계해야 할 것이니, 이 뜻을 도백(道伯)에게 알리지 않을 수 없다."라고 금지하되 조용하게 처리할 방침임을 밝히고 있다.

정조는 이러한 새로운 종교에 대해 정순왕후나 대원군처럼 적대적인 금압 정책을 펴지는 않아 새 종교가 소극적으로나마 널리 퍼지게 되었다. 정조의 개혁 정책을 지지하거나 같은 세력이라 할 수 있는 소외된 실학파나 남인들이 이런 새로운 종교 세력의 중심이라는 것도 정조의 정책에 영향을 끼쳤다.

이런 흐름 속에서 자생적인 종교 교리의 전파가 이루어졌고 그런 흐름이 한글 관련 종교 문헌의 간행에도 영향을 미쳤다. 천주교는 먼저 선교보다는 자생적인 노력으로 전파되었기에 번역서가 아닌 자체 교리서가 한글로 발행되었다.

    (1) 십계명가
    세숭스롬 션비님네 이아니 우수운가
    스롬ᄂᆞᄌ 호평성의 므슨귀신 그리믄노
    아침저녁 종일토록 흉중비례 쥬문외고
    잇논돈 귀호재물 던져주고 바태주고

조ᄀ씨쟈 힌신언동 각긔귀신 모셔봐도
허망ᄒ다 마귀미신 우미ᄒ고 스롭드라
허위허레 마귀미신 밋지말고 텬쥬밋세.

'천주공경가'
어와셰상 벗님네야 이네말슴 드러보쇼
지본에ᄂ 어른있고 ᄂ라에ᄂ 임군있네
네몸에ᄂ 영혼있고 하ᄂ에난 텬쥬있네
부모의게 효도ᄒ고 임군에난 충성ᄒ네
숨강오륜 지켜가즈 텬쥬공경 웃뜸일세.

'경세가'
어화셰샹 스롭드라 저스롭들 거동보쇼
우쥬만물 셰샹턴지 만드신즈 텬쥬르니
텬쥬를 만든것슨 뉘라머라 이ᄂᄂ뇨
텬쥬공경 아니ᄒ면 죄도만코 되욱간다.

― 전택부(1980), 131~132쪽 재인용

(2) 제1절, 창조주 하느님
세상에 사람이 나기 전에 혼 샹제끠셔 오직 ᄒᄂ신 텬쥬라 니
르ᄂ니 모든 성신이 그와 비ᄒ지 못ᄒᄂ도다……

  (1)은 1779년 무렵 천주교인들 사이에 유포된 정약전의 <십계명가>,
이벽의 <텬쥬공경가>, 김원성의 <경세가> 등의 한글 천주가사다. 가
사는 운문의 성격과 산문의 성격을 함께 지녀 조선 후기에 많이 확산
된 문학 양식이다. 이런 문학성과 한글의 쉬움, 새로운 종교가 결합되
어 있음을 알 수 있다. 가사 내용이 전통 고유 풍속과 결합을 하면서
천주 교리를 쉽게 전달해주고 있어 이들 가사의 영향력을 짐작할 수

있다.

(2)는 <주교요지>의 필사본의 일부다. 정약종은 1801년 순교당하기 전인 1790년대 말에 <주교요지(主敎要旨)>라는 한글 교리서를 우리나라 최초로 저술하였다.3) 이 책은 한글 번역 성경이 없던 시기에 간행되었음을 주목해야 한다. 한글 번역 성경으로 1882년(고종 19)에 <누가복음>과 <요한복음>이 처음 나왔으므로 <주교요지>는 무려 80여 년이 앞선다.4)

<주교요지>는 선교사 다블뤼(Daveluy) 주교가 1864년에 목판본으로 간행한 뒤, 목판본과 활판본으로 여러 번 간행되었다. 홍윤표(2011)에 의하면, 1885년에 간행된 책과 1897년에 간행된 활판본 등이 있다.

그러나 천주교는 전통 제사를 거부하는 등의 전통 문화와의 조화로운 접촉에 실패한 데다가 정순왕후의 가혹한 탄압 정책으로 시련을 겪게 된다. 19세기가 열리는 1801년 순조 1년 1월 10일, 어린 왕의 권력을 대신하던 대왕대비 김씨(정순왕후)는 천주교 엄금을 지시하고 천주교도 색출 방법으로 5가작통법(五家作統法)까지 시행하게 된다. 그러나 역사의 흐름은 냉혹한 것이어서 이로부터 40년 뒤인 1839년(헌종 5)에 이런 금압이 효과가 없어 척사윤음까지 발표하기에 이른다. 이 윤음에서 "불행하게도 흉적 이승훈(李承薰)이라는 자가 서양(西洋)의 책을 사가지고 와서 천주학(天主學)이라고 일컫고는 선왕(先王)의 법언(法言)이 아닌데도 몰래 서로 속여 유인(誘引)하자, 성인(聖人)의 정도(正道)가 아닌데도 자연히

---

3) 이가환(李家煥)이 1788년에 한문 교리서를 한국어로 번역한 적이 있었다고 하지만 전하지는 않는다.

4) 1883년에는 천주교 교리 관련 대목을 뽑아 설명한 <성교감략(聖敎鑑略)>이 나왔다. 1884년에 <마가복음>이, 1887년에 <신약전서>가 나온 뒤 1910년에서야 <구약전서>가 완성된다. 그 뒤 1910년에는 <구약전서>의 번역이 완성되어 간행되었다.

탐혹(耽惑)되어 점차 이적(夷狄)·금수(禽獸)의 지역으로 빠져들게 되었다." 라고 지적하여 천주교 관련 책이 많이 퍼졌음을 암시하고 있다.

이로부터 20여 년이 지나 극도의 쇄국정책을 펴는 흥선대원군이 정권을 잡은 때가 1863년이다. 흥선대원군은 3년 뒤인 1866년 고종 3년 1월 21일에 천주교 서책을 불태우게 하고 오가작통법의 강화를 시행한 그다음 날에는 천주교서를 간행 반포한 천주교도 최형(1814~)과 전장운이 실제로 처형되기에 이른다. 천주교 서책을 불태우라는 것은 혹독한 탄압에도 많은 천주교 서적이 은밀하게 퍼져갔음을 의미한다. 역설적이게도 이 긴 윤음에 천주교의 주요 교리가 간결하게 담겨 있어 실록에 실렸다.

(2) 번역서

자생적인 종교 수용이 이루어진 천주교와는 달리 적극적인 성서 번역으로 종교 확산을 위해 노력한 종교는 개신교다. 천주교의 자생적인 교리서 발간보다 무려 반세기나 뒤에 개신교 세력에 의한 번역 성경이 나왔지만 적극적인 전도 성향에 의해 조선 후기의 사회 변화에 매우 큰 영향을 미치게 된다.

따라서 개신교에 의한 최초의 번역서가 나온 맥락에 주목할 필요가 있다. 중국에 와 있던 선교사와 조선의 변방 평양의 조선인들과의 합작으로 성경 번역서가 출간되었기 때문이다. 최초의 번역서가 나온 것은 임오군란이 일어난 해인 1882년 고종 19년이다. 로스(Ross, J.) 목사와 매킨타이어(MacIntyre, J.) 목사가 백홍준, 김진기, 서상륜 등의 도움을 받아 만주에서 제일 먼저 <예수셩교누가복음젼셔>, <예수셩교셩셔요안늬

복음젼셔>를 간행하였고, 이어 그다음 해에는 <예수셩교 셩셔누가복음뎨자힝젹>(1883)을 간행하고, 그다음 해인 1884년에 <예수셩교셩셔말코복음> 및 <예수셩교셩셔맛디복음>(1884), 1887년에 <예수셩교젼셔>로 합본되어 만주 '셩경[盛京, 지금의 심양(瀋陽)]'에서 간행되었다. 5년에 걸쳐 한글전용 성경 번역서가 간행된 것이다.

이들 번역 성경들이 개신교 쪽 문헌이라 해서 이만열(2011)의 지적처럼 앞서 이룩된 각종 천주교의 흐름과 무관하다고 보기 어렵다. 거의 자발적인 평안도 지역인들의 참여로 이루어진 것이라 서북 방언의 구어체라는 것이 지역 확산에는 많은 도움이 되었을 것이다.

성경 번역서의 문체 역시 주된 흐름이 한글전용이었지만 그 시대의 다양한 문체와 결합되어 간행되기도 했다. 1883년 11월에는 임오군란 뒤 박용효를 따라 일본에 간 이수정이 일본에서 4복음서와 사도행전을 서유견문체와 같은 한문 성경에 토를 단 <현토한한신약전서(懸吐韓漢新約全書)>를 출판하였다. 1885년에는 한문 옆에 한글을 병기하는 문체의 '신약마가전 복음셔언'를 간행했다. 이 책은 미국인 선교사 언더우드와 아펜젤러에게 영향을 미쳤다.

로스가 5년에 걸쳐 예수셩교전서를 완성한 1887년에 언더우드(Underwood, H.G.)와 아펜젤러(Appenzeller, H.G.)가 번역한 책이 스코틀랜드 성서공회 주관으로 일본 요코하마에서 나왔기 때문이다.

이들 기독교 관련 한글문헌은 신식 활자본의 영향으로 대량 인쇄가 되어 더욱 널리 퍼질 수 있었다.

1891년 요한복음전, 1892년 마태복음전, 1895년 마태복음, 1897년 야곱의 공번된 편지, 1897년 베드로젼셔, 1898년 로마인셔, 1898년 고린도전셔, 1898년 데살노니가인젼후셔, 1898년 듸모데젼셔, 1898년 희브리인셔, 1898년 요한일이삼유다셔, 1898년 시편촬요, 1899년 에베소인셔, 1900년 신약젼셔

(3) 사전

사전은 학습서 구실을 하면서 다른 책들의 읽기 쓰기에 직접적인 도움을 주므로 꽤 일찍부터 선교사들이 편찬에 참여하였다. 최초의 번역 성경이 나오기 2년 전에 프랑스 선교사들이 <한불ᄌᆞ뎐(韓佛字典)> ― *Dictionnaire Coréen-Français*, par les Missionnaires de Corée de La Société des Missios Étrangères de Paris, Yokohama, 1880년(B5, 720쪽)을 펴냈다. 이 사전은 11만 어휘에 한국어 학습에서 매우 중요한 '하다', '이다' 활용법까지 실려 있어 학습서 구실을 강화한 사전이다. 더욱이 한국 지명 사전이 붙어 있어 선교의 효용성을 높여주었다.

이 사전은 따블뤼 주교가 병인박해가 일어난 1866년 이전부터 편찬에 착수하였으나 박해로 원고를 잃어버린 뒤 다시 착수하여 리델 주교, 꼬스뜨 신부 등의 도움으로 완간한 것이어서 더욱 의미가 깊다.

1897년 게일(Gale, J.S.)이 편찬한 <한불ᄌᆞ뎐>은 세 번이나 간행되어 많은 영향을 끼쳤다. 제1부는 <한불ᄌᆞ뎐>과 언더우드(Underwood. H.G.) 및 스코트(Scott, J.)의 영한사전을 제2부는 자일스(Giles)의 중어사전(Chinese Dictionary)으로부터 도움을 받아 편찬되었다.

(4) 일반 서적과 잡지, 신문

잡지와 신문은 서적의 대중 유통과 대중적 읽기의 전형적인 책이다.

1897년에는 순한글 교회 신문 <죠션크리스도인회보>, <그리스도신문>이 간행되었고, 1901년에는 순한글 교회 월간잡지 <신학월보>가 간행되었다. 1905년에는 장로교와 감리교 통합신문 순한글 <그리스도신문>이 창간되었다.

천주교가 이러한 잡지 양식을 빌어 <경향잡지>라는 책을 내기 시작한 것은 조선이 패망하기 4년 전이었다. 100년 넘게 간행되어 국내의 현존하는 잡지들 가운데에서 가장 오래되었으니 그 영향력을 짐작할 수 있다.

천주교 조선대목구는 "모든 국민들에게 개화의 올바른 방향을 제시하고 신자들에게 올바른 교리 지식을 알려주고자" 1906년 10월 19일에 '경향신문(京鄕新聞)'을 창간하였다. 신문은 창간 논설에서 "참 개화를 한 나라는 강하고 그 개화를 이루는 것은 지식이다. 원컨대 이 신문 보시는 이들은 거짓 지식을 면하고 마음의 좋은 양식과 참 지식을 받아 복되이 살며 온 나라 개화가 참되어 부강함을 바라노라"(창간 논설)라고 밝힌 것과 같이 단지 종교적 목적 외에 일반 생활과 교양에 도움을 주는 출판물이라 한글 발전에 더욱 기여를 했다. 경술국치로 인해 1910년 12월 30일 제220호로 폐간되었지만 신문 부록인 '보감'을 이어받은 <경향잡지>는 계속 발간되었다.

<경향잡지>는 독립신문처럼 처음부터 순 한글로 발간하여 대중성을 확보하였다. 일제의 우리말 말살 정책에 저항하며 우리말과 정신을 지키는 역할을 해왔다. 더욱이 언문일치에 앞장서고, 1933년에 새로 제정된 '조선어학회'의 '한글 맞춤법 통일안'을 다른 성경 번역서와는 달리 1934년부터 적용하여 한글보급운동과 민족계몽운동에 기여하였다.

이 밖에도 1889년 미국 감리교 선교부가 배재학당 안에 한글·한

문·영어 등 3개 국어 활자를 구비한 삼문출판사(三文出版社, Trilingual Press)
를 설립하였다. 이 출판사는 독립신문과 같은 근대적 출판을 연 곳으
로 한글 성경, 찬송가를 비롯하여 각종 한글 도서를 간행하였다. 주시
경이 배재학당 재학 중 이곳 출판사에서 일하면서 한글 문법 연구를
시작한 것은 단지 우연한 사건이 아니었다.

　찬송가 간행은 노래 형식이라 또 다른 영향을 끼쳤다. 1892년 존스
(G.H. Jones)와 로드와일러(L.C. Rothweiler)는 순 한글 감리교 찬송 <찬미가>
를 간행하였고, 1893년에는 언더우드가 장로교 찬송 <찬양가>를 간행,
1895년에는 리(G. Lee)와 기포드(M.H. Gifford) 부인이 장로교 찬송 <찬성
시>를 간행했다.

2) 교육 측면

(1) 독서 교육

　독서는 훈민정음이 창제된 뒤에도 양반 중심 지배층의 전유물이었
다. 그나마 조선 후기로 오면서 독자층이 확산되었는데 이런 흐름을
부추긴 것이 성경의 보급이었다. 순 한글체의 성경이 많이 보급되었다
는 것을 단지 민족주의나 한글주의 차원에서만 바라보아서는 안 된다.
이러한 쉬운 문체는 바로 독서의 효율성을 말해주는 것이고 그만큼 독
자층 확산에 기여했음을 보여주는 것이다.

　성경과 기독교 관련 사전과 서책들은 고전소설 못지 않은 독서력을
높이는 구실을 하였다. 더욱이 기독교는 이광수의 <무정>과 같은 대
중 소설 내용으로 결합되는 등 많은 문학 양식과 결합하여 다양한 독

서층을 형성하게 하였다.

이러한 독서력의 확산은 근대적 교양과 의식을 불러일으킨는 효과를 가져왔다(현길언, 2011). 옥성득・이만열(1994)의 대한성서공회사 I에 의하면, 신약성경이 낱권으로 보급된 것이 1895에서 1900년까지며, 발행 부수는 낱권 단위로 총 251,000권이었고, 이 중에 <신약전서>가 10,000권이 되었다고 한다. 이는 현길언(2011)의 지적처럼 성경이 단지 종교서로만 읽히지 않았음을 보여준다.

(2) 일반 교육

육영공원 교사이자 선교사였던 헐버트는 1890년(고종 27)에 이른바 한글전용 인문지리 교과서 <사민필지>를 간행하였다. 이 교과서를 만든 이는 미국인 헐버트였다. 우리 스스로 근대적 한글전용 교과서를 낼 엄두를 못 낼 시기에 외국인이 그런 교과서를 낸 것이다(이대로, 2010).

헐버트(Homer Bezaleel Hulbert, 1863~1949)는 사민필지 서문에서 "중국 글자로는 모든 사람이 빨리 알며 널리 볼 수가 없고 조선 언문은 본국 글일뿐더러 선비와 백성과 남녀가 널리 보고 알기 쉬우니 슬프다! 조선 언문이 중국 글자에 비하여 크게 요긴하건만 사람들이 요긴한 줄도 알지 아니하고 업신여기니 어찌 아깝지 아니하리오."라고 그 당시 우리 현실을 개탄하고 있다.

이 책이 나온 지 5년 뒤에서야 고종의 국문 칙령이 나왔지만 고종과 조선은 외국인 충고를 따르지 못하고 국한문 혼용으로 시대적 타협을 꾀했다. 이 밖에 헐버트는 한글의 과학성과 우수성을 해외 학계에 처음으로 알린 인물이기도 하다.

(3) 한글과 한국어 교육

선교사들이 펴낸 각종 학습서나 사전에서 보듯 한글과 한국어 교육에도 기독교가 매우 중요한 역할을 하였다. 앞에서 언급한 천주교인들 사이에 정약전의 <십계명가>, 이벽의 <텬쥬공경가>, 김원성의 <경세가> 등 한글 천주가사가 간접적인 한글 교육에 도움을 주었다.

1877년 로스는 중국 상해에서 한국어 문법 <Corean Primer>을 간행하였고 1881년에는 천주교 꼬스뜨 신부가 일본 요코하마에서 한국어 문법 <한어문전(Grammaire Coréene)>을 간행하였으며 로스는 만주에서 최초 기독교 한글 전도문서 <예수셩교요령>, <예수셩교문답>을 간행하였다.

1890년에는 언더우드가 <한영문법(An Introduction to the Korean Spoken Language)>과 <한어자전(A Concise Dictionary of the Korean Language)>을 간행하였다.

1893년에는 게일(J.S. Gale)이 한국어 학습 교재 <스과지남>을 간행하였다.

(4) 민족 교육과 민족 운동

일본 제국주의 식민지로 전락하는 시기에 기독교가 전파되었기에 기독교는 자연스럽게 서양 제국의 문화적 침투보다는 민족 교육과 민족 운동과 결합되어 일본 식민 지배에 대한 저항 성격을 많이 띠게 되었다.

1896년에 주시경은 한글 연구단체인, 오늘날 한글학회 전신인 '동문동식회(同文同式會)'를 만들어 한글과 한국어 연구를 통한 민족 교육과 민족 운동의 기틀을 마련한다. 1907년 주시경은 상동교회 안에 국어강습소를 설립하여 언어를 통한 민족운동을 본격적으로 시작하였다. 상동청년학원에서는 한글 여성잡지 <가뎡잡지>를 간행하고 윤치호의

'애국가'가 실린 한글 찬송 <찬미가>의 간행 등을 통해 기독교 운동, 민족 운동의 본산지 역할을 하였다.

3) 주체 측면

(1) 다계층성

한글은 세종 임금이 다목적용으로 창제한 만큼 특정 계층용으로만 쓰이지 않았다. 지배층조차 낮게 보면서도 자신들의 한문 공부와 부녀자와의 소통을 위해서는 언문을 요긴하게 사용하였다. 이러한 한글의 다계층성을 적극 활용한 것이 기독교였다.

기독교 교리는 신분 사회의 불평등을 타파하는 평등의식을 심어주는 데 매우 큰 역할을 하였고 그런 교리의 힘으로 하층민을 파고들었으며 진보적인 지식인들과 지배층에까지 영향을 미치게 된 것이다. 물론 그런 힘의 근원은 종교의 힘이니 언어 자체의 힘은 아닐 것이다. 그러나 접근 자체가 어려운 한문으로는 그런 종교의 효용성을 달성하는 데는 한계가 있었다.

(2) 민중성

종교로서 이 땅에 뿌리를 내리려면 어쩔 수 없이 거쳐야 하는 과정이라고는 하겠지만, 천주교는 한마디로 하층민을 향하여 쉬운 우리말로, 오로지 한글로 선교 활동을 해왔다.

기독교의 평등 지향성이 이미 민중성을 함의하고 있다. 최남선은 조선상식문답에서 "넷째로 부녀의 해방이니 예배 기타의 집회에 있는 남녀회동은 우선 부녀의 폐쇄적인 생활을 타파한 것이요, 남녀평등의 사상과 축첩제도를 폐지하는 교칙은 부녀의 사회적 지위 향상이요, 여학교의 설립과 보급은 부녀에게 교육상 기회균등을 준 것입니다."라고 하여 기독교와 소외 계층의 평등성에 어떻게 기여했는가를 밝히고 있다.

(3) 세계성

조선의 기독교는 일방적인 선교가 이루어진 다른 곳과는 달리 자생성과 외국인과 내국인의 결합으로 발전하였다. 이렇게 함으로써 오히려 개방적인 근대적 주체 세력을 키우는 데 기여하였다.

(4) 확산성

확산성은 얼마나 많은 계층들이 기독교를 접하고 그럼으로 해서 한글 보급과 발전에 영향을 끼쳤는가를 말한다. 최현배(1938 : 5)에서는 "선교 50년 동안에 조선 안에 퍼진 성경 책자가 2천만 권이나 되어 전 조선 사람의 매인 1책"이라고 언급하고 있다.

영국성서공회(BFBS) 한국지부 기구별 성경반포 통계에 의하면, 1895년부터 1905년까지 권서(전도용 성경책 판매자), 보급소, 부인권서, 무료배급분을 합치면 354,419권이나 된다고 한다. 이에 대해 현길언(2011 : 248)에서는 성경책별로 <성경전서> 2,555권, <신약전서> 46,918권, <단편성경> 304,946권에 이른다고 보고, "이 수량은 당시 교인에 비하면 엄청나게 많은데, 이것은 기독교인이 아닌 사람들 중에도 많은 사람들에게 성경이 배포되었음을 의미한다."라고 평가하였다.

4) 효과 측면

(1) 근대 언어의식 발전

근대 언어의식은 누구나 언어 주체가 될 수 있다는 언어의식을 말한다. 언문일치와 같은 평등 지향의 언어실천을 가능하게 하는 의식이다.

조선왕조의 기독교에 대한 혹독한 탄압은 기독교가 반봉건의 역사적 가치가 있음을 역설적으로 증명해준 사건이었다. 함석헌은 <뜻으로 본 한국역사>(1974)에서 기독교가 맡은 역사적 과제에 대해 다음과 같이 말하였다.

> 기독교가 한국에 들어올 때 한국을 건지기 위하여 맡은 과제는 셋이었다. 첫째는 계급주의를 깨뜨리는 일이요, 둘째는 사대사상을 쓸어버리는 일이요, 셋째는 숙명론의 미신을 없애는 일이었다. 이것은 우리나라 예로부터 있었던 종교와 불교가 민족을 이끌어가는 참 정신적 등뼈나 심장이 되지 못하고, 한갓 잘못되는 역사의 소용돌이 밑에서 얽혀 돌아가는 동안 생긴 썩어져 가라앉은 사상의 앙금이다. 지독한 변태심리의 당파 싸움이란 결국 이것의 결과라 할 것이다. 그러므로 이 정신적 고질을 고침 없이는 새 역사는 있을 수 없다. 그러므로 이것을 고치기 위하여 천지에 처음으로 섬길 이는 영이신 하나님 하나밖에 없다 하며, 모든 인류는 다 형제라 하며, 사랑을 강조하고, 절대 순종의 믿음을 주장하는 엄격한 도덕적인 종교인 기독교가 오게 된 것이다.
>
> -369~370쪽

계급주의와 사대사상 타파야말로 반봉건 정신의 핵심이었다. 이러한 기독교 정신은 한글과 결합하면서 더욱 빛을 발할 수 있었던 것이다. 최남선은 조선상식문답(1946)에서 다음과 같이 기독교의 의의를 정리하였는데 기독교가 비주류 언문에 새로운 생명과 가치를 불어넣어준 것으로 평가하였다.

국어와 국문의 발달입니다. 기독교 선교사가 경전 번역과 책자 작성을 위해 조선 어법 및 조선 문체를 연구하여 예부터 향언(鄕言), 언문(諺文)이라고 경시되던 국어와 국문에 새로운 생명과 가치를 갖게 된 것은 진실로 우리 문화에 대한 큰 공헌이라 할 수 있습니다. 천주교 전래 후에 종교서적 번역 외에 사전 편찬 이수차 실행되고 신교가 들어온 뒤에는 성서완역과 찬송가 번역 등을 위하여 어문의 쓰임이 더 커지는 동시에 조선어의 문법연구가 그네들의 손으로 큰 진보를 이루는 등 조선 어문에 대한 기독교 선교사들의 공적은 진실로 영원한 감사를 받을 것입니다.

(2) 근대적 한글전용 기여

1892년 장로교선교공의회에서는 네비어스 선교 정책의 구체적 실천 방안으로 "모든 문서활동에 있어서 한자의 구속을 벗어나서 순 한글을 사용하는 것이 우리의 목표가 되어야 한다."라고 규정하였다. 이러한 공식 선언으로 기독교 문서의 '한글전용' 원칙을 확립하고 한글전용 성서 발행에 힘을 실었다.

조선은 1894년 국문칙령까지 발표하면서도 실제로는 국한문투를 주류 공식 문체로 삼았다. 이러한 지배층의 보수적 변화를 깬 것이 기독교의 일관된 한글전용 실천이었다.

(3) 언문일치 기여

헐버트를 비롯한 한국에 온 선교사들은 한결같이 조선의 한문 중심의 언문불일치 현상에 의문을 품고 이의제기를 하고 있다. 이러한 비판은 앵베르 주교가 1838년 12월 1일자 포교성성(布敎聖省)에 보낸 편지에서 잘 드러난다. "조선 사람들은 그들의 모국어가 하느님께 기도드리는 데 적합한데도 불구하고 자기 고유의 말을 멸시하는지, 한문 문헌만을 사용하고 그 뜻도 번역하지 않은 상태로 발음만 옮기어 사용하여 뜻도 모르면서 기도하고 있다."라고 비판하고 있다. 말과 글이 섞여 논의되고 있기는 하지만 모국의 말과 일치시킬 수 있는 언문일치를 무시하고 우리식대로 해석하기보다 원문을 발음 위주로 암기해서 이해하는 한자 중심의 독서문화를 비판하고 있는 것이다.

한글 성경이 언문일치에 기여한 바는 크게 두 가지다. 첫째는 한글전용 그 자체가 기여했다는 점이다. 물론 한글전용체라 하더라도 '-더라'와 같은 고어체는 '-다'로 끝나는 근대적 표준 언문일치체와 거리가 있지만 한글전용은 쉽게 말하듯이 쓴 글로서의 언문일치 정신을 그대로 반영하는 것이다.

둘째는 띄어쓰기 문체의 확산에 기여했다는 점이다. 말은 본래 일정한 덩이가 쉼이 있으며 고저장단이 있다. 따라서 띄어쓰기를 하지 않는 근대 이전의 문체는 언문일치의 정신을 위배한 것이다. 민현식(2011 : 208)에서는 이러한 성경류의 띄어쓰기가 독립신문(1896)보다 앞선 점을 보고하고 있다.

　　닉 되션　말　보이고져　한다
　　I Corean words (to)learn want. ─ Ross, J.(1877), Corean Primer, 역대한국문법대계 2부 1책, 탑출판사. 수정판 : Ross, J.(1882), Korean Speech with Grammar and Vocabulary, 역대한국문법대계 2부 1책, 탑출판사.

독립신문의 띄어쓰기에도 서양 선교사로서 육영공원 교사로 와 있던 헐버트의 영향이 있었음이 최근에 밝혀지기도 했다(김동진, 2010). 또한 성경을 번역할 때 서양 성경 위주의 직역보다는 의역을 더 많이 함으로써 자연스런 언문일치 생활을 촉진시키는 역할을 하였다.

(4) 한글문학 발전

모리스 쿠랑 / 파스칼 그러트 · 조은미 옮김(2009)에서 쿠랑은 '조선에의 천주교 전래는 한글문학이란 새로운 분야를 탄생시켰다.'라고 기록하고 있다. 천주교 교리가 최초로 가사문학과 결합하여 퍼지기 시작한 것 자체가 한글문학과 기독교의 밀접한 관계를 보여준다.

현길언(2011 : 272)에서는 "성경은 문학의 전범이다."라고 보았다. 그 자체가 예수에 대한 수많은 이야기의 총화이고 보면 성경 자체가 이미 문학성을 띠고 있다고 볼 수 있다. 이러한 성경의 문학적 힘은 다른 한글문학 양식과 결합하여 더욱 확산될 수 있었다. 더욱이 현길언(2011 : 249~269)에서 자세히 밝혀놓았듯이 기독교는 대중적 한글문학의 주요 소재가 되어 영향을 끼쳤다.

기독교를 통한 한글 보급은 잠재적 한글문학 독자층을 형성하여 한글문학 확산을 통한 한글문화 보급에 기여하였다.

3. 기독교와 한글의 상생 관계

근대가 시작되는 시기에 복잡한 세계적 관계에 의해 만난 기독교와

한글은 적극적 상생적 관계 속에서 서로 발전하였다. 그야말로 새로운
시대의 물꼬를 트는 역할을 기독교와 한글이 서로 결합하여 수행하는
결정적인 역할을 하였다.

　기독교 전파가 식민지 개척이라는 제국주의 역사와 맞물려 돌아가
기는 했으나 신분간의 평등과 하나님의 형제 자매로서의 소중한 권리
에 대한 믿음은 종교의 정치적 배경보다는 종교의 자연스런 속성의 의
미를 더욱 살리게 되었다. 이상의 논의를 한 장의 그림으로 표현하면
다음과 같다.

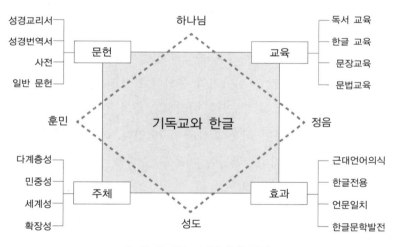

[그림 1] 기독교 관련 문헌 분석

5부

훈민정음 교육을 통한 발달

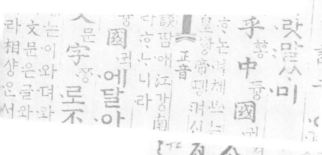

9장 훈민정음 직접 교육을 통한 발달

1. 훈민정음 교육은 어떻게 이루어졌나?

조선시대 훈민정음 교육이 어떻게 이루어졌는가는 훈민정음 발달 문제를 규명하는 데 매우 중요하다. 훈민정음이 비주류 문자로서 어떻게 살아남아 주류 문자로서 자리매김되었는가를 규명하기 위해서는 훈민정음에 대한 문자 교육이 어떻게 이루어져왔는가를 주목하지 않을 수 없다. 훈민정음이 여러 악조건에도 불구하고 널리 퍼지게 된 계기나 실질적 힘은 다층적이겠지만 결국은 문자 교육이 가장 중요한 바탕이므로 교육 문제에 주목하지 않을 수 없다. 이 장에서는 그런 교육 문제의 직접 교육을 살펴보고 다음 장에서는 한문 교육과 관련해 간접 교육을 살펴보기로 한다.

이러한 교육 문제는 지배층과 피지배층 모두 중요한 문제였다. 훈민정음은 한자나 이두와 달리 여러 계층이 통용 가능한 문자였기에 지배층과 피지배층 모두에게 각별한 사회적, 역사적 의미를 갖고 있다.1) 창제자인 세종은 교육을 제대로 받을 수 없는 하층민의 처지까지도 배려했는지 누구나가 쉽게 배울 수 있는 학습성을 중요하게 여겨 하루아침에 배울 수 있는 문자를 만들었다고 선언했고 실제 그런 문자가 세상에 공표되었다. 교육이 본령인 성리학을 국시로 삼은 조선이었기에 교화를 목적으로, 실제 교육과 학습의 효율성을 극대화시킨 문자가 필요했고 실제 그런 용도의 전무후무한 문자를 만들었다. 곧 훈민정음은 교육을 전제로 또는 교육을 목표로 창제된 문자다.

　이렇게 만든 문자라 할지라도 실제 교육은 어떤 방식으로든 필요하다. 문제는 비주류 문자로서의 한계 속에서 교육과 학습이 어떻게 이루어졌는가이다. 이 장에서는 훈민정음 교육이 이루어지는 직접 영역과 간접 영역으로 나눠 직접 영역을 살피기로 한다.

직접 영역
(1) 훈민정음 문자 교육
(2) 훈민정음 국가시험
간접 영역
(1) 훈민정음 관련 서책 보급과 교육
(2) 훈민정음 연관 국가시험 제도

　직접 영역의 문자 교육 못지않게 중요한 것은 한자나 한문 교육을 위해 또는 성리학 등의 교육을 위해 훈민정음을 얼마나 활용했는지에 대한 간접 영역을 규명하는 것이 관건이다. 이런 분야는 공식 교육제도나 기관 등을 검토하여 간접 추론을 하는 수밖에 없다. 이와 같은 간

---

1) 훈민정음은 세종이 단독 창제한 문자지만 반포 과정에서는 양반 사대부들의 도움으로 이루어졌다. 최만리 등 일부 집현전 관리들이 창제 후에 반포 준비 과정에서 반대가 있었지만 이외 그 어떤 반대도 공식 기록에는 보이지 않는다.

접 영역 규명은 10장에서 다루기로 한다.

훈민정음 교육에 관한 연구는 많지 않다. 연구층이 적어서이기도 하겠지만 훈민정음이 비주류 문자였던 만큼 두드러진 자료가 많이 남아 있지 않아 실증적으로 증명해내기가 어렵기 때문이다.

조선시대 전체 흐름 속에서 지배층 중심의 훈민정음 교육 문제를 다룬 논문은 시정곤(2007)이 있다. 이 논문은 김슬옹(2005나)에서의 지적과 같이 훈민정음은 피지배층보다 지배층에 의해 더욱 보급 발전되었다는 점을 전제로 논의를 전개했다. 따라서 교화 문제를 짚어본 뒤 향교와 서당과 같은 제도 기관을 통한 보급 문제와 가정에서의 교육 문제를 다뤘다. 더불어 한글소설이 훈민정음 보급에 어떤 역할을 했는지도 언급했다. 이러한 논지는 훈민정음 보급과 발전의 주요 맥을 짚었다는 데 의의가 있다. 다만 단일 논문으로서의 짧은 분량 때문인지 조선시대 전체 흐름이 포괄적으로 진술되어 있어 시기별 발전 양상을 구체적으로 드러내기에는 한계가 있다. 또한 훈민정음에 대한 직접적인 문자 교육과 언해서를 통한 간접 교육 등의 복합적 양상은 미처 다루지 못했다.

특정 시대에 특정 계층의 훈민정음 간접 교육 문제를 다룬 것은 지정민(1996)에서 이루어졌다.[2] 여기서는 중종 때 사림의 거두인 김안국의 치적을 중심으로 서민의 문자 교육을 집중 조명하였다. '서민'을 양반층을 제외한 피지배 계층을 통칭하는 것으로 보고 서민들에게 문자 교육이 어떻게 이루어졌는가를 살폈다. 곧 훈민정음 창제 후 서민을 위한 교화서(삼강행실도, 오륜행실도, 경민편 등)가 거듭 발간됐지만 간행 부수

---

2) 물론 단행본이나 다른 논문에서 훈민정음 교육 문제를 언급한 논문은 꽤 있지만, 시정곤(2007), 지정민(1996)에서 처음으로 제대로 다룬 셈이다.

가 제한되어 있어 당시 서민 교육에 미친 현실적 영향력은 미미하였다
고 보았다(지정민, 1996 : 98). 다만 언해서로 인해 형벌과 보상 등에 의한
실물 교육보다 서적에 의한 교육이 더 강해졌다는 점이 큰 의의라는
것이다. 언해 교화서를 구해 읽은 서민은 지극히 소수에 불과하다거나,
설령 읽었다 하더라도 실물 교육과 크게 다르지 않았다는 소극적 평가
보다는 교화서 언해 사업은 분명 나름대로의 교육적 의미가 분명하다.
교화서 언해의 주역은 사림으로서, 성리학을 신봉하는 중소 지주 출신
학자들로 이들은 유향소 설치, 현량과 설치 등을 통해 향약과 소학 실
천 운동을 폈다는 사실에 주목한 것이다.

　백두현(2001)에서는 민간에서 실질적으로 어떻게 훈민정음 교육이 이
루어졌는지를 세밀하게 다뤘다. 훈민정음 문자 교육 자체에 대해서는
최현배(1936), 안병희(1985), 안병희(2000), 김민수(1973), 송철의(2008가), 허재영
(2009), 홍윤표(2010나) 등이 있다.

　최현배(1936)에서는 사전의 자모 배열을 '가갸거겨'식의 음절 중심으
로 할 것인가, 자모 중심으로 할 것인가를 논의하면서 다양한 음절표
를 제시했다.[3]

　안병희(2000)에서는 훈민정음 언해만 가지고는 한글은 완전히 학습될
수 없으므로 반절표 형성을 한글 학습의 시작으로 보았다. 16세기 최
세진의 <훈몽자회>(1527) 범례 뒤의 언문자모나 유희춘의 <미암초일
기>를 통해 16세기 초에는 한글 반절표가 존재한 것으로 추정했다.
다른 교육을 통한 간접 교육 연구에 대해서는 본문에서 언급하기로
한다.

---

3) 음절표에 대해서는 졸고 김슬옹(2009다)에서 자세히 논한 바 있다.

역사 연구의 기본은 사료에 대한 실증적 태도에 있다. 다만 전해오는 사료가 당대의 사실을 모두 보여주는 것은 아니므로 맥락적 태도도 중요하다. 따라서 본 연구는 1차 사료에 대한 접근과 각종 2차 연구문헌에 대한 메타 비평을 병행하여 훈민정음 교육의 실체와 맥락적 의미를 밝히기로 한다. 조선시대 훈민정음 교육과 학습의 실상을 자세하게 밝히기는 어렵지만 다음과 같은 구분이 필요하다.

> 잠재적 문해자 : 언문을 모르지만 쉽게 언문을 깨칠 수 있는 가능성을
>   지닌 사람.
> 문자 해득자 : 언문을 문자나 음절 차원에서 겨우 읽고 쓸 수 있는 사람.
> 기초 문해자 : 간단한 언문 글을 읽고 쓸 수 있는 사람.
> 고급 언문 사용자 : 언문으로 언간 같은 편지글과 시조나 소설 같은 작
>   품 창작이 가능한 사람.

잠재적 문해자는 언문과 같은 쉬운 문자의 경우에 적용할 수 있는 용어다. 조선시대는 문맹률이 높았으므로 훈민정음 창제와 보급은 많은 사람들을 잠재적 문해자의 범위 안에 놓이게 하였다는 데 의의가 있다. 언문을 사용하는 양반가 여성의 여종과 언문을 사용하지 않는 양반가 여성을 모시는 여종과는 똑같이 모르기는 매한가지인 한문의 경우와는 달리 차이가 발생한다. 문자 해득자나 기초 문해자 또한 언문 사용의 저변 인구로 훈민정음 보급 초기나 문맹률이 높은 상황에서는 무척 소중하다. 이런 수준은 외국 대학생들이 적게는 50분, 많게는 한두 시간 한글 문자 교육을 받으면 자신의 이름과 가게 이름을 쓸 줄 아는 것을 말한다.[4] 이에 반해 기초 문해자는 낱말 단위의 한글 표기

---

4) 김석연·진용옥(2000 : 46)에서 김석연 교수는 세계 모든 사람들이 50분이면 충분하

와 의미 이해가 가능한 초등 1, 2학년 수준의 실력을 말한다. 고급 언문 사용자는 이황이나 김만중같이 언문을 통한 창작이나 철학이 가능한 사람들이다. 고급 언문 사용자는 언문을 통한, 언문에 대한 교육자 역할을 하였으므로 매우 중요하다.

교육은 어느 시대나 이상과 현실 사이에서 희망과 갈등을 동시에 내포하기 마련이다. 더욱이 조선시대는 교육제도나 교육기관이 오늘날처럼 체계적으로 위계화되어 있거나 교육과정이 정밀하게 마련되어 있는 것이 아니라는 점을 주목해야 한다. 지나친 낙관적 조망도 지나친 비관적 조망도 역사 해석에 바람직하지 않다. 이를테면 성리학적 이념이 훈민정음 탄생과 보급에 결정적인 역할을 하기도 했지만 비성리학적 분야에 대한 배타성 때문에 부정적 영향을 끼친 측면도 공존한다.[5]

어떤 자료가 매우 긍정적 현상을 담고 있다고 해서 그 자료를 만들고 소통시킨 현실도 무조건 긍정적으로 해석할 수 없는 맥락도 존재한다. 성리학적 이념을 담은 유교 경전 언해서가 한글 보급에 지대한 영향을 끼친 것은 맞지만 또 한편으로는 지나친 성리학적 이념으로 인해 다른 실용적인 서적의 유통을 막아 한글 발전의 저해 요인이 되었던 것이다. 기존 연구들은 이런 양면성을 주목하지 않은 채 지나치게 한쪽 면만을 부각시켜 낭만적 역사 인식과 해석을 노출시켰다.

만일 훈민정음이 주류 문자였다면 오히려 극심한 반대 세력에 부딪쳐 발전에 방해가 되었을 것이다. 계층간 차별과 불평등성을 전제로 한 특권 문자인 한자를 부정하는 것은 곧 신분 체제를 부정하는 것이

게 한글을 깨칠 수 있다고 하였다.
5) 조선 후기 실학이 일어나기 전까지는 실용적인 학문이 상대적으로 배제될 수밖에 없었다. 반성리학적 이념은 때때로 '사문난적'으로 내몰렸다.

며 국가 체제를 부정하는 것이기 때문이다. 지배층은 훈민정음을 비주류 문자로 못 박음으로써 편한 마음으로 자신들 편의대로 맘껏 이용하면서도 여성의 문자, 서민의 문자, 하층민의 문자로서 맘껏 허용하는 호기를 부렸던 것이다.

훈민정음의 비주류성은 과거시험 제도와 학교 관련 현실에서 여지없이 드러난다. 훈민정음이 과거시험의 과목으로 훈민정음 보급 초기에 채택은 되었을지언정 그것은 과거시험 과목 전체 비중에 비해 매우 미미한 것이며 더욱이 답안 작성 문자는 철저히 한문이었던 것이다. 각종 교육기관에서도 한자 교육의 편의를 위해 훈민정음을 배웠던 것이지 그 자체가 중요한 공부 대상이나 과목이 아니었다. 결국 한자를 배우기 위해 훈민정음을 먼저 깨치거나 훈민정음의 도움을 받아야 하는 역설적 상황이 훈민정음 교육의 불을 지핀 셈이다.

2. 세종과 세조의 문자 중심의 직접 교육 맥락

조선시대에 훈민정음에 대한 직접 교육이 얼마나 이루어졌는가에 대한 답은 밝지 않다. 훈민정음은 비주류 문자였으므로 공식 기관에서 공식적인 직접 교육은 이루어지지 않았다. 한자 교육처럼 <천자문>이나 <유합>, <훈몽자회>와 같은 문자 학습서가 따로 있는 것도 아니고 그와 비슷한 언해본 책을 단행본 형식의 공식 교육서로 활용했다는 기록조차 없다.[6] 훈민정음 반포를 위해 만든 해례본과 그중 서문과 예의

---

6) 물론 훈민정음은 한자와 같은 그런 복잡한 학습서 없이도 학습이 가능한 문자다. 그렇다 하더라도 높은 문맹 상태에서 전문 교육서 하나 없다는 것은 지배층이 훈

를 번역한 언해본이 실질적인 교육서인 셈이다.

그렇다고 문자에 대한 직접 교육이 없었다는 것은 아니다. 특별한 교육제도나 학습서를 통한 지속적인 교육이 없었다는 것이다. <훈민정음> 해례본의 예의나 훈몽자회의 앞머리에 있는 언문 자모와 같은 간단한 자음자와 모음자와 합자법 등은 특별한 교재 없이도 직접 교육이 가능한 단초를 제공한 것이고 그런 교육이 가능했던 것이 훈민정음이었다.

훈민정음은 비주류 공식문자인 점에 주목해야 한다. 비주류로서의 자리매김은 소외와 배제를 뜻하기도 하지만 한편으로는 주류 문자와의 충돌을 피하고 상보적 관계를 맺을 수 있다는 장점이 있다. 그래서 주류 양반들조차도 한글을 한자에 비해 낮춰 볼 수는 있어도 그 존재의 필요성이나 기능을 무시할 수는 없었다. 훈민정음 사용 문제에 대한 단 한 건의 상소도 없음이 이를 잘 말해준다.

훈민정음의 보편성과 평등성이 오히려 한자의 불평등성, 권력성과 상보적 관계를 맺게 했다. 누구나 배울 수 있는 문자는 누구나 배울 수 없는 한자의 특권을 넘어설 수 없다고 본 것이다.

비주류 문자로서의 상보성에 주목해보자. 언문은 교화의 도구이면서 교육 차원에서는 한자를 배우는 필수 도구였다는 점이다. 교화를 위해 반드시 있어야 하는 문자, 한자를 배우는 데 매우 요긴한 문자인 점이 상보적 힘이다. 훈민정음 때문에 한자를 너무 편하게 배워 문제라는 지적이 있을 정도다.

비주류 상보성으로서의 훈민정음의 위치는 한자와 한글을 둘러싼

민정음을 비주류 문자로 취급했기 때문이다.

지극히 정치적이고 문화적인 맥락으로 인한 것이지만 문자 차원에서는 훈민정음이 누구나 쉽게 배울 수 있는 자생적 힘을 가지고 있기에 가능한 것이다. 누구나 쉽게 배울 수 있다는 것은 언어학적·교육학적 배경과 정치적 배경을 함께 가지고 있다. 한자가 누구나 쉽게 배울 수 없기에 특권층의 문자로 자리매김되었듯이 한글은 누구나 쉽게 배울 수 있어 그 어떤 계층의 이익을 반영하지 않았다. 세종이 만들었지만 세종의 손을 떠난 순간 만인의 문자가 된 것이다. 따라서 한글을 하층민의 문자로 여성의 문자로 못 박을 필요가 없다.

훈민정음은 오히려 하층민보다 지배층이 애용한 셈이다. 누구나 간단한 자음과 모음과 합자의 원리만 익히면 하루아침에 배울 수 있으므로 가능한 일이었다. 다만 모든 교육기관의 교재는 모두 한문이었다. 언해본은 그저 참고용이지 언해서 자체가 교육 목표나 교재 구성물이 아니었다. 이러한 비주류성은 언문 교육에 절대적인 영향을 미친 <훈민정음> 언해본과 <훈몽자회>의 언문 설명 부분이 독자적인 책이 아니고 다른 책의 앞머리에 마치 부록처럼 끼어 있는 텍스트라는 데서 드러난다. 무언가를 접근하기 위한 일종의 도구인 셈이다.

이렇게 쉽게 배울 수 있는 훈민정음의 문자로서의 내적인 힘을 자생적 힘이라 보았다. 이러한 힘 때문에 특정 계층만을 위한 또한 특정 계층만을 표상하지 않는 '계층 초월성'의 특성을 갖게 된 것이다.

물론 각 계층마다 훈민정음 문자를 대하는 태도와 부여하는 의미는 사뭇 다르기도 하고 실제 그러했다. 그러나 한자나 이두처럼 특정 계층만을 위해 쓰이는 것이 아닌 것만 해도 신분제 사회에서는 대단한 문자 혁명인 셈이다. 물론 이때의 문자혁명은 지극히 제한적인 반쪽 혁명인 셈이다. 서양처럼 단일 음소 문자 체계로 내려오다 구텐베르크

인쇄 혁명으로 불을 지펴 지식의 대중화를 가져온 것과 같은 효과는
없었기 때문이다.[7]

또한 교육기관의 양면성도 주목해야 한다. 훈민정음 보급과 발전 측
면에서 보려다 보니 서원과 향교 등의 국가 교육기관의 긍정적인 측면
을 주로 주목했다. 곧 유교 관련 서적 보급 확대를 통해 이바지하였으
나 실용 서적을 철저히 배제하고 억제함으로써 또 다른 분야에서의 발
전은 저해한 것이다(이춘희, 1984 : 14).

최만리 등은 반대 상소에서 "진실로 관리된 자가 언문을 배워 출세
한다면, 후진들이 모두 이러한 것을 보고 생각하기를, 27자의 언문으로
도 족히 출세할 수 있다고 할 것이오니, 무엇 때문에 고생스럽게 성리
학을 파고들겠느냐고 하겠사옵니까."라고 했다. 이는 훈민정음의 편의
성과 실용성을 인정하고 오히려 그로 인해 한문 공부가 소홀해질 것을
걱정하고 있는 것이다. 아마도 이들은 세종이 아예 주류 공식문자인
한자를 훈민정음으로 대체할 것으로 생각한 듯하다. 또한 한문을 통해
성리학을 배우는 데 언문이 도움이 될 수 있음을 알지 못한 것이다.[8]

---

7) 우리나라는 최초의 금속 인쇄 활자 개발, 그것을 이용한 인쇄 등의 예에서 보듯
이 분야 선진국임에 틀림없다. 이러한 선진성이 훈민정음 창제 이후 음절 문자 단
위의 통글 인쇄가 아닌 자음 모음 단위의 인쇄로 이어졌다면 인쇄문화의 선진성
은 더욱 폭발적인 연쇄 반응을 일으켰을 것이다. 아쉽게도 자음자, 모음자를 따로
활자로 만들어 합자하려는 노력을 기울이지 않았다. 물론 서양처럼 나란히 늘어
놓는 합자 방식이라면 당연히 그렇게 되었겠지만 모아쓰는 한계를 극복하지 못한
듯하다. 지금이야 모아쓰는 것이 오히려 장점이 되었지만 그 당시에는 모아쓰는
것이 인쇄술에서는 한계로 작용했을 것이다.
8) 그 이면엔 그동안 한자를 알고 씀으로 해서 권력 유지가 잘 되어 왔는데 그것이
소용이 없어지면 지배 체제가 흔들릴 것을 염려한 탓도 있을 것이다.

1) 세종의 훈민정음 직접 교육 전략과 실제

새 문자의 명칭이자 해설서 명칭이기도 한 '훈민정음', 이 네 글자 안에 훈민정음 창제의 핵심 동기와 목적, 교육적 함의가 다 들어 있다. 바로 백성을 가르치기(교화) 위해 바른 말소리(정음)를 그대로 적을 수 있는 새 문자를 만들었다는 것이다.[9] 이때의 말소리는 천지자연의 조화로운 소리이며 사람이면 누구나 똑같은 방식으로 발음기관을 울려 나오는 소리다. 한자로는 임금과 백성, 양반과 평민이 소통할 수 없지만 말소리를 그대로 적은 훈민정음으로는 말소리를 나누듯이 서로의 뜻을 나눌 수 있다는 것이다. 이런 엄청난 사실을 실록은 이렇게 전하고 있다.[10]

> 是月, 上親制諺文二十八字, 其字倣古篆, 分爲初中終聲, 合之然後乃成字,
> 凡干文字及本國俚語, 皆可得而書, 字雖簡要, 轉換無窮, 是謂 '訓民正音'

> 이달에 임금이 친히 언문 28자를 지었는데, 그 글자가 옛 전자(篆字)를 모방하고, 초성·중성·종성으로 나누어 합한 연후에야 글자를 이루었다. 무릇 한자(문자)에 관한 것과 우리나라 말(이어)에 관한 것을 모두 쓸 수 있고, 28자는 비록 간단하고 간결하지만 합하여 수많은 글자를 만들어내는 것이 끝이 없으니, 이것을 훈민정음(訓民正音)이라고 일렀다.
> — 세종 25년(1443) 음력 12월 30일, <조선왕조실록>

---

9) 훈민정음 핵심 창제 동기와 목적이 교화 정책에 있음은 이제 두루 알려진 사실이다. 교화는 백성들을 가르치는 것이다. 문자와 책이 교화의 도구로써 매우 중요하게 되는 것은 너무도 당연한 현상이다. 훈민정음이 가르치기 쉽고 배우기 쉬우므로 그 자체로서의 교화의 핵심 도구가 될 수밖에 없다. 훈민정음 창제 동기, 배경, 목표, 목적 등의 중층성에 대해서는 김슬옹(2007)에서 논의하여 김슬옹(2011라)에 재수록하였다.
10) 정다함(2009)에서 이러한 점을 소리교화(聲教)로 본 점은 아주 옳다.

이 기록은 훈민정음 창제 사실을 알린 최초 기록이지만 교육 측면에서 매우 중요한 점을 보여주고 있다. 한자 발음이건 토박이말이건 무엇이든지 간결하게 적을 수 있다는 것이다. 곧 한자어와 토박이말을 함께 언급하며 표기 능력과 음절 생성 능력을 언급했기 때문이다. 몇 줄 안 되는 매우 간결한 기록이지만 새 문자의 핵심과 장점을 아주 간명하게 드러낸 것이다. 이는 바로 교육적 효용성을 밝힌 것이다.

이 기록의 또 다른 의도는 한자를 부려쓰는 양반을 위해서도 한자를 모르는 평민들을 위해서도 새 문자는 매우 요긴할 것이며 또한 누구나 쉽게 배워 아주 실용성이 높은 문자생활을 하게 될 것임을 예고한 것이다. 이런 교육적 의도는 세종 서문과 예의를 통해 극명하게 드러났다(표 1).

세종은 누구나 쉽게 배울 수 있는 문자를 천명하면서 어떻게 가르칠 것인가를 고민했을 것이다. 일단은 한자를 잘 아는 하급 관리나 양반 관리들을 대상으로 한다 하더라도 새 문자인 만큼 한자를 빌어 쉽게 설명할 수 있어야 한다. 바로 예의는 그런 고민이 만들어낸 새 한글 교육의 전형적인 교범이다. 간단한 새 글자를 복잡하게 설명해서 가르쳐야 한다면 그것은 이율배반이다. 간단하고 효율적이며 과학적인 문자라면 당연히 간결하고 쉽게 설명할 수 있어야 한다.

그렇다면 새 문자 학습의 1차 교재는 <훈민정음> 해례본의 예의였을 것이다. 세종이 직접 썼다고 하는 이 예의는 기본 자모음 28자와 된소리 글자 6자, 모두 34자를 한자음의 예를 통해 가장 간명하게 설명하고 있을 뿐 아니라 자음과 모음의 합자법, 종성의 합자법(종성부용초성)까지 가장 쉽게 설명하고 있어 독자적인 문자 학습서는 아니더라도 그런 역할을 했을 것이라는 것은 쉽게 짐작할 수 있다.

이 텍스트는 1443년 창제와 더불어 나왔을 것이다. 1443년 12월 30일 기록에 문자의 실체를 분명하게 밝혔을 뿐만 아니라 이로부터 2개월 뒤에 올라오는 최만리 갑자 상소에 세종이 직접 서리들에게 훈민정음을 교육했다는 기록이 나오기 때문이다. 더욱이 창제 직후에 운회 번역에 들어가는데 그것은 이 정도의 텍스트가 있어야 가능한 일이다.

이러한 예의나 해설을 덧붙여 완성한 해례본은 한자 해득자를 대상으로 한 것이므로 사대부나 중인층의 하급 관리들에게는 나중에 나오는 언해본보다 더 손쉬운 훈민정음 학습 교재로 쓰였을 것이다. 그러나 점점 사용 예가 늘어남에 따라 2차 교재인 예의 언해본이 등장하여 한문본과 함께 자연스럽게 쓰이다가 1459년에 와서 언해본이 <월인석보>에 수록되었을 것이다. 세종의 서문과 예의의 한문본과 언해본을 구성 차례대로 제시하면 [표 1]과 같다. 참고로 해례 부분과의 연계성을 밝힌 것이 [표 2]이다.

[표 1] 훈민정음 문자 학습의 1차, 2차 교재 재구성표

	<훈민정음> 해례본 예의(1446)	월인석보 수록 언해본 서문과 예의 (1459, 세조 5)(주해 생략)
문자 만든 취지(문자를 배워야 하는 알림글)	國之語音 異乎中國 與文字 不相流通, 故 愚民 有所欲言 而終不得伸其情者 多矣. 予 爲此憫然 新制二十八字 欲使人人 易習 便於日用耳.	나·랏:말ᄊᆞ·미 中듕國·귁·에 달·아 文문字·ᄍᆞᆼ·와·로 서르 ᄉᆞᄆᆞᆺ·디 아·니ᄒᆞᆯ·ᄊᆡ ·이런 젼·ᄎᆞ·로 어·린 百·ᄇᆡᆨ姓·셩·이 니르·고·져 ·홇 ·배 이·셔·도 ᄆᆞ·ᄎᆞᆷ:내 제 ·ᄠᅳ·들 시·러 펴·디 :몯ᄒᆞᇙ ·노·미 하·니·라 ·내 ·이·ᄅᆞᆯ 爲·윙·ᄒᆞ·야 :어엿·비 너·겨 ·새·로 ·스·믈여·듧 字·ᄍᆞᆼ·ᄅᆞᆯ ᄆᆡᇰ·ᄀᆞ노·니 :사ᄅᆞᆷ:마·다 :ᄒᆡ·ᅇᅧ :수·ᄫᅵ 니·겨 ·날·로 ·ᄡᅮ·메 便뼌安ᅙᅡᆫ·킈 ᄒᆞ·고·져 ᄒᆞᇙ ᄯᆞᄅᆞ·미니·라.

	<훈민정음> 해례본 예의(1446)	월인석보 수록 언해본 서문과 예의 (1459, 세조 5)(주해 생략)
자음 설명	ㄱ, 牙音, 如君字初發聲 並書, 如虯字初發聲	ㄱ·ᄂᆞᆫ :엄쏘·리·니 君군ㄷ字·짱 ·처ᅅᅥᆷ · 펴·아 ·나ᄂᆞᆫ 소·리 ·ᄀᆞᆮᄐᆞ·니 글·ᄫᅡ·쓰·면 虯ᅗᅱᇢᄫᅠ字·짱 ·처ᅅᅥᆷ ·펴·아 ·나ᄂᆞᆫ 소·리 · ᄀᆞ·ᄐᆞ니·라
	ㅋ, 牙音, 如快字初發聲	ㅋ·ᄂᆞᆫ :엄쏘·리·니 快·쾡ᅙ字·짱 ·처ᅅᅥᆷ · 펴·아 ·나ᄂᆞᆫ 소·리 ·ᄀᆞ·ᄐᆞ니·라
	ㆁ, 牙音, 如業字初發聲	ㆁ·ᄂᆞᆫ :엄쏘·리·니 業·업字·짱 ·처ᅅᅥᆷ · 펴·아 ·나ᄂᆞᆫ 소·리 ·ᄀᆞ·ᄐᆞ니·라
	ㄷ, 舌音, 如斗字初發聲 並書, 如覃字初發聲	ㄷ·ᄂᆞᆫ ·혀쏘·리·니 斗:듷ᄫᅠ字·짱 ·처ᅅᅥᆷ · 펴·아 ·나ᄂᆞᆫ 소·리 ·ᄀᆞᆮᄐᆞ·니 글·ᄫᅡ·쓰·면 覃땀ㅂ字·짱 ·처ᅅᅥᆷ ·펴·아 ·나ᄂᆞᆫ 소·리 · ᄀᆞ·ᄐᆞ니·라
	ㅌ, 舌音, 如吞字初發聲	ㅌ·ᄂᆞᆫ ·혀쏘·리·니 呑툰ㄷ字·짱 ·처ᅅᅥᆷ · 펴·아 ·나ᄂᆞᆫ 소·리 ·ᄀᆞ·ᄐᆞ니·라
	ㄴ, 舌音, 如那字初發聲	ㄴ·ᄂᆞᆫ ·혀쏘·리·니 那낭ᅙ字·짱 ·처ᅅᅥᆷ · 펴·아 ·나ᄂᆞᆫ 소·리 ·ᄀᆞ·ᄐᆞ니·라
	ㅂ, 脣音, 如彆字初發聲 並書, 如步字初發聲	ㅂ·ᄂᆞᆫ 입시·울쏘·리·니 ·彆·볋字·짱 ·처 ᅅᅥᆷ ·펴·아 ·나ᄂᆞᆫ 소·리 ·ᄀᆞᆮᄐᆞ·니 글·ᄫᅡ· 쓰·면 步·뽕ᅙ字·짱 ·처ᅅᅥᆷ ·펴·아 ·나ᄂᆞᆫ 소·리 ·ᄀᆞ·ᄐᆞ니·라
	ㅍ, 脣音, 如漂字初發聲	ㅍ·ᄂᆞᆫ 입시·울쏘·리·니 漂푷ᄫᅠ字·짱 ·처ᅅᅥᆷ ·펴·아 ·나ᄂᆞᆫ 소·리 ·ᄀᆞ·ᄐᆞ니·라
	ㅁ, 脣音, 如彌字初發聲	ㅁ·ᄂᆞᆫ 입시·울쏘·리·니 彌밍ᅙ字·짱 ·처ᅅᅥᆷ ·펴·아 ·나ᄂᆞᆫ 소·리 ·ᄀᆞ·ᄐᆞ니·라
	ㅈ, 齒音, 如卽字初發聲 並書, 如慈字初發聲	ㅈ·ᄂᆞᆫ ·니쏘·리·니 卽·즉字·짱 ·처ᅅᅥᆷ · 펴·아 ·나ᄂᆞᆫ 소·리 ·ᄀᆞᆮᄐᆞ·니 글·ᄫᅡ·쓰·면 慈쯩ᅙ字·짱 ·처ᅅᅥᆷ ·펴·아 ·나ᄂᆞᆫ 소·리 · ᄀᆞ·ᄐᆞ니·라
	ㅊ, 齒音, 如侵字初發聲	ㅊ·ᄂᆞᆫ ·니쏘·리·니 侵침ㅂ字·짱 ·처ᅅᅥᆷ · 펴·아 ·나ᄂᆞᆫ 소·리 ·ᄀᆞ·ᄐᆞ니·라
	ㅅ, 齒音, 如戌字初發聲 並書, 如邪字初發聲	ㅅ·ᄂᆞᆫ ·니쏘·리·니 戌·슗字·짱 ·처ᅅᅥᆷ · 펴·아 ·나ᄂᆞᆫ 소·리 ·ᄀᆞᆮᄐᆞ·니 글·ᄫᅡ·쓰·면 邪썅ᅙ字·짱 ·처ᅅᅥᆷ ·펴·아 ·나ᄂᆞᆫ 소·리 · ᄀᆞ·ᄐᆞ니·라
	ㆆ, 喉音, 如挹字初發聲	ㆆ·ᄂᆞᆫ 목소·리·니 挹·흡字·짱 ·처ᅅᅥᆷ ·펴· 아 ·나ᄂᆞᆫ 소·리 ·ᄀᆞ·ᄐᆞ니·라

	<훈민정음> 해례본 예의(1446)	월인석보 수록 언해본 서문과 예의 (1459, 세조 5)(주해 생략)
자음 설명	ㆆ, 喉音, 如虛字初發聲 並書, 如洪字初發聲 ㅇ, 喉音, 如欲字初發聲 ㄹ, 半舌音, 如閭字初發聲 ㅿ, 半齒音, 如穰字初發聲	ㆆ·는 목소·리·니 虛헝ㆆ字·쫑 ·처엄 ·펴· 아 ·나는 소·리·ᄀᆞ·ᄐᆞ·니 ㄹ·ᄫᅡ·쓰·면 洪ᅘᅩᆼ ㄱ字·쫑 ·처엄 ·펴·아 ·나는 소·리 ·ᄀᆞ·ᄐᆞ 니·라 ㅇ·는 목소·리·니 欲·욕字·쫑 ·처엄 ·펴· 아 ·나는 소·리 ·ᄀᆞ·ᄐᆞ니·라 ㄹ·는 半·반·혀쏘·리·니 閭령ㆆ字·쫑 ·처엄 ·펴·아 ·나는 소·리 ·ᄀᆞ·ᄐᆞ니·라 ㅿ·는 半·반·니쏘·리·니 穰샹ㄱ字·쫑 ·처엄 ·펴·아 ·나는 소·리 ·ᄀᆞ·ᄐᆞ니·라
모음 설명	·, 如吞字中聲 ㅡ, 如卽字中聲 ㅣ, 如侵字中聲 ㅗ, 如洪字中聲 ㅏ, 如覃字中聲 ㅜ, 如君字中聲 ㅓ, 如業字中聲 ㅛ, 如欲字中聲 ㅑ, 如穰字中聲 ㅠ, 如戌字中聲 ㅕ, 如彆字中聲	·는 呑튼ㄷ字·쫑 가·온·딧소·리 ·ᄀᆞ·ᄐᆞ 니·라 ㅡ·는 卽·즉字·쫑 가·온·딧소·리 ·ᄀᆞ·ᄐᆞ 니·라 ㅣ·는 侵침ㅂ字·쫑 가·온·딧소·리 ·ᄀᆞ·ᄐᆞ 니·라 ㅗ·는 洪ᅘᅩᆼㄱ字·쫑 가·온·딧소·리 ·ᄀᆞ·ᄐᆞ 니·라 ㅏ·는 覃땀ㅂ字·쫑 가·온·딧소·리 ·ᄀᆞ·ᄐᆞ 니·라 ㅜ·는 君군ㄷ字·쫑 가·온·딧소·리 ·ᄀᆞ·ᄐᆞ 니·라 ㅓ·는 業·업字·쫑 가·온·딧소·리 ·ᄀᆞ·ᄐᆞ 니·라 ㅛ·는 欲·욕字·쫑 가·온·딧소·리 ·ᄀᆞ·ᄐᆞ 니·라 ㅑ·는 穰샹ㄱ字·쫑 가·온·딧소·리 ·ᄀᆞ·ᄐᆞ 니·라 ㅠ·는 戌·슗字·쫑 가·온·딧소·리 ·ᄀᆞ· ᄐᆞ니·라 ㅕ·는 彆·볋字·쫑 가·온·딧소·리 ·ᄀᆞ· ᄐᆞ니·라
종성자 설명	終聲復用初聲.	乃냉終즁ㄱ소리는 다시 첫소리를 쓰ᄂᆞ니라

	<훈민정음> 해례본 예의(1446)	월인석보 수록 언해본 서문과 예의 (1459, 세조 5)(주해 생략)
연서법(순 경음 비읍 제자와 발음법) 설명	ㅇ連書脣音之下, 則爲脣輕音.	ㅇ롤 입시울쏘리 아래 니서 쓰면 입시울가비야본소 리 드외ᄂ니라
합용병서자 설명	初聲合用則並書, 終聲同.	첫소리롤 어울워 뿛디면 골바쓰라 乃냉終즁ㄱ소리 도 혼가지라
합자법(부 서법) 설명	● ― ᆞ ᆢ ᅟᅮ ᆢ ᆢ ， 附書初聲之下. ㅣ ㅏ ㅓ ㅑ ㅕ 附書於右.	● 와─와ᆞ와ᅮ와ᆢ와ᅲ와란 첫소리 아래 브텨 쓰고 ㅣ 와 ㅏ 와 ㅓ 와 ㅑ 와 ㅕ 와란 올흔 녀긔 브텨 쓰라
성음법	凡字必合而成音.	믈읫 字쫑ㅣ 모로매 어우러ᅀᅡ 소리 이ᄂ니
성조	左加一點則去聲, 二則上聲, 無則 平聲. 入聲加點同而促急	왼녀긔 호 點뎜을 더으면 뭇노폰소리오 點뎜이 둘 히면 上썅聲셩이오 點이 업스면 平뼝聲셩이오 入십聲셩 은 點뎜 더우믄 혼가지로더 샌르니라

[표 2] <훈민정음> 해례본에서의 본문과 해례 상관도

세종 서문과 예의(본문)	해례와 정인지 서문
세종 서문 : 문자 만든 취지(문자를 배워 야 하는 알림글)	정인지 서문
자음 설명	초성해
모음 설명	중성해
종성자 설명	종성해
연서법(순경음 비읍 제자와 발음법) 설명	합자해(성음법→병서법→성조→연서법) *해례에서는 '용자례' 붙임
합용병서자 설명	
합자법(부서법) 설명	
성음법	
성조	

그렇다면 우리는 이러한 가정을 해볼 필요가 있다. 새 문자를 만들 었을 경우 그 설명서를 어떻게 만들까. 새 문자를 만든 동기와 목적을

말한 뒤(서문)에는 무엇을 제시해야 할까. 일단 새 문자의 됨됨이를 구구절절 설명하기보다는 기본 글자부터 합성된 글자까지 간단하고 명징한 예를 통해 보여주는 것이다. 그래야 새 문자를 배우거나 처음 보는 사람들이 편하게 문자를 깨우치게 된다. 또한 우리말을 잘 아는 사람들을 대상으로 하는 것이므로 지금의 한글 교육 방식으로 보면 낱글자 방식과 낱말 예시 방식(통문자 방식)을 병행하는 것이 좋다. 역시 <훈민정음> 해례본은 그런 방식을 따랐다.

(1) 1단계 기본 글자 : 첫소리 글자→가운뎃소리 글자→끝소리 글자
(2) 2단계 응용 글자 : 확장된 닿소리 글자
(3) 3단계 합치는 방법 : 첫소리 글자와 가운뎃소리 글자 합치는 법
(4) 4단계 문자와 소리 높낮이

이보다 더 간결하고 효율적인 교본은 있을 수 없다. 따라서 새 문자 교육이 가장 간결한 글자를 통해 설명되고 있음을 주목해야 한다. 자음자와 모음자를 다른 예로 설명할 수도 있지만 가능하면 관련된 자음과 모음은 같은 자를 사용하되, 모음자의 예를 중심으로 같은 글자로 설명하여 새 문자에 대한 이해와 활용력을 높이도록 하였다. 이를테면 "쿤[군]에서 첫 번째로 나오는 소리는 'ㄱ'으로 적는다. 이 글자에서 가운데 나오는 소리는 'ㅜ'로 적는다. 맨 끝에 나오는 소리는 'ㄴ'으로 적는다."라는 식으로 같은 글자를 가지고 설명하는 것이 가장 편할 것이다. 바로 위 예의는 그런 구조로 되어 있다. 같은 글자로 설명된 예를 재구성해보면 [표 3]과 같다.

[표 3] <훈민정음> 예의 : 자모음 같은 글자 예시 재구성도

예	자모	설명(해례본과 언해본)
呑 톤	ㅌ	ㅌ, 舌音, 如呑字初發聲	ㅌ·는 ·혀쏘·리·니 呑톤ㄷ字·쫑 ·처섬 ·펴·아 ·나는 소·리 ·ᄀᆞ·ᄐᆞ니·라
	ㆍ	ㆍ, 如呑字中聲	ㆍ는 呑톤ㄷ字·쫑 가·온·딧소·리 ·ᄀᆞ·ᄐᆞ니·라
卽 즉	ㅈ	ㅈ, 齒音, 如卽字初發聲	ㅈ·는 ·니쏘·리·니 卽·즉字·쫑 ·처섬 ·펴·아 ·나는 소·리 ·ᄀᆞ·ᄐᆞ ·니
	ㅡ	ㅡ, 如卽字中聲	ㅡ·는 卽·즉字·쫑 가·온·딧소·리 ·ᄀᆞ·ᄐᆞ니·라
侵 침	ㅊ	ㅊ, 齒音, 如侵字初發聲	ㅊ·는 ·니쏘·리·니 侵침ㅂ字·쫑 ·처섬 ·펴·아 ·나는 소·리 ·ᄀᆞ·ᄐᆞ니·라
	ㅣ	ㅣ, 如侵字中聲	ㅣ·는 侵침ㅂ字·쫑 가·온·딧소·리 ·ᄀᆞ·ᄐᆞ니·라
洪 ᅇᅩᇰ	ㆅ	並書, 如洪字初發聲	글·바·쓰·면 洪ᅘᅩᇰㄱ字·쫑 ·처섬 ·펴·아 ·나는 소·리 ·ᄀᆞ·ᄐᆞ니·라
	ㅗ	ㅗ, 如洪字中聲	ㅗ·는 洪ᅘᅩᇰㄱ字·쫑 가·온·딧소·리 ·ᄀᆞ·ᄐᆞ니·라
覃 땀	ㄸ	並書, 如覃字初發聲	글·바·쓰·면 覃땀ㅂ字·쫑 ·처섬 ·펴·아 ·나는 소·리 ·ᄀᆞ·ᄐᆞ니·라
	ㅏ	ㅏ, 如覃字中聲	ㅏ·는 覃땀ㅂ字·쫑 가·온·딧소·리 ·ᄀᆞ·ᄐᆞ니·라
君 군	ㄱ	ㄱ, 牙音, 如君字初發聲	ㄱ·는 :엄쏘·리·니 君군ㄷ字·쫑 ·처섬 ·펴·아 ·나는 소·리 ·ᄀᆞ·ᄐᆞ ·니
	ㅜ	ㅜ, 如君字中聲	ㅜ·는 君군ㄷ字·쫑 가·온·딧소·리 ·ᄀᆞ·ᄐᆞ니·라
業 업	ㆁ	ㆁ, 牙音, 如業字初發聲	ㆁ·는 :엄쏘·리·니 業·업字·쫑 ·처섬 ·펴·아 ·나는 소·리 ·ᄀᆞ·ᄐᆞ니·라
	ㅓ	ㅓ, 如業字中聲	ㅓ·는 業·업字·쫑 가·온·딧소·리 ·ᄀᆞ·ᄐᆞ니·라
欲 욕	ㅇ	ㅇ, 喉音, 如欲字初發聲	ㅇ·는 목소·리·니 欲·욕字·쫑 ·처섬 ·펴·아 ·나는 소·리 ·ᄀᆞ·ᄐᆞ니·라
	ㅛ	ㅛ, 如欲字中聲	ㅛ·는 欲·욕字·쫑 가·온·딧소·리 ·ᄀᆞ·ᄐᆞ니·라
穰 ᅀᅣᇰ	ㅿ	ㅿ, 半齒音, 如穰字初發聲	ㅿ·는 半·반·니쏘·리·니 穰ᅀᅣᇰㄱ字·쫑 ·처섬 ·펴·아 ·나는 소·리 ·ᄀᆞ·ᄐᆞ니·라
	ㅑ	ㅑ, 如穰字中聲	ㅑ·는 穰ᅀᅣᇰ字·쫑 가·온·딧소·리 ·ᄀᆞ·ᄐᆞ니·라
戌 ᄼᅲᇙ	ㅅ	ㅅ, 齒音, 如戌字初發聲	ㅅ·는 ·니쏘·리·니 戌·슗字·쫑 ·처섬 ·펴·아 ·나는 소·리 ·ᄀᆞ·ᄐᆞ ·니
	ㅠ	ㅠ, 如戌字中聲	ㅠ·는 戌·슗字·쫑 가·온·딧소·리 ·ᄀᆞ·ᄐᆞ니·라
彆 벼ᇙ	ㅂ	ㅂ, 脣音, 如彆字初發聲	ㅂ·는 입시·울쏘·리·니 彆·볋字·쫑 ·처섬 ·펴·아 ·나는 소·리 ·ᄀᆞ·ᄐᆞ ·니
	ㅕ	ㅕ, 如彆字中聲	ㅕ·는 彆·볋字·쫑 가·온·딧소·리 ·ᄀᆞ·ᄐᆞ니·라

합자의 실제 예는 예의에 대한 해설 부분인 해례에만 나온다. 그러므로 위와 같은 짜임새는 매우 소중한 의미가 있다. 특정 자음자와 모음자를 같은 글자를 가지고 설명하면 자연스럽게 그 글자가 합자의 예시 구실을 하기 때문이다. 해례본은 한문본이므로 예의에서 "ㅈ, 齒音, 如卽字初發聲"과 같이 나오므로 '卽즉'과 같이 한글 병기 예시가 드러나지 않지만, 관련된 자음 설명과 모음 설명에 동일 한자를 씀으로써 합자 예가 확연히 드러나 자연스럽게 자음과 모음 각각과 합자에 대한 이해 효과를 높이고 있다. 현대 한글 교육에서 특정 낱말을 통해 설명하는 통문자 방식과 자음자, 모음자 등의 낱글자 방식에 의한 교육이 맞서고 있는데 세종대왕은 예의에서 두 방식을 결합하고 있는 것이다.

예의와 해례에서는 음운학적인 음절 내부 구조에 따라 초성, 중성, 종성의 차례를 쫓아 설명하고 있지만 합자를 기준으로 보면 모음이 기준이 될 수밖에 없다. 음운학적으로는 모음이 성절음으로서 기준 역할을 하고 문자학적으로도 모음자를 중심으로 초성자와 종성자가 결합되기 때문이다.[11] 세종은 합자 방식에 대해 세심한 고심과 연구를 하였을 것이고 합자된 예 하나하나 섬세한 연구를 거듭했을 것이다.

정인지가 서문에서 지혜로운 자는 하루아침에 배울 수 있다는 장담이 단순히 문자 그 자체의 과학성과 우수성에만 있는 것이 아님을 알 수 있다. 아무리 문자가 과학적이고 우수하다 하더라도 실제 배우는

---

11) 이호성(1932가 : 60~61)에서는 모음이 자음에 종속된 것으로 보아 한글을 '자모음 종속적 문자'로 분류하고 있으나 굳이 종속 관계로 본다면 음운학적으로나 문자학적으로나 자음이 모음에 종속된 것으로 보아야 한다. 이호성(1932가 : 60)에서는 영어를 '자모음 동위적 문자'로 분류하였으나 영어는 자음과 모음이 균형이 안 맞는 자음 중심의 문자이므로 이런 식의 분류는 바람직하지 않다. 한글은 음절 단위로 보면 모음 중심 언어이지만 문자 자체로는 자음과 모음이 골고루 발달되어 자음과 모음이 같은 층위에서 결합하는 유일한 언어요 문자이다.

데 문제가 있거나 쓰는 데 불편하다면 실제 가치는 적을 수밖에 없다. 물론 문자의 과학성과 우수성은 실용적인 과학성과 우수성으로 연결되지 않는다면 성립하지 않는다. 그런 맥락에서 '예의'는 한글을 배우는 방법도 섬세하게 서술하고 있어 새 문자 배우기의 고충을 덜어주고 있다. 그래서 해설서 집필 실무 책임자인 정인지는 훈민정음의 교육적 효율성에 대해 1446년 발표된 해설서에서 이렇게 호언장담한 것이다.

> 智者不終朝而會, 愚者可浹旬而學.
>
> 슬기로운 사람은 하루아침에 깨치고, 어리석은 사람이라도 열흘이면 배울 수가 있다.
>
> -<훈민정음> 해례본 정인지 서문

이는 절대 권력의 한 나라 임금이 어리석은 사람들의 학습 여건을 고려한 문자를 만든 셈이다. 흔히 이런 세종의 전략을 하층민을 충실한 신민으로 길들이려는 이데올로기 전략으로 보기도 하지만 중요한 건 진짜 어리석은 사람도 깨칠 수 있는 문맹률 타파가 가능한 문자를 만들었다는 것이다. 이는 새 문자에 대한 어떤 탄압이나 제약이 있어도 자생적으로 뻗어나갈 수 있는, 발전할 수 있는 가능성을 내포한 문자를 만든 것이다. 그렇다고 해서 문자 자체로 그 힘이 뻗어나가지는 않는다. 중요한 것은 이러한 훈민정음의 문자로서의 자생적 힘이 사회문화적 외적 조건과 어떻게 결합하느냐이다.

또한 이와 같은 설명은 [표 4]와 같은 배열과 결합을 전제로 하고 있는 것이다.

[표 4] 세종 예의의 합자 방식에 의한 음절표(재구성)

ㅿ	ㄹ	ㅇ	ㅎ	ㆆ	ㅅ	ㅊ	ㅈ	ㅁ	ㅍ	ㅂ	ㄴ	ㅌ	ㄷ	ㆁ	ㅋ	ㄱ	자모
ᅀᆞ	ᄅᆞ	ᄋᆞ	ᄒᆞ	ᅙᆞ	ᄉᆞ	ᄎᆞ	ᄌᆞ	ᄆᆞ	ᄑᆞ	ᄇᆞ	ᄂᆞ	ᄐᆞ	ᄃᆞ	ᅌᆞ	ᄏᆞ	ᄀᆞ	ㆍ
ᅀᅳ	르	으	흐	ᅙᅳ	스	츠	즈	므	프	브	느	트	드	ᅌᅳ	크	그	ㅡ
ᅀᅵ	리	이	히	ᅙᅵ	시	치	지	미	피	비	니	티	디	ᅌᅵ	키	기	ㅣ
ᅀᅩ	로	오	호	ᅙᅩ	소	초	조	모	포	보	노	토	도	ᅌᅩ	코	고	ㅗ
ᅀᅡ	라	아	하	ᅙᅡ	사	차	자	마	파	바	나	타	다	ᅌᅡ	카	가	ㅏ
ᅀᅮ	루	우	후	ᅙᅮ	수	추	주	무	푸	부	누	투	두	ᅌᅮ	쿠	구	ㅜ
ᅀᅥ	러	어	허	ᅙᅥ	서	처	저	머	퍼	버	너	터	더	ᅌᅥ	커	거	ㅓ
ᅀᅭ	료	요	효	ᅙᅭ	쇼	쵸	죠	묘	표	뵤	뇨	툐	됴	ᅌᅭ	쿄	교	ㅛ
ᅀᅣ	랴	야	햐	ᅙᅣ	샤	챠	쟈	먀	퍄	뱌	냐	탸	댜	ᅌᅣ	캬	갸	ㅑ
ᅀᅲ	류	유	휴	ᅙᅲ	슈	츄	쥬	뮤	퓨	뷰	뉴	튜	듀	ᅌᅲ	큐	규	ㅠ
ᅀᅧ	려	여	혀	ᅙᅧ	셔	쳐	져	며	펴	벼	녀	텨	뎌	ᅌᅧ	켜	겨	ㅕ

[표 4]와 비슷한 표가 18세기 때 이사질이 지은 <훈음종편>에 [표 5]와 같이 나온다.

[표 5] 이사질(1705~1776) '훈음종편'(연도 모름)

ᅀᅡ	라	아	하	하	파	타	사	차	자	마	파	바	나	타	다	아	카	가
ᅀᅣ	랴	야	햐	햐	퍄	탸	샤	챠	쟈	먀	퍄	뱌	냐	탸	댜	야	캬	갸
ᅀᅥ	러	어	허	허	퍼	터	서	처	저	머	퍼	버	너	터	더	어	커	거
ᅀᅧ	려	여	혀	혀	펴	텨	셔	쳐	져	며	펴	벼	녀	텨	뎌	여	켜	겨
ᅀᅩ	로	오	호	호	포	토	소	초	조	모	포	보	노	토	도	오	코	고
ᅀᅭ	료	요	효	효	표	툐	쇼	쵸	죠	묘	표	뵤	뇨	툐	됴	요	쿄	교
ᅀᅮ	루	우	후	후	푸	투	수	추	주	무	푸	부	누	투	두	우	쿠	구
ᅀᅲ	류	유	휴	휴	퓨	튜	슈	츄	쥬	뮤	퓨	뷰	뉴	튜	듀	유	큐	규
ᅀᅳ	르	으	흐	흐	프	트	스	츠	즈	므	프	브	느	트	드	으	크	그
ᅀᅵ	리	이	히	히	피	티	시	치	지	미	피	비	니	티	디	이	키	기
ᅀᆞ	ᄅᆞ	ᄋᆞ	ᄒᆞ	ᅙᆞ	ᄑᆞ	ᄐᆞ	ᄉᆞ	ᄎᆞ	ᄌᆞ	ᄆᆞ	ᄑᆞ	ᄇᆞ	ᄂᆞ	ᄐᆞ	ᄃᆞ	ᅌᆞ	ᄏᆞ	ᄀᆞ

<훈음종편>의 모음 배열은 최세진식 방식을 적용하고 있지만 자음 배열은 세종 때와 같다. 세종 때 이런 배열표가 있었던 기록은 없지만 문자 자체가 이런 배열을 염두에 둔 것이므로 언제든지 이런 표가 생성될 수 있었다. 물론 가시적인 표는 남아 있지 않지만 배우는 과정에서 또는 머릿속에서는 이런 표가 그려졌을 것이다.

2) 세종의 훈민정음 교육 관련 정책

교육정책과 교육은 역시 권력을 바탕으로 한 제도적인 뒷받침이 되지 않고는 한계가 있다. 세종이 어떻게 했을지 짐작은 하지만 실증적 자료가 남아 있지 않은 터에 그 자료를 능히 짐작할 수 있는 단서를 최만리 반대 상소가 남겼다.

> 今不博採群議 驟令吏輩十餘人訓習 又輕改古人已成之韻書 附會無稽之
> 諺文 聚工匠數十人刻之 劇欲廣布 其於天下後世公議何如
>   이제 넓게 여러 사람의 의논을 들어보지도 않고 갑자기 10여 명의 서리들에게 가르쳐 익히게 하며 또 옛날 사람들이 이미 만들어놓은 운서(한자 발음 사전)를 경솔하게 고치고, 언문을 억지로 갖다 붙이고 기능공 수십 명을 모아 판각을 새겨 급하게 널리 반포하려 하시니, 이 세상 후대 사람들의 공정한 의논으로 보아 어떻겠습니까?
>   ─최만리, 갑자 상소 일부, 세종 26년(1444) 음력 2월 20일

세종이 훈민정음을 세상에 알린 정확한 날짜는 알 수 없다. 문자라는 것이 무슨 발명품처럼 일시에 드러내는 것이 아니므로 당연히 그럴 수 있다. 실록 기록으로 보면 1443년 12월 어느 날쯤일 것이다. 최만리 대표 반대 상소는 그 이듬해 2월 20일 접수되었다. 새 문자를 알린 지

대략 3개월 뒤다. 그 3개월 사이에 세종은 새 문자 해설을 위한 운회(중국 발음책)를 번역하게 하고 하급 관리(서리)를 모아 직접 가르치고, 인쇄공 수십 명을 모아 보급용 책자를 발간하게 한 것이다. 이때의 책자는 1446년에 나오는 그런 해설서라기보다 새 문자를 가르치기 위한 예의 정도의 가벼운 교본이었을 것이다.

해설서 집필이 시급할수록 임상 교육이 필요했을 것이다. 물론 세종은 문자 창제 공표 전에 왕실 측근을 대상으로 비밀리에 임상 실험이나 교육을 했을 것이지만 공개한 이상 제대로 된 임상 교육이 필요했을 것임은 자명한 이치다.

세종은 새 문자 창제 당사자로서, 교육 문제를 신하나 관련 기관에 맡기지 않고 직접 챙겼다. 그러다 보니 강직한 신하들(최만리 외)의 반발을 사게 되었다. 새 문자의 보급을 반대했던 신하들은 이런 절차를 문제 삼지 않을 수 없었다. 세종이 신하들과 의논을 하는 등 정당한 절차를 거쳐 새 문자를 알렸더라면 이런 상소는 없었을 것이다.[12]

그 당시에는 교육 환경이 열악하였으므로 단순 합자만 할 수 있어도 글자를 깨친 것이나 다름없었다. 한자는 최소 천 자 이상은 외워야 겨우 문자생활이 가능하지만 언문으로는 이 정도만 배워도 충분하기 때문이다. 세종은 그 점을 정확히 알아서 다음과 같은 지시를 내렸다.

> (1) 이조에 교지를 내리기를, "이제부터는 이과(吏科)와 이전(吏典)의 취재(取才) 때에는 <훈민정음(訓民正音)>도 아울러 시험해 뽑게 하되, 비록 뜻과 이치는 통하지 못하더라도 능히 합자(合字)하는 사람을 뽑게 하라."라고 하였다.
>
> - 세종 28년(1446) 12월 16일

---

12) 반대로 훈민정음 창제를 비밀 프로젝트로 진행하지 않았거나 신하들과의 토론 과정을 거쳤다면 반포가 매우 늦어졌거나 무효화되었을 수도 있다.

(2) 함길도 젊은이로서 관리 시험에 응시하는 자는 다른 도의 예에 따라 6재(六才)를 시험하되 점수를 갑절로 주도록 하고, 다음 정기 시험부터는 먼저 <훈민정음(訓民正音)>을 시험하여 입격한 자에게만 다른 시험을 보게 할 것이며, 각 관아의 관리 시험에도 모두 <훈민정음>을 시험하도록 하라." 하였다.

－세종 29년(1447) 음력 4월 20일

이때의 '합자'가 자음과 모음을 합쳐 음절자를 만드는 법이다. 훈민정음 반포 3개월 후에 내린 이 지시는 훈민정음 보급의 실질적이면서도 가장 절실한 방법을 담고 있다. 국가시험으로서 강제성을 부여하되, 글자 조합 정도의 수준을 요구해 최대한 학습자의 부담을 줄이면서 빨리 보급될 수 있는 기틀을 마련한 것이다.

세종은 이러한 시험 제도 도입에서도 지나치게 섬세했다. 시험의 난이도를 높이면 오히려 부작용이 발생할 것을 고려했다. 그래서 초성자, 중성자, 종성자를 합해 음절 글자를 만들 수 있으면 합격시키는 초강도 난이도 조절을 천명했다. 이로부터 4개월 뒤에는 (2)와 같이 대학 입시 예비고사처럼 국가시험의 가장 중요한 기본 과목으로 설정하는 정책을 발표했다. 훈민정음 시험을 합격해야만 다른 시험을 볼 수 있었으므로 관리가 되고자 하는 사람들에게 훈민정음은 필수과목이었을 것이고 그들은 최소한 읽을 수는 있는 능력을 갖추었을 것이다. 관리에 선발된 자는 적지만 준비하는 사람들은 많았을 테니, 많은 사람들이 훈민정음을 공부했을 것이다. 또한 시험을 준비하는 사람들 주변의 가족이나 친지들까지 훈민정음을 인지하는 잠재적 인적 구성원이 되었을 것이다.

따라서 이 두 시험 제도의 시행은 매우 중요하며, 이 시기는 주류 양반 관료들에 의해 새 문자로 지은 <용비어천가> 발행 시기와도 가까운 때다. <용비어천가> 노래를 지은 것이 훈민정음 반포 1년 5개월 전쯤인 1445년 4월이다. 그 뒤 국문시가와 한문 주해를 붙여 완성한 것이 1447년 2월이고, 신하들에게 이 책을 나눠준 것이 10월 16일이다. 곧 훈민정음을 국가고시의 기본 과목으로 설정한 것은 <용비어천가>가 완성된 지 2개월 후인 것이다. 국가고시와 같은 강력한 정책은 바로 <용비어천가> 제작 성공에 따른 자신감으로 볼 수 있다. 이와 같이 세종의 초강수 훈민정음 보급 정책이 실효를 거두었다는 증거가 실록 기록에 생생하게 남아 있다.

> 하연(河演)은 까다롭게 살피고 또 노쇠하여 행사에 착오가 많았으므로 어떤 사람이 벽 위에다 언문으로 쓰기를 '하 정승(河政丞)아, 또 공사 (公事)를 망령되게 하지 말라.'고 하였다.[13]

이 벽서 사건은 훈민정음을 국가시험으로 전면화한 지 2년 5개월쯤 뒤에 일어났다. 이 벽서를 쓴 사람은 양반 관리가 아닌 아마도 하급 관리였을 것이다. 양반이었다면 상소문을 통해 문제를 제기했을 것이다. 잘못된 정책 수행의 1차적 피해자인 하급 관리가 공개적으로 할 수 없으니 익명 벽서로 항의한 것이라 볼 수 있다. 또한 세종이 1차적으로 교육시킨 대상이 하급 관리였던 만큼 그럴 확률이 높다.

이 벽서야말로 훈민정음 보급 정책, 또는 교육의 극명한 효과라 할 수 있다. 다행히도 이런 언문 벽서를 두고 연산군과 같은 부정적 반응을 보인 관료는 없었다. 그런데 한 가지 의문이 드는 것은 국가시험의

---

13) 演 苟察 又老耄 行事多顚錯 人有以諺字書壁上曰 : 河政丞 且休妄公事. -세종 31년 (1449) 10월 5일.

기본 필수 시험 과목으로 설정하는 초강력 정책을 펼치면서도 훈민정
음을 체계적으로 교육하고 보급하는 정책은 보이지 않느냐는 점이다.
서리 10여 명을 불러 모아 가르치는 것은 창제 초기의 임상 교육에 지
나지 않는 것이고 정작 필요한 것은 성균관과 4부 학당, 향교, 서당 등
에 관련 책을 내려보내 교육을 하게 하는 정책이다. 이와 관련된 실록
기록 또한 전혀 남아 있지 않다.

　세종은 그의 학문적 열정에서 짐작할 수 있듯이 즉위 초부터 교육에
관심이 많았다. 즉위년인 1418년 11월 3일자 기록에 의하면, "학교는
풍속과 교화(敎化)의 근원이니, 서울에는 성균관과 오부학당(五部學堂)을
설치하고 지방에는 향교(鄕校)를 설치하여, 권면(勸勉)하고 훈회(訓誨)한 것
이 지극하지 않음이 없었는데도, 성균관에서 수학(受學)하는 자가 오히
려 정원에 차지 않으니, 생각건대 교양(敎養)하는 방법이 그 방법을 다
하지 못한 때문인가. 사람들의 추향(趨向)이 다른 데 좋아하는 점이 있
는 때문인가. 그 진작(振作)하는 방법을 정부와 육조(六曹)에서 검토 연구
하여 아뢸 것이다. 더구나 향교의 생도(生徒)는 비록 학문에 뜻을 둔 사
람이 있더라도, 있는 곳의 수령이 서역(書役)을 나누어 맡기고 빈객(賓客)
을 응대하는 등, 일에 일정한 때가 없이, 사역(使役)하여 학업을 폐하게
하니, 지금부터는 일절 이를 금지시키고, 그 유사(儒士)들이 사사로이
서원(書院)을 설치하여, 생도를 가르친 자가 있으면, 위에 아뢰어 포상
하게 할 것이다."라고 유시하였다.

　이런 세종의 우려와 노력 덕분인지 훈민정음 반포가 이루어진 1446
년 3월에는 성균관 관원이 정원 22명에서 더 충원되어 겸직하는 사람
까지 50여 명에 달할 정도로 활성화되었다(손인수, 1999 : 87~88).

　한 가지 안타까운 점은 실록 기록보다 더 사실적이고 정확한 이때의

승정원일기가 임진왜란 때 불탔다는 점이다. 그 일기에는 더 자세한 관련 기록이 있었을 것이다. 설령 그렇다 하더라도 큰 정책이었다면 실록 기록에 남아 있어야 하는데 그렇지 않았다. 다만 여러 가지 정황으로 미루어 짐작할 수 있는 중요한 흐름은 설정할 수 있다.

한자본 교육서인 훈민정음 예의는 창제 공포와 동시에 나왔을 것이며,[14] 이 문서로 서리 10여 명이 교육을 받았을 것이다. 그래서 사관은 그 내용을 정확히 파악하고 실록에 명징한 기록으로 남겼다. 훈민정음 최종 해설서는 1446년 9월 상한에 이루어지지만 그 사이에 엄청난 노력이 있었다.

특히 훈민정음 반포 직후에 간행된 <용비어천가>가 그런 노력을 보여준다. 세종은 훈민정음 창제 1년 9개월 전에 경상도 전라도 관찰사에게 <용비어천가>를 짓기 위해 자료 수집을 명한다. 재미있는 것은 이때의 신하들은 이 <용비어천가>를 새 문자로 짓는다는 것을 까맣게 몰랐다. 아마도 이때쯤은 새 문자의 골격이 나왔을 것이고, 세종은 새 문자로 <용비어천가>를 지을 결심을 굳혔을 것이다. 그런 속내를 숨기고 공개적으로 자료 수집에 들어간 셈이다. 그렇다면 훈민정음 창제 공포 당시에는 이미 <용비어천가>를 짓게 할 준비가 끝나 있었을 것이고 문제는 그것을 담당한 신하들에게 훈민정음을 가르치는 일이었다. 이 또한 서리들 교육 맥락으로 보아 어려운 일은 아니었을 것이고, 그렇다면 최만리 반대 상소 전후로 착수했을 확률이 높다. 서리건 양반이건 새 문자를 제대로 가르치기 위해선 한문본 예의 정도로는 약했을 것이고 예의를 언해한 문서를 효율적으로 지도했을 것이다. 이런

---

14) 양이 매우 적으므로 책자라고 보기에는 어려울 듯싶다. 그러나 관련 자료를 함께 묶어 펴낼 수도 있으므로 책자가 아니었을 것이라고 속단할 수도 없다.

과정을 거쳐 새 문자를 적용한 <용비어천가>와 같은 걸작이 나왔다.

그리고 정식 교육기관을 통한 교육은 당연히 반포 후에나 가능했을 것이다. 문제는 1446년 9월 상한에 펴낸 훈민정음 해설서를 몇 권이나 발간해서 어떻게 배포했느냐는 기록이 전혀 없다는 것이다. 한 가지 단서가 될 만한 사실은 세종 때 발간한 해설서 원본이 경상북도 안동에서 발견되었다는 점이다.[15] 언제 어떻게 이곳까지 내려갔는지는 알 수 없지만 해설서의 비중으로 보아 각 지방마다 내려보냈을 최소한의 단서는 된다.

세조는 창제 협력자답게 훈민정음 보급을 실질적으로 주도한 왕이다. 세조는 훈민정음 교육 정책을 더욱 강화시켰으며 실질적인 보급과 연계시킬 수 있는 훈민정음 언해 책자 보급을 주요 정책으로 시행했다.

훈민정음 교육 정책은 국가시험 정책과 맞물려 시행되었다. 놀라운 것은 이러한 정책이 신하들의 건의 형식으로 이루어졌다는 점이다.

> 예조(禮曹)에서 아뢰기를, "<훈민정음(訓民正音)>은 선왕(先王)께서 손수 지으신 책이요, <동국정운(東國正韻)>・<홍무정운(洪武正韻)>도 모두 선왕께서 직접 엮으신 책이요, 이문(吏文)도 또 사대 외교에 절실히 필요하니, 청컨대 지금부터 문과 첫 시험에서 세 책을 강론하게 하고 사서(四書)・오경(五經)의 예에 의하여 점수를 주며, 마지막 시험에서 아울러 이문(吏文)도 시험하고 책문을 시험하는 예(例)에 의하여 점수를 주소서." 하니, 그대로 따랐다.
>
> -세조 6년(1460) 5월 28일

---

15) 1940년에 최초로 발견된 원본으로 현재 간송미술관에 보관되어 있다. 또 다른 원본이 2008년 상주에서 발견되어(안동에서 구입했다고 함) 재판 중이나 아직 제대로 검증되지 않았다.

위 기사 맥락은 철저하게 지배층 위주의 맥락이다. 중국과의 사대
외교를 전제로 훈민정음 교육이 중요함을 말한 것이기 때문이다. 이때
의 예조 신하들은 훈민정음이 지배층을 위해서도 매우 요긴한 문자임
을 당연시했다. '이문'은 외교에서 필요한 중국 한문을 뜻한다. 이러한
한문 공부에 훈민정음과 훈민정음 바탕 음운서인 <동국정운>이 매우
중요하다고 보았다. 외국어(이문) 공부에서 중요한 것은 읽기와 발음내
기다. 사대부들이 경전 내용 습득을 위해 훈민정음을 기본으로 학습했
음을 보여준다. 따라서 당연히 사서오경 공부에도 이러한 훈민정음과
음운 지식이 필수적이었음을 보여주고 있다.

이때는 훈민정음이 반포된 지 14년 후다. 이로부터 4개월쯤 되어 예
조에서는 더 구체적인 정책을 건의하고 있다. 훈민정음이 어떤 맥락에
서 중요하게 설정되었는지, 어떻게 훈민정음을 공부하였는지를 가늠해
볼 수 있는 자료이므로 전문을 인용해본다.

예조에서 아뢰기를, "청컨대 전조(前朝)의 법에 의하여 국학에 구재
(九齋)인 대학재·논어재·맹자재·중용재·예기재·춘추재·시재·서
재·주역재를 두어 대학재에서 주역재에 이르기까지 차례로 올라가게
하되, 매양 한 책을 읽기를 끝마쳐 그 내용의 뜻을 훤하게 통(通)할 때까
지 기다리게 하소서. 본조(本曹)의 월강(月講)에 때로 성균관 당상 학관,
대간과 더불어 글을 따라서 강(講)하고 구명(究明)하여 반드시 가까이 통
하고 구독(句讀)을 자세하게 익힌 다음에라야 바야흐로 다음 재(齋)에 오
르게 하고 뛰어넘지 못하게 하여, 올라가서 주역재에 이르러 이미 능통
한 자는 동반·서반에서 재주를 헤아려 서용하게 하였다가 매(每) 식년
(式年)에 회시(會試)에 바로 나가게 하며, 합격하지 못한 뒤에라도 식년
(式年)에 또한 바로 나가도록 하시면 다행하겠습니다. 사서에 통하여 예
기재에 올라가 이미 능통한 자는 생원·진사·유학(幼學, 벼슬하지 않은

유생)임을 논하지 말고 나이의 차례대로 하며, 글을 따라서 강하고 구명
할 때 만약 사정(私情)을 끼고 모람(冒濫)하는 폐단이 있다면 식년(式年)
에 시취(試取)할 때의 예(例)로서 논하소서. 매 식년(式年)의 강경(講經)할
때를 당하거든 4서를 강하고, 아울러 <u><훈민정음>·<동국정운></u>·<홍무
정운>·이문(吏文)과 또 5경·여러 사서(史書)를 시험하되 자년(子年)·
오년(午年)·묘년(卯年)·유년(酉年)으로 나누어서 자년(子年)에는 <예
기>·<좌전(左傳)>을 강(講)하고, 오년(午年)에는 <서경(書經)>·<춘추(春
秋)>·<송원절요(宋元節要)>를 강(講)하고, 묘년(卯年)에는 <시경(詩經)>·
<강목(綱目)>을 강(講)하고 유년(酉年)에는 <주역(周易)>·<역대병요(歷
代兵要)>를 강(講)하고, 그중에서 5경(五經)과 여러 사서(史書)를 아울러
강(講)하도록 자원(自願)하는 자는 들어주고, 예(例)에 의하여 분수(分數)
를 주되, 별시(別試)의 강경(講經)인 경우에는 시기에 임하여 임금의 윤
허를 받게 하소서." 하니, 그대로 따랐다.

-1460년 음력 9월 17일

성균관 유생들은 치열한 경쟁 구도 속에서 <사서오경>뿐 아니라
<운서> 공부를 매우 중요하게 여겼음을 알 수 있다. <운서> 공부는
한자 학습의 기본과 안내 역할을 하였기 때문이다. 이런 <운서> 공부
에서 빠질 수 없는 것이 결국 훈민정음이었으므로 이는 어떤 방식으로
든 제도 기관에서 훈민정음 문자 교육이 이루어졌음을 의미한다.

3) 세종과 세조의 과거제도로서의 훈민정음 교육

세종의 새 문자 보급 정책의 8대 공신(정인지, 최항, 신숙주, 성삼문, 박팽
년, 이개, 강희안, 이선로) 가운데 핵심 역할을 담당했던 정인지, 최항, 신숙
주는 세조와 성종까지 보필하게 된다. 특히 최항은 <경국대전> 제정
작업의 핵심 역할까지 하였다. 세조와 성종의 훈민정음 실용화 의지와

이런 시대적 맥락이 결합되어 <경국대전>에까지 언해 정책이 명문화되기에 이르렀다. 성종 즉위 이전에 법전 초안이 완성되었으므로 아마도 세조 때 명문화된 것으로 보인다.

1457년(세종 3) <경국대전> 편찬 시작.

1468년(세조 14) 세조 운명.

1469년(예종 1) 최항, 김국광 등 <경국대전>을 지어 바침.

1470년(성종 1) 최항 등 <경국대전> 교정(校正) 완료.

1474년(성종 5) 최항 운명.

1475년(성종 6) 신숙주 운명.

1478년(성종 9) 정인지 운명.

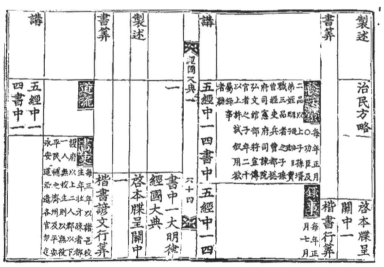

[사진 1] 경국대전에 언문을 과거시험 과목으로 지정한 내용

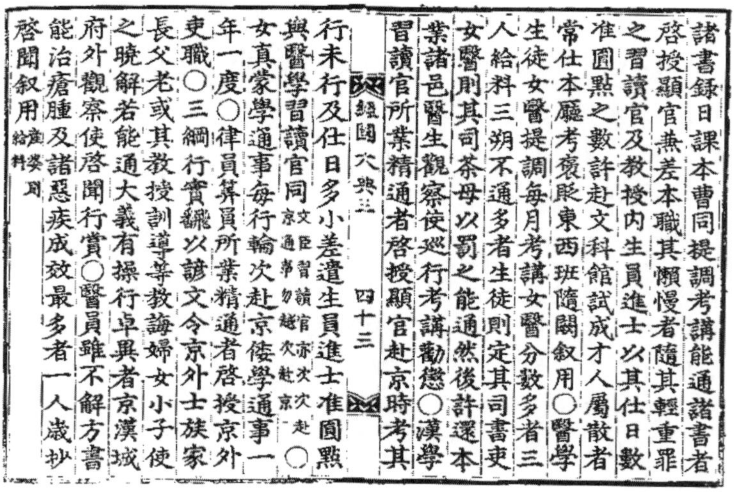
諸書錄日課本曹同提調考講能通諸書者
啓授顯官無差本職其懶慢者隨其輕重罪
之習讀官及教授內生員進士以其仕日數
准圓點之數許赴文科館試成才人屬散者
常仕本廳考褒貶東西班隨闕叙用○醫學
生徒女醫提調每月考講女醫分數多者三
人給料三朔不通多者生徒則定其司書吏
女醫則其司茶母以罰之能通然後許還本
業諸邑醫生觀察使巡行考講勸懲○漢學
習讀官所業精通者啓授顯官赴京時考其
經國大典 四十三
行未行及任日多小差遣生員進士准圓點
與醫學習讀官同 文臣習讀官亦次次赴京通事勿越次赴京 ○
女真蒙學通事每行輪次赴京倭學通事一
年一度○律員算員所業精通者啓授京外
吏職○三綱行實 飜以諺文 令京外士族家
長父老或其教授訓導等教誨婦女小子使
之曉解若能通大義有操行卓異者京漢城
府外觀察使啓聞行賞○醫員雖不解方書
能治瘡腫及諸惡疾成效最多者一人歲抄
啓聞叙用

[사진 2] <경국대전>에서 언문 번역을 통해 백성을 교화하라는 기록

[표 6] <경국대전>의 '훈민정음' 하급 관리 시험 관련 규정

경국대전 '훈민정음' 하급 관리 시험 규정	조선왕조실록 훈민정음 과거시험 기록
[녹사(錄事)] 매년 정월과 7월에 실시한다. - 강(講) : 오경(五經) 중 1, 사서(四書) 중 1, 대명률(大明律). 경국대전(經國大典) - 제술(製述) : 계본(啓本) · 첩정(牒呈) · 관(關) 중 1 - 서산(書算) : 해서(楷書) · <u>언문(諺文)</u> · 행산(行算) (밑줄 글쓴이)	(1) 세종 28년(1446) 12월 26일 이과(吏科)와 이전(吏典)의 취재에 훈민정음을 시험하게 하되 뜻은 모르더라도 쓸 줄 알면 뽑게 하다. (2) 세종 29년(1447) 4월 20일 다음 식년(式年)부터 훈민정음을 1차 시험으로 하고 각 관아 관리시험에서도 모두 훈민정음을 시험하게 하다. —세조 3년(1457) 경국대전 편찬 시작— (3) 세조 6년(1460) 5월 28일 예조에서 <훈민정음> · <동국정운> · <홍무정운>을 문과 초장에서 강할 것 등을 아뢰어 따르다. (4) 세조 6년(1460) 9월 17일 예조에서 식년(式年)[16]의 강경(講經) 과목으로 <훈민정음> · <동국정운> · <홍무정운> 등을 들었다. (5) 예종 1년(1469) 9월 27일 최항 · 김국광 등, <경국대전> 찬진 본격 준비하게 함. - 성종 1년(1470) 10월 27일 최항 등, <경국대전> 교정(校正) 완료.

　　이런 조선 왕실의 강력한 의지에 의해 평민이나 하층민과 직접 연관된 <삼강행실>, <소학>과 같은 수신서 위주의 교화를 위한 언해서가 나오고 이런 교화의 바탕이 되는 사서언해서가 나중에 나오게 된다.

3. 최세진에 의한 훈민정음 교육과 보급 맥락

　　훈민정음이 반포된 지 80년, 훈민정음 언해본이 출판된 지 68년 만에 최세진이라는 언어학자이자 동시 통역사에 의해 세 번째 한글 교육용 텍스트가 등장한다. <훈몽자회>(1527) 범례 뒤에 붙어 있는 언문자모가 그것이다. 언문자모 앞에 언문 학습의 필요성과 취지가 설명되어 있다.

　　　　무릇 시골이나 지방 사람들 가운데, 언문을 모르는 이가 많아서, 이제 언문 자모를 함께 적어 그들로 하여금 먼저 언문을 배운 다음 <훈몽자회>를 공부하게 하면, 혹시 밝게 깨우치는 데 이로움이 있을 것이니, 한자를 모르는 사람도 역시 모두 언문을 배우고 한자를 알면, 비록 스승의 가르침이 없더라도 한문에 통할 수 있는 사람이 될 것이다.
　　　　무릇 지방의 각 군에서 이 책을 출판하여 한 고을마다 각각 훈장을 두고 어린이들을 모아 가르치어 권선징악을 한 다음 아이들이 성장하여 향교나 국학에 진학시키면 사람들이 모두 배우기를 즐길 것이니 제가 이 책을 만든 뜻이 있을 것이다.
　　　　　　　　　　　　－<훈몽자회>, 범례 / 번역 : 김진규(1991) 참조.

---

16) '식년'은 자(子), 묘(卯), 오(午), 유(酉) 따위의 간지(干支)가 들어 있는 해. 3년마다 한 번씩 돌아오는데, 이해에 과거시험을 보거나 호적을 조사하였다고 한다. '식년과[式年科]' 식년마다 보던 과거시험으로 문과, 무과, 생원 진사과, 역과, 의과, 음양과, 율과 따위가 있었다.

이 범례 내용은 언문이나 한자 모두 무척 중요한 의미를 담고 있다. 언문이 한자 기초 학습뿐만 아니라 고급 한문 실력의 토대가 될 수 있음을 강조하고 있다. 언문의 효용성과 수월성을 능동적인 학습 태도와 연계시켜 사대부들의 한문 공부에서 언문 학습이 매우 중요한 기틀임을 강조한 것이다.

이 자료는 비록 독립된 교재는 아니지만 훈민정음 교육 맥락에서는 <월인석보>의 훈민정음 언해본보다 더 가치가 있다. 훈민정음 언해본은 구체적인 학습 맥락이 나와 있는 것은 아니기 때문이다. 비록 훈민정음 예의 방식의 문자 교육이 쉬운 방법이라 하더라도 실제 풍부한 임상 실험을 거치면서 더 좋은 방법이 수없이 실험되었을 것이다. 이런 임상 경험을 위해 반포된 지 80년이라는 세월은 결코 적은 세월이 아니다. 일단 세조에 의해 많은 불경언해서가 보급되었고, 성종 때는 <삼강행실도> 등의 교화서가 하층민에게까지 보급되었다. 그 과정에서 다양한 방식의 한글 교육이 이루어졌고 <훈몽자회>에서의 방식이 가장 큰 줄기를 형성하게 되었을 것이다. 최세진은 전문적인 지식을 바탕으로 그런 흐름을 체계화하였다. 최세진의 언문자모는 <훈민정음> 해례본 또는 언해본을 바탕으로 발전시킨 것이기 때문이다.

[표 7] <훈민정음> 해례본과 훈몽자회의 자음자, 모음자 차례

갈래		예
자음자	<훈민정음> 해례본 / 언해본 예의	ㄱ(ㄲ)ㅋ ㆁ/ㄷ(ㄸ)ㅌ ㄴ/ㅂ(ㅃ)ㅍ ㅁ/ㅈ(ㅉ)ㅊ ㅅ(ㅆ)/ㆆ ㅎ(ㆅ) ㅇ/ㄹ ㅿ * 해례본은 '아설순치후반설반치' 틀에서 '전청-전탁-차청-불청불탁'순으로 배열. 괄호는 문자 표기 자체는 나오지 않고 병서라 하여 한자 예만 들어놓음.
	훈몽자회	ㄱ ㄴ ㄷ ㄹ ㅁ ㅂ ㅅ ㅇ/ㅋ ㅌ ㅍ ㅈ ㅊ ㅿ ㅇ ㅎ

갈래		예
모음자	<훈민정음> 해례본 / 언해본 예의	ㆍ ㅡ ㅣ / ㅗ ㅏ ㅜ ㅓ / ㅛ ㅑ ㅠ ㅕ
	훈몽자회	ㅏ ㅑ ㅓ ㅕ ㅗ ㅛ ㅜ ㅠ ㅡ ㅣ ㆍ

초성자의 경우 초성자와 종성자에 모두 쓰이는 자음자와 초성자에
만 쓰이는 자음자로 나뉘어 <훈민정음> 해례본의 차례는 실용성과 편
의성에 의해 바뀔 수밖에 없었다.[17] 모음자 또한 학습과 교육의 수월
성을 위해 최세진식으로 정리되었을 것이다. 결국 <훈몽자회>는 현재
까지 한글 교육에 절대적 영향을 끼친 한글 음절표 교재의 바탕이 되
는 한글학습법을 기술한 책이 되었다.[18] 중심 내용을 추려보면 다음과
같다.

---

17) 훈민정음의 자모음 기본 차례는 <훈민정음> 해례본 가운데 예의를 기준으로 한
  것이다. 다른 부분의 설명은 조금씩 다르다. 이에 대해서는 김명호(2007), 김세중
  (2007), 최기호(2007), 허철구(2007), 반재원(2007)에서 종합적으로 다루어졌다.
  <자음자>
  제자해 : ㄱ ㄴ ㅁ ㅅ ㅇ ㅋ ㄷ ㅌ ㅂ ㅍ ㅈ ㅊ ㆆ ㅎ ㅇ ㄹ ㅿ
  초성해 : ㄱ ㅋ ㄲ ㅇ ㄷ ㅌ ㄸ ㄴ ㅂ ㅍ ㅃ ㅁ ㅈ ㅊ ㅉ ㅅ ㅆ ㆆ ㅎ ㆅ ㅇ ㄹ ㅿ
  종성해 : ㄱ ㅇ ㄷ ㄴ ㅂ ㅁ ㅅ ㄹ
  용자례 : ㄱ ㅋ ㅇ ㄷ ㅌ ㄴ ㅂ ㅍ ㅁ ㅸ ㅈ ㅊ ㅅ ㅎ ㅇ ㄹ ㅿ
  <모음자>
  제자해 – 제자 원리 : ㆍ ㅡ ㅣ ㅗ ㅏ ㅜ ㅓ ㅛ ㅑ ㅠ ㅕ
       – 오행 설명 : ㅗ ㅏ ㅜ ㅓ ㅛ ㅑ ㅠ ㅕ ㆍ ㅡ ㅣ
       – 결문 : ㆍ ㅡ ㅣ ㅗ ㅏ ㅛ ㅜ ㅓ ㅜ ㅓ ㅕ
  중성해 : ㆍ ㅡ ㅣ ㅗ ㅏ ㅜ ㅓ ㅛ ㅑ ㅠ ㅕ ㅘ ㅑ ㅝ ㅖ ㆎ ㅢ ㅚ ㅐ ㅟ ㅔ ㅛ ㅒ ㅠ ㅖ ㅙ ㅞ ㆋ ㆌ
  용자례 : ㆍ ㅡ ㅣ ㅗ ㅏ ㅜ ㅓ ㅛ ㅑ ㅕ
18) 음절표에 의한 한글 교육에 대해 이호성(1932)에서 혹독한 비판이 이루어졌다. 음
  절표는 자모문자인 한글을 마치 일본의 음절문자와 같이 취급한 것으로 세종의
  창제 정신에 위배된 방식이라는 것이다. 이는 음운과 문자 모두 비분절적 음절
  문자인 일본 문자와 자음과 모음의 결합에 의해 생성되는 모아쓰기 음절 문자인
  한글을 혼동한 비판이었다. 이호성의 자모 중심 한글 교육 주장은 1945년에 나온
  <한글 첫걸음>에 반영되었고, 이호성(1948)에 그대로 수록되었다. 이 문제는 이희
  호(2012)에서 집중 검토되었다.

(1) 초성종성통용팔자 : ㄱ其役, ㄴ尼隱, ㄷ池末, ㄹ利乙, ㅁ眉音, ㅂ非
邑, ㅅ時衣, ㆁ異凝

(2) 초성독용팔자 : ㅋ箕, ㅌ治, ㅍ皮, ㅈ之, ㅊ齒, ㅿ而, ㅇ伊, ㅎ屎

(3) 중성독용십일자 : ㅏ阿, ㅑ也, ㅓ於, ㅕ余, ㅗ吾, ㅛ要, ㅜ牛, ㅠ由, ㅡ
應(不用終聲). ㅣ伊(只用中聲). ㆍ思(不用初聲)

(4) 초중성합용작자례(初中聲合用作字例) : 가갸거겨고교구규그기ㄱᆞ[19]

(5) 초중종성삼성합용작자례(初中終三聲合用作字例) : 간갼걀감갑갓강[20]

이와 같은 최세진의 서술에 대해서는 많은 연구가 이뤄져 왔지만 여기서는 교육과 학습 관점에서 역사적 맥락과 교육적 맥락을 기술하기로 한다.

첫째, 주목할 부분은 실용적이면서 과학적인 명칭을 부여함으로써 해례본과 언해본의 부족한 부분을 극복하여 교육적 효율성을 높였다는 점이다.[21] 문자 교육은 발음과 표기도 중요하지만 그 출발점에 명칭이 제대로 설명되어야 한다. 해례본에서는 명칭 설명이 없어 불편하였는데 이를 해결한 것이다.

---

19) 합용 방식까지 설명해놓았다. 以ㄱ其爲初聲 以ㅏ 阿爲中聲 合ㄱㅏ 爲字則가 此家字音也 又以 ㄱ役爲終聲 合가 ㄱ爲字 則각此各字音也 餘倣此(ㄱ 초성에 중성 ㅏ를 합하면 '가' 자가 된즉 '家' 자 음이 되고, 또 ㄱ 음을 사용하여 종성에 합하여 쓰면 '각(各)' 자 음이니 나머지 것도 이와 같이 모방하였다.) 이응백(1983 : 4)에서는 합자 예(가갸거겨고교구규그기ㄱᆞ)의 가치에 대하여 "이것은 단 한 줄밖에 안 되는 간단한 예이지만 한글을 자습으로 쉽게 깨칠 수 있는 신비의 열쇠 구실을 하는 중요한 자료다."라고 강조한 바 있다. 매우 적절한 평가다.

20) 간(肝)갼(笠)걀(刀)감(柿)갑(甲)갓(皮)강(江). 이와 같이 한자의 음과 훈을 빌려 예를 들었다. 괄호 한자가 훈차로 쓰였다.

21) 안병희(1985 : 799)에서는 언문자모의 골격이 최세진(1527) 이전에 이루어졌다는 근거 두 가지를 들었다. 하나는 '초성종성통용팔자'는 해례본 종성해의 '팔종성가족용'에 따른 것이며, 분류 자체는 성현(1439~1504)이 지은 <용재총화>(1525, 중종 20)에 그대로 나타남을 들었다. 물론 <용재총화>에는 글자 보기 없이 간단하게 "初終聲八字 初聲八字, 中聲十二字"라고만 나온다. <용재총화>는 <훈몽자회> 나오기 2년 전의 저술이므로 이런 체계는 일반화된 체계였을 것이다.

더욱이 자음과 모음의 특성을 살려 명칭을 만든 점도 큰 장점이다. 모음은 단독 발음이 되므로 모음 발음 그 자체를 명칭으로 삼았다. 자음의 경우는 단독으로 발음할 수 없으므로 모음을 붙여 발음했을 때 자음 음운 특성이 제대로 드러나게 명칭을 만들어야 한다. 그래서 (2)와 같은 초성에만 쓰이는 글자로 규정한 초성독용팔자는 'ㅣ' 모음을 붙여 자음의 특성이 드러나는 명칭을 만들었다.

초성과 종성으로 같이 쓰이는 글자로 규정한 (1)과 같은 초성종성통용팔자는 초성으로 쓰이는 글자와 종성으로 쓰이는 글자가 명칭에 그대로 드러나게 하는 전략을 썼다. 곧 '종성자'는 '초성자'를 그대로 살려 쓴다는 '종성부용초성'의 원리를 적용하여 오늘날 명칭인 '기역(기역), 니은, 디귿(디귿)'과 같은 방식의 명칭을 사용하였다.22) 이렇게 초성과 종성 위치에 해당 자음을 명시적으로 드러냄으로써 명칭의 효율성을 최대한 높였다. '키, 티, 피, 지, 치' 등은 당연히 음운학적으로 초성에만 쓰인다는 가정 아래 '키읔, 티읕'과 같이 명명하지 않았다. 이들 자음이 문자로는 쓰이므로 그런 측면에서는 일관성이 결여된 듯하지만 그 당시로는 발음 중심으로 매우 치밀한 명칭을 부여한 것이다. 명칭 자체에서 이미 기본 학습이 이루어지도록 배려함으로써 대중적인 한글 학습의 길을 연 것이다.

이러한 자음과 모음의 배열 문제에 대해서는 남광우(1956), 허재영(2009), 홍윤표(2010) 등에서 밝혔으나 총체적으로 규명되지는 않았다. 이

---

22) '기역'이란 용어는 최세진이 '기윽'이란 명칭을 한자로 표기하는 과정에서 '윽' 자를 한자로 적을 수 없어 비슷한 '役(역)'으로 대체하여 기록하는 바람에 생긴 잘못된 용어다. 최세진이 '기윽'이라 한글 표기를 병기하지 않은 실수로 생긴 불균형 명칭이다. 16세기에 잘못 붙여진 명칭을 관습이란 이유로 지금까지 유지하는 것은 잘못이다. 이로 인해 어린이들이 학습에서 겪는 불편은 말할 수 없다. '디귿, 시옷'도 마찬가지로 남한도 북한처럼 '기윽, 디읃, 시읏'으로 불러야 한다.

배열 방식은 조선시대뿐 아니라 지금까지도 절대적 영향을 미치는 매
우 중요한 문제다. 또한 자음자와 초성자 배열을 해례본 방식과 달리
하여 실용성을 높였다. 물론 자음의 경우 훈민정음 방식에서 많이 바
뀐 것 같으나 실상은 '아설순치후' 구조에 빈도수, 발음의 평이성을 더
해 재배치된 것임을 [표 8]을 통해 알 수 있다(이응백, 1983 : 3).

[표 8] 훈몽자회 자음 배열순 재구성

차례	아음	설음/반설음	순음	치음/반치음	후음
(1) 초성종성통용팔자	ㄱ	ㄴ ㄷ / ㄹ	ㅁ ㅂ	ㅅ	ㅇ
(2) 초성독용팔자	ㅋ	ㅌ	ㅍ	ㅈ ㅊ / ㅿ	ㅇ, ㅎ

[표 8]은 훈몽자회 자음자 배열을 '아설순치후'라는 큰 틀 속에서 빈
도수[23]에 의해 초성과 종성에 두루 쓰이는 자음자와 발음으로는 종성
에 쓰이지 못하는 자음자를 나눈 뒤 같은 위치의 자음자는 가획 순으
로 배열하였음을 알 수 있다. 이렇게 보면 이 배열에는 여러 층위의 원
리가 숨어 있음을 알 수 있고, 왜 기역이 맨 앞에 왔는지, 거센 소리의
경우는 오늘날과 달리 키읔이 지읒보다 왜 앞서는지를 일목요연하게
드러냈다. 세종 때 배열과 다른 점은 빈도수가 높은 예사소리와 거센
소리를 분리하고 해례본에서는 반설음과 반치음을 맨 뒤에 배치하였
으나 여기서는 원래 계열 뒤에 배치하여 같은 위치 같은 소리 성질끼
리 모이게 했다.

　모음자의 경우는 [표 9]에서 보듯, 입벌림(개구도)의 '개모음→폐모음'의
순서로 이루어져 발음 편의와 교육의 위계화가 가능함을 보여준다.[24]

---

23) 실제 단어를 통해서도 빈도수가 높기도 하겠지만 여기서는 한 음절 안에서 초성,
　종성 두루 쓰이므로 초성에만 쓰이는 글자보다 빈도수가 높다고 본 것이다.

[표 9] 훈몽자회 모음자 배치도

모음자	ㅏ ㅑ	ㅓ ㅕ	ㅗ ㅛ	ㅜ ㅠ	―	ㅣ	·
중심축	수직 글자		수평 글자		수평	수직	점
음운 성격	개모음		폐모음				
	양성	음성	양성	음성	음성	중성	양성
자음 조합	가로 배열		세로 배열		세로	가로	
모음	우 조합	좌 조합	상 조합	하 조합	기본자		

 최세진식 음절표는 수직과 수평의 조직적 배열을 보여주고 있다. 발음하기 편한 수직모음자를 먼저 배열하였음을 알 수 있다.[25] 수직모음자를 통해서는 자음자와 좌우 가로 배열을 이루게 하고 수평모음자를 통해서는 자음자와 상하 세로 배열을 이루게 하였다. 수직과 수평의 균형이 5 : 5로 배분되어 균형감과 안정감을 준다. 양성모음자와 음성모음자를 '양성 – 음성'으로 조화롭게 배열하여 리듬과 인지 효과를 높여 발음과 기억이 쉽게 하였다는 점이다(표 65). 또한 [표 10]과 같이 계열의 단모음, 복모음이 규칙적으로 배열되어 리듬감이 형성되니 배우기 쉽다.

[표 10] 기본 음절표의 '단-복' 리듬 구조도

모음자	ㅏ	ㅑ	ㅓ	ㅕ	ㅗ	ㅛ	ㅜ	ㅠ	―	ㅣ
자음자	a 단	a' 복	b 단	b' 복	c 단	c' 복	d 단	d' 복	e 단	f 단

안정감을 주는 짝수 2와 4를 중심으로 각각 2 · 2 · 2 · 2 · 2(3) 구조와
4 · 4 · 2(3) 구조를 중층적으로 배치하여 안정감을 높였다. 또한 2 / 4 / 8
의 단계별 중층 구조를 보여주어 입체성을 띠는 점도 독특하다(표 11).[26]

[표 11] 기본 음절표의 '모음자 묶음 개수' 구조도

모음자	ㅏ	ㅑ	ㅓ	ㅕ	ㅗ	ㅛ	ㅜ	ㅠ	ㅡ	ㅣ
묶음 숫자	2		2		2		2		2 아래아(·) 포함하면 3	
	4				4				2(3)	
	8								2(3)	

이상과 같이 모음 중심의 구조 특징을 살펴보았을 때, 그 흐름은 조
화와 과학(조직) 배치를 통한 실용성의 극대화라고 볼 수 있다. 이런 배
치와 배열이 가능한 것은 모음자의 완벽한 대칭 시스템과 자연의 가장
기본적인 생성 원리인 가로(날줄)와 세로(씨줄) 결합 층위 속에서 자모음
자가 상하, 좌우의 일정한 패턴이 결합되어 가능한 것이다.

자음과 모음 배열도 중요하지만 더욱 중요한 것은 초성과 중성 합자
예와 초성과 중성, 종성의 합자 예를 제시하여 [표 12]와 같은 음절표
의 생성을 예비하였다는 점이다. [표 13]은 현재 방식으로 바꾼 것이다.
배열 방식이 같은 거나 다름없다.

---

26) 이상 다섯 가지는 김슬옹(2009다)에서 언급한 것을 보충 재구성하였다.

[표 12] 훈몽자회 '초중성합용'에 의한 음절표 구성(16세기 세로 왼쪽으로 읽기 방식)

ㅎ	ㅇ	ㅿ	ㅊ	ㅈ	ㅍ	ㅌ	ㅋ	ㆁ	ㅅ	ㅂ	ㅁ	ㄹ	ㄷ	ㄴ	ㄱ	자모
하	아	ᅀᅡ	차	자	파	타	카	아	사	바	마	라	다	나	가	ㅏ
햐	야	샤	챠	쟈	퍄	탸	캬	야	샤	뱌	먀	랴	댜	냐	갸	ㅑ
허	어	ᅀᅥ	처	저	퍼	터	커	어	서	버	머	러	더	너	거	ㅓ
혀	여	ᅀᅧ	쳐	져	펴	텨	켜	여	셔	벼	며	려	뎌	녀	겨	ㅕ
호	오	ᅀᅩ	초	조	포	토	코	오	소	보	모	로	도	노	고	ㅗ
효	요	ᅀᅭ	쵸	죠	표	툐	쿄	요	쇼	뵤	묘	료	됴	뇨	교	ㅛ
후	우	수	추	주	푸	투	쿠	우	수	부	무	루	두	누	구	ㅜ
휴	유	슈	츄	쥬	퓨	튜	큐	유	슈	뷰	뮤	류	듀	뉴	규	ㅠ
흐	으	스	츠	즈	프	트	크	으	스	브	므	르	드	느	그	ㅡ
히	이	ᅀᅵ	치	지	피	티	키	이	시	비	미	리	디	니	기	ㅣ
ᄒᆞ	ᅌᆞ	ᅀᆞ	ᄎᆞ	ᄌᆞ	ᄑᆞ	ᄐᆞ	ᄏᆞ	ᅌᆞ	ᄉᆞ	ᄇᆞ	ᄆᆞ	ᄅᆞ	ᄃᆞ	ᄂᆞ	ᄀᆞ	ㆍ

[표 13] 최세진의 자모 배열에 따른 음절생성 재구성

	ㅏ	ㅑ	ㅓ	ㅕ	ㅗ	ㅛ	ㅜ	ㅠ	ㅡ	ㅣ	ㆍ
ㄱ	가	갸	거	겨	고	교	구	규	그	기	ᄀᆞ
ㄴ	나	냐	너	녀	노	뇨	누	뉴	느	니	ᄂᆞ
ㄷ	다	댜	더	뎌	도	됴	두	듀	드	디	ᄃᆞ
ㄹ	라	랴	러	려	로	료	루	류	르	리	ᄅᆞ
ㅁ	마	먀	머	며	모	묘	무	뮤	므	미	ᄆᆞ
ㅂ	바	뱌	버	벼	보	뵤	부	뷰	브	비	ᄇᆞ
ㅅ	사	샤	서	셔	소	쇼	수	슈	스	시	ᄉᆞ
ㅇ1	아	야	어	여	오	요	우	유	으	이	ᅌᆞ
ㅋ	카	캬	커	켜	코	쿄	쿠	큐	크	키	ᄏᆞ
ㅌ	타	탸	터	텨	토	툐	투	튜	트	티	ᄐᆞ
ㅍ	파	퍄	퍼	펴	포	표	푸	퓨	프	피	ᄑᆞ
ㅈ	자	쟈	저	져	조	죠	주	쥬	즈	지	ᄌᆞ
ㅊ	차	챠	처	쳐	초	쵸	추	츄	츠	치	ᄎᆞ
ㅿ	ᅀᅡ	ᅀᅣ	ᅀᅥ	ᅀᅧ	ᅀᅩ	ᅀᅭ	수	슈	ᅀᅳ	ᅀᅵ	ᅀᆞ
ㅇ2	아	야	어	여	오	요	우	유	으	이	ᅌᆞ
ㅎ	하	햐	허	혀	호	효	후	휴	흐	히	ᄒᆞ

초중종 합용예 : 간갇갈감갑갓강

이러한 한글 음절표는 매우 조직적이고 과학적이다. 문자 짜임새의 과학적, 예술적 가치에서 자연스럽게 생성된 배치표다. 곧 한글이 과학적 음절 생성의 문자라는 것이다.[27]

4. <훈몽자회> 이후 훈민정음 직접 교육 맥락

<훈몽자회>가 전문가들에게나 민간인들에게나 훈민정음 교육의 표준 잣대가 되거나 지속적인 영향을 끼쳤다는 증거는 너무나 많다.

> (1) 최세진의 저서인 <언해효경(諺解孝經)>, <훈몽자회(訓蒙字會)>, <이문집람(吏文輯覽)>이 세상에 널리 퍼졌다.
>
> – 중종 37년(1542) 2월 10일

---

27) 이런 음절표 배열의 문제에 대해서는 최현배(1936 : 115)에서 "(1) 된소리의 위치를 규정하여 배정하지 아니하였기 때문에 초성 전반의 순서가 완전히 결정되지 못하였다. (2) 홀소리 'ㅏ, ㅑ, ㅓ, ㅕ, ㅗ, ㅛ, ㅜ, ㅠ, ㅡ(· 는 약함)'가 ㅣ와 거듭하여서 쓰이는 것에 대하야 정당한 지위를 결정하지 못하고 다만 ㅣ를 다른 바침 닿소리와 동일시한 것은 불합리할 뿐 아니라 또 순서결정상으로 매우 불완전한 것이다. 그리고 'ㅘ, ㅝ'의 위치도 정당하게 결정되지 못하였다. 그리하야 홀소리 전반의 배열순서가 불합리하고 또 미비하다. (3) 바침으로 쓰이는 닿소리는 다만 여덟 자에만 한하였기 때문에 바침 전반의 규정이 되지 못하였다."라고 지적된 바 있다. 이와 같은 문제 지적은 사전 배열 순서를 염두에 둔 것이므로 교육의 문제로 직접 연결하기는 어렵다. 오늘날에도 사전 배열 순서와 상관없이 위와 같은 음절표가 교육 차원에서 쓰이고 있기 때문이다. 또한 북한은 사전 배열 순서도 모음의 경우는 최세진 배열 순서에 따르고 있다. 빠진 모음과 받침 자음은 위 표를 생성의 기본표로 보아 극복해야 한다. 곧 이 표는 자음과 모음의 조합을 모두 보여주기 위한 표가 아니라 교육의 편의를 위한 기본표이기 때문이다. 일종의 자음 모음 결합에 의한 음절 생성 원리를 보여주는 기본 예로 생각하고 실제 그렇게 사용되어 온 것이다.

(2) 비망기(備忘記)로 일렀다.

"서책(書册)을 외방에 하서하여 구하게 하였는데도 올려보내지 않고 있다. 서책을 거두어 모으는 것은 한때에만 열람하려는 것이 아니라 뒷날 인출(印出)하여 반포하려는 의도에서 나온 것이다. <사서언해(四書諺解)>를 구하려 해도 구할 수가 없다. 이 책이 옥당(玉堂)에 들어온 것이 있기는 하나 질(秩)이 맞지를 않으니 애석하다. 평소에 이 책의 활자로 인출한 <손자(孫子)>·<병요(兵要)> 등의 책을 본 적이 있는데, 이제 다시 구해볼 수 있는 길이 없겠는가? 그리고 <십구사략(十九史略)> 2~3건(件)과 <양몽대훈(養蒙大訓)>·<훈몽자회(訓蒙字會)> 등의 책도 구하고 싶다는 것을 홍문관에 이르라."

- 선조 33년(1600) 2월 3일

(3) 준길이 아뢰기를,

"삼가 원자께서 행례(行禮)하는 것을 살펴보니 읍양하고 배궤(拜跪)하는 것이 법도에 맞지 않는 것이 없었습니다. 궁중(宮中)에서 예습을 했다고 하더라도 타고난 자질이 아니면 어떻게 이렇게 할 수 있겠습니까. 지금부터 힘써 학문을 강론하게 함으로써 품성을 개도하여 증익시켜야 하는 데 강해야 할 글은 의당 <효경(孝經)>으로 해야 합니다." 하니, 상이 이르기를,

"그렇기는 하지만 자음(字音)을 필시 알지 못할 것이니 먼저 <훈몽자회(訓蒙字會)>를 강하게 하는 것이 어떻겠는가?" 하자, 준길이 아뢰기를,

"<효경>을 강하면서 겸하여 자서(字書)도 강하게 하는 것이 좋겠습니다." 하였다.

- 현종 6년(1665) 9월 5일

(4) 숙종 1년(1675) 일곱 살 1월, 부친의 임소인 洪川縣에 따라가다. 겨울, <訓蒙字會>를 배우다.

- 이의현, <도곡집(陶谷集)>, 한국고전번역원

(5) 훈몽ㅈ회(訓蒙字會)예 평성(平聲)은 뎜(點)이 업고 샹셩(上聲)은 두 뎜(點)이오, 거셩(去聲) 입셩(入聲)은 ᄒᆞᆫ 뎜(點)이로디 요ᄉᆞᆺ이 시쇽(時俗)애

음(音)이. 샹거셩(上去聲)이 서르 섯기여 뻐과 글리고티기 어려온디라, 만
일 다 본음(本音)을 쓰면 시쇽 듣기예 히괴홈이 이실 고(故)로 무인(戊寅)
년 칙에 샹거(上去) 두셩(聲)을 시쇽을 조차 뎜(點)을 흐야실시 이제 이
법녜롤 의지흐야 뻐 닐그리롤 편(便)케 흐니라.

-<소학언해> 범례 3

　(6) (가갸거겨 음절표) 우와 같이 벌이는 법은 어느 때 누구의 맨듦 것
인지 알 수 없으나 대개의 규모는 훈몽자회 예와 비슷하고 ㅘ ㅝ를 끝
에 붙임과 ㅣ를 자음줄에 넣은 것은 삼운성휘 예와 비슷한즉 그 맨듦
때는 영조 뒤라 할지요

-권덕규(1923), 198쪽

　(1)의 기록은 최세진의 졸기로 <훈몽자회>가 나온 지 15년 뒤다. 이
때 사관이 <훈몽자회>가 널리 퍼졌다고 하였다. (2)는 임진왜란 직후
의 기록으로 전쟁으로 인해 많은 서책이 부족한 시기였고, 그 가운데
<훈몽자회>가 매우 중요한 책으로 취급되고 있음을 보여준다. (3)은
왕자 교육에서 <훈몽자회>가 중요한 역할을 하고 있음을 알려주고 있
다. (4)는 이의현이 일곱 살 때 <훈몽자회>를 공부했다는 기록으로 양
반들이 어렸을 때 <훈몽자회>가 필독서였음을 의미한다. (5)는 전문가
들도 <훈몽자회>의 언문자모 기록을 참고한 모습을 보여주고 있다.
한글 교육에 지대한 영향을 끼친 <소학언해>의 범례의 기록이므로
<훈몽자회>가 각종 한글 서적과 연관되어 그 영향력을 높여 왔음을
보여준다. (6)은 후세의 음절표가 최세진에서 비롯되었음을 알려주는
기록이다.

　오늘날 전하는 실제 음절표 기록은 18세기 초에나 발견된다.[28] 그것

28) 18세기 이후부터 개화기까지의 음절표는 국어학회 편(1973 / 1982 : 중판; 142~155)
　에 영인되어 있다.

도 1719년(숙종 45)에 통신사로 간 강백이 일본인에게 적어주어 기록에
남은 문서다(표 14).29) 일본의 요청으로 강백이 써준 것이므로 강백은
평소에 이를 암기하고 있었을 것이다. 강백과 함께 일본 통신사로 간
신유한이 남긴 해유록에 아래와 같이 관련 기록이 나온다. 강백은 서
기였고 신유한은 제술관이었다. 서기와 제술관은 사신과는 달리 수많
은 글씨와 작품을 제공해야 하는 문화사절 담당관이었다.

> 뭇 왜인들이 또 우리나라 언문의 글자 모습을 보여달라고 청하기에
> 대강 써서 보였더니, 어느 시대에 창제되었느냐고 물었다. 그래서 내가,
> "우리 세종대왕께서 거룩하셔서 온갖 과학에 널리 정통하셨으므로
> 열다섯 줄로 된 새로운 모양의 글자를 만들어 천하 만물의 음을 낱낱이
> 표현할 수 있게 하셨는데 그것이 삼백 년 전이었소" 하고 대답하니, 왜
> 인들은 모여 보면서 말했다.
> "글자의 형태가 별과 초목을 상징하니 반드시 대자연에서 형상을 도
> 입하였으리라."
> ─신유한 / 김찬순 옮김(2006), <해유록, 조선 선비 일본을 만나다>,
> 보리, 229쪽30)

신유한은 마치 세종이 애초에 이런 음절표를 제시한 것처럼 말하고
있다. 15행이라 한 것은 '가나다라―' 14행에 '과 / 궈'행을 합쳐 이른
말이다. 이러한 15행 음절표를 제시한 것이 미리 준비해간 것도 아니
고 연회석에서 즉석에서 제시한 것임을 주목할 필요가 있다. 이때는
<훈몽자회>가 나온 지 192년이 지난 무려 2세기 뒤다. 그렇다고 이때

---

29) 국어학회 편(1973 / 1982 : 중판, 307쪽). 안병희(1985 : 804)에서 소개되었다.
30) 群倭又請見我國諺文字形.略書以示.又問創於何代.余答曰.是惟我世宗大王.聖文神化.博
　　通百藝.作爲十五行新模.以該萬物之音.距今三百年矣.倭群聚觀曰.字形如星辰草木.必從
　　河洛而取象耳

에 이르러서야 음절표가 나왔다고 보기 어렵다. <훈몽자회>의 영향으로 음절표식 교육이 이루어졌고 강백과 신유한은 자연스럽게 평소 익힌 대로 적어주었을 것이기 때문이다.

[표 14] 최초 반절표(1719년 '강백' 언문서, 객관최찬집 수록)

	하	파	타	카	차	자	아	사	바	마	라	다	나	가	
	햐	퍄	탸	캬	챠	쟈	야	샤	뱌	먀	랴	댜	냐	갸	
과	허	퍼	터	커	처	저	어	서	버	머	러	더	너	거	ㄱ
귀	혀	펴	텨	쳐	켜	쳐	져	여	셔	벼	며	려	뎌	녀	ㄴ
와	호	포	토	코	초	조	오	소	보	모	로	도	노	고	ㄷ
워	효	표	툐	쿄	쵸	죠	요	쇼	뵤	묘	료	됴	뇨	교	ㄹ
솨	후	푸	투	쿠	추	주	우	수	부	무	루	두	누	구	ㅁ
쉬	휴	퓨	튜	큐	츄	쥬	유	슈	뷰	뮤	류	듀	뉴	규	ㅅ
화	흐	프	트	크	츠	즈	으	스	브	므	르	드	느	그	ㅇ
휘	히	피	티	키	치	지	이	시	비	미	리	디	니	기	
	ᄒ	ᄑ	ᄐ	ᄏ	ᄎ	ᄌ	ᄋ	ᄉ	ᄇ	ᄆ	ᄅ	ᄃ	ᄂ	ᄀ	

*오른쪽 자음 ㅂ은 실수로 빠뜨림

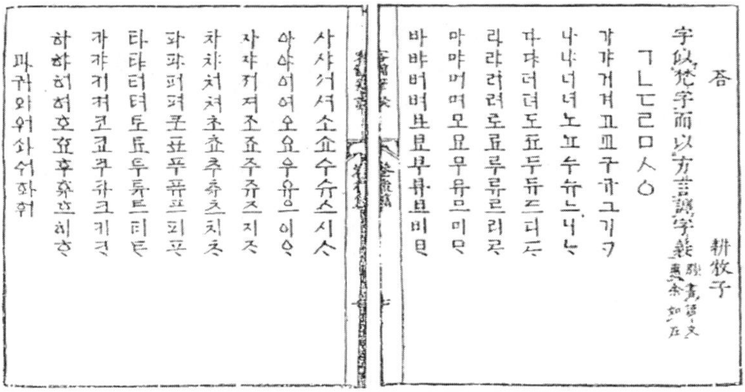

[사진 3] 1719년 '강백' 언문서, 객관최찬집 수록 :
국어학회 편(1973/1982 : 중판), 영인 142~143쪽.

이 반절표에서는 최세진의 모음 배열에서 빠진 '와 / 워' 계열의 핵심적인 예가 덧붙임 방식으로 추가되었다. 역시 같은 해에 우리 사신 장응두가 적어주어 일본 기록에서 발견된 <화한창화집> 음절표는 '와 / 워' 계열을 모두 써놓았다. 국내 문서로 처음 발견된 <재물보>의 '언서'에서는 '와 / 워' 계열이 아예 빠져 있다. 19세기 <일용작법>의 음절표는 '와 / 워' 계열의 예가 전부 추가되어 있다. 결국 이런 흐름이 일제 강점기의 이윤재(1933)를 비롯 현재까지 이어지고 있는 것이다.

[표 15] 반절표(1719년, 숙종 45 <장응두, 화한창화집>의 '조선 언문')

	하	파	타	카	차	자	아	사	바	마	라	다	나	가	
퇘봐과	햐	퍄	탸	캬	챠	쟈	야	샤	뱌	먀	랴	댜	냐	갸	ㄱ
퉈붜궈	허	퍼	터	커	처	저	어	서	버	머	러	더	너	거	ㄴ
콰솨놔	혀	펴	쳐	켜	쳐	져	여	셔	벼	며	려	뎌	녀	겨	ㄷ
쿼숴눠	호	포	토	코	초	조	오	소	보	모	로	도	노	고	ㄹ
화와돠	효	표	툐	쿄	쵸	죠	요	쇼	뵤	묘	료	됴	뇨	교	ㅁ
휘워둬	후	푸	투	쿠	추	주	우	수	부	무	루	두	누	구	ㅂ
좌롸	휴	퓨	튜	큐	츄	쥬	유	슈	뷰	뮤	류	듀	뉴	규	ㅅ
줘뤄	흐	프	트	크	츠	즈	으	스	브	므	르	드	느	그	ㅇ
촤톼	히	피	티	키	치	지	이	시	비	미	리	디	니	기	ㅣ
춰퉈	ᅘ	ㅍ	ㅌ	ㅋ	ㅊ	ㅈ	ㆁ	ㅅ	ㅂ	ㅁ	ㄹ	ㄷ	ㄴ	ㄱ	

*오른쪽 자음 계열에서 'ㅣ' 추가

[표 16] 1798년(정조 22) <재물보> 언서

하	파	타	카	차	자	아	사	바	마	라	다	나	가	
하	파	탸	캬	챠	쟈	야	샤	뱌	먀	랴	댜	냐	갸	ㄱ
허	퍼	터	커	처	저	어	서	버	머	러	더	너	거	ㄴ
혀	펴	쳐	켜	쳐	져	여	셔	벼	며	려	뎌	녀	겨	ㄷ
호	포	토	코	초	조	오	소	보	모	로	도	노	고	ㄹ

효	표	툐	쿄	쵸	죠	요	쇼	뵤	묘	료	됴	뇨	교	ㅁ
후	푸	투	쿠	추	주	우	수	부	무	루	두	누	구	ㅂ
휴	퓨	튜	큐	츄	쥬	유	슈	뷰	뮤	류	듀	뉴	규	ㅅ
흐	프	트	크	츠	즈	으	스	브	므	르	드	느	그	ㅣ
히	피	티	키	치	지	이	시	비	미	리	디	니	기	ㅇ
ᄒᆞ	ᄑᆞ	ᄐᆞ	ᄏᆞ	ᄎᆞ	ᄌᆞ	ᄋᆞ	ᄉᆞ	ᄇᆞ	ᄆᆞ	ᄅᆞ	ᄃᆞ	ᄂᆞ	ᄀᆞ	

[표 17] 1869년(고종 6) <일용작법> 언본

	하	파	타	카	차	자	아	사	바	마	라	다	나	가	
톼봐과	햐	퍄	탸	캬	챠	쟈	야	샤	뱌	먀	랴	댜	냐	갸	ㄱ
퉈붜궈	허	퍼	터	커	처	저	어	서	버	머	러	더	너	거	ㄴ
콰솨놔	혀	펴	텨	켜	쳐	져	여	셔	벼	며	려	뎌	녀	겨	ㄷ
쿼숴눠	호	포	토	코	초	조	오	소	보	모	로	도	노	고	ㄹ
화와돠	효	표	툐	쿄	쵸	죠	요	쇼	뵤	묘	료	됴	뇨	교	ㅁ
훠워둬	후	푸	투	쿠	추	주	우	수	부	무	루	두	누	구	ㅂ
좌롸	휴	퓨	튜	큐	츄	쥬	유	슈	뷰	뮤	류	듀	뉴	규	ㅅ
줘뤄	흐	프	트	크	츠	즈	으	스	브	므	르	드	느	그	ㅣ
촤뫄	히	피	티	키	치	지	이	시	비	미	리	디	니	기	ㅇ
춰뭐	ᄒᆞ	ᄑᆞ	ᄐᆞ	ᄏᆞ	ᄎᆞ	ᄌᆞ	ᄋᆞ	ᄉᆞ	ᄇᆞ	ᄆᆞ	ᄅᆞ	ᄃᆞ	ᄂᆞ	ᄀᆞ	

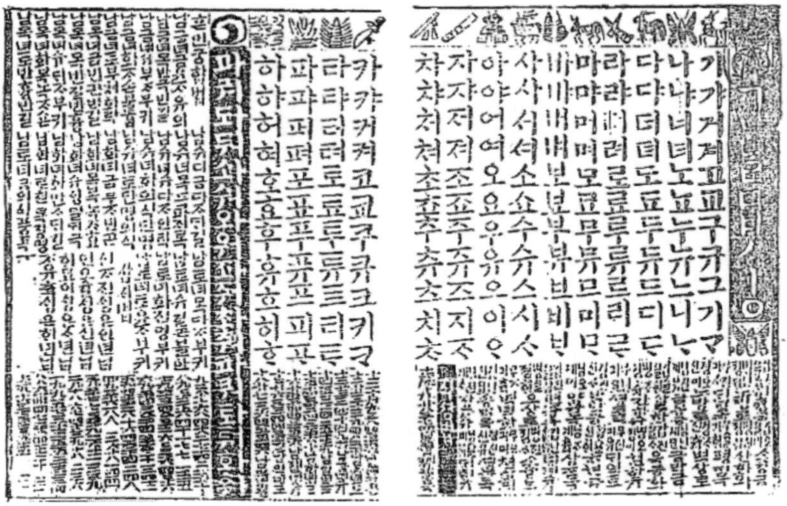

[사진 4] 언문도(일본동양문고, 국어학회 편, 1973/1982 : 중판, 149쪽)

이런 흐름 속에서 19세기 후반에 간행된 것으로 보이는 방각본 언문
도까지 등장하게 된다.[31] 각 행마다 관련된 동물 그림을 넣어 교육적
효과를 높였다.

결국은 한 장짜리 한글 음절표가 훈민정음에 대한 직접 교육용으로
쓰여 훈민정음 보급 발전에 결정적인 역할을 해온 것이다.

> (1) 가. 주식두론 여러히 갓수오니 우연이 쇼란히 너기옵시거냐 ㅎ옵노
> 이다. (…중략…) 아우 주식 둘란 게 갓숩는 제 언문 그르쳐 보
> 내옵쇼셔. 슈고롭스오만 언문 그르치옵쇼셔. ㅎ옵기 젓스와 ㅎ
> 옵다가 알외옵노이다. [곽씨언간 2]
>
> 나. 쳘례는 쾌히 셩ㅎ며 복녜는 나물 싱각는가. 며근듯도 닛디 몯ㅎ
> 여 ㅎ뇌. 쟈근 아기 언문 쾌히 비홧 내게 유무 수이 ㅎ라 ㅎ소.
> [곽씨언간 35]
>
> 다. 대임이는 어제 싱일에 므서슬 몬뎌 잡던고. (…중략…) 가온대
> 아기 언문 쾌히 비홧다가 내게 뵈라 ㅎ소. 셋재 아기도 이제는
> 쾌히 셩ㅎ여 이실 거시니 언문 외와싯다가 뵈라 니르소. 아마도
> 아희둘 드리고 편히 겨소. [곽씨언간 39]
>
> — 백두현(2001)

> (2) 그리하여 옛사람들은 이 표를 창호지에다 붓으로 써서 바람벽에
> 붙여놓고 눈에 익혔으며, 머슴들은 이 표를 접첩 접첩 주머니 속에 넣
> 어 가지고 다니면서, 가령 산에 나무를 하러 갔다가 쉴 때, 그것을 꺼내
> 서 본문도 읽고 받침 연습도 하면서 땅바닥에 나무 끄트러기로 글씨 연
> 습도 하여 부지부식간에 한글을 깨치게 되었던 것이다.
>
> — 이응백(1983 : 6)

---

31) 국어학회 편(1973 / 1982 : 중판; 308~309)에서는 이 언문도의 간행 연도를 1869년
이후 또는 1846년 정도로 추정했다.

(1)은 백두현(2001)에서 상세하게 보고된 민간의 한글 교육의 맥락을 보여준다. 민간에서 자연스럽게 언문 교육이 이루어질 수 있었던 것은 바로 한글 음절표와 같은 자료가 있었기에 가능했던 것이고, 이응백 (1983)에서 언급한 (2)와 같은 상황은 음절표의 중요성과 그로 인한 교육적 파급 효과를 매우 실감나게 들려준다.

이런 한 장짜리 음절표는 28자로 상징되는 간결하고 과학적인 문자 혁명에 이은 언문 학습의 혁명인 셈이었고 교육제도로부터 소외받은 하층민들을 잠재해득자로 끌어들이는 효과를 가져왔다. 조선 말기에 조선에 와 1897년에 <조선과 그 이웃 나라들>(신복룡 역(2000), 집문당)이라는 책을 쓴 영국 출신 작가 비숍은 19세기 말에 한강 유역의 하층민들이 한글을 읽을 수 있는 사실을 알고 놀랐다고 증언하고 있다. 더욱이 북부지방을 여행했던 러시아군 장교가 마을마다 서당이 있고, 읽고 쓰지 못하는 조선인을 만나는 것은 드물다는 증언도 싣고 있다. 캐나다에서 온 게일이 쓴 <전환기의 조선>(신복룡 역(1999), 집문당)에서도 "중국이나 인도에서는 1,000명 가운데 한 명이 읽을 수 있는 데 비해 조선에서의 읽기는 거의 보편적이다."라고 증언하고 있다. 일제 강점기 때 조선총독부의 조사에서 대다수가 한글 문맹이었다는 조사와는 상반된 결과다. 문맹률 조사는 조사자의 의도나 관점, 조사 방식에 따라 사실과 많이 다를 수 있으므로 외국인의 사실 증언이 더 신뢰할 수 있다.

5. 훈민정음 문자 교육의 종합 성격

다음은 조선시대 훈민정음 보급과 교육의 맥락을 보여주는 대표적
인 예들이다.

(1) 1459년(세조 5) : <월인석보> 첫머리 언해본
(2) 1527년(중종 22) : 최세진 <훈몽자회> 첫머리 범례 언문자모
(3) 조선 후기(연도 모름) : 완판본 고소설 <언삼국지> 첫머리 반절표[32]
(4) 1896(고종 33, 건양 원) : <신정 심상소학> 권1
(5) 1906년(고종 43) : 대한국민교육회장판 : <초등소학>

(1), (2), (3) 자료들의 공통점은 앞부분에 모두 언문 학습서 역할을 한
기본 자료가 실려 있다는 점이다. 언문이 비주류 공식문자였다는 것과
그런 흐름 속에서 언문 교육과 학습이 어떻게 이루어졌는가를 보여준다.
(1)은 <석보상절>과 <월인천강지곡> 합본에 <훈민정음> 해례본의
서문과 예의가 번역 주석본이 실려 있고, (2)는 한자 학습서 앞머리에
언문 교육의 중요성과 방법을 다룬 글이 실려 있고, (3)은 한글소설 앞
머리에 반절표(음절표)가 실려 있다. 마치 부록으로 뒤에 실려 있을 법
한 자료들이 앞에 실려 있어 그 자료의 가치와 효용성을 가늠해볼 수
있다. (4)와 (5)는 직접적인 문자 교육책이나 단원에 반절표가 실려 있
는 것들이다. (4)와 (5)는 (2)에서 설정한 언문 학습법이 지속적으로 이
어져 내려왔음을 보여주는 증거 역할도 한다.
(1)의 언해본은 불교언해서를 보급하기 위한 언문 학습서로 초기 훈

---

32) 홍윤표(2010)에서 소개되었다.

민정음 교육과 보급에 큰 역할을 하였다. <훈민정음> 해례본의 예의가 언문 학습서 역할을 하였음을 보여주기도 한다. (2)는 주류 문자 학습에 언문 학습이 매우 중요한 역할을 한다는 점을 보여주어 주류 문자인 한자와 그 한자를 권력의 징표로 삼았던 양반 사대부들과 언문이 어떤 관계를 맺을 수 있는지를 보여준다. <훈몽자회>는 나라의 공식 교육기관이나 준공식 기관인 서당의 공식 교재로도 채택되었으므로 언문 학습이 공식 기관에서 어떤 방식으로든 이루어지게 한 의미도 있다.

(3)은 조선 후기 폭발적인 인기를 끌었던 한글 소설 앞머리에 실려 있어 조선 후기 소설의 발달이 언문 발전에 어떤 역할을 했는지를 가늠하게 해준다.

(3)의 반절표는 (2)에 뿌리를 두고 있어 최세진의 언문자모가 한글 학습의 절대적 준거가 되었음을 알 수 있다. 이런 바탕이 있었기에 (4). (5)와 같은 근대적 교과서에서 음절표가 중요한 학습 자료로 언문 단원의 앞머리에 구성되었다.

6. 훈민정음 발전과 교육의 힘

이상 논의의 핵심 요지를 항목별로 추려보면 다음과 같다.

(1) 훈민정음은 교화를 위해 창제된 문자인 만큼 교육 측면이 최대한 배려된 문자였다.

(2) <훈민정음> 해례본의 '예의'는 '해례'와는 달리 창제자 세종이

직접 지은 최초의 훈민정음 교육 텍스트다.

(3) 예의는 훈민정음이 자모 문자이면서 모아 음절 문자인 다중 문자 특성을 살린 교육서다.

(4) 예의는 낱글자 방식과 통문자 방식을 결합한 교육서다.

(5) 예의와 해례를 결합한 전문 교육서가 조선시대 내내 나오지 않은 것은 훈민정음을 비주류 문자로 취급해온 조선의 한계다.

(6) 그런 한계를 극복한 절묘한 훈민정음 교육 텍스트가 최세진이 지은 <훈몽자회> 앞머리에 실린 '언문자모'다.

(7) <언문자모>는 한 장짜리 훈민정음 교육서인 음절표를 가능하게 만든 바탕으로 훈민정음 교육과 보급의 결정적인 역할을 한 텍스트다.

(8) <언문자모>는 훈민정음 예의 교육 텍스트의 전통을 살리면서도 실용성을 극대화시켜 훈민정음 보급의 획기적인 변화를 가져왔다.

(9) <언문자모>의 예의의 종성부용초성(종성자를 초성자로 다시 쓰기) 과 받침 규정 등의 한계는 시대의 한계이자 최세진의 한계였다.

(10) <훈몽자회>는 국가의 공식 교육기관 또는 준공식 교육기관이 교재로 쓰여 언문이 공식적 학습의 준거틀이 되게 한 책이다.

(11) 음절표는 상세한 설명이 없으므로 누군가의 설명이나 교육이 있어야 활용이 가능한 텍스트이며 손쉬운 자율 복습 교재 역할을 하였다.

(12) 훈민정음 자체가 음절표를 전제로 창제된 문자였으므로 음절표 는 훈민정음의 과학성과 우수성을 압축한 상징적 표다.

(13) 한글 음절표는 훈민정음 창제 원리에 의해 자연스럽게 형성된 한 장짜리 텍스트이지만, 그 가치와 효용성은 혁명적이었다. 비

주류 문자로서의 훈민정음이 처한 열악한 현실 속에서 더욱 널리 퍼지게 한 언문 학습의 옹골찬 구실을 하였기 때문이다.

지배층에 의해 공식문자로 태어났으나 공적 분야에서 비주류 서자 취급을 받았던 훈민정음. 그러나 하층민과 여성에게는 주류 문자요 새로운 세계에 대한 꿈이었다. 한자와 같은 어렵고 복잡하고 특별한 교육 장치와 과정이 없어도 교육이 가능했던, 그래서 훈민정음은 교육의 문자였고 교육의 힘이었으며, 주류 문자로서의 훈민정음의 꿈은 새로운 역사 변혁의 꿈이기도 했다.

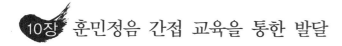

10장 훈민정음 간접 교육을 통한 발달

1. 조선의 교육제도와 훈민정음

조선 왕조는 훈민정음을 만들어 공식문자로 삼았지만 훈민정음에 대한 직접 교육은 제도 차원에서 하지 않았다. 그러나 훈민정음에 관한 문자 지식이 제도 교육에서 차지하는 비중은 적지 않았다. 한문이나 한문 서적을 가르치고 배우는 데 훈민정음이 다양한 방식으로 적용되었다. 그렇다면 그런 과정에서 배우는 훈민정음 교육은 일종의 간접 교육이라 할 수 있다. 그러한 간접 교육이 어떻게 이루어졌고 어느 정도의 영향력을 끼쳤는지를 살펴보고자 한다.

고려와 조선의 핵심적인 차이는 불교와 유교라는 국시만의 차이는 아니었다. 조선에 들어와 지방 체제가 정비되고 중앙 통제가 강화됨과 더불어 교육제도 또한 더욱 국가 중심으로 정비되었다. 철저히 지배층 양반 중심의 신분제를 전제로 한 교육제도이지만 평민에게도 교육 기회나 학습 기회가 넓어진 것만은 분명하다.[1]

조선의 통치 이념인 성리학의 핵심은 사대부층에서 보면 '수기치인'
으로 구체화될 수 있는 교화가 핵심 목표였기 때문이다. 자기 몸을 닦
아 남을 가르치는 '수기치인'이라는 교화야말로 조선의 지배층인 양반
관료의 기본 목표였다. 교육제도의 강화는 이런 목표를 수행하기 위한
당연한 흐름이었다.

물론 성리학은 고려 때 안향에 의해 도입되면서 시작된 것이므로 고
려 때부터 관학 진흥의 토대가 이루어진 것이다. 조선의 최고 교육기
관 명칭인 '성균관'도 이미 이때부터 사용되었다. 이러한 교육 정책은
철저히 지배층 위주의 정책으로 관학의 핵심인 고등교육을 담당한 곳
이 성균관이었다.

근대적 교육관으로 보면 초등 수준 교육이 관학 교육으로 먼저 설정
되어야 하지만 조선시대는 초등 수준 교육기관이라 할 수 있는 서당[2]
은 오히려 사학 기관이었고 성균관과 중등 교육기관인 사부 학당과 향
교가 관학이었다.

훈민정음 보급 초기 단계에서는 이러한 관학 중심의 교육 체제가 영
향을 끼쳤지만 후기로 갈수록 사학의 비중이 더 높았다. 시기마다 조
금씩 차이가 나지만 조선 후기를 기준으로 교육기관과 과거 제도를 결

---

1) 교육은 알튀세르식으로 보면 국가 이데올로기를 전파하고 이데올로기에 순응하는
인간을 만들어내는 국가적 장치이기도 하지만 교육이 가지고 있는 지적, 인성적
측면에서 보면 사회적 주체인 인간의 발전과 변화의 기회이기도 하다. 따라서 교
육과 학습의 효과는 다양한 양상을 띠게 마련이고 어느 특정 계층만의 관점으로
볼 필요가 없다. 어떤 맥락에서 어떤 의도로 이루어지고 어떤 효과를 거두었다 하
는 맥락에서 바라보아야 한다. 예나 지금이나 교육은 교육 주체가 설정한 교육 목
표대로 학습자가 변화하기를 바라지만 실제로는 그렇지 않은 경우도 많다.
2) 흔히 서당을 초등 교육기관으로 써놓은 논문이 많다. 서당은 오늘날과 같은 일정
한 나이 제한이 따르는 의무 교육기관이 아니다. 나이가 조금 많더라도 다니는 경
우가 있었으므로 '초등 수준 교육'이라고 해야 한다.

합하여 도식화하면 다음과 같다.

[표 1] 조선시대 교육기관과 주요 흐름

갈래	성격	수준	교원	나이, 자격	주교재	시기
서당	사학(준공립)	초등 수준	훈장 : 덕망 있는 유생부터 일반 지식인 등 다양 접장 : 조교	7, 8~15, 16 *이상도 가능 * 양인	천자문, 동몽선습, 통감, 소학, 사서삼경, 사기, 당송문, 당율	전 시기
향교	지방 관학	중등 수준	교수 : 종6품 훈도 : 종9품 *학장 : 품관 외		소학, 사서, 오경, 근사록, 제사(諸史)	전 시기
사학	서울 관학	중등 수준	성균관 교관 겸직		소학	전 시기
서원	사학	중등 수준	유학자	유학, 유림	소학, 사서오경, 심경, 근사록	중종 36년 (1541) 주세붕(백운동서원)부터, 조선 후기 활성화
성균관	관학	고등 수준	문관	생원, 진사 13세 이상 소학이나 사서 중 한 권 통달한 자	사서오경	전 시기

여기서는 초등 교육기관부터 훈민정음 교육과 연계시켜 논의해보기로 한다. 유교 관련 서적을 중심으로 살펴보되 관련된 다른 교육도 언급하기로 한다. 초등 수준의 서당 교육에서는 <천자문>, <훈몽자회>, <계몽편언해> 등을 집중 살펴보고 중등 수준의 향교와 사학에서는 <소학>을, 서원과 성균관 수준의 교육에서는 <사서삼경> 교육을 통한 훈민정음 문제를 짚어보기로 한다.

2. 초등 서당 교육과 훈민정음

서당 교육에서는 훈민정음만을 위해 가르치는 직접 교육은 없었지만 훈민정음 문자 지식이 한자 학습 또는 다른 학습을 위한 필수적인 학습 과정이었다.

조선시대 교육의 큰 변화는 사실 성균관과 같은 상급 교육기관에 있다기보다는 서당과 같은 초급 기관에 있었다. 성균관은 상류층 교육기관이므로 고구려 시대부터 오랜 역사가 있지만 초급 교육기관은 민의 성장, 지방 정치 체제의 확대에 따른 변화의 산물이기 때문이다. 서당은 일제 강점기까지 존속한 가장 대중적인 조선시대의 작은 학교였다. 그렇다고 서당이 오늘날과 같은 공교육 또는 관학 기관은 아니었다. 그렇다고 오늘날 사교육의 학원과 같은 기관도 아니었다. 오늘날 국가의 관리를 받는 사립 초등학교와 비슷한 것이었다. 관학도 아닌 것이 사학도 아닌 것이 중간 형태라는 데 나름의 특징과 장점이 있었다.[3]

의무교육이 아닌 상태에서의 관학이라는 것은 오히려 교육적 기회의 확산이라는 측면에서 보면 한계가 있을 수밖에 없다. 차라리 서당과 같이 어중간한 사회적 위치 덕에 다양한 형태의 서당이 다양한 곳에서 설립되어 운영될 수 있었다. 그만큼 훈민정음 교육 기회는 더 유동적으로 주어졌다고 볼 수 있다.

김호동(2000)에서는 서당 훈장이 주석서와 한글 언해본을 참고하여

---

3) 시정곤(2007)에서는 서당이 사교육이었지만 국가에서는 관찰사를 통해 철저히 실태를 파악하고 있었음을 지적하고, 교재를 통해 사용 양상을 추정하였다. 곧 주된 교재인 '천자문, 동몽선습, 소학'인데 '천자문'의 경우는 한글로 음과 훈을 달아 사용되고 나머지 교재들은 한글로 번역되어 사용되었으므로 서당은 한글 교육과 보급의 중요한 창구였다고 보았다.

경서의 뜻을 해독하는 수준이었으므로 서당 교육 주체에게도 훈민정음이 교육 내용과 밀접한 연관을 맺고 있다고 보았다. 다음으로는 최세진의 <훈몽자회>(1527)'를 통해 서당에서 훈민정음 교육이 자연스럽게 이루어졌다고 보았다. 김호동(2000)은 서당의 분포 규모를 통해서도 훈민정음 보급 규모를 추정했다. 곧 18세기 이후에는 평민층도 서당을 운영할 수 있었고, 조선 후기에는 각 고을마다 적게 잡아도 약 30여 개가 넘었고 19세기에는 <천자문>도 방각본처럼 보급이 급증하였으므로 서당 교육이 훈민정음 교육에 끼친 영향 관계를 알 수 있다는 것이다.

서당 교육은 훈장과 지역 편차가 크기도 했지만 대체로 3단계 과정에 따라 이루어졌다.[4)

서당에서 가르치는 교재는 서당마다 지역마다 그리고 시대마다 조금씩 달랐는데 이를 세 가지로 나눌 수 있다. 문자나 어휘 중심의 교재(천자문, 유합)와 유교적 수신서(소학), 생활 교양서(계몽편) 등으로 나눌 수 있다. 여기서는 훈민정음과 연관된 교육만을 분석해보는 것이므로 언해본이 없는 <아희원람>과 <격몽요결>은 논의 대상에서 제외한다.[5)

---

4) 이러한 단계 구분은 이응백(1991), 장희구(1994), 박영태·하수연·임경순(2009)에서 이루어진 바 있다.

5) 이 밖에도 알려지지 않은 교재들이 개발된 듯하다. 영조 4년(1728) 5월 12일 기록에 의하면, 필선(弼善) 조정순(趙正純)이 상소(上疏)하기를, "고 참판(參判) 신 조희일(趙希逸)이 지은 <동학초독(童學初讀)>이라는 글을 바칩니다. <동몽선습(童蒙先習)>에 비하여 더욱 간략하니, 춘궁(春宮)에 내려 한가할 때에 참고할 자료로 삼게 하시기 바랍니다." 하니, 답하기를, "올린 책자를 보건대, 간략하고도 상세하니, 네 정성을 매우 아름답게 여긴다. 동궁(東宮)에게 보이겠다."라고 하였다.

[표 2] 조선시대 교육기관 교재

과정	이름	교재 성격	특징	지은이/펴낸이	펴낸 때(최초)	주요 내용	사용 시기	언문 주해/언해서	
								언문서/펴낸 때	저자
제1과정	천자문	한자학습서 (교화서 겸용)	중국적 교과서	주흥사 (중국)	알 수 없음	한자 천자	조선 전시대	한글 음훈서/알 수없음	주해서 저자 모름
제2과정	유합	한자학습서	한국적 교과서 (조선 속자 포함)	알 수 없음	알 수 없음	한자 1,512자	조선 전기 이후	본래 한글 음훈서	알 수 없음
	신증유합	한자학습서	한국적 교과서	미암 유희춘	1574년 (선조 7) *서.발문추가 1576년	한자 3,000자	선조 이후	본래 한글음훈서	유희춘
	훈몽자회	한자학습서 (언문학습길잡이 붙임)	한국적 교과서	최세진	1527년 (중종 22)	한자 3,360자	1527년 이후	본래 한글음훈서	최세진
	동몽선습	오륜과 역사 (중국, 우리나라) 학습서	한국적 교과서	박세무 (1487~1554)	16세기 중엽(1544년 이전)	오륜과 역사	16세기 중엽 이후	동몽선습언해	알 수 없음(영조 때 신하)
	동몽수지	실생활 학습서	중국적 교과서	주자 (남송)	고려 말 이후	의복, 바른 말과 걸음걸이, 정리하기, 읽기 쓰기 등 일상생활 지침	고려 말 이후	언해본 없음	
	계몽편	종합 학습서	한국적 교과서	알 수 없음	19세기	수편(首編), 천편(天編), 지편(地編), 물편(物編), 인편(人編)	19세기 이후	계몽편언해	알 수 없음
	아희원람	실생활 학습서	한국적 교과서	장혼	1803년 (순조 3)	천지(天地), 국속(國俗), 인사(人事) 외	19세기 이후	언해본 없음	
	격몽요결	종합 학습서	한국적 교과서	이율곡	1577년 (선조 10)	입지(立志)·혁구습(革舊習)·지신(持身)·독서(讀書)·사친(事親)·상제(喪制)·제례(祭禮)·거가(居家)·접인(接人)·처세(處世)	16세기 말 이후	언해본 없음	
제3과정	소학	종합 교양서	중국적 교과서	송나라 주희/유자징	송나라 1187년	수신 교양	16세기 이후 (언해본)	번역소학 : 1517년(중종 12) / 김전, 최숙생 소학언해 : 1586년(선조 19) 교정청	
	효경	효 윤리서	중국적 교과서	모름	춘추시대 ~전국시대 추정	효도	선조 이후	효경언해 : 1590년(선조 23). 교정청	
	백련초해	한시 교재 (문자학습서 겸함)	중국적 교과서	김인후	16세기 중엽 추정 (홍윤표)	100자	16세기 이후	본래 언문 주해	김인후

　서당은 관학은 아니지만 가장 많이 설립된 대중 교육기관이라는 데 의미가 있다. 서당에서조차 글을 배울 수 없는 하층민들에게 서당은 기초 문식성 교육기관으로서 가장 큰 역할을 하였다. 역시 양반 외 평민층이 다닐 수 있었으므로 가장 폭넓게 지속적으로 한글 교육에 이바

지했을 것이다.6)

서당에서 배우는 교재 가운데 단연 <천자문> 교육이 절대적이다. 서당하면 "하늘 천 따지"로 연상되는 <천자문> 교육이 떠오르는 것도 주목할 일이다. 여기서는 한글 교육 차원에서 <천자문> 텍스트를 조명하기로 한다. 허재영(2008가 : 262)에서는 <천자문>의 교육적 가치를 "(1)식자(識字) 교본, (2)습자(習字) 교본, (3)4자구의 교훈적 기능, (4)국문 학습 기능"으로 정리하였다. (1)과 (3)은 (4)와 같은 국문 학습에 의해 가능하거나 효율성이 높아지므로 세 가지 교육적 가치가 한글 교육과 관련되어 있다.

먼저 주목할 것은 한글 새김(훈)과 음이 달려 있는 <천자문>이 언제 어떻게 나와서 얼마나 유통되었느냐는 것이다. 이 문제는 매우 중요하다. 이런 책으로 배운 이라면 한글은 못 쓰더라도 최소한 읽을 줄 아는 해득 문식성이 가능했을 것이기 때문이다.

현재 한글로 새김과 음을 붙인 <천자문>은 언제 누가 처음으로 만든 것인지 알 수 없다는 것이 학계의 정설이다. 현재 전하는 책으로서 최초는 이른바 광주판 <천자문>으로 1575년(선조 8) 광주(光州)에서 간행된 책이다. 두루 널리 쓰이는 <석봉천자문(石峯千字文)>은 1583년(선조 16)에 왕명에 의해 석봉 한호(韓濩)의 글씨로 간행한 책이다.

<천자문>은 한글 창제 이전에 이미 대중 문자 교육서로 자리매김되었을 뿐 아니라 한자를 아는 사람은 물론이고 모르는 사람들에게까지 영향을 끼치는 지식 규범서로서의 역할을 해왔다. 이를테면 토지 관련

---

6) 서당은 실제로 평민층이 다니기에는 경제 여건이나 생활 여건으로 어려웠지만 다닐 수 있는 조건과 그럴 수 없는 조건은 큰 차이가 있다. 이런 조건으로 인해 조선 후기로 오면 서당에 양반층 이외 학생들도 점점 늘어날 수 있었다.

세금을 메길 때 토지 한 필마다 <천자문> 글자 순으로 하는 것과 같이 활용하기도 했다.7)

따라서 한글로 새김을 단 <천자문>이 나오기 전에는 전문을 한문으로 통째로 외우되 삼국시대부터 내려온 한자 새김과 음을 다는 전통에 따라 입말로 외우며 이해했을 것이다. 그러다가 한글이 널리 퍼지면서 자연스럽게 한글 새김본이 나왔다.

"하늘 천 따따지 / 가마솥에 누룽지 / 딸딸 긁어서 / 배꼬다리 한 그릇 – 예안 지방 민요"와 같이 민요가 불려지고, "높고 높은 하늘 천 / 깊고 깊은 따 지 / 홰홰친친 가물 현 / 불타것다 누를 황 – 춘향전"과 같이 소설 속의 한 장면으로 유통될 정도로 사회적 교육 담론으로 자리잡았음을 알 수 있다(정후수, 1998 : 198).

이는 특별한 언해 실력이 필요한 것이 아니라 언문 합자 능력만 있으면 가능한 것이므로 훈민정음 교육 자료가 비공식적 책자나 문건으로 통용되었을 확률이 높다. 지금 전하는 <천자문>조차 한글 토를 단 것은 제작자를 알 수 없는 까닭은 그런 흐름 때문일 것이다.

최세진이 천자문 학습 문제를 언급한 <훈몽자회>가 나온 것이 1527년(중종 22)이다.

신이 가만히 세상에서 어린이를 가르치고 글을 가르치는 분들을 보옵건대, 반드시 <천자문>을 먼저 가르치고 유합(類合)을 가르친 다음에야 비로소 여러 책을 읽습니다. <천자문>은 양나라 산기상시 주흥사가 편찬한 것인데, 고사를 따 배열하고 비유하여 글을 지은 것은 좋으나,

7) 세종실록 106권 세종 26년(1444) 11월 13일자 기록에 의하면, <천자문> 글자 순으로 하는 '일자 오결' 법은 계속 내려오는 법이라 하였다. 태조 7년(1398) 7월 26일자 기록에도 토지 계량에 <천자문> 자호로써 했다고 나온다.

어찌 고사를 살펴 알고 글을 엮은 뜻을 알겠습니까?

<유합>이라는 책은 우리나라에서 편찬된 것이오나, 누구 손으로 이루어졌는지 알 수 없습니다. 비록 여러 글자를 유별로 합했다고 말하나 허자(虛字)가 많고 실자(實字)가 적어 사물의 이름이 나타내는 실체를 알 길이 없으며, 만일에 어린이들에게 글을 가르치고 글자를 알게 하려면 마땅히 먼저 사물에 해당하는 글자를 적어서 견문과 이름이 나타내는 실체가 부합되도록 한 다음에야 비로소 다른 책을 공부하도록 해야 합니다. 그렇다면 저 고사를 아는 일이, 무엇 때문에 또 <천자문>의 학습을 빌릴 것이 있겠습니까?

공자께서 말씀하시기를 "시를 공부하지 않으면 말할 것이 없다"고 하셨는데, 이를 해석하는 이가 새와 짐승과 초목의 이름을 많이 아는 것이라고 하니, 오늘날 어린이를 가르치는 이들이, 비록 <천자문>과 <유합>을 배워서 <경서>와 역사책을 두루 읽게 되더라도, 다만 그 글자만 알고 그 글자가 나타내는 실체를 몰라 드디어 사물을 나타내는 글자와 사물이 둘이 되어 맞지가 않고, 조수와 초목의 이름을 꿰뚫어 알 수 없는 사람이 많으니, 대개 글자만 외울 뿐 실체를 보기에 이르도록 힘쓰지 않은 탓입니다.

-<훈몽자회> 범례 현대말 옮김

<천자문>은 문자 학습서이기도 하지만 4언 고시 형식으로 이루어진 수준 높은 독서 책이기도 하다. 그러므로 내용이나 전체 어휘 수준으로 보면 아이들 초급 학습서가 되기는 어려울 것이다. 최세진은 이 점을 비판하고 있다. 이러한 문제점을 거꾸로 해석하면 어린이들에게는 이 책이 문자 학습서로서만 기능했을 것이라는 추론이 가능하다. 네 자로 이루어진 깊이 있는 내용을 음미하기보다는 단지 한 글자 한 글자 훈과 음에 따라 암기하는 방식이다. 문맥에 따라 글자의 의미를 새기는 것이 아니라 이미 하나의 뜻으로 고정되어 있는 것을 앵무새 따라 하듯 암기하는 방식이다. 결국 이런 방식은 문맥을 파악하는 데는

문제가 있을지라도 천 개의 한자와 더불어 천 개의 우리말 어휘를 익히는 효과가 있었던 것이다.

<훈민정음> 해례본에서 세종이 직접 쓴, 훈민정음 문자를 쉽게 익힐 수 있는 교재 역할도 하는 이른바 '예의'가 <월인석보> 앞머리에 실려 공식 출판된 것은 세조 5년, 1459년이다. <훈민정음> 해례본이 출판 유통된 지 13년만이다. <훈민정음> 언해본이 이미 세종 당대에 있었을 것이라는 추정도 있지만, 분명한 것은 <월인석보>에 실려 유통됨으로써 이것이 훈민정음 보급에 결정적인 역할을 했음은 분명하다. 이로부터 68년이 지나 최세진의 <훈몽자회>가 나왔다. 최세진은 이 책에서 훈민정음 보급에 관한 중요한 증언을 다음과 같이 하고 있다.

> 무릇 시골이나 지방 사람들 가운데, 언문을 모르는 이가 많아서, 이제 언문 자모를 함께 적어 그들로 하여금 먼저 언문을 배운 다음 <훈몽자회>를 공부하게 하면, 혹시 밝게 깨우치는 데 이로움이 있을 것이니, 한자를 모르는 사람도 역시 모두 언문을 배우고 한자를 알면, 비록 스승의 가르침이 없더라도 한문에 통할 수 있는 사람이 될 것이다.
> ―<훈몽자회> 범례 현대말 옮김

여기서 우리는 몇 가지 중요한 사실을 이끌어낼 수 있다. 먼저 언문이 한자 습득에 매우 중요하다는 것이다. 언문을 잘 알면 스승 없이도, 서당에 나가지 않아도 한자를 배울 수 있다는 것이다. 한자 독학을 가능하게 하는 것이 중요하고 언문이 그 역할을 할 수 있다고 보았다. 이는 세종의 훈민정음 창제 전략에 딱 맞아떨어지는 의견이다.

다음으로 훈민정음 보급 문제를 알 수 있다. 시골이나 지방 사람들 가운데 언문을 모르는 이가 많다는 것을 통해 흔히 언문 보급이 매우 미미했을 것이라고 추론한다. 그러나 이런 추론은 일리 있는 듯하지만 충분하지는 않다. 왜냐하면 최세진의 말은 언문이 시골이나 지방 이외의 지역에서는 두루 퍼져 사람들이 언문을 알고 있음을 의미하기 때문이다. 곧 최세진의 말에는 "이제는 두루 퍼져 요긴하게 사용하면 좋은데 그렇지 못해 안타깝다."라는 이중적 의미가 깔려 있다.

결국 <훈몽자회>에서 언급한 언문 학습법 관련 내용은 이런 언문 보급 현상을 종합하여 나름대로 체계화시킨 것으로 보아야 한다. <훈민정음> 언해본이 본격적으로 보급된 이래 50여 년간의 언문 사용과 소통 방식에 대한 총정리인 셈이다. 그렇다면 한글을 통한 <천자문>을 배우는 방식도 띄엄띄엄 이루어지다가 <훈몽자회>에 자극을 받아 더욱 널리 퍼졌을 것이다.

언문을 통한 교육 방식은 교육의 혜택과 여건이 더 좋은 한성보다는 지방에서 더욱 필요한 방식이었을 것이고 그런 흐름으로 보았을 때, 한글 음이 달린 <천자문>이 광주에서 첫 공식 출판된 것은 그런 맥락 때문이다. 광주판 천자문이 남아 있는 책으로서의 최초이므로 이전에 있던 책이 없어진 것일 수도 있지만 <천자문>의 대중성으로 볼 때 이때가 처음일 확률이 높다. 그렇다고 한글 새김과 음 달기 자체가 처음은 아닐 것이다. 이렇게 공식 출판된 것은 그 필요성이나 부분적 사용 욕구가 정점에 이르렀을 때 간행되었을 것이기 때문이다.[8]

<훈몽자회>가 나오기 9년 전인 1518년(중종 13)에 이미 <번역소학>이 나왔다. 다시 말하면 소학의 한글 번역본이 나왔다면 그 기초 학습서인 <천자문>에 대한 한글판이 어떤 방식으로든 그 이전에 유통되었

[8) 안병희(1992가 : 548)에서도 <천자문>의 지방 간본이 16세기 후반부터 나타나므로 책이 이루어진 연대는 훨씬 빠를 것으로 추정했다.]

음을 의미한다. <천자문>은 천 개의 한자이기도 하지만 최소 천 개의 우리말 어휘집이기도 하다. 그것은 이 책이 한글 문자 해득력에만 도움을 준 것이 아니라 우리말 문해력에도 도움을 주어 한글의 질적 사용에도 기여했다는 것이다. <천자문>이 다양한 판본으로 유통되었다는 점도 잠재적 한글 해득자 형성에 많이 기여를 했을 것이다.

<유합> 역시 <천자문>과 더불어 사용돼온 한자 기본 학습서이지만 지은이가 분명한 <천자문>과는 달리 편저자와 편찬 연대를 알 수 없다. 다만 우리나라에서만 통용되는 한자 속자(俗字)가 수록되어 있는 점에서 <천자문>과는 달리 우리나라 사람이 편찬한 책으로 추정하고 있다. 이 역시 모두 1,512자의 한자가 의미 내용에 따라 유별로 <천자문>과 같은 4언의 대구로 구성되어 있다.

그렇다면 <훈몽자회>는 어느 정도 퍼졌을까? <훈몽자회>를 서당이나 향교에서 주된 교과서, 아니면 부교재로 얼마나 썼을까? 이에 대해서는 긍정적 평가도 부정적 평가도 내리기 어렵다.

먼저 이 책의 보급 문제와 관련해서 최세진의 신분에 주목해야 한다. 그는 당상관까지 벼슬을 지낸 입지전적인 인물이지만 중인 출신이다. 역관 신분의 중인 출신이었기에 언문의 중요성을 당당하게 제기하고 책까지 냈을 것이다. 1542년(중종 37)에 최세진이 죽자 사관은 "최세진의 저서(著書)인 <언해효경(諺解孝經)>·<훈몽자회(訓蒙字會)>·<이문집람(吏文輯覽)>이 세상에 널리 퍼졌다."라고 평가했다. <훈몽자회>가 나온 지 15년 후의 일이다.

최세진은 대단한 저술가이면서 실천가였다. 자신의 저서를 여러 번 중종에게 바쳐 중종은 그 공로를 인정해 당상관까지 벼슬을 올리고 술도 내려주었다.[9] 이는 국가 차원에서 <훈몽자회>가 많이 보급되었다는 의미다. 서당 같은 공적 기관에서 교재로 쓰이기도 했지만 사적으로 가정에서 학습서로 쓰이기도 했다. 이의현(1669 : 현종 10~1745 : 영조 21)의 <도곡집(陶谷集)>에 의하면 그는 1675년 1월(숙종 1) 일곱 살 겨울에 <訓蒙字會>를 배웠다고 기록에 남겼다.

    <천자문>이나 <유합>, <훈몽자회> 등과 같은 자구나 문장 위주의 학습을 비판하고 나온 한국식 교과서가 <동몽선습>이다. 한문 원본은 정확한 간행 연대를 알 수 없으나 <훈몽자회>보다 늦은 16세기 중엽으로 추정하고 언해본은 18세기 이후로 추정한다. 언해본도 여러 판본이 있어 이 교재가 다양한 방식으로 유통되었음을 보여준다.

[표 3] 박세무 <동몽선습> 한문본과 언해본의 두 계열

계열	내용		시기	영인
한문 원본	한문		1544년 이전	전하지 않음
언해본1 계열	한문본에 한글 토 달기 언해본	- 영조 서문 - 본문(한문에 한글 토+언해문) - 송시열 발문	1742년(영조 18)	한국학중앙연구원 소장
언해본2 계열	언해본 단독 수록본	영조 서문 언해 본문(한자 한글 음 병기) * 발문 없음	1797년(정조 21)	고려대학교 도서관·규장각 등에 소장.→1986년 대제각(大提閣)에서 영인본

    한문본 <동몽선습>은 중종 때 박세무(1487~1554)가 지은 1권 1책이다.[10] 박세무는 조광조 사후에 조광조 명예회복을 위한 상소를 올릴

---

9) 중종실록, 중종 34년(1539) 5월 17일.
10) 중종 39년(1544) 5월 29일에 박세무가 올린 조광조 명예회복 주창 상소 끝에 사관은 박세무가 일찍이 <동몽선습(童蒙先習)> 한 권을 저술하여 세상에 간행했다고 적었다.(史臣曰 : "世茂, 辛卯登文科, 久掌史事. 及出守是郡, 愛民甚至, 又上是疏, 人無不嘉其懇切. 但以奇遵爲亡命人, 不能無恨. 然亦豈傷激之言耶? 常著<童蒙先習>一

정도로 사회적 실천가였다. 결국 16세기 교화서 간행과 보급을 주도한 이들은 향촌 교화에 적극적이었던 같은 계열의 사림들이었다.[11]

오륜과 역사서를 겸한 이 책은 아이들이 쉽게 이해할 수 있도록 간명한 문구로 되어 있다. 본문의 내용을 이해하기 쉽도록 한자 정자로 구결을 달았다.

그렇다면 <동몽선습> 언해서가 언제 나왔는가가 문제다. 이 문제는 정확히 밝히기는 어렵지만 지금 남아 있는 언해본과 여러 기록으로 볼 때 영조에 의해서 이루어진 것으로 본다. 영조는 다른 왕과는 달리 세자(사도세자)와 원손(정조)들에게 <동몽선습> 교육을 열정적으로 시켰다.[12] <동몽선습>으로 글자 암송을 시험하는가 하면 자신이 쓴 서문

卷, 刊行于世.")–중종 39년(1544) 5월 29일.

11) 이런 내력에 대해서는 박세무 5대손인 박성로가 상소하는 증언이 실록에 실려 있다. 매우 중요하므로 전문을 인용하면 다음과 같다.
"<동몽선습(童蒙先習)>은 교서관에서 간행하라는 분부가 있으셨는데, 이 책은 바로 신의 5대조이신 고 헌납(獻納) 신(臣) 박세무(朴世茂)가 지은 것입니다. 신의 5대조는 일찍이 선정신(先正臣) 조광조·김정 등과 도의의 교분을 맺으셨는데, 이 책(册)은 단지 일가(一家)의 자제들로 하여금 가숙(家塾)에서 과학(課學)하게 하려는 것이었습니다. 그런데 고 상신(相臣) 노수신(盧守愼)이 신의 선조(先祖)의 문인(門人)으로서 연중(筵中)에 건백(建白)하여 서연(書筵)에서 사용하게 되니, 드디어 국가에 통행하는 책이 되게 된 것입니다. 이 책은 두 본(本)이 있는데, 구본(舊本)은 바로 신의 증종조(曾從祖) 고 승지(承旨) 신 박지계(朴知誠)와 신의 증조(曾祖) 고 징사(徵士) 광흥수(廣興守) 박지양(朴知讓) 등이 손수 스스로 교정(校正)한 것입니다. 또 선정신 송시열(宋時烈)의 권후(卷後) 발문(跋文)이 있으니, 이 책의 지의(旨意)를 발명(發明)한 것이 매우 절실(切實)합니다. 이제 만일 이 발문으로써 아울러 덧붙여 간행한다면 아마 사의(事宜)에 합당할 듯합니다. 원하건대 해관(該館)으로 하여금 품지(稟旨)하여 거행하게 하여 막중한 서연에서 사용하던 책자(册子)로 하여금 와오(訛誤)나 흠결(欠缺)의 우려가 없도록 하소서." 하니, 비답하기를, "진달한 바를 아뢴 대로 시행하도록 하라." 하였다.–영조 17년(1741) 7월 14일.
12) 원손(정조) 다섯 살 : 임금이 <동몽선습(童蒙先習)>을 외라고 하니, 원손이 틀리지 않고 외었다.–영조 33년(1757) 10월 19일.
원손 일곱 살 : 임금이 원손(元孫)에게 명하여 <동몽선습(童蒙先習)> 서문(序文)을 강하게 하였는데, 이때 나이가 일곱 살이었다. 읽는 소리가 맑고 깨끗하며 아뢰고 대답함이 분명하므로, 임금이 몹시 기뻐하고 여러 신하가 흠탄(欽歎)하지 아니

을 직접 써보게 하고[13] 수시로 관여했다. 그러는 과정에서 언해의 필요성을 절감했을 것이다. <어제내훈>이나 <여사서언해> 등 언해서를 직접 펴낸 왕이고 보면 언해서에 대한 영조의 열정과 의지는 대단한 것이었다. 이런 맥락에 의거해볼 때 다음과 같은 실록 기록을 최초 언해에 대한 기록으로 보아도 무방하다는 것이다. 그 이전에 언해본이 있다면 그걸 중간하거나 복간하게 했을 것이다.

> 교서관에 명하여 <동몽선습(童蒙先習)>을 인출하여 올리라고 하였다. 이 책은 바로 중종조에 박세무(朴世茂)가 편찬한 것이다. 임금이 그 책이 조리가 있어 비단 어린이들이 처음 배우는 데에 요긴할 뿐만 아니라 또 역대(歷代)를 기록한 끝에는 비풍(匪風)·하천(下泉)의 생각이 들게 된다 하고 드디어 이런 뜻으로 친히 서문을 지어 진서(眞書)와 언문(諺文)으로써 경서(經書) 언해(諺解)의 예대로 인출하여 장황(粧潢)하여 올리라고 명하였다.
>
> ─영조 18년(1742) 6월 28일

위와 같은 기록으로 볼 때, <동몽선습> 언해서는 영조 때 처음으로 나온 것이다. 결국 <동몽선습> 한문본 자체가 인기가 많았는데 18세기 후반에 언해서까지 나왔으므로 이 언해서의 인기가 아주 높았을 것으로 추정된다.

할 수 없었는데, 영사(領事) 신만(申晚)이 말하기를, "이는 종사(宗社)의 복입니다." 하였다. ─영조 34년(1758) 3월 29일.

13) 영조가 동궁의 입직관(入直官) 민택수(閔宅洙)·조재덕(趙載德) 등을 부르라 명하고, 세자(世子)가 직접 쓴 '어제 동몽선습 서문(御製童夢先習序文)'을 내어 보였다. 여러 신하들이 모여 보고는 말하기를, "어린 나이의 필세(筆勢)와 자획(字畫)이 엄정(嚴正)하니, 진실로 종사(宗社)의 무한한 복입니다."라고 아뢰었다. ─영조 18년(1742). 9월 15일.

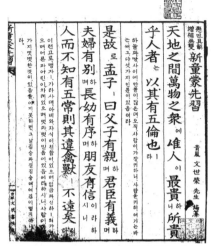

방각본 동몽선습   일제 강점기 : 신동몽선습(문세영 편, 1937)

[사진 1] 동몽선습 방각본 표지와 신동몽선습 본문 첫장(문세영)

조선 후기로 오면 서당에서 <천자문> 못지않게 많이 배운 책이 <계몽편언해>다(김풍기, 2009 : 216~225). 이 책은 일종의 아동용 미니 백과사전으로 생활에 필요한 알찬 내용들이 아기자기하게 배열되어 있다. 생활 속에서 요긴하게 쓰이는 "자축인묘진사오미신유술해, 갑을병정무기경신임계" 등의 간지가 이 책에 실려 있다. 생활 상식과 문자를 동시에 배울 수 있어 <천자문> 다음의 응용서로 폭넓게 쓰인 것이다.

<소학>은 서당보다는 중등 교육기관인 향교나 사학에서 더 많이 읽혔으므로 여기서는 생략한다.

3. 중등 교육기관 : 향교와 사학

　향교는 삼국시대부터 있었지만, 고려와 조선의 향교는 나름대로의 큰 역사적 변천을 겪어왔다. 고려시대는 과거 제도와 함께 발전을 하였고, 조선시대는 부·목·군·현과 같은 지방 제도의 정비와 더불어 더욱 발전하게 되었기 때문이다.[14)]

[표 4] 조선시대 지방 편제

도	8도	관찰사	
부	군사적으로 중요한 지역	대도호부사(종 3품)	수령
목	정치적으로 중요한 지역	목사(정 3품)	
군	현보다 큰 고을	군수(종 4품)	
현	작은 고을	현령(종 5품), 현감(종 6품)	

　지방 수령 7사 가운데 '학교진흥'이 "농업진흥, 인구증식, 학교진흥, 군대정비, 공평한 부역과 세금 징수, 공평한 재판, 치안확보"와 같이 포함되어 있다.[15)]

　조선시대의 경우는 중앙 집권 정치 체제가 강화되면서 향교가 발달했다는 데 주목해야 한다. 고려시대에는 주요 군현에만 향교가 있었으나 조선시대 때는 모든 군현에 향교가 세워졌다. 곧 향교는 새 왕조의 건국 이념이나 정치 이념과 밀접한 관련을 맺고 있는 교육기관이다. 곧 향교는 교육기관이자 교화기관이다.[16)]

---

14) 조선시대 향교에 관한 주요 연구사는 이원재(2006 : 85~88)에서 이루어진 바 있다.
15) 한영우, <다시 찾는 우리역사>, 경세원, 1997, 292쪽.
16) 조선 후기로 오면 교육을 통한 교화 기능은 약화된다. 교화 기능도 두 가지다. 교육을 통한 교화도 있지만 선현에 대한 제향을 통한 교화 기능도 있다. 조선 후기

김슬옹(2007)에서는 훈민정음 창제의 동기와 목적을 중층적으로 보고 가장 주된 정치적 동기와 목적으로 '교화'를 설정한 바 있다. 이러한 교화 목적을 실질적으로 구현해주는 교육기관이 향교였고, 이런 맥락 은 <경국대전>에까지 실리게 되었다(김슬옹, 2005다 : 63 / 시정곤, 2007).

> <삼강행실(三綱行實)>을 언문(훈민정음)으로 번역하여 서울과 지방의 양반 집안(사족)의 가장, 마을 어른 또는 교수(敎授)·훈도(訓導) 등으로 하여금 부녀자와 어린이들을 가르쳐 이해하게 하고, 만약 나라 이념(대 의)에 잘 따르고 몸가짐과 행실이 뛰어난 자가 있으면 서울은 한성부(漢 城府)가, 지방은 관찰사(觀察使)가 왕에게 보고하여 상을 준다.[17]

위 규정은 사학과 관학을 아울러 교육을 통한 교화의 구체적인 지침 을 담았다. 마을의 덕망 있는 양반 사대부나 훈장과 같은 지방 유지나 사학 쪽의 교육자뿐만 아니라 관학의 교수나 훈도를 교육의 주체로 내 세우고 있다.

여기서 향교를 통한 직접적인 교육은 언급되어 있지 않지만 향교의 교육 기능과 교화 기능을 고려해볼 때 향교 자체 교육과 향교 중심의 마을 교화 교육을 함께 언급하고 있는 것으로 보인다. '교수'와 '훈도' 는 향교의 교육자, 곧 교관을 말하기 때문이다.

교수와 훈도는 중앙 정부에서 정식으로 파견하는 교육자 관리다. 6품 이상은 교수, 7품 이하는 훈도, 생원이나 진사 출신은 교도라고 하였다. <경국대전>에 교도 직책이 나오지 않는 것은 규정이 없어진 성종 때 교

에는 이러한 제향을 통한 교화 기능으로 인해 많은 향교들이 존속되었다.(김호일 2000 : 85~104)

17) 三綱行實飜以諺文令京外士族家長父老或其敎授訓導等敎誨婦女小子使之曉解若能通大 義有操行卓異者京漢城府外觀察使啓聞行實 -經國大典, 卷 3, 禮典, 獎勸偏 43什

도가 <경국대전>에 삽입되었기 때문일 것이다. <경국대전>이 완성되는 성종 때 큰 고을에는 교수, 작은 고을에는 훈도를 파견하였으며, 세종 때 장려하였던 생원과 진사 출신의 교도를 폐지하였다(김호일, 2000 : 67).

선조 이후로 오면서 향교의 교육 기능이 약화된 가장 큰 요인은 교관 파견의 어려움 때문이었다. 330여 개에 달하는 군현에 모두 교관을 파견하는 것은 그 당시 실정으로 불가능에 가까웠다. 과거 합격생 수 자체가 적은 데다가 지방 교관으로 내려가는 것을 무척 꺼려했기 때문이다. 따라서 질적인 교육자 확보가 제대로 될 수 없었고 자연스럽게 향교의 교육적 기능은 약화될 수밖에 없었다.

따라서 <경국대전>에서처럼 중앙에서 파견한 교관을 통한 언해서 교육은 조선 전기에 집중해서 이루어졌다고 볼 수 있지만, 모든 군현에까지 골고루 이루어진 것으로 보기는 어렵다. 그렇지만 훈민정음 보급 측면에서 향교의 발달 과정이 훈민정음 발달 과정과 맥을 같이한다는 데 주목할 필요가 있다. 고려 공민왕 때의 1읍1교제를 실질적으로 계승하여 발전시킨 조선 왕조는 중앙 집권화가 강력하게 이루어지는 태종 때 '수명학교' 제도를 통해 지방관이 수령으로 하여금 향교를 감독하고 장려하게 하였다. 이런 노력에 힘입어 훈민정음이 창제되는 세종 때 체제가 정비되고, 훈민정음 지방 보급이 본격적으로 이루어지는 성종 때 향교가 군현에 제대로 갖추어졌다. 이는 훈민정음이 백성교화의 주된 목적임을 반증하는 것이다. 또한 향교는 평민도 입학이 가능했었다는 점이다.

향교 쇠퇴 원인은 보통 두 가지로 본다. 첫째, 향교 근무는 중앙에서 파견하였던 교관의 기피직이었다. 이익이 지은 <동호문답> 교육편에 보면, "훈도를 극히 천한 직업으로 여겨 반드시 빈곤하고 기댈 곳 없는 사람을 훈도직에 임명하여 굶주리거나 얼어 죽는 것만 면하게 하고 있소. 그러니 훈도직을 맡은 사람도 학생들을 상대로 그물질이나 하여 자기를 살찌울 따름이지요.(이익 / 안외순 옮김(2005), <동호문답>, 책세상, 89쪽)" 라고 개탄 수준에서 실상을 비판하고 있다.

둘째, 양인도 입학하다 보니 양반층이 기피하게 되었다. 양인들은 군역을 면제받을 수 있는 기회이기도 하므로 생활 여건이 안 좋아도 가능하면 입학하려 하였고, 결국은 교육 기능보다는 군역 면제 기능과 같이 편법이 난무하였다.

그렇다면 시정곤(2007)의 지적처럼 향교에서 누가 배웠느냐가 무척 중요할 것이다. 이에 대한 두드러진 연구로는 이범직(1976가나)이 있다. 이 연구에 의하면 15세기까지는 양반과 평민이 주요 교생이었으나 16세기 이후에는 양반은 서원 등의 사학으로 빠져나가고 향교는 군역을 면제받기 위한 평민들이 주로 다녔다는 것이다. 이는 매우 중요한 문제를 함의한다. 향교의 기능으로 보면 퇴보일 수 있으나 양반에 비해 교육 수혜 조건이 열악한 평민의 교육 여건이 확대된 것을 의미하기 때문이다. 그만큼 평민의 훈민정음 교육 기회는 더욱 넓어진 것이다. 이런 추론의 핵심을 추려보면 다음과 같다.

(1) 향교가 지방의 중등 교육기관이라는 데 주목
(2) 훈민정음 보급에 결정적인 역할을 한 소학이 핵심 교재
(3) 지방 유생 교화 + 과거 진출 수단
(4) 지방 교화를 담당하였으므로 지배층(양반)과 피지배층의 연결 고리

시정곤(2007 : 43~46)에서는 향교가 훈민정음 보급에 직간접으로 영향을 미친 것을 네 가지 차원에서 정리했다.

첫째, 언해본을 가르치는 주체를 통하여 훈민정음 보급 상황을 추론하였다. <경국대전>에 삼강행실을 언해하여 가르치는 주체로 교수와 훈도가 나오는데 '교수'는 큰 지방 향교를 담당하는 선생이고, '훈도'는 군이나 현처럼 작은 지방의 향교 선생이었으므로 이들에 의해 지방도 훈민정음이 널리 퍼지게 되었다.

둘째는 시험 제도를 통해 훈민정음 사용 주체 양상을 추정했다. 서리와 같은 하급 관리 뽑는 시험에서 훈민정음이 들어 있다는 것과 서리 지원자들은 대개 지방 향교의 교생이었다는 점을 들어 이들이 시험 준비를 위해서 훈민정음을 쓸 줄 알았고 <훈민정음> 해례본까지 공부했으리라 추정했다.

셋째는 훈민정음을 아는 사람들의 규모를 향교의 규모를 통해 추정했다. 향교는 부, 목, 군, 현에 하나씩 설치되는데 서당 교육을 마친 16세 이상의 학생들이 입학한다. 부, 목은 각각 90명, 군은 50명, 현은 30명 정도가 다닐 수 있었고, 평민도 입학할 수 있었으므로 "전국 각지에서 상당한 학생들이 훈민정음을 알고 있었을 것"이라고 추정했다.

넷째는 실제 교육 효과로서 교화 정도를 향교에 대한 관리 감독 기능을 통해 향교를 통한 교화가 철저히 이루어졌을 것이라고 추정하였다. 곧 관찰사는 '수명학교'라는 수령의 7가지 책문 가운데 향교 생도의 독서 수준, 경서 습득 수준을 감독하는 책무가 포함되어 있다는 것이다.

위와 같은 분석은 훈민정음 보급 간접 맥락에 대해 처음으로 체계적인 분석을 시도한 것이다. 다만 조선시대 전 과정이 변화가 심한 부분은 좀 더 세심한 배려가 필요하다. 이를테면 '훈도'의 경우는 시대적 우여곡절이 많았다. 이런 점이 정조실록에 실린 장령 권덕훈의 상소 가운데 나온다.

학교는 어진 선비가 관계로 진출하는 관문이자 배양의 근본입니다. 삼물(三物)[18]로 빈흥(賓興)[19]하는 법이 점차로 폐지되어 오늘날에 이르러서는 다시 말할 수가 없게 되었거니와, 오직 과거의 학문을 입신(立身)하는 바탕으로 삼고 있으므로 몸소 행하여 실천하는 공부와 천덕(天德)·왕도(王道)의 요점에 있어서는 하찮은 것으로 보아 학자가 거의 없을 정도입니다. 선비들의 습관이 바르지 못한 것은 오로지 과거의 폐단에 연유한 것이고, 과거의 폐단이 만연되고 있는 것은 오로지 배양이 제 방도를 상실한 데 연유한 것입니다. 건국 초기에는 열읍(列邑)에 각각 훈도(訓導)의 관직을 설치하여 전적으로 교양의 책임을 맡겼습니다. 그러다가 막판에 가서는 훈도에 맞는 자를 선택하지 않아 학교의 생도들을 수탈하여 폐단이 점점 많아지자 드디어 중간에 폐지하고 말았습니다. 이제 만일 구전(舊典)을 거듭 밝혀 훈도를 다시 설치하고 특별히 뽑아 보내되, 급료를 풍족하게 주어 교육에 전념하도록 한다면 인재가 성대하게 일어날 것입니다.

　　　　　　　　　　　　　　　　　　　－정조 1780년 7월 3일

사학은 4부 학당을 말한다. 원래는 서울을 동서남북과 중앙 5부 학당으로 세우려 하였으나 북부 학당이 세워지지 않아 4부 학당이 되었다. 4부 학당은 서울에만 있었으므로 서울에 사는 양반 자제들만 입학할 수 있었다. 대개 8세가 되면 입학할 수 있었고 15세에 승보시(陞補試)라는 시험에 붙어 성균관에 입학할 때까지 다닐 수 있었다. 주로 <소학>과 <사서삼경>을 배웠는데 여기서는 <소학>의 영향만을 보기로 한다.

<번역소학>이 의역을 하였고 <소학언해>가 직역을 하였다는 것은

---

18) 백성을 교육하는 삼사(三事)로 첫째는 육덕(六德)으로 지(知)·인(仁)·성(聖)·의(義)·충(忠)·화(和), 둘째는 육행(六行)으로 효(孝)·우(友)·목(睦)·인(婣)·임(任)·휼(恤)이요, 셋째는 육예(六藝)로 예(禮)·악(樂)·사(射)·어(御)·서(書)·수(數)를 말한다. －주례 / 실록 주석 재인용.

19) 주대(周代)에 선비를 채용하는 법. 향음주(鄕飮酒)의 예(禮)로써 현능(賢能)을 천거하여 빈객(賓客)으로 대우하여 국학(國學)으로 올려 보내는 것임. －실록 주석.

두루 알려진 사실이지만 그것은 단지 의역, 직역의 문제가 아니라 중요한 사회정치적 의미를 함의하고 있다.

<소학언해>가 나온 지 6년이 흐른 1594년, 선조 27년은 임진왜란이 발발한지 2년밖에 되지 않았는데, 10월 24일 선조는 "<신증유합(新增類合)>·<소학집설(小學集說)>·<소학언해(小學諺解)>·<주역대전(周易大全)>·<주역언해(周易諺解)>·<역학계몽(易學啓蒙)>·<손자(孫子)>·<오자(吳子)>·<황석공삼략(黃石公三略)>·<문선(文選)>·<여지승람(輿地勝覽)>·<대전(大典)> 등의 책을 안으로 들이라."라고 승정원에 지시한다.

전란 중에 현실과 동떨어진 듯한 핵심 지배층의 모습이지만 한편으로는 전란 중에도 이러한 기본 서책을 관리하는 태도가 조선시대 또 다른 힘이었을 것이다.

왕손 교육에서조차 <소학>을 배울 때 <소학언해>가 주요한 교재가 되었다.[20] 조선 후기에 전해지는 다음과 같은 어느 마을 사람 이야기는 <소학언해>의 영향력을 상징적으로 보여준다.

> <소학언해(小學諺解)>를 읽고 그의 모든 언행을 이에 준해 실천했다고 한다. 외출하거나 귀가할 때 반드시 서로 절하기로 아내와 약속하고, 부부가 같이 날마다 <소학언해>를 읽었으므로, 그 고을의 이웃 사람들로부터 조롱을 받았으나 개의치 않았다고 한다.
> －<봉산학자전>(박지원 / 간호윤 옮김·덧글, 2006).

---

20) 종부시가 <소학(小學)> 및 <소학언해(小學諺解)>를 인쇄하여 나이 어린 종친 자제들이 읽고 익힐 수 있게 해주기를 청하니, 상이 따랐다. －현종 9년(1668) 8월 6일(임신).
판부사(判府事) 김덕원(金德遠)이 차자(箚子)를 올려, 춘방(春坊)으로 하여금 <소학(小學)>·<효경(孝經)> 가운데에서 알기 쉬운 좋은 말을 뽑아 언서(諺書)로 번역하여 동궁(東宮)의 보모(保姆)를 시켜 아침저녁으로 가르치게 하기를 청하니, 임금이 그대로 시행하게 하였다. －숙종 17년(1691) 9월 13일(갑자).

4. 서원과 성균관, 종학

서원은 또 다른 측면에서 서당과 같이 관학과 사학의 중간쯤에 있는 교육기관으로 자리매김되었다. 관학도 아니면서 또는 국가의 제도적 기관이 아니면서 공적 성격을 강하게 띤 교육기관이었기 때문이다. 한 영우(1997 : 38)에서는 서원을 고급 사립학교로 규정하기도 하지만 대체로 준공립 교육기관으로 자리매김한다.

성균관은 최고의 교육기관이었으므로 핵심 지배층의 훈민정음에 대한 인식이나 교육 정책을 엿볼 수 있다. 종학은 왕실 교육기관이지만 교육 내용은 성균관 교육에 준하는 기관이라 볼 수 있다.

세 기관 모두 국가적 측면에서 보면 핵심 교화 주체를 양성하는 기관이다. 언어 측면에서만 본다면 철저하게 한문으로 된 <사서오경> 교육을 통해 고급 한문 사용자를 기르는 기관이다. 그렇다면 이런 <사서오경> 교육이나 학습에 언문이 어떻게 적용되었는지를 살피는 것이 훈민정음 간접 교육 맥락을 밝히는 일이다.

조선시대 학교는 유학 중심 교육이었으므로 교육제도와 교육기관에서 유학 관련 언해서를 얼마나 배우고 참고했는지를 살펴볼 필요가 있다. 위에서 살펴본 유교 관련 언해서 가운데 우리의 예상과는 다르게 수신 언해서는 정식 교재로는 쓰이지 않았다. 풍속 교화서도 마찬가지다. 오로지 경전 언해서만이 정식 교재로 쓰였다. 이는 조선이 성리학적 이념 교육에 얼마나 매달렸으며 한편으로는 그 외 실용적인 교육은 매우 경시했음을 알 수 있다.

[표 5] 조선시대 교육 내용 관련 자료(이만규, 1946/2010 : 182, 재구성)

교육 규제	법령	제정 시기	제정자	훈민정음 교육과 연계시킬 수 있는 기록 발췌
기준 규제	학령	건국초	국가	1) 매일 행사 (1) 상, 하 재에서 각각 한 명씩 뽑아 글을 읽게 함 (2) 많이 배우기를 힘쓰지 않고 자세히 연구하기를 힘씀 2) 독서 (1) 늘 사서, 오경과 제사 등의 책을 읽을 것 (2) 장자, 노자, 불경, 잡류, 백가, 자집(子集)을 읽지 말 것
	권학 사목	태종 / 권근		<소학>을 학문의 기초로 삼음
	구재 학규	세조 3년 (1457)		1) 사서 오경, 9단계로 나눔(대학, 논어, 맹자, 중용, 시서, 춘추, 예기, 주역) 2) 식년시 : 사서삼경을 강론하게 하고 다른 경서를 스스로 원하는 자와 좌전, 강목, 송원절요, 역대병요, 훈민정음, 동국정음을 강론하려는 자도 허락함
	경국 대전	성종 16년, 1485년 편찬		사서삼경 필수과목
보충 규제	학교 사목	선조 15년, 1582년	이이	독서조 : 독서하는 순서는 <소학>으로 먼저 그 근본을 배양하고 다음에는 <대학>과 <근사록>으로서 그 규범을 정하고, 그다음에는 <논어>, <맹자>, <중용> 오경을 읽고 <사기>와 선현의 성리서를 사이로 읽어 의취(意趣)를 넓히고 식견을 정(精)하게 할 것이다. 비성(非聖)의 책은 읽지 말고 무익한 글은 보지 말아야 한다.
	학교 모범			독서 차례 : <소학>, <대학>, <근사록>, <논어>, <맹자>, <중용>, 오경, 틈틈이 <사기>와 선현의 성리학 책 * 성인의 책이 아니거든 읽지 말고 무익한 글은 보지 마라.

조선시대 교육 연구는 이만규(1946)에서 처음으로 체계화되었다. 이

연구는 1차 문헌에 대한 치밀한 접근과 이만규의 역사관과 교육관으로 조선시대 교육 연구의 고전으로 자리매김되었다. 훈민정음 교육을 따로 다루고 있지는 않지만 조선시대 교육 문제를 모두 다루고 있어 훈민정음 간접 교육 맥락 관련 자료나 진술을 뽑아낼 수 있다. 오늘날의 교육 과정이나 교육 법령 역할을 하는 규제를 이만규(1946)는 기준 규제와 보충 규제로 나누어 정리했다. 이 중 훈민정음과 관련된 내용만 뽑아 재구성해보면 앞의 [표 5]와 같다.

규제만으로만 본다면 훈민정음 교육과 직접 연계되는 규제는 세조 때 나온 '구재학규'를 들 수 있다. 여기서는 <훈민정음>과 <동국정운>이 강론 과목으로 설정되었다. 이때 외는 언급되지 않는 것은 세조가 그만큼 강력한 훈민정음 보급 정책을 폈다는 의미와 또 한편으로는 훈민정음 교육이 철저히 비주류로 이루어져 왔음을 의미한다.

두 번째 관련 내용은 <사서삼경> 교육이 필수인 데다가 매우 중요해 <사서언해서>가 나오는 선조 이후에 언해서가 <사서삼경> 교육과 훈민정음 교육에 많은 영향을 끼쳤음을 알 수 있다. 세 번째는 <소학> 교육을 기본 교육이자 필수 교육으로 매우 중요하게 여겼다는 점이다. 따라서 중종 때 나온 <번역소학>과 선조 때 나온 <소학언해>가 기초 학습자들에게 매우 많은 영향을 끼쳤음을 추론할 수 있다.

훈민정음은 왕실에서 직접 만든 문자인 만큼 왕족의 한문 교육에 매우 요긴하게 활용되었다. 문종(1414~1452, 재위 : 1450~1452)은 세종의 훈민정음 창제 비밀 프로젝트의 핵심 협력자였다. 최만리 반대 상소에서 왕세자가 성인의 학문인 경서 공부를 열심히 하지 않고 언문 관련 일에 몰두한 것을 걱정하고 비판할 정도였다. 그래서 최만리는 이렇게 말하고 있다. "언문이 비록 유익하다고 말하지만 문학하는 선비들의

여섯 가지 재주의 하나에 불과할 뿐입니다. 하물며 만에 하나도 정치
하는 도리에 유익함이 없는 데다, 정신을 연마하는 데 사색을 허비하
며 날짜만 보내는 것은 참으로 시대에 적절한 학문에 손실을 끼칠 뿐
이옵니다."

훈민정음을 반포한 1446년 문종은 신숙주보다 세 살 많은 스물아홉
살이었다. 문종은 이로부터 정확히 4년 뒤 세종을 이어 왕이 된다. 왕
이 되고 난 뒤 경연에서 <대학연의(大學衍義)> 강론에 대한 기사가 여러
가지 상황을 알려주고 있다.

> 처음으로 <대학연의(大學衍義)>를 강론하였는데, 임금이 세자로 있을
> 때 서연관(書筵官)에게 명하여 <대학연의>를 언문으로 토(구결, 어조사)
> 를 달아 왕족 가운데 제대로 이해 못하는 자를 가르치려고 하였다. 이
> 때에 이르러 또 경연관(經筵官)에게 명하여, 경서와 역사서, 운서(韻書)를
> 널리 상고하여 주해(註解)를 달아 간략하게 적어 날마다 이를 아뢰게 하
> 고, 임금이 빨간색 붓으로 친히 교정을 보았다. ─<문종실록> 1450년 12
> 월 17일.

결국 언문으로 구결을 달기 시작한 것은 훈민정음 반포 후이므로 문
종은 1446~1450년 사이에 동궁으로 있으면서 새 문자를 활용한 교육
을 실천해 옮긴 것이다. <대학연의>는 중국 송나라의 진덕수가 집필한
<대학> 해설서다. <대학>을 좀 더 쉽게 해설한 책이지만 문리가 트이
지 않은 학생들에게는 <대학>보다 더 어려운 책일 수 있다. 이러한 학
생들에게 언문 구결은 이해를 돕는 최대의 독해법이 되었을 것이다.

한문	→	구결문	→	이두문
(한자토		구결문토		이두문토)
↓		↓		↓
언해		구결식 언해문		이두식 언해문
(언문토		구결식 언해토		이두식 언해토)
↓		↓		↓
국한문체		구결식 국한문체		이두식 국한문체

[그림 1] 한문 해석과 번역에 따른 문체 흐름도(김슬옹, 2011라 : 309)

더욱 중요한 것은 언문 구결 방식으로 교육을 시도하였다는 점이다. 결국은 한문 원전 내용을 습득하기 위한 방편이지만 언문의 교육적 효용성만큼은 분명하며 이를 실천하고 있다. 더욱 재미있는 것은 세자는 교육의 대상이지만 왕실의 다른 학생들에 대해서는 교육 주체로 나서고 있다는 점이다. 새 문자 권위자로서의 위치 때문일 것이다. 서연관은 왕세자의 교육을 관리하고 강의도 했던 세자시강원의 관리이자 스승들이다. 결국 왕세자는 자기 스승들과 함께, 언문 구결을 통해 왕실 학생들에게 <대학연의>를 가르치도록 한 것이다.

왕이 되어서는 경연관들과 더불어 언문 주해 작업을 거의 매일같이 한 셈이므로 문종은 나쁜 건강에도 불구하고 훈민정음 보급과 교육에 전심전략을 다한 셈이다.

왕조실록에는 세자 시절의 문종 서연관에 관한 중요한 기록이 있다. 훈민정음을 반포한 지 딱 1년 후인 1447년 11월 14일자에 세자 교육을 담당한 서연관들은 세자의 학문이 자신들이 감당하기에 벅찰 정도로 높은데도 학문 연마를 더욱 한다고 하면서, "지금 서연관 열 사람가운데서 언문과 의서를 전문으로 하는 사람을 제외하고 겨우 신 등 여섯 사람이 돌아가면서 강의를 하고 있습니다."라고 언급하고 있다[21]. 언문 실력은 세자가 서연관들보다 높았을 것이므로 이때 언문을 담당한 서연관들은 왕실 학생들을 가르치기 위한 언문 주해 작업이나 구결 달기 등을 세자와 더불어 했던 관리들인 것이다.

구결 달기는 한문 이해에 필수적인 과정이다. 한문 이해가 조선 사대부들에게 절대적인 것이었다면 구결도 그 맥을 같이한다. 한문을 수월하게 읽고, 제대로 이해하기 위해서라도 매우 중요한 읽기, 이해 전략인 것이다.

이러한 구결 달기는 훈민정음 창제 이전의 이두식 구결 달기와 훈민정음 이후의 언문식 구결 달기로 나눌 수 있다. 문제는 이두식 구결 달기는 한문도 잘 알아야 하고 이두도 잘 알아야 하므로 한문 지식을 뛰어넘는 고차원적인 지적 작업이라는 것이다. 한문 경전 이해는 매우 중요하였으므로 고려 시대 때는 사찰 학승들과 일부 유학자들 위주로 그 맥이 이어져 내려온 것이다. 물론 언문식 구결 달기도 쉬운 일은 아니었지만 이두식 구결 달기보다는 한 차원 쉬운 작업이었다. 조선시대 지식인들이 언문을 통한 문자생활이 아니더라도 구결 달기에서만이라도 훈민정음을 활용할 수 있게 된 것은 대단한 변화였던 것이다. 불경 언해서가 유교 언해서보다 먼저 나온 것은 여러 요인이 있지만 불경의 구결 전통이 잘 되어 있었던 이유도 클 것이다. 유교 언해서가 무려 100년 넘게 걸려 선조 때 와서야 나오게 된 것은 구결 달기 문제가 제대로 해결이 안 되었기 때문이다.

---

21) 首書筵官十人, 除諺文醫書, 僅有臣等六人輪次進講. - 세종실록 118권, 29년(1447) 11월 14일.

이렇게 왕실 학생들 교육에 언문이 매우 중요하다는 기록은 조선 후기까지 여러 기록으로 남아 있다. 이런 의미는 다른 교육기관에서 언문이 필수였음을 보여준다. 왕실은 한문 교육 또는 경서 학습에 최고의 권위자들이 모인 최고의 교육 환경을 갖춘 곳이다. 이런 곳에서 언문이 요긴한 교육적 언어로 활용되었다면 이보다 교육 여건이 안 좋은 곳에서의 활용도는 더 높았다고 볼 수 있다.

5. 훈민정음 교육과 한자 교육의 상보적 관계

이상의 한문 교육과 연계된 훈민정음 간접 교육 맥락을 짚어보았다. 이번 장에서의 논의 핵심은 훈민정음에 대한 직접 교육이 제대로 이루어지지 않은 부정적 측면이 오히려 한자나 한문 교육과 같은 간접 교육을 통한 훈민정음 교육 비중을 높이는 효과를 가져왔다는 점이다. 궁극적으로는 훈민정음이 한자 교육에 필수적인 도구가 됨으로써 훈민정음 교육과 한자 교육은 상보적 관계를 유지할 수 있었고 그것이 훈민정음 발달의 중요한 간접 맥락이 되었다.

이러한 흐름을 초등 수준의 서당 교육과 중등 수준의 향교와 사학, 고등 수준의 성균관, 그 밖의 서원과 종학 등으로 나눠 살펴보았다. 서당 교육은 관학이 아님에도 마치 오늘날 초등 교육과 같은 역할을 함으로써 훈민정음 문자 지식이 한자 학습 또는 다른 학습을 위한 필수적인 학습 과정이었다. 특히 문자나 어휘 중심의 가장 기본적인 교재인 <천자문> 한글 새김본이 나옴으로써 더욱 영향을 끼쳤다. 그리고 한국식 교과서인 <동몽선습>은 언해본이 따로 나와 중요한 구실을 하였다.

  중등 수준의 교육기관으로는 향교와 사학이 있었고 서울에만 있는 사학과는 달리 향교는 지방 교육의 핵심 기관으로서 훈민정음의 저변 확대에 크게 이바지하였다. 향교가 지방의 중등 교육기관으로서 훈민정음 보급에 결정적인 역할을 한 것은 언해서가 일찍 출간된 <소학>이 핵심 교재였으며, 향교는 지방 유생 교화와 과거 진출 수단으로서 지방 교화를 담당하였고, 지배층(양반)과 피지배층의 연결 고리 역할을 하였으므로 그 영향력이 더욱 컸다. 사학(사부 학당) 역시 <소학>과 <사서오경>을 중요하게 여겼다.

  서원과 성균관 종학 등은 최고 수준의 교육기관들로 고급 한문 사용자를 양성하는 기관이었으므로 단순히 문자 습득이 아닌 자구 해석과 한문 풀이에 훈민정음 지식이 많이 활용되었다.

  이렇게 훈민정음이 한자와 한문 교육과 학습에 상보적 구실을 함으로써 비주류 문자로서 더욱 널리 퍼지는 역설적 결과를 가져왔다.

6부

훈민정음
발달의
역사적 의미

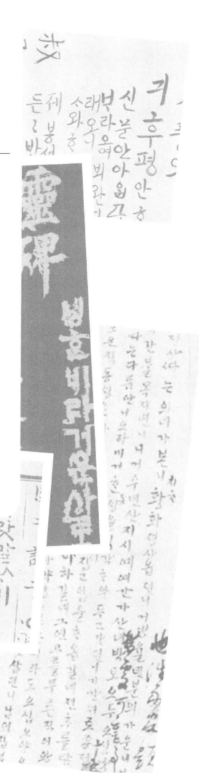

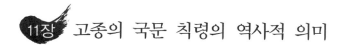

11장 고종의 국문 칙령의 역사적 의미

1. 고종의 국문 칙령을 왜 다시 주목하는가[1]

역사가 사건의 연속적 의미의 집합 또는 연속적 의미의 사건화라는 측면에서 보면 어떤 특정 사건의 의미를 단면적으로 또는 단정적으로 보는 것은 문제가 있다. 이미 역사화된 '역사적 사건'은 복합적 사건으로서 과정일 뿐이다. 다면적 총체적 시각 속에서 다양한 의미를 읽어내는 것이 역사적 해석과 의미부여의 본령이라는 것이다. 물론 어느 특정 의미를 더 강조할 수는 있다. 그것은 당연한 것이다. 다양한 의미를 지닌다고 해서 그러한 의미들이 동일한 가치를 지녔다고 한다면 그때의 다양성은 의미가 없다.

이런 관점에서 고종 31년, 1894년에 칙령으로 제정되고 1895년에 공

---

1) 이 장은 김슬옹(2006나)의 논의를 이 책 저술에 맞게 재구성한 것이다. 고종의 국문 칙령의 전후 맥락에 대해서는 이기문(1984), 안병희(1985 : 805~819), 송철의(2004), 김주필(2007), 최경봉·시정곤·박영준(2008 : 239~245) 등 많은 논저에서 충분히 논의되어 왔다.

포된 공문서 작성 법률 칙령에 대한 기존의 단면적, 불연속적 인식의
문제를 지적하고 다면적 의미를 읽어내고자 한다.[2] 이 칙령은 고종 재
임 기간 중 가장 격동기라 할 수 있는 1894년 말에 제정되어, 그 시대
의 역동적 의미를 잘 보여주고 있다. 또한 조선시대 훈민정음 역사를
압축적으로 보여주는 상징적 사건이기에 이 장에서 집중 조명하는 것
이다.

필자의 김슬옹(2005나, 다)에서는 이 칙령에 대한 기존의 불연속적 인
식의 문제를 지적하다 보니 다면적 의미 부여를 하지는 못했다. 이제
이 사건을 총체적으로 조명할 필요가 있다.

칙령의 실제 사건의 흐름은 다음과 같다.

(1) 고종 31년(1894) 11월 21일
　公文式。
第一。公文式。
第十四條。法律勅令。總以國文爲本。漢文附譯。或混用國漢文。[3]
(2) 고종 32년(1895) 5월 8일
勅令第八十六號。公文式。裁可頒布。
公文式。
第一章。頒布式。
第一條。法律勅令은 上諭로뻐 頒布홈。
(…중략…)
第九條。法律命令은다 國文으로뻐 本을삼꼬 漢譯을 附ᄒ며 或國漢
文을 混用홈。

---

2) 이 사건에 대한 단면적 인식의 대표적인 사례는 '국문'을 기본으로 삼았다는 측면
　만을 지나치게 부각시키거나 그 당시 정치 상황을 고려하지 않고 언어 측면만을
　두드러지게 내세우는 경우다.
3) 제14조. 법률(法律), 칙령(勅令)은 모두 국문(國文)을 기본으로 하고 한문(漢文)으로
　번역을 붙이거나 혹은 국한문(國漢文)을 섞어 쓴다.

第二章。布告。

第十條。凡法律命令은 官報로써 頒布ᄒᆞ니 其頒布日로붓터 滿三十日을 經過ᄒᆞᄂᆞᆫ 時ᄂᆞᆫ 遵守홈이 可호 者로홈。 各部大臣의 發ᄒᆞᄂᆞᆫ 部令은 官報로써 頒布ᄒᆞᄂᆞᆫ 同時에 舊慣을 從ᄒᆞ야 適當호 處所에 揭示홈이 亦可홈。

(…후략…)

위와 같은 맥락으로 보면 1894년에는 김홍집 내각에 의해 칙령이 제정되고 1895년에 정식 반포되었다. 1894년에서는 공문서에 관한 칙령 1호부터 다른 칙령까지를 포함한 종합 제정이고 1895년에는 공문서에 관한 86호만을 따로 반포하게 된다. 1894년은 내각에 지시한 것이고 1895년은 정식으로 반포한 것이지만, 칙령은 임금이 관부에 내리는 명령의 일종으로 그 자체가 법적 효력이 있었으므로, 1894년 칙령 1호 14조가 반포 효과가 있는 것으로 본다. 칙령 1호, 86호 모두 관보에도 실려 있다. 칙령 1호는 위와 같이 한문으로 기록되어 있고, 칙령 86호는 국한문 혼용으로 실려 있다. 이때의 칙령 반포문 자체가 국한문 혼용체로 되어 있다는 것은 이미 1894년 칙령 제정이 그 효과를 발휘한 공적 증거임을 보여주고 있다. 물론 86호 칙령은 반포 규정에 의하면 관보에 실린 지 만 30일이 지나야 실제 효과가 있는 것으로 본다.

1894년 공문 규정은 그 취지가 명기되어 있다. 칙령 제1호에서는 "내가 결재한 공문 규정을 공포하게 하고 종전의 공문 공포 규정은 오늘부터 폐지하며 승선원(承宣院) 공사청(公事廳)도 전부 없앨 것이다."라고 하면서, 3호에서 "내가 동지(冬至)날에 모든 관리들을 거느리고 종묘(宗廟)에 가서 우리나라가 독립하고 모든 제도를 바로잡은 사유를 고하고 다음 날에는 사직단(社稷壇)에 가겠다."고 선언한 것이다. 실제로 이날로부터 21일 후인 12월 12일 홍범 14조와 독립서고문을 종묘에 고한 것이다.

표면상으로는 중국의 속국이 아님을 만천하에 선포하고 근대 개혁의 기치를 내 건 것이지만 실제로는 일본의 영향과 그 구속력이 더욱 심해지는 시기에 일어난 것이므로 한계가 있었다. 결국 규정과 그 당시 맥락으로 본다면 국문(언문)을 기본으로 삼는다는 것은 한문과 한문으로 상징되는 중국에 대한 정치적 의미이지 한자 자체에 대한 정치적 자주 선언이 아닌 셈이다. 일종의 상징적 선언이라 볼 수도 있다. 왜냐하면 규정대로라면 현실적인 실효성은 국한문 혼용문이 공식문서로서 더 효과가 있었기 때문이다. 국문으로 공문서를 작성할 경우는 한역을 붙여야 하는데 이런 번거로움보다는 국한문 혼용문을 택할 확률이 높기 때문이다. 실제 그때 정황도 그러했다.

그리고 이때는 이미 일본의 조선에 대한 영향력이 거의 절대적인 친일 내각 아래에서 선포된 공문서 규정이라는 점이다. 선포 전후의 주요 사건만 열거해보면 다음과 같다.

    (3) 1894~1895년대의 주요 사건 연표[4]
      1894 / 01 / 10(고종 31) 전라도 고부 군민, 군수 조병갑의 탐학에 항거,
                           전봉준의 영도하에 고부관아 점령.
      1894 / 01 / 22(고종 31) 한성부 거주 일인 아다치 등 <한성신보漢城新
                           報> 창간.
      1894 / 05 / 23(고종 31) 일본공사, 왕에게 내정개혁을 건의.
      1894 / 06 / 09(고종 31) 일본공사, 내정개혁방안 강령세목을 제시, 시행 강요
      1894 / 06 / 21(고종 31) 내각 관보과, <관보> 제1호 발행.
      1894 / 06 / 23(고종 31) 일본군함, 풍도 앞바다에서 청국군함을 격침시

---

4) 한국문화연구원의 한국사 연표에는 공문식에 관한 연표가 빠져 있다. 사건의 중요도에 비추어볼 때 연표 작성자의 실수로 보인다.

킴.(청일전쟁 일어남).

1894 / 06 / 25(고종 31) 김홍집, 영의정에 임명됨. 군국기무처 설치(갑오
경장 시작됨).

1894 / 06 / 29(고종 31) 개국기원 사용(고종 31년 개국 503).

1894 / 07 / 11(고종 31) 군국기무처, 은본위제의 신식화폐 발행장정 의결
공포. 도량형기 개정(10.1. 시행, 장척·두곡·칭
형). 군국기무처, 전국 각 가호에 문패를 달게
함(7.20. 시행).

1894 / 07 / 12(고종 31) 군국기무처, 전고국조례·명령 반포식·선거조
례 등 공포 시행.

1894 / 07 / 15(고종 31) 제1차 김홍집내각 성립.

1894 / 07 / 20(고종 31) 국왕, 갑오경장 윤음 반포 조일잠정합동조관 체결.

1894 / 07 / 26(고종 31) 조일공수동맹 체결.

1894 / 07 / 28(고종 31) 군국기무처, 소학교 교과서를 학무아문에서 편찬케 함.

1894 / 10 / 23(고종 31) 일본공사 이노우에 가오루, 2차 내정개혁 신안 20
조 제의.

1894 / 11 / 21(고종 31) 제2차 김홍집내각 성립(박영효 참여). 호위부
장·통어사·장어사·경리사·군국기무처   폐
지, 중추원 신설.

1894 / 11 / 21(고종 31) 고종 국문을 기본으로 삼고 국한문 혼용문을 쓸
수 있다는 공문서 칙령 내각에 지시.

1894 / 12 / 12(고종 31) 국왕, 홍범 14조와 독립서고문(獨立誓告文)을 종
묘에 고함.

1894 / 12 / 12(고종 31) 공문서 사상 최초로 홍범 14조와 독립서고문을
한글로 반포.

1894 / 12 / ??(고종 31) 관보에 국한문 혼용.

1895 / 02 / 02(고종 32) 학교설립과 인재양성에 관한 조칙 발표.

1895 / 03 / 24(고종 32) 을미개혁 단행. 재판소구성법 포함 개혁안 34건
의결 공포.

1895 / 04 / 01(고종 32) 유길준 저 <서유견문>, 일본 교순사에서 간행.

1895 / 05 / 01(고종 32) 외부, 주일공사관에 시범·소학교의 교과서 편
찬에 참고키 위해 각종 일본교과서를 구입하여
보낼 것을 훈령. 한인유학생 114명, 게이오 의숙
에 집단입학.
1895/05/01(고종 32) 공문식에 관한 86호 칙령 재가 반포함.
1895 / 07 / 05(고종 32) 제3차 김홍집 내각 성립(내부 박정양, 중추원의
장 어윤중, 부의장 신기선).

　1894년은 그야말로 대외적으로 격동기였다. 갑오농민전쟁 같은 거센
민중의 저항과 청일전쟁과 같은 국제 정세, 갑오경장 같은 일본 중심
의 개혁 등이 쉼 없이 몰아치던 시기였다. 일본의 청일전쟁의 승리와
조선 왕조 유린 등에 이어 친일 내각에 의한 이른바 갑오개혁이 이루
어지게 된다. 김홍집, 어윤중, 유길준 등의 친일 혁신 관료들에 의해 6
월 26일 군국기무처가 설치되고 갑오개혁이 본격화된다. 칙령이 공식
제정된 11월 21일은 2차 김홍집 내각이 성립된 날이기도 하다. 이렇게
보면 이 칙령의 주체와 동기 등이 어느 정도 명확해진다. 공문식 규정
만 세밀하게 분석해보기로 한다.

2. 고종의 국문 칙령의 실체와 역사적 의미

1) '국문'의 의미

　조선 왕조가 근대적 행정 절차 개혁과 더불어 대한제국을 표방하면
서 '국문' 칙령이 나왔다. 우선 용어 자체의 정치적 무게가 다르다. 조

선 왕조는 한글의 공식 명칭을 '언문'으로 내내 불러왔기 때문이다. '국문'이란 말은 "本國文字, 我國文字" 등과 같이 연어 구조로 쓰이다가 개화기에 이르러 "國文綴字"와 같은 독립된 어휘로 설정되었다. 이는 독립된 근대 국가의 문자라는 의미를 지닌 것이다.

'國'의 의미 자체가 다르다. 근대 이전의 '國'은 단지 대국인 '중국'에 속하되 일정한 권한을 부여받은 작은 '나라'의 의미지만, 근대 이후의 '국'은 다른 나라와 대등한 독립된 국가로서의 의미이기 때문이다.[5] 따라서 최현배(1982 : 고친판 : 85)에서와 같이 "이것(칙령)은 똑바로 세종대왕의 이상과 솜씨를 그대로 실행하려는 국가적 처단이었으니, 이도 또한 당시 내부 대신인 兪吉濬의 힘씀에 말미암은 바이다."와 같이 언문 자체에 대한 과도한 평가를 하기 이전에 언문 창제 이후의 글말살이가 다층적이었음을 이해하는 것이 필요하다. 곧 조선시대의 입말은 조선 말이라는 단일 층위였지만 글말은 한문, 이두문, 언문, 혼합문 등 다층적이었다. 공식문자에 대한 잘못된 인식은 근본적으로 공식문자와 통용 문자를 혼동한 데서 비롯되었다. 사대부층에게 기본적인 통용 문자(학문 도구 포함)는 한문이었다. 그러나 언문은 사대부층의 통용 문자는 아니었지만 공식문자였다. 그러니까 언문은 지배층에게 통용 문자로서는 배척당했지만 제도 문자로서는 별 이의제기 없이 수용되어 온 것이다. 물론 언문도 준통용 문자로서의 구실을 했기 때문에 1894년 국문 칙령 반포가 가능했다고 보자는 것이다.

---

5) <훈민정음> 해례본 예의 "國之語音 異乎中國"에서 국호인 '조선'과 '명'을 대비시키지 않고 '國 -中國'으로 대비시킨 것도 그런 맥락이다. 또한 '국문'의 의미를 "우리나라의 고유문자"로 파악(한국 브리태니커온라인 2005. 5. 27. 기사)하는 것은 적절하지 않다. '國文'은 '우리나라의 고유문자'라는 뜻이 아니고 "나라의 공식 기본 문자"라는 뜻이다.

언문은 지배층에게 주된 통용 문자는 아니었지만 제도 차원의 공식 문자였던 것이다. 이렇게 보면 고종 칙령에 의해 언문이 공식 기본 문자가 되었음에도 실제 통용 문자로는 부차적인 문자 양식으로 규정한 국한문 혼용문이 오랜 세월 동안 주류 생활문자로 자리매김되어 온 것과 마찬가지다.

그리고 '국문 본위'라는 말을 주목해볼 필요가 있다. 국문만을 쓴다는 것이 아니라, 다른 문자도 쓸 수 있지만 국문이 기본이라는 뜻이다. 그러니까 '언문'은 칙령 제정 전에도 공식문자였다. 다만 칙령 전에는 '한문'이 공식 기본(주류) 문자이고 언문이 부차적인 문자였다면, 칙령 다음에는 국문이 기본(주류) 문자이고 한문을 부차적인 문자로 제도화하였다는 말이다. 이와 같은 관점으로 볼 때, 김영황(1978 : 456) 등 대부분이 기존 국어사 기술에서 '한문과 이두'가 조선의 공식문자였는데 갑오개혁으로 언문, 즉 국문이 공식문자로 되었다는 시각은 수정될 필요가 있다. 언문도 공식문자였다는 것이다. 다만 갑오개혁 이전과 이후의 언문의 공식문자로서의 가치가 차이가 있을 뿐이다. 굳이 그 차이를 강조한다면 주류나 비주류 또는 근대적 의미에서의 공식문자냐 아니냐의 차이로 설정할 수 있을 것이다.

국문을 기본으로 삼지만 한문 번역을 붙인다는 상황도 한문 공문서와 언문 공문서를 동시에 발표하던 상황을 뒤집어놓은 셈이다. 고종 때만 보더라도 실록 기록을 보면 이와 같은 사건이 아래와 같이 13건이나 보인다.

(4) 가. 대왕대비가 경복궁 공사에 나오지 말고 농사를 짓는 것에 힘쓰라고 한문과 언문으로 반포할 것을 지시하다. ―고종 2년

(1865) 5월 3일

나. 대왕대비가 천주교를 금하는 교서를 한문과 언문으로 반포하
도록 지시하다. – 고종 3년(1866) 1월 24일

다. 법령을 엄격히 하고 토호(土豪)의 악습을 없애도록 한문과 언
문으로 공문을 띄우라고 지시하다. – 고종 3년(1866) 2월 27일

라. 군정과 전정의 폐단을 바로잡도록 공문을 한문과 언문으로 내
리다. – 고종 3년(1866) 6월 2일

마. 서학을 하는 불순한 무리들을 제거하기 위해 윤음(綸音) 규례
에 따라 한문과 언문으로 베껴 반포하게 하다. – 고종 3년(1866)
8월 2일

바. 밭 면적을 조사할 때 백성들의 이익을 침해하지 말도록 한문
과 언문으로 교서를 반포할 것을 지시하다. – 고종 3년(1866) 9
월 7일

사. 경기, 삼남, 황해도에 사창을 설치하는 교지를 한문과 언문으
로 반포하다. – 고종 4년(1867) 6월 11일

아. 의정부에서 4도에 구제곡을 내려주도록 한문과 언문으로 반포
할 것을 제의하다. – 고종 4년(1867) 6월 11일

자. 북관의 변경 지역 백성들의 형편을 돌보아주도록 하라는 교서
를 한문과 언문으로 마을까지 반포하라. – 고종 6년(1869) 11월
23일

차. 호포법 문란을 징계하는 내용을 한문과 언문으로 베껴 반포하
기를 청하다. – 고종 16년(1879) 11월 15일

카. 도박과 양곡 유출을 금지하는 공문을 한문과 언문으로 베껴
반포하도록 의정부에서 제의하다. – 고종 20년(1883) 10월 27일

타. 아이를 납치하는 범인들을 잡는 법을 한문과 언문으로 공포하
도록 지시하다. – 고종 25년(1888) 5월 10일

파. 북쪽의 환곡 정책을 안무사로 하여금 한문과 언문으로 베껴
모든 마을에 알리게 하다. – 고종 25년(1888) 5월 17일

이렇게 볼 때, 칙령 1호 14조와 칙령 89호는 표면적으로는 언문이

국문으로 그 위상이 격상된 것은 틀림없지만, 그 이면에 언어 차원에
서는 한문과 국한문 혼용과의 복잡한 관계가 설정되어 있고, 그에 따
른 정치적 위상 관계가 얽혀 있음을 주목하는 것이 중요하다.

2) 국한문 혼용문의 역사적 의미6)

그동안 조선 말기나 일제 강점기의 국한문 혼용문에 대한 연구는 많
이 있어 왔으나 공문서 칙령에서 왜 국한문 혼용문을 공용문서 양식으
로 설정했는지에 대한 체계적인 연구는 없었다. 이는 앞에서 지적한
것처럼 공문서 칙령을 한글을 강조한 연구자들 쪽에서는 국문을 기본
으로 삼았음을 강조하면서 상대적으로 국한문 혼용이 공용문서 양식
임을 망각하거나 과소평가한 것이고, 국한문 혼용 연구 쪽에서는 국한
문 혼용체에서 1894년의 공문서 칙령이 차지하는 비중을 제대로 인식
하지 못해서다.

이러한 연구의 문제점은 실제 상황을 짚어보면 금방 드러난다. 공문
서 칙령 그 자체만으로는 국문을 기본으로 삼았지만 실제로는 국한문
혼용문이 주류 공용문서 양식이었으므로, 국문을 기본으로 삼는 것만
을 강조하는 것은 낭만적 인식인 셈이다. 국한문 혼용 측면에서 이러
한 칙령의 정치적 비중으로 보면, 칙령을 결부시키지 않은 국한문 혼
용문 연구는 핵심 사건을 놓친 잘못을 보여준다.

1948년 10월 9일 공포한 '한글전용법'은 "대한민국의 공용문서는 한
글로 쓴다. 다만, 얼마 동안 필요한 때에는 한자를 병용할 수 있다."고

---

6) '국문' 자체의 쓰임새에 대해서는 백두현(2004다 : 7~10), 김슬옹(2005나 : 27~30) 참조

하여 국한문 혼용문을 공용문서의 주요 양식으로 공포할 만큼 국한문 혼용문은 광복 이후까지도 우리 사회의 주요 문체로 강력한 영향을 끼쳤다.7) 칙령에서 못 박은 국한문 혼용문의 문체를 이어받은 것이라고 볼 수 있지만 그 성격은 사뭇 다르다.

문체 측면에서 보면 1894년의 국문 선포 칙령은 국문체보다는 국한문 혼용체가 더 큰 비중을 차지하고 있는 셈이다. 국문만의 공용문서를 지지한다면 한역을 붙이는 번거로움을 따를 리 없고, 한문 공용문서에 얽매여 있는 부류들도 그러한 문체를 따르기보다는 국한문 혼용체를 따를 확률이 높기 때문이다. 따라서 이 칙령을 아예 "국한문혼용체 사용에 관한 법령"으로 못 박은 김영황(1978 : 457)의 평가는 칙령의 본질을 간파한 셈이다.8) 형식적 조항 내용만으로 본다면 국문체가 주류 문서 양식이 되어야 하지만, 조항 전체 맥락과 그 시대 상황 맥락으로 보면 국한문 혼용체가 주류 문서양식이 될 수밖에 없다는 것이 이 칙령의 본질이다. 그렇다면 이제 이때의 국한문 혼용문이 공식문서 양식으로서 어떤 특징을 가지고 있고 그 맥락과 가치는 무엇인지 살펴볼 필요가 있다.

---

7) 같은 해 7월 17일에 제정 공포된 대한민국 헌법은 한글과 국한문의 두 정본으로 작성하였다.

8) 물론 김영황(1978 : 457)에서는 국문 선언의 가치를 부정한 것은 아니다. 전문을 인용해보면 다음과 같다. "문자생활의 개혁과 언문일치의 실현에 대한 요구는 자본주의적 관계가 발전하여 나가게 되면서 더는 미룰 수 없는 간절한 과업으로 제기되었다. 그리하여 공식적인 문자생활에서의 일정한 개혁을 의미하는 '국한문 혼용체 사용에 관한 법률'을 채택하게 되었다. (…중략…) 이것은 공식적인 문자생활에서 한문과 리두의 사용 대신에 국문의 사용을 '법적'으로 인정한 하나의 '혁신적' 조치라고 할 수 있다.

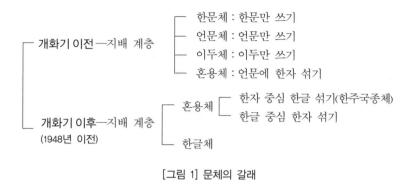

[그림 1] 문체의 갈래

[그림 1]과 같은 흐름으로 볼 때 지배층과 지식인 측면에서 보면 사용 문체가 4원 구조에서 2원 구조로 바뀌었음을 알 수 있다. 따라서 기존의 한문체 사용 계열로 보면 혼용체는 상대적 진보 입장에 서게 되고 언문체 계열로 보면 상대적 퇴보라는 평가를 받게 된다. 조규태(1992 : 38)에서 인용한 예를 들어보면 다음과 같다.

(5) …이렇듯 한 천대 아래에 거의 전연히 그 본래의 사명을 잊어버리게 된 한글에도, 큰 시대적 각성으로 말미암아 부흥의 새벽이 돌아왔으니, 그것은 곧 고종 31년의 갑오경장이다. 이때로부터 중국 숭배, 한문 존중의 수백 년 미혹의 꿈을 깨뜨리고, 제 글자 한글을 높여쓰기 비롯하여, 소설은 물론, 과학, 종교, 예술, 기행 등 각종 저서와 신문, 잡지, 교과서에 이르기까지 모두 한글을 쓰게 되었다. 이 시대적 요구에 따라 일어난 한글 부흥의 선구자는 矩堂 兪吉濬 선생이다. 선생이 미주 유학을 마치고 귀국하여, 근 600쪽의 큰 지음 "西遊見聞"(을미년 간행, 양장본)을 지으니 이것이 참으로 최근세 조선 문화사에 있어서 국한문체의 맨 처음이다.

　　　　　　　　　　　　　　　　　　　　　　　－최현배(1982 : 83)

(6) 조선 전기에서부터 이른바 국한혼용의 문건이 나타나지 않은 것

은 아니나 그것은 극히 제한된 것이었고, 그것이 조선 후기로 넘어오면
서 다소 심해지는 경향을 보이다가, 이른바 개화기에 오면서 당연한 것
으로 받아들여지게 된 것은 극히 타율적인 힘에 의한 것임을 알게 되는
데, 그것은 문자사적으로 보나, 정치적인 배경으로 보나 타락의 과정이
었지 결코 발전의 과정으로 받아들여질 수 없다는 것이다. 따라서 한글
이 개화기에 와서 비로소 나라글자의 구실을 감당하기 시작했다는 견해
는 너무도 피상적인 관찰이요 오해라는 것을 분명히 할 필요가 있다.

- 김종택(1992 : 107)

당대의 가까운 시기의 변화 소용돌이를 살았던 최현배는 긍정적으
로 평가하고 있다. 다만 갑오개혁의 정치적 배경과 한계 등을 지나치
게 소홀히 평가한 듯하다. 김종택의 견해는 역사의 연속성 속에서 한
글의 위상을 바라본 것은 좋으나 타락과 발전이라는 이분법 속에서 극
단적으로 평가하고 있다. 어느 누구의 견해가 옳으냐보다는 그 당시
국한문 혼용체의 양면적 특성에 따른 평가의 차이라고 볼 수 있다.

이러한 국한문 혼용체의 연원에 대해서도 대립된 관점이 형성되어
왔다.

(7) 가. 海東 六龍이 ᄂᆞᄅᆞ샤 일마다 天福이시니 古聖이 同符ᄒᆞ시니

-<용비어천가> 1장

　　나. 셰世존尊ㅅ일술ᄫᅩ리니먼萬링里외外ㅅ일이시나눈에보논가너기
　　　ᄉᆞᄫᅡ쇼셔

-<월인천강지곡> 기이

(8) 關關雎鳩ㅣ 在河之州ㅣ로다. 窈窕淑女ㅣ 君子好逑ㅣ로다.

-<시경언해>

(9) 大槪開化라 ᄒᆞᄂᆞᆫ者ᄂᆞᆫ 人間의千事萬物이至善極美ᄒᆞᆫ 境或에抵홈을胃

홈이니然ᄒ故로開化ᄒᄂᆞᆫ境或은限定ᄒ기不能ᄒ者라人民才力의分
數로其等級의高低가有ᄒ나然ᄒ나人間의習尙과邦國의規模를隨ᄒ
야其差異홈도亦生ᄒᄂ니此ᄂᆞᆫ開化ᄒᄂᆞᆫ軌程의不一ᄒᆫ緣由어니와大
頭腦ᄂᆞᆫ人의爲不爲에在홀ᄯᆞᄅᆞᆷ이라
－유길준의 <西遊見聞>의 '開化의 等級' 중에서

김종택(1992)과 같은 계열에서는 (9)와 같은 문체는 일본 영향임을 분
명히 하고 있다. 조규태(1992 : 55)에 의하면 "한글이 창제된 이후 초기의
한글문헌들은 국한문이 거의 대부분이며, 국한문으로 쓰여 있거나 국
문으로 쓰여 있거나 모두 우리말 입말과 별로 다름이 없는 글"이었다
는 것이다. 따라서 "유길준의 <서유견문>을 비롯한 일제 강점기 국한
문은 단적으로 말해서 일본글을 모방한 것(59)"이라고 밝히고 있다. 일
본 사람들이 쓰는 한자－가나 혼용문은 일제 강점기나 지금이나 모두
<서유견문>의 문체와 같다고 본 것이다.

이에 반해 김완진(1983 : 245~6)에서는 유길준 문체는 (9)와 같은 경전
언해에 뿌리를 두고 있다고 밝혔다. 따라서 독립신문에서의 서재필 문
체와 같은 한글전용체는 거의 언문만으로 언해된 <소학언해>와 같은
문체에서 비롯된 것이라고 하면서 "유길준의 문체가 귀족적이요 장중
한 문체라 한다면 서재필류의 문체는 평민적이요 친절감을 주는 문체
(김완진, 1983 : 247)"라고 대조하고 있다. 이러한 김완진의 견해는 유길준
의 문체를 내적 전통 속에서 찾은 것으로 조규태의 견해와는 대조될
뿐만 아니라 역사적 평가도 사뭇 다르다.

유길준의 문체가 경전언해에서 비롯되었다 하더라도 그러한 문체는
조선시대 전체 문체로 보나 국한문체로만 보나 주류 문체는 아니었다.
결국 유길준식 문체는 가능성 있는 전통적 문체 양식에 일본식 문체와

정치적 상황이 강하게 투사된 문체라고 볼 수 있다. 친일 내각의 핵심 인물이었을 뿐 아니라 철저히 현실주의자였던 유길준의 언어관은 <서유견문> 머리말에서 스스로 밝혀놓고 있다.

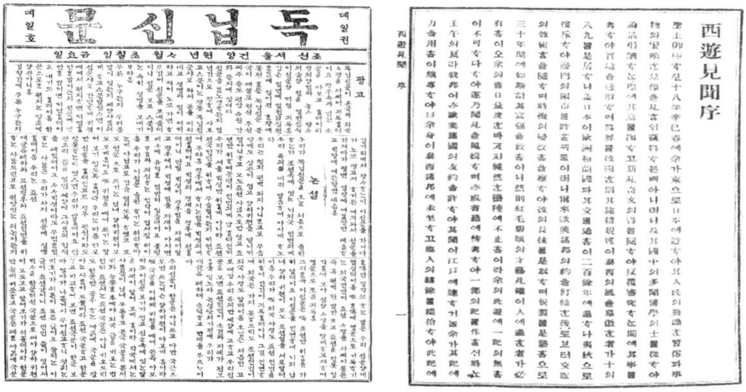
데일권
독닙신문
데일호
광고
논설
西遊見聞序

[사진 6] 독닙신문과 西遊見聞

(10) <서유견문>이 완성된 며칠 뒤에 친구에게 보이고 비평해달라고 하자, 그 친구가 이렇게 말하였다. "그대가 참으로 고생하기는 했지만, 우리글과 한자를 섞어 쓴 것이 문장가의 궤도를 벗어났으니, 안목이 있는 사람들에게 비방과 웃음을 면치 못할 것이다." 그래서 내(유길준)가 이렇게 대답하였다. "우리나라의 글자는 우리 선왕 세종께서 창조하신 글자요, 한자는 중국과 함께 쓰는 글자이니, 나는 오히려 우리 글자만을 순수하게 쓰지 못한 것을 불만스럽게 생각한다. 외국 사람들과 국교를 이미 맺었으니, 온 나라 사람들이 상하 귀천이나 부인과 어린이를 가릴 것 없이 저들의 형편을 알아야 할 것이다. 그러니 서투르고도 껄끄러운 한자로 일그러진 글을 지어서 실정을 전하는 데 어긋남이 있기보다는, 유창한 우리글과 친근한 말을 통하여 사실 그대로의 상황을 힘써 나타내는 것이 올바르다고 생각한다."

유길준은 국한문체의 지나친 진보성을 우려하는 친구에게, 우리글로
만 쓰고자 하는 이상을 실현하지 못하고 현실주의를 따랐을 뿐임을 강
조하고 있는 것이다. 이런 그의 고백으로 볼 때, 국한문체로나마 우리
글을 사용하는 것이 대단한 것으로 여겼음을 알 수 있다. 이런 그의 의
도를 존중하여 후세 학자들은 그를 한글 발전의 선구자로 평가하고 있
는 것이다(허웅, 1974 : 186).

이런 관점대로라면, 개화기 국한문 혼용체가 일본의 영향이 강하게
작용됐다고 해서 일본식 국한문 혼용체라고 못을 박을 수 있느냐는 것
이다. 일본의 영향과 일본 문체와의 유사성으로 보아 일리는 있지만,
그렇게만 한정해놓으면 내적 요인을 놓치는 격이 된다. 따라서 필자는
이런 문체를 '이두식 국한문 혼용체' 또는 기존 논의에서 더러 나온 바
있는 '한주국종체'라고 부르는 것이 합당하다고 본다. 이두는 한문을
우리말 어순으로 배열한 뒤 조사나 어미를 한자식으로 표현한 것인데
이때의 조사나 어미를 한자 방식에서 한글로 바꾼 것이 바로 개화기
때의 국한문 혼용체이기 때문이다. 더욱이 일본식 개화를 주도한 지식
인들이 이두문의 주된 사용자였던 중인 계층에 뿌리를 두고 있다는 점
에서도 그런 용어가 설득력이 있다.

물론 '이두식 국한문체'라고 부른다고 해서 일본의 영향을 과소평가
하는 것은 아니다. 이러한 문체의 내적·외적 요인을 총체적으로 파악
하는 것이 중요함을 강조하는 것뿐이다.

내적 요인으로 첫째는 이두식 국한문체가 조선시대 다중 문체 흐름
이 복합된 문체라는 것이다. 다시 말하면 다중 문체 경험이 또 다른 문
체를 생성하는 틀이 되었다는 것이다.

이두식 국한문체가 일본식 모방이라 하더라도 이미 한문을 오래 사

용해온 흐름으로 보면, 글말에서는 토박이말보다는 한자식 어휘의 생산성이 높기 마련이다. 양반 지배층이 한문체를 주로 써왔다 하더라도 언문의 실용성이나 필요성을 부인한 것은 아니었다. 따라서 다양한 변종체를 통해 중국 정통 한문식 문화와 다른 특이성을 배양해온 셈이다. 이두체는 한문과 한자의 기본 틀을 벗어나지 않으면서도 문화의 특이성, 언어의 특이성을 반영하려는 몸부림에서 나온 절충 문체다. 한자를 이용해 억지로 표현해온 조사와 어미라는 허사를 언문으로 옮기면 바로 이두식 국한문체가 되는 것이다. 혼용체는 이두식 국한문체와 다르다고는 하지만 이질적인 두 문자를 섞는다는 측면에서 같은 흐름 속에 놓여 있다.

둘째는 뭔가 새로운 문체가 필요한 시기에, 이두식 국한문체는 한자 중심의 보수 세력과 언문 중심의 개혁 세력 모두를 거스르지 않는 대안 문체가 된 셈이다. 설령 일본식 문체를 모방했다 하더라도 한문에 비해서는 상대적 진보성을 갖고 있고, 언문체에 비해서는 상대적 보수성을 갖고 있으므로 양쪽을 만족시키거나 강한 거부 반응을 차단하는 효과를 가져온 셈이다. 유길준과 같은 일본식 개화 세력의 새로운 문체 필요성과 일치가 된 셈이다.

외적 요인으로 가장 중요한 것은 일제가 조직적으로 개입했다는 것이다.[9] 일본의 식민지 언어 정책은 여러 제국주의 국가의 언어정책 중 가장 잔혹한 정책이었을 뿐만 아니라 교묘하게 이루어졌다(이성연, 1988). 이는 세 단계로 획책되었다. 첫 단계는 한자말을 한자로 표기하도록 하여 일본글 모습과 비슷하게 하는 이른바 국한문 혼용 단계이고, 둘

---

9) 이에 대해서는 려증동(1977)의 논의가 대표적이다.

째 단계는 토씨나 씨끝을 제외한 모든 글자를 한자로 써서 한글을 약화시키면서 한자를 일본식 음으로 읽도록 유도하는 단계, 셋째 단계에서는 토씨나 씨끝조차 없앤 뒤 완전한 일본글로 동화시키는 단계다. 조선에 진출한 언론인 지식인들과 조선의 친일 개혁 인사들의 획책으로 아예 둘째 단계 문체가 빠르게 일반화되었던 것이다.

일본 군대의 강압에 의해 이루어진 1876년(고종 13)의 이른바 강화도조약(조약의 정식 명칭은 조일수호조규이며, 병자수호조약이라고 부름) 제3조에서 "이제부터 두 나라 사이에 오고가는 공문은 일본은 자기 나라 글을 쓰되 지금부터 10년 동안은 따로 한문으로 번역한 것 한 본을 첨부하며 조선은 한문을 쓴다."고 했던 것이 같은 해 7월에는 더욱 악랄해져 무역 규칙 항목에서는 "외교문서는 모두 일본말을 쓸 것이며 그것을 한문으로 번역하지 않는다."로 강화되었다. 마침내 1885년에는 국한문 혼용문을 공식적으로 제안하게 된다. 이노우에(井上角五郎)는 국한문 혼용체로 신문을 내야 한다고 고종에게 건의서를 올렸던 것이다.

> (11) 한문은 해득이 어렵고 배우기 힘듭니다. 다행히도 諺文이 있어 일본의 假名과 泰西의 "A·B·C"와 같이 매우 편리한 것입니다. 섞어 씀으로써 오늘의 國家 영원의 기초를 닦고 世宗大王의 正音制定의 聖意에 보답하기를 바라옵니다.

이 글은 일제가 두 가지 목적으로 국한문 혼용을 조작했다는 것을 보여준다. 하나는 중국과 밀착되어 있던 우리나라를 이간시키기 위해 중국글(한문)만 사용하는 것을 버리게 하려는 것이요, 또 하나는 그들의 문자 체계―국(일)한 혼용―에 걸맞은 문체를 심으려는 의도였던 것이다.

그럼 말글 침투의 핵심 일본인인 이노우에가 개화파와 결합되는 과정을 살펴보자. 개화파의 핵심 인물인 박영효는 1882년 수신사의 자격으로 일본에 머물면서 신문 발간의 필요성을 크게 느껴 돌아오면서 기자와 인쇄공 등 몇몇의 일본인을 데려왔다. 이때 이노우에가 들어온 것이다. 이들은 1883년 신문 발간 허락을 고종으로부터 받게 되나 박영효의 좌천과 실무자였던 유길준 등의 병으로 인해 중지된다. 그러나 수구파의 신임을 얻고 있던 온건개화론자들에 의해 신문이 발간되는데, 그래서 그런지 이 신문은 한문체로만 발간되었다. 이 신문은 1884년 갑신란이 실패함에 따라 1년 만에 종간되었다가 1886년 한성주보로 다시 복간되었다. 결국 한성순보부터 신문 발간에 깊숙이 관여한 이노우에는 개화기 최초의 이두식 국한문체를 한성주보를 통해 주도한 셈이었다. 이 신문은 한문체와 한글체도 사용하였으나 대부분이 국한문 혼용체였다.

이노우에는, <서양사정>이란 책을 썼고 유길준에게 많은 영향을 준 후키자와 유키지(福澤裕吉, 1835~1901)의 제자였다. 이노우에가 국한문 혼용체 보급에 큰 영향을 끼쳤다는 것은 한성주보에서의 행적 외에 본인의 회고를 통해 알 수 있다.

(12) 먼저 여기서 발행되었던 것이 한자만으로 쓰여졌던 한성순보이고, 그것에 대해서는 조선인 또는 중국인 중에서도 이러니저러니 비난이 있었는데, 호를 거듭함에 따라서 세간에서도 차츰 그 필요를 인식하게 되었다. 그러나 한층 일반에 보급시키기 위해서는 한문체만이 아니라, 한문에 언문을 혼용하지 않으면 안 된다고 나는 깊이 느꼈다.
언문은 옛부터 내려온 조선문자인데, 중국 숭배 사상에 사로잡혀 상류 계층은 한문만을 쓰고, 언문은 이른바 하층민들만이 썼다. 일찍이

조선에서 쓰던 <동몽선집(童蒙選集)>은 한문만의 기술이고, 중국을 선
진국으로 숭배하고 제나라를 그 속국으로 여기고, 제나라 글자인 언문
을 천대하여 어디까지나 중국을 존중하지 않으면 안 된다고 썼다.

이와 같이 <동몽선집>이 조선 사람들에게 심한 잘못된 생각을 품게
했기 때문에 그 후 러일전쟁을 거쳐 우리나라가 한국에 통감부를 둔 지
얼마 안 될 무렵, 즉 한일합방 전에 한국 정부는 명령하여 이 <동몽선
집>을 읽는 것을 금지했다. 그래서 귀족도 한문 외에 언문을 사용하게
되었던 것이다.

조선에는 이 언문 외에 이두(吏文)라고 하여 정부의 사무 취급에 주
로 쓰이고 있었던 문자가 있었다. 그것은 중인이라고 일컫는 무리로, 즉
관리도 아니고, 노비라고도 할 수 없는 자가 중앙과 지방의 관청에 많
이 있었다. 이 중인 계급이 관청의 사무에 이두를 언제나 썼다. 이와 같
이 당시에 있어서는 한문, 이두, 언문이라는 세 갈래의 문자가 조선의
계급에 따라서 유통되고 있었다.

그래서 나는 조선의 언문으로써 우리나라의 가명(가나 : 히라가나와
가타카나)과 비슷한 문체를 만들어 그것을 널리 조선 사람에게 사용하
게 하여 우리나라(일본)와 한국을 같은 문체의 국가 상태로 만들고, 또
문명 지식을 주어, 일본에서 옛날의 고루한 사상을 바꾸고자 계획했던
후키자와(福澤) 선생 뜻을 받들어 한문에 언문을 섞은 문체로 신문을 발
행하기로 했다. 그것이 곧 한성주보다.

　　　　　　　　　　　　　　　－井上角五郎(1938 : 98)의 번역 필자

이런 맥락으로 보면, 국한문 혼용문 보급에 일본이 깊숙이 관여했음
을 알 수 있다. 그 당시로서는 문체 보급에 가장 효율적인 신문 제작을
통해 적극적으로 개입하는 전략으로 이루어졌다고 볼 수 있다.

한성주보에서 본격화된 국한문 혼용체는 공문서에까지 사용하게 된
다. 1894년에 펴낸 "종묘서고문"이라는 공문은 순한문체로만 발표하던
관행을 깨고 한글체와 국한문 혼용체를 함께 발표했던 것이다. 또한

국한문 혼용체는 몇몇 지식인들의 책 출판으로 지지층을 넓혀 갔다. 그런 흐름 속에서 국한문 혼용체 보급에 커다란 구실을 하게 된 유길준의 <서유견문>(1895)이 나오게 된다. 이 문체는 앞에서도 얘기했듯이 한글체가 아니었음에도 한문체에 대한 상대적 진보로 인하여 개혁 문체로 각광을 받게 된 것이다. 우리나라 최초 일본 유학생으로 일본의 개화론자인 후쿠자와의 제자인 이노우에와 가까이 지냈던 것으로 보이는 유길준이 위와 같은 문체로 책을 쓴 것은 어쩌면 당연한 결과였는지 모른다.

둘째는 친일 내각 인사들이 주도하였다는 점이다. 개화파는 조선 사회 후기에 정권에서 소외돼온 유학파를 중심으로 이른바 실학파가 형성되었는데 이들이 개화파로 발전되었다. 이들 개화파는 명성황후 세력과의 대립 속에서 부르주아적 개혁 운동이라 할 수 있는 갑신란(정변)을 일으키게 된다. 개화파는 이 정변을 통해 나름대로 근대화를 시도하였으나 민중을 정치적 기반으로 끌어들이지 못한 상황에서 일본 세력에 지나치게 기대는 잘못을 저질러 실패하게 된다. 이 사건으로 명성황후 정권은 청나라 군대를 끌어들여 민중과 개화파를 무자비하게 탄압하였고 일본은 이런 흐름을 절묘하게 이용하여 조선 침략의 발판을 굳혀 갔다.

봉건주의 세력과 제국주의 세력에 의해 안팎으로 고통을 당하던 민중 세력은 동학 등의 사상에 힘입어 마침내 갑오농민전쟁을 일으키게 된다. 이 전쟁은 봉건주의 세력과 일본군의 침략으로 실패했지만 명성황후 정권을 위축시키면서 개화파의 입지를 넓혀주는 계기가 되었다. 일본은 마침내 고종을 몰아내고 대원군을 이용하여 일본화의 개혁을 이루려 하였으나 대원군의 완강한 저항 때문에 이른바 갑오 정권을 탄

생시키게 된다. 이들 세력에 의해 이른바 갑오개혁이 시도된다. 그러나
갑오개혁은 개화파의 의도와는 달리 일본에 너무 의지한 나머지 청일
전쟁 후, 일본에게 본격적으로 침략의 길을 닦아주게 된다.

　이런 흐름 속에서 국한문 혼용체는 일본을 추종하는 개화파에 의해
지지를 받아 지식인들 사이에 보편적인 문체로 자리 잡게 된 것이다.
물론 이러한 문체는 내적 요인도 크게 작용했다고 볼 수 있다. 실학파
의 후예들인 개화파도 지식인으로써 한문, 한자에 익숙해 있었으므로
그런 문체를 그 시대에 맞는 절충적 문체로 일반화시키는 데 앞장섰다
고 볼 수 있다. 국한문 혼용 문체에 대한 김진경(1985)의 견해는 이런 관
점에서 핵심을 찌른 것이라 볼 수 있다.

　　(13) 국한문 혼용체는 개화기에 일본이 식민주의 이념의 전파자로 선
　　택한 중인 계층 출신 지식인들의 문체였고, 일제시대에는 식민지 토지
　　자본가 혹은 상업자본가로 재편성된 토착지주와 중인 계층 출신들의
　　문체이자 식민지 사회의 공용어였다. 즉 국한문 혼용체는 일본문화 침
　　략의 핵심적인 회로였으며 아서구화 혹은 아일본화된 친일 세력의 이
　　념을 전파하는 매체인 것이다. 미래를 지향해야 할 국어교육의 한글전
　　용을 파기한 것은 따라서 친일 세력들이 학교교육을 자기계층의 이념
　　을 확대재생산해내는 장치로써 독점하려는 의도를 드러낸 것으로 해석
　　할 수 있다.

　결국 언문체의 전통을 이어받은 <독닙신문>과 같은 문체는 최소한
공적 문서에서는 실효성을 거두지 못했다.

　　(14) 논설
　　우리가 독닙신문을 오늘 처음으로 출판ᄒᆞᆫᄃᆡ 조선속에 잇ᄂᆞᆫ ᄂᆡ외국
　　인민의게 우리 쥬의를 미리 말ᄉᆞᆷᄒᆞ여 아시게 ᄒᆞ노라. (…중략…) 우리

신문이 한문은 아니쓰고 다만 국문으로만 쓰는거슨 샹하귀천이 다보게
홈이라 쏘국문을 이러케 귀절을 쩨여 쓴즉 아모라도 이신문 보기가 쉽
고 신문속에 잇는말을 자세이 알어 보게 홈이라. 각국에셔는 사름들이
남녀 무론하고 본 국 국문을 몬저 비화 능통한 후에야 외국 글을 비오
는 법인디 죠션셔는 죠션 국문은 아니 비오드리도 한문만 공부하는 까
둙에 국문을 잘 아는 사름이 드믈미라

　　　　　　　　　　　　　-<독닙신문> 창간호(1889) 논설 중에서

　위와 같은 언문체 흐름은 일본의 힘과 친일 개화파의 득세 때문에
여론을 얻지 못했다. 오히려 국한문 혼용문이 보편적인 것이 되고 그
것이 아래 이광수의 주장처럼 신지식 수입으로 합리화되게 된다.

　　(15) 然則 엇던 文體를 使用홀까 純國文인가, 國漢文인가! 余의 마음디
　로 홀진딘 純國文으로만 쓰고 십흐며, 쏘 흐면 될 줄 알되 … 수日의 我
　韓은 新知識을 輸入홈이 급급홀 써라. 이에 해키 어렵게 純國文으로만
　쓰고 보면 新知識의 輸入에 저해가 되깃슴으로 此意見은 잠가 두었다가
　他日을 기다려 베풀기로 하고 只今 余가 주장하는 바 文體는 亦是 國漢
　文 竝用이라

　　　　　　　　-이광수, 今日 我韓用文에 對하야, <황성신문>, 1910. 7. 24~27

　결국 위에서의 신지식 수입은 한자를 매개로 한 일본 문체를 염두에
둔 것이라 볼 수 있다. 이런 인식은 개량적 개혁주의자들에 의한 기미
독립선언서(기초 : 최남선)까지 이어져 지금까지도 고등학교 교과서에서
명문으로 소개되고 있다.

　　(16) 吾等은 玆에 我 朝鮮의 獨立國과 朝鮮人의 自主民임을 宣言하노
　라. 此로써 世界萬邦에 告하야 人類平等의 大義를 克明하며, 此로써 子孫

萬代에 誥하야 民族自存의 政權을 永有케 하노라.

3. 고종의 국문 칙령의 통합적 의미

이상 살펴본 고종의 국문 칙령의 의미는 다음과 같다.

> (1) 1894년 고종 31년의 공문식 칙령은 친일 내각 친일 혁신 세력에
>   의해 제정되고 고종이 재가한 규정이다.
> (2) 국문을 기본으로 삼는다고 하였으나 실제로는 국문체보다는 국한
>   문체가 기본인 공용문서 규정이다.
> (3) 이러한 국한문체는 한문체에 비해 상대적 진보이고, 국문체이지
>   만 전통 주류 국한문체에 비해 상대적 퇴보를 보여주는 규정이다.
> (4) 이때의 국한문체는 조사나 어미, 순우리말로 된 관형사 외는 모두
>   한자로 적는 '이두식 국한문체'다.
> (5) 이러한 문체는 경서언해체의 전거가 있으나 실제로는 일본식 국
>   한문체에 더 많은 영향을 받았다.
> (6) 이 칙령은 이러한 국한문체가 공용문서의 주류 문체로 자리 잡게
>   한 주요 정치적 사건이다.

이러한 고종의 국문 칙령이 위와 같이 실제로는 국문의 가치를 드러
내지는 못했으나, 비주류 공식문자인 훈민정음을 주류 공식문자로 선
언한 역사적 의미는 분명하다.

고종은 정치적으로는 한글을 주류 문자로 선언했으나 실제로는 국
한문체 또는 한주국종체를 주류로 만들어 실질적인 근대를 열지는 못
했다. 그것이 공식문자를 만들어놓고도 실질적인 공식성을 부여하지

못한 조선의 한계였고 시대의 한계였다.

　조선은 한문이라는 동아시아 보편 문자를 통해 시야는 넓혔으나 그
것은 특권 문자(한자)를 중심으로 한 시야였다. 실학 시대조차 그런 특
권 문자를 통해 실용적·통섭적 문학과 실학을 추구한 박지원과 정약
용의 한계였고 그런 한계가 고종 때 개화파에게까지 이어진 것이다.

12장 조선시대의 훈민정음 공식문자론

1. 훈민정음이 조선의 비공식문자인가?

교과서를 비롯한 대부분의 관련 논저에서는 훈민정음이 조선의 공식문자가 아니었다고 기술하고 있다.[1] 표현과 논점의 차이는 있지만 한결같이 1894년과 1895년 고종의 국문 칙령으로 공식문자가 되었다는 것이다. 이는 훈민정음 역사와 고종의 국문 칙령에 대한 제한된 관점에서 나온 통념이다.

이런 통념의 문제에 대해 필자는 김슬옹(2005나)을 비롯한 선행 연구에서 부분적으로 문제를 제기하였으나 통념의 실체가 견고하고 광범위하여 이 책에서 좀 더 자세히 논하게 되었다. 곧 이 장은 훈민정음을 조선시대의 비공식문자로 규정하는 통념을 비판하기 위한 것이다. 물론 조선시대 주류 공식문자는 한자였다. 조선시대의 대다수 지배층과

---

[1] 조선시대 한글의 일반 명칭은 '언문'이었다. '언문'의 역사적 가치를 더욱 드러내고자 할 때 '훈민정음'이란 용어를 쓴다. 김슬옹(2006가)의 훈민정음 명칭론 참조.

사대부들은 훈민정음을 비주류 문자로 묶어두었다. 이러한 비주류성을 확대 해석한 것이 훈민정음 비공식문자론이다. 비주류 공식문자라 함은 그 가치를 제대로 인정받지 못했음을 의미한다. 그렇다고 해서 훈민정음이 공식문자임을 부정할 수는 없다. 이를테면 소외 받는 사람이라고 해서 해당 공동체의 공식 범주에서 배제하지는 않는 이치와 같다.

따라서 이 장에서는 훈민정음이 왜 공식문자인지를 규명한 뒤 비공식문자론을 비판하고자 한다. 이를 위해 먼저 비공식문자론의 실체를 살펴보고 공식문자의 의미를 다각적으로 짚어보기로 한다.

2. 훈민정음 비공식문자론과 연구사

대다수 교과서는 "세종대왕이 훈민정음을 창제한 이래 한글은 개화기까지 공식적인 문자로 대접받지 못했다.[2]"라는 관점을 따르고 있다. 국사편찬위원회(1996 : 372)의 기술에서도 "한글은 한자에 의한 문자생활을 대신하지 못하였다. 공적인 문자생활은 여전히 한자로만 행해졌다. 공적이 아닌 문자생활에 국한하여 한글이 사용되었다."라고 훈민정음을 자리매김하고 있다. 현재 한국의 한글 위상을 공식적으로 대변하고 있는 '디지털 한글 박물관(http://www.hangeulmuseum.org)' 누리집에서도 "1894년 고종이 '法律勅令 總以國文爲本 漢文附譯 或混用國漢文[법률과 칙령은 국문을 기본으로 하되 한문 번역을 붙이거나 국한문을 혼용하거나 한다]'라는 칙령(勅令)을 내리기까지 한글은 조선시대 내내 '국문(國文)'으로서의 공식성

---

2) 서울대학교 국어교육연구소(2002), 고등국어 하(7차) 41쪽. 교육인적자원부.

(公式性)을 인정받지 못한 채 '언문'의 지위에 머물렀던 것이다."라고 기술하고 있다.

이러한 공적 담론은 당연히 전문 학자들의 관점에서 비롯된 것이다. 고영근(2000 : 6~7)에서는 "고종의 두 번째 칙령3)에 의하여 한글이 비로소 한국 사회의 공용문자의 구실을 할 수 있었다. 한글은 창제 이래 '언문'이란 이름을 붙임으로써 '어리석은 백성'에 국한되었던 한글의 사용 범위가 전 인민으로 확대되었다."라고 평가하였다.

이 외에도 김민수(1973 : 1), 권재선(2004 : 29), 이상혁(2004가 : 86), 박형우 (2006 : 217), 이종묵(2007 : 188), 최준식(2007 : 296), 2007년 한글날 기념 청주 문화방송 다큐멘터리 '한글의 힘', 윤세순(2008나 : 270), 김무식(2009 : 1~25), 이상규(2009 : 16), 조효종·구일회·유호선 외 엮음(2010 : 26), 이재운(2010 : 5), 김봉좌(2010 : 1), 정주리·시정곤(2011 : 226), 이동석(2011 : 37) 등에서도 비슷한 관점으로 기술하고 있다.

이와 같은 인용 논저들은 훈민정음 공식성에 대한 일반론을 반영하는 논의로 인용 논자들만의 담론을 넘어선 사회적 통념이기도 하다. 용어는 조금씩 차이가 있지만 기본 인식은 같은 예들이다. 이러한 통념은 관점 차이로 볼 수도 있지만 훈민정음의 발달 맥락에 대한 오해를 낳을 수 있으므로 비판적으로 바라볼 필요가 있다.

훈민정음의 비공식성 통념에 대한 본격적인 문제제기는 이근수(1978)에서 이루어졌다. 이 논문에서 조선왕조실록을 중심으로 조선의 공적 정책을 통해 이루어진 방대한 한글 사용 양상을 규명했기 때문이다. 다만 한글 사용의 역사적 의미보다는 세종 개인의 업적에 대비되는 한

---

3) 1895년의 칙령.

글에 대한 공적 정책의 역사적 맥락을 드러내주는 데 주력하였다. 조선시대 한글 사용 양상에 대해 제대로 의미를 부여한 것은 김일근(1986 / 1988)에서였다.

> 종래의 일반적인 견해로서는, 한글이 단지 시가·소설 등의 문학작품과 정교(政敎) 목적인 언해사업에만 쓰였을 뿐, 실제 민족의 실생활에는 중용되지 않았음이 통설로 되어 있다. 심지어 일부 학자는 창제의 동기조차도 한자음의 표기수단(반절)을 위한 사대사상에서 빚어진 것이라고 보기도 한다. 기실 사실(史實)을 피상적으로 볼 때 조선시대에 한글이 쓰인 실적이 극히 적은 까닭에 이렇게 판단하는 것도 무리가 아니다. 본인은 이런 점에 의혹을 가지고, 새로운 각도에서 문헌을 조사하고 한글 기록의 실증 유산을 발굴 수집해본 결과, 중대한 이의를 제기할 수 있는 논거를 포착함에 이르렀다. 즉, 조선조를 통해서 도학자 계층의 일부에서는 한글 사용을 기피하고 무관심하지마는, 이런 현상은 단지 우리나라에서만이 아니고, 한자 문화권에 속하는 타민족에서도 자국의 문자에 대해서 공통된 경향이었던 것이다. 대국적으로 볼 때에는 한글이 폭넓게 애용 실용되었음을 입증하게 되었다.
>
> — 김일근(1986 / 1988 : 307)

김일근의 논의는 공식문자에 한정된 논의는 아니지만 공적·사적 영역에 걸친 폭넓은 한글 사용 문서에 역사적 의미를 부여함으로써 훈민정음 통념에 대한 충분한 문제제기와 실증적 의미를 부여하였다. 백두현(2001)에서도 훈민정음 공적 보급에 대한 맥락을 폭넓게 기술하였다. 백두현(2009)은 국가 통치 차원에서 훈민정음이 어떻게 활용되었는가를 밝혔다. 김슬옹(2005나)에서는 조선왕조실록의 언문 기록의 총체적 규명을 통해 훈민정음의 제도적 사용을 주목함으로써 훈민정음이 조선시대 공식문자였음을 종합적으로 드러내주었다. 김봉좌(2010)는 그동안 제대로 조명해오지 않은 유교 의례 분야에서 공적 한글 사용이 왕실뿐만 아니라 사가에서까지 폭넓게 사용되어 왔음을 규명해주었다.[4] 이상규(2011)에서는 그동안 제대로 주목되지 않은 매매 문서를 비롯한 한글 고문서 사용 양상을 총체적으로 집약해주었다.[5]

3. 공식문자의 의미

조선시대는 한자, 이두, 언문을 모두 쓰는 다중 문자시대였다. 세종은 한자와 이두라는 공식문자의 통용성에 회의를 품고 새로운 공식문자를 하나 더 만든 셈이다. 그렇다면 기존 논의에서 공식문자의 의미는 무엇으로 쓰였으며 이 장에서는 어떤 의미로 규정하고 비판하는지가 중요하다.

훈민정음을 조선시대 비공식문자로 규정하는 예들을 보면 [표 1]과 같은 용어가 쓰이고 있음을 알 수 있다.

[표 1] 공식문자 관련 논의의 용어 분류

	조선시대 : 한문 −훈민정음	논자
1	공식문자−비공식문자	조효종·구일회·유호선 외 도록(2010), 김봉좌(2010), 정주리·시정곤(2011), 이동석(2011)
2	공식적인 문자−비공식적인 문자 공식적인 나랏글	고등국어 하(7차) 41쪽, 윤세순(2008나), 이상혁(2004가), 박형우(2006)

---

4) 필자는 졸고 김슬옹(2005나 : 55~63)에서 훈민정음 비공식문자론을 비판한 바 있다.
5) 김봉좌(2010), 이상규(2011)는 한글의 공적 사용의 위상을 높여준 매우 뛰어난 업적임에도 훈민정음 비공식문자론을 전제로 깔고 있다.

조선시대 : 한문 −훈민정음		논자
3	공식어−비공식어	이종묵(2007)
4	공문−공식어	최준식(2007)
5	공용문자−비공용문자	이재운(2010)

이와 같은 예를 종합해보면 크게 "공식문자 / 비공식문자, 공용문자 / 비공용문자" 등과 같은 두 계열이 있고 대부분 '공식문자' 계열의 용어를 사용하고 있음을 알 수 있다. 위 논자들이 이러한 두 계열의 용어를 엄격하게 구별해서 쓴 것은 아니다. 일단 공식문자는 공식어로, 공용문자는 공용어로서의 문자로 본다면 공식어와 공용어의 차이가 문제가 된다.

<표준국어대사전>에서는 '공식어'를 "정치상 또는 국민 교육상 표준으로 삼아 쓰는 말"이라 하고 '공용어'는 "한 나라 안에서 공식적으로 쓰는 언어"라고 규정하고 있다. 국가 표준 사전에서는 두 용어를 비슷한 말로 설정했지만, '공용어'는 국가 단위를, 공식어는 정치(제도)나 표준어와 같은 공통어 특성을 강조해 차이를 보인다. 국가 단위의 공식어는 공용어가 되므로 국가 단위에서는 공식어와 공용어가 같은 말이 된다.

현대 사회언어학에서도 제도를 통해 공식적으로 사용되는 언어는 공식어와 공용어(official language)를 같은 용어로 사용한다. 다만 두루두루 소통할 수 있는 언어라는 뜻으로 '공통어(common language)'를 설정한다. 현대 한국어, 엄격히 말하면 현대 한국어의 표준어는 공통어이자 공용어이지만 다인종, 다언어 국가들은 대부분 공통어와 공용어가 일치하지 않는다. 인도의 '힌두어'는 공용어지만 공통어는 아니다. 조선시대는 문맹률이 높아 한자든 훈민정음이든 모든 계층에게 통용될 수 있는 공

통 문자는 없는 셈이다. 다만 훈민정음은 여러 계층이 두루 사용 가능
한 문자이기에 그것이 원천적으로 불가능한 한자와 다른 가치가 있는
셈이다. 곧 공통어 차원에서 공식문자를 바라보면 공식문자의 양상은
달라질 수 있는 셈이다.

결국 조선시대 공식문자는 하나가 아니라는 것이며 그 당시 정치 맥
락으로 주류(한자)와 비주류(훈민정음)로 나뉜다. 한자와 훈민정음을 위상
은 달라도 구실이 다른 공식문자의 하위 갈래로 보는 것은 현재의 공
공언어를 다층적으로 보는 조태린(2010)에서의 [표 2]와 같은 맥락이다.

[표 2] 공공언어의 다층성(조태린(2010), 383~384쪽)

영역	유형	출현 형식
↑공적 ↓사적	국가기관 및 지방자치단체 등 공공기관의 업무 활동에 사용하는 언어[유형 1]	법률, 공문서, 관보, 고시문, 판결문, 명령서, 고지서, 보도자료, 안내문, 게시문, 표지판, 민원 서식, 증명서 등
	각 급 학교의 교육 활동에 사용하는 언어[유형 2]	교과서, 수업, 강의, 시험 문제 등
	신문, 방송, 인터넷 등을 통해 지식·정보의 대중적 전달에 사용하는 언어[유형 3]	기사 / 보도, 논설, 칼럼, 지식 / 교양 등
	계약, 투자, 판매, 구매, 광고 등 민간 차원의 경제 활동에 사용하는 언어[유형 4]	계약서, 약관, 견적서, 영수증, 상품 설명서, 사용 설명서, 광고 홍보물 등
	학계, 산업계 등 전문 분야의 학술 및 연구·개발·생산 활동에 사용하는 언어[유형 5]	강연, 발표, 토론, 회의, 논문, 전문서적 등
	방송, 공연 등을 통한 대중적 문화 예술 활동에 사용하는 언어[유형 6]	드라마, 코미디, 예능 / 오락, 영화, 연극, 음악 등
	인터넷, 휴대전화 등 가상공간의 개인적 표현 활동에 사용하는 언어[유형 7]	개인 누리집, 블로그, 댓글, 트위터 등

이렇게 공공언어(공적언어)를 다층적으로 봄으로써 오히려 공공언어의 특성을 더 잘 드러냈다. 물론 중간 지점에서는 공적언어인지 사적언어인지 모호해지는 영역이 있을 수 있다. 그것이 언어의 실상이기도 하다. 조선시대 훈민정음 또한 비주류성이 강해지는 영역에서는 아예 공식문자인지 의심이 들 정도다.

그렇다면 먼저 생각해보아야 할 것은 '공적, 공식성'이란 말을 어떻게 해석하고 적용할 것인가다. '공적'이란 말을 <표준국어대사전>에서는 "국가나 사회에 관계되는 또는 그런 것"으로, '공식'이란 말은 "국가적으로나 사회적으로 인정된 공적인 방식"으로 규정하고 있다. 이런 뜻매김에서는 '공적'이란 말보다 '공식성'이란 말이 더 강한 언어의 사회적 조건임을 알 수 있다. '공식성'은 '서로에게 관계된 것'이라는 공적 조건에다 그것이 국가적이나 사회적으로 인정받아야 한다는 조건이 더 붙은 것이기 때문이다.

이렇게 보면 훈민정음을 조선시대 때 공적 문자라고 규정하는 것에는 별 문제가 없어 보인다. 국가가 만들었고 당연히 국가뿐 아니라 조선 사회와 관련되어 있기 때문이다.[6] 문제는 공식성이다. 국가가 만들었고 주요 정책 문자로 사용해왔으니 국가가 인정했다고 보는 것은 문제가 없지만 과연 사회가 인정했느냐는 것은 매우 복잡한 문제이기 때문이다. 주류 공식문자가 한자인 것만은 분명하므로 결국은 '훈민정음'의 공식성을 어느 정도 인정하느냐가 문제다. 설령 일부 공식적 구실을 인정한다 해도 핵심 영역에서 문제가 되거나 그러한 구실이 지나치

---

6) 김슬옹(2005나, 2006나)에서 훈민정음은 국가가 만들고 국가가 왕조에서 주요 정책 문자로 사용하였고 최고 법전인 <경국대전>에까지 규정한 문자이므로 당연히 공식문자라고 밝힌 바 있다.

게 약할 경우 과연 '공식문자'라 부를 수 있는가가 문제다.

4. 훈민정음 공식문자론과 비공식문자론의 문제

훈민정음이 공식문자인 첫 번째 근거는 최고의 공적 주체인 임금이 만들고 지배층에 의해 제도적으로 사용되어 왔다는 점이다. 세종 단독 창제냐 집현전 학자들과의 공동 창제냐 하는 논쟁은 있지만 분명한 것은 세종 임금이 1443년에 창제하고 집현전 학자들의 도움을 받아 1446년에 반포했다는 것이다.[7] 세종이 단독 창제했다 하더라도 집현전을 비롯한 각종 국가 기관의 간접적 도움과 역사적 조건에 의해 가능했던 것이다. 창제 아이디어는 세종 개인이 했다 할지라도 시행 자체가 국가 차원에서 이루어졌으므로 철저히 공적 차원에서 이루어진 것이다.

흔히 많은 신하들이 반대했다고 하여 훈민정음 반포 과정의 공적 특성을 의심하는 경우가 있다. 정확히 훈민정음 반포 반대 상소는 최만리를 포함한 6인의 상소였다. 작은 사건에도 상소가 끊이지 않았던 그 당시 사정으로 보아 단 한 건의 6인 연명 상소를 놓고 많은 신하들이 반대했다고 보기 어렵다. 반포 후에는 단 한 건의 반대 상소도 없었다.

두 번째 근거는 조선의 최고 법전인 <경국대전>에서 '언문'을 국가 정책 문자로 규정했다는 점이다.

---

7) 반포 행사를 한 기록은 없지만 훈민정음 해설서인 <훈민정음> 해례본이 9월 상한에 간행되었으므로 이를 반포에 준한 역사 사건으로 본다. 이른바 <훈민정음> 해례본은 집현전 7학사와 왕실 행정 기관의 돈녕부 주부 강희안이 참여해 세종과 함께 저술한 것이다.

三綱行實飜以諺文令京外士族家長父老或其教授訓導等教誨婦女小子使之曉解若能通大義有操行卓異者京漢城府外觀察使啓聞行實

－<經國大典> 3권, 禮典, 奬勸偏 43什

<삼강행실>을 언문으로 번역하여 서울과 지방의 양반층 가장, 마을 어르신, 또는 학당 스승, 서당 훈장 등으로 하여금 부녀자와 어린이들을 가르쳐 이해하게 하고, 만약 그 큰 뜻에 능통하고 몸가짐과 행실이 뛰어난 자가 있으면 서울은 한성부가, 지방은 관찰사가 왕에게 보고하여 상을 준다는 내용이다. 국가 정체성과 성리학적 교화 정책을 위한 문자로 언문을 공식적으로, 법적으로 규정하고 있다. 비록 비주류 계층을 대상으로 한 것이지만 국가의 주요 정책 문자로 인정한 것이다.

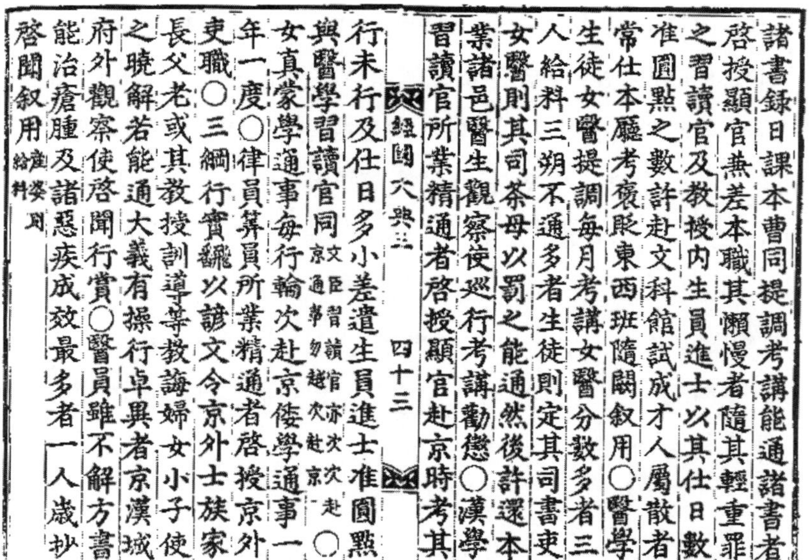
諸書錄日課本曹同提調考講能通諸書者
啓授顯官兼差本職其懶慢者隨其輕重罪
之習讀官及教授內生員進士以其仕日數
准圓點之數許赴文科館試成才人屬散者
常仕本廳考褒貶東西班隨闕叙用○醫學
生徒女醫提調每月考講女醫分數多者三
人給料三朔不通多者生徒則定其司書吏
女醫則其司茶母以罰之能通然後許還本
業諸邑醫生觀察使巡行考講勸懲○漢學
習讀官所業精通者啓授顯官赴京時考其
經國大典三　四十三
行未行及仕日多小差遣生員進士准圓點
與醫學習讀官同 文臣習讀官亦次次赴 京通事勿越次赴京 ○
女真蒙學通事每行輪次赴京倭學通事一
年一度○律員算員所業精通者啓授京外
吏職○三綱行實飜以諺文令京外士族家
長父老或其教授訓導等教誨婦女小子使
之曉解若能通大義有操行卓異者京漢城
府外觀察使啓聞行賞○醫員雖不解方書
能治瘡腫及諸惡疾成效最多者一人歲抄
啓聞叙用

[사진 1] <경국대전> '언문' 삼강행실 보급 기록

이유기(2010)에서는 "<삼강행실>의 언해가 '어리석은' 백성을 위한 '방편'이었다면, 그것은 훈민정음의 공용문자적 자격을 뒷받침하는 충분한 논거가 아닐 수도 있을 것이다."라고 하였다. 언문의 비주류적 성격을 예리하게 지적한 비판이다. 그러나 하층민만을 대상으로 하는 정책이라고 해서 그것이 공식 정책이 아닌 것은 아니므로 비주류성을 비공식성으로 환원할 수는 없다. 더욱 중요한 것은 이러한 정책을 기안하고 집행하는 주체는 지배층들이다.

세 번째 근거는 <경국대전>에서 국가 정책에서 매우 중요한 국가시험 정책 문자로 언문을 설정하고 있다는 점이다.

<取才> [錄事] 每年 正月 七月
　－講：五經中一 四書中一, 大明律, 經國大典
　－製述：啓本・牒呈・關中一
　－書算：楷書・諺文・行算－經國大典 取才

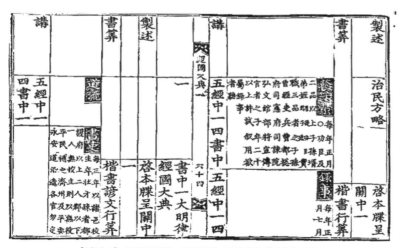

[사진 2] <경국대전> 과거시험 과목 '언문' 관련 기록

매년 정월과 7월에 실시하는 하급 관리 시험인 녹사 취재 과목에 언문이 들어 있다. 백성들과 직접 접촉하는 하급 관리에게 언문에 대한 지식이 '실무적'으로 필요하다면, 일반 백성들과의 공식적인 소통 문제가 국가 차원에서 매우 중요했음을 알 수 있다.

[표 3] <경국대전> 편찬과정과 '훈민정음'의 하급 관리 시험 관련 규정

(1) 세종 28년(1446) 12월 26일 이과(吏科)와 이전(吏典)의 취재에 훈민정음을 시험하게 하되 뜻은 모르더라도 쓸 줄 알면 뽑게 하다.
(2) 세종 29년(1447) 4월 20일 다음 식년(式年)부터 훈민정음을 1차 시험으로 하고 각 관아 관리 시험에서도 모두 훈민정음을 시험하게 하다.

　　　　　　　　　　　　　　　　　　　　- 세조 3년(1457) <경국대전> 편찬 시작

(3) 세조 6년(1460) 5월 28일 예조에서 <훈민정음>·<동국정운>·<홍무정운>을 문과 초장에서 강할 것 등을 아뢰어 따르다.
(4) 세조 6년(1460) 9월 17일 예조에서 식년(式年)[8]의 강경(講經) 과목으로 <훈민정음>·<동국정운>·<홍무정운> 등을 들었다.

　　　　　　　　- 성종 1년(1470) 10월 27일 최항 등 <경국대전> 교정(校正) 완료.

세종이 하급 관리 국가시험에 언문을 도입한 것은 당연히 개인들의 취향이나 개인에게 보급하기 위해서 한 것이 아니라 국가의 공적 문서 작성 능력을 위해 한 것이다. 오늘날과 같은 일반 공문서가 아니었을 뿐이고 대상 공적 문서가 달랐을 뿐이다.

네 번째 근거는 <용비어천가>, 임금의 담화문인 <윤음> 등의 다양한 문헌이나 책자가 언문을 통해 조선 말기까지 지속적으로 발간되었

---

8) '식년'은 자(子), 묘(卯), 오(午), 유(酉) 따위의 간지(干支)가 들어 있는 해. 3년마다 한 번씩 돌아오는데, 이해에 과거시험을 보거나 호적을 조사하였다고 한다. '식년과 [式年科]' 식년마다 보던 과거 시험으로 문과, 무과, 생원 진사과, 역과, 의과, 음양과, 율과 따위가 있었다.

다는 점이다. 세종 이후 그 어떤 왕이나 핵심 관리층도 공용문자로서의 언문의 실용성과 가치를 부정한 적이 없다. 한글을 핍박했던 연산군조차도 비판 도구로서의 언문은 탄압했지만 나라 정책 문자로서의 언문은 배척하지 않았다. 이 밖에 947건의 조선왕조실록 언문 관련 기록은 언문의 공용문자로서의 위치와 맥락을 증명해주고 있다.

다섯 번째 근거는 주요 공적 구속력을 갖는 각종 문서가 언문으로 발간되었다는 점이다. 2011년 문광부에서 펴낸 한글 고문서 자료집인 <한글 고문서를 통해 본 조선 사람들의 삶>에서는 다음과 같이 폭넓게 공적 문서를 보여주고 있다.9)

1) 관부문서 : (1) 유서, 전유 (2) 고유, 고시, 전령 (3) 상언 (4) 소지, 원정, 발괄, 언단, 청원서
2) 사인문서 : (1) 분재기 (2) 명문 (3) 수표・다짐 (4) 자문 (5) 배자 (6) 고목 (7) 유서・상서 (8) 완의 (9) 통문・발기

위와 같은 한글 문서 사용 양상은 위 자료를 정리한 이상규(2011)에서 좀 더 상세하게 분석되었고 이에 따라 수록 갈래와 수량을 정리해보면 [표 4]와 같다.

[표 4] 현황은 발굴된 자료에 한정된 것이므로 실제 쓰임새는 더 많았을 것이다. 이는 한문 자료에 비해서는 턱없이 적은 수이지만 한글 문서가 공적 서류로 광범위하게 쓰인 근거가 될 수는 있다.

---

9) 이러한 공적 문서의 폭넓은 사용 양상은 조선왕조실록에도 기록되어 있음을 김슬옹(2005나)에서 밝힌 바 있다. 실록에는 실제 자료가 수록되지 않았는데 실제 자료가 발굴되어 조선왕조실록의 기록이 실증된 것이다.

[표 4] 한글 고문서 발굴 자료(이상규, 2011 : 37~75) 재구성

갈래				수량
한글 관부문서(왕실·중앙 및 지방관부)	교령문서	(어제, 유서, 전유, 교시, 전교, 국서)		9
		(성책윤음)		28
	통고문서	(고유·조칙·고시·전령)		7
		(감결·조회)		3
	인증문서	(완문)		1
	소지·청원문서	상언·격쟁		3
		소지	(의송)	1
			(소지)	4
			(원정)	29
			(발괄)	7
			(언문단자)	7
			(등장)	2
		청원·진정·고소장		11
한글 사인문서	약속·계약문서	분재기		9
		명문	(노비 명문)	4
			(전답·가사·산지 매매명문)	58
			(이양·전당명문)	6
			(가축 매매명문)	1
			(자매·양자명문)	2
		수표·다짐·차용증서		41
			(자매·선척 수표)	2
		자문·전문·계약서		19
	상하달문서	배자		29
		고목		83
			(화제)	9
		유언		3
	집단문서	완의		1
		동계(상하계)		1
	공고문서	통문·통고문		9

갈래			수량
한글 관부기록물	왕실 기록물		38
한글 사인기록물	사실기록물	행장	9
		세계	13
		단자(기일·생일록)	23
	치부기록물	노비치부	25
		전장치부	31
		물목·단자·발기	24
		한글 홀기	1
		의류치부(단자·궁합지·의양)	11
		음식치부(방문)	7
		신앙치부(사주·점술·부적·종교)	11
		노정기·기행문	3
		일정·부의록	7
	교육훈계·언 문 반절표	교육 관련 기록	2
		언문학습	11
한글 시문류	시문 한글 언간과 제문	(시가)	45
		(언문간찰)	18
		(제문)	4
	서화		6
	소설	(필사 한글 고소설)	3
	놀이·기타		10
	명문		12

백두현(2001 : 210~211)에서는 특정 집안의 문서를 통해 공적 계약 관련 문서가 지속적으로 폭넓게 작성되었음을 보여준다. 이 논문에서 정리한 해남 윤씨가(고문서집성 3권)의 계약 관련 문서는 다음과 같다.

* 大君의 사부였던 윤선도에게 보낸 物名을 적은 賜送記(16, 18쪽)

* 과부 김씨의 원정(原情)(102쪽)
* 奴 '出生'에게 준 전답 매매 배지(319쪽)
* 奴 '동복'에게 준 전답 매매 배지(361쪽)
* 奴 '익순'에게 준 배지(420쪽)
* 奴 '일삼이'에게 준 배지(420쪽)
* '니병관'이 쓴 手記(421쪽)
* '오셩신'이 쓴 手記(421쪽)
* 奴 '洪烈'이 쓴 牒目을 포함한 8건의 고목(427쪽)
* 甥 媤父, 며느리 등이 쓴 한글 간찰 다수(553쪽 등)
* 대젼이 셰ᄌ 젼별하시난 졔문(684쪽)
* 노비 셩칙(奴婢成册)[10]
* 전답을 빌려 준 전답안(793~794쪽, 933쪽)
* 전답 貢稅記(814쪽)
* 四柱記(갑진싱ᄉ듀 곤명)(828쪽)
* 祭器 置簿[11](829~833쪽)
* 上納記[12](904쪽)
* 노비 給料記(916~917쪽)
* 주인이 노비로부터 받은 貢記(940쪽)
* 금전 출납기(943쪽, 954쪽, 960쪽)
* 奴 'ᄉ쳘'과 관련된 秋收記(985쪽) – 백두현(2001 : 210~211)

[사진 3]의 수표는 자신의 땅을 담보로 돈을 빌려 쓰는 계약서다. 양기연이 1888년(고종 25)에 작성한 것으로 추정되는 수표로 자기 소유의 논 두 마지기를 잡혀 20냥을 쓰고 5일 내에 갚을 것을 다짐하는 내용

---

10) 노비의 명단과 그 소생을 기록한 노비천안(奴婢賤案). <고문서집성> 3권의 772쪽부터 788쪽까지 계속되어 있다. 노비 구매에 들어간 돈의 액수가 기록된 것, 도망간 노비, 노비가 주인에게 상송(上送)한 물목 이름 등이 포함되어 있다.
11) 제향(祭享)에 필요한 각종 기명(器皿)과 수량을 한글로 적은 것.
12) 노복이 바친 각종 물목기(物目記).

이다(문화체육관광부, 2011 : 82). 여기서 주목할 점은 공적 계약 문서가 문자로만 이루어지지 않는다는 점이다. 이 문서도 손도장으로 인해 한글 문서가 계약 문서로 성립되었다. 이는 한글만으로 작성된 문서라고 하여 계약이 성립하지 않는 것이 아님을 잘 보여준다. 거꾸로 한자는 한자만의 기록으로 계약서의 권위를 보장받는 것이 아니라는 것을 말해준다.

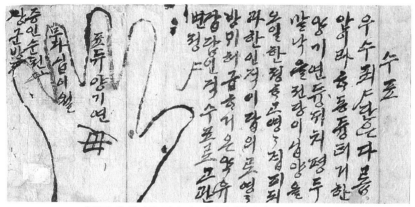

[사진 3] 양기연 전당 수표(문화체육관광부, 2011 : 82)

여섯 번째 근거는 한자, 이두, 언문은 공적 영역에서 상보적 역할을 하였다는 점이다. 어느 한 문자가 공식문자로서의 절대적 권위를 가지지 않았다는 것이며 그것은 상대적으로 이두나 언문의 공식문자로서의 구실이 결코 가볍지 않았음을 의미한다. [사진 4]는 이두와 언문으로 기록한 토지 문서다. 이는 조선 후기에 이두와 언문이 한문 못지않은 공적 기록 문자로 기능했음을 보여주는 것이다.

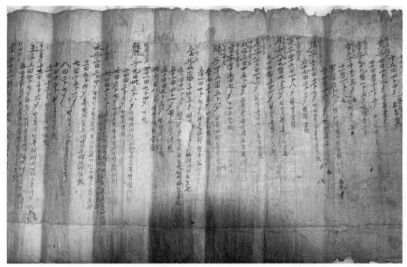

[사진 4] 한자, 이두와 언문을 함께 쓴 토지 기록문서
(안동 긍구당가 소장, 조선후기로 추정, 2009년 박용수·김슬옹 촬영)

이러한 비주류 언문이 한자에 비해 권력성은 낮지만 사회적 효용성 측면에서는 그렇지 않을 수도 있다. 한자나 한문은 하층민과의 소통이 아예 차단되어 있는 반면에 언문은 모든 계층에게 열려 있다. 이때 '열려 있다'는 의미는 누구에게나 개방적이라는 것이 아니라 접근 가능하다는 것이다. 다시 말해 언문은 누구나 접근 가능하지만 한자는 그렇지 않다는 것이다.

그렇다면 훈민정음을 비공식문자로 보는 핵심 근거에 대해 살펴보기로 한다. 비공식문자론 쪽은 문자의 공식적 권위에서 가장 중요한 역사 기록과 행정 문자로 사용할 수 없는 것이 어떻게 공식문자냐는 것이다. 이런 논란의 가능성은 <경국대전>에 그런 규정이 명시적으로 나오기 때문이다.

私債成文 諺文及無證·筆者勿聽訟 — 經國大典 卷 2, 戶典 微債偏[13]
　사적인 채무 증서를 언문으로 썼거나 또는 증인 및 필자의 서명이
없으면 소송을 제기할 수 없다.

안병희(1985)에서는 이러한 규정
을 바탕으로 한글이 공문서에서
사용이 금지되었다고 보고 있다.
곧 기존의 공식문자 부정설은 채
무 증서에 관한 기록이 핵심 근거
다. 이렇게 사회적으로 중요한 문
서에서 사용할 수 없고, 재판 과
정에서 제구실을 못하는 문자라
면 공식문자로서 결정적인 결함
이 된다.

　그러나 앞서 훈민정음 공식문
자 근거론에서 보았듯이 행정 관
련 문서나 계약 관련 문서에서 한
글은 적잖이 쓰였다. [사진 5]도
매매계약서에 한글이 쓰인 상황
을 잘 보여주고 있다.

[사진 5] 1794년(정조 18)에 김중근이
김춘복에게 발급한 전답
매매문서(문화체육관광부, 2011 : 62)

　그리고 이런 규정은 언문의 공식적 위치의 문제를 보여주는 것이기
도 하지만 한편으로는 언문의 사회적 소통성을 보여주는 역설적인 예
도 된다. 곧 이런 규정은 언문으로 채무 증서를 쓰고 있거나 쓸 가능성

13) <현종실록>에도 비슷한 기록이 있다. "所謂假作諺書, 異於眞書, 僞造甚易, 所當十
　分明査也." — 현종 11년(1670) 4월 3일.

을 매우 민감하게 받아들인 사안이요 규정이기 때문이다. 엄격히 말하면 언문으로 쓸 경우 행정 소송을 제기할 수 없다는 것이지 아예 그런 공적 문서의 문자로 쓸 수 없다는 것은 아니다. 곧 <경국대전> 규정은 공식문자임을 부정하는 것이 아니라 특정 분야의 공적 제한을 규정한 것이다. 최고 법전에서 언급된 것 자체가 공적 함의를 의미한다.

물론 조선시대의 주류 양반들이 언문의 가치를 부정해온 것은 사실이다. 그들은 언문의 도움으로 한자를 배우면서도 언문을 부정하는 이중적 태도를 보여 왔다. 그렇다고 그들이 나라가 정해놓은 공용문자로서의 훈민정음 위치를 부정한 것은 아니다. 그렇기에 이중적 태도 속에서도 적극적인 반대는 하지 않았고 나름대로의 구실을 인정했다. 그러다 보니 대다수 문맹이었던 피지배층보다는 문자 사용의 우월한 위치에 있던 그들이 언문 발전에 직접·간접적인 힘이 되었던 것이다.

결국 조선시대 입말은 공통어이자 공용어이지만 글말은 공통어는 없고 제1공용어가 한문, 제2공용어가 훈민정음이다. 이두는 한자의 변종으로 보아 따로 설정하지 않았다. 한문은 공통어 되기가 불가능하지만, 훈민정음은 가능하므로 또 다른 가치가 있다. 이러한 공공성, 공식성을 극단적인 이분법으로 볼 것이 아니라 정도 차로 보는 것이 합리적이다. 공식이냐 비공식이냐는 극단적 이분법보다는 공식문자로 보고 주류냐 비주류냐 또는 어떤 분야에서는 어떤 것이 더 주류냐는 식의 통합적 인식과 다중 전략이 필요하다.

안병희(1985)는 <경국대전>의 언해 관련 규정이 채무에 관한 공문서 사용 규정과 어긋나는 것 같지만 언해 규정은 하층민만을 위한 교화 정책의 하나일 뿐 공문서와는 별개의 기능으로 보았다. 따라서 상충된 규정이 아니라는 것이다. 이는 공문서를 오늘날의 행정문서로만 한정시켜 본 견해다. 곧 현대의 '공문서'란 "공공 기관이나 단체에서 공식으로 작성한 서류<표준국어대사전>"를 말한다. 안병희(1985)는 결국 언문이 공문서 문자로서는 인정을 못 받았지만 공식문서에 쓰였다는 것이다.

따라서 <경국대전>의 상반된 규정 가운데 공식 기록 비중이 비교할 수 없을 정도로 크다. 언해와 과거시험 과목 규정은 국가의 중요 공식 문서에서의 포괄적 규정이고 채무 관련 규정은 채무 문제로 인한 다툼을 막기 위한 특정 영역에서의 규정이기 때문이다.

안병희(2007 : 224)에서는 왕실 여성들의 공문서 발행을 공적인 문자생활의 예외로 인정하여, "공적인 문자생활에서의 한글 사용과 관련하여 예외가 있었음을 지적하여 두려고 한다. 비빈(妃嬪)이 왕에게 계청(啓請)하거나 왕비가 수렴청정을 하면서 교서를 조정에 내리게 될 경우에는 한글로 문서가 작성되었던 것이다."라고 하였다.

물론 김슬옹(2005가)에서 언급하였듯이, 왕실 여성의 일반 공문서 발행은 수렴청정 때만으로 한정되지 않는다. 결국 언문 실상에 대한 것은 사실에 관한 것이므로 문제될 것이 없다. 문제는 국가의 중요한 두 부류 문서 가운데 어느 한 문서에서 제대로 인정받지 못하는 것을 비공식이라 할 것인지, 비주류라 할 것인지가 핵심이다. 필자는 비주류로 보는 것이 합리적이라고 본 것이다.

훈민정음 비공식문자 통념이 강화되어 온 또 다른 이유는 11장에서 살펴본 것처럼 고종의 국문 칙령을 불연속적 역사관으로 해석했기 때문이기도 하다. 이와 같은 역사의 불연속적 의미 부여의 문제에 대해서는 김종택(1985)에서 비판한 바 있다. 김종택(1985)은 한글은 조선조에서는 거의 나라글자로서의 구실을 다하지 못하다가 이른바 개화기에 와서 공문서를 비롯한 여러 방면에서의 글자 생활을 한자·한글 섞어

쓰기를 하면서 비로소 나라글자의 구실을 하기 시작하였다는 것에 문제
를 제기하고 한글 문자 구실을 중심으로 다음과 같은 결론을 제시했다.

> 조선 전기에서부터 이른바 국한혼용의 문장이 전혀 나타나지 않은
> 것은 아니나, 그것은 극히 제한된 것이었고, 그것이 조선 후기로 넘어
> 오면서 다소 심해지는 경향을 보이다가, 이른바 개화기에 오면서 당연
> 한 것으로 받아들여지기에 이른 것은 극히 타율적인 힘에 의한 것임을
> 알게 되는데, 그것은 문자사적으로 보나, 정치적인 배경으로 보나 타락
> 의 과정이었지 결코 발전의 과정으로 받아들여질 수는 없다는 것이다.
> 따라서 한글이 개화기에 와서 비로소 나라글자의 구실을 감당하기 시
> 작하였다는 견해는 너무도 피상적인 관찰이요 오해라는 것을 분명히
> 할 필요가 있다.
>
> - 김종택(1985 : 867)

개화기 공식문자론의 두 번째 핵심은 조선시대 훈민정음의 공적 성
격을 어떻게 보느냐와 그런 성격 규정과 결부시켜 고종의 국문 칙령을
어떻게 해석하느냐다. 김슬옹(2005다 : 59~63 / 2006)에서는 고종의 국문 칙
령을 '비주류 → 주류' 축으로 본 반면 위와 같은 견해들은 '비공식→
공식'의 축으로 본 것이 사뭇 다르다.

결국 한자와 한문이 조선시대 공식문자였음을 부정하는 사람은 없
다. 문제는 훈민정음을 제2의 공식문자로 인정하지 않는다는 것이다.
이와 같은 인식은 국어학계의 보편적 인식이요 평가였다. 곧 이는 언
해문이 단지 번역문이 아니라 정치적 제도적 문건이었음을 잊거나 과
소평가한 것이었으며 이 밖에 폭넓은 분야에서 공식문자로 쓰였음을
제대로 못 보았기 때문이었다.

물론 이런 필자의 비판은 공식문자의 개념을 근대적 법률이나 제도

차원보다는 정치적 제도적 차원의 폭넓은 권력 차원에서 본 것이다. 설령 근대적 공식문자 또는 공용어 차원에서 본다 하더라도 칙령 선포 이전의 언문의 권력적 사용을 과소평가할 이유는 없다는 것이다. 단지 공식문자로서의 비중이 달라졌다고 볼 수 있다. 곧 근대 이전에는 한자(한문)가 주류 공식문자, 언문이 비주류 공식문자였는데 칙령 선포로 언문이 주류, 한자가 비주류로 바뀌었을 뿐이다.[14] 칙령 선포에서 한문 번역을 공용문서 양식의 일부로 설정함으로써 한자도 공용문자로서의 가치를 여전히 부여받고 있는 셈이다. 더욱 중요한 것은 국한문 혼용문을 주류 공식문서 양식으로 설정한 것이다.

비공식문자론은 조선시대 훈민정음 사용 문제를 지극히 근대적 관점에서 본 것이다. 근대 이전의 조선시대 문제를 근대적 잣대로 바라보는 것은 마치 조선시대는 민주주의 시대가 아니었다는 논리만큼이나 공허하다. 물론 조선시대는 민주주의 시대가 아니어서 이런저런 문제가 있었다고 판정하는 것은 얼마든지 가능하다. 그렇다고 그 시대에 맞는 법과 제도 자체를 무시할 수는 없다. 법은 근대 이전이나 이후나 모두 존재하고 그 차이는 법 제정 절차와 집행 절차에 달려 있다.

결국 '공용문자'라는 용어가 '근대적 공용어'라는 개념으로는 '국문' 칙령 이후에나 사용될 수 있지만, '공식적으로 사용되는 문자'라는 의미로는 근대 이전의 사용 문자에도 적용할 수 있는 용어다. 필자의 김슬옹(2005나, 다)에서는 이런 논란을 피하기 위해, '공용문자'라는 용어 대신에 '공식문자'라는 용어를 썼다.

고종의 국문(한글) 칙령으로 한자와 한글 관계가 '주류 – 비주류'에서

---

14) 김슬옹(2005나)에서 지적했듯이 교화 등의 특정 분야에서는 한자와 언문의 주류, 비주류 관계는 바뀔 수 있다.

'비주류 – 주류'로 바뀐 것을 지나치게 강조하다 보니 훈민정음의 공식성에 대한 오해를 낳게 된 것이다.

이렇게 볼 때, 칙령 1호 14조와 칙령 89호는 표면적으로는 언문이 '국문'으로 위상이 격상된 것은 틀림없지만, 그 이면에 언어 차원에서는 한문과 국한문 혼용과의 복잡한 관계가 설정되어 있고, 그에 따른 정치적 위상 관계가 얽혀 있음을 주목하는 것이 중요하다.

5. 훈민정음은 조선의 비주류 공식문자

이상으로 훈민정음을 조선시대 공식문자로 보아야 하는 주된 근거를 살펴보고 아울러 훈민정음이 조선시대 비주류 공식문자였음을 밝혔다. 결국 지배층이 공식문자로 만들어놓고도 제대로 활용하지 않은 역사가 잘못된 통념을 낳았다.

이제까지 논의된 훈민정음을 공식문자로 보는 주된 근거와 비공식문자로 보는 주된 근거를 집약해보면 [표 5]와 같다.

훈민정음이 조선시대 공식문자라는 담론은 [표 5]에서와 같이 공식성과 비주류성을 함께 정확히 보자는 것이다. 이렇게 함으로써 훈민정음에 대한 양면적인 역사성을 모두 드러내 그 가치와 의미를 새롭게 조명할 수 있을 것이다.

[표 5] 훈민정음의 공식성과 비공식성

공식성 근거	비공식성 근거
(1) 최고의 공적 주체인 임금이 만들고 지배층에 의해 제도적으로 사용되어 왔다.	(1) <조선왕조실록>과 같은 국가 공식 기록 문서에 쓰이지 않았다.
(2) 조선의 최고 법전인 <경국대전>에서 '언문'을 국가 정책 문자로 규정했다.	(2) 일반 행정 문서에 쓰일 수 없었다.
(3) <경국대전>에서 국가 정책에서 매우 중요한 국가시험 정책 문자로 언문을 설정하고 있다.	(3) 과거 답안 문자로 사용되지 않았다.
(4) <용비어천가>, 임금의 담화문인 <윤음> 등의 다양한 문헌이나 책자가 언문을 통해 조선 말기까지 지속적으로 발간되었다.	(4) 국가 교육기관에서 공식적으로 가르치지 않았다.
(5) 주요 공적 구속력을 갖는 각종 문서가 언문으로 발간되었다.	
(6) 한자, 이두, 언문은 공적 영역에서 상보적 역할을 하였다.	

훈민정음을 조선의 공식문자라고 해서 훈민정음의 비주류성이 사라지는 것은 아니다. 그렇다고 비주류 문자라고 해서 비공식문자로 볼 수는 없다. 더욱 중요한 것은 공식이냐 비공식이냐와 주류냐 비주류냐의 차이에 대한 정확한 인식을 통해 훈민정음의 역사적 진실을 제대로 파악하고 의미를 부여하자는 것뿐이다. 결코 훈민정음에 대한 또는 훈민정음 역사를 과장하거나 확대하자는 것은 아니다.

조선시대에 한자와 한글은 서로 대립 양상도 띠지만 전 계층별로 모든 사용 양상을 고려해보면 상보적 구실을 해온 측면도 크다. 행정 문서와 법률 문서 등에서 훈민정음이 공식문자로서의 구실을 제대로 못하고 배척되어 왔지만 다른 국가 정책 차원의 서책이나 각종 문서에서는 공식문자로서의 훌륭한 구실을 해왔다. 거꾸로 한자는 행정 문서나 법률 문서에서는 권위적인 공식문자 구실을 해왔지만 계층간 통용문서나 서책에서는 언문에 그 역할을 양보해왔다. 따라서 한자와 한글의

'주류-비주류'의 관계 또한 주된 양상일 뿐 맥락에 따라 다양한 관계 속에서 자리매김되어 왔다.

　한글과 한자라는 문자도 텍스트고 그것으로 이루어진 문헌도 텍스트다. 문자 텍스트는 사용자의 전략에 따라 수많은 문헌 텍스트를 만들어 문자의 역동적 의미를 창출해내었고 우리 삶을 변용시켜 왔다. 훈민정음의 비주류 공식문자로서의 탈피야말로 진정한 근대의 시작이었다.

13장 조선시대 훈민정음 발전의 맥락적 평가

1. 머리말

조선시대에 훈민정음이 공식문자로 창제되고 보급되었지만 철저한 비주류 문자로 자리매김 되었다. 조선왕조실록과 같은 주요 공식 문서나 행정·법률 문서 등에서 훈민정음이 철저히 배제되었기 때문이다. 그러나 각종 언해서와 같은 서책 중심의 국가 공식 출판물에서는 훈민정음이 주류 문자 못지않은 구실을 하였다. 특히 조선 후기로 오면 임금의 대국민 담화문(윤음서)이 훈민정음으로 발표되기도 하고 고소설 같은 문학 분야에서는 주류문자로 발전하게 된다. 이러한 양면적인 흐름 속에서 훈민정음이 어떻게 발전해 왔는가가 문제다.

훈민정음 발달을 밝히는 원리로 시기, 분야, 인물, 효과 등의 네 가지 기준을 설정하여 훈민정음 발전 업적을 조명해 보았다.[1] 각 분야별

---

[1] '한글'이란 명칭은 공교롭게도 일제 강점기가 시작되면서 탄생되었지만 그 뿌리는 당연히 세종이 공식문자로 만든 '훈민정음'에 있었다. 시대적 배경을 무시한다면 훈민정음이 한글이고 한글이 훈민정음이다. 그러나 이 논문은 조선 시대만을 대상

인물을 뽑는 전략이 아니라 인물의 업적을 통해 간접적으로 훈민정음 발달 양상을 드러내는 전략이다. 여기서 인물 설정은 분야별 발전 맥락을 규명하기 위한 대표 예시 인물일 뿐이지 인물 선정이 목표는 아니다.

이와 같은 연구가 가능한 것은 훈민정음 발달 과정을 처음으로 체계 있게 연구한 최현배(1942)의 '한글갈'과 홍기문(1946)의 '정음발달사', 한글문화사를 대중적으로 처음 풀어 쓴 허웅(1974)의 '한글과 민족문화'가 있었기에 가능했다. 이밖에도 한글 발달사에 관련된 주요 저작으로는 김윤경(1938), 小倉進平(1940), 김영황(1978), 안병희(1985), 김종택(1985), 김정수(1990), 류렬(1992), 권재선(1994), 박종국(2009), 백두현(2001, 2009), 김슬옹(2012나) 등이 있다.

2. 인물 중심 발달 맥락 구성 원리와 실제

각 분야의 인물 중심의 훈민정음 발전 업적을 조명하는 것은 훈민정음 발달의 다층적 의미를 규명하기 위함이다. 또한 이런 전략은 훈민정음의 실질적인 발달 과정을 아주 구체적으로 드러낼 수 있는 장점이 있다. 중요한 것은 어떤 잣대로, 어떤 맥락으로 분야별 업적을 선정하느냐다. 당연히 선정 기준은 최대한 객관적 사실에 근거하되 당대의 역사적 맥락과 지금 우리에게 주는 역사적 의미를 함께 고려한 맥락적 접근에 의한 것이 바람직하다.2)

으로 하고 있으므로 구별하여 사용하고자 한다. '한글'은 '한글문학'과 같이 일반화된 용어나 현재와의 관계 속에 쓸 경우에만 쓰기로 한다.

발달의 역사적 맥락을 따지는 것이므로 먼저 시기 구분 문제가 중요하다. 또한 발달의 통합적, 총체적 조명을 위한 것이므로 각 분야 설정이 필요하고 실제 어떤 효과를 거두었는지에 대한 평가가 있어야 한다. 인물 설정에 있어 신분과 성별 등이 중요하다. 인물 뽑는 것 자체가 목적이 아니라 인물을 통해 훈민정음 발달을 드러내고자 하는 것이므로 인물 자체가 기준 역할을 한다. 이 때의 인물은 인물의 맥락적 특성을 말한다.

1) 시기 구분 문제

시기는 훈민정음 창제가 이루어진 1443년부터 조선이 패망하는 1910년까지 무려 467년 동안이므로 시기별 흐름에 따른 규명이 중요하다. 시기 구분은 최현배(1942), 이호권(2008) 등을 참조로 네 단계로 나누었다. 이는 거시적인 발달 과정과 미시적인 성과를 함께 고려하여 창제~반포기(세종), 보급기(세종~명종), 확산기(선조~숙종), 융성기(영조~순조)로 설정하였다.

대부분의 역사가 그렇듯이 이러한 시기 구분이 단선적인 역사 발전을 꼭 의미하지는 않는다. 세종 당대의 보급 정책은 일부 퇴보하기도 하기 때문이다. 그러나 거시적인 흐름으로 볼 때는 상대적인 진보를 이루게 된다.

먼저 창제~반포기(1443~1446) 설정은 발달의 핵심 바탕이므로 중요하다. 세종은 이미 반포 후에 치밀한 보급 정책을 수행했으며 문종과 세

2) 맥락적 접근의 이론적 배경과 주요 전략에 대해서는 김슬옹(2012가)에서 논한 바 있다.

조 때 세종의 보급 정책이 이어졌고 성종 때 이르러 보급 정책은 최고
도에 달했다. 연산군 때는 시련을 겪었으나 중종 때 다시 발전하게 된
다. 선조 때부터 임금의 언문 교서가 등장하는 등 본격적으로 확산이
되었으며 영조 때부터는 주요 윤음서가 훈민정음과 한문으로 동시에
반포되고 각종 한글 문학서나 실용서들이 융성해졌다.[3]

정인지, 최항, 신숙주, 성삼문 등 이른바 훈민정음 해설서 집필자들
은 반포 공로자들인 셈이다. 세종과 세조 때의 신민 대사와 세조·성종
때의 인수대비, 중종 때의 최세진 등도 보급기의 업적을 남긴 사람들
이다. (분야별 설정 원리 참조)

선조를 비롯해 김안국, 이황, 이이, 허준 등은 확산기 때 업적을 남
긴 사람들이며, 정조와 고종을 비롯하여 신경준, 유희, 김수장, 김천택
등은 융성기 때 한글을 빛낸 사람들이다.

이런 시기 설정 원리는 훈민정음 발전 양상을 보여주면서도 인물을
선정하기 위한 원리이므로 일반적인 시기 구분과 다른 측면도 있다.
이를테면 세종은 창제자이면서 반포자이며 보급자이기도 하므로 두
시기에 걸쳐 있다.

2) 분야 설정 원리

분야는 정책 분야, 교육, 학문, 문학, 실용, 종교 등으로 나눌 수 있
다. 훈민정음 발달의 흐름이나 원리로 보면 핵심 권력과 연계된 정책
분야가 가장 중요하다. 다음은 교육이고 모든 분야의 이론적 기반이

---

3) 창제기~반포기 시대의 훈민정음 관련 인물은 권재선(1992나 : 503-637)에서 집중
  조명되었다.

되는 학문 분야, 그리고 발전의 구체적인 원동력으로 작동되는 문학 분야, 실제 응용 분야인 실용 분야, 특수 영역이면서 모든 분야에 영향을 끼치는 종교 분야로 나눌 수 있다.

왕실에 의해 수행된 정책 분야는 국가 권력의 핵심인 임금과 왕실 여성의 영향력이 크다. 훈민정음 정책 집행자인 임금을 비롯한 왕실 여성 등의 공공문서가 훈민정음 발전에 매우 큰 구실을 하였다. 왕실과 사대부가 같은 지배층이긴 하지만 새문자에 대해 제한적인 지지를 보낸 사대부와는 거리를 둘 필요가 있기에 더욱 중요하다.

조선 시대를 통틀어 그 어떤 임금들도 훈민정음 문서를 통한 정책을 소홀히 한 경우는 없었다. 그 가운데도 뛰어난 정책을 수립한 임금은 세종, 세조를 비롯하여 성종, 선조, 정조, 고종 등이다. 또한 왕실 여성들도 신분의 특수성으로 인해 임금 못지 않은 공적 업적을 남겼고 이를 대표하는 인수대비와 인목대비를 여기서 함께 조명하였다.

세종(1397~1450, 재위 1418~1450)의 업적은 창제와 반포, 보급 정책을 완벽하게 수행했다는 데 있다. 1443년에 훈민정음 창제를 마무리한 뒤 집현전 일부 학자들과 철저히 준비한 끝에 1446년 『훈민정음』을 반포하고 4년간 철저히 보급 정책을 편 뒤 1450년에 운명했다. 좀 더 객관적인 평가를 위해 세종의 업적은 근대 언어학, 탈근대 학문의 시조인 소쉬르를 뛰어 넘는 것임을 김슬옹(2011)에서 입증한 바 있다.[4]

이렇게 세종의 업적을 조명하다 보면 세종의 업적을 지나치게 낮게 평가하는 민중 사관도 문제이고 지나치게 역사적 맥락을 소홀히 하는

---

4) 세종에 대한 국제적 평가는 세종을 50대 언어학 사상가로 뽑은 "Margaret Thomas (2011). *King Sejong the Great(1397~1450)*. Fifty Key Thinkers on Language and Linguistics. London and New YorK: Routledge. pp.49~55."가 있다.

영웅 사관도 문제임을 알 수 있다. 결론적으로 보면 역사는 세종을 만들었고 세종은 훈민정음을 통하여 역사를 새로 썼다(김슬옹, 2011라 : 7). 이런 시각을 통해 민중 사관과 영웅 사관 모두의 문제를 동시에 극복할 수 있다.

세종은 보급 정책도 매우 치밀하게 시행했음을 김슬옹(2011라, 12장)에서 논한 바 있다. 그러한 노력이 현실화되었다는 가시적인 증거가 1449년 1월 5일, 훈민정음 반포 3년 후에 일어난 언문 벽서 사건이다. 조선왕조실록에서는 그 언문 벽서 내용이 "河政丞且休妄公事"라고 한문으로 전하고 있다. 정승을 비판하는 짧은 글이었다.

문종(1414~1452, 재위 1450~1452)과 세조(1417~1468, 재위 1455~1468)는 세종의 첫째, 둘째 아들로 둘 다 훈민정음 보급 발전에 큰 업적을 남겼다. 물론 가시적인 업적은 세조가 더 탁월하지만 창제와 보급의 주요 맥락으로 볼 때 문종의 업적 또한 그에 못지않은 가치와 의미를 지니고 있다.

문종의 훈민정음 발전 공로[5]는 첫째, 훈민정음 해설서와 동국정운 집필에 매우 중요한 구실을 한 『운회』의 번역을 그의 두 동생(이유, 이용)과 함께 총감독한 것이다.[6] 둘째, 문종은 왕세자의 경연인 서연에서 언문(훈민정음)을 강목으로 세워서 신하와 더불어 훈민정음을 토론하고 연구하였다.[7] 훈민정음 창제 직후인 1444년에 최만리 등 7인의 갑자 반대 상소에서도 왕세자가 훈민정음 연구에 많은 구실을 했다는 것이

---

5) 문종의 훈민정음 업적에 대해서는 권재선(1994 : 93-139)에서 집중 조명되었다.

6) 命集賢殿校理崔恒 副校理朴彭年 副修撰申叔舟・李善老・李塏 敦寧府注簿姜希顔等 詣議事廳 以諺文譯『韻會』 東宮與晋陽大君瑈 安平大君瑢監掌其事. 皆稟睿斷 賞賜稠重 供億優厚矣. -세종실록 1444년 2월 16일자.

7) 今書筵官十人, 除諺文醫書, 僅有臣等六人輪次進講. -세종실록 1447년 11월 14일자, 이석형 상소문.

나오지만 반포 후에도 지속적인 연구와 보급 정책에 관여했음을 보여주는 사건이다.

세조의 업적은 세 가지로 압축할 수 있다. 첫째, 왕자 시절에 최초의 훈민정음 산문집인『석보상절』을 직접 집필하였다. 또한 왕이 되어, 자신의 저서를 부왕이 지은『월인천강지곡』과 합치고 훈민정음 언해본을 붙여『월인석보』를 펴냈다. 이 책은 훈민정음 보급에 가장 큰 영향을 미쳤다고 볼 수 있다.

둘째, 세조는 세종의 훈민정음 보급 정책을 더욱 활성화시켰다. 과거 시험 과목에 '훈민정음'을 넣어 훈민정음이 제대로 퍼지게도 했다. 곧 세조가 임금이 된지 6년째인 1460년『훈민정음』과 훈민정음 발음 책인『동국정운』·『홍무정운』을 과거 시험에 넣어 외우게 했다. 이 때 예조의 신하들도 아뢰기를, "『훈민정음』은 선왕께서 손수 지으신 책이요,『동국정운』·『홍무정운』도 모두 선왕께서 직접 엮어 펴낸 책이라고 강조하며 과거 시험에 넣은 것이다. 또한 세조는 그 때의 최고의 대학이었던 성균관의 공부 과목에도 넣었다.

셋째는 1461년에 간경도감이라는 국가 정책 기관 설립을 통해 대량의 불경언해서를 지속적으로 간행했다. 1462년에는『능엄경』을 언해한 책 10권을 간행했고, 1463년에는,『법화경』, 1464년에는『선종영가집언해』,『금강경언해』,『심경언해』,『아미타경언해』, 1467년에는『목우자수심결언해』1권 등을 펴냈다. 이렇게 백성들에게 친근한 불경책을 쉬운 언문 번역서로 보급하여 훈민정음이 빨리 퍼질 수 있었다.

세조가 불경만 펴낸 것은 아니었다. 고전 시를 모아 놓은『명황계감』이란 책도 펴냈다. 이 책은 세종 임금이 1441년 집현전학자들에게 중국의 고전 시들을 한문으로 쓰게 한 책으로써, 세조가 훈민정음으로 번역하게 한 것이다. 이렇게 백성들에게도 이러한 중국의 고전시를 읽게 하여 지식수준을 높였던 것이다. 또한 세조는 1461년(세조 7)에 최항·한계희 등 30여 명에게 명해 한글을 사용해 누에고치에 관한 잠서를 언문으로 번역하여 세상에 널리 펴게 했다.

성종(1457~1494년, 재위 1469~1494년)의 가장 큰 업적은 한글 책을 백성들에게 직접 보급했다는 점이다. 세조가 간경도감을 통해 불경언해서를 지속적으로 많이 발간했다 하더라도 직접 보급 대상자는 사찰이나 전문가 영역에 머물렀을 것이다. 물론 궁극적으로는 백성에게까지 전파되길 바란 것이지만 실제 일반 백성들을 대상으로 보급한 흔적은 발견되지 않는다. 성종에 와서야 직접 보급 노력이 정책적으로 이루어진다.

첫 번째 업적은 언해 책 발간 보급이다. 1481년(성종 12)에 언문으로 된 『삼강행실열녀도』를 간행하여 부녀에게 강습하도록 예조에 교지를 내렸다. 1488년(성종 19) 9월 20일에는 『향약집성방』에서 일상생활에 절실한 것을 언문으로 번역하여 민간으로 펴게 했다. 1494년(성종 25) 4월 2일에는 소와 말에 관한 치료책인 『안기집(安驥集)』의 수우경(水牛經)을 이창신, 이거, 권오복 등으로 하여금 빨리 번역·반포하여 소와 말의 병을 치료하는 데 도움이 되게 하라고 승정원에 명했다. 이렇게 백성들을 대상으로 교화서와 실용서를 직접 보급하여 훈민정음을 널리 퍼지게 하였다.

두 번째 업적은 훈민정음을 공문서에 사용했다. 1479년(성종 10) 9월 4일에는 성종이 승정원에 언문과 한자가 섞인 글을 보내 대간이 관사에 대해 말한 것을 의논케 하였고, 이로부터 4년 후인 1483년에는 언서로 승정원에 사직 상소에 대한 유감을 표명하였으며, 그 다음해인 1485년에는 홍문관의 상소에 대해 언서로 의정부에 유시까지 하였다.

세 번째 업적은 성종은 언어생활에 많은 영향을 끼친 음악책도 펴냈다. 1493년, 성종 24년에 『악학궤범』을 펴낸 것이다. 『악학궤범』은 조선왕조 500년 역사에 유일한 음악지침서다. 이 책은 1493년 성종의 명에 따라 예조판서 성현 등이 엮었다. 더욱이 이 책에는 고려가요 일부가 한글로 기록되었다는 점이다. 음악책의 특성을 살려 구전되는 가요를 한글로 기록하여 구비 문학을 한글 기록으로 남게 하는 역사성을 살렸다.

선조(1552~1608, 재위 1567~1608)는 정치 측면에서는 부정적 평가를 많이 받지만 한글 측면에서는 성종 못지않은 업적을 남겼다. 선조의 첫째 업적은 세종 때부터 시도한 사서언해를 관청까지 설립하여 완성한 것이다. 1585년(선조 18)에 교정청을 설치하여, 1587년에 『소학언해』 전 6권 4책을 간행하였고, 1588년에는 사서·삼경의 음석(音釋)을 교정하고 언해를 마쳤다. 1590년에는 사서언해와 『효경언해』 등을, 1606년에는 『주역언해』를 간행했다.

선조의 두 번째 업적은 절실한 현실 문제에 직접 언문을 사용하여 언문의 역사적 행정적 가치를 높였다. 임진왜란 중에 훈민정음만으로 조정의 방문을 공표하였다. 임진왜란이 터진 1592년 8월 1일에 선조는 조정의 교서를 의병장이나 감사 등에게 언문으로 번역하게 하여 촌민들이 모두 알 수 있도록 하는 일을 의논하여 아뢰라고 했고 실제 그렇게 했다. 1593년에는 선조는 직접 포로들에게 알리는 국문 교서를 남겼다. 절박한 현실 속에서 한글의 효용성을 최대한 살린 것이다. 신분에 관계없이 모든 백성, 특히 하층민에게 나랏일을 알리기 위해 임금이 직접 한글로 발표한 것이다.

선조의 세 번째 업적은 1608년에는 허준으로 하여금 『언해두창집요』,

『언해태산집요』등을 간행하는데 온갖 지원을 아끼지 않았다.

정조(1752~1800, 재위 1776~1800)의 최대 한글 업적은 백성과의 소통을 위해 언문을 많이 사용했다는 점이다. 민본주의 차원에서 언문을 공문으로써 가장 많이 사용한 왕이다. 백두현(2009 : 288)에 의하면, "현재 남아 있는 왕의 한글 교서는 선조대 1건, 영조대 2건, 정조대 25건, 헌종대 1건, 고종대 3건으로 모두 31건이다."라고 보았다. 이런 기록을 바탕으로 정조대에 윤음이 통치 수단으로 가장 많이 활용된 것은 이상적인 왕도 정치를 구현하려는 정조의 의지에서 비롯된 것으로 평가했다.

정조는 1782년(정조 6) 12월 10일 실록 기록에 의하면, 정감록을 소지했던 죄인 안필복·안치복 등의 방면을 황해도 관찰사에게 명하면서 유시문과 결안문을 한문과 언문으로 옮겨 써서 죄수들에게 주고 수령들이 조정의 뜻을 선포하여 유신의 효과를 다하기에 힘쓰도록 하라고 명하고 있다. 이는 정조가 그냥 대수롭게 벌주던 죄수들에게까지 교화를 우선시해 민본주의에 얼마나 충실했는지를 보여 주는 사건이다. 이러한 민본주의 실천을 위해 언문을 적절히 사용할 줄 알았던 왕이었다. 다만 정조는 문체반정과 같이 보수 한문체 개혁을 시도했음에도 불구하고 한글을 주류 문자로 바꾸는 개혁을 못한 것은 한계였다.

고종(1852~1919, 재위 1863~1907)이 훈민정음과 관련된 특별한 개인 업적을 남긴 것은 없다. 그러나 고종이 갑오개혁을 통해 한글을 주류 공식 문자(국문)로 선언한 것은 크나큰 상징적 업적이 된다. 일본 영향이 있었다고 하지만 그 당시로서는 갑오개혁은 놀라운 것이었다. 이런 진보적 사건이 좀 더 일찍 자발적으로 이루어지지 않은 것이 문제였다.[8]

---

8) 고종이 갑오농민전쟁 진압을 위해 외국 군대를 끌어들이고 독립협회를 탄압한 것은 치명적인 오점이다.

고종의 최종 국문 칙령은 1895년 5월 8일에 "第九條, 法律命令은 다 國文으로써 本을 삼고 漢譯을 附ᄒ며 或國、漢文을 混用홈『조선왕조실록』"라고 선포되었다. '국문'이란 말이 처음 쓰인 것은 조금 더 거슬러 올라간다. 1년 전인 1894년 7월 8일, 기무처에서 관청이나 개인의 문서에 씌어 있는 유럽 문자를 국문으로 번역하는 건의안에 나오고 7월 12일 국가시험 규정안에서는 "一 普通試驗. 國文, 漢文, 寫字, 算術, 內國政, 外國事情, 內情外事, 俱發策.라고 하여 '국문'을 '한문'보다 앞세웠다.

그러나 안타깝게도 1895년 국문 칙령 이후 조선왕조실록은 한문체와 조사와 어미 정도만 한글로 바꾼 국한문체를 1910년 8월 27일까지 지속시킨다. 국문 칙령의 한계였고 조선의 한계였다. 한글만으로 소통되던 한글소설의 힘을 반영하지 못하고, 스스로 근대를 열지 못한 안타까운 역사였다.

공공 문서 발행에는 왕실 여성의 공로가 크다. 조선시대 훈민정음 보급의 1등 공로자는 왕실 여성이다.[9] 그들은 지속적인 공문서 발행으로 훈민정음의 공적 가치를 높이고 실제 훈민정음 확산에 결정적인 역할을 하였기 때문이다. 왕실 여성이라면 거의 예외가 없으나 대표적인 사람으로『내훈』의 저자 소혜왕후(인수대비) 한씨와 가장 강력한 행정문서를 훈민정음으로 발행하고 실제 훈민정음 기록물을 남긴 것으로 보이는 인목대비를 통해 조명해 보았다.

9) 왕실 여성의 공적 문서 업적에 대한 조명은 이근수(1978)에서 처음으로 이루어졌고, 김일근(1986 : 306-332)에서 더욱 조명되었다. 특히 김일근(1986)에서는 왕실 여성의 한글 문서를 '政法文書'라고 높게 평가했다. 백두현(2004)에서는 여성의 업적이, 김봉좌(2010)에서는 왕실 여성들의 한글 사용이 다방면으로 조명되었다. 이들 논저는 실록의 모든 기록을 대상으로 삼지는 않았다. 실록의 모든 기록을 대상으로 한 연구는 김슬옹(2005나)에서 이루어졌다.

인수대비 한씨[1437(세종 19)~1504(연산군 10)]는 성종의 생모다. 성종이 매우 탁월한 훈민정음 정책을 수행한 것이 생모의 영향으로 볼 수 있을 만큼 인수대비의 언문 활용 업적도 대단했다.

인수대비는 1475년(성종 6)에 중국의 교화서인『소학』,『열녀전』,『여교』,『명심보감』등의 네 책에서 부녀자들의 훈육에 요긴한 내용을 뽑아 3권 3책(또는 4책)의『내훈』을 편찬하여 간행했다.

이 책은 1573년(선조 6), 1611년(광해군 2), 1656년(효종 7)에 간행되었고, 1736년(영조 13)에는『어제내훈』으로 다시 간행됨으로써 조선 시대 내내 여성 교육서로서, 또는 교화서로서 매우 중요한 영향을 끼쳤다.

이 책이 일부에서 평가처럼 남성 위주의 지배 질서에 여성을 편입하려는 시도가 담겨 있다 하더라도 여성을 교육의 주체로 삼았다는 것은 그런 한계를 뛰어넘었다는 것이다.

인목대비 김씨[1584(선조 17)~1632(인조 10)]의 한글에 대한 남다른 업적은 일찍이 김일근(1961)에서 조명된 바 있다. 인목대비 관련 많은 저술들이 광해군으로부터 증살당한 영창대군(1606~1614) 어머니로서의 비극적 삶에 초점이 맞추어져 있으나 김일근(1961)은 인목대비가 한문과 언문 실력이 모두 출중했음을 밝히고 그 업적을 김일근(1986 : 58-59)에서 다시 조명하였다.

인목대비 사건은 한글 산문 책으로 유명한『계축일기(서궁일기)』로 남아 있다. 이 책은 한글로 기록된 문학책이자 역사서이다. 홍기원(2004)에서는 이 작품 저자가 기존의 궁중 나인이 아니라 인목대비라고까지 주장하고 있다. 아직 학계에서는 논란이 되고 있지만 인목대비가 이 작품을 직접 쓰지 않았더라도 어떤 방식으로든 직접 연관되어 있음은 분명하다.

　왕실 여성들은 거의 예외 없이 공문서를 한글로 발행하였지만 인목
대비는 인조반정 후에 핵심 권력 기관인 승정원까지 언문 교지를 내린
다. 1623년(인조 1) 3월 14일에는 신하들이 축하 받을 것을 청하자, 인목
대비는 한글 문서로 광해군의 열 가지 죄목을 들고 이어 하교하기를,
"종묘에 고유하는 의식을 아직 거행하지 못하였을 뿐 아니라 부모의
원수를 또한 처형하지 못했다. 어찌 백의로 진하를 받을 수 있겠는가.
축하하지 말라."라고 하였다.

　인목대비는 이 해 죽은 영창대군에게 시호를 내릴 것을 지시하는 언
문 교서를 승정원에 내렸고 1623년 10월 7일에는 이것을 문제 삼는 기
록이 나온다. 인목대비는 이에 아랑곳하지 않고 같은 달 29일에 언문
으로 영창 대군의 행장을 지어 내리니, 인조가 해당 관청에 명하여 시
호를 의논하여 정하라고 지시하였다. 절차상의 문제가 되기도 했지만,
국왕의 비서기관으로 핵심 권력 기관인 승정원에 언문 공문서를 내린
것이다.

　이때는 실제 관청에서 쓰이는 행정 공문서는 한자로 쓰던 시절이었
다. 이런 시절인데도 인목대비는 과감하게 핵심 관청에 한글 공문서를
보낸 것이다. 그만큼 한글의 힘이 커졌단 증거이기도 하다. 이렇게 대
비가 관청이나 남성 관리에게 공문서를 보내면 그 관청이나 남성 관리
도 반드시 한글로 답변을 해야 했다. 이렇게 한글로 문서가 오고 가면
서 한글은 더욱 발전하게 되었다.

　교육 분야는 훈민정음 보급과 발전의 직접적인 분야라는 측면에서
매우 중요하다. 더욱이 훈민정음은 공식 교육 기관에서 교육이 정식으
로 이루어지지는 않았다. 훈민정음 창제 반포 주체인 세종은 당연히
교육 분야 핵심 업적을 남겼지만 정책 분야에서 언급하였으므로 여기

서는 제외한다.

그렇다면 최세진[1465?(세조 11)~1542(중종 37)]의 업적이 가장 먼저 두드러진다. 최세진은 중인 신분이었으나 고급 관리 신분까지 올라갔으니 그의 업적이 어느 정도인지 짐작할 수 있다.[10] 조선왕조실록은 그가 죽었을 때 "최세진은 미천한 가문에서 태어났는데 어려서부터 학문에 힘썼으며 더욱이 중국어에 정통하였다. 관리가 되어서는 중국으로 가는 각종 공문서를 모두 그가 맡아보았고, 추천받아 발탁되어 벼슬이 2품에 이르렀다. 저서인 『언해효경(諺解孝經)』·『훈몽자회(訓蒙字會)』·『이문집람(吏文輯覽)』이 세상에 널리 펴졌다. 중종 37년 1542년 2월 10일"라고 높게 평가하고 주요 공적을 나열했을 정도다.

최세진의 가장 큰 업적은 실용적인 한글 교육의 틀을 마련한 것이다. 지금까지도 한글교육의 기본이 되는 '가갸거겨'로 회자되는 음절표는 최세진의 『훈몽자회』에서 비롯되었다. 훈몽자회에 표가 나온 것은 아니지만 훈몽자회 범례에 표가 될 수 있는 틀이 마련되어 있기 때문이다. 오늘날의 자모음 명칭도 훈몽자회에서 비롯되었다고 볼 수 있다.

최세진은 국가 통역사들이 일하던 사역원을 다니던 아버지 덕에 일찍부터 중국 회화를 익혔다. 그래서인지 중국 회화책 '노걸대'를 "你從那裏來 네 어드러로셔브터 온다(당신은 어디로부터 왔습니까?)"와 같이 번역해 널리 펴냈다. 원래 고려 말에 간행된 중국어 학습서로서는 『노걸대』 외에도 『박통사』가 있었다. 최세진은 외국어 원문에 당시 중국어의 음을 한글로 달고 언해한 것이다. 이렇게 최세진은 한어교재를 번역하면

---

10) 이때는 신분을 뛰어넘기가 하늘의 별따기만큼 어려운 시절이었다. 그런데도 양반들도 하기 힘든 정2품 벼슬까지 올랐다는 것은 그가 얼마나 뛰어난 업적을 남겼는지를 알려 주는 것이다.

서 한글의 우수성을 깨닫고 이를 중국어 학습서만이 아니라 한자 학습
서에도 이용하였다.

그가 훈민정음으로 『노걸대』, 『박통사』를 번역한 방법은 훗날 사역
원의 다른 외국어 학습교재에도 그대로 적용되어 모든 역학서들이 훈
민정음으로 발음을 표기하고 그 뜻을 언해하기에 이르렀다. 때문에 외
국어 학습에 괄목할 발전이 있었고 사역원의 역학서가 정비되었던 것
이다.

교육 분야에서 김안국[1478(성종 9)~1543(중종 38)]의 업적도 두드러진다.
김안국은 도학정치의 이론가이자 실천가로서 매우 뛰어난 업적을 남
겼다. 김안국은 "정몽주-길재-김숙자-김종직-김굉필"로 이어지는
사림파 가운데 기호학파의 주요 인물이었다. 1517년(중종 12)에 경상도
관찰사로 있을 때 각 향교에 『소학』을 나누어 가르치게 하고 『이륜행
실도언해』, 『정속언해』, 『여씨향약』 등의 교화서를 간행하여 널리 보
급했다.

이밖에도 『농서』와 『잠서』, 『벽온방』 등은 세종조에 이두로 번역하
여 인쇄 반포한 적이 있는데 희귀해서 언해를 붙여 개간하였다고 한
다. 『창진방』도 번역 개간한 적이 있으나 서울 인근에서 반포하지 않
아 경상도에 가져 가 간행 반포하였다.

이이[1536(중종 31)~1584(선조 17)]는 언문 학습의 간접 서책 구실을 한 사
서언해를 직접 집필해 교육 분야에서 조명할 필요가 있다. 더욱이 김
슬옹(2005 : 138)에서 밝혔듯이, 이이가 사대부로서 "별도로 훈사(訓辭)를
만들어 비복들에게까지 언문으로 번역해서 가르쳤다"[11]라는 것은 한

---

11) 下逮婢僕 參謁出入具有禮式 別作訓辭 諺譯敎訓 閨門如官府。會食一堂 絃歌游處 皆
   有禮節。雖當世之號爲講禮 致謹喪祭者 至於家敎之禮 皆莫能及 -앞뒤 줄임-선조

글 교육 분야에서 조명하는 의의를 충분하게 보여준다.

선조의 명으로 『사서율곡언해』, 『대학율곡언해』(1권), 『중용율곡언해』(1권), 『논어율곡언해』(4권), 『맹자율곡언해』(7권) 등을 집필했다. 선조는 원래 사서오경 모두를 맡겼으나 사서만 끝내고 오경은 못 끝내고 운명하여 간행되지 못했다.

1574년인 선조 7년에 유희춘이 선조의 명을 받들어 사서와 오경의 구결언해를 바치려 하다가, 이이에게 맡김이 옳다고 간하여 선조는 이이에게 사서와 오경의 언해를 지시하였다. 결국 이이는 『사서언해』만을 이루어 내고 오경에는 미치지 못하여 끝내 임금께 올리지 못했다. 영조 25년(1749)에 홍계희 등이 그 필사본을 선생의 후손 등에게서 얻어 『중용율곡언해』(1권)을 간행하여 오늘날에까지 전하게 되었다.

둘째는 이황과 마찬가지로 한글시조 작품을 남겼다. "高山 九曲潭을 사룸이 모르더니/誅茅卜居호니 벗님네 다 오신다/어즈버 武夷를 想像호고 學朱子(혹쥬즈)를 호리라"와 같이 노래했다.

교육 분야에서는 조선 말기 헐버트(Homer Bezaleel Hulbert, 1863~1949년) 업적도 주목해야 한다. 외국인으로서 한글 관련 업적을 남긴 이는 무척 많다. 익명의 어느 학회 선생님 지적처럼 "1838년에 『유합』을 만들어 서양에 소개한 독일 출신 네델란드인 지볼트(Siebold)를 비롯하여 앵베르 주교, 로스, 매킨타이어, 언더우드, 아펜젤러, 그리고 『한영자전』을 펴낸 게일, 스코트 『한불자전』을 펴낸 리델, 『노한사전』을 펴낸 푸칠로" 등의 업적도 소중하다. 이들을 대표하는 이로 헐버트를 뽑았다.

1890년(고종 27), 국운이 기울어가는 조선에서 이른바 한글전용 인문

수정실록, 선조 17년(1584), 1월 1일, 이조 판서 이이의 졸기.

지리 교과서 『사민필지』가 간행되었다. 이 교과서를 만든 이는 미국인 헐버트였다. 우리 스스로 근대적 한글전용 교과서를 낼 엄두를 못 낼 시기에 외국인이 「사민필지」 교과서를 낸 것이다.[12]

헐버트는 사민필지 서문에서 "중국 글자로는 모든 사람이 빨리 알며 널리 볼 수가 없고 조선 언문은 본국 글일뿐더러 선비와 백성과 남녀가 널리 보고 알기 쉬우니 슬프다! 조선 언문이 중국 글자에 비하여 크게 요긴하건만 사람들이 요긴한 줄도 알지 아니하고 업신여기니 어찌 아깝지 아니하리오."라고 그 당시 우리 현실을 개탄하고 있다.

이 책이 나온 지 6년 뒤에서야 고종의 국문 칙령이 나왔지만 고종과 조선은 외국인 충고를 따르지 못하고 국한문 혼용으로 시대적 타협을 꾀했다. 이밖에 헐버트는 한글의 과학성과 우수성을 해외 학계에 처음으로 알린 인물이기도 하다.

학문 분야는 워낙 폭이 넓을 수 있으므로 훈민정음에 대한 직접 연구자로 한정하였다. 신숙주와 같은 간접 연구자는 많지만 직접 연구자는 많지 않으며 융성기와 그 이후에 집중되어 있다. 물론 직접 연구자로 조선 말기의 주시경 등의 뛰어난 업적을 포함시켜야 할 것이다. 그러나 여기서는 조선의 정체성을 드러내 주는 사람으로 한정하였다. 주시경(1876~1914)은 조선 후기 사람으로 볼 수 있지만, 그의 학문과 운동 성향과 후대에 끼친 영향을 고려해 보면 조선의 정체성을 보여주는 위인이라기보다 조선 이후 새 시대에 속하는 사람으로 설정하여 여기서 다루지 않았다.[13]

---

12) 헐버트에 대한 종합 평가는 김동진(2000), 이대로(2010), 이현복(2010) 등에서 이루어졌다.
13) 이밖에도 의사이면서 국어학자였던 지석영(1855~1935), 1897년에 근대 한국어 문법 연구서를 펴낸 이봉운(?~?) 등이 있다.

이렇게 보면 이 분야는 <훈민정음> 해례본 집필의 주요 공로자인 정인지, 최항, 신숙주, 성삼문 등과 실학 시대의 신경준과 유희가 두드러진다.[14]

정인지[1396(태조 5)~1478(성종 9)]는 『훈민정음』 해설서 실무 책임자 역할을 한 것으로도 그의 공로는 입증이 된다. 더욱이 용비어천가와 <훈민정음> 해례본의 서문을 지었다. <훈민정음> 해례본 저술의 8대 공신으로 그가 쓴 서문(발문)은 세종의 서문을 완벽하게 풀이하여 훈민정음의 진정한 가치를 세상에 널리 알렸다.

정인지는 음악(아악보), 천문학(칠정산내편) 등을 저술하는 등 통섭적 지식인으로서 세종의 성향과 잘 어우러져 다방면에 업적을 남겼다. 이런 그의 능력에 힘입어 훈민정음 관련 프로젝트의 대표자로 이름을 남기게 된 것이다.

최항[1409(태종 9)~1474(성종 5)] 역시 정인지와 비슷한 길을 걸었지만 책임자나 리더십에 치중한 정인지와는 달리 핵심 연구 분야에서 실질적 공적을 남겼다. 용비어천가 발문을 쓰고 <훈민정음> 해례본 집필의 실질적인 실무 책임자 역할을 하였다. 역사와 어학에 조예가 깊어 『동국정운』, 『경국대전』 등 편찬 사업에 주도적으로 참여하였다.

1444년에는 집현전 교리로서 오례의주(五禮儀注) 편찬 및 운회 번역에 참여하였고, 이듬해에는 집현전 응교로서 『용비어천가』, 『동국정운』, 『훈민정음해례』 등을 함께 지었다. 1461년에는 양성지의 잠서를 한글로 번역·간행하였다.

신숙주[1417(태종 17)~1475(성종 6)]와 성삼문[1418(세종 0)~1456(세조 2)]도 학

---

14) 신경준과 유희의 학문적 업적에 대해서는 박태권(1970), 김석득(2009), 권재선(2000) 등에서 이루어졌다.

문 분야를 대표할 수 있다. 신숙주는 <훈민정음> 해례본 대표적인 집 필자이지만 그에 못지않은 업적은 1449년 동국정운을 펴낸 주축이라 는 점이다. 이 책 머리말에서 신숙주는 직접 "-앞줄임-말소리는 곧 훌륭한 사람의 길을 배우는 시작이다. 이리하여 우리 임금(세종)께서 말 소리에 마음을 두시고 모든 것을 두루 살피시고 훈민정음을 만드셔서 모든 후손들의 영원한 길을 열어 주셨도다. 이제『훈민정음』을 적으면 그 어떤 소리도 털끝만큼도 틀리지 아니하니, 훈민정음은 실로 소리를 전하는 중심 줄인지라. 아아, 소리를 살펴서 말소리를 알고, 말소리를 살펴서 음악을 알며, 음악을 살펴서 정치를 알게 되나니, 뒤에 보는 이 들이 반드시 얻는 바가 있으리로다."라고 선언하였다.

동국정운은 바로 가장 이상적인 말소리의 표준을 적은 책이다. 신숙 주는 동국정운이란 책을 펴낸 것만으로도 훈민정음 연구에서 위대한 업적을 남긴 것이다. 신숙주는 이두는 물론 중국어·일본어·몽골어· 여진어에 능통했으므로 훈민정음 연구와 보급에 커다란 역할을 할 수 있었다.

성삼문은 세조 타도를 주도한 사육신의 대표라는 점 때문에 훈민정 음 관련 업적이 잘 드러나지 않았다. 그나마 음운 연구에 대한 신숙주 와의 일화 때문에 그가 <훈민정음> 해례본 집필에 큰 공을 세웠다는 사실이 두루 알려져 있다. 곧 그는 신숙주와 함께 당시 요동에 귀양 와 있던 명나라 한림학사 황찬(黃瓚)에게 여러 차례 왕래하며 정확한 음운 을 배워오고, 명나라 사신을 따라 명나라에 가서 음운과 교육 제도를 연구해오는 등 1446년 훈민정음 반포에 큰 공헌을 하였다.15) 이외에도

---

15) 신숙주와 성삼문 등이 황찬에게 자문을 구한 기록은 실록에 두 번 나온다. 1445 년 1월 7일자에는 손수산과 함께 요동에 가서 운서에 대해 질문하러 세종이 파견

성삼문은 훈민정음의 해례와 『東國正韻』, 『洪武正韻譯訓』 등의 편찬에도 핵심 구실을 하였다.

신경준[1712(숙종 38)~1781(정조 5)]은 지리학자이자 언어학자이다. 그의 훈민정음 업적은 1750년(영조 26)에 지은 <훈민정음운해>로 드러난다. 이 책은 훈민정음의 작용, 조직, 기원을 논하여 과학적인 한글 연구의 기틀을 세운 것으로 평가된다. 훈민정음 창제 이후 가장 깊이 있는 훈민정음론이기에 더욱 가치가 있다.

<훈민정음> 해례본은 1940년에 안동에서 발견되었다. 그렇다면 영정조 시절의 음운학자들은 해례본을 보았을까가 의문이었으나 보지 못했을 것이라는 것이 중론이다. 실제 신경준의 저술을 보아도 해례본을 보고 쓴 것 같지는 않다. 그렇다면 해례본을 보지 않은 상태에서 훈민정음의 주요 원리를 집필한 것 자체가 큰 업적이다.

외솔 최현배는 한글갈(1942)에서 "정연한 체계의 한글갈을 세워, 위로는 신경준·유희의 유업을 잇고, 아래로는 주시경 스승의 가르침의 유업을 이루고자"하는 의도로 한글갈을 썼다고 했을 만큼 신경준의 업적을 높이 평가했다. 이 책은 신경준이 송나라 소옹의 『황극경세성음창화도』를 참고로 지은 필사본이지만 훈민정음의 과학적 독창성을 정확히 기술하였다.

유희[1773(영조 49)~1837(헌종 3)]의 한글 업적은 두 가지 저술을 통해 입증된다. 음운학서인 『언문지』와 우리말 연구서인 『물명고』가 그것이다. 이 또한 유희의 유고인 『문통』에 실려 있고, 『물명유고』라고도 한

했다는 기록, 성종 18년인 1487년 2월 2일에는 경연에서 이창신이 아뢰는 말에 세종이 황찬에게 어음과 자훈을 질문하러 두 신하를 파견했다는 기록(世宗朝遣申叔舟. 成三問等到遼東. 就黃瓚質正語音字訓)이다. 흔히 13번을 갔다 왔다는 얘기는 야사 쪽의 기록이다.

다. 원본은 필사본인데 전하지 않고 이를 전사한 여러 이본이 전한다.

『언문지』는 순조 24년인 1824년에 지은 한글과 한자음에 대한 연구서로 그의 문집 초고인『문통(文通)』에 수록되어 있다. 유희는 이 책을 최세진의『사성통해』를 읽고 난 뒤 쓰게 되었으나 이 책 속에는 최세진 외 신숙주, 박성원, 이광사, 이영익, 정동유 등 여러 학자의 학설을 꼼꼼히 인용하고 비판하고 있다. 특히 박성원이 쓴『화동정음통석운고(華東正音通釋韻考)』의 범례와 책 끝에서 언급한 '언문초중종삼성변(諺文初中終三聲辨)' 등을 바탕으로 하여, 한자음을 제대로 표기할 수 있는 훈민정음에 대해 논하고 있다. 이 과정에서 한글이 한자음뿐만 아니라 사람의 말소리 모두를 적을 수 있음을 강조하여 한글의 우수성을 간접적으로 드러내고 있다. 물론 이 책은 한글의 우수성을 드러내기 위한 책이 아니라 한자음 연구가 주목적이다.

본문은 서, 초성례, 중성례, 종성례, 전자례의 다섯 부분으로 구성되어 그가 보지 못한 <훈민정음> 해례본과 비슷한 구조를 보여 주고 있다. 이런 업적에 대해 최현배(1982)의 "신경준의『훈민정음도해』가 생겨난 지 70년 만에 또 새로운 괭이로 진리의 광을 캐어, 정연한 체계를 이룬 것은 용인의 출생, 유희의『언문지』이다."라는 평가는 옳다.

『물명고』는 1820년에 유희가 펴낸 분류 어휘사전이다. 물명을 한글 또는 한문으로 풀이하여 만들었는데, "겨으슬리(木 1b), 독갑이(石 1b), 썩풍덩이(昆蟲 2a), 쌔알매지기(草 3b)"와 같은 한글 표기 어휘가 1,666개에 달한다.

이 책은 유희가 농사꾼으로 산 경험이 담겨 있어서인지 다른 분류사전보다 더욱 섬세한 분류 체계를 보여주어 더욱 소중하다. 정주리 외(2006 : 171)에서 "한자 문화가 지배적이던 당시, 어쩔 수 없이 한자를 기본으로 하고 여기에 고유어를 덧붙이는 형식을 취했지만, 이는 우리말에 대한 애정이 없이는 나오기 힘든 것이었다."라는 평가를 내렸는데 이는 매우 적절한 것이다.

훈민정음을 학문 도구로 적극적으로 사용한 이는 이황이다. 이황[1501(연산군 7)~1570(선조 3)]은 정통 성리학자로서 직접 한글 작품과 훈민정음을 적용한 학술서를 남겼다. "古人(고인)도 날 못보고 나도 古人(고인) 못뵈/古人(고인)을 못봐도 녀던 길 앒희 잇네/녀던 길 앒희 잇거든 아니 녀고 엇뎰꼬『言學』"로 잘 알려진 한글 시조는 『도산십이곡』으로 삶의 자세와 배움의 자세를 노래하고 있어 일종의 교육서 역할을 하였다.

첫째, 이황은 시조를 생활 속에서 즐겼고 이현보의 어부사를 좋아했다. 이황은 이현보의 어부사에 대한 발문과 도산십이곡 후기를 함께 남겨 모국어에 담긴 진정한 가치를 알았던 철학자임을 알 수 있다. 우리말과 교육에 대한 이황의 남다른 열정을 볼 수 있고, 도산십이곡은 그의 바람대로 시조 문학과 교육에 많은 영향을 끼쳤다.

둘째, 이황은 논어를 풀이하고 해설한 『논어석의』에서 알 수 있듯이 성리학 탐구에 언문을 적극 활용하였다. 그냥 활용한 것이 아니라 언문으로 인하여 더욱 깊은 철학과 사유를 이룰 수 있었던 것으로 보인다. 이황은 『논어석의』를 기존의 각종 주석서나 언해서의 잘못을 바로잡고 제자들 교육을 위해 이 책을 엮었다. 따라서 『논어석의』는 성리학을 배우는 후학들의 주요 지침서가 되었다.

꼿꼿한 관리로 이름을 날린 학봉 김성일(1538~1593)이 전쟁터에서 아내에게 보낸 한글 편지가 유명한데(안귀남, 2004) 바로 김성일이 이황의 제자이다. 스승에게서 배운 한글 사랑을 실천한 것이라 볼 수 있다. 김성일은 그의 문집 '학봉집'의 퇴계 선생 언행록에서 스승의 글에 대해

"쉽고 명백한 것은 선생의 학문이요, 정대하여 빛나는 것은 선생의 도 (道)요, 따스하고 봄 바람 같고 상서로운 구름 같은 것은 선생의 덕(德) 이요, 무명이나 명주처럼 질박하고 콩이나 조처럼 담담한 것은 선생의 글이었다."라고 남기고 있다.

문학 분야 공적을 남긴 사람은 아주 많아 뽑기가 더욱 어렵지만 여 러 기준을 적용하여 사대부 작가, 사대부 작가이자 평론가 , 평민 출신 문학가이자 문학인, 여성, 이름 없는 전기수 노인 등을 통해 조명하였다.

사대부 문학가로서 정철(1536~1593), 윤선도(1587~1671) 등의 한글 업적 도 탁월하지만 이와 같은 사대부 작가들의 문학 업적은 김만중을 대표 로 뽑아 조명하였다. 이밖에도 백두현(2011)에서 집중 조명하였듯이. 한 글 편지를 100매 이상 남긴 곽씨 언간의 주인공 곽주와 같은 선비도 조명을 받아야 할 것이다.

허균[1569(선조 2)~1618(광해군 10)]은 주류 양반이었으나 스스로 비주류 길을 택한 의로운 이였다. 서자가 아닌 그가 서자들 입장에서 아버지 를 아버지라 부르지 못하는 양반 사회의 모순에 한글문학으로 맞섬으 로써 그는 한글과 문학을 동시에 빛냈다.

양반사회에서 모순의 상징인 한문에 반하는 한글문학을 택한 것 자 체가 양반들의 잘못된 세상을 꼬집은 것이다. 양반 사회를 비판한 작 품으로는 정조 임금 때 박지원(1737~1805)이 쓴 양반전이 있지만, 홍길동 전은 한문으로 된 양반전보다 100여 년이나 앞서 한글로 나온 홍길동 전이기에 더욱 가치가 있다.

『홍길동전』 이야기의 배경 시대가 한글이 만들어진 '세종' 때인 것 도 특이하다. 아마도 소통을 중요하게 여겨 한글을 창제한 세종 시대 를 배경으로 삼음으로써 서자들이 아버지를 아버지라고 부를 수조차 없는 소통이 안 되는 현실을 꼬집는 상징적 장치가 아니었을까 생각해 본다.

선조 때는 임진왜란으로 최고의 고난의 시기였지만 한글로 보아서 는 한글 사용 양상이 질적으로 변화된 시기였다. 그만큼 한글은 하층 민인 민중의 힘이었다. 허균은 이런 흐름을 정확히 읽은 뛰어난 양반 이요 지식인이었다. 허균은 "글은 뜻이 통하면 된다."고 생각했고 그래 서 민중들이 아무리 쉽게 써도 모르는 한자를 버리고 누구나 쉽게 알 수 있는 한글을 선택한 것이다. 실용성을 중시하는 실학자의 대표격인 박지원도 흉내내지 못한 일을 그보다 100여 년 앞서 이룩한 것이라 더 욱 가치가 있다.

이런 맥락으로 『홍길동전』은 그 시대 최고의 작품이었고 영원히 우 리 가슴에 살아 있는 작품이 되었다. 허균은 그가 바라던 세상을 못 이 루고 죽었지만, 그가 남긴 소설은 시대를 뛰어넘는 더 큰 혁명을 이룩 한 셈이다.

허균이 한글로 남긴 작품이 홍길동전 외는 없다는 비판도 있으나 실 제 그의 한글 표기 작품이 발견되었다. "送오吳참參군군子子어魚대大형 兄환還텬天됴朝"라는 제목으로 "혼恨힝行초初상相식識/힝行힝行성生별 別리離/경經혼 魂디知유有몽夢/츠此별別공恐무無긔期/마馬슈首셔西풍風 환換/운雲단壇츄秋안雁비飛/금今됴朝명明경鏡니裡/쳥靑빈貧뎡定셩成ᄉ 絲_허균, 출전 : 吳明濟─『朝鮮詩選』"와 같이 한글 표기를 앞세우고 있다.

김만중[1637(인조 15)~1692(숙종 18)]의 최대 업적은 한글 문학 작품을 직 접 남겼다는 것이다.

[표 1] 김만중의 한글 관련 작품 현황(김슬옹 2012 : 290)

갈래	이름	지은 때	표기/판본	덧붙임
소설	구운몽	1687년(숙종 13) 9월부터 이듬해 11월 사이 * 선천(宣川) 유배지에서	한글본(필사본, 간행본), 한문본(필사본, 간행본) 등 다양한 판본	
	사씨남정기	1689년(숙종 15)~1692년(숙종 18)	한글본(목판본·활자본·필사본), 한문본(김춘택)	
행장	선비정경부인행장 *윤씨행장	1690	한문본, 한글본(어느 것이 먼저인지 논란이 됨)	
평론	서포만필	? 1687~1692	한문본(필사본)	한글문학 중요성 강조
문집	서포집	1702년(숙종 28) *아들 김진화 편집 간행	한문본(목판본, 10권 2책)	선비정경부인행장 수록(한글본과 내용 같음)

둘째는 한글의 가치를 '국서'라는 용어를 통해 가장 높이 평가했다는 것이다. 서포만필에서 "松江關東別曲 前後思美人歌 乃我東之離騷 而其以不可以文字寫之 故惟樂人輩 口相授受 或傳以國書而已"라고 하여, 한자를 뜻하는 '文字'와 대비시켜 '國書'라고 일컫고 있다. '국서'는 '國字'와 같은 뜻으로 '나랏글'이란 뜻이다. 이는 용어 자체로만 본다면 고종 국문 칙령에 나오는 '국문'에 버금가는 용어이다. 이러한 한글에 대한 의미 부여는 단순히 문학 차원은 아니다. 김만중은 "서역의 범어 문자는 초성·중성·종성으로 합해져 글자를 이루니, 그 생성이 무궁하다. 원의 세조 때 서역승 파사파가 그 문체를 변화시켜 몽고 글자를 만들었고, 우리나라도 이로 말미암아 언문을 만들었다."라고 통찰했을 만큼

훈민정음에 대한 식견이 높았다.

셋째는 그가 양반들이 두루 꺼리었던 소설뿐 아니라 한글문학을 추켜세운 평론을 남겼다는 것은 훈민정음 발달사에서 대단히 중요한 의미를 지닌 것이다. 핵심 양반 계층이면서 한글문학의 중요성을 평론과 실제 작품으로 남긴 유일한 양반이며, 실제 삶속에서 한글 사랑을 실천한 사람이다.

조선 후기에 문학이 널리 퍼지게 된 데는 김수장[1690년(숙종 16)~?]과 김천택[1680년대 말 추정~미상] 같은 평민 출신들이 엮은 문학작품이 큰 구실을 하였다. 김수장의 한글 업적은 『해동가요』라는 시조집 편찬으로 드러난다. 이책은 특히 『청구영언』, 『가곡원류』와 함께 3대 시조집으로 자리매김 되어 있다. 일종의 정악으로 더 많이 유통되던 시조 가사를 한글화했다는데 큰 의미가 있다. 이 책은 영조 22년(1746) 경에 편찬에 착수하여 9년만인 영조 31년(1755)에 초간본이 만들어졌고, 다시 8년만인 영조 39년(1763)에 이 초찬본을 수정·보완하여 김수장 자신의 서문을 달고 개간본이 나왔다. 이후에도 수정과 보완을 거듭하여 영조 45년(1769)에 제 3차본이 완성되었다

현재는 김수장이 편찬한 원래의 책은 전하지 않고 이를 베껴 적은 필사본들만이 전하는데 체제가 이 책보다 앞서 나온 『청구영언』과 뒤에 나온 『가곡원류』와 다르다. 『청구영언』은 때로는 음악 중심으로 때로는 작가 중심으로 엮었지만, 이 책은 오로지 작가 중심으로 엮어 시조 창작의 주체를 분명히 하는 전략을 썼다.

김수장은 평민 출신으로 직접 사설시조를 지었기에 더욱 돋보인다. "이 시름 져 시름 여러 가지 시름 防牌鳶에 細細 成文ᄒ여/春正月 上元日에 西風이 고이 불쎄 올白絲 ᄒᆞᆫ 얼레를 ᄆᆞᆺ가지 풀어 씌울쎄 큰 盞에

술을 부어 마즘막 餞送호즈 둥게둥게 둥둥 떠서 놉고 놉피 소스올라 白龍의 구븨갓치 굼틀 뒤틀 뒤틀어져 굴음 속에 들거고나 東海바다 건너가셔 외로이 셧는 남개 걸엇다가/風蕭蕭 雨落落홀쎄 自然 消滅호여라"와 같은 사설시조는 평시조와는 달리 하층민까지 참여하여 풍부한 생활 시가로서 생생한 삶을 담아 냈기에 더욱 가치가 있다. 김수장의 작가로서의 업적 또한 평민의 삶을 역사에 드러내는 성과를 거두고 있다.

김천택은 생몰 연대가 불확실하지만 『청구영언』(1728, 영조 4)을 펴낸 것만으로도 매우 중요한 업적을 남겼다. 이 책의 가장 큰 의의는 임금, 사대부들의 작품과 서민의 작품까지 또 남성과 여성의 작품을 한데 모아 계층별, 성별 한글 소통의 상징적 장을 열었다는 것이다. 또한 노래와 같이 입으로만 전하던 구비 문학을 한글로 생생하게 적어 한글의 문학적 가치와 글말로서의 가치를 드높였다.

또한 조선 후기의 문학은 보이지 않은 힘을 상징하는 업적으로 전기수(낭송구연가) 노인들을 들 수 있다. '전기수'는 조선 18세기 이후에 활동했던 낭송구연가를 뜻하는 보통 명사다. 그들의 실명을 알 수 없기에 그들 대표로 조수삼[1762(영조 38)~1849년(헌종)]이 지은 『추재기이(秋齋紀異)』에 나오는 전기수 노인을 조선 후기 한글소설 발달의 공로자 대표로 뽑았다.[16)

이 노인은 동대문 밖에 사는데 언문으로 쓴 이야기책인『숙향전』, 『소대성전』, 『심청전』, 『설인귀전』 따위의 전기소설을 매달 초하루에는 청계천 제일교, 초이틀에는 제이교, 초사흘에는 배오개, 초나흘에는 교

---

16) 이 책은 "허경진 옮김. 2008. 추재기이; 18세기 조선의 기인열전. 서해문집, 안대회. 2010. 추재기이; 타고난 이야기꾼, 추재 조수삼이 들려주는 조선 후기 마이러니티들의 인생 이야기. 한겨레출판" 등으로 완역되었다.

동 입구, 초닷새에는 대사동 입구, 초엿새에는 종루 앞에 앉아서 읽었다고 한다. 이렇게 한 달 단위로 옮겨 다니며 노인이 전기소설을 잘 읽었기 때문에 많이 사람들이 몰려들어 들었다고 한다.

18, 19세기는 한글소설이 빠르게 퍼진 시기다. 이러한 한글소설을 바탕으로 수많은 필사본이나 방각본이 유통되었지만 보통 사람들이 그런 책을 구하는 것이 쉬운 일은 아니었다. 이 때 소설을 통째로 외워 마치 구연 동화하듯이 구성지게 들려주는 낭송구연가 직업이 인기를 끈 것이다. 이들이 대개 암기하여 낭송하였지만 한글소설책을 들고 다녔을 것이고 청중들은 한글소설의 매력에 직간접으로 빠져들었을 것이다. 그렇다면 한글소설을 열심히 필사하고 또 필사본을 가지고 영업을 한 세책업자들, 일부 인쇄하여 판매한 방각업자들도 한글 발달의 공로자들이다. 저 이름없는 전기수 노인을 이들을 대표하는 이로 뽑는데 반대할 이들은 없을 것이다.

종교 분야는 유교, 불교, 천주교, 기독교, 동학, 도교 등 다양하게 있으나 여기서는 불교와 천주교, 기독교, 동학 등을 다룬다. 불교는 초기 훈민정음 보급에 결정적인 역할을 하였고, 천주교는 조선 말기에 매우 큰 구실을 하였다. 유교는 성리학 관련 교화 분야에서 다루어졌고 다른 종교의 한글 업적도 중요하지만 여기서는 영향력 차원에서 다루지 않았다. 종교 분야 한글 문헌에 대한 종합적 고찰은 민현식(2004), 홍윤표(2011)에서 이루어졌다.

불교 분야에서는 신미대사(1405?~1480?)가 두드러진다. 세종 32년(1450) 1월 26일의 세종실록 기록에 의하면, 세종이 불사(佛事)를 일으켜, 신미대사를 불러 침실 안으로 맞아들여 법사(法事)를 베풀게 하였을 뿐만 아니라 높은 예절로써 대우하였다고 하였다. 세종대왕이 유언을 통해 신미대사에게 '선교도총섭 밀전정법 비지쌍운 우국이세 원융무애 혜각 존자(禪敎都摠攝 密傳正法 悲智雙運 祐國利世 圓融無碍 慧覺尊者)'라는 긴 법호를 내릴 정도였으니 세종과 신미대사의 사이가 얼마나 가까웠는지를 알 수 있다. 1462년 세조가 남긴 '상원사 어첩'이라는 한글 간찰(월정사 성보 박물관 소장)에 의하면, 세조는 대군 시절부터 신미를 스승으로 모셨다 고 한다. 세조가 대군 시절 아버지를 도와 훈민정음 연구에 많이 기여 한 만큼 신미 또한 이런 훈민정음 프로젝트에 관여했음을 보여주는 기 록이라 볼 수 있다. 신미대사가 세종, 세조와 가까운 이유가 단지 불교 만의 문제가 아님을 알 수 있다. 신미대사는 훈민정음 연구와 반포에 매우 큰 역할을 하였다.[17] 단지 불교에 배타적인 조선 사회의 분위기 때문에 제대로 드러나지 않았을 뿐이다. 신미대사의 동생인 김수온도 불경 번역을 통해 훈민정음 보급 발전에 기여했으니 중종 때의 김안 국, 김정국 형제와 더불어 형제가 기여한 드문 예에 속한다.

객관적으로 드러난 신미대사의 주요 공적은 첫째, 불경 언해 업적이 다. 기록에 남아 있는 불경언해서만 하더라도 "능엄경(언해), 원각경(언 해), 목우자수심결(언해), 선종영가집(언해), 사법어(언해)" 등이 있다. 신미 대사가 훈민정음에 매우 조예가 깊었음을 알 수 있다. 이밖에도 '석보 상절'의 편집을 실질적으로 이끌기도 했다.

둘째, 신미대사는 최초로 언문으로 국가 기관에 상소문을 올렸다. 예종 1년(1469) 6월 27일에 신미대사가 비밀 언문 상소를 올렸다(예종실 록). 신미대사는 나라에서 『금강경』과 『법화경』을 강의하게 하여 스님 억제 정책을 시행하려 하자, "중으로서 경전을 외는 자는 간혹 있으나,

---

17) 신미대사의 훈민정음 관련 공적은 이재형(2004)에서 정리되었다.

만약에 외워 강의하게 하면 천 명이나 만 명 중에 겨우 한둘뿐일 것이 니, 원컨대 다만 외는 것만으로 시험하게 하소서."라고 시험 수준을 낮 춰달라고 상소하였다. 관련 법이 시행되기도 전에 이런 상소가 올라가 자 예종이 신미대사를 광평 대군 옛 집에 연금시켰다는 기사다.

기독교 분야에서는 정약종[1760(영조 36)~1801(순조 1)]의 업적을 통해 조 명해 보았다. 18세기 이후 언문을 적극적으로 활용하여 대중포교에 성 공한 종교가 천주교와 기독교이다. 일찍이 언해 전통을 가지고 있는 불교가 한문식 경전 암송으로 우리말과 훈민정음 사용 차원에서 퇴보 한 반면에 천주교와 기독교는 한글을 종교 생활에서 가장 요긴한 도구 로 활용하였다.[18)

이러한 훈민정음을 통한 기독교 문화 확산에 상징적, 실제적 역할을 한 이가 정약용의 셋째 형인 정약종이다. 정약종은 1801년 순교당하기 전인 1790년대 말에 『주교요지』라는 한글교리서를 우리나라 최초로 저 술하였다. 이 책은 한글 번역 성경이 없던 시기에 간행되었음을 주목 해야 한다. 번역 한글 성경이 처음 나온 것은 1882년(고종 19)에 『누가복 음』과 『요한복음』이 나왔으므로 『주교요지』는 무려 80여년이 앞선 다.[19)

『주교요지』는 선교사 다블뤼(Daveluy) 주교가 1864년에 목판본으로 간 행한 뒤, 목판본과 활판본으로 여러 번 간행되었다. 홍윤표(2011)에 의하 면, 1885년에 간행된 책과 1897년에 간행된 활판본 등이 있다.

19세기 후반인, 1860년에 최제우가 창시한 '동학'은 1905년에 손병희

---

18) 기독교와 한글에 대해서는 전택부(1978), 정두희(2003) 참조.
19) 1883년에는 천주교 교리 관련 대목을 뽑아 설명한 『성교감략(聖教鑑略)』이 나왔 다. 1884년에 『마가복음』이, 1887년에 『신약전서』가 나온 뒤 1910년에서야 『구약 전서』가 완성된다. 그 뒤 1910년에는 『구약전서』의 번역이 완성되어 간행되었다.

에 의해 '천도교'로 고쳐진 민족 종교로 경전이 <동경대전(東經大全)>과 <용담유사(龍潭遺詞)>이다. <동경대전>은 한문으로 되어 있지만, <용담유사>는 한글 가사체로 되어 있고, 목판본과 목활자본, 필사본과 연활자본 등의 다양한 이본들로 보아 한자 모르는 일반 백성들에게 파급 효과가 컸음을 알 수 있다.

실용[20] 분야는 폭이 대단히 넓지만 대표적인 분야로 의학, 생활, 병서 분야 등을 들 수 있다. 의학 분야에서는 허준[1546(명종 1)~1615(광해군 7)]의 업적을 들 수 있다.

허준은 이제 조선의 명의가 아니라 동아시아의 명의로 평가되고 있다. 그의 명저『동의보감』이 중국과 일본에서도 꽤 인기를 끌면서 권위를 인정받아 왔기 때문이다. 이 책은 허준이 우리나라와 중국의 의서를 참고하여 저술하여 1613년(광해군 5)에 내의원에서 25권 25책으로 간행한 한의서다. 한문으로 저술되었지만 이중 탕액편 3권 3책은 약물명을 한글로 써 놓아 그것 자체가 대단한 자료적 가치를 제공해 준다. 한글로 쓰인 향약명이 약 640개나 된다. 생명과 직결되는 향약명이었기에 이러한 기록이 더욱 소중하다. 이 책 역시 이본이 많다는 것은 그만큼 많이 읽혔다는 것이다. 허준은 양반의 서자로 태어나 신분의 한계를 극복하고 최고의 한의사로서 최고의 저술을 남긴 것이다. 허준의 한글 업적은 이와 같이 임금 지시에 의해 펴낸 저술에서 드러난다.

허준이 쓴 많은 책 가운데 한글 관련 책만 들어보기로 한다. 임진왜란으로『두창집요』와 같은 천연두(두창)에 관한 책이 없어져 허준이 다시『두창집요』를 1601년에 편찬하고 1608년 내의원에서 목판본으로 출

---

20) 여기서 미처 조명하지 못한 실용 분야의 업적은 이상규(2011)를 참조할 수 있다.

판한 뒤 이 책을 언해하여 『언해두창집요』를 펴내 백성들이 사용하기 쉽게 하였다. 『언해태산집요』 역시 1608년에 허준이 왕명을 받아 저술한 아기낳기와 태아보호에 관한 의서로 1책으로 되어 있고 각 항목마다 한글로 번역되어 있다.

발진티푸스 또는 장티푸스와 같은 질병에 관한 책인 『신찬벽온방』은 허준이 왕명을 받아 저술하여 1613년에 편찬한 전염병의 예방과 치료에 관한 의서로 1책으로 되어 있으며 내의원에서 간행했다. 『신찬벽온방』은 『간이벽온방』보다 체계적이고 실용적인 치료법들이어서 전염병 치료의 참고서로 널리 이용되었다고 한다. 『벽역신방』은 1613년 허준이 왕명을 받아 편찬한 것을 그해 12월 내의원에서 간행했다.

이렇게 허준은 의서를 다방면으로 내면서 한글 의학서도 함께 집필하여 의학 지식을 정리하고 많은 질병을 치료함으로써 의학과 질병치료를 통해 한글을 빛냈다.

조선 후기의 실용 분야는 여성들에 의해 이루어졌다. 대표적인 이로 안동장씨[1598(선조 31)~1680(숙종 6)]와 빙허각이씨[1759(영조 35)~1824(순조 24)]를 들 수 있다.

안동장씨의 한글 업적은 실용서의 백미인 음식 조리서를 한글로 펴냈다는 데 있다. 그가 펴낸 『음식디미방』은 17세기 후반에 조리법을 한글로 적은 책이다. 우리나라 영남 지방의 토속 음식을 만드는 법을 상세하게 소개했다. 전해 내려오거나 스스로 개발한 조리법을 한글로 기록하여 전통 음식의 맥을 잇게 하였다. 마치 만두를 직접 빚으면서 설명을 듣는 듯한 착각에 빠질 정도로 당시로서는 파격적인 구어체 문장으로 설명하고 있다. 만두 만드는 방법뿐만 아니라 맛을 내는 방법, 주의점, 각종 식품의 특성 등을 소상하고도 생동감 넘치게 기술하였다.

한글 사용의 실용적 가치를 한껏 높인 저술이다.

빙허각이씨의 한글 공로는 『규합총서』라는 단 한 권의 저술로도 족하다. 그만큼 이 책의 가치가 높다는 것이다. 『규합총서』는 생활총서로서 19세기 초인 1809년(순조 9)에 집필되었다.[21]

이 책은 빙허각이씨가 의식주에 관한 가정 생활 지침이 되는 일을 모아 한글로 기록한 실용적인 가정백과전서이다. 사회적 저술 환경이 매우 불리한 여성의 입장에서 당당하게 저술하고 세상에 드러냈다.

원래 『규합총서』는 오늘날 전하지 않는 『빙허각전서(憑虛閣全書)』의 제 1부였다고 한다.(1939년 1월 31일자 동아일보 기사) 이 책은 빙허각 이씨의 시가가 되는 서씨(徐氏)의 후손 집에서 발견되었다고 한다. 이 전서는 총 3부 11책으로 제 1부가 모두 5책으로 된 『규합총서』로서 주식(酒食), 봉임(縫紝), 산업(産業), 의복(醫卜) 등의 내용을 유별(類別)로 분류하여 한글로 기록하였다고 한다.[22] 각 항목의 끝에는 자신이 직접 실행해 본 결과 등을 작은 글씨로 밝혀 놓아 저술에 얽힌 그의 실증적 태도를 더욱 잘 알 수 있다.

이 책의 후대 영향은 현전하는 『규합총서』는 그 내용을 간추려 실은 후대의 책으로 목판본과 필사본으로 된 많은 이본을 가지고 있음에서도 알 수 있다. 특히 서울대 규장각 등에 소장되어 온 '부인필지(婦人必

---

21) 이 책의 저작 연대는 정양완 필사본 서문에 따른다. 한글디지털 박물관 이영경 해제를 인용하면 다음과 같다.
　서문 첫머리의 "긔ᄉ ᄀᆞ을의 ᄂᆡ 도호 ᄒᆡᆼ뎡의 집ᄒᆞ야(기사 가을에 내 동호 행정에 집을 삼아) …"에서는 그 저작 연대를 추정할 수 있다. 여기의 '긔ᄉ'는 이씨 생전의 기사년이어야 하므로 이 책의 저작 연대는 저자가 51세 때인 1809년(순종 9)인 것으로 생각된다.
22) 규합총서의 내용 구조 분석은 이길표·최배영(1996) 참조. 정양완 소장의 필사본 서문에 의하면 이 책은 『주사의(酒食議)』, 『봉임칙(縫紝則)』, 『산가락(山家樂)』, 『청낭결(靑囊訣)』, 『술수략(術數略)』의 5편으로 구성되었다.

知)'라는 필사본도 『규합총서』의 이본이라고 한다. 이러한 이본은 이 책이 여성들 사이에서 실제 생활 지침서로 이용되었다는 증거다.

3) 인물 설정 원리

인물 설정 원리의 첫째는 계층 원리이다. 최대한 다양한 계층의 역할을 조명해 보자는 것이다. 훈민정음 발달이 지배층 위주로 이루어졌으므로 지배층을 많이 뽑을 수밖에 없지만 그 가운데 다른 계층을 좀 더 적극적으로 조명하는 다중 전략이 필요하다. 그런 의미에서 문학 쪽에서 조명한 조선 후기의 평민 출신의 김수장, 김천택을 조명한 것이며 교육 분야에서 헐버트와 같은 외국인을 조명한 것이다.

둘째는 성별 원리이다. 성별 원리는 여성을 배려하는 원리이기도 하다. 조선시대가 남성 위주의 사회였으므로 여성의 능동적 역할은 더욱 부각시킬 필요가 있다. 여성 가운데 왕실 여성들의 업적은 가장 두드러진다. 공적 문서에서 훈민정음을 지속적으로 사용했기 때문이다.

이렇게 역사 전면에서 업적을 남긴 왕실 여성 못지 않게 한글 발전의 저력을 형성하는 것은 이름 없는 여성들의 한글 사용이다. 조선시대 훈민정음 발달에는 왕실 여성들 못지않게 양반가의 여성들이나 황진이와 같은 여류 문학가들의 구실이 무척 컸다. 이를 대표하는 이로 원이 엄마를 뽑았다. 원이 엄마는 사대부 이응태(1555~1586)의 아내로 죽은 남편 무덤에 넣은 추도문인 한글 편지를 남겼다. 물론 무덤 속에 있던 한글 편지가 무슨 영향을 끼쳤을 리는 없다. 그러나 그렇게 겉으로 드러나지는 않았지만 묵묵히 한글을 써 온 조선의 여인들을 상징해 주는 의미가 있어 뽑은 것이다.

편지는 갑자기 죽은 남편에게 보낸 편지이므로 1586년에 쓴 것으로 추정한다. 발견된 민간의 한글 간찰로는 매우 이른 시기에 쓴 것으로 이 편지의 상징성과 역사적 중요성으로 인해 원이 엄마를 훈민정음 발전 공로자로 뽑았다. 원이 엄마는 사대부가의 여인이라고 하지만 역사에서 이름 없이 평범하게 살다간 사람들이 훈민정음 발전에 끼친 공로의 대표다.

"자내 샹해 날ᄃᆞ려 닐오디 둘히 머리 셰도록 사다가 홈의 죽쟈 ᄒᆞ시더니 엇디ᄒᆞ야 나ᄅᆞᆯ 두고 자내 몬져 가시ᄂᆞᆫ 날ᄒᆞ고 ᄌᆞ식ᄒᆞ며 뉘 그걸ᄒᆞ야 엇디 ᄒᆞ야 살라 ᄒᆞ야 다 더디고 자내 몬져 가시ᄂᆞᆫ고"라고 시작하는 편지는 죽음으로도 갈라놓을 수 없는 부부 사랑의 깊이와 남편 죽음으로 인한 절박한 삶의 현실을 함께 보여주는 비가이자 연가이다. 섬세한 감정의 세계를 적어낼 수 있는 한글이 있었기에 가능한 피맺힌 토로이며 표현이다.

유명한 사대부의 한글 작품보다 이것이 더욱 가치가 있는 것은 '원이 엄마'처럼 자신의 이름으로 불릴 수 없으면서 역사의 뒤편에서 묵묵히 살아가는 사람들의 흔적이기에 그렇다.

셋째는 업적 원리이다. 실제 어떤 업적을 남겼느냐가 중요하다. 물론 가시적이고 지속적인 업적이 기본이지만 특정 분야에서는 희소 가치가 더 중요할 수 있다. 업적에 대한 조명은 효과 원리와 연계되어 있다. 곧 질적 효과, 양적 효과, 상징 효과, 지속 효과는 업적에서 비롯되는 것이기 때문이다.

네 번째로 대표성 원리가 필요하다. 이는 같은 분야에서 뛰어난 인물이 많이 나올 경우 다른 분야에 대한 안배 차원에서 대표자를 뽑는 원리이다. 다만 이 글은 대표를 뽑기 위한 것은 아니지만 특정 인물을 통해 여러 원리를 검증하다 보니 특정 인물을 뽑았다. 이러한 점은 분야별 조명에서 언급하였으므로 여기서는 자세한 논의는 생략한다.

4) 효과 설정 원리

효과는 특정 인물이나 업적이 당대에 끼친 영향뿐만 아니라 후대의 역사적 평가 측면의 영향까지를 가리킨다. 따라서 양적 효과, 질적 효과뿐만 아니라 상징 효과, 지속 효과까지를 아우른 것이다. 물론 이러한 효과를 객관적으로 검증하는 것은 상당 부분 거의 불가능하다. 제한된 사료에 의존해야 하는 경우가 많지만 총체적인 맥락 속에서 어느 정도 규명은 가능하다고 본다. 또한 현대의 과학적 방법론에 의해 객관적으로 증명해야만 역사적 진실과 의미를 드러내는 것은 아니라는 점이다.

그리고 네 가지 효과는 동일하게 적용되지 않는다. 469년의 역사를 조명하는 작업이므로 어떤 경우는 양적 효과를 어떤 경우는 질적 효과를, 어떤 맥락에서는 상징 효과를 따지는 식이다. 정약종의 업적은 양적으로는 적지만 한글교리서 『주교교리』를 처음 펴내 질적인 평가를 받는 경우다.

물론 신숙주와 같이 양적, 질적 모두 뛰어난 업적을 남긴 사람도 있다. 또한 양과 질을 떠나 상징적 효과를 낸 사람도 있다. 애절한 한글 편지를 남긴 원이 엄마는 보통 사람들의 한글 사용이 주는 상징적 효과가 크다. 마지막으로 얼마나 지속적인 영향을 끼쳤느냐도 중요하다.

여기서 뽑은 대부분의 한글 업적은 질적이든 양적이든 매우 중요한 것
이므로 모두 지속적 가치를 지니고 있다. 그동안 잘못된 역사 맥락이
나 교육으로 인해 지속적 효과가 없는 경우도 있었다. 이를테면 신미
대사의 경우가 그렇다. 그렇다면 이런 식의 선정 작업이 그런 잘못을
바로잡고 지속적 의미를 부여하는 작업이 될 것이다.

3. 맺음말

훈민정음 발달사를 총체적으로 규명하는 원리로 시기, 분야, 인물,
효과 네 가지를 설정하였다. 인물, 분야, 시기, 효과와 그 맥락을 통해
훈민정음 발달 맥락을 객관적으로, 총체적으로 규명하는 것이 주요 목
표이다. 여기서 조명한 인물 업적을 종합하는 것으로 결론에 대신한다.

[표 2] 조선시대 각 분야별 주요 인물의 한글 관련 주요 업적

분야	인물	주요 공적 요약	계층	시기
정책	세종	훈민정음 창제와 보급 정책	임금	반포기~보급기
	문종, 세조	훈민정음 초기 보급, 불교 언해서 간행 외		반포기~보급기
	성종	유교 언해서 백성들에게 직접 보급 외		반포기~보급기
	선조	사서언해 간행, 한글 포고문 발표		확산기
	정조	한글 공식 문서(윤음서 외) 발행		융성기
	고종	국문 칙령 시행		융성기
	인수대비	여성 교육서 『내훈』 언해본 편찬		보급기

	인목대비	한글 공문서 발행 왕실 여성 대표	대비	확산기
교육	최세진	훈민정음 교육, 외국어 학습서 집필	중인	보급기
	김안국	일반 백성들에게 언해서 교육	사대부	확산기
	이황	한글 시조 창작, 시조를 통한 교육, 언해를 통해 최고의 학문적 성과를 이룸		
	이이	사서언해서 집필, 훈민정음 교육		
	헐버트	최초 한글교과서 『사민필지』, 한글 우수성 해외에 처음으로 알림	외국인	
학문	정인지	각종 한글 서적 집필 대표	사대부	반포기~보급기
	최항	<훈민정음> 해례본, <용비어천가> 집필 주도 외		
	신숙주	<훈민정음> 해례본, <동국정운> 등 주요 책 집필		
	이황	한글 시조 창작, 시조를 통한 교육, 언해를 통해 최고의 학문적 성과를 이룸		확산기
	신경준	훈민정음 연구서 간행	사대부	융성기
	유희	훈민정음 연구서와 『물명고』 집필	사대부/농민	
문학	허균	최초의 한글창작소설 집필	사대부	확산기
	김만중	한글 평론과 작품 두루 빼어남		
	김수장, 김천택	한글 시조 모음집 『해동가요』 편찬	평민	융성기
	원이 엄마	한글 편지를 통해 한글생활 실천	양반 여성	확산기
	전기수 노인	한글 책 낭송으로 한글문화 이바지	노인	융성기
종교	신미대사	불교 언해서 발간	스님	반포~보급기
	정약종	천주교 한글 교리서 『주교요지』 발간	사대부	융성기

실용	최제우	한글 경전 『용담유사』 발간	사대부	융성기
	허준	의서 언해서 집필	양반/서인	확산기
	안동장씨와 빙허각이씨	실용서 집필	양반/여성	융성기

시기별 인물 분포의 특징은 정책 핵심 주체인 임금의 역할이 각 시기별로 두드러지며 창제 반포기나 보급기에서는 사대부들의 역할이 컸지만 확산기나 융성기로 오면서 다양한 층위 사람들의 공적이 있음을 알 수 있다.

결론 조선시대의 훈민정음 발전 맥락

　조선 왕조는 하층민을 배려한 전무후무한 위대한 소리 문자를 만든 나라이면서 또 그러한 문자를 철저하게 비주류 공식문자로 묶어둔 안타까운 나라였다. 이율배반인 것 같지만 주류 공식문자인 한문의 역할과 비주류 공식문자인 훈민정음의 역할과 쓰임새를 상보적 관계로 묶어둠으로써 이율배반성을 극복했다.

　왕과 사대부층은 자신들의 특권적 권위와 지위를 유지할 수 있는 공식문자인 한자와 최소한의 소통이 가능하고 한자가 가지고 있는 절대적 언어 모순을 극복할 수 있는 또 다른 공식문자를 만들어 새로운 시대의 질서를 재편할 수 있었다.

　지배층은 제2의 공식문자인 훈민정음을 마치 같은 뿌리(아버지, 나라)에서 나온 서자와 같은 지위를 부여하되, 서자와는 달리 철저하게 고유 역할을 부여하여 제 갈 길을 열어주고 다독이는 이중적이면서 상보적인 문자 체계를 만들었다. 조선은 조선왕조실록과 각종 공문서, 비석문 등에서 훈민정음을 배제함으로써 주류 공식문자인 한문의 위치를 공고하게 한 대신 한문이 넘볼 수 없는 여성의 언어생활과 하층민 중심의 소통과 문학 영역에서는 훈민정음의 가치를 부여함으로써 이중 문자 체계를 지속시켰다.

<채봉감별곡>이라는 조선 후기의 고전 소설을 보면 채봉이가 한문을 잘해 현감(사또)의 행정 업무 비서로 발탁된 이야기가 나온다. 지배층 남성 중심의 주류 한문으로부터 철저하게 배제된 여성의 욕망을 담은 것이다. 다만 양반과 남성과 한문 위주의 질서를 부정하기보다 거기에 동경하고 편입하려는 것은 시대의 한계이자 작가의 한계일 것이다.

조선시대 공통 입말은 있지만 공통 글말(common written language, 공통어)은 없다. 한자도 훈민정음도 모든 계층에게 두루 통하는 문자는 아니었다. 지배층에게는 제1의 공식문자(한자)가 공통 글말이 될 수 없음을 잘 알고 있었고 그것이 그들에게 매력이자 한계로 다가왔다. 그러나 훈민정음은 실제로는 공통 글말이 아니었으나 그런 가능성이 있는 절대적인 매력이 있었다. 그 틈새를 파고든 계층은 중인도 평민도 하층민도 아닌 바로 여성이었다.

이제 다시 한 번 훈민정음 보급 발전의 큰 흐름을 짚어볼 필요가 있다. 가장 중요한 핵심 요인으로 첫 번째는 훈민정음 문자 자체의 과학성과 우수성이다. 비주류 문자로서 일정한 영역을 지켜내며 발전한 요인으로 살아남을 수밖에 없는 문자의 기본 바탕을 주목하지 않을 수 없을 것이다(9장 참조). 물론 외적인 사회문화적 요인이 더불어 작용함을 잘 안다. 다만 한문의 벽은 의외로 견고했고 배타적이었으며 그런 분위기 속에 살아남은 가장 중요한 요인이 무엇이냐는 것이다. 당연히 다양한 요인이 있겠지만 그중 가장 중요한 요인을 훈민정음의 자생성에서 찾자는 것이다.

두 번째 요인으로 비주류 공식문자로서의 '비주류성'을 주목할 필요가 있다. 부정적인 비주류성이 발전 요인이라면 모두가 의아하게 생각할 수 있다. 그러나 조선의 현실을 조금만 들여다보면 이런 역설적 효과를 금방 이해할 수 있다. 만일 훈민정음이 자주적이고 뛰어난 문자라고 해서 주류 문자인 한자를 대체하려 했다면 오히려 살아남지 못했을 것이다. 그런 시도는 동아시아 질서와 그 당시 신분 질서에 대한 혁명을 의미하기 때문이다. 조선 중기 때까지는 혁명이 가능한 시대가 아니었다. 조선 후기는 가능은 했지만 그 당시 사회 여건상 이룰 수도 없었고 이루지도 못했다.

세 번째 요인은 문학의 힘이다. 문학은 훈민정음 보급 발전의 핵심 축이었다. 다양한 계층의 괴리와 갈등을 넘어설 수 있는 것이 문학의 힘이었다. 그래서 다양한 문학 양식에 쓰여 다양한 계층을 넘나들며 발전했다. 최초의 훈민정음 보급 텍스트도 <용비어천가>, <석보상절>, <월인천강지곡> 등과 같은 문학이었다. <두시언해>, 시조, 가사 등은 지배층을 훈민정음 애호가로 끌어들였고, 조선 후기의 사설시조나 소설 등은 여성과 피지배층을 주축으로 발전할 수 있었고, 지배층과 피지배층을 넘나드는 다계층 소통이 이루어져 훈민정음 발달에 결정적인 역할을 하였다.

네 번째 요인은 교육의 힘이다. 조선시대 내내 훈민정음을 직접 교육하는 교육과정이나 제도 등이 마련되지는 않았으나 언해서를 통한 간접 교육, 가정에서의 비공식 교육 등을 통해 훈민정음은 더욱 널리 퍼지고 발전할 수 있었다.

다섯 번째 요인은 종교 역할이다. 훈민정음 보급 초기에는 불교가 큰 역할을 하였고, 중기 이후에는 유교가, 후기에는 기독교가 훈민정음 보급과 발전의 기폭제 역할을 하였다. 불교 측면은 세종과 세조 중심의 왕실 취향과 전통적인 민심 교화 측면에서 불경언해서를 통한 구실이 컸다. 또한 조선은 유교 국가를 표방한 만큼 유교 관련 경전도 언해를 중심으로 결정적인 역할을 하였다. 조선 후기는 기독교의 한글 성경이 근대적 한글 사용의 중요한 역할을 하였다.

여섯 번째 요인은 실용성이다. 실용 서적을 통한 훈민정음 보급은 성리학적 이념에 치우친 조선 지배층의 성향 때문에 다른 분야에 비해 덜 발달하였다. 그러나 지배층에 의한 의학 언해서와 같은 실용서는 생존의 필수 요소였기에 큰 비중을 차지할 수밖에 없었다. 또한 한글 편지와 같은 실용적 글쓰기는 여성을 중심으로 사대부 계층에게까지 폭넓은 발전의 흐름이 되었다.

이러한 여섯 가지 요인을 통시적인 흐름에 따라 단계별로 설정해보면 아홉 단계로 나눠 살펴볼 수 있다.

1단계는 훈민정음 창제 과정이다. 세종은 천지인 삼재 사상과 자연주의 통합 언어학에 의해 훈민정음을 창제했고 전무후무한 소리글자의 세계를 열었다. 앞에서 훈민정음이 비주류 문자로 살아남을 수 있었던 핵심 요인이 훈민정음 자체의 힘에 있었다고 했는데 바로 그 힘은 세종의 문자 창제 사상에 담겨 있다. 천지자연의 소리에 걸맞은 천지자연의 문자라는 보편주의를 추구하다 보니 조선의 말소리를 가장 잘 적을 수 있었던 특수성도 충족하게 되었다. 훈민정음은 모음 중심의 문자다. 모음의 원형 문자에 적용한 천지인 삼재를 통해 거시적인 보편 원리를 적용하였고, 자음의 원형 문자 다섯은 오행과 발음기관이라는 미시적 보편 원리를 적용하였다. 더욱 중요한 것은 모음자를 중심으로 자음자를 입체적으로 조직적으로 배치하는 어울림의 자연주의, 생태주의 글자 생성 원리를 이뤘다. 천지인(모음)이라는 어울림의 거대한 자연 흐름 속에서 오행의 오묘한 자연(발음 기관, 자음)이 결합되어 아기자기한 소리의 세계를 열어가는 문자, 그것이 훈민정음이다.

2단계는 악장과 같은 시가문학을 통한 보급이다. 기획 저자인 세종과 정인지 외 13인의 공저인 <용비어천가>와 세종이 직접 지은 <월인천강지곡>이 그것이다. 세종과 정인지 등은 1445년 우리말(國言) 노래를 짓고 한시와 기본 주해를 단 1차 저술을 끝낸 뒤 1446년 훈민정음 해설서 완성과 더불어 한글시와 자세한 주석을 달아 1447년에 <용비어천가>를 간행했다. 이 문학작품으로 인해 왕조의 정당성과 훈민정음 창제의 정당성을 동시에 확보함으로써 훈민정음의 실질적 보급의 기틀을 마련했다. <월인천강지곡>은 훈민정음 위주의 표기와 현대 맞춤법의 틀이 되는 표기법을 적용함으로써 역시 훈민정음에 주류 문자의 꿈을 담았다.

3단계는 불교 중심의 보급이다. 세종이 기획하고 세조가 왕자 시절 대표 집필한 최초의 훈민정음 표기 산문집이 <석보상절>이다. 세종은 이 책과 더불어 찬불가 <월인천강지곡>을 지었고, 세조는 두 책을 재구성한 뒤 <훈민정음> 언해본을 덧붙여 <월인석보>라는 놀라운 훈민정음 보급용 책을 만들어냈다. 이 책은 훈민정음 보급에 가장 중요한 역할을 한 초기 서책으로 보편적 전통과 전통적 종교를 담고, 거기에 훈민정음 창제 동기와 목표, 기본 사용법을 담은 책이다. 이는 단순한 합본책이 아니라 고도의 통합 전략을 담은 책이었다. 이렇게 불교와 민심에 기댄 세종과 세조의 불경언해서 보급 정책은 세조에 의해 많은 불경언해서가 국가 기관(간경도감)을 통해 지속적으로 발간되어 훈민정음 보급의 실질적 힘이 되었다.

4단계는 국가 이념(성리학)과 교육, 또는 유교와 교육을 결합하여 훈민정음을 널리 보급한 단계다. <삼강행실도언해>, <소학언해>와 같은 성리학과 유교 생활 언해서에 의한 실질적 교화 언해서 보급은 지배층

뿐만 아니라 여성 등 소외 계층에까지 훈민정음이 지속적으로 보급되는 결과를 가져왔다.

5단계는 생활서를 통한 보급이다. 절박한 삶의 문제 해결을 하기 위한 노력으로 의학언해서, 한글 약재명이 들어간 <동의보감>, 병서 등이 편찬되어 실용적인 한글 사용의 가치를 높였다.

6단계는 역시 문학의 힘으로 지배층과 피지배층을 넘나드는 문학을 통한 자생적 한글 발전이다. 시조의 경우는 일종의 정악으로 사대부의 교양 역할을 해 이황, 이이 등 대유학자들도 이러한 한글 시가문학에 참여하는 계기를 마련했다. 또한 시조, 가사 등은 비주류 기생과 평민층도 참여하는 문학 갈래가 되어 폭넓은 훈민정음 보급 발전이 이루어지는 힘이 되었다.

특히 편지문학은 여성을 중심으로 사대부 남성을 비롯하여 다양한 계층이 참여하는 주요 장치였기에 이를 통해 조선 후기에 매우 중요한 훈민정음 소통 문화를 이룰 수 있었다.

7단계는 소통의 힘이다. 영조, 정조 시기로 오면 하층민을 배려한 소통 노력이 이루어져 윤음서와 국가 포고문이 한문뿐만 아니라 언문으로도 작성되어 동시에 공표되었다. 각종 윤음서가 언해되어 일반 백성들에게까지 전파되었다.

8단계는 생활 분야의 발전으로 자생적 실용서가 편찬되고 보급되었다. 특히 빙허각 이씨에 의한 <규합총서>, 안동 장씨에 의해 <음식디미방> 등이 발간되어 훈민정음에 의한 실용적 생활 한글 사용 영역에 양적 질적 변화를 가져왔다.

9단계는 기독교가 자생적으로 발생하기도 하고 서양 선교사에 의해 더욱 널리 퍼지면서 한글 성경이 발간되어 한글 발전에 이바지하였다.

이런 흐름 속에서 훈민정음은 꾸준히 발달할 수 있었으나 조선왕조와 지배층은 끝내 훈민정음을 주류 문자로 전환시키지 못했고 왕조의 멸망과 식민지배로 전락하는 비운을 맞았다. 그나마 1894년 훈민정음을 주류 문자로 선언하였지만 실제 그 뜻을 이루지 못한 채 1910년 왕조의 문을 닫았다. 왕조의 멸망과 더불어 새롭게 탄생한 '한글'은 새로운 시대에 희망의 상징이자 도구가 되었다.

참고문헌

〈교과서〉

김대행 외 8인(2011), 『고등학교 국어』 상·하, 천재교육.
김병권 외 11인(2011), 『고등학교 국어』 상·하, 더텍스트.
김종철 외 9인(2011), 『고등』국어 상·하, 천재교육.
문영진 외 7인(2011), 『고등학교 국어』 상·하, 창비.
민현식 외 11인(2011), 『고등학교 국어』 상·하, 좋은책신사고.
박갑수 외 7인(2011), 『고등국어』 상, 지학사.
박영목 외 10인(2011), 『고등학교 국어』 상·하, 천재교육.
박호영 외 7인(2011), 『고등학교 국어』 상·하, (주)유웨이중앙교육.
방민호 외 7인(2011), 『고등학교 국어』 상·하, (주)지학사.
오세영 외 8인(2011), 『고등학교 국어』 상·하, 해냄에듀.
우한용 외 20인(2011), 『고등학교 국어』 상·하, 두산동아.
윤여탁 외 12인(2011), 『고등학교 국어』 상·하, (주)미래엔컬처그룹.
윤희원 외 11인(2011), 『고등학교 국어』 상·하, (주)금성출판사.
이삼형 외 7인(2011), 『고등학교 국어』 상·하, (주)도서출판 디딤돌.
조남현 외 7인(2011), 『고등학교 국어』 상·하, (주)교학사.
한철우 외 11인(2011), 『고등학교 국어』 상·하, 비상교육.

서울대학교 국어교육연구소(2002/2006), 『고등학교 문법 교과서』, 교육인적자원부,
    278.

〈누리집〉

국가 기록 영상관 http://film.ktv.go.kr.
국가 기록원 http://www.archives.go.kr.
국가 문화 유산 종합 정보 서비스 http://www.heritage.go.kr.

국가 지식 포털 https : //www.knowledge.go.kr.

국사 편찬 위원회 http://www.history.go.kr.

네이트 한국학 http://koreandb.nate.com.

독립 기념관 http://www.i815.or.kr.

동북아 역사 재단 http://www.historyfoundation.kr.

디지털 한글박물관 http://www.hangeulmuseum.org/.

문화재청 http://www.cha.go.kr.

서울대학교 규장각 http://kyujanggak.snu.ac.kr.

역사 문제 연구소 http://www.kistory.or.kr.

역사 문화 학교 http://www.koreaschool.co.kr/.

유네스코 세계 유산 http://www.unesco.or.kr/whc.

음식디미방 http://dimibang.yyg.go.kr/

조선왕조실록 http://sillok.history.go.kr.

한국 고전 번역원 http://www.itkc.or.kr.

한국 역사 정보 통합 시스템 http://www.koreanhistory.or.kr.

한국역사정보시스템 http://koreanhistory.or.k.

한국학 중앙 연구원 http://www.aks.ac.kr.

〈문헌 해제와 문헌 목록 관련 단행본〉

고려대학교 민족문화연구소(1971), 『韓國圖書解題』, 고려대학교민족문화연구소.

곽정식(1997), 『古典資料講讀』, 신지서원.

국립중앙도서관(1970/1992), 『善本解題』 上, 下, 경인문화사.

국어연구회 편(1992), 『국어사자료와 국어학의 연구』, 문학과 지성사.

규장각(1978~1987), 『奎章閣韓國本圖書解題』, 서울대학교도서관.

규장각(1994~2003), 『奎章閣韓國本圖書解題 續集』, 서울대학교도서관.

규장각(2001), 『奎章閣所藏 語文學資料』(語學篇 2책, 文學篇 3책), 서울대학교도서관.

김목한 외(2000), 『장서각 한글자료 해제』, 한국정신문화연구원.

김석득·박종국·최기호 편(2001), 『한글 옛 문헌 정보 조사 연구』, 문화관광부.

김영진(1982), 『農林水産 古文獻 備要』, 韓國農村經濟研究院.

김윤경(1938), 『朝鮮文字及語學史』, 朝鮮圖書出版館.

김지용(1971), 「국어·국자의 보급 발전에 기여한 문헌 고」, 『한글학회 50돌 기념논문집』, 한글학회.

남풍현(1998), 「고대 국어 자료·국어학의 삼대 자료」, 『국어의 시대별 변천 연구 3 — 고대 국어』, 국립국어연구원.

박종국(2003), 『한글문헌 해제』, 세종대왕기념사업회.

서울대학교 도서관(1993), 『규장각 한국본 도서해제』, 서울대학교 출판부.

송일기·노기춘(2003), 『해남 녹우당의 고문헌』, 태학사.

안병희(1979), 「中世語의 한글 資料에 대한 綜合的인 考察」, 『奎章閣』 3집, 서울대 도서관 ; 재수록 : 안병희(1992), 「중세국어의 한글 자료」, 『국어사 자료 연구』, 문학과지성사.

안병희(1992), 『國語史 資料 研究』, 문학과지성사.

양태진(1990), 『알기 쉬운 옛책풀이』, 법경출판사.

유탁일(1981), 『완판방각소설의 문헌학적 연구』, 學文社.

유탁일(1989), 『韓國文獻學研究』, 아세아문화사.

육군본부(1979), 「古兵書解題」, 『병서연구』 6집.

윤병태 편(1972), 『韓國書誌年表』, 한국도서관협회.

윤형두(2003), 『옛 책의 한글판본』, 범우사.

윤형두(2007), 『옛 책의 한글판본 Ⅱ』, 범우사.

이상은(1987), 『고서목록』, 보경문화사.

이현희(1996), 「중세국어자료(한글문헌)」, 『국어의 시대별 변천·실태 연구 — 중세 국어』 1, 국립국어연구원.

이현희(1999), 「개화기 국어 자료」, 『국어의 시대별 변천 연구 4 — 개화기 국어』, 국립국어연구원.

정재영 외(2000), 『정조대의 한글문헌』, 문헌과해석사.

조선총독부(1932), 『朝鮮圖書解題』, 朝鮮通信社.

조희웅(1999), 『고전소설 이본목록』, 집문당.

조희웅(2000), 『고전소설 문헌정보』, 집문당.

조희웅(2000), 『고전소설 작품연구총람』, 집문당.

천혜봉(1990), 『韓國典籍印刷史』, 범우사.

천혜봉(2003), 『日本 蓬左文庫 韓國典籍』, 지식산업사.

최현배(1983), 『고친 한글갈』, 정음사.

충북대학교 박물관(2002), 『순천김씨묘 출토 간찰』.

한국도서관학연구회(1976), 『韓國古印刷史』, 한국도서관학연구회.

한국어세계화재단(2004), 『100대 한글 문화유산 정비 사업 결과 보고서』, 문화관광부.

한국정신문화연구원(1991), 『한국민족문화대백과사전』, 한국정신문화연구원.

한국정신문화연구원(1999), 『藏書閣古小說解題』, 한국정신문화연구원.

한국정신문화연구원(2000), 『장서각한글자료해제』, 한국정신문화연구원.

허　웅 외(1974/2000 : 2판), 『한국의 명저』, 세종대왕기념사업회.

홍윤표(1993), 『國語史 文獻資料 研究(近代篇 I)』, 태학사.

홍윤표(1994), 『근대국어연구(I)』, 태학사.

홍윤표(1997), 「근대국어자료」, 『국어의 시대별 변천 연구－근대 국어』 2, 국립국어연구원.

江田俊雄(1934), 「朝鮮語譯佛典に就いて」, 『靑丘學叢』 15.

三木 榮(1973), 『朝鮮醫書誌(增補版)』, 大阪 : 學術圖書刊行會.

小倉進平(1940), 『增訂朝鮮語學史』, 東京 : 刀江書院.

前間恭作(1944.56.57), 『古鮮冊譜 I ⅢⅢ, 東京 : 東洋文庫.

黑田 亮(1986), 『朝鮮舊書考, 東京 : 岌沽書院.

Courant, Maurice(1894~1896, 1899), Bibliographie coréenne I, Ⅱ, Ⅲ, Paris : Ernest Leroux, and Supplément, Paris : Imprimerie Nationale, [李嬉載 譯(1994), 韓國書誌(수정번역판), 일조각].

〈도록류〉

강릉시립박물관(1989), 『명안공주관련유물도록』, 강릉시립박물관.

국립중앙박물관(2000), 『겨레의 글 한글』, 국립중앙박물관.

국립중앙박물관(2003), 『빛나는 옛책들 : 혜전 송성문 기증 국보』, 통천문화사.

문화체육관광부(2011), 한글 고문서를 통해 본 조선 사람들의 삶, 글로벌콘텐츠 출판그룹.

삼성문화재단(1996), 『호암미술관 명품도록Ⅱ』, 삼성문화재단.

삼성출판문화박물관(1991), 『교과서특별기획전』, 삼성출판문화박물관.

삼성출판문화박물관(1993), 『한국여성문화자료 특별전』, 삼성출판박물관.

서울대 규장각(1998), 『조선왕조실록과 기록문화』, 서울대학교 규장각.

서울대 규장각(2000), 『규장각 명품도록』, 서울대학교 규장각.

서울대 규장각(2000), 『정조, 그 시대와 문화』, 서울대학교 규장각.

서울대 도서관(1990), 『奎章閣과 18세기 韓國文化』, 서울대학교 도서관.

서울역사박물관(2002), 『서울역사박물관 도록』, 서울역사박물관.

서울역사박물관(2002), 『조선여인의 삶과 문화(서울역사박물관 개관기념 특별전)』, 서울역사박물관.

성보문화재단(1999), 『호림박물관 명품선집 II』, 성보문화재단.

송일기(2004), 『송광사 성보박물관 불서전시 도록』, 태학사.

안춘근(1991), 『옛책』, 대원사.

영남대 도서관(1997), 『古書·古文書展示會』, 영남대학교 중앙도서관.

예술의전당 서울서예박물관(2004), 『秋史 한글편지』, 우일출판사.

이재정 외(2008), 『금속활자에 담은 빛나는 한글』, 국립중앙박물관.

조효종·구일회·유호선 외 엮음(2010), 『사농공상의 나라 조선』, 국립중앙박물관.

천혜봉(1989), 『고인쇄』, 대원사.

천혜봉(1993), 『한국금속활자본』, 범우사.

천혜봉(1993), 『한국목활자본』, 범우사.

천혜봉 편(1986), 『韓國文化財大系 : 國寶』 23, 24(書藝—典籍 I II), 藝耕産業社.

청주고인쇄박물관(2001), 『청주고인쇄박물관 도록』, 청주고인쇄박물관.

한국정신문화연구원 장서각(2004), 『아름다운 글자, 한글』, 이회문화사.

한글학회(1995), 『한글사랑·나라사랑』, 문화체육부.

〈사전〉

국립국어원(2012), 『표준국어대사전(온라인판)』, http://stdweb2.korean.go.kr.

남영신(2002), 『한+국어사전 소사전』, 성안당.

서울대학교 국어교육연구소(1999), 『국어교육학 사전』, 대교출판.

서울大學校 東亞文化研究所 編(1983), 『國語國文學事典』, 新丘文化社.

연세대언어정보개발연구원(1998), 『연세대 한국어 사전』, 두산동아.

연세대학교 언어정보개발연구원(2003), 『연세 초등국어사전』, 두산동아.

한글학회(1992), 『우리말 큰사전(네 권)』, 어문각.

〈일반 단행본과 논문, 자료〉

가인현(2004), 「조선조 서원 교육이 민족정신 계도에 미친 영향 : 조선조 후기를 중심
    으로」, 청주대 교육대학원 석사학위 논문.

강내희(2000), 「종결어미 '-다'와 한국 언어의 근대성의 형성」, 『근대성의 충격 The
    Impact of Modernities』(국제학술지 '흔적/迹/Traces' 서울 학술대회 The Multilingual
    Journal Traces Conference in Seoul), '흔적' 편집위원단, 한국예술종합학교 영
    상원.

강동엽(2008), 『조선 지식인의 문학과 현실인식 — 허균·박지원·김시습』, 박이정.

강명관(1985), 「한문폐지론과 애국계몽기의 국·한문논쟁」, 『한국한문학연구』 8집, 한
    국한문학회.

강명관(2002), 「『삼강행실도』: 약자에게 가해진 도덕의 폭력」, 『한국고전여성문학연구』
    5집, 월인.

강명관(2007), 『책벌레들 조선을 만들다』, 푸른역사.

강미희(2003), 「아동 그림책으로서 삼강행실도(三綱行實圖)의 특성과 가치 연구」, 『幼兒
    敎育研究』 23권 4호, 한국유아교육학회.

강미희(2005), 「삼강행실도의 아동교육사적 가치 연구」, 『열린유아교육연구』 10권 3
    호, 열린유아교육학회.

강병륜(1989), 「순천김씨간찰의 어휘 비교」, 『어문논집』 6·7집, 청주대학교.

강봉수(2002), 「三綱五倫 『行實圖』類書에 함의된 전통 도덕교육의 방법과 원리」, 『國民
    倫理研究』 46호, 韓國國民倫理學會.

강상호(1989), 『조선어입말체연구』, 평양 : 사회과학출판사.

강순애(2000), 「새로 발견된 내의원자본 언해두창집요의 연구」, 『書誌學研究』 19, 서지
    학회.

강신항(1957), 「李朝初 佛經諺解 經緯에 對하여」, 『國語研究』 1, 國語研究會.

강신항(1958), 「龍飛御天歌의 編纂經緯에 對하여」, 『文理大學報』 6-1, 국어연구회.

강신항(1963), 「燕山君 諺文禁壓에 대한 挿疑 : 國語學史上에 미친 影響의 有無를 中心
    으로」, 『진단학보』 24, 진단학회.

강신항(1993), 「'한글갈'의 훈민정음」, 『새국어생활』 3권 3호, 국립국어연구원.

강신항(1994), 「龍飛御天歌內 反切의 性格」, 『진단학보』 78.

강신항(2003), 『수정 증보 訓民正音 硏究』, 성균관대학교 출판부.

강준만(2007), 『역사는 커뮤니케이션이다』, 인물과사상사.

강희숙(2010), 「나주임씨 언간의 구개음화 교정 현상 연구」, 『한글』 289호, 한글학회.

경일남(1996), 「고전소설의 삽입서간 연구」, 『어문연구』 28집, 어문연구회.

고니시도시오(1995), 「『三綱行實孝子圖』의 漢文과 諺解文 對照」, 『국어학논집』 2, 서울
　　　　대 국어국문학과 편, 태학사.

고미숙 외(2002), 『들뢰즈와 문학-기계』, 소명출판.

고성익(2007), 「병학지남의 서지」, 『2007년 겨울 구결학회 · 국어사학회 공동 전국학술
　　　　대회 발표논문집』.

고영근(1990), 「문장과 이야기의 관련성에 관한 연구 : 중세어를 중심으로」, 『冠嶽語文
　　　　硏究』 15, 서울大學校國語國文學科.

고영근(1991), 「三綱行實圖의 飜譯年代」, 『金英培先生 回甲紀念論叢』, 慶雲出版社.

고영근(1993), 「『석보상절』, 『월인천강지곡』, 『월인석보』」, 서울대 대학원 국어연구회
　　　　편, 『國語史資料와 國語學의 硏究』(안병희 선생 회갑 기념 논총), 문학과지성사.

고영근(2000), 「개화기의 한국 어문운동 : 국한문혼용론과 한글전용론을 중심으로」, 『冠
　　　　嶽語文硏究』 25, 서울대학교국어국문학과.

고영근(2004), 「兪吉濬의 國文觀과 社會思想」, 『어문연구』 121호, 한국어문교육연구회.

고영근(2006), 『개정판 표준 중세국어문법론』, 집문당.

고종석(2007), 「'한글소설'이라는 허깨비」, 『말들의 풍경-고종석의 한국어 산책』, 개
　　　　마고원.

곽도환(2005), 「조선시대 서원의 성립과 교육활동 연구」, 한남대 교육대학원 석사학위
　　　　논문.

곽차섭(1999), 「미시사-줌렌즈로 당겨본 역사」, 『역사비평』 46, 역사비평사.

구자옥 · 김미희 · 김영진 편(2008), 『(고농서의 현대적 활용을 위한) 온고이지신 1』 농
　　　　본 · 농정 · 서책 · 교육편, 농촌진흥청 국립농업과학원 농촌환경자원과.

국립국어연구원(1996), 『국어의 시대별 변천 · 실태 연구』 1, 국립국어연구원.

국립국어연구원(1997), 『국어의 시대별 변천 · 실태 연구-근대국어』 2, 국립국어연구원.

국사편찬위원회(1996), 『한국사』 25 · 26 · 27, 국사편찬위원회.

국어학회편(1993), 『세계의 언어정책』, 태학사.

권기종(1975), 「이조후기의 불전간행 경향」, 『불교학보』 12집, 동국대학교 불교문화연

구소.

권덕규(1923), 『조선어문경위』, 광문사.

권영민(1996), 「개화 계몽 시대 서사 양식과 국문체」, 『문학과 언어학의 만남』, 신구문
　　화사.

권영철(1985), 『內簡文學에 관한 연구』, 新羅文化財獎學財團.

권재선(1992), 『한글연구(Ⅰ)』, 우골탑.

권재선(1994), 『바로 잡은 한글－국문자론』, 우골탑.

권재선(2004), 『국어해방론』, 우골탑.

권재일(1995), 「최현배 선생의 문헌 연구에 대하여」, 『한말연구』 1호, 한말학회.

권정아(2006), 「『동국신속삼강행실도』의 열녀 분석」, 부산대 교육대학원 석사학위 논문.

권정안(2004), 「傳統 基礎漢文 敎材의 特性과 限界에 대한 연구」, 『儒敎思想硏究』 20집,
　　韓國儒敎學會.

권혁래(2000), 『조선 후기 역사소설의 성격』, 박이정.

권혁래(2004), 「조선조 한문소설 국역본의 존재 양상과 번역문학적 성격에 대한 시론」,
　　『東洋學』 36집, 檀國大學校 東洋學硏究所.

김경미(2003), 「『童蒙先習』의 역사교육적 의미」, 『韓國敎育史學』 25권 2호, 韓國敎育史
　　學會.

김광해(1992), 「한글 창제와 불교신앙」, 『불교문화연구』 3, 한국불교문화학회.

김균태(2005), 「고소설 강독사 정규헌의 사례 연구」, 『공연문화연구』 10집, 한국공연
　　문화학회.

김기협(1997), 「『용비어천가』가 '事大文字'라고? 『書評』」, 『당대비평』 1, (주)당대.

김남경(2001), 「언간독과 증보언간독비교연구」, 『민족문화논총』 24, 영남대 민족문화
　　연구소.

김남경(2005), 「구급방류 언해서의 국어학적 연구」, 대구가톨릭대 대학원 박사학위 논문.

김남일(2011), 『한의학에 미친 조선의 지식인들』, 들녘.

김대용(1992), 「朝鮮初期 敎育體制의 性格에 관한 연구」, 연세대 대학원 박사학위 논문.

김대용(1994), 「조선 초기 지배층의 교육지배에 대한 민의 대응과 그 교육학적 해석」,
　　『교육개발연구논총』 14, 충북대학교사범대학부설교육개발연구소.

김대용(2001), 「조선후기 교육의 변화와 향촌사회」, 『大丘史學』 64집, 大丘史學會.

김동길(1984), 「한글 독립선언문」, 『기독교사상』 309호, 대한기독교서회.

김동소(2001), 「『무예제보』 연구」, 『한글』 251호, 한글학회.

김동소(2007), 『한국어의 역사』, 정림사.

김동욱(1960), 「한글小說 坊刻本의 成立에 對하여」, 『鄕土서울』8, 서울特別市史編纂委員會.

김동욱・황패강(1985), 『한국고소설입문』, 개문사.

김동진(2010), 『(파란눈의 한국혼) 헐버트』, 참좋은친구.

김두루한(2009), 「『석보상절』로 본 우리말 '줄글' 표현」, 국립국어원・우리말로 학문하기 모임 엮음(2009), 『우리말로 학문하기의 고마움』, 채륜.

김명호(2007), 「훈민정음 창제 원리와 한글의 순서」, 『훈민정음 창제 원리와 한글 자모 순서』, 주관 : 국어문화운동본부, 주최 : 강길부 의원실, 국립국어원(2007. 10. 5).

김명희・류수앙(2004), 「『朝鮮詩選』의 편집 과정과 의의」, 『東方學』10호, 韓瑞大學校附設 東洋古典硏究所.

김무림(2004), 『국어의 역사』, 한국문화사.

김무봉(1993), 「몽산화상법어약록언해의 국어사적 고찰」, 『동악어문논집』28, 동악어문학회.

김무봉(1999가), 「15세기 국어사 자료 연구」, 『동악어문논집』34, 동악어문학회.

김무봉(1999나), 「불교언어연구」, 『한글시대의 불교언어와 불교문학』(제19차 한국문학학술회의 자료집), 동국대 한국문학연구소.

김무봉(2000), 「불교언어연구」, 『한국문화연구』22, 동국대 한국문학연구소.

김무봉(2002), 「조선시대 간경도감의 역경사업」, 『電子佛典』4집, 동국대학교전자불전연구소.

김무봉(2004가), 「불전언해의 몇 가지 문제」, 『불교학연구』9호, 불교학연구회.

김무봉(2004나), 「조선시대 간경도감 간행의 한글 경전 연구」, 『한국사상과 문화』23집, 한국사상문화학회.

김무봉(2007), 「『금강경언해』의 번역에 관련된 몇 가지 문제」, 『韓國思想과 文化』40집, 한국사상문화연구원.

김무식(2007), 「한글편짓글에 반영된 조선조 여성의식과 문화」, 『태평양 학술문화재단 총서 : 연구논문집-여성과 사회』제16집, 태평양학술문화재단.

김무식(2009), 「조선조 여성의 문자생활과 한글편지-한글편짓글에 반영된 조선조 여성의식과 문화(1)」, 『인문학논총』14권 2호, 경성대학교 인문과학연구소.

김무조(1959), 「諺解文學考-飜譯文學史의 成立을 위하여」, 『논문집』21, 경성대학교.

김문식(2009), 『조선후기 지식인의 대외인식』, 새문사.

김미정(2004), 「조선시대 문자의 이중구조와 국어교육」, 경북대 교육대학원 석사학위 논문.

김미형(1998), 「한국어 문체의 현대화 과정 연구-신문 문장을 중심으로」, 『어문학연 구』 7, 상명대학교.

김미형(2005), 『우리말의 어제와 오늘』, 제이앤씨.

김민수(1973), 「한글 字母問題에 대한 고찰」, 『인문논집』 18, 고려대학교인문대학.

김민수(1984), 『국어정책론』, 탑출판사.

김병국(2001), 『서포 김만중의 생애와 문학』, 서울대학교출판부.

김병문(2000), 「말과 글에 대한 담론의 근대적 전환에 관한 연구」, 연세대학교 국어국 문학과 석사학위 논문.

김병제(1935), 「조선어학 도서전람회」, 『한글』 19호, 20호, 조선어학회.

김병철(1987), 「19세기말 국어의 문체·구문·어휘의 연구」, 경북대학교 대학원 박사 학위 논문.

김봉좌(2003), 「朝鮮時代 坊刻本 諺簡牘 研究」, 한국정신문화연구원 한국학대학원 석사 학위 논문.

김봉좌(2010), 「조선시대 유교의례 관련 한글문헌 연구」, 한국학중앙연구원 한국학대 학원 박사학위 논문.

김봉희(1987), 『한국 기독교문서 간행사 연구』, 이화여대출판부.

김상배·김진영·유진연(2002), 『세계화시대의 언어민족주의와 정보화전략』, 정보통신 정책연구원.

김상태(2000), 「『농사직설』과 조선 초기의 농업 실태」, 인하대 대학원 박사학위 논문.

김석득(1983), 『우리말 연구사』, 정음문화사.

김석득(1985), 「일제하 국어국문학 5대 저서 에 대한 재인식 :『한글갈』, 최현배 著『書 評』」, 『한글』 190, 한글학회.

김석득(2000), 「훈민정음과 우리 글자살이의 역사」, 『한인교육 연구』 17, 재미한인학 교협의회.

김석득(2009), 『우리말 연구사 : 언어관과 사조로 본 발전사』, 태학사.

김석배(1987), 「18, 9세기 한글소설의 유통」, 『문학과 언어』 8권 1호, 文學과 言語研究會.

김석연(1996), 「한글·한국어 교육의 세계화 시대는 훈민정음의 재조명과 부흥책을 촉 구한다」, 『제5회 국제 한국어 학술대회 발표 자료집』, 한글학회.

김석연 · 진용옥(2000), 『무문자 언어의 문자화 정보화 : 세네카 인디언 부족 중심으로』, 새천년준비위원회.

김선기(1965), 「문자 정책론」, 『한글』 134, 『한글학회』.

김성수(2006), 「조선시대 의료체계와 『동의보감』」, 경희대 대학원 박사학위 논문.

김성은(2009), 「게일의 번역 문체에 관하여 : 천로역정 번역을 중심으로」, 『한국기독교와역사』 31호, 한국기독교역사연구소.

김성칠(1948), 『龍飛御天歌』 上 · 下, 朝鮮金融組合聯合會, 복간 : 김성칠(1959), 『龍飛御天歌』, 正陽社.

김성칠 · 김기협(1997), 『(역사로 읽는) 용비어천가』, 들녘.

김세종(2009), 「세종대 『용비어천가』의 창제배경과 음악화 과정 연구」, 『古詩歌研究』 24집, 한국고시가문학회.

김세중(2007), 「한글 자모 순서에 대하여」, 『훈민정음 창제 원리와 한글 자모 순서』, 주관 : 국어문화운동본부, 주최 : 강길부 의원실, 국립국어원(2007. 10. 5).

김수업(1978), 『배달문학의 길잡이』, 선일문화사.

김수업(2002), 『배달말꽃 : 갈래와 속살』, 지식산업사.

김수열(2005), 「'국어'의 뜻넓이와 유래」, 『자하어문논집』 19집, 상명어문학회.

김슬옹(1985), 「우리식 한글화와 제2의 의식혁명」, 『한글새소식』 151호(3월호), 한글학회.

김슬옹(2003), 「언어전략의 일반 특성」, 『한말연구』 13호, 한말연구학회.

김슬옹(2005가), 「『조선왕조실록』에 나타난 여성의 언문사용 양상과 의미」, 한일 수교 40주년 기념 국제한국언어문화학회 일본 학술대회, 『한일 신시대와 일본에서의 한국언어문화』, 국제한국언어문화학회, 일본 : 교토 호텔.

김슬옹(2005나), 「『조선왕조실록』의 한글 관련 기사를 통해 본 문자생활 연구」, 상명대학교 국어국문학과 박사학위 논문.

김슬옹(2005다), 『조선시대 언문의 제도적 사용 연구』, 한국문화사.

김슬옹(2005라), 「언어 분석 방법론으로서의 담론학 구성 시론」, 『사회언어학』 13권 2호, 한국사회언어학회.

김슬옹(2006가), 「'훈민정음'의 명칭 맥락과 의미」, 『한글』 272, 한글학회. 재수록 : 김슬옹, 2010, 『세종대왕과 훈민정음학(3장, 훈민정음의 명칭)』, 지식산업사.

김슬옹(2006나), 「고종의 국문에 관한 공문식 칙령 반포의 국어사적 의미」, 『해방 60년, 한국어문과 일본』(목원대학교 편), 보고사.

김슬옹(2007), 『28자로 이룬 문자혁명 훈민정음』, 아이세움.

김슬옹(2008가), 「세종과 소쉬르의 통합언어학적 비교 연구」, 『사회언어학』 16권 1호, 한국사회언어학회 ; 재수록 : 김슬옹(2011), 『세종대왕과 훈민정음학(11장, 세종과 소쉬르의 통합언어학적 비교)』, 지식산업사.

김슬옹(2009가), 『담론학과 언어분석-맥락·담론·의미』, 한국학술정보(주).

김슬옹(2009나), 「세종언어정책 담론 : 훈민정음을 통한 통합과 통섭 전략」, 『U.B.한국학 연구』 창간호, 몽골 울란바타르대학교 한국학연구소, (Ким Сыллун(2009), Сэжун хааны хэлний бодлогын хэлэлцүүлэг : "Хүньминженьм"-гээр илрэн гарсан нэгдмэл төлөвлөгөө), 『U.B.COROHГOC CYDNAN』 ; 재수록 : 김슬옹(2011), 『세종대왕과 훈민정음학(개정판)』, 지식산업사.

김슬옹(2009다), 「한글 음절표 의미와 교육용 유형 설정」, 『한국어학』 44, 한국어학회.

김슬옹(2009라), 「한글(언문)은 조선왕조의 공용 글자였다」, 『우리말 우리얼』 66, 우리말살리는겨레모임.

김슬옹(2010가), 「불교 관련 한글문헌의 사회 언어학적 의미-세종, 세조 때의 불경언해서를 중심으로」, 『세상과 어울리는 한국어와 한글』(564돌 한글날 기념 제2회 집현전 학술대회 자료집), 외솔회.

김슬옹(2010나), 「국어교육 내용으로서의 '맥락' 연구」, 동국대학교 대학원 박사학위논문.

김슬옹(2010다), 「조선시대 훈민정음 관련 공적 문헌의 분류 담론」, 『한민족문화학회 동계학술대회-'한민족문화와 세속성'(강남대학교 살롬관)』.

김슬옹(2011가), 「조선시대 문학 텍스트가 훈민정음 보급 발전에 끼친 영향에 대하여」, 『2011년도 한국텍스트언어학회 춘계학술대회 발표 자료집』, 한국텍스트언어학회.

김슬옹(2011나), 「조선시대 훈민정음 브랜드 형성 과정 연구-훈민정음 공식문자론 재론과 28인의 훈민정음 발전 공로자 선정론을 통하여」, 『담화인지언어학회·한국사회언어학회 201년 봄 공동학술대회발표 논문집 : 국가 브랜드 이미지와 언어 인지.

김슬옹(2011다), 「국어교육을 위한 근대국어 시대구분론」, 『사회언어학』 19권 2호, 한국사회언어학회.

김슬옹(2011라), 『세종대왕과 훈민정음학(개정판)』, 지식산업사.

김슬옹(2012가), 「조선시대의 훈민정음 공식문자론」, 『한글』 297, 한글학회.

김슬옹(2012나), 『맥락으로 통합되는 국어교육의 길찾기』, 동국대학교출판부.

김승우(2007), 「『龍飛御天歌』 향유·수용양상의 특징과 그 의미 :『鳳來儀』 정재를 중심으로」, 『한국시가연구』 23집, 한국시가학회.

김승우(2010), 「『용비어천가』의 성립과 수용·변전 양상」, 고려대 대학원 박사학위 논문.

김애리(2007), 「『동국신속삼강행실』에 나타난 효 실천 연구 : 초등학교 효 교육 자료를 위해」, 성산효대학원대 석사학위 논문.

김양선(1967), 「Ross Version과 韓國 Protestantism」, 『백산학보』 3, 백산학회.

김양선(1971), 『기독교사연구』, 기독교문사.

김언순(2005), 「조선시대 여훈서에 나타난 여성의 정체성 연구」, 한국학중앙연구원 한국학대학원 박사학위 논문.

김영민(2004), 「근대계몽기 기독교 신문과 한국 근대 서사문학 :『죠션크리스도인회보』와 『그리스도신문』을 중심으로」, 『東方學志』 127집, 延世大學校國學研究院.

김영배(1975), 「금강경삼가해 제1에 대하여」, 『수련어문논집』 3, 부산여자대학교 ; 재수록 : 김영배(2000), 『國語史資料研究－佛典諺解 중심』, 월인.

김영배(1991), 『불경언해와 중세국어』, 동화출판사.

김영배(2000), 『國語史資料研究－佛典諺解 중심』, 월인.

김영배·김무봉(1998), 「세종시대의 언해」, 『세종문화사대계 1(어학·문학편)』, 세종대왕기념사업회.

김영수(2001), 『조선중세한문번역본의언어사적연구』, 평양 : 과학백과사전출판사(영인 : 역락, 2001).

김영신(1980), 「『東國新續三綱行實』의 국어학적 연구」, 『論文集』 9, 부산여자대학.

김영신(1985), 「칠대만법(七大萬法) 연구·어휘·그 밖」, 『수련어문논집』 12, 수련어문학회.

김영욱(2008), 「한글의 역사와 기능 : 한글 창제에 관한 쟁점·한글의 근대적 부활·한글의 미래를 중심으로」, 『제2회 한국어학회 국제학술대회』, 한국어학회.

김영진(1983), 「『農事直說』 譯文」, 『농촌경제』 6-4, 한국농촌경제연구원.

김영진(2003), 「한국농서(農書)의 편찬과 그 외관적(外觀的) 특징」, 『한국의 농경문화』 6집.

김영황(1978), 『조선민족어발전력사연구』, 평양 : 과학·백과사전출판사.

김영황(1997), 『조선어사』, 평양 : 김일성종합대학출판사.

김영휘(1993가), 「개역성경(한글)의 난해 용어들 조명」, 『성경원전연구』 1, 한국성경원전연구원.

김영휘(1993나), 「개역성경(한글)의 난해 용어들 조명」, 『성경원전연구』 2, 한국성경원
　　전연구원.

김완진(1972), 「世宗代의 語文政策에 對한 硏究-訓民正音을 圍繞한 數三의 問題」, 『성
　　곡논총』 3, 성곡학술문화재단 ; 재수록1 : 김완진(1984), 「訓民正音 製作의 目
　　的」, 『國語와 民族文化(김민수·고영근·이익섭·심재기 공편』, 집문당 ; 재수
　　록2 : 김완진(1996), 『음운과 문자』, 신구문화사.

김완진(1979), 「先世諺蹟에 對하여」, 『국어국문학』 55·56·57 합집, 국어국문학회.

김완진(1983), 「한국어 文體의 발달」, 『韓國 語文의 諸問題』(이기문 외 6인 공저), 일지사.

김용경(1974), 「李朝時代의 語學機關硏究」, 『논문집』 13, 충남대학교.

김용경(2001), 「평해황씨가 완산이씨의 유언 및 소지」, 『문헌과해석』 14, 문헌과해석사.

김용경·도수희(1973), 「이조시대의 어학기관 연구(문교부 연구 보고서)」, 『어문학계』
　　5, 문교부.

김용섭(1988), 「『農事直設』과 『四時纂要』의 木綿耕種法 증보」, 『동방학지』 57, 연세대
　　학교 국학연구원.

김용섭(2009), 『朝鮮後期農學史硏究 : 農書와 農業 관련 文書를 통해 본 農學思潮』, 지식
　　산업사.

김원룡(1965), 「三綱行實圖刊本攷」, 『東亞文化』 4, 서울대학교 문리과대학 부설 동아문
　　화연구소.

김원룡(1982), 「三綱行實圖에 대하여」, 『三綱行實圖』, 세종대왕기념사업회.

김유범(2007), 「언해본 『삼강행실도』의 텍스트에 나타난 문법적 특징의 활용 가치 분
　　석 1 : 『효자도』를 대상으로」, 『민족문화논총』 37집.

김윤경(1932), 「한글 硏究 材料의 文獻」, 『한글』 6, 조선어학회

김윤경(1938), 『朝鮮文字及語學史』, 조선기념도서출판관.

김윤경(1960), 「성서가 국어에 미친 영향」, 『한국성서번역 50주년 기념 논문집』, 대한
　　성서공회.

김윤경(1963), 『새로 지은 국어학사』, 을유문화사(한결 金允經全集 2, 延世大學校 出版
　　部).

김윤경(1964), 「국어학의 기초 문헌 해제」, 『논문집』, 한양대학교 전집 4 ; 재수록 : 김
　　윤경(1985), 『한결 金允經全集 2 : 朝鮮文字及語學史』, 연세대학교 출판부.

김은경(2000), 「朝鮮後期 婦人科學 發達史에 關한 硏究」, 동국대학교 석사학위 논문.

김은성(2007), 「국어 어문생활사 기술을 위한 시론 : 자료 수집 및 분류 체계화 방안을

중심으로」, 『국어교육연구』 19집, 서울대학교 국어교육연구소.

김이종(2009), 『한글역사연구』, 한국문화사.

김인선(1999), 「개화기 이승만의 한글 운동 연구」, 연세대학교대학원 박사학위 논문.

김인용(2005), 「동몽선습과 초등학교 도덕교과서 내용의 비교」, 『敎育思想硏究』 17집, 韓國敎育思想硏究會.

김인호(2005), 『조선인민의 글자생활사』, 과학백과사전출판사.

김인희(1995), 「근·현대의 한국 교육사상과 민족주의」, 『人文科學硏究』 1, 동덕여자대학교인문과학연구소.

김일근(1959), 『解說·校註 李朝御筆諺簡集』, 新興出版社.

김일근(1986), 『諺簡의 硏究 : 한글書簡의 硏究와 資料集成』, 건국대학교 출판부.

김일근(1988), 「政法文書의 한글 實用攷－한글 古文書學 序說」, 『增訂 諺簡의 硏究－한글書簡의 硏究와 資料集成』, 건국대학교출판부.

김일근(1991), 『三訂版 諺簡의 硏究』, 건국대학교출판부.

김재은(1971), 「한글과 한자」, 『기독교사상』 158호, 대한기독교서회.

김정수(1990), 『한글의 역사와 미래』, 열화당.

김정수(2009), 「세종 때 두 노래가 우리 말글 살이에 끼친 은덕」, 국립국어원·우리말로 학문하기 모임 엮음(2009), 『우리말로 학문하기의 고마움』, 채륜.

김종규(1993), 「삼강행실도를 통한 현대 윤리의 재음미」, 『島山學術論叢』 3, 도산아카데미연구원.

김종명(2006), 「세종의 불교신앙과 훈민정음 창제」, 『동양정치사상사』 6권 1호, 한국동양정치사상사학회.

김종오(2010), 「조선시대 약차 연구 : 의학서적과 『승정원일기』를 중심으로」, 경희대대학원 박사학위 논문.

김종택(1975), 「선조대왕 언교고」, 『국어교육논지』 3집, 대구교육대학 국어교육연구회.

김종택(1976), 「한글의 文字論的 位相－그 改善點을 중심으로」, 간행위원회 편, 『韓國語文論叢』(우촌 강복수 박사 회갑 기념 논문집).

김종택(1979), 「諺簡을 通해 본 近代前期語의 斷面」, 『語文硏究』 4, 경북대학교.

김종택(1985), 「한글은 문자 구실을 어떻게 해왔나」, 『건국어문학 9·10합집(覓南 金一根 博士 華甲紀念 語文學論叢)』, 형설출판사.

김종택(1992), 『국어어휘론』, 탑출판사.

김종훈·박영섭·박동규·김태곤·김종학(1998), 『韓國語의 歷史』, 대한교과서.

김주필(1993), 「晉州河氏 墓 出土 한글 筆寫 資料의 表記와 音韻現象」, 『震檀學報』 75.

김주필(1994), 「17·8세기 국어의 구개음화와 관련 음운현상에 대한 통시적 연구」, 서울대학교 대학원 박사학위 논문.

김주필(2007), 「19世紀 末 國漢文의 性格과 意味」, 『震檀學報』 103호, 진단학회.

김주필(2008), 「『오륜행실도』에 사용된 국어사 자료의 중층성 : ㄷ구개음화와 원순모음화의 확산 상태를 중심으로」, 『語文學論叢』 27권, 국민대어문학연구소.

김주필(2009), 「조선시대 한글편지의 구어성과 문어성」, 『조선시대 한글편지의 언어와 서체』(한국학중앙연구원 어문생활사연구소 2009년 제1차 학술대회 발표집).

김준석(1981), 「조선전기의 사회사상 : 『소학』의 사회적 기능 분석을 중심으로」, 『東方學志』 29집, 연세대학교 출판부.

김중권(1993), 「『언해태산집요(諺解胎産集要)』의 서지적 연구」, 『서지학연구』 9, 서지학회.

김중권(1994가), 「許浚의 『諺解救急方』『諺解痘瘡集要』『諺解胎産集要』에 관한 書誌學的 研究」, 중앙대학교 석사학위 논문.

김중권(1994나), 「언해두창집요의 서지학적 연구」, 『현대사회과학연구』 5.

김중도(2002), 「세종조 『삼강행실도』 보급을 통한 교화정책 연구」, 한국교원대 교육대학원 석사학위 논문.

김지오(2008), 「『法華經』 音讀口訣 研究」, 『佛教語文論集』 12집, 한국불교어문학회.

김지용(1971), 「국어·국자의 보급 발전에 기여한 문헌 고」, 『한글학회 50돌 기념논문집』, 한글학회.

김진경(1985), 「일본교과서 문제와 한국의 교과서(1)」, 『민족의 문학과 민중의 문학』 이삭.

김진규(1991), 「訓蒙字會의 引·凡例 小考 : 訓民正音 解例와 訓蒙字會凡例의 音素排列을 中心으로」, 『논문집』 29, 공주대학교.

김진영(1998), 「行實圖의 傳記와 板畫의 相關性 : 『三綱行實圖』를 中心으로」, 『한국문학논총』 22, 한국문학회.

김천명(1960), 「훈민정음 考―훈민정음이 정상적으로 발달하지 못한 이유」, 『어문논집』 1, 중앙대 국어국문학회.

김춘배(1955), 「한글판 성서와 그 고심」, 『聖書韓國』 1, 1.

김치우(2007), 『고사촬요 책판목록과 그 수록 연구』, 아세아문화사.

김태준(1939), 『朝鮮小說史』, 학예사.

김태준(1969), 「저자명 기독교의 선교와 한글의 민중화 : 국어 교육사의 입장에서」, 『새

국어교육』 12, 한국국어교육학회.

김태준(1990), 『(증보)조선소설사』, 한길사.

김풍기(2009), 『조선 지식인의 서가를 탐하다』, 푸르메.

김항수(1981), 「16세기 사림의 성리학 이해 : 서적의 간행·편찬을 중심으로」, 서울대 대학원 석사학위 논문.

김항수(1998), 「『삼강행실도』 편찬의 추이」, 『진단학보』 85호, 진단학회.

김항수(2001), 「조선 전기의 『소학』 보급과 동몽 교육」, 『한국의 청소년문화』 창간호, 한국청소년문화학회.

김항수(2003), 「조선 전기 三綱行實圖와 小學의 편찬」, 『韓國思想과文化』 19집, 수덕문화사.

김해용(2010), 「학규를 통해 본 조선시대 서원 교육과정의 변천」, 한국교원대 교육대학원 석사학위 논문.

김해정(1996), 「四書諺解의 比較 硏究」, 국민대 대학원 박사학위 논문.

김해정(1998), 「『계몽편언해』의 비교연구 : 전주본과 서울본의 비교」, 『國語文學』 33집.

김해정(2006), 『사서언해의 비교연구』, 보고사.

김향금(1994), 「언간의 문체론적 연구」, 서울대 대학원 석사학위 논문.

김혁(2001), 「『東國新續三綱行實圖』의 구성과 편찬 과정」, 『書誌學報』 25호, 한국서지학회.

김형규(1975), 『國語史槪論』, 일조각.

김형주(1996), 『우리말 발달사』, 부산 : 세종출판사.

김형철(1997), 『개화기 국어 연구』, 경남대 출판부.

김혜숙 편(1997), 『언어의 이해』, 태학사.

김혜숙(2004), 「사회언어학의 이론과 전개」, 『사회언어학』 12권 1호, 한국사회언어학회.

김혜숙(2005), 「사회언어학 연구와 국어교육의 연계성–국어교육에 미치는 사회언어학적 영향을 중심으로」, 『국어국문학』 141, 국어국문학회.

김 호 옮김(2003), 『신주무원록 : 억울함을 없게 하라』, 사계절.

김 호(2004), 「조상들의 '범죄수사' 슬기 : '무원록(無寃錄)의 과학'으로 선정 펼쳤다 : 과학수사, 범죄와의 전쟁」, 『과학과 기술』 422호.

김호동(2000), 「麗末鮮初 鄕校敎育의 강화와 그 경제적 기반의 확보과정」, 『大丘史學』 61집.

김호일 글·유남해 그림(2000), 『한국의 향교』, 대원사.

김흥식(1989), 『(朝鮮時代)封建社會의 基本構造』, 박영사.

김훈식(1998), 「『三綱行實圖』 보급의 社會史的 考察」, 『진단학보』 85, 진단학회.

나균용(1980), 「한글번역 新約聖書의 內容 比較 研究」, 『神學과宣敎』 6, 서울신학대학.

나채운(2002), 『현대어 예수셩교젼셔』, 한국장로교출판사.

나채운(2010), 「개신교과 만난 한글」, 『나라사랑』 119, 외솔회.

남경란(1999), 「『五大眞言(오대 진언)』『靈驗略抄(영험 약초)』의 국어학적 연구」, 『韓國傳統文化研究』 13, 大邱曉星가톨릭大學校韓國傳統文化研究所.

남경란(2005), 「『칠대만법』의 저본과 국어학적 특성」, 『국학연구』 7집, 한국국학진흥원.

남경란(2006), 「『사서언해』의 국어학적 고찰 :『논어언해』의 어휘를 중심으로」, 『民族文化論叢』 34집, 嶺南大學校民族文化研究所.

남광우(1956), 「자모 배열에 대하여-훈몽자회 범례를 중심으로」, 『한글』 119, 한글학회.

남권희(2002가), 「『三略』의 간행과 판본 연구」, 『한국도서관·정보학회지』 33-3.

남권희(2002나), 「신간삼략언해(1711)의 서지 분석」, 『영남학』 2, 경북대 영남문화연구원.

남기탁(1979), 「東國新續 三綱行實의 國語學的 研究 : 東國三綱行實과 三綱行實圖의 비교 고찰을 중심으로」, 고려대 교육대학원 석사학위 논문.

남정효(2002), 「조선초기『삼강행실도』를 통해본 열녀정책」, 숙명여대 교육대학원 석사학위 논문.

남풍현(1996), 「언어와 문자」, 『조선시대 생활사』(한국고문서학회 엮음), 역사비평사.

노경미(2006), 「조선시대 사대부의 한글 간찰 연구」, 경기대 전통예술대학원 석사학위 논문.

노경자(2010), 「순천김씨묘 출토 언간 연구」, 부산대 대학원 석사학위 논문.

노명완·박영목 외(2008), 『문식성 교육 연구』, 한국문화사.

노영구(1998), 「조선시대 병서의 분류와 간행 추이」, 『역사와 현실』 30, 한국역사연구회.

노영구(2004), 「공신선정과 전쟁평가를 통한 임진왜란 기억의 형성」, 『역사와 현실』 51호, 한국역사연구회.

노태조(1990), 「『三綱行實圖』流通關係」, 『論文集』 11, 大田保健專門大學.

노태조(1999), 「三國遺事와 三綱行實圖의 孝行傳記 對比 研究」, 『語文研究』 31, 語文研究學會.

농촌생활연구소(2003), 『(규합총서의)전통생활기술집』, 농촌진흥청 농업과학기술원 농촌생활연구소.

농촌진흥청(2004), 『農家說·渭濱明農記·農家月令·農家集成』, 농촌진흥청.

도수희(1995), 「哀悼文에 나타난 16세기 국어」, 『어문논집』 4·5, 충남대 국문과.

도한호(2000), 「우리말의 음률과 찬송가 가사」, 『福音과實踐』 27.

려증동(1974), 「한국말의 론리(1)」, 『배달말』 1호, 배달말학회.

려증동(1977), 「19세기 한자-한글 섞어 쓰기 줄글에 대한 연구」, 『한국언어문학』 15집.

려증동(2003), 『배달글자』, 한국학술정보.

류 렬(1992), 『조선말력사 1·2』, 평양 : 사회과학출판사(한국문화사, 1994, 영인).

류부현(2009), 「『동몽선습』의 저자에 관한 연구」, 『한국도서관·정보학회지』 40권 3
        호, 韓國圖書館·情報學會.

류영두(2008), 「영어는 말과 글이 다른 언어(2)」, 『한글새소식』 431호(7월호), 한글학회.

류칠선·이연규(2003), 「계몽편에 나타난 유아탐구생활 지도의 교육적 의의」, 『論文集』
        29집-인문사회 과학편.

리득춘·리승자·김광수(2006), 『조선어발달사』, 역락.

리성무(1991), 「呂氏鄕約과 朱子增損呂氏鄕約」, 『진단학보』 71~72, 진단학회.

마성식(1996), 「「산상수훈」 비유에 나타난 보조재의 의미 특성 연구」, 『문학한글』 10,
        한글학회.

맹택영(1978), 「諺解書의 史的 考察」, 『논문집』 15집, 청주교육대학교.

무악고소설 자료연구회 편(2001), 『한국고소설관련자료집Ⅰ』, 태학사.

문영진(1982), 「改譯 이외의 한글 譯本들」, 『基督敎思想』 283, 大韓基督敎書會.

문철영(1994), 「한국사의 시대 구분 논의」, 『한국학연구』 1집, 단국대학교 한국학연구소.

문태순(2003), 「童蒙先習의 교육적 의의에 대한 연구」, 『韓國敎育史學』 25권 1호, 國敎
        育史學會.

문화재관리국(1993), 『重要民俗資料 指定報告書(晋州 河氏墓 出土 遺物)』, 문화재관리국.

민신기·이견실(2010), 「동국신속삼강행실도(東國新續三綱行實圖)에 나타난 시각 기호
        의 이데올로기에 대한 연구 : 롤랑바르트의 신화론 중심으로」, 『디지털디자인
        학 연구』 26호, 한국디지털디자인협의회.

민영진(1980), 「개역 한글판 성서 의 편집 특징 및 사용된 부호들」, 『基督敎思想』 259,
        大韓基督敎書.

민현식(1999), 『국어 정서법 연구』, 태학사.

민현식(2000), 「공용어론과 언어정책」, 『이중언어학』 17호, 이중어어학회.

민현식(2004), 「국어문화에 나타난 종교문화의 요소」, 『한국언어문화학』 1권 2호, 국
        제한국언어문화학회.

민현식(2011), 「한국어의 발달과 성서의 영향」, 『한글 성경이 한국 교회와 사회, 국어 문화에 끼친 영향』(한글 성경 완역 및 출간 100주년 기념 학술 심포지엄 자료집), (재)대한성서공회.

박경안(2002), 「강희맹(1424~1483)의 농장(農莊)에 관하여」, 『역사와 현실』 46호, 한국역사연구회.

박경연(1999), 「時代 初學敎材로서의 『明心寶鑑』 硏究」, 서울대 대학원 석사학위 논문.

박근필(2002), 「『병자일기』를 통해 본 17세기 기후와 농업」, 경북대 대학원 박사학위 논문.

박근필(2005), 「氣候와 農業의 微視分析(1653~1655)을 통해 본 『農家集成』編纂의 背景」, 『농업사연구』 4권 2호, 한국농업사학회.

박동현(2000), 「한글개역판 구약 성경의 히브리어 고유명사 한글 음역 방식에 대한 고찰」, 『長神論壇』 16, 장로회신학대학.

박문성(1991), 「『五倫行實圖』를 중심으로 한 『三綱行實圖』『東國新續三綱行實圖』『二倫行實圖』 비교」, 『대전어문학』 8, 대전대학교 국어국문학회.

박미엽(1998), 「한글 필사본 『여항소설』의 표기 연구」, 『國語文學』 33집, 국어문학회.

박병채(1967), 「韓國文字發達史」, 『한국문화사 대계』 5, 고려대 민족문화연구소.

박병채(1976), 「龍飛御天歌 約本의 國語學的 考察：原歌와의 比較를 中心으로」, 『民族文化硏究』 10, 高麗大學校民族文化硏究所.

박병채(1985), 「문자 발달사상에서 본 한글」, 『국어생활』 3, 국어연구소.

박병채(1989), 『국어발달사』, 세영사.

박병천(1983), 『한글궁체연구』, 일지사.

박병천(2003), 「조선시대 언간 서체의 조형성과 작품화 경향 고찰」, 『조선시대 한글 서간의 서예적 재조명』, 세종한글서예큰뜻모임·세종대왕기념사업회·한글학회.

박부자(2007), 「은진 송씨 송준길 후손가 언간의 서지 : 정리자 및 정리 시기에 대한 검증」, 『돈암語文學』 20, 돈암어문학회.

박부자(2008), 「송준길 후손가의 언간첩, 『先世諺牘』에 대한 고찰」, 『한국고전여성문학연구』 17호, 한국고전여성문학회.

박순임(2004), 「은진 송씨 언간에 대하여」, 『한국간찰자료선집 Ⅳ : 회덕 은진송씨 동춘당송준길후손가편 Ⅰ』, 한국정신문화연구원.

박승원(2007), 『순천 김씨 언간』의 텍스트성 연구, 가톨릭대 대학원 박사학위 논문.

박영섭(2006), 『태산집요언해 한자 대역어 연구』, 박이정.

박영준·시정곤·정주리·최경봉(2002), 『우리말의 수수께끼』, 김영사.

박영태·하수연·임경순(2009), 「조선시대 『동몽선습』과 제7차 『유치원 교육과정』 비교 연구」, 『石堂論叢』 44집, 동아대학교 석당학술원.

박요순(1974), 「尹孤山의 諺簡札에 대하여」, 『崇田語文學』 3, 숭전대학교.

박요순(1992), 「明成皇后 諺簡札」, 『韓國古典文學 新資料研究』, 韓南大出版部.

박용식(2001), 「삼강행실도 [언해] 효자도 이야기의 구조 분석 시론」, 『경상어문』 7.

박은봉(2007), 『한국사 상식 바로잡기』, 책과함께.

박일용(1994), 「『홍길동전』의 문학적 의미 재론」, 『고전문학연구』 9집, 한샘출판주식회사.

박재연(2008), 「진주 유씨가 묘 출토 언간의 어휘론적 고찰」, 『東方學志』 42집, 연세대학교 출판부.

박정숙(1996), 「世祖代 刊經都監의 설치와 佛典 刊行」, 부산대학교 대학원 석사학위 논문.

박정신(2011), 「한글성서, 이 땅에서 소통의 혁명을 일으키다」, 『새가정』 제58권 637호, 새가정사.

박제가/안대회 옮김(2003), 『북학의-조선의 근대를 꿈꾼 사상가 박제가의 개혁 개방론』, 돌베개.

박종국(1996), 『한국어 발달사』, 문지사.

박종국(2009), 『한국어 발달사 증보』, 세종학연구원.

박 주(1992), 「『東國新續三綱行實圖』 烈女圖의 分析」, 『女性問題研究』 20, 효성여자대학 한국여성문제연구소.

박준석(1996), 「16세기 청주 북일면 김씨묘 간찰의 선어말 어미」, 동국대 대학원 석사학위 논문.

박지원 지음/박희병 옮김(2005), 『고추장 작은 단지를 보내며』, 돌베개.

박지원/간호윤 옮김·덧글(2006), 「종로를 메운 게 모조리 황충(蝗蟲)일세! : 조선의 양심」, 『연암 박지원 소설집』, 일송미디어.

박지원/최홍규 역주(1987), 『(國譯)課農小抄』, 亞細亞文化社.

박창원(1998), 「한국인의 문자생활사」, 『東洋學』 28('98. 11), 檀國大學校附設東洋學研究所.

박창해(1985), 「로스 『예수셩교젼셔』에 쓰인 한국어의 문법구조」, 『한글성서와 겨레문화』, 기독교문사.

박현규(1997), 「명 吳明濟 『朝鮮詩選』 문헌 정리」, 『順天鄕人文科學論叢』 4, 순천향대학

교 인문과학연구소.

박현규(1998), 「명말 吳明濟 『朝鮮詩選』의 판본 문제」, 『韓國漢詩硏究』 6호, 太學社.

박형우(2006), 「국어교육에서의 한글 교육」, 『청람어문교육』 34, 청람어문교육학회.

박홍자(1972), 「한글로 썼으면」, 『기독교사상』 172호, 대한기독교서회.

박희병(1998), 「한문소설과 국문소설의 관련양상」, 『한국한문학연구』 22집, 한국한문학회.

반재원(2007), 「한글 창제 원리와 초성과 중성의 나열 순서」, 『훈민정음 창제 원리와 한글 자모 순서』, 주관 : 국어문화운동본부, 주최 : 강길부 의원실, 국립국어원 (2007. 10. 5).

방종현(1946), 「訓民正音史略」, 『한글』 97, 한글학회.

방종현(1954), 「訓蒙字會攷」, 『동방학지』 1, 연세대학교.

방종현(1963), 「朱子增損呂氏鄕約」, 『일사국어학논집』, 민중서관.

배미정(2003), 「朝鮮 後期 尺牘文學의 流行과 그 背景 : 申靖夏를 중심으로」, 한국정신문화연구원 한국학대학원 석사학위 논문.

배현숙(1984), 「조선에 전래된 천주교 서적」, 『교회사 논문집』 I : 한국 천주교회 창설 200주년 기념.

백낙천(2006가), 「언간의 종결어미 형태 : 『순흥 안씨 언간』을 중심으로」, 『韓國思想과 文化』 32집, 修德文化社.

백낙천(2006나), 「조선 후기 한글 간찰의 형식과 내용」, 『한말연구』 18호, 박이정.

백낙천(2007), 「국어 생활사 자료로서의 언간의 특징」, 『한국언어문화』 34집, 한국언어문화학회.

백두현(1990), 「嶺南 文獻語의 通時的 音韻 연구」, 경북대 대학원 박사학위 논문 ; 백두현(1992), 『嶺南 文獻語의 通時的 音韻 연구』, 태학사.

백두현(1993), 「窮儒寒士本 孟子諺解에 대하여」, 『용연어문논집』 6집, 용연어문학회, 경성대학교.

백두현(1997가), 「晉州 河氏墓 出土 『玄風 郭氏 諺簡』 判讀文」, 『어문론총』 31, 경북어문학회.

백두현(1997나), 「17세기초의 한글편지에 나타난 생활상」, 『문헌과해석』 1, 태학사.

백두현(1998), 「현풍 곽씨 언간에 나타난 17세기의 習俗과 儀禮」, 『문헌과해석』 3, 태학사.

백두현(1999), 「17세기의 현풍 곽씨 언간에 나타난 민간 신앙」, 『문헌과해석』 6, 문헌과해석사.

백두현(2000), 「현풍 곽씨 언간의 音韻史的 연구」, 『국어사자료연구』 창간호, 국어사자료학회.

백두현(2001), 「조선시대의 한글 보급과 실용에 관한 연구」, 『진단학보』 92호, 진단학회.

백두현(2003가), 「취암문고 소장 국어사 자료의 연구」, 『영남학』 3호, 경북대학교 영남문화연구원.

백두현(2003나), 『현풍곽씨언간 주해 :『아이들에게 한글을 가르쳐 주십시오』』, 태학사.

백두현(2003다), 「조선시대 여성의 문자생활 연구 : 조선왕조실록과 한글 필사본을 중심으로」, 제28회 구결학회 전국학술대회 발표문.

백두현(2003라), 「현풍 곽씨 언간을 통해서 본 언간의 세계」, 『조선시대 한글 서간의 서예적 재조명』, 세종한글서예큰뜻모임 · 세종대왕기념사업회 · 한글학회.

백두현(2004가), 「조선시대 여성의 문자생활 연구-한글 편지와 한글 고문서를 중심으로」, 『어문논총』 42, 한국문학언어학회.

백두현(2004나), 「우리말[韓國語] 명칭의 역사적 변천과 민족어 의식의 발달」, 『언어과학연구』 28집, 언어과학회.

백두현(2004다), 「한국어 문자 명칭의 역사적 변천」, 『문학과 언어』 26집, 문학과언어학회.

백두현(2005가), 「조선시대 여성의 문자생활 연구-조선왕조실록 및 한글 필사본을 중심으로」, 『眞檀學寶』 97호, 震檀學會.

백두현(2005나), 「한글을 중심으로 본 조선시대 사람들의 문자생활」, 제48회 전국 국어국문학 학술대회 <국어국문학 학문 후속세대를 위하여 : 현재와 미래>, 국어국문학회.

백두현(2006가), 「국어사 문헌의 내용 구성과 이판본의 변이 연구」, 『國語史와 漢字音(최남희 외 편저)』, 박이정.

백두현(2006나), 「국어사 연구의 새로운 방향 설정을 위하여」, 『국어학』 74집, 국어학회.

백두현(2006다), 「안동 권씨가 남긴 한글 분재기(分財記) : 안동 권씨가 짓고 9대손 최완구가 번역한 한글 분재기」, 『문헌과 해석』 36호, 문헌과해석사.

백두현(2007), 「한글을 중심으로 본 조선시대 사람들의 문자생활」, 『서강인문논총』 22집, 서강대학교 인문과학연구소.

백두현(2008), 「계명대학교 동산도서관 소장 국어사 자료의 가치」, 『한국학논집』 37집, 계명대학교 한국학 연구소.

백두현(2009), 「훈민정음을 활용한 조선시대의 인민 통치」, 『진단학보』 108호, 진단학회.

백두현(2011), 『한글편지로 본 조선시대 선비의 삶』, 역락.

백종구(2010), 「한글 보급과 천주교, 그리고 기독교(1603~1910)」, 『역사신학 논총』 20호, 한국복음주의역사신학회.

부길만(2011), 「문서 선교와 한글 보급」, 『시와문화』 17호(봄호), 시와문화사.

비숍/신복룡 역(2000), 『조선과 그 이웃 나라들 (한말외국인기록 21)』, 집문당.

사재동(1977), 『佛敎系國文小說의 形成過程硏究』, 亞細亞文化社.

사재동(2006), 「西浦 金萬重의 文化史的 位相」, 『韓國思想과 文化』 34집, 修德文化社.

사재동(2010), 「訓民正音 創製·實用의 佛敎文化學的 考察」, 『국학연구론총』 5집, 택민국학연구원.

사회과학원 역사연구소(1988), 『조선문화사』, 평양 : 사회과학원 역사연구소(미래사 영인 : 1988).

상종열(2002), 『도해 조선왕조실록』, 이다미디어.

서병패(1993), 『文獻篇, 重要民俗資料 指定報告書(晋州 河氏墓 出土 遺物)』, 문화재관리국.

서승완(2009), 「언해본 삼강행실도(권1 효자)의 결속구조 : 규장각본(영조 중간본)을 중심으로」, 『인문학연구』 10집 2호, 원광대학교인문학연구소.

서울서예박물관(2002), 『朝鮮王朝御筆』, 한국서예사특별전 22, 예술의전당.

서울서예박물관(2004), 『秋史한글편지』, 예술의전당.

서은아(2008), 「『열녀함양박씨전』의 박씨와 『삼강행실도 : 열녀편』의 관계를 통해 본 열녀제작의 심리적 요인」, 『고전문학과 교육』 16집, 한국고전문학교육학회.

서정민(2005), 「조선조 한글대하소설의 위상 提高 방식 연구 : 『명행정의록』을 대상으로」, 『국문학연구』 13호, 태학사.

서정상(1999), 『農事直說』의 農法과 老農, 『태동고전연구』 16, 한림대학교 태동고전연구소.

서정수(1985), 「초기 우리말 성경의 표기법과 대명사에 관하여－『성경직히』를 중심으로」, 그리도교와 게르만문화연구회편, 『한글성서와겨레문화』, 기독교문사.

서정훈(1994), 『제국주의, '서양의 지적 운동'』, 지식산업사.

서종학(1986), 「『救荒撮要』와 『新刊救荒撮要』에 관한 考察」, 『國語學』 15집, 塔出版社.

서태룡(1996), 「16세기 淸州 簡札의 종결어미 형태」, 『정신문화연구』 64, 한국정신문화연구원.

석길암(2010), 『불교, 동아시아를 만나다』, 불광출판사.

석주연(2001), 「대영도서관 소장 국어사 자료에 대하여」, 『국어국문학』 129, 국어국문학회.

설성경(1972), 「九雲夢의 構造的 硏究, Ⅰ : 時間論」, 『人文科學』 27·28집, 延世大學校 人文科學硏究所.

성기옥(1989), 「『龍飛御天歌』의 文學的 성격 : 訓民正音 창제와 관련된 國文詩歌로서의 역사적 의미를 중심으로」, 『진단학보』 68, 진단학회.

성병희(1986), 「內簡文學硏究」, 효성여대 대학원 박사학위 논문.

성인출(2004), 「18세기 후기 국어의 표기법 연구-윤음언해를 중심으로」, 계명대학교 대학원 박사 논문.

성호주(19894), 「현토체 악가의 시가사적 의의」, 『睡蓮語文論集』 11, 수련어문학회.

손규복(1981), 「朝鮮朝의 女性道德敎育에 관한 연구」, 계명대 박사학위 논문.

손병태(1990), 「『村家救急方』의 鄕藥明 硏究」, 『영남어문학』 17, 한민족어문학회.

손인수(1998), 『한국교육사 연구 상』, 문음사.

손인수(1999), 『세종시대의 교육문화 연구』, 문음사.

손주일(1982), 「呂氏鄕約諺解 이본간의 문법자료에 대하여」, 『서강어문』 2.

손혜선(1996), 「穀物名의 借字表記 考察 : 『衿陽雜錄』과 『山林經濟』를 중심으로」, 수원대 대학원 석사학위 논문.

송 민(1995), 「국어사의 시대 구분-음운사 방면」, 『국어학』 25, 국어학회.

송유명(1983), 「우리나라의 傳統的인 調理法에 對한 硏究 : 閨閤叢書 中 酒食議扁을 中心으로」, 성균관대 대학원 석사학위 논문.

송일기(2000가), 「『父母恩重經』 韓·中 板本考」, 『중한인문과학연구』 5집, 중한인문과학연구소.

송일기(2000나), 「한국본 『부모은중경 : 언해·한글』의 판본 및 한글서체에 관한 연구」, 『도서관』 355, 국립중앙도서관.

송일기(2000다), 「韓國本 『父母恩重經 : 漢文』의 板本에 관한 硏究」, 『서지학연구』 19, 서지학회.

송일기(2001), 「『불설대보부모은중경 : 언해』의 초역본에 관한 연구」, 『서지학연구』 22, 서지학회.

송일기(2006), 「한국본 『부모은중경』 형성에 관한 연구 : 서하본 및 고려본의 판본학적 접근」, 『한국도서관·정보학회지』 37권 1호, 한국도서관·정보학회.

송일기·박민희(2010), 「새로 발견된 湖南板 『父母恩重經』 4종의 서지적 연구」, 『한국도서관·정보학회지』 41권 2호, 한국도서관·정보학회.

송일기·이태호(2001), 「朝鮮時代 '行實圖' 板本 및 板畫에 관한 硏究」, 『書誌學硏究』 21, 서지학회.

송재용(2008), 『미암일기연구』, 제이앤씨.

송정숙(1990), 「四書諺解書 刊行의 政治·社會的 背景 ; 李滉의 『四書釋義』와 李珥의 『四書栗谷諺解』를 중심으로」, 『社會科學論叢』, 釜山大學校社會科學大學.

송정아(1995), 「규합총서에 나온 袍類에 관한 分析的 硏究」, 『論文集』 5.

송종숙(1989), 「『三鋼行實圖』 板本考」, 중앙대 대학원 석사학위 논문.

송지혜(1999), 「현풍 곽씨 언간의 경어법 선어말어미 연구」, 경북대 대학원 석사학위 논문.

송철의(2004), 「한국 근대 초기의 어문운동과 어문정책」, 『韓國文化』 33, 서울대학교 한국문화연구소.

송철의·이현희·장윤희·황문환(2006), 『(역주)오륜행실도』, 서울대학교출판부.

송철의(2008가), 「반절표의 변천과 전통시대 한글 교육」, 『제2회 한국어학회 국제학술 대회 : The 2nd IKL 'Hangeul' 2008 International Conference on Korean Linguistics』, 한국어학회, 프린트물 ; 재수록 : 송철의(2008나), 홍종선 외, 『세계 속의 한글』, 박이정.

송호근(2011), 『인민의 탄생』, 민음사.

시정곤(2007), 「훈민정음의 보급과 교육에 대하여」, 『우리어문연구』 28, 우리어문학회.

신경철(1994), 「『능엄경언해』 註釋文의 語彙 考察」, 『國文學論集』 14, 檀國大學校國語國文學科.

신기철(1979), 「한글 반포 와 그 걸어온 길」, 『統一世界』 107, 세계기독교통일신령협회.

신동원(2004), 『호열자, 조선을 습격하다』, 역사비평사.

신선경(1995), 「『삼강행실도』의 이본 비교」, 『국어학논집』 2, 서울대 국어국문학과 편, 태학사.

신선경(2003), 「사유 방식과 텍스트의 구조 : 『격몽요결』의 텍스트 구조를 중심으로」, 『텍스트언어학』 14집, 한국텍스트언어학회.

신선연(2008), 「『속삼강행실도언해』 연구 : 국어 표기법과 어휘를 중심으로」, 동국대 대학원 석사학위 논문.

신성철(2010), 「『東國新續三綱行實圖』의 국어사적 고찰」, 『어문학』 107집, 한국어문학회.

신수경(2004), 「동아시아 열녀도 연구」, 이화여대 대학원 석사학위 논문.

신수경(2007), 「조선시대 열녀도의 양태와 『烈女徐氏抱竹圖』」, 『美術史學研究』 253호, 韓國美術史學會.

신순식(1996), 「『언해태산집요』에 관한 연구」, 『구암학보』 4, 구암학회.

신앙세계사 編(1986), 「성서와 한글」, 『신앙세계』 220, 신앙세계사.

신은경(1989), 「辭說時調의 詩學 研究」, 서강대 대학원 박사학위 논문.

신은경(2009), 「散・韻 혼합담론으로서의 『三綱行實圖』 연구」, 『國際語文』 46집.

신은경(2010), 「고소설에 있어 '流通'과 '詩運用'의 상관성에 관한 검토 : 『구운몽』을 중심으로」, 『한국문학이론과 비평』 47집, 한국문학이론과 비평학회.

신정숙(1967), 「韓國 傳統社會의 內簡에 對하여」, 『국어국문학』 37・38 합집, 국어국문학회.

신창순(1994), 「訓民正音의 機能的 考察」, 『어문연구』 22권 1-2호, 한국어문교육연구회.

심경호(1985), 「조선조의 杜詩集 간행에 관하여」, 『韓國學報』 38, 일지사.

심경호(1990), 「『오륜전전』에 대한 고찰」, 『애산학보』 8, 애산학회.

심경호(1999), 『조선시대 漢文學과 詩經論』, 一志社.

심경호(2002), 『국문학 연구와 문헌학』, 태학사.

심재기(1975), 「내간체문장에 대한 고찰」, 東洋學 5, 단국대학교 동양학연구소.

심재기(1992), 「개화기 교과서 문체에 대하여」, 『국어국문학』 107호, 국어국문학회.

안귀남(1996), 「諺簡의 敬語法 研究 −16~20세기 諺簡 資料를 중심으로」, 경북대 대학원 박사학위 논문.

안귀남(1999), 「固城李氏 李應台墓 出土 편지」, 『문헌과해석』 6, 문헌과해석사.

안대회(2001), 「한문학에서의 민족적인 것과 세계적인 것 : 조선 후기 학자의 민족언어에 대한 논의를 중심으로」, 『고전문학연구』 8호 별집, 월인.

안대회(2004), 「조선후기 이중언어텍스트와 그에 관한 논의들」, 『대동한문학회 2004 하계 발표대회 자료집』, 대동한문학회.

안대회(2006), 「조선 후기 이중 언어 텍스트와 그에 관한 논의들」, 『대동한문학』 24집, 대동한문학회.

안대회(2010), 『조선을 사로잡은 꾼들』, 한겨레출판.

안병희(1978), 「『村家救急方』의 鄕名에 대하여」, 『언어학』 3호, 한국언어학회.

안병희(1979), 「中世語의 한글 資料에 대한 綜合的인 考察」, 『규장각』 3집, 서울대도서관.

안병희(1983), 「國語史資料의 整理를 위하여 : 基本資料의 選定 및 複製와 관련하여」, 『한국학문헌연구의 현황과 전망』, 아세아문화사.

안병희(1985), 「訓民正音 使用에 관한 歷史的 研究 : 창제로부터 19세기까지」, 『동방학
　　　지』 46 · 47 · 48, 연세대학교.

안병희(1987), 「한글판 『오대진언』에 대하여」, 『한글』 195, 한글학회.

안병희(1990), 「奎章閣所藏 近代國語資料의 書誌學的 檢討」, 『季刊書誌學報』 2, 韓國書誌
　　　學會.

안병희(1992가), 『國語史 資料 研究』, 文學과 知性社.

안병희(1992나), 『國語史 研究』, 文學과 知性社.

안병희(1992다), 『孝經諺解』와 『孝經口訣』 : 안병희(1992), 『國語史 資料 研究』 21장, 文
　　　學과知性社.

안병희(1992라), 「初期佛經諺解와 한글」, 『불교문화연구』 3, 영축불교문화연구원.

안병희(1992마), 『呂氏鄕約諺解』의 원간본 : 안병희(1992), 『國語史 資料 研究』 20장, 文
　　　學과 知性社.

안병희(1993), 「여씨향약언해 해제」, 『연민학지』 1집.

안병희(1999가), 「崔世珍의 生涯와 年譜 : 그의 誌石 발견을 계기로 하여」, 『奎章閣』 22,
　　　서울대학교 규장각.

안병희(1999나), 「崔世珍의 生涯와 學問」, 『語文研究』 104, 韓國語文敎育研究會.

안병희(2000), 「한글의 창제와 보급」, 『겨레의 글 한글』(새천년 특별전 도록), 국립중
　　　앙박물관.

안병희(2006), 「국어사연구와 한글자료」, 『국어사연구 어디까지 와 있는가』(임용기 ·
　　　홍윤표 편), 태학사.

안병희(2007), 『訓民正音 研究』, 서울대 출판부.

안병희(2009), 『國語史 文獻 研究』, 신구문화사.

안상우(2009), 『(해외에서 찾아낸)우리 옛 의학책』, 한국한의학연구원, .

안성호(2009), 「19세기 중반 중국어 대표자역본 번역에서 발생한 ‘용어논쟁’이 초기
　　　한글성서번역에 미친 영향」, 『한국기독교와역사』 30호, 한국기독교역사연구소.

안소진(2005), 「『동몽선습언해』의 서지와 언어 : 7행 15자본과 9행 16자본의 언해 양
　　　식 비교」, 『冠嶽語文研究』 30집, 서울大學校國語國文學科.

안장리(2003), 「姜希孟의 生涯와 文學」, 『열상고전연구』 18집, 열상고전연구회.

안주호(2002가), 「망월사본 『진언집』을 중심으로 한 진언표기의 기초적 연구」, 『국어
　　　교육』 109호.

안주호(2002나), 「안심사본 『진언집』과 망월사본 『진업집』의 비교 연구」, 『배달말』 31호,

배달말학회.

안주호(2003), 「만연사본 『진언집(1777)』의 표기법 연구」, 『국어국문학』 133.

안주호(2006), 「근대국어 시기의 진언표기 연구」, 『韓國言語文學』 59집.

양귀순(2002), 「『규합총서』의 표기 및 단위어 연구」, 인하대 교육대학원 석사학위 논문.

양정호(2008), 「텍스트 읽기와 쓰기 교육」, 『텍스트언어학』 24집, 한국텍스트언어학회.

양지선(2004), 「조선후기 영웅소설의 대중화 양상 연구」, 서강대 대학원 석사학위 논문.

양진건(2007), 「세종조 도서보급 정책이 제주교육에 미친 영향」, 『한국사상연구』 16호, 한국교육사상연구회.

어강석(2007), 「장서각 소장 '순명효황후 관련 한글 간찰'의 내용과 가치」, 『藏書閣』 17집, 한국학중앙연구원.

여찬영(2005가), 「『삼강행실도』와 『오륜행실도』의 『열녀』편 비교 연구 : 체재 및 한문 원문을 중심으로」, 『언어과학연구』 33집, 언어과학회.

여찬영(2005나), 「『삼강행실도』와 『오륜행실도』의 한문 원문 연구」, 『어문학』 88호.

연세춘추편집부(1961), 「한국 기독교와 한글」, 『나라사랑』 69집, 외솔회.

염정섭(2000), 「조선시대 농서편찬과 농법의 발달」, 서울대 대학원 박사학위 논문.

오오타니 모리시게(大谷森繁)(1985), 『조선후기소설독자연구』, 고려대학교민족문화연구소.

오오타니 모리시게(大谷森繁)(1996), 「조선후기의 세책 재론」, 『한국고소설사의 시각』, 국학연구원.

오오타니 모리시게(大谷森繁)(2010), 『韓國 古小說 硏究』, 경인문화사.

오윤정(2008), 「17세기 『동국신속삼강행실도』 연구 : 『동국신속삼강행실찬집청의궤』를 중심으로」, 홍익대 대학원 석사학위 논문.

옥영정(2004), 「17세기 개인출판의 四書諺解에 관한 고찰 : 1637년 간행의 四書諺解를 중심으로」, 『書誌學研究』 27집, 書誌學會.

옥영정(2005), 「17세기 간행 四書諺解에 대한 종합적 연구 : 간본의 계통과 經書字復刻本의 형태서지적 분석을 중심으로」, 『書誌學研究』 32집, 書誌學會.

옥영정(2008), 「장서각 소장 보물 『능엄경』과 『원각경』의 인쇄문화적 가치」, 『藏書閣』 20집, 한국학중앙연구원.

외솔회(1989), 「한국 기독교와 한글 ; 민족 문화 발전의 선구」, 『나라사랑』 69, 외솔회.

원순옥(1996), 「『구급방언해』의 어휘 연구」, 대구효성가톨릭대학 석사학위 논문.

위르겐 슐룸봄 편/백승종・장현숙・장석훈 공역(2001), 『미시사와 거시사 : 역사를 바라보는 두가지 관점』, 궁리출판.

위르겐 슐룸봄/백승종 외 옮김(2003), 『미시사의 즐거움(17~19세기 유럽의 일상세계)』, 돌베개.

유동준(1968), 「한성순보와 한성주보에 대한 일고찰」, 『역사학보』 8집, 역사학회.

유동준(1987), 『유길준전』, 일조각.

유명우(2004), 「한국 번역사에서 본 조선조 언해(諺解) 번역」, 『번역학연구』 5권 2호 (가을), 한국번역학회.

유부현(1990), 「『童蒙先習』의 書誌的 연구」, 중앙대 대학원 석사학위 논문.

유성덕(1985), 「한글성경이 우리 어문학에 끼친 영향 : 1887년부터 1945년까지를 중심 으로」, 『論文集』 5, 總神大學校 ; 유영옥(2008), 「眉巖 柳希春의 尊朱子 학풍과 經書諺解」, 『東洋漢文學研究』 26집 東洋漢文學會.

유창균(1974), 「『한글갈』 국어학사 : 외솔선생의 학문」, 『나라사랑』 14, 외솔회.

유탁일(1974), 「초간 삼강행실도에 대하여」, 『國語國文學』 11, 부산대학교국어국문학회.

육신영(2008), 「『諺解 胎産集要』에 대한 번역 연구」, 석사학위 논문, 동국대학교.

육진경(1990), 「19세기 후기 국어의 형태론적 연구 : 예수성교견서를 중심으로」, 건국 대 석사학위 논문.

윤복남(1991), 「한국 문해교육의 사회사적 고찰」, 고려대 대학원 박사학위 논문.

윤사순(2002), 「栗谷 鄕約의 思想的 性向」, 『율곡사상연구』 5집, 율곡학회.

윤석민 외(2006), 『(쉽게 읽는)용비어천가(정인지 외 지음)』 1·2, 박이정.

윤세순(2004), 「16세기, 중국소설의 국내유입과 향유 양상」, 『민족문학사연구』 25호, 민족문학사학회.

윤세순(2006), 「17세기, 소설류의 유행양상」, 『東方漢文學』 31집, 東方漢文學會.

윤세순(2008가), 「17세기 필사본 소설류에 대하여」, 『한문학보』 19집, 우리한문학회.

윤세순(2008나), 「17세기, 간행본 서사류의 존재양상에 대하여」, 『민족문학사연구』 38 호, 민족문학사학회 민족문학사연구소.

윤소휘(1997), 「『속삼강행실도』 연구」, 한국외국어대 대학원 석사학위 논문.

윤영숙(1996), 「조선시대 초학교재 연구 : 『동몽선습』과 『격몽요결』을 중심으로」, 한국 교원대 대학원 석사학위 논문.

윤옥석(2008), 「간경도감본 불경언해서의 협주에 대한 연구」, 연세대 대학원 석사학위 논문.

윤춘병(1987), 「초기 한국 기독교 문헌에 기록된 한글판 구약」, 『基督教思想』 340, 大 韓基督教書會.

윤태림(1989), 「韓國의 文字生活과 敎育에 대하여」, 『어문연구』 17권 4호, 한국어문교육연구회.

윤효진(2009), 「『현풍곽씨 언간』의 서사성과 서술 담론」, 인제대 교육대학원 석사학위 논문.

이가원(1994), 『朝鮮文學史』, 태학사.

이강옥(2009), 「이중언어 현상과 고전문학의 듣기·말하기·읽기·쓰기에 대한 연구」, 『어문학』 106집, 한국어문학회.

이경하(2003), 「15~16세기 왕후의 국문 글쓰기에 관한 문헌적 고찰」, 『한국고전여성문학연구』 7, 한국고전여성문학회.

이경하(2005가), 「17세기 士族 여성의 한문생활, 그 보편과 특수」, 『국어국문학』 140호, 국어국문학회.

이경하(2005나), 「17세기 상층여성의 국문생활에 관한 문헌적 고찰—여성 대상 : 여성 대상 傳狀文·碑誌文을 중심으로」, 『韓國文學論叢』 39집, 韓國文學會.

이경하(2009), 「『삼강행실도』의 폭력성 제고—열녀편을 중심으로」, 『고전문학연구』, 한국고전문학회.

이관규(1991), 「고등학교 '옛말의 문법'에 대한 검토」, 『한국어문교육』 5, 고려대 국어교육과.

이광렬(2004), 「광해군대 『동국신속삼강행실도』 편찬의 의의」, 서울대 대학원 석사학위 논문.

이광렬(2007), 「광해군대(光海君代) 『동국신속삼강행실도』 편찬의 의의」, 『한국사론』 53호, 정옥자선생정년기념호, 서울대학교 국사학과.

이광호(1996), 「諺文簡札의 形式과 表記法」, 『정신문화연구』 64, 한국정신문화연구원.

이근명(2002), 「주희의 『증손려씨향약』과 조선사회—조선향약의 특성에 대한 검토를 중심으로」, 『중국학보』 45집, 한국중국학회.

이근수(1978), 『朝鮮朝의 語文政策 硏究』, 고려대 박사학위 논문.

이근수(1983), 「訓民正音 創製와 그 政策」, 추강 황희영 박사 송수 기념 논총 간행위원회 편, 『韓國語 系統論 訓民正音 硏究』, 집문당.

이근수(1987 : 개정판), 『朝鮮朝의 語文政策 硏究』, 弘益大學校出判部.

이근영(2004), 「여사서 언해(女四書 諺解)의 음운론적 연구」, 『한말연구』, 15호, 한말연구학회.

이기동(2003), 「유교의 인간관」, 『본질과 현상』 2호(겨울호), 본질과현상사.

이기문(1961/1972 : 개정2판), 『國語史槪說』, 塔出版社.

이기문(1963), 『국어 표기법의 역사적 연구』, 한국 연구원.

이기문(1970), 『개화기의 국문 연구』, 일조각.

이기문(1972), 「『석봉천자문』에 대하여」, 『국어국문학』 55・56・57 합병호, 국어국문
    학회.

이기문(1981), 「천자문연구(1)」, 『한국문화』 제2호, 한국문화연구소.

이기문(1984), 「개화기의 국문 사용에 관한 연구」, 『한국문화』 5, 서울대학교 한국문화
    연구소.

이기문(1985), 「훈몽자회 연구」, 서울대출판부.

이기백(1981), 「한국사의 시대 구분 문제」, 『한국사 연구입문(한국사연구회 편)』, 지식
    산업사.

이기백(1989), 「訓民正音의 運用」, 『어문연구』 17권 4호, 한국어문교육연구회. ・

이기영(1985), 『한국의 불교』, 세종대왕기념사업회.

이길표・최배영(1996), 「규합총서의 내용구성 분석」, 『생활문화연구』 10, 성신여자대
    학교 생활문화연구소.

이노우에 가꾸로로오/김슬옹 옮김(1998), 「협력하고 융합하여 복지를 도모하자」, 『한
    글새소식』 308호(4월호), 한글학회.

이덕주(1985), 「초기 한글성서 번역에 관한 연구 : 특히 성서번역자들의 활동을 중심으
    로」, 한글성서와 겨레문화, 기독교문사.

이덕주(1990), 「'갈등과 극복'의 구조 속에서 보는 한국 기독교 역사 1 ; 조선의 근대
    화의 성서의 한글 번역」, 『한몸』 9, 세계신학연구원.

이덕홍(1985), 「『家禮諺解』에 나타난 語彙形成考」, 『語文研究』 48, 한국어문교육연구회.

이동림(1966), 「國文字策定의 歷史的 條件」, 『명지어문학』 3, 명지대학교.

이동석(2011), 「한글에 대한 오해」, 『말과 글』 128호(가을호), 한국어문기자협회.

이동채(1990), 「朝鮮後期農業의 生産樣式에 관한 考察」, 영남대 대학원 석사학위 논문.

이래호・황문환(2003), 「先札 所載 諺簡에 대하여」, 恩津宋氏 霽月堂篇, 『한글간찰자료
    선집』 III, 한국정신문화연구원.

이만규(1946/2010), 『다시 읽는 조선 교육사』, 살림터.

이만열(2011), 「한글 성경 완역 출판과 한국 사회」, 『한글 성경이 한국 교회와 사회,
    국어 문화에 끼친 영향』(한글 성경 완역 및 출간 100주년 기념 학술 심포지엄
    자료집), (재)대한성서공회.

이명구(2007), 『이야기 한국고전문학사』, 박이정.

이민희(2001), 「조선후기 경판 방각소설 판본의 형태물리적 특성 연구」, 숙명여대 대학원 석사학위 논문.

이민희(2004가), 「구활자본舊活字本 고소설 『셔산대사젼西山大師傳』 연구」, 『국학연구』 5집(가을·겨울), 한국국학진흥원.

이민희(2004나), 「서적 중개인의 역할과 소설 발달에 관한 연구 시론」, 『冠嶽語文硏究』 29집, 서울大學校國語國文學科.

이민희(2007), 『조선의 베스트셀러 : 조선 후기 세책업의 발달과 소설의 유행』, 프로네시스.

이민희(2008가), 「고소설 삽입 '놀이'의 서사적 역할과 의미 연구」, 『古小說硏究』 25집, 月印.

이민희(2008나), 「구활자본의 고소설 『丙寅洋擾』 연구」, 『語文硏究』 56권, 語文硏究學會.

이민희(2009가), 「17~18세기 고소설에 나타난 화폐경제의 사회상」, 『정신문화연구』 114호(봄), 한국학중앙연구원.

이민희(2009나), 「고소설에 나타난 놀이의 서사적 성격과 놀이 문화」, 『열상고전연구』 30집, 열상고전연구회.

이범직(1976가), 「조선전기의 교생신분」, 『韓國史論』 3, 서울大學校人文大學國史學科.

이범직(1976나), 「朝鮮前期 儒學敎育과 鄕校의 機能」, 『歷史敎育』 20, 歷史敎育硏究會.

이범직(1979), 「朝鮮前期 儒學敎育制度의 性格 : 四部學堂을 中心으로」, 『學術論叢』 3, 檀國大學校大學院.

이병근(1996), 「16·17세기 언간의 표기에 대한 음운론적 이해」, 『정신문화연구』 64, 한국정신문화연구원.

이병기 편주(1948), 『近朝內簡選』, 國際文化館.

이병기(1961), 『국문학개론』, 동아출판사.

이병기(1965), 『朝鮮女流文學序論』, 朝鮮歷代女流文集.

이병주(1979), 『한국문학상의 두시』, 이우출판사.

이복규(1997가), 「『묵재일기(默齋日記)』 소재 국문소설 『왕시봉전』의 해제와 원문」, 『국어교육』 95, 한국국어교육연구회.

이복규(1997나), 「最古 한글표기소설 『薛公瓚傳』 국문본의 해제와 원문」, 『史學硏究』 53, 韓國史學會.

이복규(1998), 『설공찬전 연구』, 박이정.

이복규(2000), 「초기 국문소설의 존재 양상」, 『國際語文』 21, 국제어문학회.

이복규(2001), 「허균(許筠)과 『홍길동전』과의 상관성」, 『人文科學研究』 9집, 西京大學校 人文科學研究所.

이복규(2002), 「『五倫全傳序』의 再解釋」, 『어문학』 75호, 한국어문학회.

이봉춘(1978), 「조선전기 불전언해의 그 사상에 대한 연구」, 동국대 석사학위 논문.

이봉춘(1980), 「조선전기 불전언해와 그 사상」, 『한국불교학』 5권 1호, 한국불교학회.

이상규(2009), 「디지털 시대에 한글의 미래」, 『우리말연구』 25, 우리말학회.

이상규(2011), 『한글 고문서 연구』, 경진.

이상녀(2002), 「『家禮諺解』의 음운론적 연구」, 『한말연구』 11호.

이상택 외(2005), 『한국 고전소설의 세계』, 돌베개.

이상하(2006), 「한문학습 및 번역에 있어서 현토의 문제」, 『민족문화』, 29집, 民族文化推進會.

이상혁(2003), 「훈민정음 창제 이후의 문자생활사」, 『디지털 한글 박물관 역사관; 문자생활사』(http://www.hangeulmuseum.org).

이상혁(2004가), 『조선 후기 훈민정음 연구의 역사적 변천』, 역락.

이상혁(2004나), 『『훈민정음』과 국어연구』, 역락.

이상혁(2006), 「훈민정음, 언문, 반절, 그리고 한글의 역사적 의미─우리글 명칭 의미의 어휘적 함의를 중심으로」, 정광 외, 『역학서와 국어사 연구』, 태학사.

이상혁(2007), 「훈민정음에 대한 문화콘텐츠적 접근과 그 방향」, 『한국어학』 36, 한국어학회.

이상혁(2008가), 「훈민정음과 한글의 언어문화사적 접근─문자, 문자 기능의 이데올로기적 속성을 중심으로」, 『한국어학』 41, 한국어학회.

이상혁(2008나), 「훈민정음과 한글의 정치사적 시론 : 문자의 이데올로기적 측면을 중심으로」, 『제2회 한국어학회 국제학술대회』, 한국어학회.

이상호(2003), 「국어생활사의 관점에서 본 언간의 특성에 대한 연구」, 서울대 대학원 국어교육과 석사학위 논문.

이서 저/남도영 역(1682/2004), 『마경언해』, 한국마사회 마사박물관.

이석규(1998), 「조선초기 '敎化'의 성격」, 『한국사상사학』 11집, 한국사상사학회.

이석주(1994), 「문자의 발달과 한글」, 『한성어문학』 13, 한성대 한국어문학부.

이선아・소순열(2006), 「朝鮮時代 農書의 地域的 刊行의 意義 : 『農事直說』과 『農家集成』을 중심으로」, 『농업사연구』 5권 1호.

이성구(1977), 「東國新續三綱行實 에 나타난 救病孝行研究」, 『論文集』 2, 명지실업전문
    학교.

이성규(2006), 「조선시대의 선비교육과 선비문화에 관한 연구」, 한국교원대 교육대학
    원 석사학위 논문.

이성만(2010), 「텍스트언어학의 계보, 대상 그리고 경향」, 『언어과학연구』 52, 언어과
    학회.

이성연(1988), 「열강의 식민지 언어정책에 대한 연구」, 전남대학교 박사학위 논문.

이성희(2005), 「조선시대 중인층의 독서론에 관한 연구」, 천안대 문헌정보대학원 석사
    학위 논문.

이수경(2001), 「조선시대 효자도 연구」, 서울대 대학원 석사학위 논문.

이수봉(1971), 「閨房文學에서 본 李朝女人像」, 『女性問題研究』 1, 효성여대 女性問題研
    究所.

이수연(2004), 「조선시대 유교 윤리서 연구 : 세종조 『삼강행실도』를 중심으로」, 『대학
    원논문집』 4집.

이숭녕(1955), 「國語學史의 時代性論考 : 訓民正音問題를 主題하여」, 『학총』 1, 학총사.

이숭녕(1962), 「壬辰倭亂과 民間人 被害에 對하여 : 『東國新續 三綱行實』의 被害報告書
    的 資料를 中心으로 하여」, 『歷史學報』 17・18, 역사학회.

이숭녕(1966), 「한글 制定의 時代 環境」, 『교육평론』 96, 교육평론사.

이숭녕(1967), 「한국어 발달사(어휘사)」, 『한국문화사 대계V』, 고려대학교 민족문화연
    구소 출판부.

이숭녕(1970), 「이조 초기 역대 왕실의 출판 정책의 고찰−특히 불경인행(佛經印行)의
    과정을 중심으로 하여」, 『한글』 146, 한글학회.

이숭녕(1977), 「世宗의 言語政策事業과 그 隱密主義的 態度에 對하여−特히 實錄記錄의
    不透明性과 冊房의 露出을 中心으로 하여」, 『한국학 논총』(하성 이선근 박사
    고희 기념 논문집), 형설출판사.

이숭녕(1978가), 「東國新續三綱行實圖의 音韻史的 考察」, 『學術院論文集』 17, 대한민국
    학술원.

이숭녕(1978나), 「諺解 事業의 時代的 傾向에 대하여」, 『민족문화』 4, 민족문화추진회.

이숭녕(1986), 「신미의 역경사업에 관한 연구」, 『학술원논문집』 25, 학술원.

이승희(2000), 「규장각 소장본 '純元王后 한글편지'의 고찰」, 『奎章閣』 23, 서울대학교
    규장각 한국학연구원.

이　씨(2008), 『閨閣叢書』, 한국정신문화연구원.

이양순(2001), 「順天金氏墓簡札의 語彙 分布 硏究」, 충북대 대학원 박사학위 논문.

이영경(1995), 「『續三綱行實圖』 硏究」, 『국어학 논집 2』, 태학사.

이영경(2001), 「三綱行實圖(諺解), 續三綱行實圖」, 奎章閣所藏語文學資料, 서울대 규장각.

이영택(1956), 「近世朝鮮의 法醫學的 裁判과 無冤錄에 관한 硏究」, 서울대박사학위 논문.

이옥련(1989), 「諺簡의 親戚 및 夫婦 呼稱考」, 『아세아여성연구』 28, 숙명여대.

이용길(2003), 「조선시대 서당의 교재에 대한 고찰」, 『敎育硏究』 22집, 圓光大學校敎育問題硏究所.

이우성(1976), 「조선왕조의 훈민정책과 정음의 기능」, 『진단학보』 42호, 진단학회.

이원수(2001), 「한글소설의 개념과 최초의 한글소설」, 『敎育理論과實踐』 1권 1호, 경남대학교교육문제연구소.

이원승(1980), 「허균의 한문소설 연구」, 연세대 석사학위 논문.

이원승(2002나), 「퇴계 현실인식의 시적 형상화 연구」, 상명대 대학원 박사학위 논문.

이원승(2003), 「사대부가(士大夫家) 여인 행장에 나타난 자의식 소고 : 서포가(西浦家) 3대 여인 행장을 중심으로」, 『자하어문논집』 18집, 상명어문학회.

이원승(2007), 「能畫者 퇴계에 대한 試考」, 솔재 최기호 박사 정년 퇴임 기념 논총 『한국어의 역사와 문화』, 박이정.

이원승(2009), 「박인로 시조에 나타난 孝의 양상」, 『동서울대학논문집』 31집 1권, 동서울대학.

이원승(2010), 「새로 찾은 『팔도유람가』 주해(註解)」, 『동서울대학논문집』 32집 1권, 동서울대학.

이원재(2006), 「조선시대 『소학』 교육의 현실」, 『敎育學硏究』 44권3호, 韓國敎育學會.

이유기(2010), 「"조선시대 훈민정음 관련 공적 문헌의 분류 담론(김슬옹)"에 대한 토론문」, 『한민족문화학회 동계학술대회－'한민족문화와 세속성'(강남대학교 살롬관)』, 별지.

이윤석 역(1992), 『(完譯)龍飛御天歌』 上·中·下, 曉星女子大學校 韓國傳統文化硏究所.

이윤석 옮김(1997가), 『용비어천가(정인지 외)』 1·2, 솔.

이윤석(1997나), 「김기협 씨의 『용비어천가』 서평을 읽고 : 문제 제기의 형식과 내용의 문제점」, 『당대비평』 2, (주)당대.

이윤석·大谷森繁·정명기 편저(2003), 『세책고소설연구』, 혜안.

이윤재(1932), 「한글運動의 回顧」, 『동아일보』 10. 30.

이윤재(1933), 「한글공부」, 동아일보사, 영인본 : 정진석 편(1999), 문자보급운동교재 : 조선일보・동아일보 1929~1935, LG상남언론재단.

이은규(2000), 「『두창경험방』 이본의 비교 연구」, 『언어과학연구』 18, 언어과학회.

이은주(1995), 「『청주북일면순천김씨묘출토간찰』의 연구」, 숙명여대 석사학위 논문.

이응백(1976), 「國語敎育史硏究」, 新丘文化社→이응백(1988), (續)國語敎育史硏究 신구문화사.

이응백(1981), 「국어의 '기본음절표'에 대하여」, 『선청어문』 11・12, 서울대학교 사범대학교 국어교육과.

이응백(1983), 「초등학교 한글 교육에 대한 연구」, 『사대논집』 26집, 서울대학교 사범대학.

이응백(1989), 「訓民正音 訓習의 基本資料」, 『어문연구』 17권 4호, 한국어문교육연구회.

이응백(1991), 『국어교육사연구』, 신구문화사.

이응태묘 출토 한글편지, 『겨레의 글 한글』(국립중앙박물관, 2000).

이응호(1974), 「요약한 한글전용 운동사 : 기독교와 한글」, 『성별』 38호(10월호), 성별사.

이응호(1975), 『개화기 한글운동사』, 성청사.

이응호(1979), 「기독교와 한글 : 『매킨타이어』 목사의 한국말 연구」, 『성별』 85호, 성별사.

이응호(1983), 「최초의 한글 성경 『예수성교 누가복음젼서』」, 『국어교육』 44・45, 한국국어교육연구회.

이응호(1990), 「한글 번역 성경에 대하여」, 『한힌샘연구』 3, 한글학회.

이응호(1995), 「한글 성경 번역사」, 『교회와 한국문제』 26권, 기독교한국문제연구회.

이익/안외순 옮김(2005), 『동호문답』, 책세상.

이재기 외(2006), 「국어과 교육과정 개정 시안 수정・보완 연구」, 『한국교육과정평가원』, 한국교육과정평가원.

이재룡(2000), 「조선시대의 법 제도와 유교적 민본주의」, 『동양사회사상』 3집, 동양사회사상학회.

이재만(1972), 「우리 문자의 지도방법에 대한 고찰」, 『논문집』 7, 광주교육대학.

이재운(2010), 「우리말 탄생과 진화」, 『한겨레신문』 2010년 6월 8일(함께하는 우리교육).

이재정(2008), 『조선출판주식회사』, 안티쿠스.

이재철(1973), 「集賢殿의 機能에 대한 硏究」, 『인문과학』 30, 연세대 인문과학연구소.

이재형(2004), 「세종의 훈민정음 창제와 신미의 역할」, 『불교문화연구』 4, 한국불교문
　　화학회.
이전경(2000), 「간경도감의 언해서와 불경의 구결자 비교-구결자의 음가 추정과 차자
　　운용체계」, 『23회 공동연구회 발표논문집』, 구결학회.
이정배(2001), 「한글과 기독교 : 문화신학의 과제로서 한글로 신학하기 : 유영모와 김흥
　　호의 한글풀이를 중심으로」, 『한국기독교신학논총』 22집, 한국기독교학회.
이정철(1997), 「조선후기 모내기의 발전과 역할 : 18세기 反畓을 중심으로」, 高麗大 대
　　학원 석사학위 논문.
이정화(2010), 「『제중신편』의 편찬과 간행 및 유포에 관한 연구」, 성균관대 대학원 석
　　사학위 논문.
이종각 외(1994), 「江原道 書堂敎育에 관한 硏究」, 『江原文化硏究』 江原大學校江原文化
　　硏究所.
이종권(1988), 「朝鮮朝 國譯佛書의 刊行에 관한 硏究」, 성균관대 석사학위 논문.
이종묵(2002), 「조선시대 한시 번역의 전통과 양상」, 『藏書閣』 7집, 한국정신문화연구원.
이종묵(2007), 「조선시대 여성과 아동의 한시 향유와 이중언어체계(diaglosia)」, 『震檀學
　　報』 104호 震檀學會.
이종묵(2008가), 「조선시대 어제시의 창작 양상과 그 의미」, 『藏書閣』 19집, 한국학중
　　앙연구원).
이종묵(2008나), 「조선시대 한시 번역의 전통과 한시 번역의 모델」, 『민족문화』 32집,
　　한국고전번역원.
이종묵(2009), 「17~18세기 중국에 전해진 조선의 한시」, 『韓國文化』 45집, 서울대학
　　교 규장각한국학연구원.
이종철(1978), 「校正廳本 소학언해와 사서언해의 表記에 대하여」, 『국어교육』 33, 한국
　　국어교육연구회.
이종현(1925), 『農家指南』, 계문사.
이지영(2008), 「한글 필사본에 나타난 한글 필사(筆寫)의 문화적 맥락」, 『한국고전여성
　　문학연구』 17, 한국고전여성문학회.
이지하(2004), 「여성주체적 소설과 모성이데올로기의 파기」, 『한국고전여성문학연구』
　　9집, 한국고전여성문학회.
이지하(2008), 「조선후기 여성의 어문생활과 고전소설」, 『古小說硏究』 26집.
이진경(2002), 「문학-기계와 횡단적 문학 : 기하학적 형식으로 증명된 문학-기계의

이론」, 『들뢰즈와 문학기계』, 소명출판.

이진호(1982), 「한글성서 번역과 전래『특집』」, 『신앙계』 187호, 신앙계.

이진호(2009), 「17~18세기 병서 언해 연구」, 계명대 대학원 박사학위 논문.

이진호(2011), 「『진법언해(陣法諺解)』의 표기와 음운」, 『언어과학연구』 56권, 언어과학회.

이진호·이이다 사오리(2009), 『小倉進平과 國語 音韻論』, 제이엔씨.

이창욱(2001), 「朝鮮前期의 産婦人科學 發達史에 관한 硏究」, 석사학위 논문, 동국대학교.

이춘희(1984), 『朝鮮朝의 教育文庫에 관한 硏究』, 경인문화사.

이충구(1990), 「經書 諺解 연구」, 성균관대 대학원 박사학위 논문.

이태승·안주호(2002), 「『실담자기(悉曇字記)』와 망월사본(望月寺本) 『진언집(眞言集)』에 나타난 실담자모(悉曇字母) 비교연구」, 『문헌과 해석』 21호, 문헌과해석사.

이태승·안주호(2003), 「망월사본 『眞言集凡例』에 대한 연구」, 『한국어학』 19, 한국어학회.

이태영(2009), 「완판본 한글고전소설과 완흥사서포(完興社書鋪)」, 『수필과 비평』 101호, 수필과비평사.

이태영(2010), 「한글고전소설과 그 필사본」, 『수필과 비평』 106호(3/4월), 수필과비평사.

이태욱(2003), 「『諺解 胎産集要』에 나타난 17세기 국어 부정법 고찰」, 『언어과학연구』 24, 언어과학회.

이태진·김재호 외 9인 지음(2005), 『고종황제 역사 청문회』, 푸른역사.

이태호·송일기(2003), 「初編本 『三綱行實孝子圖』의 編纂過程 및 版畫樣式에 관한 硏究」, 『書誌學硏究』 25집, 書誌學會.

이필기(2008), 「『삼강행실도(三綱行實圖)』 판화(版畫)의 연구 : 『열녀도(烈女圖)』를 중심으로」, 『경주문화논총』 11집, 경주문화원 부설 향토문화연구소.

이한우(2006), 『세종, 조선의 표준을 세우다』, 해냄.

이해성(1996), 「잠재적 교육과정과 정치사회적 기능」, 『논문집』 30집, 목원대학교.

이해창(1977), 『한국신문사연구』, 성문각.

이현숙(2008), 「『언해 벽온신방』과 『언해 납약증치방』의 역사적 의의 : 이화여대 소장본을 중심으로」, 『한국문화연구』 14호, 이화여자대학교한국문화연구원.

이현주(1999), 「한국정신문화연구원 소장 『啓蒙篇諺解』에 대한 국어사적 연구」, 『藏書閣』 2집, 한국정신문화연구원.

이현희(1978), 「奎章閣 소장의 英祖代 한글문헌」, 『규장각』 2집, 서울대학교 도서관.

이현희(1993), 「『小學』의 언해본」, 서울대 대학원 국어연구회 편, 『國語史 資料와 國語

學의 硏究』(안병희 선생 회갑 기념 논총), 문학과지성사.

이현희(1996), 「중세 국어 자료(한글문헌)」, 『국어의 시대별 변천・실태 연구』 1, 국립국어연구원.

이현희(1999), 「개화기 국어 자료」, 『국어의 시대별 변천 연구』 4, 국립국어연구원.

이현희(2000), 『武藝圖譜通志』, 정재영(2000), 『정조대의 한글문헌』, 문헌과해석사 ; 재수록 : 이현희(2001), 「『武藝圖譜通志』와 그 諺解本」, 『진단학보』 91.

이현희・이호권・이종묵・강석중(1997), 『두시와 두시언해』 6, 7, 신구문화사.

이혜구 역주(2000), 『신역 악학궤범』, 국립국악원.

이혜순(1998), 「열녀상의 전통과 변모 : 『삼강행실도』에서 조선 후기 『열녀전』까지」, 『震檀學報』 85, 震檀學會.

이혜순(2007), 『조선조 후기 여성 지성사』, 이화여자대학교출판부.

이호권(1993), 「'한글갈'의 문헌 연구」, 『새국어생활』 3, 3('93. 9), 국립국어연구원.

이호권(2003), 「두시언해 중간본의 판본과 언어에 대한 연구」, 『진단학보』 95, 진단학회.

이호권(2006), 「諺解와 諺解書의 史的 考察」, 『한국방송통신대학교 논문집』 42, 한국방송통신대학교.

이호권(2008), 「조선시대 한글문헌 간행의 시기별 경향과 특징」, 『한국어학』 41, 한국어학회.

이호성(1932가), 「한글 교수법에 대하여 (1)」, 『한글』 2호, 조선어학회.

이호성(1932나), 「한글 교수법에 대하여 (2)」, 『한글』 4호, 조선어학회.

이호성(1948), 『民主主義 國語敎授法』, 문교사.

이호형(2010), 「국어생활사 교육의 틀짜기 ─ '언간'을 중심으로」, 『동국어문학』 22집, 동국어문학회.

이홍우 외(2000), 『교육의 동양적 전통 Ⅰ ─ 교육과 실재』, 성경재.

이화숙(2011), 「조선시대 간인본 국역불서의 서지적 연구」, 중앙대 문헌정보학과 석사학위 논문.

이환진(1994), 「한글성서 1887~1993년」, 『세계의신학』 24호, 한국기독교연구소.

이희호(2012), 「미군정기 '한글첫걸음' 교재에 대한 맥락 연구」, 『겨레어문학』 48호, 겨레어문학회.

임동권 외(1988), 『한국문화사대계 Ⅴ』(언어・문학사(下), 고려대학교민족문화연구소.

임동석(2002), 「『四書集註 音註 研究』 : 朱熹의 直音式 표음과 諺解音을 중심으로」, 『중국어문학논집』 19호, 中國語文學研究會.

임동석(2004), 「『四書集註 聲調辨別式 音註 研究』: 諺解音과 對比를 중심으로」, 『중국 어문학논집』 26호, 中國語文學研究會.

임명미(1996), 「조선초기제작『삼강행실도』 판화를 통해서 본 복식에 관한 연구」, 『同 大論叢』 26, 동덕여자대학.

임명옥(1997), 「『東國新續三綱行實圖』에 나타난 효사례 고찰」, 『韓南語文學』 22, 한남 대학교국어국문학회.

임상석(2008), 『20세기 국한문체의 형성과정』, 지식산업사.

임용기·홍윤표 편(2006), 『국어사연구 어디까지 와 있는가』, 태학사.

임인수(2002), 「『동몽선습』과『계몽편』 비교 분석」, 공주대 대학원 석사학위 논문.

임정하(2008), 「『규합총서』의 국어학적 연구」, 전남대 대학원 석사학위 논문.

임형모(2006), 「김사량의 초기 한글소설 연구: 해방 이전을 중심으로」, 『국제한인문학 연구』 3호, 국제한인문학회.

임형택(1997), 「17세기 규방소설의 성립과『창선감의록』」, 국어국문학회 편(1997), 『고 소설 연구1』, 태학사.

임형택(1999), 「근대계몽기 국한문체(國漢文體)의 발전과 한문의 위상」, 『민족문학사연 구』, 민족문학사연구소.

임형택(2000), 「한민족의 문자생활과 20세기 국한문체」, 『창작과비평』 107, 창작과비 평사.

임형택(2002), 『우리 문학사의 논리와 체계』, 창작과비평사.

임형택(2005), 『옛 노래, 옛 사람들의 내면풍경: 신발굴 가사자료집』, 소명출판.

임형택(2007), 『우리 고전을 찾아서: 한국의 사상과 문화의 뿌리』, 한길사.

임홍빈(1996), 「필사본 한글 간찰의 해독과 문장 분절: 순천 김씨와 창원 황씨 간찰을 중심으로」, 『정신문화연구』 64, 韓國精神文化研究院.

임홍빈(2006), 「한글은 누가 만들었나: 한글 창제자와 훈민정음 대표자」, 『國語學論 叢: 李秉根 先生 退任紀念』, 태학사.

장금현(2010), 「민족주의적 교회형성과 확산 배경으로서의 한글성경－1885년부터 1905년을 중심으로」, 『성결교회와 신학』 24호, 현대기독교역사연구소.

장덕삼(1998), 「『三綱行實圖』의 視聽覺 教育的 意味에 關한 研究」, 『人間教育研究』 5권 1호, 인간교육연구원.

장덕삼(2000), 「『三綱行實圖』와『世界圖繪』의 比較 研究」, 『韓國教育史學』 22권 2호, 韓 國教育史學會.

장세경(1984), 「개화기 국어과 교육의 연구」, 한양대학교 대학원 박사학위 논문.

장영길(2006), 「『언해태산집요』의 어휘에 대한 고찰」, 『국제언어문학』 제14호, 국제언어문학회.

장정호(2006), 「조선시대 독자적 동몽 교재의 등장과 그 의의 : 『훈몽자회』와 『동몽선습』을 중심으로」, 『幼兒敎育學論集』 10권 1호, 한국영유아교원교육학회.

장철수(2001), 「『閨閤叢書』의 민속학적 의미」, 정신문화연구원 엮음(2001), 『閨閤叢書』(李氏 著), 韓國精神文化硏究院.

장향실(2008), 「북경대(北京大) 소장 '삼강행실도(三綱行實圖)'」, 『국어사 자료와 음운 연구』, 보고사.

장효현(2001), 「『홍길동전』의 生成과 流傳에 대하여」, 『국어국문학』 129호, 국어국문학회.

전병용(2008가), 「현풍 곽씨 언간의 '선어말어미 생략'에 대한 고찰」, 『東洋古典硏究』 31집, 東洋古典學會.

전병용(2008나), 「현풍 곽씨 언간의 격조사 생략에 대한 고찰」, 『東洋古典硏究』 33집, 東洋古典學會.

전병용(2009), 「한글 간찰의 상투적 표현 고찰」, 『東洋古典硏究』 37, 東洋古典學會.

전상욱(2009), 「세책 총 목록에 대한 연구」, 『열상고전연구』 30집, 열상고전연구회.

전상욱(2010), 「한글방각소설 신자료 고찰」, 『열상고전연구』 31집, 열상고전연구회.

전재강(2007), 「생활 표현의 고시조 연구」, 『時調學論叢』 26집, 韓國時調學會.

전재천(1975), 「東國新續三綱行實索引」, 『東洋文化硏究』 2, 경북대학교동양문화연구소.

전택부(1978), 「韓國敎會의 改革精神과 그 影響, 한글 보급을 中心으로」, 『超敎派』 13, 超敎派基督敎協會.

전택부(1980), 「기독교와 한글」, 『나라사랑』 36, 외솔회.

전택부(1985), 「18세기 한글 성서문항의 呼格助詞 연구 : '예수성교' 중심으로」, 『한글 성서와 겨레문화』, 기독교문사.

전택부(1989), 「한글 문화를 가꾸라」, 『기독교사상』 367호, 대한기독교서회.

정관일(1995), 「『三綱行實圖』의 社會敎育的 意義」, 『敎育科學硏究』 9, 청주대학교교육문제연구소.

정 광(1992), 「근대국어 연구에 대한 반성과 새로운 연구방법의 모색」, 『語文論集』 31, 고려대학교국어국문학연구회.

정 광(2003), 「坡平尹氏 母子 미라 副葬 諺簡」, 『坡平尹氏 母子 미라 종합 연구 논문집』 1,

고려대학교 박물관.

정 광(2008), 「訓民正音의 制定과 頒布 再考, 훈민정음과 파스파 문자 Workshop」, 조직
위원회 편, 『훈민정음(訓民正音)과 파스파 문자(八思巴文字) 국제 학술 Workshop
논문집』, 한국학중앙연구원.

정규복(1961), 「『九雲夢』異本攷 : 그 原作의 表記文字 再考를 提起한다」, 『국어국문학』
23, 국어국문학회.

정규복(1971), 「『九雲夢』의 原作에 대하여」, 『국어국문학』 54, 국어국문학회.

정규복(1981), 「『九雲夢』의 表記文字에 대하여」, 薛盛璟씨의 漢文 · 國文表記說에 붙여,
『開新語文研究』 1, 開新語文研究會.

정규복(1992가), 「九雲夢 텍스트의 문제」, 『語文論集』 31, 고려대학교국어국문학연구회.

정규복(1992나), 『韓國 古典文學의 原典批評的 研究』, 高大民族文化研究所 出版部.

정길남(1994), 『성서의 우리말 연구』, 서광학술자료사.

정길수(2002가), 『구운몽』의 독자는 누구인가, 『古小說研究』 13집, 한국고소설학회.

정길수(2002나), 「傳奇小說의 전통과 『九雲夢』」, 『韓國漢文學研究』 30집, 韓國漢文學會.

정길수(2003), 「『창선감의록』의 작자 문제」, 『고전문학연구』 23집, 월인.

정길수(2005), 『한국 고전장편소설의 형성 과정』, 돌베개.

정길수(2007), 「『구운몽』 原典의 탐색」, 『古小說研究』 23집, 한국고소설학회.

정다함(2009), 「麗末鮮初의 동아시아 질서와 朝鮮에서의 漢語, 漢吏文, 訓民正音」, 『韓
國史學報』 36호, 고려사학회.

정대림(2001), 『한국고전비평사－조선후기 편』, 태학사.

정명기(2001), 「'세책 필사본 고소설'에 대한 서설적 이해 : 總量 · 刊所(刊記) · 流通樣相
을 중심으로」, 『古小說研究』 12집, 한국고소설학회.

정명기(2003가), 「세책본소설의 유통양상 : 동양문고 소장 세책본소설에 나타난 세책장
부를 중심으로」, 『古小說研究』 16집, 한국 고소설학회.

정명기(2003나), 「소설과 야담에 나타난 서구 인식」, 『열상고전연구』 17집, 열상고전
연구회.

정명기(2005), 「세책본소설에 대한 새 자료의 성격 연구 :『諺文厚生錄』 소재 목록을
중심으로」, 『古小說研究』 19집, 月印.

정명자(2009), 「언간의 양식과 서체 고찰」, 경기대 미술 · 디자인대학원 석사학위 논문.

정 민(2002), 「『서포만필』을 통해 본 김만중의 비평관점」, 『한국언어문화』 21집, 한국
언어문화학회.

정민조(2004), 「조선시대의 관학과 사학」, 국립제주박물관 엮음(2004), 『조선시대의 중앙과 지방』, 국립제주박물관.

정병모(1998), 「『삼강행실도』 판화에 대한 고찰」, 『震檀學報』 85, 진단학회.

정병설(2003), 「세책소설 연구의 쟁점과 방향」, 『국문학연구』 10호, 국문학회.

정병설(2005가), 「조선후기 한글소설의 성장과 유통 : 세책과 방각을 중심으로」, 『震檀學報』 100호, 震檀學會.

정병설(2005나), 「조선후기의 한글소설 바람」, 『韓國史市民講座』 37집, 一潮閣.

정병설(2008), 「조선후기 한글・출판 성행의 매체사적 의미」, 『震檀學報』 106호, 震檀學會.

정상훈(1994), 「甲寅字本 『舍利靈應記』에 대하여 : 고유인명 표기를 중심으로」, 『동원논집』 7.

정순덕(2009), 「『구급방』의 의사학적 연구」, 경희대 대학원 박사학위 논문.

정소연(2009), 「『龍飛御天歌』와 『月印千江之曲』 비교연구 : 양층언어현상(Diglossia)을 중심으로」, 『우리어문연구』 33집, 우리어문학회.

정승혜(1999), 「朝鮮時代 土地賣買에 사용된 한글 牌旨」, 『문헌과 해석』 9, 문헌과해석사.

정승혜(2003), 「가난한 선비들의 『사서언해(四書諺解)』」, 『문헌과 해석』 25, 문헌과해석사.

정신문화연구원 엮음(2001), 『閨閤叢書』(李氏 著), 韓國精神文化硏究院.

정약용・박석무 역(1991), 『유배지에서 보낸 편지』, 창작과 비평.

정양완 역주(1975), 『閨閤叢書(李氏 著)』, 보진재.

정용수(1990), 「私淑齋 姜希孟 文學 硏究」, 성균관대 대학원 박사학위 논문.

정우영(1992), 「악학궤범 소재 한글가사의 표기사적 고찰」, 『국어학』 22, 국어학회.

정우영(1998), 「『설공찬전(薛公瓚傳)』 한글본의 原文 判讀 및 그 註釋」, 『東岳 語文論集』 33, 東岳語文學會.

정우영(1999), 「『三鋼行實圖』 諺解本에 나타난 漢字音 表記의 양상 : 잘못 注音된 漢字音의 分析과 飜驛年代」, 『東岳 語文論集』 34, 東岳語文學會.

정우영(1999), 「三綱行實圖 諺解本에 나타난 漢字音 表記의 樣相」, 『동악어문논집』 34, 동악어문학회.

정우영・이정일・정상훈(2008), 『續三綱行實圖의 국어학적 연구』, 한국문화사.

정윤자(2001), 「『火砲式諺解』의 국어학적 고찰」, 『국어사자료연구』 2호, 국어사학회.

정은아(2003), 「허준의 『언해태산집요』에 대한 연구」, 경희대학교 석사학위 논문.

정의순(1981), 「두시언해의 언해사적 가치」, 『동악어문논집』 15.

정일영(2008), 「광해군대『동국신속삼강행실도』연구」, 서강대 대학원 석사학위 논문.

정일영(2010), 「임진왜란 이후 '敎化'의 양상 : 광해군대『東國新續三綱行實圖』를 중심
　　　　으로」, 『한국사상사학』 34집, 한국사상사학회.

정재걸(1983), 「조선시대 서민교육으로서의 교화에 관한 연구」, 서울대 대학원 석사학
　　　　위 논문.

정재걸(1989), 「조선시대 교화연구 : 성종−중종(1469~1544)년간을 중심으로」, 서울대
　　　　대학원 박사학위 논문.

정재영 외(2000), 『정조대의 한글문헌』, 문헌과해석사.

정재영(1999), 「『增修無寃錄大全』과『增修無寃錄諺解』」, 『문헌과 해석』 9호 ; 재수록 :
　　　　정재영(2000), 『정조대의 한글문헌』 1장, 문헌과해석사.

정정호(2007), 「개화기 개신교의 번역사역과 한국 어문의 근대화」, 『번역학연구』 제8
　　　　권 제2호 (가을), 한국번역학회.

정주리・시정곤(2011), 『조선언문실록』, 고즈윈.

정진석 편(1999), 『문자보급운동교재 : 조선일보・동아일보 1929~1935』, LG상남언론
　　　　재단.

정진원(1999), 『중세 국어의 텍스트 언어학적 접근』, 한국문화사.

정철 외/김하명 엮음(2005), 『강호에 병이 깊어 죽림에 누웠더니』, 보리.

정철주(1993), 「穀名의 표기와 음운 :『衿陽雜錄』과『山林經濟』의 차자표기와 정음표기
　　　　를 중심으로」, 『한국학논집』 20, 계명대 한국학연구소.

정출헌(2002), 「『최고운전』을 통해 읽는 초기 고전소설사의 한 국면 : 작품의 형성과정
　　　　과 표기문자의 전환을 중심으로」, 『古小說研究』 14집, 한국고소설학회.

정출헌(2003), 「표기문자의 전환에 따른 고전소설 미학의 변이양상 연구 : 16~17세기
　　　　고전소설의 문학사회학적 지평을 중심으로」, 『민족문학사연구』 23호, 민족문
　　　　학사학회 민족문학사연구소.

정해은(2004), 『한국 전통 병서의 이해』, 國防部 軍史編纂研究所.

정환국(2004), 「설공찬전의 파동과 16세기 소설인식의 추이」, 『민족문학사연구』 25호,
　　　　민족문학사연구소.

정후수(1998), 「천자문의 구성과 가치에 대한 연구」, 『동양고전연구』 11집, 동양고전
　　　　학회.

조건상(1981), 「解題 및 槪說」, 『清州北一面順天金氏墓出土簡札』, 충북대박물관.

조광국(2005), 「한국 고전소설의 작자」, 이상택 외(2005), 『한국 고전소설의 세계』, 돌베개.

조규익(2005), 『조선조 악장의 문예미학』, 민속원.

조규태(1992), 「일제시대의 국한문혼용문 연구」, 『배달말』 17집, 배달말학회.

조규태(2007), 『용비어천가』, 한국문화사.

조남욱(2007), 「조선시대 청소년 교육에 관한 연구」, 『儒教思想研究』 30집, 韓國儒教學會.

조동일(1989), 『한국문학통사 2』, 지식산업사.

조동일(1992), 『한국문학통사 4(제2판)』, 지식산업사.

조동일(2003), 「어문생활사로 나아가는 열린 시야」, 『冠嶽語文研究』 28집, 서울大學校 國語國文學科.

조동일(2005), 『한국문학통사 3』, 지식산업사.

조미옥(2007), 「『삼강행실도』와 『심상소학수신서』를 통해 본 교화정책」, 전남대 교육대학원 석사학위 논문.

조선일보사(1934), 「문자보급교재」, 정진석 편(1999), 문자보급운동교재 : 조선일보·동아일보 1929~1935, LG상남언론재단.

조수삼/허경진 역(2008), 『추재기이』, 서해문집.

조용림(2009), 「언간의 자료학에 대하여 : 『징보언간독』을 중심으로」, 『충남한글』 2호, 한글학회 충남지회.

조은상(2001), 「『삼강행실도』와 효자전에 나타난 자기 파괴적 효행의 심리」, 『겨레어문학』 26, 겨레어문학회.

조지형(2006), 「『삼강행실도』(열녀편)이 조선 후기 '열녀전'에 끼친 영향」, 부산대 교육대학원 석사학위 논문.

조태린(2010), 「공공언어 문제에 대한 정책적 개입 방식」, 『한말연구』 27호, 한말연구학회.

조항범(1998), 『註解 순천김씨묘출토간찰』, 태학사.

조현우(2009), 「『삼강행실도』 판화의 성격과 기능 연구 : 예치(禮治)를 위한 상하 분별의 형상화」, 『한국문학이론과 비평』 13권 3호, 한국문학이론과 비평학회.

조현우(2009), 「『오륜행실도』 도상의 삽화적 성격과 그 함의 : 『삼강행실도』와의 대비를 중심으로」, 『韓國古典研究』 20집, 韓國古典研究學會.

조흥욱(1994), 「월인천강지곡 연구」, 서울대 박사학위 논문.

조흥욱(2001), 「용비어천가의 창작 경위에 대한 연구 : 국문가사와 한문가사 창작의 선

후관계를 중심으로」, 『어문학논총』 20, 국민대학교 어문학연구소.

조희웅(1998), 「세종 시대의 산문 문학」, 『세종문화사대계 1 : 어학·문학』, 세종대왕 기념사업회.

주영하 외(2008), 『조선시대 책의 문화사 : 삼강행실도를 통한 지식의 전파와 관습의 형성』, 휴머니스트.

주형예(2010), 「19세기 한글통속소설의 서사문법과 독서경험 : 여성이야기를 중심으로」, 『古小說硏究』 29집, 月印.

쥬영흠(1980), 「한글 共同번역의 問題점과 處理方案, 하느님, 稱號問題」, 『현대사조』 32, 基督敎思潮社.

쥬영흠(1986), 「오류범한 한글 공동번역」, 『現代宗敎』 150, 現代宗敎社.

지연숙(2003), 「『구운몽』의 텍스트-서울대본, 노존B본, 노존A본의 위상에 대해」, 『장편소설과 여와전』, 보고사.

지정민(1996), 「조선전기 서민 문자교육에 관한 연구 : 慕齋 金安國의 교화서 언해사업을 중심으로」, 『교육사학연구』 6·7호, 서울대학교 교육사학회.

채인숙(1986), 「17세기 醫書諺解의 국어학적 고찰」, 한양대학교 석사학위 논문.

채정민(1930), 「基督敎發展과 朝鮮文字界의 將來」, 『正音』 30, 조선어학연구회.

천병식(1990), 「諺解文學硏究抄」, 『인문논총』 1-1, 아주대학교 인문과학연구소.

천혜봉(1990가), 『韓國典籍印刷史』, 凡友社.

천혜봉(1990나), 「朝鮮前期佛書板本」, 『季刊書誌學報』 5, 한국서지학회.

최경봉(2005), 『우리말의 탄생』, 책과함께.

최경봉·시정곤·박영준(2008), 『한글에 대해 알아야 할 모든 것』, 책과함께.

최기호(1994), 『한국어 변천사』, 토담.

최기호(2007), 「'한글 창제원리와 자모 순서'의 토론」, 『훈민정음 창제 원리와 한글 자모 순서』, 주관 : 국어문화운동본부, 주최 : 강길부 의원실, 국립국어원(2007. 10. 5).

최남선(1946)/최상진 해제(2007), 『조선의 상식(원제 : 조선상식문답)』, 두리미디어.

최래옥(1978), 「韓國孝行 說話의 性格硏究, 孝子호랑이 說話를 中心으로」, 『韓國民俗學』 10, 民俗學會.

최명옥(1997), 「16世紀 韓國語의 尊卑法 硏究 : 淸州北一面順天金氏墓出土簡札 자료를 중심으로」, 『朝鮮學報』 164, 朝鮮學會.

최미현(2007), 「『언해태산집요』에 반영된 한자음의 변화 양상에 대하여」, 『새얼어문논집』 19, 새얼어문학회.

최미현(2009가), 「『동의보감』 탕액편에 반영된 한자음 연구」, 『한말연구』 24, 한말연구학회.

최미현(2009나), 「諺解胎産集要』와 『東醫寶鑑』의 원문 대조 연구(1)」, 『우리말연구』 25집, 우리말연구학회.

최범훈(1985), 『韓國語 發達史』, 경운출판사.

최봉영(2010), 「유학과 만난 한국말」, 『세상과 어울리는 한국어와 한글』(564돌 한글날 기념 제2회 집현전 학술대회 자료집), 외솔회.

최상천(1991), 「龍飛御天歌 撰述의 역사사회적 의미에 관한 연구」, 『韓國傳統文化硏究』 7, 한국전통문화연구원.

최성옥(1998), 「일제 시대의 조선어 연구사 槪觀 : 小倉進平(오그라 신뻬)를 중심으로」, 『論文集』 15, 龍仁大學校.

최성옥(2006), 「小倉進平の朝鮮語硏究に關する考察」, 『일본어문학』 28집, 한국일본어문학회.

최성일(1992), 「존 로스 (John Ross, 1842~1915)와 한국 개신교」, 『한국기독교역사연구소소식』 제8호, 한국기독교역사연구소.

최세화(1989), 「世宗御製訓民正音 序文에 대해」, 『어문연구』 17권 4호, 한국어문교육연구회.

최애호(1976), 「한글과 基督敎의 相補的 關係」, 연세대 교육대학원 석사학위 논문.

최연식(2005), 「조선시대 사림의 정치참여와 향촌자치의 이념」, 『한국정치외교사논총』 27집 1호.

최영교(1971), 「기독교의 한글보급에 관한 연구」, 계명대 교육대학원 석사학위 논문.

최영순(1995), 「馬經抄集諺解 연구」, 효성여대 대학원 석사학위 논문.

최용기(2010), 『세종의 문자 정책과 한글 진흥 정책의 미래』, 『국어문학』 49, 국어문학회.

최운식(2004), 『한국 고소설 연구』, 보고사.

최웅환(1999), 「16세기 '안민학 애도문'의 판독과 구문 분석」, 『국어교육연구』 31, 국어교육학회.

최윤곤(2003), 「간경도감(刊經都監)의 실체와 불전 간행 사업」, 『인문사회과학논문집』 31집, 광운대학교 인문사회과학연구소.

최전승(2002), 「19세기 후기 전라방언의 특질 몇 가지에 대한 대조적 고찰 : 중간본 『여사서 언해』를 중심으로」, 『韓民族語文學』 41집, 韓民族語文學會.

최정태(1992), 『한국의 官報』, 亞細亞文化史.

최준(1979), 『한국신문사』, 일조각.

최준식(2007), 『세계가 높이 산 한국의 문기』, 소나무.

최중호(2008), 「『언해태산집요』의 약재명 한자음 연구」, 『한말연구』 22, 한말연구학회.

최지녀(2002), 「조선시대 여성서간과 서간체문학」, 서울대학교 대학원 석사학위 논문.

최 철(1998), 「세종 시대의 시가 문학」, 『세종문화사대계 1 : 어학・문학』, 세종대왕기
    념사업회.

최현배(1936), 「조선어 사전에서의 어휘 배열의 순서 문제」, 『한글』 36호, 한글학회.

최현배(1938), 「한글의 정리와 예수교」, 『한글』 55호, 조선어학회.

최현배(1942/1982), 『고친 한글갈』, 정음사.

최현배(1961), 「한국 기독교와 한글－민족 문화 발전의 선구」, 『연세춘추』 1961. 12. 4,
    연세춘추사.

최현배(1962), 「기독교와 한글」, 『신학논단』 7집, 연세대학교 신과대학.

최현정(1997), 「미시사의 방법론과 그 가능성」, 서강대 대학원 석사학위 논문.

추교신(1982), 「家禮諺解의 國語學的 硏究」, 인하대 교육대학원 석사학위 논문.

표성수(1984), 「한글聖書發達史에 對한 一硏究 : 言語的인 側面을 中心으로」, 『論文集』
    16, 三育大學.

필 마샬(1965), 「極東의 알파벳 : 訓民正音의 世界性」, 『사상계』 13권 6호, 사상계사.

하금선(1990), 「朝鮮時代 胎敎思想에 대한 연구 : 『胎敎新記』, 『東醫寶鑑』, 『閨閤叢書』, 『增
    補山林經濟』를 중심으로」, 國民大 대학원 석사학위 논문.

하동호(1975), 「한결 김윤경 저작사의 한 연구(보유)」, 『한글』 156호, 한글학회.

하우봉(1983), 「세종대의 유교윤리 보급에 대하여 : 『효행록』과 『삼강행실도』를 중심으
    로」, 『全北史學』 7, 全北大學校史學會.

한국과학재단(1993), 『세종대 과학정책과 그 현대적 의의』, 한국과학재단.

한국농촌경제연구원(1984), 『朝鮮時代前期農書 : 撮要新書・農事直說・衿陽雜錄・閑情錄・農
    家集成』, 金榮鎭 譯註 韓國農村經濟硏究院.

한규원(1994), 「開化期 基督敎의 國語・國文의 硏究와 民族敎育」, 『論文集』 16, 전주우
    석대학.

한남대학교 기독교문화연구원(2008), 「한글성서 번역본의 특징 비교 : 대한성서공회 발
    행 공인 번역본을 중심으로」, 『기독교문화연구』 13집, 한남대학교 기독교문화
    연구원.

한동일(1981), 「조선시대 향교 교육제도의 연구」, 성균관대학교 대학원 박사학위 논문.

한상권(1984), 「16, 17세기 향약의 기구와 성격」, 『진단학보』 58호, 진단학회.

한상규(2003), 「전통가정교육교재에 나타난 유아교육원리」, 『幼兒教育論叢』 11집, 釜山 幼兒教育學會.

한영균(1993), 「능엄경언해」, 『국어사자료와 국어학의 연구』, 문학과지성사.

한영우(1997), 『다시 찾는 우리역사』, 경세원.

한영제 편(1987), 『한국성서찬송가 100년』, 기독교문사.

한용진 외(2010), 『우리나라의 1945년 이전 국가 수준 교육과정』, 한국교육과정평가원.

한재영(1999), 「國語表記史 속의 崔世珍」, 『語文研究』 104, 韓國語文教育研究會.

한재영(2004), 「한글 옛 문헌 정보 조사 연구-16세기 국어자료를 중심으로」, 『어문연 구』 32권 4호, 어문연구회.

한태동(2003), 『세종대의 음성학』, 연세대출판부.

한태문(2010), 「『우념재수서(雨念齋手書)』 소재(所載) 통신사행(通信使行) 관련 편지 연 구」, 『한민족어문학』 57권, 한민족어문학회.

함석헌(1974), 『뜻으로 본 한국역사』, 제일출판사.

허경진(2002), 「『조선시선(朝鮮詩選)』이 편집되고 조선에 소개된 과정」, 『亞細亞文化研 究』 6집, 暻園大學校아시아文化研究所.

허경진(2003), 『사대부 소대헌·호연재 부부의 한평생』, 푸른역사.

허경진(2004), 「한국에서 李白 詩가 언해된 배경에 대하여」, 『東方學志』 128집, 延世大 學校國學研究院.

허 웅(1956), 『용비어천가』, 정음사.

허 웅(1974), 『한글과 민족 문화』, 세종대왕기념사업회.

허 웅·이강로(1963), 『주해 월인천강지곡 상』, 신구문화사.

허원기(2004), 「한글간찰 연구사」, 『國際語文』 32권, 국제어문학회.

허재영(2003), 「근대 계몽기의 어문 문제와 어문 운동의 흐름」, 『국어교육연구』 11집, 서울대학교국어교육연구소.

허재영(2005가), 「한글 간찰[언간(諺簡)]에 대한 기초 연구-연구의 흐름과 간찰 양식 의 변화를 중심으로」, 『사회언어학』 13권 2호, 사회언어학회.

허재영(2005나), 「한글편지에 쓰인 어휘 변천에 대한 연구」, 『한글』 268, 한글학회.

허재영(2008가), 「조선시대 문자, 어휘 학습 자료에 대하여」, 『한민족문화연구』 26집, 한민족문화학회.

허재영(2008나), 「어문생활사 연구 대상과 방법」, 『우리말글』 42, 우리말글학회.

허재영(2008다), 『국어의 변화와 국어사 탐색』, 소통.

허재영(2009), 「훈민정음 창제 이후 한글 자모(낱자) 교육의 변화」, 『교양교육연구』 3 권 1호, 한국 교양교육학회.

허철구(2007), 「한글 자모 순에 대한 일고」, 『훈민정음 창제 원리와 한글 자모 순서』, 주관 : 국어문화운동본부, 주최 : 강길부 의원실, 국립국어원(2007. 10. 5).

현길언(2011), 「성경 번역이 한국 문화와 문학에 끼친 영향」, 『한글 성경이 한국 교회 와 사회, 국어 문화에 끼친 영향』(한글 성경 완역 및 출간 100주년 기념 학술 심포지엄 자료집), (재)대한성서공회.

홍기문(1946), 『正音發達史 上・下』, 서울신문편집국.

홍기문(1949), 訓民正音의 成立 過程, 전몽수・홍기문 공저, 『訓民正音 譯解』(조선어문 고 1책), 평양 : 조선어문연구회.

홍수정(2006), 「조선 중기 한글 사용 양상에 대한 연구」, 영남대 교육대학원 석사학위 논문.

홍연호(1974), 「『강병주』 목사님의 한글 투쟁사 : 기독교와 한글 『특집』」, 『성별』 38호, 성별사.

홍윤표(1984), 「정속언해 해제」, 『正俗諺解』, 홍문각.

홍윤표(1993), 『國語史 文獻資料 硏究 : 近代編 1』, 太學社.

홍윤표(1994가), 「국어사의 시대 구분」, 『한국학연구』 1집, 단국대학교 한국학연구소.

홍윤표(1994나), 「奎章閣 所藏 近世國語 文獻資料의 綜合的 硏究」, 『한국문화』 15.

홍윤표(1995), 「國語史 時代區分의 問題點과 文法史의 측면에서 본 時代區分」, 『국어학』 25, 국어학회.

홍윤표(1997), 「국어사 자료 해제」, 연세대 국문과 대학원 파일 자료.

홍윤표(1998), 「『三綱行實圖』의 書誌 및 國語史的 意義」, 『진단학보』 85, 진단학회.

홍윤표(2003), 「조선시대 언간과 한글 서예로의 효용성」, 『조선시대 한글 서간의 서예 적 재조명』, 세종한글서예큰뜻모임・세종대왕기념사업회・한글학회.

홍윤표(2006가), 「국어사 연구를 위한 전자자료 구축의 현황과 과제」, 『국어사 연구 어디까지 와 있는가』(임용기・홍윤표 편), 태학사.

홍윤표(2006), 「한글 고문서의 연구 현황과 과제」, 『嶺南學』 10호, 경북대학교 영남문 화연구원.

홍윤표(2007), 「한글의 역사와 완판본 한글 고소설의 문헌적 가치」, 『국어문학』 43, 국어문학회.

홍윤표(2008), 「한국 어문생활사」, 『제2회 한국어학회 국제학술대회 The 2nd IKL 'Hangeul' 2008 International Conference on Korean Linguistics』, 한국어학회.

홍윤표(2009), 「근대국어의 국어사적 성격」, 『국어사연구』 9호, 국어사학회.

홍윤표(2010가), 「한글 자모 배열 순서 어떻게 변해왔을까요?」, 『쉼표, 마침표』 59호 (10월호) 『웹진』, 국립국어원.

홍윤표(2010나), 「한글을 어떻게 배워왔을까요?」, 『쉼표, 마침표』 60호(11월호) 『웹진』, 국립국어원.

홍윤표(2011), 「종교와 관련된 한글문헌에는 어떤 것이 있을까요?」, 『쉼표, 마침표』 64 호(3월호) 『웹진』, 국립국어원.

홍은진(1997), 「방각본 언간독에 대하여」, 『문헌과해석』 1, 태학사.

홍학희(2010), 「17~18세기 한글편지에 나타난 송준길(宋浚吉) 가문 여성의 삶」, 『한국 고전여성문학연구』 20, 한국고전여성문학회.

황문환(1998가), 「월성이씨가 아들에게 보내는 한글편지 2」, 『문헌과해석』 2, 태학사.

황문환(1998나), 「남편 郭澍가 아내 晋州河氏에게 보내는 편지」, 『문헌과해석』 4, 태학사.

황문환(1999), 「근대국어 문헌 자료의 'ᄒᆞᆸ'류 종결형에 대하여」, 『배달말』 25, 배달 말학회.

황문환(2000가), 「『新傳煮取焰소方諺解』에 대한 국어학적 고찰」, 『藏書閣』 4.

황문환(2000나), 「유교 윤리의 모범 사례」, 『五倫行實圖』; 정재영(2000), 『정조대의 한 글문헌』, 『문헌과해석사』.

황문환(2002가), 「16, 17世紀 諺簡의 相對敬語法」, 『國語學叢書』 35, 國語學會, 太學社.

황문환(2002나), 「조선시대 언간과 국어생활」, 『새국어생활』 12권 2호, 국립국어연구원.

황문환(2004), 「추사(秋史) 한글편지의 국어학적 특징에 대한 일고찰」, 『한국어의 역사』 (편찬위원회 편), 보고사.

황문환(2007), 「조선시대 언간 자료의 부부간 호칭과 화계」, 『藏書閣』 17집, 한국학중 앙연구원.

황문환(2010), 「조선시대 언간 자료의 현황과 특성」, 『국어사 연구』 10호, 국어사학회.

황선엽(1998), 「『童蒙先習』과 왕세자의 학습」, 『문헌과 해석』 5호, 문헌과해석사.

황패강(1986), 『朝鮮王朝小說研究』, 檀大出版部.

황호덕(2002), 「한국 근대 형성기의 문장 배치와 국문 담론—타자·교통·번역·에크 리튀르, 근대 네이션과 그 표상들」, 성균관대학교 국어국문학과 박사학위 논문.

德田 進(1961),「三綱行實孝子圖の複製とその影響」,『高崎經濟大學論集』5.

小倉進平(1920),『朝鮮語學史』, 동경：大阪屋號書店.

小倉進平(1940),『增訂 朝鮮語學史』, 동경：刀江書院.

奧平武彦(1942), '三綱行實圖' 板本攷, 積翠軒先生華甲記念論纂, 東京：小倉進平(1940), 三綱行實圖について, 書物展望, 昭和 15년 4월호, 東京.

井上角五郎(1938),「協力融合, 福祉の 增進ぉ圖れ」(朝野諸名士執筆,『朝鮮統治の回顧と批判』), 京城 ; 朝鮮新聞社.

朝野諸名士執筆(1938),『朝鮮統治の回顧と批判』, 京城 ; 朝鮮新聞社.

志部昭平(1989),「諺解三綱行實圖の傳本とその系譜」,『동양학』19, 동양학연구소.

志部昭平(1990),『諺解三綱行實圖の文獻學的研究』, 東京：波古書院.

志部昭平(1991),「宣祖改譯三綱行實とその異本」,『金英培先生 回甲記念論叢』, 慶雲出版社.

平木實(1982),「續三綱行實圖と敎化敎育」,『朝鮮學報』105.

豊田國夫(1964),『民族と言語の 問題』, 錦正社.

河野六郎(1955),『朝鮮語, 世界言語槪說』下, 東京：硏士士.

Benedict Anderson(1983), Imagined Communities-Reflection on the Origin and Spread of Nationalism, London：Verso, 앤더슨/윤형숙 옮김(1991), 민족주의의 기원과 전파, 나남.

Carr, Edward Hallett(1961), What is history?, London：Macmillan & Co.

Cavallo, Guglielmo & Chartier, Roger, eds, (1999), A History of Reading in the West, University of Massachusetts Press.

Chris Harman(1992), The Return to the National Question, International Socialism, 가을호(배일룡 옮김：1995, 현대자본주의와 민족문제, 갈무리).

Deleuze, Gilles & Guattari, Félix(1980), Mille Plateaux－Capitalisme et Schizophrénie, Paris：Les Édition De Minuit, 김재인(옮김)(2001), 천 개의 고원－자본주의의 분열증 2, 서울：새물결.

Eisenstein, Elizabeth L, (2005), The Printing Revolution in Early Modern Europe, Cambridge University Press.

Jared Diamond.(1994), "Writing Right." Discover, June, 이현복 옮김(1994), 바른 글자살이,『한글 새소식』264, 한글학회, 부분 번역), 이광호 옮김(1994), 디스커

버지의 한글 극찬―올바른 표기법, 『말글생활』 2, 말글사.

Jared Diamond.(1997), GUNS, GERMS, AND STEEL, New York : the fates of human societies, New York : W.W, Norton & Co, 제레드 다이아몬드/김옮김 (2006), 『총·균·세』, 문학사상.

Ross, J.(1877), Corean Primer, 역대한국문법대계 2부 1책, 탑출판사.

Ross, J.(1882), Korean Speech with Grammar and Vocabulary, 역대한국문법대계 2부 1책, 탑출판사.

〈영인본 참고 목록〉

―일러두기

1. 고문헌 제목 가나다순으로 다음과 같이 배열하였다.
   고문헌 한글 제목, 영인 주체(영인본 발간 연도), 실린 곳(잡지) 또는 합본, 역주나 해제자, 발행처(출판사).
2. 자세한 서지정보용 목록이 아니므로 영인 대상 원 문헌 간행 시기와 소장 출처 등은 표시하지 않았다.

디지털 한글박물관 영인본 온라인판(http://www.hangeulmuseum.org)

가곡원류, 대제각 영인본(1988), <송강가사> 등과 합본, 대제각.

가례언해(권1), 대제각 영인본(1985), 대제각.

가례언해, 홍문각 영인본(1984), 홍윤표 해제, 홍문각.

간이벽온방, 여강출판사 영인본(1988), 한국과학기술사자료대계 의약학편 38, 여강출판사.

간이벽온방, 홍문각 영인본(1984), <우마양저염역병치료방>, <분문온역이해방>, <벽온신방>과 합본, 홍문각.

개수첩해신어, 태학사 영인본(1991), 태학사.

경민편, 세계대왕기념사업회 영인본(2005), <정속언해>와 합본, 김문웅 역주 / 해제, 세종대왕기념사업회.

경민편언해, 대제각 영인본(1987), 대제각.

경민편언해, 홍문각 영인본(1992), 홍문각.

경세훈민정음도설, 대제각 영인본(1985), 대제각.

경신록언석, 태학사 영인본(1986), 한국어학자료총서 제2집, 태학사.

경신록언석, 홍문각 영인본(1984), 반야심경과 합본, 홍문각.

계초심학입문, 홍문각 영인본(1997), <발심수행장>, <야운자경>과 합본, 홍문각.

고산유고(일부), 대제각 영인본(1988), <송강가사> 등과 합본, 대제각.

과화존신, 태학사 영인본(1986), 태학사.

관성제군명성경언해, 태학사 영인본(1986), 한국어학자료총서 제2집, 태학사.

관음경언해, 대제각 영인본(1986), <금강경언해>, <아미타경언해>와 합본, 대제각.

구급간이방, 홍문각 영인본(1997), 홍문각.

구급간이방언해 1, 세종대왕기념사업회 영인본(2007), 김동소 역주 / 해제, 세종대왕기
　　　념사업회.

구급간이방언해 2, 세종대왕기념사업회 영인본(2007), 김동소 역주 / 해제, 세종대왕기
　　　념사업회.

구급간이방언해 3, 세종대왕기념사업회 영인본(2007), 김동소 역주 / 해제, 세종대왕기
　　　념사업회.

구급간이방언해 4, 세종대왕기념사업회 영인본(2007), 김동소 역주 / 해제, 세종대왕기
　　　념사업회.

구급간이방언해 5, 세종대왕기념사업회 영인본(2007), 김동소 역주 / 해제, 세종대왕기
　　　념사업회.

구급간이방언해 6, 세종대왕기념사업회 영인본(2008), 김문웅 역주 / 해제, 세종대왕기
　　　념사업회.

구급간이방언해 7, 세종대왕기념사업회 영인본(2008), 김문웅 역주 / 해제, 세종대왕기
　　　념사업회.

구급방언해, 세종대왕기념사업회 영인본(2003), 김동소 역주 / 해제, 세종대왕기념사업회.

국한회어, 태학사 영인본(1986), 태학사.

권념요록, 홍문각 영인본(1984), <칠대만법>, <권념요록>과 합본, 홍문각.

규합총서, 홍문각 영인본(1990), <여훈언해>와 합본, 홍문각.

금강경삼가해, 세종대왕기념사업회 영인본(2003), <불설아미타경언해>와 합본, 세종
　　　대왕기념사업회.

금강경언해(권상, 권하), 홍문각 영인본(1992), 홍문각.

금강경언해, 대제각 영인본(1977), 대제각

금강경언해, 동악어문학회 영인본(1993), <학술총서> 2집, 동악어문학회(동국대).

남명집언해(상,하), 세종대왕기념사업회 영인본(2002), 정우영 해제, 세종대왕기념사업회.

남명집언해, 대제각 영인본(1987), 대제각.

남명집언해, 세종대왕기념사업회 영인본(1988), 세종학연구 3, 박종국 해제, 세종대왕
        기념사업회.

남명천계송언해(권상), 단국대 국어국문학과 영인본(1973), 남풍현 해제, 단국대 국어
        국문학과.

내훈, 대제각 영인본(1988), <여범>, <여사서>와 합본, 대제각.

내훈, 아세아문화사 영인본(1973), 아세아문화사.

내훈, 홍문각 영인본(1990), 홍문각.

노걸대언해, 홍문각 영인본(1984), 홍문각.

노계집(일부), 대제각 영인본(1988), <송강가사> 등과 합본, 대제각.

논어언해(권1·2), 세종대왕기념사업회 영인본(2011), 장세경 역주 / 해제, 세종대왕기념
        사업회.

논어언해(권3·4), 세종대왕기념사업회 영인본(2011), 장세경 역주 / 해제, 세종대왕기념
        사업회.

농암집(일부), 대제각 영인본(1988), <송강가사> 등과 합본, 대제각.

능엄경언해(권7), 한국겨레문화연구회 영인본(1987), <겨레문화> 1, 한국겨레문화연
        구회.

능엄경언해, 계몽문화사 영인본(1977), 계명문화사.

능엄경언해, 대제각 영인본(1977), 대제각.

능엄경언해, 동국대학교 영인본(1959), 동국대학교.

능엄경언해, 세종대왕기념사업회 영인본(2003), 세종대왕기념사업회.

동국신속삼강행실, 대제각 영인본(1988), 대제각.

동국신속삼강행실, 홍문각 영인본(1992), 홍문각.

동국정운(권1, 6), 서울대 대학원 영인본(1958), 서울대 대학원.

동국정운(전질), 건국대출판부 영인본(1972), 건국대출판부.

동국정운(전질), 대제각 영인본(1988), 대제각.

동몽선습언해, 대제각 영인본(1986), 대제각.

동문유해, 연희대학교 동방학연구소 영인본(1956), <소아론>, <팔세아>, <삼역총

　　　해>와 합본, 연희대학교 동방학연구소.

동문유해, 홍문각 영인본(1995), 홍문각.

동의보감(탕액편), 태학사 영인본(1986), 한국어학자료총서 제6집, 태학사

동의보감, 여강출판사 영인본(1988), 한국과학기술사자료대계 의약학편 11-14, 여강출
　　　판사.

두시언해(권7, 8), 통문관 영인본(1954), 통문관

두시언해(권10), 세종대왕기념사업회 영인본(1978), 세종대왕기념사업회.

두시언해(권10, 11), 홍문각 영인본(1985), 홍문각.

두시언해(권11), 세종대왕기념사업회 영인본(1978), 세종대왕기념사업회.

두시언해(권14), 세종대왕기념사업회 영인본(1976), 세종대왕기념사업회.

두시언해(권14, 15), 홍문각 영인본(1984), 홍문각.

두시언해(권15, 16), 세종대왕기념사업회 영인본(1976), 세종대왕기념사업회.

두시언해(권15, 16), 통문관 영인본(1959), 통문관.

두시언해(권20, 21, 22), 통문관 영인본(1955), 통문관.

두시언해(권23, 24, 25), 통문관 영인본(1955), 통문관.

두시언해(전질), 대제각 영인본(1988), 대제각.

두창경험방, 대제각 영인본(1985), 대제각.

두창경험방, 아세아문화사 영인본(1973), <두창경험방>, <언해두창집요>, <언해태
　　　산집요>, <언해납약증치방>, <언해구급방>과 합본, 아세아문화사.

두창경험방, 여강출판사 영인본(1988), 한국과학기술사자료대계 의약학편 37, 여강출
　　　판사.

마경초집언해(상·하), 홍문각 영인본(1983), 홍문각.

마경초집언해, 여강출판사 영인본(1988), 한국과학기술사자료대계 의약학편 50, 여강
　　　출판사.

명의록언해(권1, 권2), 홍문각 영인본(1984), 홍문각.

명의록언해(권상하, 권2), 홍문각 영인본(1984), 홍문각.

목우자수심결, 아세아문화사 영인본(1973), 아세아문화사.

목우자수심결언해, 세종대왕기념사업회 영인본(2009), <사법어언해>와 합본, 정우영
　　　역주 / 해제, 세종대왕기념사업회.

몽산법어약록언해, 대제각 영인본(1985), 대제각.

몽산화상법어략록언해, 세종대왕기념사업회 영인본(1987), <세종학연구> 2, 세종대왕

기념사업회.

몽산화상법어약록언해, 대제각 영인본(1987), 대제각.

몽산화상법어약록언해, 홍문각 영인본(1978), 홍문각.

몽산화상법어약론언해, 세종대왕기념사업회 영인본(2002), 김무봉 역주 / 해제, 세종대왕기념사업회.

몽어노걸대, 대제각 영인본(1986), 대제각.

무예도보통지언해, 홍문각 영인본(1990), 홍윤표 해제, 홍문각.

반야바라밀다심경언해, 세종대왕기념사업회 영인본(2009), 김무봉 역주 / 해제, 세종대왕기념사업회.

반야심경언해, 홍문각 영인본(1984), <경신록언석>과 합본, 홍문각.

발심수행장, 홍문각 영인본(1997), <계초심학입문>, <야운자경>과 합본, 홍문각.

방약합편, 여강출판사 영인본(1988), 한국과학기술사자료대계 의약학편 27, 여강출판사.

방언유석, 홍문각 영인본(1985), 홍문각.

백련초해(중간본), 대구대학 국문학회 영인본(1960), 대구대학 국문학회.

번역소학(6권, 7권), 홍문각 영인본(1984), 홍문각.

번역소학(권 6-19), 세종대왕기념사업회 영인본(2011), 정호완 역주 / 해제, 세종대왕기념사업회.

법화경언해(권7), 세종대왕기념사업회 영인본(2003), 이유기 역주 / 해제, 세종대왕기념사업회.

법화경언해, 동국대학교 영인본(1960), 동국대학교.

법화경언해, 대제각 영인본(1977), 대제각.

법화경언해, 동국문화사 영인본(1960), 동국문화사.

벽온신방, 여강출판사 영인본(1988), 한국과학기술사자료대계 의약학편 38, 여강출판사.

벽온신방, 홍문각 영인본(1984), <분문온역이해방>, <우마양저염역병치료방>, <간이벽온방>과 합본, 홍문각.

병학지남(무진추남원영개간본), 홍문각 영인본(1984), <효경언해>, <신간증보삼약직해>와 합본, 홍문각.

분류두공부시언해(권10), 세종대왕기념사업회 영인본(2011), 임홍빈 역주 / 해제, 세종대왕기념사업회,

분문온역이해방, 세종대왕기념사업회 영인본(2009), 임홍빈 역주 / 해제, 세종대왕기념

사업회.

분문온역이해방, 여강출판사 영인본(1988), 한국과학기술사자료대계 의약학편 38, 여
　　강출판사.

분문온역이해방, 홍문각 영인본(1984), <우마양저염역병치료방>, <간이벽온방>, <벽
　　온신방>과 합본, 홍문각.

불설대보부모은중경언해, 세종대왕기념사업회 영인본(2011), 김영배 역주 / 해제, 세종
　　대왕기념사업회.

불설아미타경언해·불정심다라니경언해, 세종대왕기념사업회 영인본(2008), 김무봉 역
　　주 / 해제, 세종대왕기념사업회,

불우헌집(일부), 대제각 영인본(1988), <송강가사>등과 합본, 대제각.

사리영응기, 중앙승가대학 영인본(1994), <논문집>, 종범 해제, 중앙승가대학.

사법어언해, 세종대왕기념사업회 영인본(2009), <목우자수심결언해>와 합본, 정우영
　　역주 / 해제, 세종대왕기념사업회.

사서언해, 대제각 영인본(1976), 대제각.

사성통해, 서울대 문리대 국어국문학과 영인본(1973), 서울대 문리대 국어국문학과.

사성통해, 대제각 영인본(1985), 대제각.

삼강행실도, 세종대왕기념사업회 영인본(1972), 세종대왕기념사업회.

삼강행실도, 홍문각 영인본(1990), <상백문고본>과 합본, 홍문각.

삼강행실도, 세종대왕기념사업회 영인본(2010), 김정수 역주 / 해제, 세종대왕기념사업회.

삼강행실도, 홍문각 영인본(1990), 홍문각.

삼경언해, 대제각 영인본(1977), 대제각.

삼단시식문언해, 홍문각 영인본(1992), <진언권공>과 합본, 홍문각.

삼역총해, 연희대학교 동방학연구소 영인본(1956), <소아론>, <팔세아>, <동문유
　　해>와 합본, 연희대학교 동방학연구소.

삼역총해, 홍문각 영인본(1995), <소아론>, <팔세와>와 합본, 홍문각.

상례언해, 홍문각 영인본(1997), 홍문각.

상원사중창권선문, 세종대왕기념사업회 영인본(2010), <영험약초>, <오대진언>과 합
　　본, 김무봉 역주 / 해제, 세종대왕기념사업회.

석보상절 제13 · 19, 김영배,김정수 역주 / 해제(1991), 세종대왕기념사업회.

석보상절(권11), 어문학회 영인본(1959), 어문학회.

석보상절(권13), 세종대왕기념사업회 영인본(1991), 세종대왕기념사업회.

석보상절(권3), 아세아문화사 영인본(1985), 아세아문화사.

석보상절(권6, 9, 13, 19), 한글학회 영인본(1955~1959), <한글> 111-125, 한글학회.

석보상절(권6, 9, 13, 19, 23, 24), 대제각 영인본(1988), 대제각.

선가귀감언해, 대제각 영인본(1987), 대제각.

선가귀감언해, 홍문각 영인본(1984), <경민편언해>, <동언고략>, <청비록>, <부인
　　　필지>와 합본, 홍문각.

선종영가집언해(상하), 홍문각 영인본(1983), 홍문각.

선종영가집언해(상), 세종대왕기념사업회 영인본(2007), 장영길 역주 / 해제, 세종대왕
　　　기념사업회.

선종영가집언해(하), 세종대왕기념사업회 영인본(2007), 장영길 역주 / 해제, 세종대왕
　　　기념사업회.

소아론, 연희대학교 동방학연구소 영인본(1956), <팔세아>, <동문유해>, <삼역총
　　　해>와 합본, 연희대학교 동방학연구소.

소아론, 홍문각 영인본(1995), <삼역총해>, <팔세와>와 합본, 홍문각.

소학언해(권1·2), 세종대왕기념사업회 영인본(2011), 정호완 역주 / 해제, 세종대왕기념
　　　사업회.

소학언해(권3·4), 세종대왕기념사업회 영인본(2011), 정호완 역주 / 해제, 세종대왕기념
　　　사업회.

소학언해(권5), 세종대왕기념사업회 영인본(2012), 정호완 역주 / 해제, 세종대왕기념사
　　　업회.

소학언해(권6), 세종대왕기념사업회 영인본(2012), 정호완 역주 / 해제, 세종대왕기념사
　　　업회.

소학언해, 대제각 영인본(1985), 대제각.

속명의록언해, 홍문각 영인본(1984), <어제상훈언해>와 합본, 홍문각.

송강가사, 대제각 영인본(1988), <고산유고> 등과 합본, 대제각.

송강전집, 성균관대학교 대동문화연구원 영인본(1964), 성균관대학교 대동문화연구원.

청주북일면순천김씨묘출토간찰(순천김씨묘출토한글편지), 충북대학교박물관　영인본
　　　(1981), 조건상 해제, 충북대학교박물관.

시경언해, 홍문각 영인본(1983), 홍문각.

시용향악보, 연세대 동방학연구소 영인본(1954), 국고총간 제2, 연세대 동방학연구소.

신간구황촬요, 태학사 영인본(1986), 한국어학자료총서 제5집, 태학사.

신간증보삼략직해, 홍문각 영인본(1984), <병학지남>, <효경언해>와 합본, 홍문각.

신기비결, 민창문화사 영인본(1989), 민창문화사.

신약젼서, 박이정 영인본(1995), 개화기 국어자료집성 9, 박이정.

신증유합, 단국대 동양학연구소 영인본(1972), 안병희 해제, 단국대 동양학연구소.

십구사략언해, 홍문각 영인본(1984), 홍문각.

악학궤범, 연세대 인문과학연구소 영인본(1968), 연세대 인문과학연구소.

어록해, 서울대학교 한국문화연구소 영인본(1983), 한국문화 4, 서울대학교 한국문화
　　　연구소.

어제백행원, 홍문각 영인본(1984), <어제훈서언해>, <어제경민음>과 합본, 홍문각.

어제상훈언해, 홍문각 영인본(1981), <속명의록언해>와 합본, 홍문각.

어제상훈언해, 홍문각 영인본(1984), <명의록언해(하)>와 합본, 홍문각.

어제왕세자책례후각도신군포절반탕감윤음, 대제각 영인본(1985), 대제각.

어제훈서언해, 홍문각 영인본(1982), <어제백행원>, <어제경민음>과 합본, 홍문각.

언해납약증치방, 대제각 영인본(1985), 대제각.

언해납약증치방, 아세아문화사 영인본(1973), <두창경험방>, <언해두창집요>, <언
　　　해태산집요>, <언해납약증치방>, <언해구급방>과 합본, 아세아문화사.

언해납약증치방, 여강출판사 영인본(1988), 한국과학기술사자료대계 의약학편 41, 여
　　　강출판사.

언해납약증치방, 홍문각 영인본(1995), <언해두창집요>, <언해태산집요>와 합본, 홍
　　　문각.

언해두창집요, 세종대왕기념사업회 영인본(2009), 정호완 역주 / 해제, 세종대왕기념사
　　　업회.

언해두창집요, 홍문각 영인본(1995), <언해태산집요>, <언해납약증치방>과 합본, 홍
　　　문각.

언해태산집요, 대제각 영인본(1985), 대제각.

언해태산집요, 세종대왕기념사업회 영인본(2010), 정호완 역주 / 해제, 세종대왕기념사
　　　업회.

언해태산집요, 아세아문화사 영인본(1973), <두창경험방>, <언해두창집요>, <언해
　　　태산집요>, <언해납약증치방>, <언해구급방>과 합본, 아세아문화사.

언해태산집요, 여강출판사 영인본(1988), 한국과학기술사자료대계 의약학편 33, 여강
　　　출판사.

언해태산집요, 홍문각 영인본(1995), <언해두창집요>, <언해납약증치방>과 합본, 홍
　　　문각.

여사서, 대제각 영인본(1988), <여범>, <내훈>과 합본, 대제각.

여사서, 아세아문화사 영인본(1973), 아세아문화사.

여사서언해, 홍문각 영인본(1996), 홍문각.

여씨향약언해, 세종대왕기념사업회 영인본(2012), 김문웅 역주 / 해제, 세종대왕기념사
　　　업회.

여씨향약언해, 태학사 영인본(1978), <정속언해>와 합본, 태학사.

여훈언해(고려대 만송문고본), 홍문각 영인본(1990), <규합총서>와 합본, 홍문각.

역어유해, 대제각 영인본(1986), 대제각.

역어유해, 아세아문화사 영인본(1974), <역어유해보>와 합본, 아세아문화사.

역어유해, 홍문각 영인본(1995), <역어유해보>와 합본, 홍문각.

역어유해보, 홍문각 영인본(1995), <역어유해>와 합본, 홍문각.

연병지남, 세종대왕기념사업회 영인본(2012), 정호완 역주 / 해제, 세종대왕기념사업회.

염불보권문, 태학사 영인본(1986), 한국어학자료총서 제8집, 태학사.

영험약초, 경인문화사 영인본(1974), 고전어문정수 소수, 경인문화사.

영험약초, 홍문각 영인본(1984), <칠대만법>, <권념요록>과 합본, 홍문각.

영험약초, 세종대왕기념사업회 영인본(2010), <상원사중창권선문>, <오대진언>과 합
　　　본, 김무봉 역주 / 해제, 세종대왕기념사업회.

오대진언, 홍문각 영인본(1979), <사법어언해>와 합본, 홍문각.

오대진언, 세종대왕기념사업회 영인본(2010), <상원사중창권선문>, <영험약초>와 합
　　　본, 김무봉 역주 / 해제, 세종대왕기념사업회.

오륜전비언해, 대제각 영인본(1986), 대제각.

오륜전비언해, 아세아문화사 영인본(1982), 아세아문화사.

오륜전비언해, 홍문각 영인본(1997), 대제각.

오륜행실도(권1), 한국겨레문화연구회 영인본(1995), <겨레문화> 9, 한국겨레문화연
　　　구회.

오륜행실도, 을유문화사 영인본(1972), 을유문화사.

오륜행실도, 홍문각 영인본(1990), 홍문각.

왜어유해, 대제각 영인본(1985), 대제각.

왜어유해, 홍문각 영인본(1988), <화어유해>, <일어유해> 합본, 홍문각.

용비어천가(권1,2,5,6), 세종대왕기념사업회 영인본(1989-1992), 세종학연구 4-7, 박종국 해제, 세종대왕기념사업회.

용비어천가, 고려대 민족문화연구소 영인본(1976), <민족문화연구> 10, 박병채 해제, 고려대 민족문화연구소.

용비어천가, 대제각 영인본(1988), <훈민정음>(해례본), <훈민정음>(언해본), <훈몽자회>와 합본, 대제각.

용비어천가, 아세아문화사 영인본(1972), 아세아문화사.

용비어천가, 한국서지학회 영인본(1990), <계간서지학보> 2, 임창순 해제, 한국서지학회.

우마양저염역병치료방, 세종대왕기념사업회 영인본(2009), 임홍빈 역주 / 해제, 세종대왕기념사업회.

우마양저염역병치료방, 홍문각 영인본(1984), <분문온역이해방>, <간이벽온방>과 합본, 홍문각.

원각경언해, 대제각 영인본(1977), 대제각.

원각경언해, 홍문각 영인본(1995), 홍문각.

원각경언해, 세종대왕기념사업회 영인(2002), 정우영 해제, 세종대왕기념사업회.

월인석보(권1, 2), 서강대학교 인문과학연구소 영인본(1972), 서강대학교 인문과학연구소

월인석보(권1, 2, 7, 8, 9, 10, 17, 18), 대제각 영인본(1985), 대제각.

월인석보(권1, 권2), 세종대왕기념사업회 영인본(1992), 박종국·허웅·장세경 역주 / 해제, 세종대왕기념사업회.

월인석보(권13, 14), 홍문각 영인본(1984), 홍문각.

월인석보(권23), 홍문각 영인본(1984), 홍문각.

월인석보(권7), 동악어문학회 영인본(1968), 동악어문학회.

월인석보(권7, 8), 연세대 동방학연구소 영인본(1957), 연세대 동방학연구소.

월인석보(권7, 8), 홍문각 영인본(1984), 홍문각.

월인석보(권7, 권8), 세종대왕기념사업회 영인본(1993), 세종대왕기념사업회.

월인석보(권9, 10), 연세대 동방학연구소 영인본(1956), 연세대 동방학연구소.

월인천강지곡(권상), 국어학회 영인본(1962), <국어학> 1집, 국어학회.

월인천강지곡(권상), 대제각 영인본(1985), 대제각.

월인천강지곡(권상), 통문관 영인본(1961), 통문관.

유경기민인윤음, 대제각 영인본(1985), 대제각.

유경상도관찰사급진읍수령윤음, 대제각 영인본(1985), 대제각.

유원춘도영동영서대소사민윤음, 대제각 영인본(1985), 대제각.

유중외대소신서윤음, 대제각 영인본(1985), 대제각.

유함경도남관북관대소사민윤음, 대제각 영인본(1985), 대제각.

유합, 태학사 영인본(1993), <천자문>, <훈몽자회>와 합본, 태학사.

육조법보단경(권상), 통문관 영인본(1979), 통문관.

육조법보단경(권중), 인하대 국학연구소 영인본(1976), 인하대 국학연구소.

육조법보단경언해(권중), 홍문각 영인본(1992), 홍문각.

육조법보단경언해(상), 세종대왕기념사업회 영인본(2006), 김무봉 역주 / 해제, 세종대
　　왕기념사업회.

육조법보단경언해(상), 홍문각 영인본(1981), 홍문각.

육조법보단경언해(상), 세종대왕기념사업회 영인본(2007), 남성우 역주 / 해제(2007), 세
　　종대왕기념사업회.

육조법보단경언해(중), 세종대왕기념사업회 영인본(2007), 남성우 역주 / 해제(2007), 세
　　종대왕기념사업회.

육조법보단경언해(하), 세종대왕기념사업회 영인본(2007), 남성우 역주 / 해제(2007), 세
　　종대왕기념사업회.

윤음언해, 전북대 국어국문학과 영인본(1978), 전북대 국어국문학과.

율곡대학언해, 대제각 영인본(1988), 대제각.

율곡대학언해, 홍문각 영인본(1984), <율곡중용언해>와 합본, 홍문각.

율곡맹자언해(권1-권4), 홍문각 영인본(1984), 홍문각.

율곡맹자언해(권5-권7), 홍문각 영인본(1984), 홍문각.

율곡맹자언해, 대제각 영인본(1988), 대제각.

율곡중용언해, 홍문각 영인본(1984), <율곡대학언해>와 합본, 홍문각.

이로파, 일본 경도대학 국어국문학연구실 영인본(1965), 일본 경도대학 국어국문학연
　　구실.

이륜행실도, 동양학연구소 영인본(1978), 동양학연구소.

이륜행실도, 세종대왕기념사업회 영인본(2010), 김문웅 역주 / 해제, 세종대왕기념사업회.

이륜행실도, 홍문각 영인본(1990), 홍문각.

인어대방, 태학사 영인본(1986), 한국어학자료총서 제4집, 태학사.

자휼전칙, 대제각 영인본(1985), 대제각.

정속언해, <여씨향약언해>와 합본, 태학사.

정속언해, 원문사 영인본(1977), 원문사.

정속언해, 홍문각 영인본(1984), 홍문각.

정속언해, 세종대왕기념사업회 영인본(2010), <경민편>과 합본, 김문웅 역주 / 해제
(2007), 세종대왕기념사업회.

제중신편(권팔 약성가), 태학사 영인본(1986), 한국어학자료총서 제5집, 태학사.

제중신편, 여강출판사 영인본(1988), 한국과학기술사자료대계 의약학편 18, 여강출판사.

종덕신편언해, 홍문각 영인본(1984), 홍문각.

주역언해(권 4), 홍문각 영인본(1992), 홍문각.

주자증손여씨향약언해, 대제각 영인본(1986), 대제각.

중간경민편, 동양학연구소 영인본(1978), 동양학연구소.

중간첩해신어, 홍문각 영인본(1990), 홍문각.

증수무원록언해, 홍문각 영인본(1983), 홍문각.

지장경언해(약사전판), 대제각 영인본(1986), 대제각.

지장경언해(약사전판), 홍문각 영인본(1984), <불설대보부모은중경언해>, <지경령험
전>과 합본, 홍문각.

진언권공, 홍문각 영인본(1992), <삼단시식문언해>와 합본, 홍문각.

진언권공, 세종대왕기념사업회 영인본(2008), 김정수 역주 / 해제, 세종대왕기념사업회.

천의소감언해, 홍문각 영인본(1984), 홍문각.

천자문, 단국대 동양학연구소 영인본(1973), 단국대 동양학연구소.

천자문, 태학사 영인본(1987), <훈몽자회>와 합본, 태학사.

천자문, 태학사 영인본(1993), <훈몽자회>, <유합>과 합본, 태학사.

천자문, 태학사 영인본(1993), 손희하 해제, 태학사.

첩해몽어, 홍문각 영인본(1983), 홍문각.

첩해신어문석, 홍문각 영인본(1990), 홍문각.

칠대만법, 홍문각 영인본(1984), <영험약초>, <권념요록>과 합본, 홍문각.

태상감응편도설언해, 태학사 영인본(1986), 한국어학자료총서 제3집, 태학사

태평광기언해, 대제각 영인본(1987), 대제각.

태평광기언해, 서광문화사 영인본(1990), 서광문화사.

팔세아, 연희대학교 동방학연구소 영인본(1956), <소아론>, <동문유해>, <삼역총
해> 합본, 연희대학교 동방학연구소.

팔세아, 홍문각 영인본(1995), <소아론>, <삼역총해>와 합본, 홍문각.

해동제국기, 조선사편수회 영인본(1933), 조선사료총간 2집, 조선사편수회.

홍무정운역훈(권1, 2), 고려대출판부 영인본(1974), 고려대출판부.

효경언해, 홍문각 영인본(1984), <병학지남>, <신간증보삼약직해>와 합본, 홍문각.

훈몽자회, 단국대 동양학연구소 영인본(1971), 단국대 동양학연구소.

훈몽자회, 대제각 영인본(1988), <훈민정음>(해례본), (언해본), <용비어천가>와 합본, 대제각.

훈몽자회, 태학사 영인본(1987), <천자문>과 합본, 태학사.

훈몽자회, 태학사 영인본(1993), <천자문>, <유합>과 합본, 태학사.

훈몽자회, 홍문각 영인본(1985), 홍윤표 해제, 홍문각.

훈민정음운해, 대제각 영인본(1985), 조선어학회 신식활자본, 대제각.

찾아보기
- 단어

저자 | 김슬옹

연세대 국어국문과 마침. 문학박사(훈민정음), 국어교육학 박사. 문화체육관광부 국어심의위원, 한글박물관 자문위원, 세종시 자문위원, 한글날 공휴일 지정 자문위원, 2012-2014 한글주간 추진위원 등을 지냈다. 한글문화운동과 한글연구로 연세봉사상(2008년), 짚신문학평론상(2007), 문화체육부장관상(2012), 파주시장상(2011), 독서진흥대상(2014)을 받았다.

현 Washington Global University 한국학 책임교수. 한글학회 연구위원. 주요 논저로는 「세종과 소쉬르의 통합언어학적 비교 연구」를 비롯한 100여 편의 논문과 『세종대왕과 훈민정음학』, 『28자로 이룬 문자혁명 훈민정음』, 『조선시대 언문의 제도적 사용 연구』, 『세종, 한글로 세상을 바꾸다』 등 18권의 저서, 『나만 모르는 우리말』 등 20권의 공저, 『논리로 속이는 법 속지 않는 법』 공변역서가 있다.

조선시대의 훈민정음 발달사
조선시대의 훈민정음 보급과 활용의 통합언어학적 연구

초판 1쇄 2012년 11월 23일
초판 3쇄 2015년 4월 3일
지은이 김슬옹
펴낸이 이대현
편 집 박선주
디자인 이홍주
펴낸곳 도서출판 역락
　　　　서울시 서초구 동광로 46길 6-6(문창빌딩 2F)
　　　　전화 02-3409-2058(영업부), 3409-2060(편집부)
　　　　팩시밀리 02-3409-2059
　　　　이메일 youkrack@hanmail.net
　　　　등록 1999년 4월 19일 제303-2002-000014호
ISBN 978-89-5556-015-2 93710
역락 블로그 http://blog.naver.com/youkrack3888

정가 46,000원
• 잘못된 책은 구입처에서 바꾸어 드립니다

이 저서는 2007년 정부(교육인적자원부)의 재원으로 한국학술진흥재단의 지원을 받아 수행된 연구임(KRF-2007-812-A00144)
This work was supported by the Korea Research Foundation Grant funded by the Korean Government(Ministry of Education & Human Resources Development)(KRF-2007-812-A00144)